中山大学中国语言文学系百年系庆丛书
中山大学中国语言文学系　编

中山大学中国语言文学系百年论文选（语言文字卷）

彭玉平　范常喜　主编

·广州·

版权所有　翻印必究

图书在版编目（CIP）数据

中山大学中国语言文学系百年论文选.语言文字卷／彭玉平，范常喜主编.--广州：中山大学出版社，2024.10.--（中山大学中国语言文学系百年系庆丛书）.
ISBN 978-7-306-08220-6

Ⅰ.H1-53；I206-53
中国国家版本馆 CIP 数据核字第 2024JW2319 号

ZHONGSHANDAXUE ZHONGGUO YUYAN WENXUEXI BAINIAN LUNWENXUAN（YUYAN WENZI JUAN）

出 版 人：	王天琪
策划编辑：	陈晓阳
责任编辑：	陈晓阳　陈　颖
封面设计：	曾　斌
责任校对：	徐平华
责任技编：	靳晓虹
出版发行：	中山大学出版社
电　　话：	编辑部 020-84111997，84110283，84113349
	发行部 020-84111998，84111981，84111160
地　　址：	广州市新港西路 135 号
邮　　编：	510275　　　　　传　真：020-84036565
网　　址：	http://www.zsup.com.cn　E-mail:zdcbs@mail.sysu.edu.cn
印 刷 者：	恒美印务（广州）有限公司
规　　格：	787mm×1092mm　1/16　38 印张　700 千字
版次印次：	2024 年 10 月第 1 版　2024 年 10 月第 1 次印刷
定　　价：	128.00 元

如发现本书因印装质量影响阅读，请与出版社发行部联系调换

谨以此书献给中山大学一百周年华诞

(1924 — 2024)

中山大学中国语言文学系百年系庆丛书

编委会

主　任　彭玉平　王　玎

编　委（按姓氏笔画排序）

　　　　王　玎　王霄冰　吴承学　张　均　张奕琳
　　　　陈伟武　陈斯鹏　范　劲　范常喜　罗　成
　　　　郭丽娜　黄仕忠　彭玉平　程相占　谢有顺
　　　　谢金华

中山大学中国语言文学系百年系庆丛书

总　序

从 1924 年孙中山先生创立国立广东大学（后先后易名"国立中山大学""中山大学"）至今，已风雨兼程走过了波澜壮阔的一百年。这一百年，中山大学与人类文明和国家发展同呼吸、共命运，见证了世纪风云，也成就了自己在世界高等教育史上的重要地位。中国语言文学系与中山大学同龄，百年中文与百年中大，相向而行，彼此辉映，共同成长。或许可以这样说，在中国的一流综合性大学中，如果没有一流的中文系，至少是不完整的。因为设立中文系不仅是建设中文学科的需要，更是任何一所大学建设自身文化所依托和支撑的主要基础。一所有理想与信仰的大学，除了埋首搞科研，还得抬头看星辰。在埋首与抬头之间，极目千里，完成大学立德树人的根本任务。

一个大学的百年，意味着一种深厚的学术文化积淀，意味着名师大家的代代相传，意味着优秀人才的层出不穷，也意味着学科专业的不断发展和壮大。百年是一个大学重要的发展契机，如何在回顾历史中沉淀宝贵的资源，在展望未来中激发充足的活力，就是一个院系理当思考的重要问题。正是本着这样的目的，我们组织编写了这套"中山大学中国语言文学系百年系庆丛书"，以期鉴往知今，行稳致远。这套丛书共六种：

《中山大学中国语言文学百年学科史》（彭玉平、王琤主编）

《中山大学中国语言文学系百年论文选》（文学卷）（彭玉平、张均主编）

《中山大学中国语言文学系百年论文选》（语言文字卷）（彭玉平、范常喜主编）

《中山大学中国语言文学系名师记》（彭玉平、罗成主编）

《从未远走的青春——校友回忆录》（王琤、谢金华主编；郑飞、吴昊琳

副主编)

《正青春——优秀中文学子风采录》(王琤、谢金华主编;郑飞、吴昊琳副主编)

这六种书大体承载着百年中文的光荣和曾经的梦想。《中山大学中国语言文学百年学科史》是对过往百年若干二级学科以及属下有影响的三级学科的历史梳理与特色总结。在中文学科,此间的古文字学、戏曲学、词学、文体学等堪称名闻遐迩,而中国文学批评史学科更发轫于此,在一定程度上引领了此后批评史学科的发展。一个一级学科,如果能有四五个学术亮点,成为国内外关注的焦点,则其影响和传承也就自然形成。而国内最早的语言学系在这里开设,也足见此间学科开拓的实力与魄力。梳理百年学科发展历史,有的代有传承,格局大张;有的后出转精,新人耳目。当然也有肇端甚好,中间却稍有停留的现象。如鲁迅1927年来此任教,打开了新文学的局面,但随着八个月后他北上上海,此间新文学的热情便不免一时黯淡了下来。但无论属于哪一种情况,只要在百年学科史上留有雪泥鸿爪,便是值得书写的一页。

百年学科发展,当然要以科研为主干。作为"中国语言文学系",文学与语言构成学科的两个基本板块。而百年之中,名师大家前后相继,蔚成一脉,将他们的重要论文汇为一编,既可见学术格局与学术源流,也可见学人风采与整体气象。这就是编选《中山大学中国语言文学系百年论文选》"文学卷"与"语言文字卷"的原因。因为百年人物众多,论文更是繁富,此二卷只是就具有一定开拓性与影响力的文章,择录若干汇集成编。因为篇幅所限,有些老师的大作未能入选,有些虽然入选,但也可能非本人最为认同之文章。大约他人选编与自己选编,眼界虽或有重合,而差异也应该是绝对的。好在我们这两卷论文选,只是带有纪念性质,并非截然以此作为此间百年学术研究之标杆,这是需要特别说明的。

在百年中文历史上,中国语言文学系先后出现过不少名师大家,他们构成了中国语言文学学科的脊梁。一个学科的影响力,在很大程度上依赖于耕耘在这个学科的著名学者的研究高度与群体力量。这些在百年间熠熠生辉的名师群像,他们的学术思想与学术成果有待专门的研究,而他们在课堂内外的人格力量,在语言行为上的迷人风采,同样是这个学科富有生机的一部分。这是我们编纂《中山大学中国语言文学系名师记》的原因所在。所谓名师记,并非对某一名师作全面通透的学术评价,而是在与学术、教学若即若离之间展现出来的人格光辉和感人故事。这些故事或许是很个人化的,但因为真实而切近，而具备特殊的魅力。如果说，两种论文选略见学者之专攻，名师记则以生活剪影的方式生动记录老师们的一言一行。两种生活，两种风采，彼此堪称相得益彰。

立德树人是大学永恒的使命与责任，或者说，衡量一所大学的办学质量，是否能不断锻造学生健全而向上的精神人格、端正而从容的人生态度，就是一项非常重要的指标。名师大家的学术水平，从本质上来说，要落实到人才培养的层面，也才具有更为深广高远的意义。而所谓立德树人，并非以功成名就为主要指标，在平凡中坚守，在困境中不屈，在优裕中不沉沦，在高名中不忘形，关怀历史、民族、国家和未来，敬畏天地、自然、山川与万物，这就是大写的人。这是我们编辑《从未远走的青春——校友回忆录》《正青春——优秀中文学子风采录》二书的初衷所在。前者记录已经毕业学生的青春时光，后者记录当下在读学生的生活点滴。其实"从未远走的青春"便是"正青春"，现在每有校友回来，一句频率很高的话语就是"归来仍是少年"，说的就是青春情怀在离开校园后，依然珍藏如初的意思。其实，学生毕业后走向社会，经受的考验远非"少年"两字可以形容，其中之艰辛、苦涩甚至屈辱，恐怕也在所难免。但无论面对怎样的情况，社会人更多的只能是自行承受与自我解脱。两相对勘，大学生活之简单就更容易成为一种珍贵的记忆。这也许可以看作是校友回校最简单也是最重要的动力。因为无论面对怎样的世界，简单总是永恒的追求。

但我们在编完这套丛书之后，深深感到，希望以六种书来串联百年中文历史的想法，还是过于朴素了，因为历史远比我们接触到的、感受到的和想象到的丰富。不遑说历史的维度本身就十分繁复，即在同一维度中，变化也十分多端。这是我们虽然试图走近历史，却也一直心存敬畏的原因所在。但既躬逢百年系庆，我们也理当放下包袱，竭尽全力，为这百年的光荣与梦想奉献一点力量。也许在下一个百年结束之时，回看这一百年留下的历史痕迹与点滴记忆，则每一种书卷，每一个页码，每一个字迹，也许都包含着异常丰富的情感密码。诚如此，我们的努力，一切都是值得的。感谢过往一百年的峥嵘岁月，致敬每一个中大中文人。

彭玉平

2024 年 9 月 23 日

目　录

序 ··· 陈伟武（Ⅰ）

文 字 篇

说文转注释例 ··· 曾运乾（2）
鸟书考 ··· 容　庚（19）
谈鄂君启节铭文中几个文字和几个地名等问题 ······ 商承祚（56）
说繇 ··· 曾宪通（65）
金文释读中一些问题的商讨 ····························· 孙稚雏（76）
论殷虚卜辞命辞的性质 ································· 陈炜湛（93）
释穆
　　——兼谈昭穆的礼乐含义 ························ 黄光武（112）
说朋 ··· 黄文杰（122）
战国文字中的"陵"和"李" ······························ 郑　刚（128）
旧释"折"及从"折"之字平议
　　——兼论"慎德"和"愻终"问题 ··················· 陈伟武（138）
金文"蔑曆"及相关问题试解 ··························· 陈斯鹏（146）

音 韵 篇

论《经典释文》的音切和版本 ······················· 方孝岳（164）

双声叠韵说	罗常培	(170)
小徐本说文反切之音系（节选）	严学宭	(181)
从"等"来看广州方言入声消失的迹象	黄家教	(187)
近代汉语全浊音声母的演变	李新魁	(195)
从《颜氏家训·音辞篇》论《切韵》	罗伟豪	(212)
"黾"字上古音归部说	麦 耘	(226)
南方方言古晓组合口字唇化的动因再探	庄初升	(235)

训 诂 篇

新训诂学	王 力	(248)
训诂在《四书集注》中的运用	陈焕良	(258)
《荀子》词例误释举例	李中生	(278)

语 法 篇

谈现代汉语的受动词	何 融	(290)
从广东方言中体察语言的交流和发展	岑麒祥	(305)
汉语动补结构的发展	潘允中	(313)
古汉语中名词代词作补语	赵仲邑	(326)
印度尼西亚语的名词结构	高华年	(333)
广州方言语法的几个特点	黄伯荣	(347)
"很多"与"很少"	张维耿	(351)
谈谈汉语几种句式的转换	傅雨贤	(357)
粤语源流考	叶国泉 罗康宁	(364)
油岭瑶话概述	余伟文 巢宗祺	(371)
先秦古文字材料中的语气词	张振林	(388)
论先秦汉语被动式的发展	唐钰明 周锡䪖	(406)
汉语方言中词组的"形态"	施其生	(415)
论《祖堂集》中以"不、否、無、摩"收尾的问句	伍 华	(435)
《合集》第七册及《花东》甲骨文时间修饰语研究 ——附论"历贞卜辞"之时代	谭步云	(449)

琉球写本《人中画》的与事介词及其相关问题
　　——兼论南北与事介词的类型差异 ………… 李　炜　王　琳（471）
"随着V"与"越来越A"同现研究及其历时考察 ………… 朱其智（484）
预设冲突及三种语义关系对"却、但"的句法选择 … 张世涛　孙莎琪（493）
汉语方言声调屈折的功能 ………………………… 刘若云　赵　新（503）
广东廉江粤语的传信语气助词 …………………………… 林华勇（512）

国际中文教育篇

关于外向型汉语词典释义问题的思考 ………… 赵　新　刘若云（532）
情境在对外汉语教学中的作用及其运用 ………………… 李海鸥（546）
学习难度的测定和考察 …………………………………… 周小兵（553）
越南学生汉语声调偏误溯因 …………………… 吴门吉　胡明光（564）
"把"字句语法项目的选取与排序研究 ………… 李　英　邓小宁（573）

后　记 …………………………………………………………… 范常喜（586）

序

中山大学百年华诞，各个学科的同人都在回首来时径，历数家珍，又展望前程，信心满怀。中文系主任彭玉平和副主任范常喜两位教授联袂主编《中山大学中国语言文学系百年论文选（语言文字卷）》，即将付梓，命序于余。自感义不容辞，责无旁贷，于是欣然应命，略述闻见，聊以弁首。

中山大学历史有多长，语言文字学研究就有多长，从未中断过。二十世纪二十年代的广州，毗邻港澳，风起云涌，与国外文化交流得风气之先，既是国民大革命的中心，又是传统学术与现代学术交锋交融的中心。清华大学国学研究院、北京大学研究所国学门和厦门大学国学研究院等机构，在人才输送和运作模式上，都对中山大学语言历史学研究所及稍后成立的中央研究院历史语言研究所有着深刻的影响。1926年，肄业于北大研究所国学门的商承祚先生从东南大学来到中山大学应聘教授之职。傅斯年先生从欧洲学成归国，1927年在成立中央研究院之前，已经在中山大学成立了语言历史学研究所，语言学家赵元任、罗常培两位先生都是创所元老。商承祚先生则担任过语史所考古委员会的主席，在顾颉刚先生暂时离开中大到沪杭等地访求图书文物的那段时间，商先生还代理过语史所主任。在《中山大学语言历史学研究所周刊》上，语言学、古文字学的论文占了很大篇幅，如收入本卷论文集的罗常培先生的《双声叠韵说》，原来即发表于周刊上。而容庚先生和商承祚先生还在周刊上辩论过相关学术问题。1946年之后，容、商两位先生分别回到岭南大学和中山大学，五十年代院系调整，又携手创办了中国第一个古文字学的专门研究机构——中山大学古文字学研究室。二十年代语史所的赵元任和罗常培都是中国现代语言学的开山祖师，王力和岑麒祥则在抗战之后创办了中山大学语言学系,这是中国第一个语言学系。先后在中山大学工作过的语言文字学家还有温廷敬、郑师许、董作宾、余永梁、吴三立、丁山、闻宥、戴家祥、饶宗颐等,可见我们的学科曾经辉煌过,赵、李、王、岑都是留学欧美的洋博士,罗、容、商、丁、吴都是出自北大研究所的学者。这些前辈都曾经在中国语言文字学界起到很好的引领作用。中大的语言文字学历史悠久,名家辈出,有着优良的学术传统。

1986年,为了纪念孙中山先生120周年诞辰,中大中文系举行了一次语言文字学研讨会,还由中大出版社出版了《古文字学与语言学论集》一书,收入的论文共26篇,内容涉及古文字、古汉语、现代汉语、方言学、普通语言学和国际汉语教育诸方面的研究。论文作者基本都是中文系在岗的教师。

现在即将出版的这本论文集,既是中山大学学人研究语言文字学所作贡献的标志性展示,又在一定程度上反映了近百年来中国语言文字学不断发展进步的轨迹。披读此卷,值得强调者有如下数端:

古文字与汉语史研究紧密结合。古汉语和古汉字都是中华文明的重要载体,都是华夏民族的宝贵精神财富。中山大学古文字研究室的学者历来重视从汉语发展史的角度来解决古文字考释的疑难问题,古汉语教研室的学者则自觉地利用出土古文字材料来研究汉语词汇、语法和语音,硕实累累,成就可喜。曾宪通师主编出版了《古文字与汉语史论集》(中山大学出版社,2002年),正是中大这种学术特色的结晶。其中第一篇论文就是容庚先生1929年发表于《燕京学报》第6期的《周金文中所见代名词释例》。这在当时完全是嚆矢之作。此后近百年的中大学者以及中大培养的学者,都注重古文字与汉语史研究的有机结合,1956年中大古文字学研究室成立的时候,经学家、音韵学家方孝岳先生也是研究室的要员,招收研究生。曾宪通师的力作《从"蚩"符之音读再论古韵东冬的分合》《再说"蚩"符》,反复用古文字材料来论证上古音"东""冬"二部的分合。陈炜湛、唐钰明、陈永正等先生在利用古文字材料研究汉语词汇史和语法史方面都有一系列的重要成果。本卷论文集里张振林的《先秦古文字材料中的语气词》、唐钰明的《论先秦汉语被动式的发展》、谭步云的《〈合集〉第七册及〈花东〉甲骨文时间修饰语研究——附论"历贞卜辞"之时代》、麦耘的《"黾"字上古音归部说》等,正是古文字与汉语史研究相结合的产物。

中大音韵学研究的学术传承,从曾运乾、罗常培、王力、方孝岳、严学宭,再到李新魁和麦耘等先生,绵绵不断,堪称学者群英谱。曾运乾先生担任过中大中文系主任,在音韵学上卓有建树。1927年前后罗常培先生在中大开过声韵学、等韵学和音韵学史等课程。时隔多年,李新魁先生在大学三年级即撰成了《韵镜校证》(中华书局,1983年),书前用方孝岳先生的作业批语作为代序。后来又出版了《汉语等韵学》(中华书局,1983年),这才是真正的冷门绝学。1984年李先生给我们硕士生开"汉语等韵学"的课,讲授等韵门法,深入浅出,清晰明了。我在课堂上似乎听懂了,可惜自己蠢得死,听完课又忘了。几十年一晃而过,于汉语等韵学始终不得其门而入。

中大的语言文字学研究,一直重视贯通古今,善于沿源讨流,源流并重。我的硕士导师潘允中先生出版过的《汉语语法史概要》,他如《著名中年语言学家自选集·李新魁自选集》《著名中年语言学家自选集·唐钰明卷》《著名中年语言学家自选集·麦耘卷》等几部著作,都可说是贯通古今的代表作。潘先生在《汉语词汇史概要》一书(上海古籍出版社,1989年)的后记里说:"我最近二十多年来的科研兴趣,基本上在于探讨汉语史的源流,贯通古今,并作为做学问的根本。"此话一点不虚。而收入本卷中的论文,不少已经成为学界的经典。如容庚先生的《鸟书考》、曾宪通师的《说繇》等。

中大的学者们高度重视南方汉语方言、南方少数民族语言及东南亚外国语言的研究。在中大执教过的语言文字学家,以南方人居多,尤以粤、闽、湘、桂省籍居多。南方方言复杂,以南方方言为母语的学者,研究语言文字学可谓驾轻就熟,如鱼得水。高华年、黄家教、李新魁、施其生和麦耘等先生在汉语方言和少数民族语言的调查及研究上各有贡献,各擅胜场,蜚声海内外。汉语方言是不同历史发展时期的汉语面貌在现代中国不同区域的投射,利用现代汉语方言探索汉语古音演变规律,可说是南方学者最拿手的方法。

中山大学在国内也是开展国际中文教育较早的高校之一。1981年7月,中山大学汉语培训中心正式成立,隶属于中文系,主任为高华年先生,副主任为张维耿先生。高先生早年是罗常培和李方桂两位先生的研究生,曾在西南联大任教,对我国汉语方言、少数民族语言和东南亚语言有过深入的调查和研究,此次收入本卷的论文则是研究印度尼西亚语的名词结构。中大的国际中文教育,多年来为讲好中国故事、弘扬中华优秀文化做出了应有的贡献。在本卷论文集里,也有数篇论文属于这方面的成果。

历史上在中山大学执教过的语言文字学家灿若群星,论著如林,要披沙淘金,选出各位学者的代表性论文,颇不容易。此卷所录,固然精彩,只是遗珠之憾,在所难免。选人,学者或有未录,如陈寅恪、温廷敬、董作宾、赵元任、余永梁、吴三立、丁山、闻宥、戴家祥、饶宗颐、陈必恒、冯志白、陈永正、张乔、杨泽生、范常喜、田炜等，都成了漏网之鱼，不少还是大鱼；选文，或虽被选，所选之文未必最佳。如此遗憾，只好留待下一个百年，由后学者编选类似文集的时候去弥补了。江山代有才人出，薪尽火传，中山大学的语言文字学必将后继有人，兴旺发达。

  序者，叙也，絮也，絮絮叨叨，就此打住。

陈伟武
2024 年 9 月 1 日写讫

文字篇

说文转注释例

曾运乾

一、立例

《说文序》云：转注者，建类一首，同意相受，考老是也。自兹而降，说转注者，无虑数十家，惟小徐分二义释之，较为近是。

（一）从形注声者

《说文》系传云：转注者，属类成字，而复于偏旁加训，博喻近譬，故为转注。人毛匕_化为老，耋耄者亦老，故以老字注之。受意于老，转相传注，故谓之转注。义近形声而有异焉。形声，江河不同，滩湿各异。转注考老实同，妙好无隔。此其分也。又云，形声如江河，可以同谓之水，水不可同谓之江河，松柏可以同谓之木，木不可同谓之松柏。转注，谓耆耄耋耇皆老也。又老亦可同谓之耆。往来皆通。案江河可以同谓之水，水不可同谓之江河。耋耇可以同谓之老，而老亦可同谓之考耋。此依名学分别形声转注至精之语。

（二）从声注形者

戴震《答江慎修书》引徐锴云，祖考之考，古铭识通作丂。于丂之本训，转其义，而加老以注之。犬走为猋，《尔雅》扶摇谓之猋。于猋之本训，转其义，而加风以注之。

顾例未明晰，而文又不完具。且于许序建类一首四字，尚无明确之解释，未为定论也。

今案类者声类也。郑康成《周礼注》序云，就其原文字之声类，考训诂，捃秘逸。又《秋官》薙氏注，故书薙为夷，字从类耳。又《经典释文条例》引郑康成云：仓卒无字，或以音类比方假借为之。又《隋书经籍志》小学类，有魏李登《声类》十卷。则知同声称类，汉魏间之通语也。首者部首也。《说文》后序云，其建首也，立一为耑，毕终于亥，是也。建类一首，相对为文。即许君《说文解字》分部之法。考《说文》全书部首，有以形为纲者，有以声为纲者。

以形为纲者，如一部之领元天丕吏，上部之领帝旁下是也。

以声为纲者，如半部之领胖叛，句部之领鉤拘笱，丩部之领纠𦁕，𠔉部之领僕㓋，臤部之领緊堅，劦部之领恊勰協，厽部之领絫垒等是也。

建类一首，对文则异，散称不殊。故许君统言建首也。《说文》序言依类象形谓之文，形声相益谓之字。形声为文字孳乳之两源，转注又文字孳乳之大法。故转注别声与形，有建类而同意相受者，有一首而同意相受者。

建类者，以声为主，常加形以注之。故义或小殊，而声无异读。

一首者，以形为主，常加声以注之。故声有转变，而义无异同。

前例为建类加形，即郑樵所谓建类主声，以子为主而转其母也。后例为一首加声，即郑樵所谓建类主义，以母为主而转其子也。按郑氏说转注立例甚当，释例非是。二例皆取准于同意相受。建类加形者，受同意于其声。如鉤拘笱之于句，恊勰協之于劦是也。一首加声者，受同意于其形。如耆𦒻𦒱𦓇之于老，愧憒忝惭恶怍之于恥是也。斯则转注字之金科玉律，不可有违者也。

二、释例

试举考老二字证之。《说文》，考，从老省，丂声。老省，其形也，丂，其声也。分为二例释之。

（一）就建类加形论，则以丂声为主，复分为三

1. 本义转注

《说文》：丂，气欲舒出，勹上而碍于一也，按丂即考之本字，考为丂之转注字。丂本训老，造字之意，正与老同。《素问经脉别论》云，肺朝百脉，输精于皮毛。《六节藏象论》云，肺者，气之本，魄之处也。其华在毛，其充在皮。《上古天真论》云，六八而后阳气衰竭于上，面焦，发须颁白。是则老之征有二。气竭于内，一也。形变于外，二也。老从人毛化会意，验诸形而知为老。丂从引气窒碍指事，验诸气而知为老。其义一也，丂义训老，故《尚书》隶古定本，凡祖考字皆作丂。徐楚金谓祖考之考，古铭识通作丂。按宋薛尚功钟鼎款识，召仲考父壺铭，考作丂。清阮元钟鼎款识，司徒彝铭，乃考宝尊彝考亦作丂。后圣有作，乃从丂加老为考。知考为丂之本义转注字矣。

2. 引义转注

丂义训老，引申则有枯槁腐烂之义。在人为考，在物为朽。后圣有作，从丂加卢为殍，或又从丂加木为朽。殍分一义为人骨之丂，朽分一义为物质之丂。丂字足以该之。知者，《释名》释亲属云，父死曰考，考成也。亦言槁也。又释姿容云：老，朽也。丂义为老，引义为朽。知殍朽皆丂之引义转注字矣。

3. 借义转注

《说文》云：丂，古文以为亏字。按亏即攷之本字，非粤亏爱之亏字。知者，假借必同声，许君所谓依声托事，郑君所谓以音类比方假借为之是也。古音丂在萧尤部，亏在模鱼部，音既不同。丂在溪纽，于在喻纽，声又远隔，知不相通假也。盖古丂字或作亏，犹古文从一，篆文从二之比。<small>宋薛尚功钟鼎款识齐侯镈钟铭，用享于其皇考，女考萬万年，诸考字，下均从亏作𠀃，而命汝政于朕三军，女肈敏于戎攻，继命于内外诸子，又均从一从丂，作亏。</small>借为攷校之攷。《尚书》隶古定本，询事攷言，三载攷绩，诸攷字皆只作丂。《散氏盘铭》，虞丂录，阮元、孙星衍均读为考，实当读为攷。元周伯琦《六书正讹》亦曰：攷，古通作丂，是也。丂借为攷，形不显义。后圣有作，亦从丂加攴为攷。知攷为丂之借义转注字矣。《说文》又云：丂，古文又以为巧字。此同声假借也。<small>丂溪母一等字，巧溪母二等字，古音无别。</small>《尚书》隶古定本，巧言令色，巧字只作丂。《金縢》予仁若丂能，《史记·鲁世家》丂读为巧，可证。惟丂借为巧，形义尤晦。造字者复从丂加工为巧。知巧又丂之借义转注字矣。

凡此诸字，古只作丂。《国语》：上帝不考，时反是守。《汉书·司马迁传》，作圣人不巧，机变是守。别本又作圣人不朽。知古语原作丂，故或读为考，或读为巧为朽也。声义相混，无以示别。乃加形为考朽攷巧各形。其与形声字为别者，则古有用丂为考朽攷巧，决无用工可隹董为江河淮汉者。知转注与形声，自有鸿沟界画矣。

（二）就一首加声论，则以老形为主，复分为二

1. 故言转注

《说文》：老，考也，从人毛匕会意。老之形义，明显无缺，无须别制殊文。但以古今音异，老声变丂，或变为耆。声纽虽隔，韵部无殊。<small>古音老考寿同隶萧尤部。</small>则从老省加丂声耆声为转注字。晋卫恒云，转注者以老为耆考也。加举耆字，例尤明显。盖以寿考二字，一首同音，又同受意于老，不啻一字

重文。江河于水，部分同一。寿考于老，完全同一。大有区别。与周官故书祀禩、饎饎、勋勳、紞綷、穿寷、齌资之例相合。故书今书之差异，半为今言故言之差异。类此凡一首互训，或由双声转变，或由叠韵迤易者，是为故言转注。

2. 方言转注

古今音异，既制殊文。方国语殊，亦演数字。如通语为老，各地殊音，复有呼至、呼旨、呼句者，则从老省加至声旨声句声为耊耆耇诸方言转注字。扬子云《方言》云：耊，老也。宋卫兖豫之内曰耊，秦晋之郊陈兖之会曰耇。又云：耆，老也。南楚江湘之间代语也。是方言互异之明证。推之耊从蒿省声，耇从占声，皆此类也。耆耊于老，可以简单换位。江河于水，不可简单换位。是转注与形声之别。类此，凡声韵虽隔，而首一义同，与考老通成一例者。是为方言转注。

依上各例得下表：

转注 ｛ (一) 建类加形 ｛(一) 本义转注　丂考
　　　　　　　　　　(二) 引义转注　丂歺朽
　　　　　　　　　　(三) 借义转注　丂攷丂巧
　　　(二) 一首加声 ｛(一) 故言转注　老考薹
　　　　　　　　　　(二) 方言转注　老耆耊耇耄薹耆

三、广例

（一）省声加形例

就建类加形推广之，则有字形整齐，声类不完，许书必云某省声，使后人得悉其本字者。

玉部，琢，圭璧上起兆琢也。从玉，篆省声。

案《说文》：竹部，篆，引也。引笔成字画也。圭璧上起兆琢，即文饰刻画如篆者也。周官中车，孤乘夏篆。注，篆读为圭琢之琢。《礼记·郊特牲》，大圭不琢，注，琢当为篆，字之误也。是篆为本字，琢为篆之本义转注字。故云篆省声。段氏不知转注之例，改成彖声。许君岂不知篆省声即彖声邪？

土部，坚，积也。从土，聚省声。

案禾部，聚，会也。会与积义相近。坚字可云取声，必言聚省声者，聚为本字，坚为聚之本义转注字也。

马部，駒，马白额也。从马，旳省声。《易》曰：为駒颡。

案日部，旳，明也。《易》曰：为旳颡。《释文》，的。《说文》作駒。许书旳駒两字下，均引《易》，非鲁莽也。盖旳为本字，駒为引义转注字。两字本可通用，即转注之大法也。段氏不知，改成勺声。非也。

风部，飙，北风谓之飙。从风，凉省声。

案《说文》：凉，薄也。盖薄酒也。而《尔雅》北风，谓之凉风。《诗》：北风其凉。《易纬通卦验》，立秋，凉风至，均借凉为飙。是凉为本字，飙为借义转注字也。段氏不知，改成京声，京有寒凉之意邪？
其次则有本为省声，许君未明箸其本声本义，而可借证于群经传注者。

木部，樧，木相摩也。从木，埶声。

案《周礼·考工记》，无樧而固。注，郑司农云：樧，椴也，蜀人言掇曰樧。玄谓樧读如涅，从木，热省声。攷《尔雅·释木》，木相摩，樧。凡物相摩则热，樧，木之相摩而热者也。故字从热省声。古人制字，深明物理。郑君解字，能言本义。盖即以热为本字，樧为引义转注字也。不然，郑君岂不知热执同声邪？

鸟部鸷，击杀鸟也。从鸟，执声。

案《礼·儒行》，鸷虫攫搏。郑注：鸷，猛鸟猛兽也。字从鸟，挚省声。许云执声，郑云挚省声，郑盖以挚省说明猛挚之意。《诗·关雎》，传，挚而有别，释文，本亦作鸷。《夏小正》，二月鹰始挚，《礼·月令》，鹰隼蚤鸷。是挚为本字、鸷为引义转注字也。郑说亦较许君为密。类此凡类似形声之字，但知其字，确为省声，所省之声，确涵字之本义。通用见诸古书，声训见诸许郑，皆建类加形字矣。

（二）省形加声例

就一首加声推广之，则有应分专部，分领转注各字。许君恐分部烦碎，溷入他部，但箸其例于重文下。如女部，媿，惭也，从女，鬼声。媿，或作愧，从耻省。按愧字可云从心，必言从耻省者，盖愧当以耻为首，特许君未立专部耳。依通例当如下：

耻，辱也，从心，耳声。凡耻之属皆从耻。

愧，惭也，从耻省，鬼声。

恦，青徐谓惭曰恦。从心，典声。按当云从耻省。

忝，辱也。从心，天声。按当云从耻省。

惭，愧也。从心，斩声。按当云从耻省。

恧，惭也。从心，而声。按当云从耻省。

怍，惭也。从心，乍声。按当云从耻省。

耻为形声，即通语本字也。愧从耻省，与耻字展转互训，本耻之一首加声转注字。自余恦忝惭恧怍五字，亦与耻字展转互训，并耻之转注字。本当与愧字通成一例，云从耻省。许以未立专部，说云从心。以例比况，从省可知也。攷《方言》云，恦，恧，惭也。荆扬青徐之间曰恦。若梁益秦晋之间，言心内惭也。山之东西自愧曰恧。然则从耻者，而加鬼恦忝斩而乍各声，皆方音转变之明证也。

复次则有应分专部，许君混入他部，而藉许君所引通人之说，得其义例者。如耳部，耿，耳箸颊也。从耳，烓省声。杜林说，耿，光也，从光，圣省。王筠说，从光圣并省，段氏不知转注之法，改云从火，非也。光省者其形，圣省者其声也。耿圣古同清部。耿字许说无征，自以杜说为长。但字可云从火，必言从光省者，盖耿当以光为首也。依《说文》通例，当如下：

炗，明也。火在几上，光明意也。当云凡光之属皆从光。

耿，光也，从光省，圣省声。依杜说。

烔，光也。从火，同声。

煇，光也。从火，軍声。

按光为会意字，即通语也。耿炯煇，与光字互训，并光之一首加声转注字。炯煇并当云从光省，不言者，许未立光部也。玫光耿炯，并见母双声。煇从軍声，亦本见母字。然则从光省而加圣省声冏声軍声，皆故言转注字矣。

上举省形加声两例，皆省其从义，而未省其主义，虽省形实犹未省。如愧从耻者，而云从心，从心犹之从耻。耿从光省，而云从火，从火犹之从光。无异义也。其他则有省其主义者。

辵部，逃，亡也。从辵，兆声。

逭，逃也。从辵，官声。重文雚。逭，或从雚，从兆。段氏云，从雚者，声也。从兆者，从逃省也。按依段说，雚从逃省，雚声。则逭亦从逃省，官声。雚声、官声，古音并寒部牙声。

按逭雚与逃，同部互训，当以逃为部首，即谐声通语。逭雚并逃之省形加声转注字。逭从逃，省其声。雚从逃，省其形。省其声者易知，省其形者难晓也。

瓠部，瓠，匏也。从瓜，夸声。

包部，匏，瓠也。从包，从瓠省。包，取其可包臧物也。按字当入瓠部，云从瓠省，包声。

段氏匏字注云，瓠下云，匏也，与此为转注。《邶风传》曰：匏谓之瓠，谓异名同实也。今按段说是也。但《说文》入包部，以匏为包之建类加形引义转注字，尚嫌附会。实则应入瓠部，为瓠之一首加声方言转注字。字从瓠省，省其形瓜而存其声夸，与雚从逃省，省其形辵而存其声兆，同例。

依此类推，《说文》立字为基，同部互训，据形系联，杂而不越。但知其所从省为中夏之通语，合于雅训，见诸方言，即一首加声字矣。

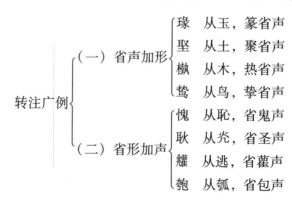

四、变例

建类加形，如丂考惢飍，此正例也。然有不即从本声加形，而反从所从声之字为类，间隔一字，加形为转注字者。是为隔类加形例。

丰，草盛丰丰也。从生，上下达也。
莑，艸盛。从艸。奉声。

按収部，奉，承也。从手，収，丰声。无艸盛义。因奉从丰声，故莑即从奉加艸为转注字。

壬，善也。从人士。士，事也。一曰象物出地挺生也。
挺，拔也。从手，廷声。

按廴部，廷，朝中也。从廴，壬声。无挺出义。因廷从廴，壬声。故挺即从廷加手为转注字。

亦，臂亦也。从大，象两亦之形。
掖，以手持人臂也。从手，夜声。一曰臂下也。

按夕部，夜，舍也。从夕，亦省声。无臂掖义。因夜从亦省声，故掖即从夜加手为转注字。

先，首笄也。从儿，匕象形。
簪，俗先从竹，从朁。

按先部，兓，锐意也。从二先。朁，曾也。从曰兓声。两字均无首笄义。而以朁从兓声，兓与先亦同声，故簪即从朁加竹为转注字。

一首加声，如老考老寿，此正例也。然有不从本首加声，而反从与本首义近之字为形，加声为转注字者。是为异首加声例。

曾，词之舒也。从八，从曰，囧声。

曾，曾也。从日，巷声。

按曾即训曾，是曾为曾之转注字。曾从八从日，八象气之分散，日象口气上出。曾从亦日，从日，犹之从八也。曾从纽，曾清纽，声亦相近。

启，开也。从户口。
闿，开也。从门，岂声。

按启闿同训开，闿即启之转注字。古音韵纽并同。分为二字者，如《周官》故书祀禩、勋勳之例。半门曰户，门从二户，义亦相近。

但，裼也。从人，旦声。
裼，但也。从衣，易声。先击切。章太炎云，古音如裼。体诣切。《诗·斯干》假借为裼字。

按但裼互训，但为通语，裼为转注字。但从人，裼从衣，得为一首者，从人亦可从衣也。如裸，但也。从衣。《士丧礼》注，裸程作俱程。《大戴记》，俱虫三百六十，而人为之长。俱，亦裸字也。但在定纽，裼古音在透纽，声亦相近。

勉，强也。从力，免声。
慔，勉也。从心，莫声。

按勉为本字，形声通语。慔为转注字。勉字从力，慔字从心，得为一首者，从心犹之从力也。如勇，勇气也，从力。古文勇作恿，从心。可证。

依上二例以检《说文》，则隔类加形例，以一义引伸者为限。故有本义转注，引义转注，而无借义转注。异首加声例，以声义全同及最近者为限。故有故言转注，而无方言转注。否则泛滥，而不衷诸字例矣。

转注变例			
（一）隔类加形	本义转注	先簪	半搴
	引义转注	壬挺	亦掖
	借义转注	无	
（二）异首加声	故言转注	启闿	曾曾
	方言转注	无	

五、演例

建类而同意相受者，概从本声加形以注为专字，兹举古韵殆之部诸字以见例。每例举四字。

（一）本义转注

1. 一字重文

臣，颐也。象形。颐，篆文臣。䫀，籀文臣。

按古文臣为本字，篆文从臣加页，籀文从臣加首，皆转注字。

丘，土之高也。非人所为也。从北从一，一，地也。人居在丘南，故从北。中邦之居，在昆仑东南。一曰四方高，中央下，为丘。象形。坙，古文从土。

按丘为古文象形本字。坙从丘加土为古文转注字。

求，古文裘。裘，皮衣也。从衣，求声。一曰象形。

按求为古文象形本字，裘从求加衣为转注字。

尋，取也。从见从寸。寸度之，亦手也。得，行有所得也。从彳，尋声。尋。古文得，省彳。

按尋为古文会意本字。得从尋加彳为转注字。《说文》云：尋，古文省彳，非也。

2. 分为两字，实同一字

喜，乐也。从壴从口。憙，说也。从心喜，喜亦声。僖，乐也。从人，喜声。

按喜为会意本字，憙从喜加心，僖从喜加人，并转注字。

或，邦也。从口，戈以守其一。一，地也。域，或，或从土。国，邦也。从口，从或。

按或为会意本字，域从或加土，国从或加口，为转注字。

来，周所受瑞麦来麰也，一麦两夆，象其芒束之形。秾，齐谓麦秾也。从禾，来声。

按来为象形本字。秾从来加禾，为转注字。

矢，倾头也。从大，象形。夨，籀文夨。从矢，矢亦声。

按《说文》仄，侧倾也，与矢说倾头，义相近。矢为古文指事字，夨从矢加厂为转注字。

（二）引义转注

不，鸟飞上翔不下来也。从一。一，犹天也。象形。否，不也。从口从不，不亦声。

音，相与语，唾而不受也。从丶从否，否亦声。段氏改为丶亦声，非是。

按否本训鸟不下，引伸为弗辞之否，又引伸为唾而不受之音。否从不加口为不之转注字。音又从否加丶，为否之转注字。

矤，未定也。从匕，矢声。矢，古文矢字。语期切。按矤训未定，盖从矢从匕会意。射者注矢，志于正鹄，变化而后定也。《吕览》处方，射者仪毫而失墙。仪即矤之假借字。仪矤双声。疑，惑也。从子止匕，矢声。语其切。按《说文》疑字讹误不可解。疑盖从子矤声。原篆作 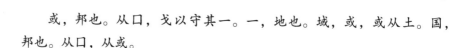 字中直稍长，与匕字合，遂成子止两文。秦诏版疑字作 ，分别书之，甚为明显。懝，騃也。从心疑，疑亦声。擬，度也，从手，疑声。

按矤为会意本字。矤者犹豫未决，故疑为矤之引义转注。騃者心神迷惑。故懝又疑之引义转注。至擬则为矤之本义转注，所谓隔类加形也。《周礼·射人》注，行则止而擬度焉。狸之擬物，犹射者之擬侯中矣。

而，颊毛也。象毛之形。耏，罪不至髡也。从彡从而，而亦声。

按而本言颊毛，引伸言去须之形。而为象形本字，耏为转注字。

子，人以为称，象形。字，乳也。从子在宀下，子亦声。

按子本人称，引伸言子爱。子为象形本字，字为转注字。

（三）借义转注

革，兽皮治去其毛曰革。革，更也。翱，翅也。从羽，革声。

按《诗·斯干》：如鸟斯革。传，革，翅也。盖古文借革为翱，后乃从革加羽为转注。韩诗正作翱。

时，四时也。从日，寺声。莳，更别种也。从艸，时声。

按《书》播时百谷，郑注时读曰莳，盖古文借时为莳，后乃从时加艸为转注。《广雅·释地》，莳，种也。

或，邦也。从囗，戈以守其一，一，地也。惑，乱也。从心，或声。

按《孟子》无惑乎王之不知也。《汉书·霍去病传》，别从东道，或失道。皆借或为惑，后乃加心为转注字。

才，草木之初也。从丨，上贯一，将生枝叶，一，地也。材，木挺也。从木，才声。

按古借才为材。《论语》举贤才，《汉书·平帝纪》引作材。材为转注字。

一首而同意相受者，概从形加声为转注字。分为二：

1. **故言转注**

1）一字重文者。

网，庖牺氏所结绳，以田以渔者。从冂，下象网交文。罔，网，或从亡。段氏云，亡声也。網，或从糸。

按罔从网加亡声，为一首加声之转注字。網又从罔加糸，为建类加形之转注字。凡一字展转增加者视此。

甘，古文箕。囪，亦古文箕。其，籀文箕。匚，籀文箕。箕，篆文，所以簸者也。

按甘囪为古文本字，象形。其从甘加丌声，为一首加声之转注字。匚从其加匸，箕又从其加竹，为建类加形之转注字。《说文》：箕，从竹，甘象形，丌其下也。说成合体象形字，似非箕字孳乳之顺序。

尢，𬯎也。曲胫人也。从大，象偏曲之形。尫，篆文从㞷。

段云，尢者古文象形字。尫者小篆形声字。今案尢者古文指事字，尫，篆文转注字。

歸，歸，籀文省。歸，女嫁也。从止，婦省，𠂤声。

按歸为籀文，从止从婦省会意。歸为篆文，从歸加𠂤声为一首加声之转注字。许云歸籀文省，失之。

2）虽非重文，形声义俱近者，复分为二。
①双声转变。

革，兽皮治去其毛曰革。象古文革之形。鞹，革也。从革，郭声。

段氏云，革与鞹二字转注。案二字见母双声。革，象形本字。鞹为一首加声转注字。

民，众民也，从古文之象，氓，民也。从民，亡声。

案二字明母双声。民为象形本字，氓为转注字。

荥，鬱也。从艸，於声。蔫，荥也，从艸，焉声。

案二字影母双声。荥为形声本字，蔫为转注字。《说文》凡本字皆取他部字训释之，转注字即以本字训释之。

嗌，咽也。从口，益声。咽，嗌也。从口，因声。

案嗌咽影母双声。同部互训，必有一为转注字。但未知孰为本字。凡不能定者视此。
②叠韵迤易。

走，趋也。从夭止。夭者屈也。趋，走也。从走，刍声。

按走趋，侯部叠韵。凡部首部属同训或互训者，部首常为本字，部属常为转注字。

火，焜也。南方之行，象形。焜，火也，从火，尾声。燬，火也，从火，毁声。

段氏云，火与焜为转注。今案火焜燬三字并脂部叠韵。火为象形本字，焜燬并转注字。

芋，大叶实根骇人，故谓之芋也。从艸，于声。莒，齐谓芋为莒。从艸，吕声。

按芋莒模部叠韵。芋为形声本字。莒为转注字。《说文》凡本字训释特详，转注字训释从略。

苗，蓨也。从艸，由声。蓨，苗也。从艸脩声。

按苗蓨幽部叠韵。二字同部互训，声义全同。必有一为后起之转注字。但不知孰为本字。凡不能定者视此。

2. 方言转注

盾，瞂也。所以扞身蔽目。从目，象形。瞂，盾也。从盾，发声。

按盾为象形本字，瞂为转注字。《方言》云：自关而东谓之瞂，关西谓之盾。

巾，佩巾也。从冂，丨象系也。帣，楚，谓大巾曰帣。从巾，分声。

按巾为象形本字，帣为转注字。《说文》以方言释之。

黑，北方色也。火所熏，从炎，上出囪。黸，齐谓黑为黸。从黑，卢声。

按黑为会意本字，黸为转注字。《说文》以方言释之。

匕，相与比叙也。亦所以用匕取饭，一名柶。匙，匕也。从匕，是声。

按匕为象形本字，匙为转注字。苏林《汉书注》：北方人名曰匕匙。

舟，船也，象形。船，舟也。从舟，㕣声。

段氏云，二篆为转注。古言舟，今言船。案《方言》云：舟自关而西谓之船，自关而东或谓之舟。是船为方言转注字。

履，足所依也。从尸，服履者也。从彳夂。舟，象履形。屦，履也。从履省，娄声。

按《方言》屦，粗履也。履，其通语也。据此则履屦为通语方言之异。晋蔡谟谓今时所谓履者，自汉以前皆用屦。其说未审。

舜，舜草也。楚谓之葍，秦谓之藑。蕣，木槿，朝华暮落者。从艸，舜声。薁，薁茅菖也。一名蕣。从艸，夐声。蕣，菖也，从艸，富声。菖，蕣也。从艸，畐声。

按舜为合体象形本字。蕣为舜之建类加形转注字，薁一名蕣可证。至薁蕣菖又舜之一首加声方言转注字。

榱，椽也。秦名屋椽也。周谓之榱，齐鲁谓之桷。椽，桷也。从木，彖声。桷，椽也。从木，角声。橑，椽也。从木，尞声。

按椽为形声通语。榱桷橑并椽之一首加声方言转注字。

六、余论

（一）造意

甲、形事意声而外，必有建类加形之转注字者。盖古人心思粗略，制字尚简。或一形广包众义，或一形兼代数字。或一形假为数用。后人用心愈密，制字日繁，皆依字加形为别。

1）形晐众义加形为别者，如句之别为拘鉤笱。臤之别为堅緊賢，是也。

2）形代数字加形为别者，如尸兼两义，从尸加至则为屋，从尸加死则为屍。匕兼两义，从匕加匕则为比，从匕加木则为枇枇字见《礼经》，是也。

3）形兼数用，加形为别者，如丂本考老之丂，又借为工巧之丂，本义则从丂加老为考。借义则从丂加工为巧。朋本凤皇之朋，又借为朋友之朋。本义则从朋加鸟为鹏，借义则从朋加人为倗，是也。《周礼》为邦朋。注：故书□为朋。

乙、形事意声而外，必有一首加声之转注字者，因古人正名百物，本当时之通语，或一地之正音。时代渐远，疆宇日恢。一字而古今异读，一物而南北殊呼。造字者刺取本字，按形加声。随时地之时音，为统一之文字。故由古今音变，一声而演成数言者，则为故言转注。如《周官》故书今书之变异，齌资、紖缁、穿窴、鱞鰥、綌绤、禷祀、硍碈、總緵等，皆由声韵展转迤易者是也。然亦有无声韵之关系，而为古言今言之别者，如《乡师》巡作述，《考工记》鞞作鞠是也。

由方国语殊，同实而锡以殊号者，则为方言转注。如方言所举老耆耋耇等，皆于声韵无关是也。惟此非至精之别。方言中因亦多有声韵关系者，如方言煤火也，楚转语也，犹齐言煋火也。煤火煋皆晓母双声。《史记》楚人谓多为夥，二字歌部叠韵。即《说文》称引方言，如齐谓苢为芌，苢芌模部叠韵。霁谓之霎，二字脂部叠韵。此不过就大体区分之也。

（二）示别

1. 建类加形转注字与会意之别

会意中形中无声，转注字形中有声。会意如武信。转注如考飙。

2. 建类加形转注字与形声之别

形声字声不含义，转注字声即其义。形声如江河。转注如□桓。

3. 一首加声转注字与会意之别

会意字，声义存于形外。转注字声义具于形中。会意如八厶为公，皿虫为蛊。转注字如糸丩为纠，艸丩为茻。

4. 一首加声转注字与形声之别

形声字异名异实，转注字异名同实。形声如江河淮汉之于水，松柏梧桐之于木。转注于耆耋耄耇之于老，愧惭慊忝恧怍之于耻。

（三）许例

《说文序》于他五书，均平举两字见例。惟转注举考老，似为侧注。然谛审仍为对举，盖两字中，欲其能晐贯建类一首两例，而又同意相受者，颇难其字。适考字所从之形"老"，与所从之声"丂"，本形本声，各于本义有会。故举以见例。以考字明建类一首，以老字明同意相受。虽非两字平举，实具两字功用。徐锴只知考为建类加形之转注字，郑樵又只知考为一首加声之转注字，均未能灼知许意。自余自作聪明，好为臆说者，更未足以语此矣。

（原载《中山大学文学院专刊》1943年第2期。后收入曾运乾著、夏剑钦整理《声韵学》，湖南教育出版社2012年版，第391－409页。今据《中山大学文学院专刊》收录）

---

① 原文缺一字。由于所举"桓"例于上文无可照应，此处所缺内容暂未能定。据其"声即其义"的定义，很可能就是"豆"字。——编者按

鸟书考

容 庚

许慎《说文序》云："亡新居摄，使大司空甄丰等校文书之部，自以为应制作，颇改定古文，时有六书：一曰古文，孔子壁中书也。二曰奇字，即古文而异者也。三曰篆书，即小篆，秦始皇帝使下杜人程邈所作也。四曰佐书，即秦隶书。五曰缪篆，所以摹印也。六曰鸟虫书，所以书幡信也。"鸟书之名，始见于此。《汉书·艺文志》言：汉兴，萧何草律，以六体试学童，云虫书而不云鸟虫书。卫恒《四体书势》言：甄丰改定古文，六曰鸟书，亦不云鸟虫书（《晋书·卫恒传》）。厥后鸟书、鸟篆之名，时见于史籍：

光和元年（公元一七八年）二月，"始置鸿都门学生"。李贤注："鸿都门名也，于内置学，其中诸生皆勅州郡三公举召能为尺牍辞赋及工书鸟篆者相课试，至千人焉。"（《后汉书·灵帝纪》）

初（灵）帝好学，自造《皇羲篇》五十章，因引诸生能为文赋者。本颇以经学相招。后诸为尺牍及工书鸟篆者，皆加引召，遂至数十人。（《后汉书·蔡邕传》）

阳球奏罢鸿都文学曰："或献赋一篇，或鸟篆盈简，而位升郎中，形图丹青。"（《后汉书·阳球传》）

（卫凯）好古文、鸟篆、隶草，无所不善。（《魏志·卫凯传》）

今晋朝唯用白虎幡，信幡用鸟书，取其飞腾轻疾也。一曰以鸿雁燕鳦者，来去之信也。（崔豹《古今注·舆服第一》）

虫书之状，宛转盘屈，于玺印中时见之。鸟书之状，果何如乎？唐唐玄度《十体书》云："鸟书，周史官史佚所撰。粤在文代，赤雀集户；降及武朝，丹鸟流室。今鸟书之法，是写二祥者也。用此以书题幡者，取其飞腾轻疾耳。一说，鸿燕有来去之信，故象之也。"（《墨池编》一：十五引）唐韦续《五十六种书》云："周文王赤雀衔书集户，武王丹鸟入室，以二祥瑞，故作鸟书。"（《墨薮》页三）其言荒渺，皆不足信。鸟书之得见者，始于宋《博古图录》、薛尚功《历代钟鼎彝器款识》等书所载之钟一、戈一、带钩一，凡三器，皆春秋间物。宋人不识，或入之夏，或入之商、周。明代则有李日华所藏之汉缂仔妾娋印。清初则有孙承泽所藏之吴季子之子逞之剑。近数十年来，间出于圩墓，以时代言，则属于春秋、战国；以器物言，则为剑、为戈、为矛、为钟、为带钩；以国别言，则有越、吴、楚、蔡、宋等国之器。下及汉印、唐碑额，得四十五器，爰集录作《鸟书考》。

一、越国十五器

（一）越王剑（图一，铭文拓本）

著录：《贞松堂集古遗文续编》（下二三作王伐剑格）、《小校经阁金文拓本》（十：九九全形拓本无背面）、《三代吉金文存》（二十·四八作王戉剑格无背面）、《双剑誃吉金图录》（下三六作王戉剑）、《颂斋吉金续录》（一二九），今藏广州博物馆。

剑长市尺一尺六寸五分，刃长一尺三寸三分，柄长三寸二分，剑格广一寸五分。色作水银古，上有绿锈。锋锷廉利，犹可杀人。铭在剑格上，左右各作"王戉"二字，两面共八字，双钩鸟书。一九三一年秋，得于北京式古斋。初释为"王戉"，以为即《史记·秦始皇本纪》之卿王戉也。后于《周汉遗宝》中得见戉王矛，乃知当释王戉，戉乃越之古文，倒读则为越王。

鸟书之器，以越国为多。所见有戉王、戉王者旨於赐、戉王丌北古、戉王州勾四人。其只言戉王而不名者，疑乃勾践也。案《史记·越王勾践世家》：勾践立，是为越王。元年，吴伐越，败于欈李。《索隐》云："事在《左传》鲁定公十四年。"（公元前四九六年）勾践卒。《索隐》云："《纪年》云：晋出公十年（公元前四六五）十一月，於粤子勾践卒，是为菼执。"《通鉴外纪目录》以为勾践立于周敬王二十四年（公元前四九六），卒于贞定王五年（公元前四六四），在位十三年，盖合其子鼫与元年计之。《吴越春秋》以为勾践二十七年卒，误也。

（二）越王矛（图二）

著录：《楚文物展览图录》（图七八称为奇字矛），湖南省文物管理委员会藏。

矛长连木柄约市尺一尺〇二分，矛长七寸四分。中作三棱，两旁各有花纹三。花纹之下，各作一"戌"字。两"戌"字下，中作一"王"字，皆鸟书。长沙市出土。

（三）越王者旨於赐钟（图三，维扬石本）

著录：《金石录》（十一：一作古钟铭）、《博古图录》（二二：一七作周蛟篆钟）、《历代彝器款识》（一：二作商钟，载一维扬石本，二《古器物铭》本，三《博古录》本，字形略有异同）、《啸堂集古录》（页八二）、《两周金文辞大系》（补录一），藏宋宗室赵仲爱家，后归宋内府。

钟高宋尺七寸六分，甬长四寸九分。铭五十二字，错金，鸟书者约十字。《博古》《啸堂》两本行款皆经改易，惟维扬石本及《古器物铭》本尚存原式。兹释文如下：

佳（惟）正月王
春吉日丁（此二行在钲上）
亥，戉（越）王
者旨於
赐罨（择）氒（厥）（此三行在鼓左）
吉金，自
乍（作）禾（和）□
□，以乐（此三行在背面鼓右）
□□，□而
宾客。曰以（此二行在钲上）
鼓之，凤
莫（幕）不貧。
□余子（此三行在鼓左）
孙，万枼（世）
亡彊，用
之勿相。（此三行在正面鼓右）

案越王者旨於赐六字，旧释"既望分召纯厘"，今据越王者旨於赐矛订正。子孙二字，维扬石本有重文，它本无之。

《史纪·越王勾践世家》：自允常、勾践、鼫与、不寿、翁、翳、之侯至无彊，凡八世。《越绝书》（八：三《四部丛刊》本）作允常、勾践、与夷、子翁、不扬、无疆、之侯、尊时、亲，凡九世。《吴越春秋》（十：二五《四部丛刊》本）作元常、勾践、兴夷、翁（下表有"不寿"而无"翁"）、不扬、无疆、王侯、尊亲，凡八世。《竹书纪年》作勾践、鹿郢、不寿、朱勾、翳、诸咎粤滑、错枝、无余之、无颛、无疆，凡十世。非特名号异，即世次亦异。其者旨於赐果为何王？余假定以为勾践之子鼫与。陈梦家《蔡器三记》（《考古》一九六三年第七期）以为"鼫与《国语·吴语》作诸稽郢；……《越绝书》作与夷，'诸稽'是'者旨'之对音，'与夷'是'于赐'之对音"。案诸稽并是者旨之孳乳字，未尝不可以通假。但《吴语》："乃命诸稽郢行成于吴。"（注）："诸稽郢，越大夫"，而非勾践之子。《左传》闵公二年："晋侯使大子申生伐东山皋落氏。里克谏曰：'大子奉冢祀社稷之粢盛，以朝夕视君膳者也，故曰冢子。君行则守，有守则从。从曰抚军，守曰监国，古之制也。'"审是，则行成非大子之事也。又《史记·越王勾践世家》："使范蠡与大夫柘稽行成为质于吴。"《索隐》云："越大夫也，《国语》作诸稽郢。"明言其为大夫。且《史记》柘稽与鼫与不当歧出，陈氏之言，不足据也。

林沄云："鼫与一名，和者旨於赐是声音相通的。因为，鼫从石声，石字是禅母三等字，者字则是照母三等字，上古音照审禅母三等字归端透定母，所以石、者两字古代都读舌头音。……彼此音同或音近，正是古音的保留。《毛诗·终南》：'颜如渥丹'，《韩诗》作'颜如渥沰'（《经典释文》引，《韩诗外传》作'颜如渥赭'），可证古代从石声之字和从者声之字音通互假。……至于与字和於字，则同为喉音字，同属鱼部。……所以，缓言之为者旨於赐，急言之则为鼫与。这就像《国语》上的寺人勃鞮，《左传》上写作寺人披一样，是同一人名的不同记音方法。"（《考古》一九六三年第八期《越王者旨於赐考》）

《史记·索隐》："按《纪年》云，鹿郢立六年卒（公元前四六四年—前四五九年）。乐资云：'越语谓鹿郢为鼫与也。'"《左传》哀公二十四年作适郢。《越绝书》（八：三）作与夷。《吴越春秋》作兴夷，即位一年卒。今见者旨於赐所作，有钟、矛、剑、戈各器，殆非一年所能成，当以六年卒为是。

（四）越王者旨於赐矛（图四，摹本）

著录：日本《周汉遗宝》（图五四作错金矛）、《燕京学报》（第十七期《鸟书考补正》补图十）、《两周金文辞大系》（补录二）、日本《书道全集》（一：一〇五，一九五四年新版作越鸟书矛），日本细川护立藏。

矛长市尺一尺一寸一分。柄有鼻可系绳，旁作三鱼形夔龙纹。铭："戉王者旨於赐"两行六字，错金，鸟书者五字。《遗宝》本仅辨首行戉王二字。一九三四年，贻书梅原末治君请求摄影。承赠影本，字字清晰，乃摹其文。

（五）越王者旨於赐剑（图五）

著录：《燕京学报》（第二十三期《鸟书三考》图四）。

剑约长市尺一尺六寸九分，剑格广一寸五分半。铭在剑格上，面左右各二字，文曰"王戉"，与越王剑同。背左右各二字，右曰"者旨"，左曰"於赐"。八字均鸟书。或谓面文与越王剑同，则当是一人所作之器。余谓鼫与为勾践之子，勾践死后，铸剑工人犹有存者，故文字可能相同。而背文改为"者旨於赐"，以示别于只称"戉王"者，故余假定为两人也。《商周金文录遗》（五九二）著录越王剑，与此同铭异器，文字模糊，故不录。

（六）越王者旨於赐剑二（图六）

著录：《燕京学报》（第二十三期《鸟书三考》图五）、《商周金文录遗》（五九四）。

剑长市尺一尺六寸一分，剑格广一寸五分。铭在剑格上，面左右各二字，文曰"郂王"，顺逆相背，与前剑异，郂字从邑。背左右各二字，右曰"者旨"，左曰"於赐"。鸟书者二字。与前剑均出于寿县。

（七）越王者旨於赐戈（图七，摹本）

著录：《考古》（一九六三年第四期《安徽淮南市蔡家岗赵家孤堆战国墓》），安徽省博物馆藏。

戈援长市尺四寸六分，胡残长四寸，内残长一寸。胡正面铭："戉王者旨於赐"两行六字，戉旨二字泐蚀不可辨；背面铭两行六字，不可识，均错金，鸟书者三字。一九五九年淮南市八公山区蔡家岗出土。尚有一戈，正面泐存者赐二字，背面泐存每行下一字，文字相同，故不录。

（八）越王之子剑（图八）

著录：《商周金文录遗》（五九三）。

剑大小未详。铭在剑格上，正面左右各作"王戉"二字，鸟书。背面右为"之子"二字，左二字不可识。其勾践之子乎？

（九）越王丌北古剑（图九）

著录：《文物》（一九六二年第十二期马承源《越王剑》），上海博物馆藏。

剑长市尺一尺八寸一分，剑格广一寸五分，剑首直径一寸二分。铭剑格正面左右各"戉王丌北古"五字，背面左右各"自乍用□自"五字，剑首环列"戉王丌北自乍元之用之佥（剑）□"十二字，皆错金，鸟书者约十字。剑身已断为四截，并有残缺。

马承源谓"越王丌北古就是越王盲姑，盲姑即不寿，他是勾践的孙子。……按丌、北同属之部韵，韵尾相同，速读时易于省去一个音，即只剩北字音。……北、盲旁纽双声字，借盲声为北声，乃是声转的关系，古、姑是双声叠韵字"。

《史记》索隐："《纪年》云，不寿立十年见杀（公元前四五八—四四九），是为盲姑。"

《周金文存》（六：一〇五）著录簠斋所藏古兵，剑首环列十二字；《善斋吉金十录》中《古兵录》奇字剑一（下九），剑首错金书十二字，又奇字剑二（下十），剑首存七字，又卯剑（下十一），剑首错银书十二字，剑格正背面字模糊不辨字数，字体与越王丌北古剑略同，乃同时所制也。

（十）越王州勾矛（图十，《中国铜器》本）

著录：英国威廉瓦生著《古代中国铜器》（页七六）、《书道全集》（一：一〇四，新版），大英博物馆藏。

矛长市尺八寸六分。锈色斑驳。形制与越王者旨於赐矛略同。铭"戉王州勾自乍用矛"，两行八字，错金，皆鸟书。

《越世家》《越绝书》《吴越春秋》均作不扬，《索隐》："《纪年》：於粤子朱勾，三十四年灭滕，三十五年灭郯，三十七年卒。"（公元前四四八—前四一二年）。今所见矛、剑均作州勾。朱，古音在侯部，州，古音在幽部，侯、幽可以旁转。

（十一）越王州勾剑（图十一，《周金》本）

著录：《周金文存》（六：一〇六作宝用剑全形拓本）、《三代吉金文存》（二十：四八作鸟篆剑格）、《贞松堂集古遗文》（十二：二三同）、《燕京学报》（第十六期《鸟书考》图六，断后影本），王懿荣旧藏。

剑长市尺一尺八寸二分，剑格广二寸。剑格正面右为"戉州勾"三字，左为"王州勾"三字；背面左右各为"自乍用金"四字，回环读之。鸟书者共十字。

王懿荣《天壤阁杂记》云："辛巳年（光绪七年，公元一八八一年）八月，由川北上回京馆试。到陕西。……先是过宝鸡，渡河，祷于宝鸡祠陈宝之神，愿得古器。门未启，叩于外。到长安，得……小苏估剑一，当为天下第一。鸟形阳文，篆如花如字，字下又有花，锋如新。……陈宝之神所祐也。"陈介祺与王懿荣书云："尊释'宝鐱永用'。蒙谓用鐱释信，鐱省金。宝字作义，与薛书商钟自字同，当释自。其一字当是人名，读曰某自用剑，与逞之永用剑文同，其字竟不可强释。其一面似有饰宝，亦左右同文，似三字。其一下半作弓，上作二鸟，似是兮字。其一近成字，其一字长而洲，不可释。"（《簠斋尺牍》涵芬楼印本第七册）戉王州句四字，前人均不认识。余据越王者旨於賜矛，得识戉王二字，近据越王州勾矛，复识州勾二字，识字信不易也。此剑全形拓本传世极少，《周文金存》所印，乃王氏以赠吴大澂者。陈氏书又云："全剑精拓，乞再惠三四纸，以一多题字尤企。"未知王氏曾与之否？此剑后归武进陶祖光。剑之上半及柄均佚，惟存剑格及中段。一九三三年，陶君出以见示，乃为摄影。今陶君逝世，不可踪迹矣。

（十二）越王州勾剑二（图十二，《亚洲学报》本）

著录：英国叶慈（W. Perceval Yetts）《中国古剑上之鸟书》（《大不列颠及爱尔兰皇家亚洲学会学报》一九三四年七月号）、《燕京学报》（第十七期《鸟书考补正》补图七），法国巴黎 Cernuschi 博物院藏。

剑长市尺一尺五寸三分，剑格广一寸六分。铭文正面六字，背面八字，与前剑同。文字中错以蓝玉，间有脱落。锈蚀太甚，剑身中断。

（十三）越王州勾剑三（图十三）

著录：《燕京学报》（第十七期《鸟书考补正》图二三），美国纽约温士洛（G. L. Winthrop）藏。

剑长市尺一尺三寸七分，刃长一尺二寸三分，剑格广一寸五分。铭文正面六字，背面八字，与前剑同。一九三五年，梅原末治君以拓本寄示。

（十四）越王州勾剑四（图十四，《书道》本）

著录：《商周金文录遗》（五九八）、《书道全集》（一：一〇八，新版）。

剑长市尺一尺五寸五分，剑格广一寸七分。铭文正面六字，背面八字，与前剑同。

（十五）越王州勾剑五（图十五，《善斋》本）

著录：《善斋吉金录·古兵录》（下八，作自作用剑）、《小校经阁金文拓本》（十：九九作戊王剑一）、《三代吉金文存》（二十：四八作鸟篆剑格一）。

剑长市尺一尺五寸七分，剑格广一寸三分。铭文正面六字，背面八字，与前剑同，泐蚀不尽可辨。

二、吴国四器

（十六）王子于戈（图十六，摹本）

著录：《文物》（一九六二年第四、五期，张颔《万荣出土错金鸟书戈铭文考释》）、《学术研究》（一九六二年第三期商承祚《王子㺇戈考及其它》），山西博物馆藏。

戈援长市尺四寸八分，胡长二寸九分，内长二寸四分。铭正面"王子㺇之用戈"六字，错金，鸟书者三字。背面一字不可识，与攻敔王光戈背面一字相同而反书。之用二字与逗之剑同，故可确定为吴国之器。一九六一年，山西万荣县后土庙附近贾家崖出土。

张颔云："《左传》昭公二十年：'（伍）员如吴，言伐楚之利于州于。'杜预注'州于吴子僚'。州于的于字，与王子于戈上的于字，形音皆同，所以王子于之用戈，当即吴王僚为王子时之器。至于州于本为两个字，而戈上只称于，这种例子，在有关资料上是屡见不鲜的。"又云："假如州于为吴王馀昧之子的话，则此戈当是在王馀昧元年（公元前五三〇年）至吴王僚元年（公元前五二六年）四年间所铸造的。假若如《公羊传》所说，州于为吴王寿梦庶子的话，则此戈当是在吴王寿梦元年（公元前五八五年）至吴王僚元年五十多年内所铸造的。"

商承祚据《公羊传》昭公（案当云襄公）二十九年，"结论是：僚为寿梦'长庶'，季札之兄，光之叔父，而光为诸樊'嫡长'。"以余观之，寿梦（《公羊》作乘）有子四人，长曰诸樊（《公羊》作谒），次曰馀祭，次曰馀昧（《公羊》作夷昧），次曰季札（《公羊》作札），《公羊》《吴越春秋》

《史记》均同，盖为不争之事实，何来庶长之僚？《公羊传》所载吴事，至为零乱：馀祭卒于襄公二十九年（前五四四），在位四年，是年季札聘鲁；馀昧卒于昭公十五年（前五二七），在位十七年，均与《吴越春秋》歧异。王僚之被刺，乃昭公二十七年事，而插叙于襄公二十九年，季札聘鲁之下，相距二十九年。季札所云"尔杀吾兄"，安知其不脱去"之子"二字？司马迁整理旧文，据《左传》《吴越春秋》，而不据《公羊传》，当较为可信。故余据《史记》则光为诸樊之子，僚为馀昧之子，乃兄弟行，季札其叔父也。

（十七）吴王光逗戈（图十七，摹本）

著录：《周金文存》（六：十七），上海博物馆藏。

戈援长市尺五寸一分，胡长二寸九分，内长二寸五分。铭正面"大（吴）王光逗自作"六字，由胡至援，背面"用戈"二字，在胡上。王用二字略作鸟形。西周铜器铭文有大王，余疑为吴王，吴字省口，犹周字省口作䛐也。此戈余初释为大王，但吴字在春秋时，如吴王光鉴、攻吴王夫差鉴，吴字皆从口从大，则大王疑亦省口为吴王。光吴王名，《左传》又称为阖庐。楚子西称为吴光（《左传》昭公三十年）。此称光逗，未见于他书。余初欲据子可戈读法，由援至胡，释为"逗自作吴王光用戈"，但与攻敔王光戈读法相校，由胡至援，仍当以前释为是。《周金文存》印本模糊，光字未识。马承源君寄赠拓本及摹本。

同铭者二器：其一《攈古录金文》（二之一：三一）著录作趉贞戈，《周金文存》（六：十五）作趉戈，钱塘何嘉祥藏。戈援长市尺四寸六分，胡长三寸三分，内长二寸三分。其一《周金文存》（六：十六）著录，嘉定瞿中溶藏。戈援长市尺五寸一分，胡长二寸九分，内长二寸四分。文字略同，不录。

（十八）攻敔王光戈（图十八，《双剑誃》本）

著录：《十二家吉金图录》（双三作光戈）、《双剑誃古器物图录》（上四四作春秋攻敔王光错金戈，错金非。图十八）。

戈援长市尺四寸四分，胡长二寸九分，内长二寸二分。铭"攻敔王光自"五字，前三字在胡上，后二字在援上，背胡上一字不可识。《史记·吴太伯世家》："太伯之奔荆蛮，自号句吴。"或引作勾吾。攻吴王夫差鉴作攻吴，工敔王钟作工敔，此作攻敔，皆吴之别称也。前以王字与攻字偏旁之工字相同，误释为工，故知古文字变化多端，未尽可以偏旁推断者。王字与吴王光逗戈略同，鸟书之形不显，以文字与它器相类，故附著之。内作八兽，颠倒相逐，兽形与越王者旨於赐矛柄上雕刻者相同，可见吴、越两国文字，花纹为一家眷属也。

（十九）吴季子之子逞之剑（图十九，积古斋本）

著录：程瑶田《通艺录·桃氏为剑考》（页八）、《积古斋钟鼎彝器款识》（八：二十作吴季子之子剑，图十九）、《攈古录金文》（二之一：五七作吴季子剑）、《缀遗斋彝器考释》（二九：九）、《周金文存》（六：九四全形拓本）、《小校经阁金文拓本》（十：九九作吴季子之子逞剑），孙承泽旧藏。

剑长一尺五寸九分（据《周金文存》拓本）。铭"吴季子之子逞之元用剑"。两行十字，在剑身上，错金，鸟书者三字。各家著录不尽相同，皆出于摹本。程瑶田云："胡生得孙退谷所藏吴季子之子剑剑铭拓本，遂以遗余。其篆为鸟虫书，十字二行。退谷手书释之曰：'吴季子之子保之永用剑。'又为跋尾手书之，其略云：昔季子有剑，为徐君所爱。此则其子之剑。吾见三代诸器款识多矣，鲜有及此者。旧在睢阳袁氏，曾向余言，买时一字酬以十金。"康熙九年（公元一六七○）十二月，朱彝尊偕嘉兴李良年、吴江潘耒、上海蔡湘过孙承泽蛰室，出延陵季子佩剑相示，因联句咏之，得四十韵。诗成摹铭文于前，俾彝尊书联句于后，装界为册，藏为砚山书屋（见《曝书亭集》四六：四）。王士禛为作双剑行（见《精华录》二：十四）。得二公之赞美，故喧赫于世。翁方纲谓"读其拓本，而可疑者凡有五焉"（《复初斋文集》十九：十）。盖由于当时所见错金鸟书少，故疑所不必疑也。

"元"旧释"永"，余据攻敔王夫差剑"攻敔王夫差自乍其元用"，秦子戈及秦子矛"公族元用"，吉日壬午剑"乍为元用"，皆有"元用"之文。而虢公剑"为用元剑"，元字鸟书与此略同，故定为元字。

《陶斋吉金录》（三：四七）所录吴季子剑，铭为"吴季子用永用之鐱"，两行八字，只前一用字为鸟书，文义不通，笔画柔弱，盖仿前剑而伪。李葆恂曾辨之云："光绪丁未（公元一九○七年），陕西回人苏估持此剑来金陵，售于端忠敏公（方），公命余考定真赝。余曰：'此仿孙退谷所藏吴季子之子逞之永用剑而伪凿者。彼器字画细筋入骨，精劲绝伦，岂似此之痴肥耶？'公颔之。而苏估力言其何处出土，真器无疑。公以苏估曾为王文敏公（懿荣）所赏，所言当不谬，遂以重金购之，载入《陶斋吉金录》矣。"（《三邕翠墨簃题跋》一：五）

三、楚国二器

（二十）楚王孙渔戈（图二十，摹本）

著录：《文物》（一九六三年第三期，石志廉《楚王孙鱼铜戈》），北京历史博物馆藏。

戈援长市尺四寸九分，胡长三寸九分，内长二寸三分。内作错金蟠螭纹。铭"楚王孙渔之用"六字，三在援上，三在胡上，错金，鸟书者二字。湖北江陵县新民泗场长湖边出土。

《左传》昭公十七年（公元前五二五），"吴伐楚，阳匄为令尹，卜战不吉。司马子鱼曰：'我得上流，何故不吉？且楚故，司马令龟，我请改卜。'令曰：'鲂也以其属死之，楚师继之，尚大克之，吉。'战于长岸，子鱼先死，楚师继之，大败吴师，获其乘舟余皇。"杜注："子鱼，公子鲂也。"楚之公族，有称公子者，如公子元是也。有称王孙者，如王孙游是也。有称王子者，如王子职是也。有称太子者，如太子建是也。有称公孙者，如公孙燕是也。王孙渔当即子鱼，不知何王之子或孙。除王朝及吴国公族外，他国无称王子、王孙者。

（二十一）楚王酓璋戈（图二十一）

著录：于省吾《双剑誃古器物图录》（上四五），故宫博物院藏。

戈援长市尺四寸五分，胡及内各长二寸二分，胡下微缺。一九三六年春，忽闻上海有十八字错金鸟书戈，同好皆色喜相告语。郭沫若君在日本为致影本，以为已东渡矣。后戈由上海北来，归于省吾君。铭云："楚王酓璋严龚寅，乍鈛戈，以邵扬文武之戈用"，错金十八字，鸟书者四字。洛阳出土。楚王之名熊者，金文作酓，楚王酓璋即楚惠王熊章，楚王酓忎即楚幽王熊悍也。《史记·楚世家》：楚昭王卒于军中，子闾与子西、子綦谋，迎越女之子章立，是为惠王。五十七年，惠王卒（公元前四八八——前四三二）。酓章所作器，有钟二，宋代安陆出土，一铭三十四字，一铭二十一字，见于《历代钟鼎彝器款识》（六：七）。有剑一，一九三三年，寿县出土，铭两行十四字，可辨者仅楚酓章为士用征七字，见于刘节《楚器图释》（页九）、《三代吉金文存》（二十：四五），字均作章不作璋。

四、蔡国五器

（二十二）蔡侯产戈（图二十二，《彝器款识》本）

著录：《考古图》（六：十二作戈）、《历代钟鼎彝器款识》（一：一作夏珊戈）。

戈以汉弩机尺度之，刃广寸半，内长四寸半，胡长六寸，援长七寸半。胡铭"蔡侯产之用戈"六字，错金，鸟书者五字。宋李公麟得于寿阳紫金山汉淮南王之故宫。薛尚功云："庾肩吾《书品》论曰：'蛟脚旁舒，鹄首仰立'，正此书也。"黄庭坚《跋李伯时所藏篆戟文》云："龙眠道人于市人处得金铜戟，汉制也。泥金六字，字家不能读，虫书妙绝。于今诸家，未见此一种，乃知唐玄度、僧梦英皆妄作耳"（《豫章黄先生文集》二八：二四）。案黄氏以戈为戟，以春秋为汉物，以鸟书为虫书，均误。

蔡侯产三字，余初不之识。现据新出蔡侯产剑，可确知之。薛氏本较吕氏本摹写放大，且均有误笔。

《史记·管蔡世家》："十九年，成侯卒，子声侯产立。声侯十五年卒（公元前四七一——前四五七），子元侯立。"

（二十三）蔡侯产剑（图二十三，摹本略大）

著录：《考古》（一九六三年第四期《安徽淮南市蔡家岗赵家孤堆战国墓》），安徽省博物馆藏。

剑长市尺一尺七寸八分，刃长一尺五寸二分，广一寸四分半。铭："蔡侯产之用金（剑）"，两行六字，错金，鸟书者四字。淮南市八公山区蔡家岗出土。

（二十四）蔡侯产剑二（图二十四，摹本略大）

著录：同前。

剑长市尺一尺六寸七分，刃长一尺三寸六分，广一寸一分。无镡无格。铭："蔡侯产□□□"，两行六字，鸟书错金，与前剑同出土。

（二十五）蔡侯产剑三（图二十五，摹本略大）

著录：同前。

剑长市尺一尺五寸七分,刃长一尺三寸,广一寸五分。柄及格饰云纹及绿松石。铭:"蔡侯产□□□",两行六字,鸟书错金,次行三字,与前剑文同不可识。以上三剑与《越王者旨於赐戈》二器同出土。

(二十六)蔡□戈(图三十一)

未著录,上海博物馆藏。

戈援长市尺三寸五分,上端微断,胡长三寸六分,内长二寸三分。铭:"蔡□之用玄翏(镠)"六字,四字在援,两字在胡。之字略作鸟形,用字泐。马承源君以拓本寄赠。

五、宋国二器

(二十七)宋公栾戈(图二十六)

著录:《燕京学报》(第二十三期《鸟书三考》)、《双剑誃古器物图录》(上三四)。

戈援长市尺四寸二分,胡长二寸八分,内长二寸五分。铭:"宋公䜌(栾)之贻(造)戈",面二行四字,背二字,均在胡上,错金,鸟书者一字。一九三六年,寿县出土。寿县陈济庸君寄赠影本。

《左传》昭公二十年:"癸卯,取太子栾与母弟辰、公子地以为质。"注:"栾,景公也。"二十五年:"十一月,宋元公将为公故如晋,梦大子栾即位于庙,已与平公服而相之。"《史记·宋微子世家》:元公卒,子景公头曼立。六十四年,景公卒(公元前五一四—前四五一)。《汉书·古今人表下上》宋景公名兜栾。

宋元祐间,宋公栾鼎出于南都,藏秘阁,底盖皆有铭(见《金石录》十一:四),其图见于《续考古图》(五:十六)云:"克一姪得之于南京。"或后归秘阁也。《博古图录》(三:三七)著录有盖而无器,铭:"宋公䜌之馈鬲",二行六字。先此戈出土八百四十余年。黄伯思引汲冢《师春书》云:"宋之世次曰景公䜌者,昭公子。"(《东观余论》上六一)与《左传》及《史记》皆以景公为昭公父者不合。

(二十八)宋公得戈(图二十七)

著录:《书道全集》(一:一〇三,新版)。

戈援长市尺四寸三分，胡长三寸七分，内长二寸四分。铭："宋公䇓（得）之賹（造）戈"，面二行四字，背二字，均在胡上，错金，鸟书者三字。寿县出土。

《左传》哀公二十六年：宋景公无子，取公孙周之子得与启畜诸公宫，未有立焉。冬十月，公游于空泽，卒于连中。大尹立启。六卿不服，共攻之。大尹奉启以奔楚，乃立得。注："周，元公孙子高也；得，昭公也；启，得弟。"《史记·宋微子世家》："六十四年景公卒。宋公子特攻杀太子而自立，是为昭公。……昭公四十七年卒。"（公元前四五〇—前四〇四）《索隐》："特，一作得。按《左传》景公无子，取元公庶曾孙公孙周之子得及启畜于公宫。及景公卒，先立启，后立得，是为昭公。与此全乖，未知太史公据何为此说？"案景公即位至昭公卒，相距一百一十年。今二戈形制及文字略同，铸年当相距不远。

六、不知国名十二器

（二十九）舞公剑（图二十八）

著录：《贞松堂集古遗文》（十二：十九）。

剑大小未详。铭："舞公自择吉厥金，其以乍为用元剑"，而背各一行七字，错金，鸟书者五字。吉厥当读作厥吉，用元当读作元用。

（三十）子□戈（图二十九，《金文录遗》本）

著录：《燕京学报》（第二十三期《鸟书三考》）、《商周金文录遗》（五六七）。

戈援长市尺四寸一分，胡长三寸一分，内长二寸四分。铭："子□之用戈"，五字，皆鸟书，由援至胡。一九三五年，寿县出土。

（三十一）敚□戈（图三十，摹本）

著录：《燕京学报》（第十七期《鸟书考补正》图二六作《玄镠戈》）。

戈内长市尺三寸三分，胡长三寸八分，援长未详。铭："敚□之用玄鏐（镠）"六字，错金，鸟书者三字。之用二字与前器相同，当是同一国之器。

（三十二）新弨戈（图三十二，摹本）

著录：《文物》（一九六二年第十一期商承祚《新弨戈释文》），湖北襄阳专区博物馆藏。

戈援长市尺五寸，胡长三寸七分，内已折断。铭："新弨自敏（命）弗戈"，六字，惟戈字略作鸟形。郾王朒戈铭："郾王朒作㇏萃鏃鉘"八字，鏃鉘乃戈之别名。此弗字不从金，文义相同。一九五五年，湖北南漳出土。

（三十三）玄镠戈（图三十三，《金文录遗》本）

著录：《燕京学报》（第十七期《鸟书考补正》图二五）、《商周金文录遗》（五六三）。

戈援长市尺四寸四分，胡长三寸二分，内长二寸四分。铭："玄翏（镠）"，二字，在胡上，错金鸟书。一九二六年，河北曲阳出土。

翏即镠之古文。邵钟、郘公华钟、郘公牼钟、吉日壬午剑皆有"玄镠"。《尔雅·释器》："黄金谓之璗，其美者谓之镠。"注："镠即紫磨金。"彝器上所云玄镠，乃指青铜而言也。

（三十四）玄镠戈二（图三十四，摹本）

著录：《贞松堂集古遗文》（十一：二三）、《贞松堂吉金图》（中五六）。

戈援长市尺三寸四分，胡长二寸，皆有断折，内长二寸二分。铭："玄翏（镠）"，二字，在胡上，错金，翏字下半泐。

（三十五）自作用戈（图三十五，《吉金文存》本）

著录：《贞松堂集古遗文》（十一：二六作□□用戈）、《三代吉金文存》（十九：三七作鸟篆戈，图三十五）。

戈援长市尺三寸一分，胡长二寸七分，内长二寸一分。铭："自作用戈"，四字，鸟书，在援及胡上。

（三十六）□之用戈（图三十六，《梦郼》本）

著录：《周金文存》（六：六十作珥戈二）、《梦郼草堂吉金图》（中九作金书雕戈）、《三代吉金文存》（十九：三七作鸟篆戈二）、《小校经阁金文》（十：三十作□作用戈）。

戈援长市尺二寸三分，上端断折，胡长三寸一分，内长二寸。铭存"□之用戈"四字，错金，鸟书者一字，在援及胡上。

（三十七）之用戈（图三十七，《善斋》本）

著录：《善斋吉金录·古兵录》（上二五作永用戈）、《小校经阁金文》

（十：二九同上）。

戈援连内长市尺九寸九分，胡长四寸五分。铭："之用戈"三字，错金鸟书，在胡上。寿县出土。

（三十八）用戈（图三十八）

著录：《颂斋吉金续录》（图一二八）、《三代吉金文存》（十九：二六）。

戈通长市尺六寸，援长三寸八分，胡长二寸九分，内长二寸二分。铭："用"字，鸟书，在胡上。一九三三年，山西汾阳县出土。

（三十九）册□带钩（图三十九，《啸堂》本）

著录：《历代钟鼎彝器款识》（一：十七作夏带钩）、《啸堂集古录》（六九）。

形制大小未详。铭三十三字，错金、鸟兽书，文义不可晓。约略可识者：首行册母反往，二行不利产，三行不，四行则相旨，十一字而已。《彝器款识》云："尾四字，喙一字，钩腹二十八字。"《啸堂》云："钩首四字，钩尾一字"，未知孰是。

（四十）之利残片（图四十，摹本）

著录：《文物》（一九六一年第十期唐兰《记错金书鸟篆青铜器残片铭》）。

残片高市尺六寸（摹本高五寸，云"原大"，与影本不符，未知孰是）。铭存六行四十七字，错金，鸟书者约十字，只存残铜一片，如半月形，文义不可晓。约略可识者，首行之利寺之奴，二行堇於於兴，三行利利玄镠之，四行邵成书釿，五行女长邵古易女，二十余字而已。与奇字钟有相似处而不尽同。

从上列各器观之，其有人名可考者，始于吴王子于（即位于公元前五二六年），楚王孙渔（卒于公元前五二五年），其次则宋公栾（公元前五一四—前四五一年），楚王酓璋（公元前四八八—前四三五年），蔡侯产（公元前四七一—前四五七年），越王者旨於赐（公元前四六四—前四五九年），越王丌北古（公元前四五八—前四四九年），宋公得（公元前四五〇—前四〇四年），终于越王州勾（公元前四四八—前四一二年）。假定王子于及王孙渔作器于公元前五五四年，至宋公得之卒于公元前四〇四年，则鸟书之流行不过一百五十年。其有国名可考者，为越、吴、楚、蔡、宋五国，而以越国所作器为最多。其字数以越王者旨於赐钟五十二字为最多，鸟书约十字。楚王酓璋戈十八字，鸟书四字。舜公剑十四字，鸟书五字。吴季子之子逞之剑十字，鸟书三字。鸟书之器不尽作鸟书。册□带钩三十三字，均作鸟书，其中三数字则作兽形。其鸟书亦有种种不同，原字之外，有加一鸟形于旁，以为纹饰，去其鸟形仍可成字者，如用戈是。有加一鸟形于下者，如玄镠戈是。有加两鸟于左右者，如敓□戈是。有加一鸟及二鸟者，如舜公剑是。有笔画与鸟形混合不分者，如自作用戈是。有笔画作双钩鸟纹者，如越王剑是。如子□戈□字作一鸟，用字作两鸟，戈字鸟形与笔画混合，子字、之字作简单之鸟纹，五字而四者备焉。

七、汉印三方

（四十一）緁伃妾娋玉印（图四十一）

著录：鲍昌熙《金石屑》（三：一）、《十钟山房印举》（四：五）。

印方七分，凫纽纯白，纽旁有朱斑半黍，玉泽温润，入手凝脂。文："緁伃妾娋"四字。明李日华六砚斋旧藏。李氏跋云："汉宫赵飞燕为緁伃时印，不知何年流落人间。嘉靖间，曾藏严氏（嵩），后归项墨林（元汴），又归锡山华氏（夏）。余爱慕十余载，购得藏于六砚斋，为一奇品，永为至宝。若愿以十五城岂能易也。"清嘉庆七年（公元一八〇二），归于文鼎，朱为弼有咏文后山鼎所藏汉赵緁伃玉印诗（《蕉声馆诗集》三：十）。道光五年（公元一八二五）十二月十九日，归于龚自珍，喜极赋诗四首（《定庵文集补》上），为寰中倡，欲得地十笏于玉山之侧，构宝燕阁居之。后归番禺潘仕成海山仙馆及高要何昆玉。同治十一年（公元一八七二），何氏携此印及潘有为看篆楼古印、叶志诜平安馆节署烬余古印售于潍县陈介祺。陈氏复出旧藏，益以东武李璋煜爱吾鼎斋、海丰吴式芬双虞壶斋及李佐贤、鲍康各家藏印，成《十钟山房印举》。

印文昔人皆释为"緁伃妾赵"，或谓为钩弋夫人，或谓为飞燕、合德。余谓末乃娋字，是名非姓。緁伃妾娋，犹言丞相臣斯也。緁伃，《汉书·外戚列传》作倢伃，位视上卿，爵比列侯。

（四十二）熊得玉印（图四十二）

著录：《燕京学报》（第十七期《鸟书考补正》图二七）。
印方市尺五分半。印花罗福颐君赠。

（四十三）张猛铜印（图四十三）

著录：《十钟山房印举》《十一：五一），于省吾藏。

印方市尺五分。与上印笔画均作简单之鸟首；与缑仔妾媚玉印字体相肖，其时代当属于汉。可知汉人所谓鸟书者，皆此类也。于省吾君闻余重定《鸟书考》，以印花寄赠。

八、唐碑额一

（四十四）昇仙太子碑额（图四十四，拓本缩小）

著录：褚峻《金石图》（第四册缩刻）。

碑周武后曌御制御书。碑文草书，碑额六字，明赵崡称为"飞白书作鸟形"，乃飞白书之别体也。太子碑三字皆作一鸟，升字为三鸟，仙字为四鸟，六字之中，十鸟集焉。碑立于圣历二年（公元六九九），碑连额高一丈七尺四寸，在今河南偃师南四十里缑山仙君庙。额鸟书如绘画，可见武后之多才多艺。又唐高宗御书孝敬皇帝叡德纪，书于上元二年（公元六七五），碑文草书，碑额飞白书。书法与昇仙太子碑相似。《唐书·武后本纪》云："高宗自显庆后，多苦风疾，百司奏事，时时令后决之，常称旨，由是参豫国政。"《资治通鉴》（卷二〇二）上元二年三月，云："上苦风眩甚，议使天后摄知国政。"叡德纪疑由武后仿高宗书而代笔。武后生于武德七年（公元六二四）。上元二年，时年五十二；圣历二年，时年七十六，相距二十四年。或谓《唐书·高宗本纪》：上元二年四月："天后杀皇太子"（即孝敬皇帝），必不为之书碑。然《旧唐书》只云："皇太子弘薨于合璧宫之绮云殿。"皇太子乃武后亲生子，沈瘵婴身，卒年仅二十一，即使受禅，不能制武后之专政，酖杀断非事实。碑文云："天后心缠积悼，痛结深慈。"则书碑实有可能。《唐书》对于武后称帝，每多污蔑之词，如酖杀皇太子。乃其一也。

九、伪秦玺一方（图四十五，蔡仲平本缩小）

尚有一伪物足记者，乃秦玺也。薛尚功《彝器款识》（十八：二）所载凡二，其一文云："受天之命，皇帝寿昌。"其二文云："受命于天，既寿永昌。"其二乃鸟书也。薛氏所录，一向巨源传本，二蔡仲平传本，方市尺三寸四分，二者笔画微异。宋赵彦卫《云麓漫钞》（十五：一）所录一博陵崔逢《传国玺谱》内所载玺二，二元符所得玺，三魏玺，四碑本二。惟元符本为鸟书，然与薛氏本亦微异。考《宋史·哲宗本纪》（卷十八）：元符元年（公元一〇九八）三月乙丑，诏翰林学士承旨蔡京等辨验段义所献玉玺。定议以闻。五月戊申朔，御大庆殿受天授传国受命宝，行朝会礼。癸丑，受宝恭谢景灵宫。庚申，诏献宝人段义为右班殿直，赐绢二百匹。《云麓漫钞》所记尤详，云：

  元符元年春正月甲寅，永兴军咸阳县民段义劚地得古玉印，诏尚书礼部、御史台、学士院、秘书省、太常寺官定验以闻。三月丙辰，翰林学士承旨蔡京等奏奉敕讲议定验咸阳民段义所献玉玺。义称绍圣三年（公元一〇九六）十二月内河南乡刘银村掘土得之。臣等按所献玺色绿如蓝，温润而泽，其文曰："受命于天，既寿永昌。"其背螭纽五盘纽间，亦有贯组小窍。其面检文与玺相合，大小不差毫发。篆文工作，皆非近世所为。臣等以历代正史考之：玺之文曰"皇帝寿昌"者，晋玺也。曰"受命于天"者，后魏玺也。"惟德允昌"者，石晋玺也。则"既寿永昌"者，秦玺可知。今得玺于咸阳，其玉乃蓝田之色，其篆与李斯小篆体合，饰以龙凤鸟鱼，其虫书鸟迹之法，于今传古书莫可比拟，非汉以后所能作明矣。今陛下嗣守大宝，而神玺自出，其文曰："受命于天，既寿永昌"，则天之所畀，乌可忽哉。晋、汉以来，得宝鼎瑞物，犹告庙改元，肆眚上寿，况传国之器乎。其缘宝法物礼仪，乞下所属施行。诏礼部、太常寺考按故事，详定以闻。有司讨论故实来上，择日祗受。改元曰元符，大赦天下，百寮称贺。

然此玺实伪制，故赵氏复辨之曰：

  谨案《汉官仪》：天子不佩玺，侍中组负以从。秦以前为方寸玺。卫宏亦云，秦以前为方寸玺。秦以来天子独称玺，又以玉，群下莫得用。《徐璆传》（见《后汉书》卷七八）："献帝迁许。璆以廷尉征当诣京师，道为袁术所劫。术死军破，璆得其盗国玺，还许，上之。司徒赵温谓曰："君遭大难，犹存此邪？"璆曰："昔苏武困于匈奴，不坠七尺之节，况此方寸印乎。"《吴书》亦云，方围四寸，则知秦玺方寸耳。后之玺大若此，其为伪无疑。

案宋代君臣,侈言祥瑞。真宗深以澶渊之盟为辱,尝愀然不乐。王钦若曰:"惟封禅泰山可以镇服四海,夸示夷狄。然自古封禅,当得天瑞,希世绝伦之事,然后可为也。"既而又曰:"天瑞安可必得,前代盖有以人力为之者,惟人主深信而崇奉之,以明示天下,则与天瑞无异矣。"上意犹未决,问杜镐曰:"古所谓河出图,洛出书,果如何事耶?"镐漫应曰:"此圣人以神道设教耳。"适与上意会,上由此意决(苏辙《龙川别志》上三)。蔡京之秦玺,等于王钦若之天书,皆人为之瑞也。赵氏从制度上之大小辨其伪,以"证谱家之谬,祛后来之惑",其言至确。明沈德符著《秦玺始末》,纪载更详,其旨在辨传国玺之不足宝。然此可窥见宋人意想上之鸟书,故附著之。

余于一九三四年作《鸟书考》,一九三五年作《鸟书考补正》,一九三八年作《鸟书三考》,均载于《燕京学报》。兹续有所见,合三篇而成此文。摹本多承商承祚、曾毅两君见贻,敬申谢意。

一九六四年一月

图一　越王剑

图二　越王矛

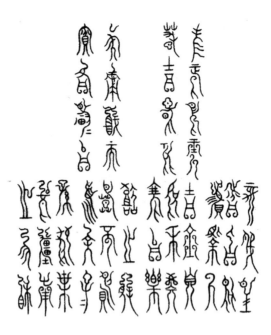

图三　越王者旨於赐钟

图四　越王者旨於赐矛

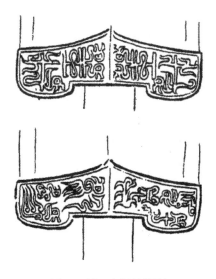

图五　越王者旨於赐剑

图六　越王者旨於赐剑二

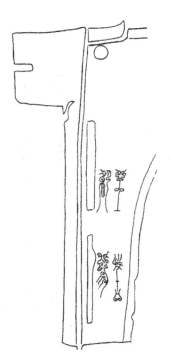

图七　越王者旨於赐戈

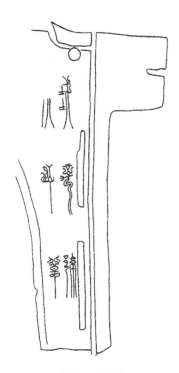

图七　背面

图八　越王之子剑

图九　越王丌北古剑

图十　越王州勾矛

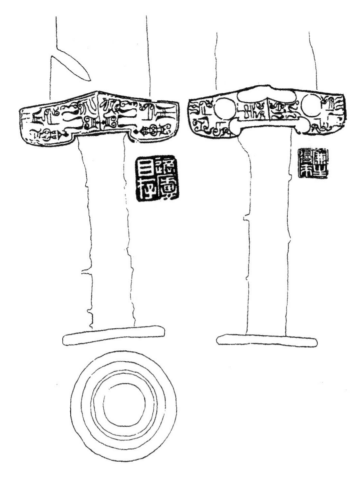

图十一　越王州勾剑

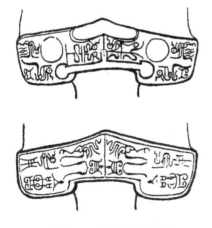

图十二　越王州勾剑二

图十三　越王州勾剑三

图十四　越王州勾剑四　　　　　　图十五　越王州勾剑五

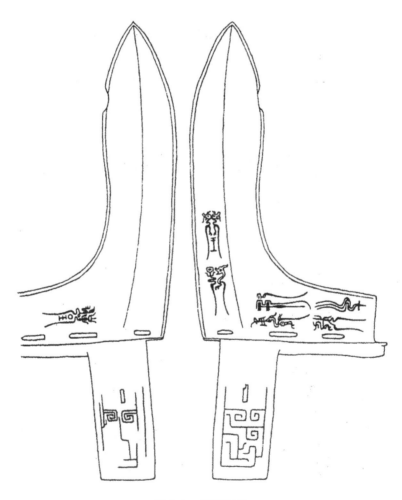

图十六　王子于戈

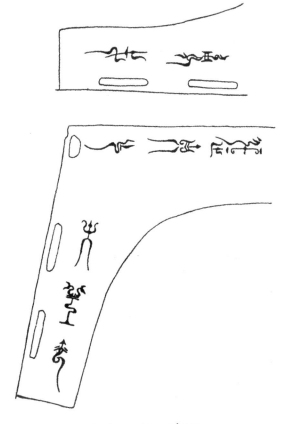

图十七　吴王光逗戈

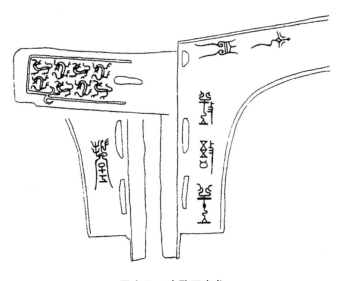

图十八　攻敔王光戈

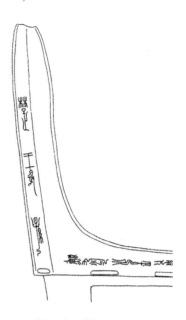

图二十　楚王孙渔戈

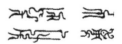

图十九　吴季子之子逞之剑　　　　　图二十一　楚王畲璋戈

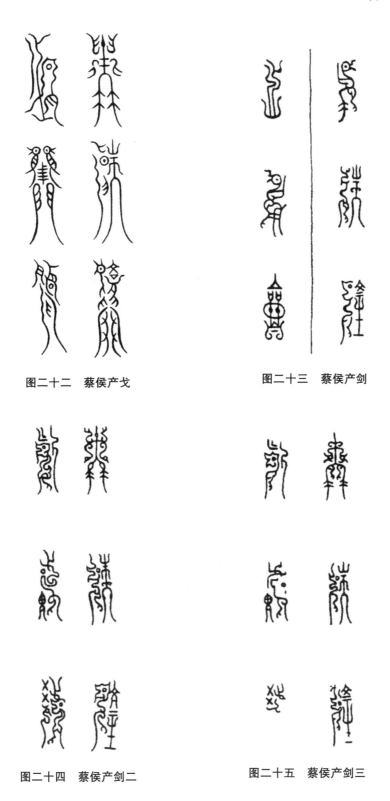

图二十二　蔡侯产戈

图二十三　蔡侯产剑

图二十四　蔡侯产剑二

图二十五　蔡侯产剑三

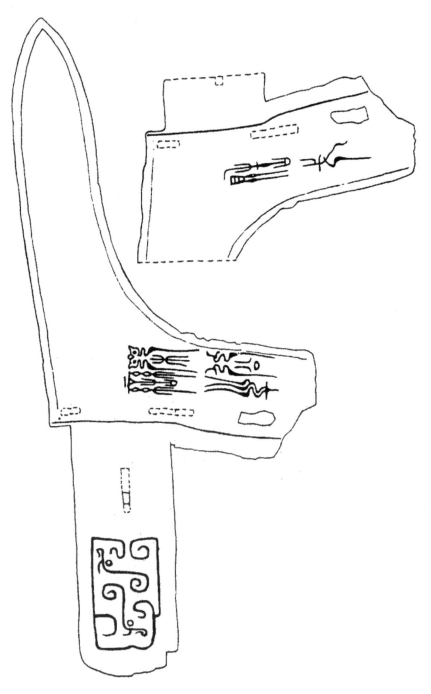

图二十六　宋公栾戈

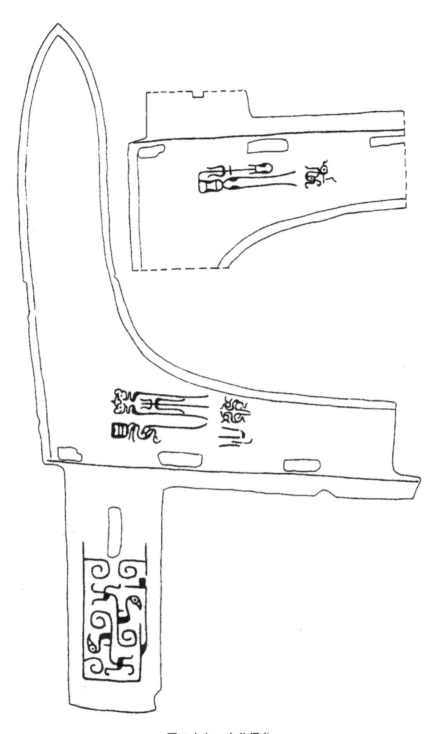

图二十七　宋公得戈

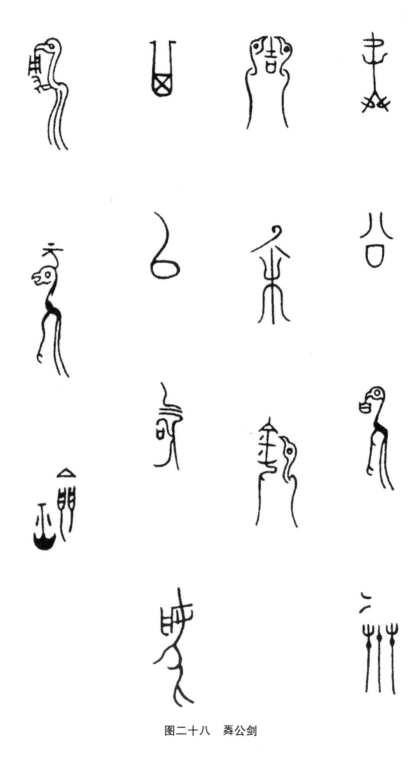

图二十八　巰公剑

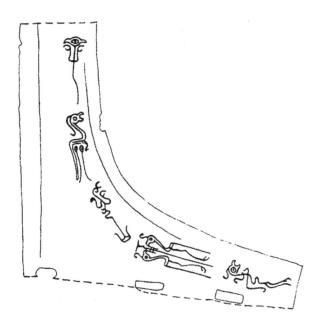

图二十九　子□戈

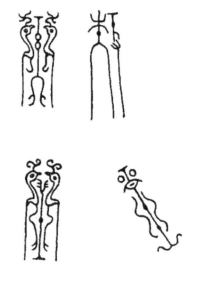

图三十　敖□戈

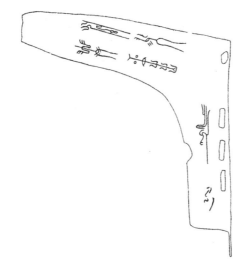

图三十一　蔡□戈

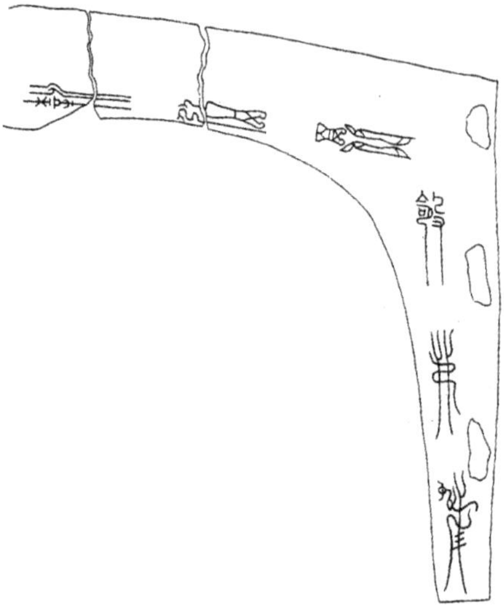

图三十二　新弨戈

图三十三　玄镠戈

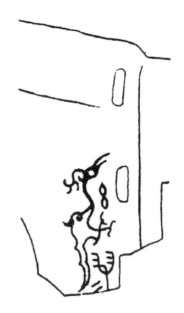

图三十四　玄镠戈二

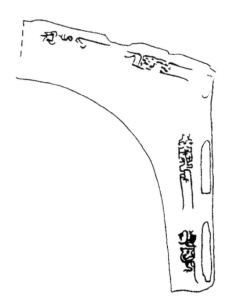

图三十五　自作用戈

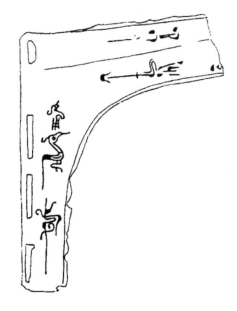

图三十六　□之用戈

图三十七　之用戈

图三十八　用戈

图三十九　册□带钩

图四十　之利残片

图四十一　缂仔妾娋玉印　　图四十二　熊得玉印　　图四十三　张猛铜印

图四十四　昇仙太子碑额　　图四十五　伪秦玺

（原载《中山大学学报》1964年第1期。后收入《颂斋述林》，香港翰墨轩出版有限公司1994年版，第87－129页；《容庚文集》，中山大学出版社2004年版，第274－319页；《容庚学术著作全集》22册《颂斋述林》，中华书局2011年版，第135－188页。今据《容庚学术著作全集》收录）

谈鄂君启节铭文中几个文字和几个地名等问题

商承祚

鄂君启舟车节铭文的叙述，重点放在地名和路线上，其中有几个大地名与水道名同于今名，有的音同字异于今名，但古今名称相符合，而水道城邑遗址可肯定下来的毕竟少数。我在《鄂君启节考》（下简称《节考》）①属稿之初，把这最不易解决而又困难重重的问题不断提出意见与谭其骧同志商讨，及谭氏大致将地名考定以后，我节取其说于《节考》中，从此，这两条古代水陆交通线及所庚城邑遗址有了个轮廓。后来谭氏就初考补充扩大，写成专题《鄂君启节铭文释地》一文，发表于《中华文史论丛》第二辑、《中华文史论丛》第五辑（以下简称《二辑》《五辑》），而黄盛璋同志《关于鄂君启节交通路线的复原问题》一文，是由谭文引发出来的。谭氏《再论鄂君启节地理答黄盛璋同志》，提出一些不同意的看法。于省吾同志对"菟和"与"阳丘"两地望提出了异议②，展开争鸣，使这块初垦园地活跃起来，是值得高兴的事。鄂君启节铭文记载的两条地理交通线，不是后世片断传抄的文献，而是战国早期或还早固定下来的水陆地理，用笔墨而又有系统的直接写出来的，如能将其复原，对研究古代政治、经济、文化、史地、交通，有莫大的价值。但怎样地穿针引线？以今证古，从轮廓到具体，不可能用三几篇论文就得出这两条正确可靠的遗址和路线的结论，要经过较长的时间简练揣摩进行讨论，愈讨论愈深入，也就愈辩愈明。

本文所谈涉及五方面：第一，在某些地名上的文字形体，从表面看似乎可以相假，其实不能，以其属于两个系统、两种音义，如邔与邵等问题。第二，殷涤非的舟节摹本有误字，如鄄误为鄄，不能作为依据等问题。第三，"菟和"与"阳丘"，不论在字形，特别是在古今地望距离太远，说服力不强等问题。第四，舟节往返是单线行走还是水陆联运等问题。第五，其他问题。这些问题，包括根本问题和看法问题，提出与谭、黄、于三同志探讨。

---

① 《文物精华》第二集，文物出版社1963年版。
② 《鄂君启节考》，载《考古》1963年第8期。

一

芑、邔，舟节第五行第六字及第十五字。

两字偏旁皆从 ᙝ 不从己。考十二地支中的巳，甲骨文金文作 ♀、♀、♀、♀，祀字则从 ᙝ，两者形音义皆有别，不能等同混用（甲骨文十二地支之"子"有专形字）。而 ♀、♀ 可通用于子孙之子已见甲骨文。完全以 ♀ 为子，实始自周人，但从 ᙝ 之字则始终未变动，以 ᙝ 为十二地支之巳，是汉以来的事，篆文时代巳、已同字，故用 ᙝ 为发语词或语气词。盂鼎："已，女妹辰有大服。"毛公㫚鼎："已曰"皆为发语词。吴王光鉴："往已"为语气词等。除上例，己、巳两字的本形本音在整个使用篆书时代皆未变，如甲骨文金文十天干之己，以及从己声之杞、异、跽；金文杞①、异、忌、改；楚帛书之纪；信阳竹简之芑。其从巳声之祀、改②、汜（甲骨文）、禩、㠱③（金文）皆是，两者区别清楚严格。黄氏写芑从巳不误，但读同《说文》"白苗嘉谷"之芑音而转为"棘"则非。己声和巳声不能相混，两字虽同在古韵"之部"，而己为喉牙，巳为舌齿，段玉裁所谓"双声部分以叠韵为重，字音以双声为重"④。故虽同一韵部，而声母大限不同，不能强合为一。

邔与邔亦不相同。《说文》："𨚓，南阳县，从邑，己声。"为汉之邔县⑤，与楚之邔形音各殊，非一地。汉代是否有邔、邔两邑而《说文》只收邔未收邔？抑邔为邔地之改名？还是汉人将邔错写为邔？这些问题都应当考虑到。检视《说文》邑部的字一百七十九个，绝大部分解释为古国名、古地名，有的还说明古地望所在，有的注明古地名某而今改名为某的⑥。这百多地名，是许慎从经传中择录出来的，若谓邔地因未见于经传而不录则可，谓邔改为邔

---

① 杞字亦见汉开母庙阙及魏三体石经古文杞，皆从己。
② 《说文》攺、改互见。攺训"毅攺大刚卯，以逐鬼魅。从攴，巳声，读若巳"，改训"更也，从攴、己"。《诅楚文》："外则冒攺晊心。"攺作 𢻹。新莽量："改正建丑。"改作 𢼸，皆不从己。我意攺为改之本字，而改乃 𢼸（金文改𣪘）之后起字。据《隶辨》改字最早见于后汉中的景君铭，此后无一作攺者，改之通行，可能始于后汉初。
③ 亦见秦高奴权，《文物》1964 年第 9 期。
④ 参见段玉裁《说文解字注》珒字注。
⑤ 《汉书·地理志上》及《后汉书·郡国志四》南郡。
⑥ 鄢，"南郡县，孝惠三年改名宜城"。

则不可，谓邔错写为邵则更不可，因邔是根据篆形与音别写成，不相混同，不像后世的楷书，写己为开口，写已为半开口，写巳为封口。因这三字在笔划安排不大显著的情况下，互相牵误，不断出现于手写体及雕版中，所以笺注家每于这些字注明其音读、音切①。楷书不能与篆书相提并论是不可不知的。

隶书中的汉碑对己、巳两字的区别情况又如何？与楷书比较还是相当严格的，如从己音之圯、跽，字开口不连于上横划，十二地支之巳（通用于"终巳"之巳），则必连于上横划而合其口，如祀、芑②安排清楚，不能认为是偶然的现象，以是知因为当日同时需要两个形体不侔、音义各殊的字才会创造，若是可以互相通假，有一即可，焉用二为。正因这样，直至汉代，仍遵守形音义发挥其作用。黄文以芑阳为棘阳，邔为汉之邵县，我不同意。

二

澹，舟节第七行第十一字。

我与谭氏商榷此字的地理时，曾经指出，罗长铭同志据殷误摹作 ![] 而释之为"脜"之不可信③。《节考》虽援引谭氏从罗说为油水，但提出："字误则义不足据，所释就大成问题了。"表示不同意。而我考证此字为"澹"，其水即澹水，认为这条水有两个可能性：一、战国时并无油水这名，后世之油水即澹水故道。二、战国时既无油水，则《水经注》的澹水从澧水北岸别出，下游仍入于澧（明弘治中已湮塞），为后世的事。直至目前，我这看法仍未改变。几千年来，有些大河流已改途易径，或因河床淤塞将长流缩短，甚至湮没都有可能，藉使推翻我释澹为澹，而"脜"转为同音之"油""繇"（见于氏文）的结论亦难以成立。

车节 ![] 字于氏作槍释"櫧"，是正确的，可异的是于氏各释其释，岂非同意殷定 ![] 为《说文》"面和也，从百从肉，读若柔"的"脜"，和同意罗、

---

① 《汉书·地理志上》邔注，"孟康曰：'音忌'。师古曰："'音其己切'"。今各家刻本多作邔，间作邵，很混乱，知汉时已如此，故孟康等注明其音读是有道理的。

② 以上引用各字，见《隶辨》。

③ 殷涤非、罗长铭：《寿县出土的鄂君启金节》，载《文物参考资料》1958年第4期。

谭"油水"的说法，不然不会以"䍃"代"由"（油）的。于氏既认为我对鄂君启节"摹仿逼真"，而又以殷、罗之误为正，其说当作何解？

泸，舟节第六行第七字。

一九五七年同时发现的四节，其中车节三，舟节一。舟节"泸江"之泸作🈁，罗氏首释之为浍。一九五九年我在北京历史博物馆摹此节时，怀疑此非浍字，以其上从 A （殷误为 A），似另一偏旁，不与 A 同。又会字所从之"曰"，金文非从 曰 则从 曰，无一作 🈁 形者，疑为从膚的泸字，但头部"虍"形又不明显，难以决定。嗣见一九六零年续发现的舟节作🈁，知过去推测还是对的，曾在《节考》引用说明，黄氏未见拙文，故据谭说谓我释此字为泸而已。黄氏既不了解早期古文膚、盧同字，遂以"下并不从皿，其上亦不从虍头……无论如何不能肯定为泸字。"而坚持其为"浍"字不误，并一转其音为"邗"，定为"邗江"，亦即《水经注》之"韩江"（《五辑》一五五页），铸成大错。

屓，舟节第五行第四字。

此字我写为屓，谓疑从厂，员声，谭改为屓，释为郧。今黄作屓，谓字非从员，并举本节从贝之败、賹、睍与 🈁 字不同为证，其说可信，但以"当无可疑"之"鄢"的地望当之，则仍有待于研究。

三

"🈁禾"见车节第七行第十二、十三字，殷谓即"象禾"，我同意。于氏引顾栋高《春秋大事表·山川表》："今陕西商州东有菟和山，通襄汉往来之道。"遂定龟禾为"菟和"，亦即《左传》哀四年的菟和①，于字形引甲骨文兔作🈁（🈁）②，及石鼓文兔作🈁为证，否定🈁是"象"字。我认为于说在字形上及地理上皆有商榷之余地。

---

① 《后汉书·郡国志一》"京兆尹"："上雒……有菟和山。"注引《左传》。菟和山亦见《水经·注》卷二十丹水条。

② 商王鸹（🈁甲）出现于甲骨文约三十二次，但字的头部又有从心、从🈁者，并不一致，于是有释之为兔甲、虎甲、象甲的。字既无定论，故本文不加征引，只据于氏引用《殷虚书契前编》卷二第三十二页第二片的兔字为说。于文篆体有缺误，今为改正。

兹先谈字形。金文函皇父鼎兔字作 [字形]①，兽头从 [字形]。[字形] 作的除兔字而外，还有极其显著的"象"字，如数见不鲜的金文"为"字就是从"象"，其头作 [字形]，"为"，是在劳动生产中以手牵"象"服役而创造出来的字，今据甲骨文结构，纠正了小篆形体和汉人对其字义的曲解，金文从 [字形]，即由甲骨文 [字形] 形增减整齐而成。战国金文及西汉帛书复省略为 [字形]、[字形]，与于氏举证的兔头无异。还有，甲骨文金文及先秦石刻，从龟字偏旁的有鲁、鼛、夐、纛等字②，几无不与"象"头同，因此，就不能光注意兔形这方面而忽视与象字局部相同的那方面。面对兔、象两字部份形同义异的矛盾应如何解决？我意应考虑其躯体结构。兔体从 [字形]（甲骨文）、[字形]（金文、石鼓文），尾短而上翘；象体从 [字形]、[字形]（甲骨文）①[字形]（金文）。节文从 [字形]，为其变。长尾或歧尾而下垂，以之作为兔、象的区别特点，既可讲得通，又可解决矛盾，从而联想起古人在造字之先，对事物的观察是细微深入而不苟的。

次谈地理问题。菟和路线于文谓"上言'庚邡（方）城'，此言'庚菟和'，是经过方城西向，已达到今陕西省的东南部。"又说："自鄂出发，北经阳丘、方城，又西折抵于菟和，折而东旋，经过繁阳（按繁阳之上有冨焚，于文漏列其地，应作经过冨焚、繁阳……）、下蔡、居郲（巢），最后经过郢都。"我以为由方城西折菟和，则形成一条突出的支线。方城至菟和七百余里，决不可能没有较大的城邑出现，如其有而未载，谓为可以完全省略，于情理上是讲不通的，就从本铭陆路各站远近距离来看，也不无看出问题，岂能视为一条特殊的路线。谭、黄所绘的车运线皆顺行，是符合当日规定的路线。于氏为了树立其菟和之说，势必撇掉方城以东的象禾，重新另建方域以西的菟和据点，开辟了这条理想的岔道。

我不妨再将阳丘至居巢，方城至菟和的里程估计一下，这两条支线是否存在就更清楚了。阳丘至居巢，庚郲不计共八地，其里程约共一千里，站与站相距约百里左右即出现一个城邑。方城遗址据谭考在今之保安镇，如其说无误，则距菟和（今商县）至少有七百里，回程又须经过方城至繁阳，一来一往约千二百里（谭氏近说），干线全长才千里，而菟和一支线竟占干线百分之七十乃无一邑可庚（以上皆按直距粗估），是不合理和不

---

① 陕西博物馆：《青铜器图释》图六二，文物出版社1960年版。《商周金文录遗》所收墨本，每行下各缺拓一字。

② 参见《甲骨文编》《金文编》《石刻篆文编》。

符合事实的。

阳丘,于文据《左传》定公四年注,置之鄂北的大隧、直辕、冥阨三隘道之南,由三隘道再北抵方城。"最近我曾与谭氏函商此地,谭谓:"既不知于氏的具体依据,又未明指阳丘今所在的确实地点,我只能说,阳丘既在三隘道之南,则自此至方城至少有五百里而概乎言之。"既然如此,则这地望不仅有问题,而且是渺茫的。由此可见,于氏所言种种,是未能透过现象依据实际,所得出来的结论就必然落空了。

四

黄氏以今之巢湖北岸略当古之居巢①,向东南申展与水路衔接联运,从绘图看得很清楚。谭答黄文水陆连线的走法虽异,而由车更舟之意则同(《五辑》一九零页),我认为这说法是可商的。两节记载舟车的航线分明,表示舟车分途行动而非衔接转运,否则舟车合节便可通用,无须分铸两套节,铭文虽未载明原航原返,但不言而喻,应该是"各自为政"的。藉使不作硬性规定,可以任由一线往返也可以联运的话,而在统治阶级的心目中,考虑的不光是在水运量大运费省、陆运量小运费大方面着想,主要是在怎样利用两线多运多得满足他们大幅度的利润来进行。还有,联运有两种不可能的实际情况,我们应该估计在内:第一、东路水道溯江逆流,至郢都有相当的缓慢。第二、车载单程的任务完成以后,必须放空回转,受到很大的损失。愚人者不自愚,鄂君启决不会做这样的傻事,因此,从两节所述内容和"庚郢"来看运途,可以肯定,其为水陆"分道扬镳"而非联运。舍车易舟绕行一周的说法,是值得谭、黄重新加以考虑的。

五

两节所著之地名,亦即当日规定货运所走之路线,提供我们研究古代江河流域和城镇遗址的宝贵资料。黄文谓:"所著路线地名仅是表示免税经由的途径与范围,而不是表示当时实际路线的走法,故着重在免税范围,而不着重在地名。凡是可以表达上述目的,使用者与关吏可以看得懂,就算达意,

---

① 谭文不同意其考地,见《五辑》183-184页。

而不管省略是否合乎文法，特别是水路有河流控制，地名用字省略更多。"①（《五辑》一四四页）免税固为目的之一，更为重要的还是得用地名与水道局限其途径，使其必须按照规定站运行，不得越"雷池"一步，为其又一目的，如果"不是表示当时实际路线的走法"，有两个起迄地名就足够了，何必一水一地不惮其繁地明列节上。据黄氏说法，不仅矛盾，还与自己"交通路线的复原问题"研究的详情相左。

黄氏根据免税论点得出来的结论是："庚，表示经过地名，所经之地皆为城邑关戍，盖皆有税官驻守。"（《五辑》一四五页）按舟节凡十一地，无一地不言庚。车节凡九地，亦无一地不言庚，"庚"在此涵义若真的无不包括"税官驻守"，则须处处有验合之节，黄氏既未阐述各节应起的作用和说明如何起作用，令人不明了。现在根据舟车节各五面为一组，每组的铭文皆相同，表明了本组使用关系。但节只有五面，而所庚有"十一"及"九"地，地多节少，当如何安排呢？虎符一剖为二，一在内的王手，一在外的将帅，作为商业用途的免税通行节，虽与兵符的严密程度不同，但分发在谁的手里自有其制度。我意一节归鄂君启掌管，其余四节则分发给四个主要的地方关，货载经由其地，税官出节互对检验放行。若案黄氏每地一关的推断，则节数不敷分配，问题为何解决？

舟车两路，四个主要税关在哪里？虽不能尽得其地，我初步推测有以下几个点。据车节"毋载金革黾（簹）②箭"来看，为杜绝资敌的禁运品，因居巢终点已邻近楚之边防要塞范围，其地不仅有重兵驻守，亦必设置税关，不至有何疑问。第二税关在哪里？据谭文谓"苦菜、于东之间的方城，正当楚自南阳盆地踰伏牛山缺口，通周、郑、晋、卫之道，正当为后世设关所在"（《五辑》一八二页）。方城既为四达之衢的重要地带，置关亦不成问题。舟运的终点为爰陵，此外则为木关，谭氏认为木关"不是今之沙市，就是今之江陵"。而"沙市殆相当于《水经·江水注》的江津口……江陵，据《江水注》系楚船官地，春秋之渚宫矣。'船官'可能就是'木关'……其地逼临江浒，是郢都的门户"（《五辑》一八一页及《二辑》一八零页）。木关在郢都（今纪南城）东南约三十里，南通大江，为船舶麕集之口岸，并有水道可上达于郢都（谭有此说），在此设关，势所必然。"庚木关，庚郢"，木关指船舶地与检验地，郢指交代回程地，文虽连属而事是两事。此节又谓：

---

① 黄氏强调地名省略用意，谭文已指出，见《五辑》171页。不赘。
② 于氏释黾为簹，可信，见其考释。

"如载马牛羊㠯（以）出㐭（入）䦴（关），则政（征）于大府，母（毋）政（征）于䦴。"大府指的是郢都政府机构，与在郢都直辖的税所和外地的关有别，则郢可定为车线四关之一。据上述情况及其可以设关的地理环境看，悬搢车节的关三处：方城、居巢、郢。舟节的关两处：爰陵、木关。以上是据要隘而定的。此外，车还有一关，舟还有二关，暂不作推论。

怀王严格规定鄂君启每年水陆各准做一次贸易，故路线有相当的长，以沿途还须进行货物抛买，在当日交通艰难的情形下，计算来回路程各需将近一年的时间是可以想象得到的。何时自鄂出发？何时返回原地？检查其是否遵守"岁能返"的规定方法是：于舟车回程必抵王都报命然后返鄂，故曰"庚郢"。郢为今之纪南，谭、黄皆作出可信的论证。过去我以寿春为郢的"陪都"，是不对的。

关于节的形制和使用，容庚同志谓："《周礼·秋官》小行人：'达天下之六节；山国用虎节，土国用人节，泽国用龙节，皆以金为之。道路用旌节，门关用符节，都鄙用管节，皆以竹为之。'案此六节与《地官》掌节相同的有五种，不同的为'货贿用玺节'，此作'管节'一种。《史记·孝文本纪》：'（三年）九月，初与郡国守相为铜虎节，竹使符。'应劭曰：'竹使符，皆以竹箭五枚，长五寸，镌刻篆书，第一到第五。'汉承周制，竹使符就是节的异名。鄂君启节正是掌节中以行为的'玺节'而改用铜来铸造，形状乃以竹，此相同者一。'竹使符'以五枚为一组，鄂君启节也是如此，此相同者二。玺节，'皆有期以反节'。鄂君启节以一岁为期，此相同者三。《周礼·地官》司市：'凡通货贿，以玺节出入之。'郑玄谓玺节类似'印章'中的'斗检封'。这样解释是错误的。"

又说："符节乃门关所用，最为常见。《孟子·离娄下》：'得志行乎中国，若合符节。'又《荀子·儒效篇》：'张法而度之，则晻然若合符节。'杨倞注：'《周礼》'门关用符节'，盖以全竹为之，剖之为两，各执其一，合之为验也。'解释不尽允当。节与符不同，符作伏虎形，面有文字，底有牝牡榫，用以发兵，必须双方符合，方生效力。至于节，等于汉代的'竹使符'，明代的'腰牌'，现代的'通行证'，皆只作证明，不必合验。鄂君启节既无榫可合，当不是一在鄂君启，其他四枚分发在四个税关，而是五节皆归鄂君启掌握，可在一年以内，水陆各行走五次，抵关时凭节放行。节铭的'庚郢'，指的是每批舟车回程必须抵郢都复命。"容氏这一推理，涉及节的制度与本节铭文的记述问题。容并谓："舟是以舿为计算单位，'三舟为一舿'，其限量不得超过'五十舿'，即一百五十艘。车的最大限量为'五十乘'。从文字错金，知此节的使用年限不止一年，而是连年生效的。"如按容说，每年舟车各来往五次，则舟的总数为七百五十艘，车的总数为二百五十乘，加上沿途吞吐货物，则利润之总和至足惊人。怀王之于鄂君会不会有这样超乎常情的"宠赐"？我很怀疑。

鄂君启节环五而成规，腰部隆起如竹节，正好从侧面起拍合作用，其严密程度自不同于发兵之虎符为理所当然。因此，我认为当时节的形制不可能有一种，而是有单独用的"王命传赁"的龙节和"王命传赁"的虎节①，有合组的如鄂君启节，也有对剖的节，因制度不同而各异其状。剖节目前虽未发现，但孟轲、荀况生当战国之世，以物寓意，非托空言以立论，必有事实根据，我们不能认为未见实物，而骤尔肯定其必无。汉代的"竹使符（节）"，若真如应劭所云削竹成箭，则其状类似后来的"令箭"，因以之用为使臣出入境的证件，故不必要与另一节相验合。五枚数字虽与鄂君启节相同，而管辖分工之制度则或小同（"皆有期以反节"）而又大不同，似不能等量齐观。

我对地理路线等问题，提出不同于谭、黄、于在某方面的意见与说解，并附带涉及节的安排使用和税关设置地点，其中不少看法尚未考虑成熟，谨此就正于谭、黄、于三同志。文字诠解部分，如音假的例子见于甲骨文、金文、帛书和竹简的不少，子史中这一类的事例则更多。但己、巳两字则因大限所在，虽同一韵部而亦不能相通，以其自商周两代的甲骨金文以至汉代的碑刻，三千余年来，对这两字的写法皆界限分明不相混淆，有不少的例证，说明在使用楷书前有其严格规定，不宜以误写的楷体来印证。两节铭文，在我摹写之时，对字形结构和笔划与笔划之间的关系皆特别注意，希望不失本来面目，或有助于谭、黄对地名的重新考订。"百尺竿头，更进一步"，势所必至和不成问题的。

一九六四年十月于北京沙滩红楼
一九六五年四月修改于中山大学

（原载《中华文史论丛》第六辑，1965年。后收入《商承祚文集》，中山大学出版社2004年版，第398－409页；曾宪通主编：《古文字与汉语史论集》，中山大学出版社2002年版，第6－13页。今据《商承祚文集》收入）

---

① 《尊古斋所见吉金图初集》卷四第46至47页。

说 繇

曾宪通

一

古籍中常见的繇字，今本《说文》只作为偏旁①，不见于正字。《说文·系部》："繇，随从也，从系䚻声。"徐铉曰："今俗从䍃"，以䋢为繇之俗体。《说文通训定声》据偏旁及《韵会》引，补䋢为繇之重文。然《韵会》二萧引䋢为正篆，繇为或体，故朱芳圃改为"䋢，随从也，从系䍃声，繇，䋢或从䚻"。并云："今本䋢误作繇，并脱重文䋢。"②

从先秦古文字资料考察，繇、䋢其实并不从系，亦无䚻声或䍃声之朕迹。录伯䤈簋"王若曰：录伯䤈，繇，自乃祖考有勋于周邦。"繇字作🔥，分明是从言象形之奇字。许君所谓"从系""肉声"（按䚻从言肉声）者，乃是象形文之头、足及尾。此外，繇字还见于懋史鼎作🔥，师克盨作🔥，师寰簋作🔥，所从象形文亦大致相同。此象形文之初谊，于䣄伯簋中尚可窥见。簋铭曰："王命仲𣪘归（馈）䣄伯🔥裘，"又曰："锡汝🔥裘。"裘上一字义当为兽类，所从象形文亦象兽形，其结构当是象形刀声（或召省声），实是貂之古文，《六书通》貂字下出古文🔥、籀文🔥者疑即此。《说文》："貂，鼠属，大而黑，从豸召声。"今人所谓貂鼠是也。貂、䚻音义并同，貂裘、䚻裘于《史记》及《汉书·货殖传》中屡见。此字王国维隶作傛③，误刀为人，固是王氏一时之疏失，然其定象形文为貂，则繇所从之象形文亦必与貂同类，此由🔥、🔥二文之酷似可以证知。考魏三体石经《多士》篇残石有"王曰

---

① 繇，古文字形多作䋢。今本《说文》正篆无繇字，然口部有圌字从繇、木部有櫾字从繇声，瓜部有䔎字从繇省声，又肉部有臁字说解有读若繇，因知古本《说文》正字不得无繇篆。

② 朱芳圃：《殷周文字释丛》卷上，第 11 页。

③ 王国维：《观堂集林别集·羌伯敦跋》。

繇"三字，篆体作䌛，与《说文》同，古文作𦀚，形虽讹变，而象形之意尚未尽失。字从口不从言，古文从口从言于义不别，从辵者，乃借邎径之邎为发语辞之繇。《多士》篇"王曰繇"，马本作"䌛"，长沙楚帛书"帝曰繇"作䌛，从言繇声，知马本作䌛乃取其声。而金文、篆文作䌛则是从言从繇省声，与《说文·爪部》䌛字从繇省声同例。由此推知，《说文》原本当以《韵会》所引为是，即以繇为正篆，以从言从繇省声之䌛为重文，或黄公绍所见之小徐本即如此。

繇与由音同字通，《尔雅·释水》陆德明音义："繇，古由字。"《汉书·元帝纪》："不知所繇"，颜注"繇与由同"，长沙楚帛书："帝将䌛以乱□之行"，繇亦假为由，皆其证。古籍中繇、䌛均可通由，故繇、鼬亦可互相通假，如《尚书》皋陶古作咎繇，《左传》定公四年作皋鼬；《说文·肉部》臇繇，《后汉书·马融传》作膨鼬，皆古繇、鼬二字通用之证。按缶、由古音同在幽部，由字篆文作𠃊，《说文·由部》曰："东楚名缶曰由"，是缶与由异名而同实，故象形文可以从缶作繇，亦可以从由作鼬。其初本为一字，后因字形变化，字义转移，繇字复多经假借，本义渐晦，惟鼬字至今仍保留原义。《说文·鼠部》："鼬，如鼦（从小徐本），赤黄色，尾大，食鼠者，从鼠由声。"《尔雅·释兽》："鼬鼠"，郭注："今鼬似鼦，赤黄色，大尾，啖鼠。"《广雅·释兽》："鼠狼鼬"，王念孙曰："今俗通呼黄鼠狼。"从已知繇之古文分析，可得鼬即繇之象形文有束、𧱵、𧲡、𧲨、𧳅等多种变体。下面，我们将据鼬之初文，进一步探讨与繇有关的若干问题。

二

穆公鬲有𢔛字，铭曰："穆公作尹姞宗室于𢔛林"，又曰："各（格）于尹姞宗室𢔛林。"𢔛字诸家缺释，陈梦家定为繇字①。全铭大意是：穆公为其妻尹姞在繇林之地作了宗室，天君不忘穆公如何圣明地服事先王，因亲临于尹姞之宗室，而以玉和马匹赏赐之。𢔛在此二处均为地名。但陈氏根据什么释𢔛为繇，文中没有说明，有些学者对此表示怀疑②。今按𢔛乃𢔛（录伯戜

---

① 陈梦家：《西周铜器断代（五）》68"尹姞齐鼎"，载《考古学报》1956年第3期。
② 见《金文诂林》附录第2570页𢔛字条。李孝定曰："未详，陈说待考。"

篆🔣字所从）之变体，🔣即鼬之初文，鼬、貁古本一字，故可释貁。陈释🔣为貁，较之王国维释🔣为儵更进一境，是可信的。

伯晨鼎有🔣字，铭曰："🔣戈🔣胄"，乃赏赐之物。🔣字吴荣光释绥①，吴大澂释虢②，孙诒让疑是皋之古文。孙云："🔣字从虎从幺，又疑当从白，抚拓不审，遂成🔣形，惜未见拓本也。从夲形甚明析，窃疑当为皋之古文。"又曰："伯晨鼎之🔣盖即皋字，谓以虎皮包甲，🔣胄即甲胄也。"③《金文编》即据孙释录🔣字入正编卷五。孙氏又指出小盂鼎"画虢"之虢亦当是🔣字，说虢字"右从虎甚明，惟左夲形摩灭不甚可辨"④，最后仍疑未能决。郭沫若于《两周金文辞大系》小盂鼎考释中亦论及此二字，谓："孙疑至有见地，惟孙氏所见二器乃据《攈古录》摹本，故于字形有所未谛。盂鼎铭虢字，拓本左旁虽漫漶，审谛确是夲字，当说为从虎报省声。伯晨鼎则是从虎从幺夲声，盖本幽部字转入宵部者也。"⑤孙郭读🔣为皋，确不可易。然于字形分析却未有当。二氏皆将🔣旁割裂为二，复本夲声立说，而于🔣形则或以为糸，或以为幺，或疑从白，实是裂形释字，难以令人置信。今按🔣实为貁之初文，字乃象形文鼬之省变，上体🔣象鼬鼠之头部，非幺非白，亦非从糸，下体🔣象鼬鼠之足及尾，绝非夲声。将🔣与象形文🔣作一比较，便可了然。因此🔣乃从虎🔣声或貁省声，可隶定为虢，与从虎报省声之虢字古音同在幽部。小盂鼎之虢字最古，必为以虎皮包甲之专字，"画虢"即于虎皮之上施以文饰之甲。伯晨鼎之虢字稍后，乃虢字之异构，"🔣胄"即甲胄也。皋古音亦在幽部，读🔣为皋，则为假借字也。总之，🔣之释虢，无论从字形字音来看，都要合理得多。

三

古匋文中习见🔣字，此字每见于文辞的开头，其下往往与"鄙"字相连接，常见的辞例有下面几种：

---

① 吴荣光：《筠清馆金文》卷四，第13页"周韩侯伯晨鼎"。
② 吴大澂：《愙斋集古录》第五册，第6页。又《说文古籀补》卷五"虢"字下引。
③ 孙诒让：《古籀馀论》卷三，第56—57页。
④ 孙诒让：《名原》卷下，第27页。
⑤ 郭沫若：《两周金文辞大系考释》，第38页"小盂鼎"。

(1) 〇鄙吞匋里艸（《季》四一上）；〇鄙吞匋里奠（《季》四二上）；〇鄙吞匋里癸（《季》四二下）。

(2) 〇鄙东匋里夜（《季》四一下）；〇鄙東匋里绩（《季》四二上）；〇鄙东匋里□（《季》四三上）。

(3) 〇鄙中匋里倖（《季》四三下）；〇鄙中匋里□（潘北山所藏古匋文字拓本）。

(4) 〇鄙脔里□□（《季》四一上）；〇鄙□里圍貴（《季》四二上）；〇鄙脔里圭□（《季》七六下，原文反书，首字略残）。

(5) 〇鄙上毡里邹吉（《季》八一下）。

(6) 〇鄙蘷阳南里大（《季》四四下）。

亦有下不连接"鄙"的，

(7) 〇吞匋里遁疾（《铁》五三下）；〇吞里遁疾（《铁》百四十二下）。

上列首字之〇字旧释为绍①，但细审字之左旁并不从刀，右旁亦非从糸，其作〇或〇者未见有析书之例，总是连成一体，分明象征鼬鼠首尾之形，实是鼬字初文之省变，作〇者，殆从楚帛书之〇形嬗变而来。最后一例，首字或作〇，独立成文，正是鼬之象形文。

《季木藏匋》（六九上）有范文"〇〇"二字（见图一），〇字未见前贤考释，顾廷龙《古匋文舂录》及金祥恒《匋文编》均入附录，可见仍未辨识。我们从繇字所从象形文之演变考察，可以判断古匋上的这个〇就是繇字，〇与上引匋文首字之〇、〇、〇、〇等均是同体之别构，其后加缶为音符，象形文〇便变成形声字的〇了。这就是从象形文"鼬"到形声字"繇"的发展过程，也是先秦已有繇字的明证，且由此也可反证前说繇中之孫乃由象形文〇所讹变，并非无稽也。（1）（2）（3）（6）四例首字作〇或〇，从口从繇省声，古文从口与从言同意，故当是繇之异体。师袁簋"淮夷繇我員晦臣"，繇字从〇作，石经古文繇字亦从〇作，均从口象形，与匋文从

---

① 顾廷龙：《古匋文舂录》卷十三；金祥恒：《匋文编》卷十三；又李学勤：《战国题铭概述（上）》，载《文物》1959年第7期。

口象形作👁者虽繁简不一，其结构则同，故👁之为䍃亦可无疑问。

图一　《季》六九上

　　䍃、䘽此处均读为陶。考陶字古匋文作👁（《季》二八下"缶攻👁"，缶攻即匋工），作👁（《季》四九下"匋👁"）。又作👁（《季》四九下"蒦阳窑里人膏"），或省勹，或从穴，实为一字。后分化为二形二音，从勹之匋音陶，从穴之窑音䆠，《说文》作窯。徐灏云："䍃为瓦器之通名，因谓烧瓦灶为䍃，后又增穴为䆠也。䍃、匋语之转。"① 徐氏从字形变化与字音转移说明陶、䍃二字的关系，䘽（䍃）之与陶通假，其理亦然。经籍中陶、䘽互通之例不胜枚举，如《尚书》皋陶，《离骚》、《尚书大传》、《说文·言部》引《虞书》，均作咎䘽。《尔雅·释诂》郁䘽，《礼记·檀弓》《文选·谢灵运诗》作郁陶。上举陶范文之"右䘽"亦即右陶，《季木藏匋》（二九上）有"右匋攻丑""右匋攻徒"等，"右匋攻"即右陶工。又例（4）、（5）首字作👁及👁（附图二、附图三），从邑👁声或👁声，实是陶之专字。例（4）"👁鄙胥里"，《季木藏匋》（八一上）刻划文正作"陶鄙胥里"（附图四），是👁，䘽为陶字之确证。因此，上举👁鄙、👁鄙、👁鄙、👁鄙、👁鄙等，均应当是陶鄙无疑。

---

① 徐灏：《说文解字注笺》。

图二 《季》四一上　　　　图三 《季》八一下

图四 《季》八一上

齐匋文相传出于齐都临淄。从匋文所记生产者的籍贯来看，当时位于临淄周围的许多鄙里，都有制作陶器的工场，如楚郭鄙、门左南郭鄙、苴丘鄙、桀鄙、貟鄙、黍郡鄙、陶鄙等。鄙中设里，如陶鄙中即有吞匋里、东匋里、中匋里、上毡里、蒦阳南里、甫阳囗里等。从出土题铭看出，陶鄙拥有众多的制陶作坊（里），其中如吞匋里、蒦阳南里等还生产了大量的陶器，在匋文中留下了丰富的记载，由此推知，陶鄙在当时可能是临淄城外一个颇为发达的制陶中心。

四

由甸文繇字作【图】以比验金文【图】字，疑【图】亦当是【图】字的省变。

【图】字见于能匋尊，铭曰："能匋锡贝于氒【图】公矢寅五朋。"又见于【图】簋，铭云："康公右命【图】"，"【图】敢对扬王休。"【图】之异体作【图】，二器中皆用为人名。此字罗振玉隶作䚻①，赤塚忠释为盈②，吴闿生释朏③，于省吾先生初也释朏④，后据甲骨文智字作【图】而定此为䚻字⑤，然《金文编》二版、三版均入附录，可见【图】字并无定说。

按【图】字乃从口象形。象形文【图】疑即鼬字初文之讹变。字由初具头足尾之【图】省变而为仅具头尾之【图】或【图】，递嬗之迹历历可寻。其作【图】或【图】者，乃突出其兽之尖首修尾，正是鼠属之特征。原本《玉篇·用部》末有【图】字，作甹（即由字）。注云："《说文》以由从为繇字，在言部，今为由字。"王国维曰："当云《说文》以由从为繇字，在系部，繇讹为骨，又讹为䚻，写书者因改系部为言部耳。"⑥王氏说䚻乃繇字之讹变，极是。然字之讹变不当在字讹为从系骨声之后，而当在此之前。如前所述，先秦繇字乃从言象形，到小篆变象形文为偏旁，【图】便分解而为从系肉声，象形文便不再有形可象了。自此之后，繇字从系骨声的结构就一直固定下来，二千多年未发生过任何变化。王氏以为繇讹为骨，再讹为䚻，虽不能说绝不可能，恐怕事实上是没有出现过的。故繇与䚻之讹迹不当在隶变后的楷体中寻绎，相反地，必须追溯到"从言象形"的早期阶段加以考察，方有可能。就其象形讹变而言，既然象形文【图】讹变而为从系肉声之【图】，那么，象形文【图】讹变为【图】也就不足为奇了。根据繇之古文有从言作之【图】、【图】，亦有从口作之【图】、【图】，推知䚻之古文，亦当有从言之【图】与从口之【图】等异体存在。从口作之【图】或【图】，见于上举能匋尊

---

① 罗振玉：《贞松堂集古遗文》卷七，第18页。
② 赤塚忠：《殷金文考释》，第155页"能匋尊"。
③ 吴闿生：《吉金文录》卷四，第11页"能匋尊"。
④ 于省吾：《双剑誃吉金文选》卷下之二，第1页"能匋尊"。
⑤ 于省吾：《商周金文录遗·序》，第2页。
⑥ 王国维：《观堂集林》卷六"说由"（下）。

及󱀀篆；而从言作的󱀁，便是原本《玉篇》用部末所见的䛐字了。注文谓"《说文》以由从字为䛐，字在言部"。查今本《说文》言部并无此字。王国维以为"写书者改系部为言部"，实不尽然。䛐、繇古本一字，后分为二形二义，因而分隶两部：䛐义为由从，在言部；繇义为随从，在系部。非必写书者改系为言。疑古本《说文》言部原有䛐字，今本言部有古文󱀂者，殆即䛐字古文之遗存。古本《说文》䛐字原次于诰字之下，《玉篇》诰字下列䛐字，恐即古本列字原次。后䛐字佚去，遗古文󱀂，无所依附，抄书者误置诰下，遂成聚讼。按今本《说文》诰下出古文󱀂，字从肉、从又、从言，与诰字义既不类，音又不谐，历来文字学家争论不休。段玉裁、严可均、朱骏声以为󱀂字从言肘声，桂馥《说文解字义证》则移古文󱀂于䛐字之下，并云："本书及徐锴本并误在诰下，即本书旧次，后人移䛐于前而遗其古文也。"近人多从其说①。今从原本《玉篇》用部末由字注文看来，既然"《说文》由从之䛐字在言部"，则《玉篇》言部诰下之䛐，即是由从之䛐，并非"言微亲詧"之詧。䛐，詧形近易混，然音、义各殊。䛐为由从，原与繇是一字；詧为言微亲詧，从言察省声。由从之䛐原位于诰下，后佚去，其古文󱀂上缀于诰，遂成诰之古文，自是顺理成章。若如桂氏所言，则䛐须先讹为詧，詧字再移于前，詧所遗之古文复附诰字之下，如此往返重复，不合事理。且后人因何移詧于前，移时何以遗古文于后，亦不得其解。退一步说，若桂氏所言属实，则原本《玉篇》"由"下所注又作何解释？如此等等，桂氏之说恐难成立。从现有材料看，古本《说文》言部当有䛐、詧二字，彼此区分甚明，或因䛐字与系部繇字义同，又与同部詧字形近，故被后人删去，遗古文󱀂附于诰下，这便是今本《说文》诰古文作󱀂之由来。而诰之古文󱀂《汗简》卷上之一引作󱀃，与金文󱀀及楚帛书繇字所从之󱀄形近，亦是󱀂原为䛐字古文之佐证。

五

󱀀既为繇，则金文中之󱀅字亦须重新加以考察。

---

① 朱孔彰：《说文粹》；又商承祚：《说文中之古文考》，舒连景：《说文古文疏证》。

𩿨字旧或释餐①，或释祭②，或疑是居字③，均不确。郭沫若释䭫，读为馆④，于字形较为接近，于文义却难讲通。臣辰盉铭云："佳王大禴于宗周祫𩿨𢆶京年"，记王出𩿨于𢆶京，并以为纪年。𢆶京乃王常居之地，若𩿨果为馆字，断无以王之馆居为纪年。𩿨还见于吕鼎，字稍变作𩿨，鼎铭云："唯五月既死霸，辰在壬戌，王𩿨于大室。"大室乃明堂中央之大室，为天子举行重大祭祀典礼和赏赐活动的场所。《尚书·洛诰》："王入大室祼"，与吕鼎"王𩿨于大室"及戍嗣子鼎"王𩿨闌大室"语意正同。按𩿨即𩿨之别构，笔画稍有变异，闌为地名，大室之所在，殷末周初金文中屡见。马承源同志据薛氏《钟鼎款识》尹卣"佳十有二月王初𩿨旁"，与盂爵"王初耒于成周"辞例相同，因断"𩿨亦祭名，旧释馆非是"⑤。今以戍嗣子鼎及吕鼎铭比验《洛诰》文，知祭名之说极是。惟从𩿨字分析，所从𠂔、𠂕、𠂗等疑皆䢅字初文之讹变，䢅从缶得声，则从𠂔之𩎼𩎼𩎼等亦可视为䢅之异构。上文提到，甸文中䢅、陶、匋、缶音同字通，金文中亦有假匋为宝（见𤲃建鼎、匋父盂）及省宝为䢅（见仲盘、姞曶母鼎、周窓鼎等）的通例，甚至还有假缶为宝的，如牺却尊："用乍朕𦯧且缶尊彝"。故疑𩿨字乃从食䢅声，也即饱字之异文。《说文·食部》饱，古文作𩟡，中山王䚽方壶"永𩟡用"，它器作"永宝用"；十年陈侯午錞保字从缶作𠈇，又经传之"鞄"，金文作"𩎼"，皆可证从食䢅声之𩿨确是饱之古文。原本《玉篇》食部饱字古文作饡，疑即𩿨之变体，可以佐证。饱为祭名，当读为报。令簋铭曰："丁公文报"，又曰："佳丁公报"。郭沫若云："报当读为保，'文报'犹言福荫也。下'佳丁公报'则是报祭之报，犹《国语·鲁语》'有虞氏报幕，夏后氏报杼，商人报上甲微，周人报高圉'。"⑥报乃报德之祭，上引《鲁语》将禘、郊、祖、宗、报五者列为"国之祀典"⑦。报祭既为"国之祀典"，故在明堂大室举行。臣辰盉铭"佳王大禴于宗周出𩿨𢆶京年"，上记王行大礼于

---

① 强运开：《说文古籀三补》卷五，第9页。
② 高田忠周：《古籀篇》九，第17页；又柯昌济：《韡华阁集古录跋尾》，第36页"吕鼎"。
③ 陈梦家：《西周铜器断代（二）》21·"土上盂"。
④ 郭沫若：《两周金文辞大系考释》，第28页"䭫鼎"，又《金文丛考》，第324页"臣辰盉铭考释"。
⑤ 马承源：《德方鼎铭文管见》，载《文物》1963年第1期。
⑥ 郭沫若：《两周金文辞大系考释》，第5页"令𣪘"。
⑦ 见《国语·鲁语》"展禽论祭爰居非攻之宜"章。

宗周，下言报祭于㝬京大室，在当时是件了不起的大事，故作铭者以为纪年，是理所当然的。

六

综上所述，先秦繇字或作象形文🐚，或作形声字䚻，但无论象形或形声，均无"从系䚻声"之形迹。繇字偏旁之䚻，是由象形文之兽头与声符缶讹变而成的，与肉声毫不相干；而从缶肉声的䚻字，则是由另一系统演变、发展而来的。章太炎《文始》云："《说文》缶'瓦器，所以盛酒浆，象形'。变易为匋，'瓦器也，从勹声'，故《史籀》读与缶同。作喉音，则变易为䚻，'瓦器也'。䚻旁转为窑，又孳乳为窯'烧瓦窯灶也'。"① 可见偏旁之䚻与瓦器之䚻来源不同，意义各别。免盘有㝬字，即䚻之繁文，朱芳圃曰："按上揭奇字（指㝬字），从龟从自，结构与篆文尊金文作障相同。龟象手持䚻，䚻从由肉声，当即'䚻'之异文。《说文·缶部》：'䚻，瓦器也。从缶肉声。'考《由部》：'由，东楚名缶曰由，象形。'是'由'与'缶'异名同实，从由犹从缶矣。自，象征尊奉之意。免盘云：'锡免卤百障'。玩其辞意，盖'䚻'之繁文也。"② 朱说㝬字所从之䚻即䚻之异文，甚是。夕为肉字，金文亦有例证，如胤字秦公簋作💠，遄鼎作💠，从夕亦可从夕，均是肉字。《说文·缶部》："䚻，瓦器也，从缶肉声。"徐铉曰："当从䚻省乃得声。"大徐以繇为䚻之俗体，故有此说。言部"䚻，徒歌（按《尔雅·释乐》徒歌曰谣，䚻即谣之古字），从言肉。"段玉裁云："各本无声字，缶部䚻从缶肉声，然则此亦当曰肉声无疑，肉声则在第三部，故繇即由字音转入第二部，故䚻、瑶、繇、傜皆读如遥"③。段氏谓䚻瑶繇傜皆读如遥，正是谐声偏旁二、三部合用（即幽、宵合用）之证。由此，我们找到了由象形缶声的䚻讹变为从系繇声的繇的一条线索，这就是读音上的转移，引起形体上的变易。具体言之，䚻字从缶得声，原在三部（幽部），变易为繇，转入二部（宵部）；瓦器象形之缶，原在三部（幽部），变易为从缶肉声之䚻，亦转入二部（宵部）。两者在语音上的转移变化，正好相同，因而在读音上也就趋于一致。由于䚻与䚻语音上的巧合，加之䚻与䚻形体上的近似，后人因昧于

---

① 章炳麟：《文始》卷七，第12页。
② 朱芳圃：《殷周文字释丛》，第191—192页"障"。
③ 段玉裁：《说文解字注》第三篇上。

❧字所象之形，遂改形附声，将象形文❧割裂而为系肉二形，肉又与音符之缶结合为䊮，遂与从缶肉声之䊮完全同形同音。于是，两个来源不同，意义各别的"䊮"形，便靠着音读巧合这根中轴七转八转终于转合在一起了。这便是由不具"䊮声的❧，变为从系䊮声的繇的讹变过程，也就是偏旁之䊮与瓦器之䊮同化在一起的过程。这种象形文声化的复杂现象在文字发展史上是屡见不鲜的。至于象形文的身与首何时割裂为偏旁呢？从繇字长沙楚帛书作❧，楚简作❧的情况来看，战国时期的象形文仍以身首相连为主，偶有若接若离的写法，但象形文与言旁仍保持相对的独立性；到了睡虎地秦简与凤凰山汉简，凡徭役字均作❧、❧①，象形文之首与言组成"䚻"为声旁，兽尾则讹变为系了。可见繇字讹变的过程，早在许慎以前就已经完成了，所以《说文》只能据讹变后之形体立说，自然会引起后人对其形声的诸多争论，这是我们今天必须加以辨明的。

1981年5月初稿于康乐园

（原载《古文字研究》第十辑，中华书局1983年版。后收入《曾宪通自选集》，中山大学出版社2017年版，第25—35页。今据《曾宪通自选集》收录）

---

① 朱德熙、裘锡圭：《信阳楚简考释·䜌䋼》，载《考古学报》1973年第1期。《睡虎地秦墓竹简·繇律》；又湖北江陵凤凰山一六八号汉墓出土木衡杆题字，载《文物》1975年第9期。

金文释读中一些问题的商讨

孙稚雏

一、关于附加符号问题

青铜器铭文中常见的附加符号，是在一个字的右下角加两短横，表示"重文"或者"合书"。后者如"大夫""公子""至于"等，在金文中均已习见。可参见《金文编》卷十，十四页；卷二，四页；卷五，十五页。另有"孙="（子孙）合书一种，由于它与孙字重文写法相同，所以往往为研究者所忽视。这种文例，明显的有四例，见图一、图三。还有一例见寿县蔡侯墓出土的吴王光鉴，铭文的最后一句读作"虔敬乃后孙，勿忘"是不正确的，根据鉴铭的用韵和铭文喜用四言句式，这里当读作"虔敬乃后，孙=（子孙）勿忘。"上述五例，《金文编》皆未收，应补。河北省平山县战国中山王墓新出土的铜鼎和铜壶，铭文中又出现了"寡人"合书这种新的合书形式（图二）。

除了"重文"和"合书"以外，金文中还有没有别的附加符号呢？

回答是肯定的。四十多年前，郭沫若同志在初版《两周金文辞大系》（第214页）考释虢仲簋铭文时说："器文之一作'十一又月'，又字作 𠃌，多一横勾，案乃古勾倒之一例。"尔后，再版、三版《两周金文辞大系考释》（下称《大系考释》）都重复了这一观点，而且说得更加肯定："此簋凡二具，一具器文'十一又月'作'十一𠃌月'，一又二字倒，而又字多一横钩，此金文钩倒之确例。"（三版《大系考释》第181页）

从"一例"到"确例"，表明了作者立论的坚强信心，但除了这一例之外，还有没有二例、三例，甚至更多的例证呢？从作者后来的文章中，没有再看到对这个问题进行继续的探讨。其实，传世的虢仲簋，共有三具，除了《大系》记载的两件之外，还有一器，著录于《冠斝楼吉金图》（上33）和《三代吉金文存》（8.18第二器。下称《三代》）。这件铜簋失盖，所以只有一篇器铭，铭文中再次出现了"十一又月"，又字上也有郭老所说的"钩倒"符号，这是钩倒的又一例证。

虢仲簠三器五铭，著录是器而成书早于初版《大系》的各金文专著，提到上述这种现象的只有《贞松堂集古遗文》（后称《贞松堂》），该书（5.33）说："后一器十有一月讹作十一又月，古器文字往往有讹误，此其一矣。"并没有看出又字上附加的钩倒符号。

四十年来，研究金文的学者们，对于郭老提出的"钩倒"符号，大多没有什么反应。1963年，当我学习《三代吉金文存》时，正是由于郭老的提示，才注意到那上面的一幅匜铭，辨认出了一个新的钩倒符号。下面谈谈自己学习的一些体会。

《三代》（17.33）著录一件铜匜铭文（图3），第二行"自作"以下，字不好认，断句亦难。吴闿生《吉金文录》（4.21）释作"盨鬲"，明明是和盘配合使用的匜，为什么要叫"鬲"呢？《善斋彝器图录》比较审慎，写其铭文作"自作□□其匜"（考释27），仍然把它当作两个字。其他著录此器各书，附有释文的，如《贞松堂》（10.26）、《小校经阁金文拓本》（9.62）等，也都缺而不释。

只要我们仔细地观察铭拓就会发现在"其匜"二字的右边，有一弯形符号，这就是郭老所说的"钩倒"符号。根据这一符号的揭示，将"其匜"二字颠倒来读，释其文为"自作□匜，其万年无疆"，整篇铭文就豁然开朗了。

句读确定以后，根据文例，匜上一字，往往是说明这件器的用途的修饰语，如盥、沬等字，本铭匜上之字，与"盥"形体相去甚远，不可能是盥字，应该释作沬。鲁伯愈父匜的沬字（图四）从皿，与本铭之字下部所从，其义相同，所以这个字应当是沬字的一种异体。金文中某些字由于结体狭长，因而占据了两字的位置，这种情况，并不少见，甚至将一字分书为二的，也不是没有先例（图五）。

综上所述，本铭当释作"唯□肇自作沬匜，其万年无疆，孙＝（子孙）享"。由于注意了附加的钩倒符号，不但使全铭朗朗可读，也辨认出了结体不同的一个新的沬字。

宅匜："孙₌永宝"
《三代》17·30·3

叔妋簋："孙₌永宝"
《三代》8·39·2

沇儿钟："孙₌用之"
《三代》1·50·2

图一

中山王䁗鼎
图二

䧹匜《善斋彝器图录》97
图三

《三代》17·32·1
图四

敢　肇
沈子簋《三代》9·38·1
图五

二、鬲自铭为甗

《文物》1965 年第 7 期载瑂生鬲铭云："瑂生作文考宽仲尊鬴，瑂生其万年子子孙孙永宝用享。"尊下一字，原释从鬲从甫，又说："铭文……其右旁

字迹不清。"(同刊第 18 页)

按:从鬲甫声之字,《说文》引或体从釜,青铜器铭文中,自铭为釜的有子禾子釜、陈纯釜等,都是齐国的量器,不管是从器形或是从用途来讲,和鬲都是大不同的。

我从铭文拓本观察,尊下之字当从鬲、辰声,应读作辰。青铜器铭文中,器形为鬲而自铭作辰的,尚有二器,见图六。这三个字虽然结构不同,但都是鬲的别名,都应读作辰。《玉篇》和《广雅·释器》把从鬲辰声之字注释作"大鼎"或"鼎",其实是鬲。释作鼎,可能是就其统称而言。

琱生鬲原定位周宣王时器,我从器物的形制和花纹看,似乎放在西周中期比较合适。铭文中的琱生,如果就是五年、六年召伯虎簋的琱生,师𩰬簋的宰琱生的话,那么,从辅师𩰬簋的铭文(《考古学报》1958 年第 2 期图版二)可以知道,入右辅师𩰬的是荣伯,而荣伯正是共王时代的人物。

师趛鬲:"尊䢇"　　皇肇家鬲:"铸作䲣"　　琱生鬲:"䲣"
《三代》4·10 – 11　　《三代》5·28　　《文物》1965 年 7 期 22 页图九

图六

三、殹簋三议

《天津文物简讯》第 6 期第 13 页载一簋盖铭拓,并有陈邦怀先生的考释文章。这篇铭文值得注意的有三点:

1) 井伯内右者与内史尹册易者两字写法不同(图七),但根据铭文的通例,二者应是一人,不应释为两字。我以为释"殹"较好,前者为其坏字,据此则当定名为殹簋。

2) 陈先生在旗字后断句不妥。这样很难解释"四日"二字,陈文对此亦避而不言。我以为当在"四"字后断句:"……旗四,日用大备于五邑□□"。同样的文例亦见师毁簋:"……䯂旗五,日用事。"(《文物》1966 年第 1 期第 4 页)"日用事"与金文中常见的"夙夕用事"意义相同。(后按:

此文断句有误。应在日字后断句,"鉴旗四日""鉴旗五日"是指鉴旗上绘有四个太阳或五个太阳。张政烺先生说,极是)

3)"用事"的意思是用于职事,从文例比较中可以看出,"大备于五邑□□"相当于用事的"事"。师事簋铭文说:"王呼作册尹克册命师事曰:'备于大左,官司丰还,左右师氏。'"(《长安张家坡西周铜器群》图版八至十一)"备于大左"的意思是就大左之职,联系本铭,"大备于五邑□□"的意思也应该是就五邑□□之职,因此,"五邑□□"应是一种官职的名称。

图七

四、金亢非车辖辨

《文物》1966年第1期载师藉簋铭云:"锡女玄衣黹纯、叔铍金钪,赤舄……"金下一字原释钛,谓"金钛"即车辖(同刊第6页)。

我以为释钛是不正确的,从字形看,金文中"太""大"二字都写作大,此作亢,不能合二为一;从文例看,西周中晚期铭文,记赏赐之物往往铍黄连属①,如"赤铍朱黄""赤铍葱黄""叔铍金黄"等,例子很多,不一一列举。黄也写作"亢",如"赤铍朱亢"(《啸堂集古录》97)、"赤铍幽亢"(《三代》4.33;《青铜器图释》图54—图56)等。亢和黄指的应该是同一样东西,而"黄""太"二字,不管在形音义哪方面,都是难以相通的。再次,金文在赏赐物品的排列上,有一定的次序(详后)。例如本铭,金亢摆在衣、铍和舄之间,它应该是服饰类的东西,决不是车辖。离开了铭文的整体,单独把"金亢"这两个字孤立来看,确实容易受形旁的迷惑,把它解释为金属制品,但是只要我们把同一类型的铭文作一比较,就不难发现这个"金"是指金色了。

现在回到亢字的考释上。释太,据我所知,最早是罗振玉,他在《矢彝考释》(载《辽居杂著》)一文中,把"亢师"释作"太师",这显然是不对的。唐兰在《作册令尊及作册令彝铭考释》(北京大学《国学季刊》4卷1号)中改释作亢,郭沫若《金文丛考·释黄》和《释亢黄》也释作亢,谓

---

① 单独赐"黄"的例子不多见。康鼎:"命女幽黄"(《三代》4.25)。

"假为黄"。另外，还有释作立、弁等的①，因为说得都比较牵强，这里就不详述了。

六、黄据金文文例是附属于韨的，唐先生说："古书中所见的衡（葱衡、幽衡等），也写作珩，毛苌说是佩玉，金文作黄，或作亢。我曾根据金文中黄的质料和颜色，认为佩玉说是错的，定为系芾（绂，围裙）的带子。"引师毁鼎铭"赤韨朱黄"，谓黄字"从芾（绂）旁，证明它是属于芾（绂）而非佩玉。"（《文物》1976年第6期第35页）

唐先生的意见是正确的。

五、关于"黹屯"的屯

《文物》1976年第4期上发表的《有关西周丝织和刺绣的重要发现》一文中说："周代的铜器铭文也常有周王赏赐臣工'黹屯（纯）'的记载。屯、端二字古音相近，可以通假。所谓黹屯应即黹端或黹段，是刺绣制成的一段段的绣料。"

在注释中，作者从语音方面论证屯、端古音在文、寒二部，读音相近，引《穆天子传》"锦组百纯"，郭璞注："匹端名也"，说郭璞已经明言纯即端②。

按："黹屯"一词见于辅师嫠簋、师𧧷簋、囗簋盖、师全父鼎、询簋、南季鼎、颂鼎、颂簋、颂壶、袤鼎、袤盘、善夫山鼎、休盘、无惠鼎等器③。从器铭中可以看出：

1）周王赏赐服饰、车马、兵器给臣下，是为了"用事"，用事者，是用于职事的意思，就是说，这些东西相当于后代的"仪仗"。统治者正是凭借着它，在祭祀、朝会、出行等时候，来显示自己的等级地位。所以，在仪仗服饰之间出现"一段段的绣料"，这在情理上，事实上都很难说通。

2）从赏赐物的排列来看，衣和韨一般都摆在前面，仅次于祭祀的鬯酒，

---

① 方继成：《对罗福颐先生"郿县铜器铭文试释"的商榷》，载《人文杂志》1957年第4期，第72页；吴闿生《吉金文录》1.24。

② 于省吾先生早有此说，见《释屯》，载《辅仁杂志》第8卷2期，第86页。

③ 《考古学报》1958年第2期；《文物》1966年1期；《天津文物简讯》第6期，第13页；《三代》4.34；《新中国的考古收获》第55页；《三代》4.24；《三代》4.37 - 4.39，38 - 47，12.30 - 12.31；《历代钟鼎彝器款识法帖》10.111；《三代》17.18；《文物》1965年第7期；《三代》17、18；《三代》4.34。

接着才是鸟、兵器、车马器和銮旗等。这种排列,是奴隶主阶级思想意识的反映,怎么会在衣和韨之间插入"一段段的绣料"呢?再说,"㡿屯"一定与"玄衣"连属,还没有发现它们之间可以插入其他的语词。同时,在赏赐物中,衣可以单独出现,如玄衮衣(吴方彝、蔡簋)、哉衣(免簋)等,"㡿屯"却没有发现单独赏赐的例子,正如戈柲、彤沙等一定要依附于戈而未见其单独赏赐一样。这说明"㡿屯"是附属于玄衣这一整体的,它不是单独的"一段段的绣料"。

3)马王堆三号墓和一号墓的遣策中,在讲到具体衣物时都提到"掾"(缘),其质料有"素""沙"(纱)和"缋"。验证一号墓出土衣物,缘边的有绢、纱和锦等。有同志指出:"简文中的'缋缘',应该就是《周礼·春官》司几筵职中的'缋纯'。"① 《说文》:"缘,衣纯也。"《广雅·释诂》:"纯,缘也。"

所以,"㡿屯"一词中的屯,还是按照刘心源等一般的说法,读作纯,解释作缘为好。㡿屯就是绣缘。

六、亟和望

班簋铭文中有"作四方□"一句,方下一字,形颇奇特,见图八。刘心源《古文审》(5.1)说:"疑亟字,用为极。"后人多从之。郭沫若同志在《大系考释》(20 页)中释此字作望,《"班簋"的再发现》(《文物》1972 年第 9 期)进一步申述说,亟"字结构,实象人立在两个夹板之中被拷问之形,当是殛之初字"。"后出之字有极,为栋梁,为至高无上,为正中,为准则,是从极字所引申,本来与亟无涉。"他认为,此字"象人立而向上,从上,上亦声,乃望字的异体。""'作四方望',言为天下之表率,《左传》昭十二年'吾子,楚国之望也'即此望字义。如为'作四方极',王者以这样至高无上的赞词称许其臣下,那么作为王者的地位摆在何处呢?"

图八

按:从字形看,甲骨文望字一般的写法,象人立,上着一夸大了的眼睛(臣),翘首相望②。西周早期的金文,如成王时代的保卣铭文,望字的写法和甲骨文同,后来才增加月旁,可见"臣"(眼睛)对于望字的构造甚为重

---

① 《考古》1975 年第 1 期,第 57 页。
② 参见《甲骨文编》8.10、《续甲骨文编》8.11 所收各例。

要,它是这个字的主体,如果没有它,望的意义也就失去了。所以,方下一字不应是"望"的异体,而是亟字,墙盘铭文中有"亟",形与本铭略同,仅左旁多一"口",可证。

再从金文文例来看,"作四方极"也是讲得通的,王可以称许其臣下为"极",例如:

毛公鼎:"命女亟一方"(《三代》4.46)。
晋姜鼎:"作疐为亟,万年无疆"(《啸堂集古录》上8)。
伯梁其盨:"畯臣天子,万年唯亟"(《商周金文录遗》180页)。

这些亟字都用作极,它和《诗经·商颂·殷武》"商邑翼翼,四方之极"、《尚书·君奭》"作汝民极"的极字意义相同。可见王对臣下可以称"极"(毛公鼎);作器者也可以自称"为极"(晋姜鼎);伯梁其盨铭更明确地证实了一方面"臣天子",同时可以"万年唯极"。

综上所述,方下一字仍以读"极"为是,释望不管是从字形来分析,从文例来比较,都是不合适的。

七、子諆盂新释

《文物》1980年第1期报导了河南省潢川县老李店磨盘山出土的一批青铜器,其中一件盉形器极为引人注目(图像见该刊第50页图一一;铭文拓本见图一四·一五)。盖器上的铭文,虽然只有短短的十几个字,却颇难通读(图九)。

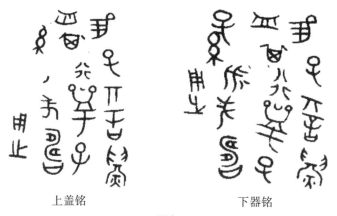

上盖铭　　　　　　下器铭

图九

河南省的同志将这件器定名为盨（盆），释其文为：

隹子爪舌铸
皿其行宁子
孙永年寿
　用之

根据这个释文，仍然不容易了解铭文该怎么断句，究竟是什么意思。我认为这是一篇很有意思的铭文，正确的释读，有助于我们加深对铭文字里行间出现的一些有趣的现象的理解。下面谈谈个人的一些看法。

首先谈器物的定名，从形制看，这件铜器确实和传世自铭为"盨"或"盆"的铜器非常相似，前者如晋邦盨（《商周彝器通考》上册图三八）、季□盨（同上图三九）、伯戈盨（《考古图》5.22）等；后者如曾大保盆（《颂斋吉金续录》四八），都与它形近。另有同志定名为"敦"（《文物》1980年第1期55页），也有一定的根据，齐侯作孟姜善敦即与此形近而自称膳敦（图像见《商周彝器通考》图三九〇；铭文拓本见《三代吉金文存》8.35）。这两种定名，只要是从器形比较着眼，单看器形，容易失之片面，我以为更主要的应根据铭文的自名来确定器名。

根据同类器铭行文的通例，本铭第二行"行"下一字，当为器名。这个字不是"宁"而是盂字，盂字一般的写法是将"皿"摆在"于"的下边，本铭却倒转来写，上从皿，下从于，这是盂字的一种异构，《金文编》五·一九引苏公作王妃盂簋，盂字即如此作。所以，这件铜器根据它的自名应叫作"行盂"。

器形同盨而自名为"盂"的铜器，还有一件要君盂，此器出土于河南项城一带，孙诒让《籀庼述林》卷七说："光绪丙子（1876年）家大人以鄂藩人觐，诒让侍行，得此于河南项城道次。"孙氏谓："此盂与《博古图》季姜盂形制略同，皆圆盂也。盂两耳有珥，遍体为蟠夔雷回纹，纠互迻逦，文间又缀小乳以千百计，与《博古图》所载七星洗相类。"

按：季姜盂即伯索史作季姜盂，著录于《考古图》（6.9），《博古图》（21.29），《商周彝器通考》上册图三七。它的形制与传世西周的盂形不同。要君盂的铭文除孙诒让有释文外，还见于吴闿生《吉金文录》（4.32）和于省吾《商周金文录遗》513（铭拓），由于研究者过去未见原器，所以一般都根据铭文，归属盂类。大概孙诒让得到了这件器以后，带回了他的家乡，是器现已由浙江省博物馆在江山县征集得，据友人见告，曾见原器，其形制确与传世盉形器相同。

传世西周之盂,其形制如附耳簋而体型较大,以后随着时间的推移,不同的地域,对这类铜器的制作和称呼,逐渐有所不同,例如齐候作子仲姜盂(《文物》1977 年第 3 期图版三),四耳衔环,器形如鉴,而要君盂与本器则与河东及汉水一带自称为盨、盆等的铜器形制相似,它们可能都是由殷周以来的盂发展而来的。

其次讲通读。这篇铭文在书写上的特点,除了使用不常见的异体字(如盂作孚)外,还有一点就是喜欢"分书"。首行"子"字之下不是"丌舌"二字,而是一个字,由于两个偏旁分列上下,而且中间的间距又离得较宽,所以极易使人产生错觉,认为是两个字。李学勤先生隶定作"諆"是非常正确的(见《文物》1980 年第 1 期 55 页)。金文中这种分书的情况并不罕见,我在本文的第一节考释𦥑匜铭文时,曾举出该匜铭的"沬"、沈子簋铭的"敢""肇"等字为例,除此之外,小子省卣(《三代》13.38)、寓鼎(拓本、未著录)的"扬"、荣有嗣再鬲(《文物》1976 年第 5 期第 43 页图二五)的"嬴"、雁公尊(《希古楼金石萃编》5.2)的"肇"、令鼎(《三代》4.27)的"学"等字都有类似的现象。

本铭更加奇特的是,"铸"字分书时,将下面的偏旁"皿"提到了第二行,这种情况在金文中极罕见。铜器在铸造过程中由于脱范等原因,造成文字部件分离的例子是有的,例如传世师酉簋一器,曾藏乌程顾寿康,后归端方,著录于《陶斋吉金录》(2.14),失盖。此铭首行末字"各""又""口"相距甚远,致使著录此器各书如《积古斋钟鼎彝器款识》(6.26),《攈古录金文》(3 之 2.32)皆未摹出"口",《三代吉金文存》(9.23)第二器采用顾氏原拓,亦漏此"口",又如故宫博物院收藏的另一件器,我在唐兰先生处曾见过拓本,"车"字的一个车轮远远地飞向了另一边,这些现象都可以找到一定的原因,而分书提行究竟还有什么特别的内涵呢,则尚有待进一步探讨。

除了諆、铸二字分书以外,本铭第三行"寿"字上下两个部件也距离得较宽,原释文误为"年寿"二字,也是不对的。

分析了上述一些有趣的现象之后,再来通读全铭,就觉得并不难读了。所以本铭应释作:"隹子諆铸其行盂,子孙永寿用之。"

最后来看看"子諆"其人,传世"子諆"所作之器,除此之外,另有一柄"子可期戈",著录于《岩窟吉金图录》卷下第 41 页。梁上椿曰:"子可期当然为人名,楚昭王弟名司马子期,此戈出土于寿县,属战国楚都,则释为司马子期之戈似无不合。"

按：从子期盂和子可期戈出土的地点和铭文书体看，子期应该是楚国人。楚国名叫子期的有令尹子旗，楚平王初立，曾为令尹，事见《左传》昭公十三年（前 529 年）。杜预以为此人即蔓成然，韦龟之子。次年九月为平王所杀。另一个子期乃昭王的兄弟公子结亦即司马子期，事见《左传》定公五年（前 505 年）、哀公六年（前 489 年）、十年（前 485 年）、十五年（前 480 年）、《国语》第十七楚语上、第十八楚语下。楚惠王十年（前 479 年）为白公胜所杀。从盂、戈铭文称谓不同，书写风格迥异等方面看，二者似非一人所作，如果子可期是司马子期的话，那么盂铭中的子祺就有可能是蔓成然了。若此，则铸器的年代就不能晚于公元前 528 年。

八、"鹅俎"质疑

《文物》1978 年第 3 期报道陕西扶风庄白一号西周青铜器窖藏所出铜器，有三年瘨壶，铭文见同刊第十一页图一六，第四行"召瘨，易□俎"，易下一字颇难识（图十）。原报道隶定作⿳，于豪亮先生新作《说俎字》一文隶定作⿳，谓"⿳俎的⿳字为字书所无，此字从化得声，当以音近读为鹅，因此化字与鹅字同为歌部字，两者可以通假。在古代，不仅牲类和鱼类的肉可以登于俎，就是鸟类的肉也是要登于俎的。《左传·隐公五年》：'鸟兽之肉，不登于俎，皮革齿牙骨角毛羽，不登于器，则公不射。'注：'俎，祭宗庙器，切肉之荐亦曰俎。'既然鸟类的肉可以登于俎，那么，将⿳俎读为鹅俎，也还是妥当的。"（香港中文大学《中国语文研究》第 2 期 49 页）

图十

火	光 害鼎　炎 令簋　赤 元年师兑簋　寮 章伯取簋　羔 索諆角
玉	玉 鸟且癸簋　环 毛公鼎　璋 子璋钟　珊 函皇父簋　璧 齐侯壶

图十一

按：于先生读作"鹅"的这个字是三年瘨壶六十字铭文中目前唯一未识之字，我们仔细地观察铭拓，发现这个字下部隶定作"玉"是没有根据的，其字下部当从火，金文中从"玉"与从"火"的字，写法有明显的区别，见图 11。用这些例子与三年瘐壶铭文比较，可以看出，字的下部应从"火"而不是"玉"。确定了字的下部不从"玉"，那么上面就不能隶定作"化"了。因为如果认为是"化"，这个字中间的两横一竖笔就无法交待，而且"鹅"为什么要从"玉"呢？从字理上也难于讲通。

我认为字的上部当从"羊"，由于"羊"的右上部笔划略有缺损，所以不易为人们所辨识。金文中某些字偶有缺笔，是由于铸范、书写或其他原因所致，例子颇多，不一一列举。从本铭看，字的上部从"羊"，还是比较明显的，所以这个字应释作羔。《金文编》（4.13）羔字下收二例，九年裘卫鼎有"羔裘"（《文物》1976 年第 5 期 39 页图一六第十六行），羔字皆与此略同，可以为证。

认出了"羔"字以后，三年瘐壶整篇铭文就畅通无阻了。故全铭应释作："隹（惟）三年九月丁巳，王才（在）奠（郑），卿（飨）醴，乎（呼）虢弔（叔）召瘐，易（锡）羔俎。已丑，王才（在）句陵，卿（飨）逆酉（酒），乎（呼）师寿召瘐，易（锡）麤俎。拜頶（稽）首敢对䚻（扬）天子休，用乍（作）皇且（祖）文考尊壶，瘐其万年永宝"。

羊俎和豕俎，如于先生所说，在典籍中常见，所以铭文中出现羔俎和麤俎也就不足为奇了，似乎不必以"从化得声，当以音近读为'鹅'"而把羔俎释作"鹅俎"。

还应该指出的是，于先生释文"拜稽首"下漏了"敢"字，"万年永宝"后又多一"用"字。这可能是一时疏忽所致。

九、释谐

《安徽寿县蔡侯墓出土遗物》图版三七、三八刊载该墓出土蔡侯尊、蔡侯盘铭文拓本二纸，文中有"康□和好，敬配吴王"一句，康下一字，各家所释不尽相同。

郭沫若《由寿县蔡器论到蔡墓的年代》（《考古学报》1956 年第 1 期）隶定此字作齹，无说。陈梦家《寿县蔡侯墓铜器》（同上第 2 期）隶定作谐。孙百朋《蔡侯墓出土的三件铜器铭文考释》（《文物参考资料》1956 年第 12 期）释作谪，谓"谪同商，又与谪同"。唐兰《五省出土重要文物展览图录·序言》隶定作齹，对字的形义都没有作进一步的解释。于省吾先生《寿县蔡侯墓铜器铭文考释》（《古文字研究》第一辑）最后指出，其字"右上已渤",各家所释"均未确"。于先生的译文左旁隶定从"音",右边照铭文书写,意谓不识。

我们仔细地观察铭拓,尤其是盘铭拓本,发现这个字的右边虽有残泐,但仍然约略可辨,我试着做了一个摹本,见图十二。其字左从"音"是没有问题的,从音与从言可以相通,所以隶定作音或转写作言都是正确的,从本铭看,愚意以为字形为音而以释言为是。右边与平山新出中山王方壶铭"者侯虘贺"、中山王鼎铭"愍虑虘从"的虘字(《古文字研究》第1辑第298—304页)形体相同。关于中山王鼎、壶铭文中的虘字,各家大多以为即故道残诏版"譬(皆)明壹之"(《秦金文录》第36页)的皆字。最近有人提出异议,以为此字当读为咸,谓"'皆'于'譬'不仅字形相差很远,音也难以相通……铭文此字下从'甘',与侯马盟书同,'甘''咸'皆为闭口韵舌根音,读'咸'音义皆可通,从古音说,至少要比读'皆'要合适得多,故道残板诏书之'譬'不一定是'皆',亦可是'咸',至于侯马盟书与'奉'字连文,但文已缺失数字不能连属,但从上向下文义读'咸'并无不合。"(中国古文字研究会第三届年会论文:《新出中山国铭刻与文字语言问题》第10页)

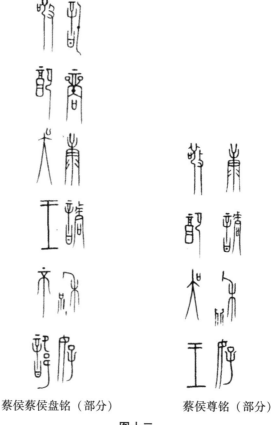

蔡侯蔡侯盘铭(部分)　　　蔡侯尊铭(部分)

图十二

按：战国文字从甘与从口同，就以中山诸器来说，如古、故、倘、告、克、使、舍、否、事等字所从的"口"，其中皆有一短横，形如甘，不能说这些字都从甘，应该说是从口，其中一划乃是装饰性的笔划。中山鼎、壶铭中的虘，从虎从甘（口），义虽与咸相近，音却未必与咸相通。而且商周金文中本有许多咸字（参看《金文编》二·一〇所引各例），其形体与虘相去更远，所以中山王器中的虘字，仍当以释皆为是。我们不能仅仅根据意义相近，就把本来是两个不同形体的字硬说成一个字。

再从蔡侯尊、盘铭文来看，"虘"即"皆"字就更明显了，"康謯和好"的"謯"，如果读作咸，不仅字形上不好解释。意义也不大明白，而释作"谐"则文义皆顺；"康谐和好，敬配吴王。"所以通过蔡侯器与中山王器铭的对读，不仅证明了秦故道诏版，中山诸器中的"皆"所释不误，而且使我们又认出了过去大家都没有确认的一个新字，即今天我们经常使用的和谐的谐字。此外，从虘的许多字也随着都认识了。如隓侯臣（《三代》10.6）的隓即阶字，《金文编》卷六第六至七页所引的馘、馘等则当如李学勤、李零二先生所说，应释作"楷"（《考古学报》1972年第2期第153页）。

十、释匿

《考古》1977年第2期报道了陕西蓝田发现的两件仲其父的铜器，器形见同刊图版六：4，铭文拓本见同刊120页图五：12。两器铭同，其铭为"仲其父作旅匿"。旅下一字，为彝铭所罕见，原考释者隶定作匿，以为即簠字，因而把这两件铜器命名为"仲其父簠"。

按自宋代以来，金石学家命名为"簠"的这种侈口长方形的铜器，其本身的自名，常见的有如下两种。

一种自名为"匿"，例子很多，字形可参看《金文编》卷五第四页所收各例。外面的框框，是形符，《说文》解释说："匚，受物之器，象形，读若方。"所引籀文之形，与铜器铭文相同。"古"是声符，表示音读，所以这是一个形声字。"古"有时也写作故、害、猷等，同样是表声。由于器物是青铜铸造的，所以字也可以从金，例如徐州地区刘林遗址出土的西㕇钴（《考古》1960年第3期27页图二），器名作钴，从金，古声。又如蟜公旅鈺（《三代》19.21）鈺字金旁虽然写作全，但仍然是金字，几父壶（《扶风齐家村青铜器群》4)"金十钧"之钧作 🖹，可以为证。它不是与"百"同音的省去口的"害"。另外，还有写作祜的，如白其父旅祜（《三代》10.18）则从示，古声。这是一类。

另一类自名为"匼"。传世铜器自名为"匼"的就管见所及有如下十器。

1）吴王御士旅匼（《文物参考资料》1958 年第 5 期 72 页）
2）白□父匼（《三代》10.7）
3）窦姒旅匼（《文物》1978 年第 11 期 9 页图一七）
4）默叔作吴姬鍾（《三代》10.10，匼从金，倒书）
5）尹氏贮良旅匼（《三代》10.13）
6）师麻孝叔旅匼（《三代》10.13）
7）史免旅匼（《三代》10.19）
8）叔家父作仲姬匼（《三代》10.22）
9）□□乍宝匿（《扶风齐家村青铜器群》图二十）
10）賹公子中庆匼匼（《文物》1980 年第 1 期第 35 页图三、四）

匼从匚，生声（"王"是后来的讹变），字也有从黄声的，如齐家村所出之器，这是匼字的一种异体。此外还有自名"行器"（曾子尾行器、白强行器见《三代》10.6，10.7）或者其他的，因与本文关系不大，这里就不详述了。

从两类不同的命名来看，不管是从古、从故，从🖹声，或者是自名为匼，它们都有比较明确的声符，而仲其父所作之器，自名为 鎰，音读为迹，颇难追寻，究竟是鎰字呢，还是应释作匼？个人以为应以释匼为是，因为匚、匼声近，从造字条例来说，即从金，从匚、匚亦声，它是匼字的又一新的异体。据此这两件铜器应定名为仲其父匼，而不是仲其父簠。

十一、塱方鼎"获于周庙"解

塱方鼎是记载周公东征的一件重要铜器，其铭为：

隹周公于征伐东
尸，丰白、尃古咸戈。公
归，䰜于周庙。戊

辰，畬秦畬，公賞堲
贝百朋，用作障鼎。

按：是器铭拓，仅著录于吴其昌《金文历朔疏证》（1.9）。陈梦家《西周铜器断代》1、图版玖（《考古学报》第9册），流传颇少。考释者除上述二书外，尚有吴闿生、于省吾、谭戒甫及日本学者白川静（《金文通释》第3辑119页）等。

铭文第三行归下一字，颇难识。吴其昌释荐，无说。吴闿生《吉金文录》（1.11）谓"即祭字"，于省吾《双剑誃吉金文选》（上2.1）谓"禜当系祭义"。陈梦家、白川静皆以为"祭名"。谭戒甫《西周"量鼎铭"研究》于此字考释较详，他说："禜字形象奇异，甲骨文亦有此字，上从'収隹'倒置，下从示正写。'隹'是短尾禽，此或当释为鸡。字象在神前杀鸡荐血，与'祭'字从右手持肉在示前相似。考《说文》'血，祭所荐牲血也'。又'衅，血祭也，从爨省，从酉（酒）分声'。按隹属'微部'，衅分属'痕部'，二字阴阳对转，那么，禜当从隹声，是会意兼形声的本字，而衅当是后制的字，引伸之，凡在神前杀以荐血皆谓之衅。《逸周书·世俘》'荐俘殷王士百人；……燎于周庙。'此禜于周庙也当是杀俘荐血以燎于周庙的同一事实。"（《考古》1963年12期672页）

按："禜于周庙"的"禜"，确如于省吾先生所说，"系祭义"，但这究竟是一个什么字呢？愚意以为字当隶定作䄍（从収与从又同），读如获。

金文中写作"隻"而读如获得有：

楚王畲忎鼎、盘："战隻（获）兵铜"（《三代》4.17.16）

禹鼎："隻（获）氒君骏方"（《青铜器图释》图七八）"隻"也可以用作器名"鑊"。

钺鼎："钺乍且丁盟隻"（《三代》3.1）

嘉鼎："乍铸飤器黄鑊"（拓本，未著录）

凌廷堪《礼经释例》说："凡亨（烹）牲体之器曰铃鑊，升牲体之器曰鼎。"鼎与鑊是同一类的器物，其功用虽略有不同，但同为祭祀、盟会等所使用之礼器。祭祀之器以"鑊"之者，"鑊"字加金旁；因战功有所斩获，献祭宗庙而名"䄍"者，"䄍"字则从示旁。所以鑊、䄍皆读"隻"（获）声，不应从"隹"声。"隻"是一个会意字，也不从"隹"声。嘉鼎"鑊"

从隻，对照󰀀鼎铭文，可知雀是隻的异体字，如果"隹"是声符的的话，它就不能随意改作音读不同的"雀"了。

综上所述，襫是一个形声字，从示隻声，读如获，乃俘获献祭之专字。

（本文一至六原载《中山大学学报》1979年第3期；七至十一原载《古文字研究》第9辑，中华书局，1986年。后收入《孙稚雏学术丛稿》，中山大学出版社2018年版，第168－187页。今据《孙稚雏学术丛稿》收录）

论殷虚卜辞命辞的性质

陈炜湛

一、命辞的性质如何成了问题

关于殷虚卜辞命辞性质，前辈学者中郭沫若的见解最为明确，也最有代表性。作于二十世纪三十年代的《卜辞通纂》《殷契粹编》二书释文仅标句读，但这并不表明郭沫若把命辞看作陈述句。在考释《通纂》640（《前》2·20·5）这片田游卜辞时，于释文之外，他特地指出：

> 此乃于一日卜往四地，每辞均当加问号（凡贞辞均如是），谓"于盂无哉乎？""于宫无哉乎？""于向无哉乎？""于䧢（炜案：此字今释丧）无哉乎？"于"于宫无哉"之兆文系一"吉"字，盖谓四卜之中，此卜协吉也①。

在《通纂·序》中谈及董作宾所创贞人说时又明确指出：

> ……又"某日卜某贞某事"之例所在皆是，曩于卜贞之间一字未明其意，近时董氏彦堂解为贞人之名，遂顿若凿破鸿濛。今据其说以诠之，乃谓于某日卜，卜者某，贞问某事之吉凶；贞下辞语当付以问符。

在考释《粹》425片时，郭氏又再次指出：

> 凡卜辞，本均是疑问语②。

---

① 郭沫若：《卜辞通纂》，科学出版社1983年版，第497页。
② 郭沫若：《殷契粹编》，科学出版社1965年版，第474页。

《粹》546 片有"弜巳（祀）兄（祝）""兄（祝）一牛""二牛""三牛"数辞，郭氏于释文下批注云："此卜牲数，于牛字下加问符读之，自明"①。

在相当长的时间内，郭沫若的这些见解为古文字学界所普遍接受，卜辞命辞之为疑问语即问句，几成常识，已经不成问题。

五十年代末，饶宗颐著《殷代贞卜人物通考》出版，在卷二"贞字释义"一节中，作者对"贞"字之字义作了一番分析，认为："贞字有取疑问语气者，为'贞问'之义，有取肯定语气者，则为'当值'之义；或卜事得'正'之义。旧说于贞字下，每施问号，多不可通。今参诸经典，得条析其异训如上，言卜辞者所宜详辨也"②。这一见解可说是对"旧说"的一个冲击。但观饶氏全书，所引卜辞均加标点，其命辞下虽偶有施问号者，绝大多数施以句号，即便"取疑问语气者"亦然，可见饶氏亦未能每辞皆详辨也。

也许是饶书出版于香港，印数少，流传未广之故，饶氏的上述见解，并未引起广泛的注意，更未引起争论。六十年代以来出版的《殷虚文字甲编考释》《殷虚文字丙编考释》以及其他许多论著，于命辞下依然一律施以问号，而似乎都可通。卜辞命辞之为问句依然不成问题。

卜辞命辞的性质成为需要讨论的问题，是近二十年来的事。从七十年代以来，美国的吉德卫（David N. Keightley）、舒瑊（Paul L.-M. Serruys）、倪德卫（David S. Nivison）及其高足夏含夷（Edward L. Shaughnessy）、日本的高岛谦一、法国的雷焕章（Jean A. Le Feuvre）等人先后发表论文或专著，对鼎字的形义及与此密切相关的卜辞命辞的性质纷纷提出异议。按照他们的观点，鼎仍当释为鼎，是指在鼎前主持占仪或主礼占仪；或释贞，而其义非"卜问"，却是"贞测、拟测"；"贞"后的命辞除极少数有句末疑问语气词者外，绝大多数不是问句，而是陈述句③。他们的这些说法，可说是对中国古文字学界权威学说的挑战，在海外颇有影响，也逐渐引起了中国学者的注意。

1987 年 9 月，在安阳举行的中国殷商文化国际讨论会上，裘锡圭发表了《关于殷墟卜辞的命辞是否问句的考察》（以下简称裘文）一文。他考察的结果是，在殷虚卜辞的全部命辞里，"现在能够确定是问句或非问句的命辞只

---

① 郭沫若：《殷契粹编》，科学出版社，1965 年版，第 500 页。
② 饶宗颐：《殷代贞卜人物通考》，香港大学出版社 1959 年版，第 71 页。
③ 高岛谦一：《问鼎》，见《古文字研究》第 9 辑，中华书局 1984 年版；雷焕章：《法国所藏甲骨录》，光启出版社 1985 年版；裘锡圭：《关于殷墟卜辞命辞是否问句的考察》，载《中国语文》1988 年第 1 期；倪德卫：《问"问"》（The "Question" Question），载《古代中国》（Early China）1989 年第 14 期。

占一小部分。""在承认问句可以不带句末疑问语气词的前提下,大部分命辞可以看作陈述句,也可以看作是非问句。说不定有些命辞在当时就有不同的读法,既有人读作陈述句,也有人依靠语调读成问句。"他还建议今后引用殷虚卜辞时,句末一律标句号,不标问号,"因为给非问句加上问号,错误要比给问句加上句号严重得多。"

既然大部分命辞究竟应该看作陈述句还是看作疑问句,"尚待研究",本来不成问题的命辞的性质,也就成了尚待研究的问题了。郭沫若等前辈学者的学说无形中也被打上了一个大大的疑问号,经受着严峻的考验。

纷至沓来的海内外新说在人们面前提出了一个严肃的学术问题:"凡卜辞,本均是疑问语"这一论断是否过时了?命辞从总的来说究竟应该是问句还是陈述句?这个问题牵涉到对所有卜辞的理解,可谓关乎全局,凡是研究或学习甲骨文者都不能回避,也回避不了,而必须在新旧诸说中辨明是非,作出抉择。这样,一场新的学术论争也就不可避免。

西方与东方、新说与成说之间存在着很大的分歧,但也不是说一点共识也没有。从倪德卫的《问"问"》(以下简称倪文)及裘文看,他们都赞同李学勤的观点,承认殷虚卜辞的命辞中有一小部分是问句,即句末为语末助词"印"(裘文释抑)和"执"的一批卜辞[1]。命辞末的"印"和"执"是否疑问语气词,还可讨论[2],这类命辞之为问句实际上与句末的印与执无什么关系。既然大家都认为这类句子是问句,便可作为小小的共识肯定下来,不必再事讨论。

虽然裘文的若干论断不无商榷的余地,其结论亦为笔者所难以接受;但裘文注意从语义上考察命辞性质,注意区分命辞与验辞,强调占卜的决疑性质一直到商末仍然没有改变,指出占卜与祷祝有别,等等,就方法论而言,都是正确的,应该肯定的。对此,笔者亦深表赞同,认为也可以作为在这个问题上的共识,成为深入讨论的共同基础。

二、文献记述的启示

传世文献不乏关于占卜与祷祝的记述,考察分析这些记述,对于正确理

---

[1] 李学勤:《关于自组卜辞的一些问题》,见《古文字研究》第 3 辑,中华书局 1980 年版。

[2] 详见《关于甲骨文"印""执"二字的词义问题》(《三鉴斋语言文字论集》,中山大学出版社 2022 年版)。

解殷虚卜辞当不无有益的启示。

文献多卜筮连言,卜指龟卜,筮指揲蓍。如《诗·卫风·氓》:"尔卜尔筮,体无咎言。"《小雅·杕杜》:"卜筮偕止,会言近止,征夫迩止。"一般是先卜后筮,而且蓍筮不如龟卜之慎重,小事蓍筮,大事仍用龟卜。卜筮之目的全在决疑,即《书·洪范》所说的"稽疑":在有"大疑"的情况下,谋及卿士、庶人,谋及卜筮。《礼记·曲礼上》也说:"卜筮者先圣王之所以使民信时日、敬鬼神、畏法令也,所以使民决嫌疑、定犹与也。故曰疑而筮之,则弗非也。"可见卜与筮都是决嫌疑、定犹与的手段,古人所乞求于神明的是以兆数示吉凶,以定行止。反之,如无疑虑,当然毋须占卜了。《左传》桓公十一年叙楚伐郧,斗廉反对莫敖提出的"济师"意见,而且反对占卜,说:"卜以决疑,不疑何卜?"结果打了胜仗。同书哀公十八年记楚惠王反对"卜帅":"巴人伐楚鄾。初,右司马子国之卜也,观瞻(楚开卜大夫观从之后)曰:'如志。'故命之。及巴师至,将卜帅,王曰:'宁(即子国)如志,何卜焉?'使帅师而行。"子国既为右司马,无疑是当然的主帅,所以楚惠王认为毋须再事占卜了。

文献所记述的占卜内容也十分广泛,如战争、田猎、前途吉凶、疾病、婚娶、择人、选地等方面的占卜均有记述,见于《书》《左传》《国语》《楚辞》《礼记》《史记》《论衡》《汉书》《六韬》《三国典略》等书,前因后果也较清楚易解,都是心有所疑,卜以决之。然而对占卜的解释即卜人的占辞,又有信与不信的问题,文献所述卜事,多略去命辞,而有占辞,从其上下文及前后关系中可约略推断,如有命辞,一般当为疑问之辞,而非陈述句。《左传》襄公五年所记颇有参考价值:"庆封田于莱,陈无宇从,文子使召之。请曰:无宇之母疾病,请归。庆季卜之,示之兆,曰死。奉龟而泣。乃使归。"显然,此乃庆封怀疑陈无宇"母疾病"而进行的占卜,如有命辞,似当为"无宇之母疾病(乎)?"占辞则是"死"。《楚辞·卜居》更是命辞之为问句的最好证明。这篇作品记述非常明白:屈原见太卜郑詹尹,是因"有所疑",目的是要太卜为他用龟卜作出决断。屈原所疑的具体内容亦即希望卜以决之的问题共有八组,每组都是正反设问,采用"宁……乎?将……乎?"的句式表达:

  吾宁悃悃款款朴以忠乎?将送往劳来斯无穷乎?
  宁诛锄草茅以力耕乎?将游大人以成名乎?
  宁正言不讳以危身乎?将从俗富贵以偷生乎?

宁超然高举以保真乎？将促訾栗斯、喔伊嚅儿，以事妇人乎？

宁廉洁正直以自清乎？将突梯滑稽，如脂如韦，以絜楹乎？

宁昂昂若千里之驹乎？将氾氾若水中之凫，与波上下，偷以全吾躯乎？

宁与骐骥亢轭乎？将随驽马之迹乎？

宁与黄鹄比翼乎？将与鸡鹜争食乎？

八组问句之后，又总问一句："此孰吉孰凶，何去何从？"这八组问句，有如八组对贞卜辞的命辞，因皆有疑问语气词在，自然谁也无法否认其问句性质。

  大量的文献资料表明，占卜之目的全在于决疑，祷祝才是为了表达某种愿望。虽然二者皆求助于神灵或先公先王，但毕竟有本质区别。祷祝的祝辞又称祷书，是陈述句或祈使句。《史记·殷本记》《吕氏春秋·顺民》记成汤祝于野祷于桑林；《左传》襄公十八年记晋侯伐齐，献子（荀偃）祷于有神乞求战争胜利；同书哀公二年八月叙晋郑战于铁，卫太子蒯聩祷于先祖；《史记·鲁周公世家》《书·金縢》述周公先后为武王、成王疾病而祷于三王，祝于神，皆可为证。特别是《书·金縢》将祷、祝、卜等先后关系交代得很清楚。有些西方学者有意无意地将占卜与祷祝混为一谈，或模糊其界限，遂将卜辞命辞看作是表示商王的一种愿望，或为了祈求鬼神同意占卜者的请求，其错误是极为明显的①。

三、贞字形义与命辞性质

  以郭沫若为代表的前辈学者之所以认为"贞下辞语当付以问符""凡卜辞本均是疑问语"，是基于对贞字形义的考定。经孙诒让、罗振玉、王国维、郭沫若等大师的考证，卜辞屡见之鼎为鼎形之简略急就状，当释为贞，其义为"卜问也"（《说文》语）。贞字形义既定，由它引出的命辞之为疑问句——需要决的"疑"，也就顺理成章，极易理解了。主张命辞不是问句的学者，也是首先抓住鼎字作文章，置成说于不顾而另作新解（见上文）。还有的学者认为贞字的意义并不能决定其后命辞的语气。有的干脆回避"贞"的形义问题。否定鼎之为贞，否定其义为"卜问"，是同否定命辞的问句性质密

---

① 详见《从文献记述看占卜的性质及其与祷祝的区别》（《三鉴斋语言文字论集》，中山大学出版社 2022 年版）。

切联系在一起的。

那么，鼎到底是否该释贞，其义是否为"卜问"？易言之，罗、郭等前辈之说究竟能否成立？回答是肯定的。为了回答命辞的性质问题，为了评判新说，笔者也曾对鼎之形义及其与"鼎"的关系作过一些考察。我的基本看法是：

1）贞鼎二字，音形二者都有密切关系。二字古音均为端纽耕韵，古本同音，不论是以鼎为贞还是以贞为鼎，互相借用，都是可能的，合乎情理的。小徐本《说文》"古文以贞为鼎，籀文以鼎为贞"之说正确。古文以贞为鼎，可以金文为证（见新版《金文编》）；籀文以鼎为贞，正好可作甲骨文鼎释为贞的注脚。

2）卜辞前辞中鼎的及其变体鼎鼎鼎等确是象形之鼎字的简省式，《乙》146、8888、8895、8896，《甲》965，《京都》3103等片可证，其上部凵或凹乃鼎耳鼎腹之形，其下部爪或爪实鼎足形之简化。贞卜之贞无形可象也难以会意，乃借用同音之鼎字为之。又由于使用频率极高，刻写不易，也为便于区别，故多取简省式。不过，象形的鼎虽亦见于前辞，但简化的鼎却只见于前辞而绝不用于命辞；若鼎的繁简二形并见于一辞，则简者（借为贞）用于前辞，繁者用于命辞，绝不相混，《京都》99、《续》3·43·1、《乙》1971、《丙》12、《前》5·3·4、《京津》3157诸片可证。是前辞之鼎与命辞鼎之并无必然联系，二者不可等量齐观。面对这样的事实，释鼎为贞，即鼎假借为贞，自属顺理成章，合情合理。据卜辞实际用例考察，就鼎而言，既是鼎又假借为贞；就贞而言，是本无其字，借鼎为之，字形以简为主，有时也保持繁体。

3）据《说文》，"卜问"当是贞字古义，亦即卜辞中贞字的实际意义。典籍中用贞为卜问者确是较少，但《说文》此义，先秦典籍也并非无证。试观《周礼》之《小宗伯》《天府》《大卜》即明。《说文》"贞，卜问也"之训既非误记，更非杜撰，而是有切实根据，因而是可靠的，用以解释卜辞前辞之贞字最为妥当，也与占卜的性质相合。一般而论，"干支卜，某（贞人）贞"，意思便是："某日占卜，由某位贞人向神灵发问。""贞"下的命辞，便是发问的内容，即希望加以决断的"疑"（这样说，并不排斥在一些极个别的场合下，前辞之"贞"或许不用其"卜问也"之义而另作他训）。

总之，卜辞以鼎为贞，前辞之贞当训"卜问"，迄今为止，仍是正确的学说。七十年代以来出现的若干新说并不能推翻它，反倒映衬出了它的正确无误。这一点，对于命辞性质的讨论，叶谓至关重要①。

四、从完整卜辞考察命辞的性质

所谓完整卜辞，是指前辞（或称序辞）、命辞、占辞、验辞四者俱全的卜辞。这类卜辞多见于第一期（武丁）和第五期（帝乙帝辛），数量亦颇可观。考察命辞的性质而置这类卜辞于不顾，显然是不妥当的。因为从语义角度看，完整卜辞之可贵处即在其语言环境之"完整"，有助于对命辞性质的认识。裘文用了大量篇幅区分命辞与验辞，否认有"V（动词）不"或"V不V"式的命辞存在，将"不"或"不V"作为验辞从命辞中划分出来，用心良苦。但裘文将验辞离析后并未论证所剩命辞的性质，这是十分令人遗憾的。

从完整卜辞考察，只要不存在偏见，不难发现，只有将命辞看作问句，其后的占验之辞才有着落，彼此间才有语义上的联贯性；否则，便显得矛盾重重，陷于不可解境地。

下面，不妨以著名的雪堂所藏大胛骨上的几条卜辞为例，稍加考察。

(1) 癸巳卜，㱿贞：旬亡祸？王占曰：有祟，其有来艰。迄至。五日丁酉，允有来艰自西。沚馘告曰：土方征于我东鄙，灾二邑。舌方亦侵我西鄙田。

癸未卜，㱿贞，旬亡祸？王占曰：有祟，其有来艰。五日丁未允有来艰，饮御□□自呂围。六月。（《菁华》1）

(2) 癸未卜，㱿贞：旬亡祸？王占曰：㞢，乃兹有祟。六日戊子，子㱇㞢。一月。

癸巳卜，㱿贞：旬亡祸？王占曰：乃兹亦有祟，若偁。甲午王往逐兕，小臣古（或释叶）车马硪䝯王车，子央亦坠。

癸酉卜，㱿贞：旬无祸？王二曰旬。王占曰：俞，有祟，有梦。五日丁丑王嫔中丁，㞢陒在𠦪阜，十月。（《菁华》3）

(3) 癸丑卜，争贞：旬亡祸？王占曰：有祟，有梦。甲寅，允有来艰。左告曰：有㞢刍自益，十人又二。（《菁华》5）

---

① 详见《卜辞贞鼎说》(《三鉴斋语言文字论集》，中山大学出版社 2022 年版)。

以上三例六辞均是武丁时期的贞旬卜辞——于一旬之末贞问下旬的吉凶。这六条卜辞，很多先生作过解释，对个别字的考释容有分歧，但并不影响对命辞性质的理解。在"旬亡祸"下"施以问符"，是完全可以讲得通的，丝毫不见得有什么"严重"错误。这是问：下一旬没有灾祸吗？（后世加一语气词，即成"旬亡祸乎？"）王亲自观察兆璺，作出推断①。这六条卜辞的占辞都是说"有祟"。验辞则记一旬之内发生的"祟"，即"来艰"或"梦"（祸乱也）。这可谓"卜以决疑"的全过程。如果否认"旬无祸"是问句，而读之为陈述句，且像某些学者所主张的那样，将"贞"释为"拟测""预测"，甚至是"定""正"，则不仅"王占曰"云云与命辞直接矛盾（"旬亡祸"与"有祟"极不协调），而且太卜史官"㱿""争"等大臣屡测屡误，也显得实在无能而不称职了。

武丁时期还有不少正反对贞并有占辞、验辞的完整卜辞，其命辞的性质一般也应是问句（详下文）。晚期（帝乙帝辛）卜辞之完整者亦以贞旬卜辞为多。例如：

(4) 癸卯王卜贞：旬亡祸？在四月。王占曰：大吉。甲辰肜大甲。

癸丑王卜贞：旬亡祸？在四月。王占曰：大吉。甲寅肜小甲。

（《后》上 19·4）

(5) 癸酉王卜贞：旬亡祸？王占曰：弘吉。在二月。甲戌祭小甲，彡大甲，唯王八祀。

癸未王卜贞：旬亡祸？王占曰：吉。在三月。甲申彡小甲，肜大甲。

癸巳王卜贞：旬亡祸？王占曰：吉。在三月。甲午祭戋甲，肜小甲。

癸卯王卜贞：旬亡祸？王占曰：吉。在三月。甲辰祭羌甲，彡戋甲。

癸丑王卜贞：旬亡祸？王占曰：吉。在四月。甲寅祭䂞甲，彡羌甲，肜戋甲。

癸亥王卜贞：旬亡祸？王占曰：吉。在四月。甲子彡䂞甲，肜羌甲。（《新缀》299）

---

① 《说文》："占，视兆问也。"问当读为璺。刘殿爵说，见其所著《释"占，视兆问也"》一文，见《中国语文研究》第5期，香港中文大学出版社1984年版。

这类卜辞都是商王亲自贞卜,又亲自视兆。如得吉兆,便于第二天甲日祭祀以甲为名的诸先王。验辞的内容与武丁时期大异。或许其时贞旬的目的在于祭祀——国之大事也。如果商王对未来一旬的吉凶心无所疑,根本毋须占卜,如果命辞"旬亡祸"是商王的"预测""拟测",那又何必再亲自去"占",岂非多此一举。而理解为王亲自贞问,又亲自视兆,作出判断,则要顺畅得多。上述二例八辞"旬亡祸"下施以问号,又会犯什么"错误"呢?

此期田猎卜辞亦有完整者,如下列诸例:

(6)戊申卜,贞:王田盂,往来亡灾?王占曰:吉。兹御,获鹿二。(《续存》上2369)

(7)壬辰王卜贞:田玨,往来亡灾?王占曰:吉。在十月。兹御,获鹿六。

乙未王卜贞:田䵼,往来亡灾?王占曰:吉。获鹿四、兕一。

戊戌王卜贞:田羌,往来亡灾?王占曰:吉。兹御,获鹿四。(《合》37408)

(8)戊午王卜贞:田盫,往来亡灾?王占曰:大吉。获狐五。(《合》37462)

(9)戊寅王卜贞:田鸡,往来亡灾?王占曰:吉。兹御,获狐二十。(《合》37472)

这些卜辞是问:王要到某地(盂、玨、䵼、盫、鸡均为地名)打猎,是否往来无灾?往来,前往与归来,泛指田猎活动的全过程。这是出猎前对吉凶心有所疑而举行的占卜。"往来亡灾",既非事前的预测更非事后的叙述,同样只能是商王需要决断的"疑"。"王占曰"云云同样是根据兆璺作出的判断,旨在"决"。上引诸例除一例称大吉外,皆曰吉,意即无灾。验辞则记捕获的兽名及数量,是"吉"或"大吉"的标志。这些卜辞里的命辞之为问句,是不难理解的。

这里有必要指出,卜辞中的占辞是针对命辞——需要决断的"疑"——根据兆璺作出的判断;验辞是对占辞的验证,它与命辞并不发生直接的关系。许多卜辞省略占辞,命辞后直接验辞,容易给人以错觉,似乎验辞是说明命辞的,又由此推断,命辞是表示商王某种愿望,似乎便可算是陈述句了。由错觉引出的结论当然是靠不住的。

五、从对贞卜辞考察命辞的性质

倪文认为，没有句末疑问语气词，而且也无法从其他方面证明是问句的命辞，都应该看作非问句。对这个观点及倪文的一些具体论证，裘文"殷虚卜辞里的非问句"一节有详细的批评。裘氏指出："我们不能肯定字面上无问句特征的命辞一定不是问句。"这当然正确的。在同一节里，裘氏论证了一些他认为"可以肯定不是问句"的命辞。他的办法是先证明对贞卜辞里的反面卜辞"只能理解为陈述句"，然后推断其正面命辞："……既然它们的对贞卜辞肯定是陈述句，把它们看作陈述句显然要比看作问句合理。"显然，裘氏也同意这样的观点：对贞卜辞正反两面的命辞性质是一样的，要么都是问句，要么都是陈述句。他的论证方法也有一定的道理，但反过来似乎也得承认：如果它们的对贞之辞肯定是问句，则把它们看作问句显然要比看作陈述句合理。

裘文所举"今者王勿比（从）望乘伐下危弗其受有祐"（《合》6482）一类反面命辞，只是对贞卜辞中的一小部分。这类命辞是否一定像裘氏所说，"只能理解为陈述句"，还有讨论的余地。按我的理解，即使是这种形式的命辞，也并不能看作陈述句。像裘文那样理解，命辞就成了条件复合句，对贞卜辞不是相反相成，而是直接矛盾的占卜结果了。

正面卜辞：今者王跟望乘一起去伐下危，能受到保祐。

反面卜辞：今者王不要跟望乘一起去伐下危，如果跟望乘一起去伐下危，将得不到保祐。

这还成什么卜辞呢？还有什么"卜以决疑"之可言呢？其实，这也是与正面卜辞相反相成的问句。正面问：王与望乘一起去伐下危，是否受到保祐？反面则问，如果王不与望乘伐下危，是否就得不到保祐？表面看起来，似乎既然不准备伐下危，就不存在受不受保祐的问题了。其实不然。这正好说明商王疑心之重。他们疑心伐下危一类事乃上天之命，天与不受，反罹其祸。所以正面问，如伐下危能否得到保祐，反面则问，如其不去伐下危，是否就得不到保祐了。一正一反，只是希望作出决断，下危非伐不可！伐则受祐，不伐则得不到保祐——有违天意，反受其咎也。这种"保祐"，是泛指各方面的。这就是后世所谓顺天（帝、鬼神）：顺则昌（受又），逆则亡（弗受又）。类似的卜辞又如：

(10) 己酉卜，贞：王征舌方，下上若，受我又？二月。

贞：勿征舌方，下上弗若，不我其受又？（《铁》244·2）

这是问，王（如果）去征舌方，那么上下（神祇）就会给我保祐吧？王（如果）不去征舌方，那么上下（神祇）就会不高兴因而不给我保祐了吧？正反设问，实质在于要作出对舌方非征不可的决断，因为，征不征舌方牵涉到神祇保祐不保祐的问题。可见，理解这类命辞，实际上并不需要增加一个"意义相反的假设句子"。

即使退一步，将这类理解有争议的命辞暂置勿论，也不能忽视以至无视大量的对贞卜辞中只能理解为问句的命辞存在。试观下列辞例①：

(11) 丙子卜，内贞，翌丁丑王步于壴？
　　 丙子卜，内贞：翌丁丑王勿步？（《乙》5355）

(12) 壬子卜，争贞：自今日我戋胄？
　　 贞：自五日我弗其戋胄？（《丙》1）

(13) 丙子卜，韦贞：我受年？
　　 丙子卜，韦贞：我不其受年？（（《乙》867）

(14) 甲午卜，宾贞：西土受年？
　　 贞：西土不其受年？（《乙》3409）

(15) 贞：唯帝它我年？
　　 贞：不唯帝它我年？
　　 王占曰：不唯帝它，唯㕣。（《乙》7456、7457）

(16) 戊午卜，古贞：般其有祸？
　　 戊午卜，古贞：般亡祸？
　　 王占曰：吉，亡祸。（《续存》下442、443）

(17) 乙巳卜，宾贞：鬼获羌？
　　 乙巳卜，宾贞：鬼不其获羌？
　　 贞：鬼获羌？
　　 贞：鬼不其获羌？（《乙》865）

(18) 甲寅卜，殷贞：翌乙卯易日？
　　 贞：翌乙卯不其易日？

---

① 关于对贞卜辞的辞例，周鸿翔有过详细的论述，见其所著《卜辞对贞述例》一书，1969年出版于香港。

贞：有疾自，唯有它？

贞：有疾自，不唯有它？（《乙》6385）

这些都是武丁时期完整的对贞卜辞，都是从正反两方面设问的。其反面命辞较诸正面命辞，一般是多一个否定词如勿、不、弗其、不其、不唯，或将正面命辞的"有"改为"亡（无）"。这些反面的命辞与《合》6428一类命辞不一样，都不存在裘文所谓的"隐含一个意义相反的假设句"的问题。把这些命辞理解为问句是完全可以的，至少不能排斥这样的理解。这样理解，也合乎常理。为了同一件事，正反设问，一是因为商王疑虑之重，二是说明当时贞卜的慎重。如例（18），"疾自"是既成事实，商王要问的是：有它（害）吗？没有它（害）吗？一正一反，都是问句，极易理解，这与上文提到的《楚辞·卜居》可谓一脉相承。正反设问，用意一致，现代汉语也同样存在，例如：

你去北京吗？你不去北京吗？
你喜欢看戏吗？你不喜欢看戏吗？

如果省去语气词"吗"，则通过语调仍能表示其为疑问句。

上引各组对贞卜辞，如果理解为陈述句，一正一反，自相矛盾，那才叫不可思议。显然，给这类卜辞的命辞加上句号，其"错误"要比加上问号"严重得多"。

下面再就有关下雨的对贞卜辞作些讨论。关于雨的贞卜，在卜辞中占相当大的比重，其正反对贞，用词很有规律，一般是：其雨—不雨，其雨—不其雨，祉雨—不其祉雨，雨—不其雨。有些命辞之后还有占辞和验辞，更有助于对命辞性质的理解。例如：

（19）乙未卜，韦贞：雨？　　贞：不其雨？
　　　乙酉卜，韦：其雨？　　不其雨？
　　　庚戌卜，韦：其雨？　　不其雨？（《合》11892）

这是三组对贞卜辞，第一组正面卜辞的前辞完整，而反面卜辞省去"乙未卜"及贞人名；二、三组正面卜辞省贞字而反面卜辞前辞部分全省。

(20) 甲辰卜，佛贞：今日其雨？

甲辰卜，佛贞：今日不其雨？

甲辰卜，佛贞：翌乙巳其雨？

贞：翌乙巳不其雨？

贞：翌丁未其雨？（丁未为甲辰后第四日）

贞：翌丁未不其雨？（《合》12051）

(21) 乙丑卜，韦贞：今日其雨？

贞：今日不雨？（《合》12053）

(22) 丁巳卜，亘贞：自今至于庚申其雨？

贞：自今丁巳至于庚申不雨？（《合》12324）

(23) 庚子卜，逆贞：翌辛丑雨？

贞：翌辛丑不其雨？（《合》12341）

(24) 壬申卜，殷贞：翌甲戌其雨？

壬申卜，殷贞：翌甲戌不雨？（《合》12437）

(25) 癸巳卜，争贞：今一月雨？[右侧（指在腹甲之部位。下同）]

癸巳卜，争贞：今一月不其雨？（左侧）

王占曰：唯（此字适当齿缝，仅存残笔）丙雨。

旬壬寅雨。甲辰亦雨。[右中甲（千里路处）]

己酉雨，辛亥亦雨。（反面中部）（《合》12487）

(26) 戊子卜，殷贞。帝及四月令雨？（左侧）

贞：帝弗其及今四月令雨？（右侧）

王占曰：丁雨，不唯辛。（千里路）

旬丁酉允雨。（左尾甲）（《合》14138）

这些占雨卜辞，都是从正反两方面设问，有些卜辞连契刻的位置、行款也是相对称的。从语义分析，在这些对贞卜辞的命辞之后（正、反两辞）"施以问符"完全可以讲得通。特别是对贞之后复记占辞及验辞诸例，命辞如标为陈述句，不仅自相矛盾，王占曰云云也将显得无着落。例（26）最为典型。

综上所述，凡对贞卜辞，其正反两面的命辞都应该是问句。因为对贞，正是"卜以决疑"的完备形式。不仅有文献记述可证，而且一些民间至今尚有其孑遗可资参证。如湖南涟源县伏口镇农村卜卦之时，也都是先设问，然后摇动两卦片使之表示卦象的①。如光从语法结构分析,似乎确如裘氏所言,这些命辞"可以看作陈述句,也可以看作是非问句"。模棱两可,确较保险,但不解决问题。不过,若把占卜的性质及"贞"的词义考虑在内,则自当将"可以看作陈述句"这一点排除掉,而把它们看作疑问句了。

六、从若干卜辞内容考察命辞的性质

除了完整卜辞及对贞卜辞之外,还有大量的既不完整又未必是对贞的卜辞,有的甚至连"贞"字也没有,其命辞的性质又是如何呢?一般而论,既然完整卜辞、对贞卜辞的命辞是疑问句,那它们的省略形式的命辞自然也该是疑问句。对于某些内容较为特殊的卜辞而言,尤其必须视为问句方可,若理解为陈述句,亦将陷于无理、矛盾境地而不能自拔。现试举数种卜辞为例,略作讨论如下。

(一)关于"般"囚和祸的卜辞

(27)贞:今□□般囚(《佚》525)(《巴黎》3、《法录》7)

按般即自(师)般,《书·说命》《君奭》有"甘般",董作宾说即是此人,乃武丁之师、相。《法录》补缺文为"一月",释囚为死,说"本段表达了武丁对其师生死之关切"。囚不论释囚(殟)、释死,都是指灾祸不吉之事。若像某些人所说那样,"贞"是预测,乃至于表达商王的某种愿望、祈祷,视命辞为陈述句,则于理大谬,无可解释。

(28)贞:自般其有祸?(《佚》193)

这是武丁关心师般的吉凶,问其是否有祸。如像某些人那样释"贞"为祈祷、诅咒,读之为陈述句,则武丁还算什么中兴之王呢?前引例(16)乃对贞卜辞,可证此类卜辞亦必为问句。

---

① 据暨南大学中文系陈初生副教授提供的材料。

（二）祭祀时的择牲之卜

(29) 辛酉卜，又祖乙，廿牢？
辛酉卜，又祖乙，卅牢？（《合》19838）（牢字从羊不从牛）

这是问，用二十牢侑祭祖乙好不好，用三十牢侑祭祖乙好不好？祭祖乙是肯定的，时王之"疑"在于用二十牢还是用三十牢，所以要卜以决之。这是为同一件事的反复贞问，辞末自当标以问号。如标以句号，则成了同一天对同一先王进行两次祭祀，一次用二十牢，一次用三十牢，这又怎么讲得通。类此者又如：

(30) 丁酉卜，王……
十五犬、十五羊、十五豚？
廿犬、廿羊、廿豚？
卅犬、卅羊、卅豚？
五十犬、五十羊、五十豚？（《前》3·23·6）

此乃郭沫若《释五十》一文讨论过的一片卜辞，实亦择牲之卜。四种用牲数量，以何者为宜，商王之所疑也，故依次占卜之。命辞省却了祭祀时间、对象，仅有犬羊豚之数。如标为句号，四列牲数亦足令人莫名其妙了。裘文"结语"部分所引《合》35931，计四辞，亦择牲之卜（其牢、其牢又一牛、驿、物），当然也应是问句。裘氏云："在这方面，命辞是否问句并没有多大关系。"此说实不敢苟同。只要不存偏见，便没有理由不承认这类命辞当为问句。

（三）层层推进式的占卜

(31) 乙亥卜，有事？
乙亥卜，生四月妹有事？
弗及今三月有事？（《合》20348）

此三辞贞是否"有事"。一问有或无；二问是否四月"妹"地有事？三问是否不在此三月有事。层层推进，紧密相连。如标以句号，则似贞卜结果，第三辞尤似占验之辞，大悖于占卜之决疑性质。

（四）选时择地的占卜

（32）己巳卜，贞，王其田，亡灾？
己巳卜，狄贞：其田，不冓雨？
己巳卜，狄贞：其冓雨？
己巳卜，狄贞：王其田，叀辛，亡灾？
己巳卜，贞：王其田，叀壬，亡灾？
己巳卜，犬（狄）贞：王其田，叀乙，亡灾？
庚午卜，狄贞：王其田，叀乙，亡灾？
庚午卜，狄贞：叀戊，亡灾？（《甲》3914）
（33）甲辰卜，狄贞：王其田，叀翌日乙，亡灾？
甲辰卜，狄贞：叀翌日戊，亡灾？
甲辰卜，狄贞：叀壬，亡灾？（《甲》3915）

这两例均第三期卜辞。例（32）先是问，商王要外出打猎，有无灾祸？是否遇雨？可能得了吉兆，肯定为无灾无雨。那么，究竟哪一天出猎好？为了选择具体日期，己巳日又卜三次，庚午日卜两次，目的是在庚午后的辛（未）、壬（申）、乙（亥）、戊（寅）四天之中作出选择。八条卜辞，所卜实系一事，目的在于决定何日出猎。例（33）三辞同日所卜，目的也是选择出猎日期，故依次问是否"亡灾"。如将这些命辞读为陈述句，将"贞"释为"拟测""决定"，便与原意相差太远太远了。

田猎前择地的占卜以第三、四期甲骨为多见。本文开头提及的《通纂》640便是典型一例。这类卜辞都是在某地占卜，依次贞问往何处田猎好，"某（地名）田亡灾""王其田某（地名）亡灾"为常见之命辞，同选时之辞一样，这类命辞读为问句，自更合理①。

又如：

（34）丁丑卜，翌日戊王其迍于勾，亡灾？
于桧，亡灾？

---

① 参见陈炜湛《甲骨文各期田猎卜辞的特点与辞例的比较》，载《殷墟博物苑苑刊》创刊号，中国社会科学出版社1989年版。

于丧，亡灾？
　　　于盂，亡灾？
　　　于宫，亡灾？
　　　翌日王其迍于勾，亡灾？
　　　于桥，亡灾？（《合》28905）

这是商王欲在某地"迍"的占卜，勾、桥、丧、盂、宫五地之中选取一地，故依次卜问是否"亡灾"。第二至五及第七辞为省略形式。如读为陈述句，五地皆"无灾"，似乎成了占卜结果，也就不存在选择的问题了；又好像商王一日之内要同时"迍"五地，令人难以索解了。

七、值得探讨的一些卜辞

　　饶宗颐、倪德卫、裘锡圭等学者都认为有一些命辞非读为陈述句不可，若读为疑问句便"不可通"。其中带有普遍性的问题上面已分别讨论过。这里要讨论的是较为罕见或特殊的一些命辞。这些命辞有一部分带有"贞"字，另一部分不带"贞"字。

（一）带"贞"的命辞

　　饶宗颐氏将《乙》8888 残甲之辞释为"己巳鼎（贞）寻嬉允亡祸。贞妳亡祸。"作为"贞训正，故引申为定"的例证①。由于允字经常出现在验辞里，义同"果然""真的"，"允亡祸"似有肯定语气，读为问句显得不相宜了。但是，核诸原拓，所谓的"允"字实作 ，并不存在"允亡祸"式的命辞。《乙》8695 有同文卜辞，可证。

　　倪文说"也许我们可以说验辞中的'允'字便是一个非问句的惯用语，但我不会称'允'字为陈述句的文法标示；无论如何，如果看来像陈述句的命辞也可以被释为问句的话，那么其中也有带'允'字的"。其所举文例便是"允雨"：

　　　乙丑贞允雨（《京津》2910）

---

① 饶宗颐：《殷代贞卜人物通考》，香港大学出版社1959年版，第71页。

熟悉甲骨文者都知道，"允雨"作为验辞是常见的。现竟作为命辞出现在"贞"字之后，似乎这命辞便非读为陈述句不可了。不过，这里有两点需要指出：①从原拓看，"允雨"与"贞"之间有界划隔开，而"乙丑贞"三字之后另有"不"字，故"允雨"是否命辞尚有疑问。由于是仅存残甲，难明其对贞或省略（指成套卜辞之承上省略）关系。②即便是允雨与贞连读，也属于孤证，可作为特例研究，不得遽下结论。

（二）不带"贞"的命辞

甲骨文中有一部分刻辞，既无前辞，又无"贞""卜"一类字眼，也找不到足以证明它们是命辞的完整卜辞。有些文章也把它们看作命辞，其性质也就成了值得探讨的问题。倪文所举"长达数句的命辞"（例F）便颇有代表性：

王重乙往于田丙遘启亡灾（《宁》1·367）

倪文认为："如果我们要把这段话理解成陈述句，也得把他们视为一组陈述，只须一次占卜便可评断。"其实，"这段话"并不能证明是命辞，倒有点像是验辞，甚至是记事刻辞。

裘文提出的带有"弜"的命辞，如"辛王勿（弜）田，其雨"（《合》33533）"勿（弜）省丧田，其雨"（《合》28993）之类，关键在于对"弜"字的解释。自张宗骞《弜弗通用考》一文发表以来，"弜弗通用"几成定论，近十多年来又有学者对"弜"作为否定词的用法进一步作了论证。将弜释为勿，意同不要，则这类"命辞"如读为问句，真像裘文所说，"就不知所云了"。但是，如按夏渌的意见，弜实比字，并非否定词，则这类命辞便可另作解释了。而且，带"比"的短语，有些是验辞（比可训及），当然可读为陈述句，但已与命辞的性质无关了。在这方面，夏渌所著《释弜》及《再论甲骨文弜为比初文》二文已有详细论证①，我基本上赞同他的见解，此不赘。

八、结语

殷虚卜辞的命辞，由于其绝大多数的语法形式与占辞、验辞没有明显不同，对其性质的认识也就难免有争议。孤立地看起来，句末没有疑问语气词

---

① 夏渌：《释弜》，载《武汉大学学报》（社会科学版）1981年第3期；《再论甲骨文弜为比初文》，甲骨语言学讨论会论文，1990年10月。

的命辞，似乎既可读为陈述句，也可依靠语调读成问句。但若从占卜的性质考虑，从卜辞的整体及卜辞各部分的相互关系考察，从卜辞的语言环境及具体语义考察，则除极少数罕见特例容或另加探讨解释外，绝大部分命辞可读为问句，或应当读为问句，而不得读为陈述句。这便是本文的结论。

一九九一年七月作于中山大学

（原载《语苑新论——纪念张世禄先生学术论文集》，上海教育出版社1994年版。后收入《夏商文明研究》，中州古籍出版社1995年版，第154－176页；《三鉴斋甲骨文论集》，上海古籍出版社2013年版，第161－176页。今据《三鉴斋甲骨文论集》收录）

释 穆

——兼谈昭穆的礼乐含义

黄光武

"穆"这个美好而庄重的字眼,自青铜器铭文、《书》、《诗》等先秦文献,直至现代汉语,从不间断地出现,在语言中有很强的生命力。穆字的初义是什么?《说文解字·禾部》①云:"穆,禾也,从禾㬎声。"②㬎为何声?"㬎,细文也,从彡,㬎省声。"③但穆为明纽觉部字,而㬎是溪纽铎部字,二字声韵相差甚远,毫无可通之处。

由于《说文》对穆字的解释不够明白,因此常引起讨论。几年前,《楚地出土文献三种研究》出版,饶宗颐先生在《随县曾侯乙墓钟磬铭辞研究》中论述音律时重释穆,尤其指出穆字在音乐上的含义,较之其他解释,有独到之处:

穆穆有礼与乐二义:威仪穆穆训敬;钟磬穆穆训和。④

但饶宗颐先生对穆字有礼乐二义没有更详细的解释,本文据其提示,结合与穆字有关联的古文字形体以及古代礼乐思想和制度的有关记载,不揣寡陋,试作浅人之论。

孙海波把甲骨文 ![字](甲 3636)作为未识字列于其编著的《甲骨文编》附录⑤。而近年来,字已被正式收入《甲骨文字典》,释象有芒颖之禾穗下垂⑥;但由于辞例少,只作为地名,无法从语言环境检验其相关词

---

① 《说文解字》以下简称为《说文》。
② 许慎:《说文解字》,中华书局 2013 年版,第 141 页。
③ 许慎:《说文解字》,中华书局 2013 年版,第 182 页。
④ 饶宗颐:《随县曾侯乙墓钟磬铭辞研究·本论四》,见《楚地出土文献三种研究》,中华书局 1993 年版,第 44 页。
⑤ 参见孙海波《甲骨文编》,中华书局 1982 年版,第 792 页。
⑥ 参见徐中舒主编《甲骨文字典》,四川辞书出版社 1989 年版,第 778 页。

义。对穆字的初义，本文还是从公认的金文穆字的形体入手进行分析。

金文穆字除后期外，其形体十分稳定，绝大多数作🆇。偏旁相同、结构相似的汉字，可以类比而得到字义相近的语言信息，像旌与旂、鼓与磬等。从"疒"与旗帜有关，从"屮"与悬乐有关。在金文中，有一个造字的方法与"穆"十分相类的常用字——"🆇"（县）"（邵钟），另体作"🆇"（县妃簋），字皆从木，二体丝连木的部位不同而已。而曾侯乙墓竹简悬字作"🆇"（曾二），木杠与系首级的绳索分离了，从木分明。木杠上端连丝部分往往弯曲，容易造成字形讹混，尤其是🆇，此体使从木从禾莫辨。"穆（🆇）"就属于这种情况。"穆"之初义不似嘉禾美实，乃为悬钟和鸣之象。

"穆"与"悬"都是杠端悬物之象。悬字就不属禾部字，穆也不属禾字部。我们还可在甲骨金文中见到表杠端悬物、构形与"穆"相似的字，如：

(1) 🆇（燕370）

(2) 🆇（京津2686）

(3) 🆇（怀1636）

(4) 🆇（《金文编》1985年版附录上72）

各字都为不认识的字，但不妨碍我们对其杠端悬物的理解。段玉裁释𣎳指出：从屮者与从豆同意，"谓杠首之上见者"①。段氏把屮表杠首扩大到表悬击乐器的支架的上部，确很有见地。而所举豆，实为金文鼓（🆇）字的主体，是立柱悬鼓之象形。马王堆3号墓遣策②、《汉书·何并传》都谈到"建鼓"。《何并传》颜师古注："建鼓一名植鼓。建，立也，谓植木而旁悬鼓焉。"③《诗·商颂·那》："置我鞉鼓"，笺云："置读曰植。植鞉鼓者，为

---

① 段玉裁：《说文解字注》，上海古籍出版社1988年版，第308-309页。
② 参见何介钧、张维明编《马王堆汉墓》，文物出版社1982年版，第148页。
③ 班固撰、颜师古注：《汉书》卷七十七《何并传》，中华书局1962年版，第3266-3267页。

楹，贯而树之。"① 《说文》植字，段注："植当为直立之木。"② 由此可见，《说文》壴字是古代建鼓的象形字。四川成都百花潭出土战国铜壶的图纹就很好地说明了建鼓的样子③。壴本为名物，增益寸旁为"尌"，表动作"立也，从壴从寸，读若驻"④，即树立之树。《史记·李斯列传》："树灵鼍之鼓。"

《说文》释壴时把本来是悬鼓的象形字只当作"陈乐，立而上见也"⑤。其实，真正"立而上见"者只是屮，壴是建鼓之象，不是"陈乐"的器具。所谓"陈乐"，应指建鼓的立木装置，其作用与《说文》释乐所从之木的作用相同，曰："木，虡也。"⑥ 金文齐鞄氏钟铭乐字不从木而从火，悬虡之形更为明显。《说文》磬（𥔳）也从表虡的 𠂆，"象悬虡之形"⑦。甲骨文 (前4·10·5) 表悬虡为 Ψ。磬之籀文作 𥔲，悬虡之形为 火。金文鼓有 (王孙钟)、 (师嫠簋)、 (庚鼎)、 (子璋钟) 等体，鼓籀文作 。金文鼓另体的木虡的作用更形象—— 、 、 (《金文编》1985年版附录上495)， 挂吊着 (鼓)。"鼓""磬"所从之 木、Ψ、 、 火、 、屮、 𠂆 皆表陈乐之木虡。造字之初，会意就简，合乎当时的实际，悬乐之陈置不外木架、木杠，我们可从潞河匜的图像中看到鼓与铙挂在一根木杠上，这就是很好的例证⑧。随着文明的发展，工艺更加发达，用器讲究美观，悬乐陈架由简陋变得繁复。如邵钟铭文："乔乔其龙，既旆邕虡。"⑨ 河南新郑市郑韩故城郑国祭祀遗址"在9号坑的悬钟横梁痕上，还发现有龙的浮雕花

---

① 《十三经注疏》整理委员会整理：《十三经注疏·毛诗正义》，北京大学出版社2000年版，第1686页。
② 段玉裁：《说文解字注》，上海古籍出版社1988年版，第255页。
③ 参见成都百花潭中学十号墓出土战国铜器花纹摹本： ，载《文物》1976年第3期，第80页图版贰。
④ 许慎：《说文解字》，中华书局2013年版，第97页。
⑤ 许慎：《说文解字》，中华书局2013年版，第97页。
⑥ 许慎：《说文解字》，中华书局2013年版，第119页。
⑦ 许慎：《说文解字》，中华书局2013年版，第193页。
⑧ 参见山西省考古研究所、山西省晋东南地区文化局《山西省潞城县潞河战国墓》画像： ，载《文物》1986年第6期，第9页。
⑨ 中国社会科学院考古研究所编：《殷周金文集成释文》器225-237，香港中文大学中国文化研究所2007年版，第202-210页。

纹"①。故宫所藏桑猎宴乐壶的图像中悬钟悬磬安挂在凤虡龙簴之上②。这些均证明邵钟铭文的描写是真实的。曾侯乙编钟的虡架构件相衔之处，饰以托举铜人，然其作为支架悬物的本质并无改变。《诗·周颂·有瞽》："设业设虡"，孔颖达疏："枸虡之体，植者为虡，横者为枸也。"③ 穆之偏旁 ✦，其下为植者表虡，其上为横者表枸。江陵雨台山二号墓竹简穆字作 ✦（雨21.1），▢ 之上增益表杠首之 ✦，与鼓、磬二字所从相同。✦ 此体有悬杠全体与杠首之上见者的重复偏旁，而所从之 ✦，却反映出文字中钟磬最古老的木虡不过树立木桩而已。曾宪通先生从曾侯乙编钟的钟虡铜人论说虡字初文，甚为精辟："虡的初文本从钟虡铜人取象，字初作 ✦，后因象形文发生变化，便增益'虍'旁为声符，遂成虡字。"④ 作为专有名词的虡字确如此而来。表虡义的偏旁，可以说是《说文》释乐时指出的木，在先秦古文字的具体字形中，变化出 ✦、✦、✦、✦、✦、✦、✦、✦ 等偏旁部件，其意相同，皆表悬挂物体的支架。上举古文鼓、磬二字表簨虡的木旁部件，确实是古文表古乐用以支撑悬击乐器的"陈乐"，即立木的各种变化的象形符号。

段玉裁指出从 ✦（杠首）与从壴（上文已说明，作为陈乐之首只是 ✦ 这部分）意同，这使我们能较好地理解为什么与音乐有关的字，表簨虡的偏旁作"禾"，请看下列几个例子。

1）侯马盟书嘉字形体作 ✦（表194：4）、✦（表92：5）、✦（表88：4），实为 ✦（表3：20）之变。从 ✦ 之形，也可作"禾"形。此"禾"与穆、悬二字所从之 ✦ 意同，义为支架，而作乐器鼓磬支架则为木虡。

2）磬，"声"的部分小篆作 ✦，表示簨虡连挂磬体，簨虡之上见者为 ✦，与"禾"之上端形同。

---

① 蔡全法：《郑韩故城郑国祭祀遗址考古散记》，载《文物天地》2000年第3期，第24页。

② 参见杨宽《战国史》第2版插图：，上海人民出版社1980年版，第513页。

③ 《十三经注疏》整理委员会整理：《十三经注疏·毛诗正义》，北京大学出版社2000年版，第1560页。

④ 曾宪通：《从曾侯乙编钟之钟虡铜人说虡与业》，见《楚地出土文献三种研究》，中华书局1993年版，第221页。

3) 金文柞伯簋铭文有赏赐乐器柷者①，字作 🔲，从 🔲 兄（祝）声，传世文献从木。《说文·木部》："柷，乐木空也。"② 伪古文《尚书·益稷》："合止柷敔。"《尔雅·释乐》郭璞注："柷如漆桶，方二尺四寸，深一尺八寸。中有椎柄连底挏之，令左右击。"③ 一根木杠贯穿柷体，柷体悬空。支撑柷体的椎柄实质为乐虡。金文柷是形声字，从禾，与穆、悬二字所从的 🔲 性质相同，表支架之义，形与禾同，实表木虡之木。

4) 和，从口禾声。金文另体作 🔲（史孔盉）、🔲（陈贶簋），从口从木的合体字。《说文》和训"相䧹也"④，声之相应。作为声符的禾，实不能以木代替。金文作木，说明当时人们对和的理解，可能从音乐和谐的角度着眼，与金文柷从 🔲 一样，认为"禾"是簨虡的木杠，故产生一体从木（簨虡）的 🔲。

通过上文的分析，我们了解到表悬虡支架的 🔲，其形与禾同而义异。这种现象值得我们分析字形时注意。注意到这一点，就较容易理解形为悬物的"穆"为何要从禾了。金文从禾的柷字文献已不从禾而从木，但穆字至今仍然从禾，可谓习非成是了。

穆字 🔲 所悬的 🔲 为何物，应为前举 🔲（《金文编》1985 年版附录上 72）所系者同类之物。通过与其他古文字比较，应为乐器铃钟之属。甲骨文有 🔲（后 2.26.11）、🔲（2.19.3），其造字方法与 🔲（粹 1.225）同，皆是以耳闻乐的会意字。后者之 🔲 为石磬，前者之 🔲 则为口向上之铙，故 🔲 应是口向下的垂钟，隶定作臬。白川静释乐字指出所从之白是铃的形象⑤，用来分析穆所从的 🔲 正合适不过。我们还可从穆的另一体 🔲（井人钟）来证明 🔲 确为垂钟。甲骨文 🔲（鼓）（铁 38.3）与金文 🔲（《金文编》1985 年版附录上 494）都是结构相同的字，会击乐之意，所击之器前为鼓而后者为

---

① 参见王龙正、姜涛、袁俊杰《新发现的柞伯簋及其铭文考释》，载《文物》1998 年第 9 期，第 56 – 57 页。

② 许慎：《说文解字》，中华书局 2013 年版，第 119 页。

③ 《十三经注疏》整理委员会整理：《十三经注疏·尔雅注疏》，北京大学出版社 2000 年版，第 176 页。

④ 许慎：《说文解字》，中华书局 2013 年版，第 26 页。

⑤ 参见周法高编撰《金文诂林补》第 3 册 0768 "释乐"，台湾"中央研究院"历史语言研究所 1982 年版，第 1915 页。

向上的铙，铃钟连类，㈡口向卜表垂钟，其形与战国铜壶宴乐图中的悬钟十分相似。㈡、㈡同字异形，而从比较中可看出，前者较象形化而后者略为笔画化，在字中是个未脱离象形的部件，皆表垂钟之意。㈡之下的"彡"示钟声，与击鼓彭彭的鼓声作"彡"者相同，在这里不表文饰，而以可视的形表看不见的和谐的钟声。曾侯乙编钟穆字简体作㈡（16号下层2组1号反面3）省㈡，只表钟声绕虡。穆字所从之"彡"，是一个表示乐音的重要指示性标志。

中国音乐到了商周时代，创造了辉煌的成就。其代表可说是大型的鼓与钟磬等的悬击乐，尤其是五音齐全的编钟，周代已经成肆成堵，如邵钟铭文说："大钟八肆，其竈四堵。"① 这类乐器与其悬挂木架——簨虡合为一体，是当时文化发达的体现，反映在文字上则是周代的金文大量出现表钟声和美与礼仪肃敬的穆字。吴王光和钟铭文："𢾺（振）鸣虡（且）棥，其宴（音）穆穆，𣏂（阑）𣏂和钟，鸣阳（扬）条虡"②，子犯钟铭文"龢钟九堵，孔淑且硕，乃龢且鸣"③，这些钟铭可说是穆字的最好注脚。"穆穆厥声"④"穆穆龢钟"⑤，形容钟磬乐声和美的"穆"，始终与音乐结合在一起。从根本上说，乐与穆实为一事，但各有所强调，乐为"五声八音总名"，即音乐的共名，而穆以钟磬乐声之和美引申为五声八音之和谐。上乐鼎铭文乐字作㈡，魏碑别字有的字体保存古文遗韵，乐字作樂（北魏临潼造像记），有的还带古文穆字所从的彡旁作樂（魏元恩墓志）。不管所从的白为鼓为铃，其形体与穆也很相似，其内涵也应相类。

"穆"除金文"㈡"的基本形以及传抄古文"敦"等的异体外，还有形声字结构的异体"㈡"（叔夷钟），铭文"敦龢三军徒旃"的"敦"，从攴翏声，形声字，读为穆。宋人早就这样释读。先秦文献称穆公者甚多，可与缪

---

① 中国社会科学院考古研究所编：《殷周金文集成释文》器225-237，香港中文大学中国文化研究所2007年版，第202-210页。
② 崔恒升：《安徽出土金文订补》67器吴王光和钟，黄山书社1998年版，第204页。
③ 张光远：《故宫新藏春秋晋文称霸"子犯和钟"初释》，载《故宫文物月刊》1995年第145期，第27页。
④ 《诗·商颂·那》。
⑤ 马承源主编：《商周青铜器铭文选》第4册612器郘子钟，文物出版社1988年版，第407页。

公通，如《孟子》秦穆公、鲁穆公又作秦缪公、鲁缪公①。又《礼记·大传》"序以昭缪"，郑注："缪读为穆，声之误也。"② 其实先秦文献假缪为穆。穆、缪音可互替，出土楚简▨字以穆为声符，隶定为"䋣"，释作衣物的"缪"③。叔夷钟铭文斁的用字与缪不同。从传抄古文可知穆作敳，如《广金石韵府》穆一体作▨④，与《玉篇》《古文四声韵》《集韵》古文穆字隶古定"敳、敫、敳"，实同为一体⑤。所从偏旁皋相同，只是将表箎虡的▨旁改换为敲击义的攵旁，表击钟之状。穆而作敳，由从箎虡钟鸣取意变为以敲击乐钟取意，但"皋"（非《说文》的所谓声符）作为钟鸣的主体不变。由敳到斁，还保留同义的偏旁。斁为形声字，承敳会击钟之意，又分化出含攻击义的戮字，古文偏旁从攵与从戈同。在语音上，敳（穆）属明纽觉部字，戮属来纽觉部字，韵部相同，二字声纽属复辅音 ml - 分化。敳、戮音义相通是没有问题的。传世叔夷钟▨有二种释读，《啸堂集古录》读戮⑥，《历代钟鼎彝器款识法帖》《博古图》读穆⑦。郭沫若《两周金文辞大系图录考释》从《啸堂集古录》读敳为戮⑧，但"戮穌三军……"，实不如释"穆（敳）穌三军……"更合乎汉语的习惯用语。穆、睦可通，《古文四声韵》睦字古文一体作▨⑨，其▨旁与▨（穆）（郜公华钟）之▨旁一样，▨、▨之异，其结构的变化也属以箎虡钟鸣取意变为以敲击乐钟取意。▨（睦）字非常明显是假借穆的古文而来。穆穌，犹睦和，亦和睦也。

上述的论证，不外要证明《说文》将穆归入禾部字，定为禾属之物是有

---

① 参见《孟子·万章上》《孟子·公孙丑下》。
② 《十三经注疏》整理委员会整理：《十三经注疏·礼记正义》，北京大学出版社2000年版，第1165页。
③ 参见刘钊《释楚简中的"䋣"（缪）字》，载《江汉考古》1999年第1期，第57-60页。
④ 参见朱云纂《广金石韵府》卷五八四，哈佛燕京图书馆藏明崇祯九年（1636）刻本。
⑤ 参见徐在国《隶定"古文"疏证》，安徽大学出版社2002年版，第155页。
⑥ 参见王俅《啸堂集古录》，见《宋人著录金文丛刊初编》，中华书局2005年版，第718页。
⑦ 参见薛尚功《历代钟鼎彝器款识法帖》，中华书局1986年版，第30页；王黼《宣和博古图》，上海书店出版社2017年版，第379页。
⑧ 参见郭沫若《两周金文辞大系图录考释（二）》，见《郭沫若全集·考古编》，科学出版社2002年版，第430页。
⑨ 参见徐在国《传抄古文字编》，线装书局2006年版，第325页。

问题的。林义光的《文源》认为"穆为禾无考"①。历来训诂释穆之义多离不开和、睦、敬、信、敦、厚、美等,与调、谐、协义近。总之与禾属之物无干。丁福保认为:"二徐本误作禾也,非是,宜改。"②《一切经音义》《玉篇》《广韵》三书都训穆为和,是有一定根据的③。《尔雅·释乐》:"大笙谓之巢,小者谓之和。"又曰:"大鼗谓鼖,小者谓之应。"《诗·周颂·有瞽》"应田悬鼓",郑注:"应,小鞞也,田,大鼓也",小鼓在大鼓旁,"应,鞞之属也"④,即汉代画像石中,大鼓下所挂的小鼓⑤。从《诗经》《尔雅》的记载以及汉代的画像得知,同类乐器有大小响应中和的功能,"大昭小鸣,和之道也"⑥。乐音小声附和大声的,便是协调和谐的方法。古乐把小鼓叫应,小笙叫和。和是乐器,《说文》从功能上解释和为"相䧹也"。由此看来,和是乐音的"相䧹",而穆为乐音之和美,训和是十分合理的,故"和""穆"可互训。《说文》穆训作禾,应该是训"相䧹也"的和字的假借,而非草木之禾。铜器铭文经常用龢、和修饰乐钟,如龢钟、和钟。偶尔也用禾修饰乐钟,如朱公钘钟铭:"作㝬禾钟。"⑦禾、和、龢修饰乐钟的性质都一样,说明禾是和、龢的假借字。《说文》穆训禾,实可看做训和、龢。

"和""穆"互训,既可表示音的和谐,也可表威仪的肃敬祥和。《尚书·尧典》:"宾于四门,四门穆穆。"四门非一般的门户之门,特指有礼仪形式之门,有穆穆之象。这应属于立旗的和门一类。据《周礼·夏官·大司马》记载:"以旌为左右和之门。"郑玄注:"军门曰和门,今谓之垒门,立两旌以为之。"⑧门的左右植立旌旆仪仗,包括 ![旗] 在内的各号旗帜。金文 ![旗]

---

① 林义光:《文源》卷十,中西书局2012年版,第379页。
② 丁福保编:《说文解字诂林》,中华书局1988年版,第3081页。
③ 参见徐时仪校注《一切经音义三种校本合刊》,上海古籍出版社2008年版,第601页;王平等《〈宋本玉篇〉标点整理本:附分类检索》,上海书店出版社2017年版,第244页;余迺永校注《新校互注宋本广韵:定稿本》,上海人民出版社2008年版,第459页。
④ 《十三经注疏》整理委员会整理:《十三经注疏·毛诗正义》,北京大学出版社2000年版,第1559页。
⑤ 参见李宗山《古代乐器陈设》插图之10南阳沂南画像石:![图],载《文博》2000年第2期。
⑥ 《国语·周语下》。
⑦ 马承源主编:《商周青铜器铭文选》第4册828器,文物出版社1988年版,第526页。
⑧ 《十三经注疏》整理委员会整理:《十三经注疏·周礼注疏》,北京大学出版社2000年版,第916页。

为人举旂旗，即铭文常见赏赐鑾旂之旂。《尔雅·释天》："有铃曰旂。"注："悬铃于竿头。"① 《诗·周颂·载见》"龙旂阳阳，和铃央央"，便是 的写照，既可表旂旗，又可引申为铃声和谐美妙。穆字有乐音和美之义应源于旂铃和美之声。而古代旗帜象征权力，区别等级，可以号令民众，指挥军队，源于旂铃和美的穆又可引申为肃敬的意义。夏渌先生曾举出金文 （师酉簋）字，认为是和门的和，寨门竖旗，禾声，引申为和气、和穆的和②。此说不无道理。和门、穆穆之门，其义类相近。

从上文的论述，可知穆字的本义与音乐密切相关，穆字与中国古代的礼制有重要的联系，最典型莫过于昭穆制度。昭穆既是西周墓葬排列的规则，也是宗庙的秩序。所谓左昭右穆，父昭子穆，昭穆的内容是清楚的。为什么要用昭穆二字来为这种宗法秩序命名？包括训诂在内，不少辞书均未有说明。倒是《国语·周语下》一段关于七律的论述与昭穆一词关系密切：

> 凡人神，以数合之，以声昭之，数合声和，然后可同也。故以七同其数，而以律和其声，于是乎有七律。

"以声昭之，数合声和"，合起来就是昭和。和与穆义通互训，故昭和犹言昭穆也，昭示人神之合和。昭声是表现的形式，数合则是内在的和穆。能够和乐的是律，而律是以数按一定比例相生出来的。古人还以为钟律与天道也有关系，《国语·周语下》：

> 律所以立均出度也。古之神瞽考中声而量之以制，度律均钟，百官轨仪。纪之以三，平之以六，成于十二，天之道也。

乐律合乎天道就能和，而中和的音乐就能默化人道，《礼记·乐记》云：

> 是故乐在宗庙之中，君臣上下同听之，则莫不和敬；在族长乡里之中，长幼同听之，则莫不和顺；在闺门之内，父子兄弟同听之，则莫不和亲。故乐者审一以定和……所以合和父子、君臣，附亲万民也，是先

---

① 《十三经注疏》整理委员会整理：《十三经注疏·尔雅注疏》，北京大学出版社2000年版，第207页。

② 参见夏渌《评康殷文字学·释册》，武汉大学出版社1991年版，第269–274页。

工立乐之方也。

古人观察各种自然以及包括音乐在内的社会现象，联系社会矛盾的实际，总结并提出"和"为最完美的精神境界，统治者把这一哲学理念作为安邦治国的指导思想，形成礼乐合一的整套典章制度，用以规范家庭和社会生活，调和阶级矛盾，企图使人际关系固定在有序的框架之中，如同六律五音，奏出和和穆穆的理想曲，所以要在家族宗庙的祭礼中树立榜样，产生了昭穆制度。其维持秩序的目的，请看《礼记·祭统》，记载得十分清楚：

夫祭有昭穆。昭穆者，所以别父子、远近、长幼、亲疏之序而无乱也。是故有事于太庙，则群昭群穆咸在而不失其伦。

昭穆的思想源于乐，以音律的原理，推及人事，真是直观有趣。以乐声和谐取义的穆，包含受到律的制约的意思。看看编钟，从大到小，五音俱全，旋宫转调，随心所欲，有条不紊。五音之中，宫声为君，乐声还分君臣，反映封建宗法制度的等级观念。

《逸周书·谥法》："中情见貌曰穆。"《礼记·乐记》云："合情饰貌者，礼乐之事。"中情即合情。从这两处典籍的阐释可知，"穆"有礼乐的含义。"穆"最初表和谐之乐声，进而引申用为表威仪的肃敬，也就不难理解了。

（原载《中山大学学报》2001年第1期，第41—46页。后收入中国古文字研究会、安徽大学古文字研究室编《古文字研究》第二十三辑，中华书局2002年版，第195—200页；《秀华集——黄光武文史研究丛稿》，中山大学出版社2021年版，第1—9页。今据《秀华集——黄光武文史研究丛稿》收录）

说　　朋

黄文杰

一

甲骨文、金文"朋"字常见，都作两串"贝"相连的形状：拜、拜。王国维曾著《说珏朋》一文，据甲骨文、金文论证"珏朋本一字"，并谓"古制贝玉皆五枚为一系，合二系为一珏，若一朋。"① 郭沫若又著《释朋》，认为"朋"本为颈饰，以三或二之贝玉为一系，连二系以成，左右对称，不必一定是十枚；在殷周之际，"朋"由颈饰演化为货币，成为计量单位，乃固定十贝为一朋。② 王、郭两氏之说互为补充，多为学者所接受。

甲骨文、金文也常见"佣"字。甲骨文从人作 、 诸形，用作人名。金文也多从人作，结构与甲骨文基本相同，但有的"人"形已有变化，如：

(1) 　　佣仲鼎　　　　 祢伯簋　　　　 杜伯盨

(2) 　　格伯簋　　　　 佣友钟

(3) 　　佣尊　　　　　 王孙钟

(4) 　　佣史车盉

(5) 　　窜弔簋

(6) 　　佣伯簋

(7) 　　嘉宾钟

"佣"字从人朋声（或认为是会意字，像人着颈饰之形③），所从"人"或其变体都是以把"朋"左上右包围为特征，除常见的 形［例(1)］外，

---

① 王国维：《观堂集林》卷3，中华书局1959年版。
② 郭沫若：《甲骨文字研究》，中华书局1993年版。
③ 李孝定：《甲骨文字集释》卷8，台湾"中央研究院"历史语言研究所1970年版，第2628页。

大体还有等 6 种变体［例（2）—例（7）］ㇲ、ㇱ；ㄅ、ㇴ；ㄇ；ㄇ；ㄇ；ㇳ。ㇱ也见于南疆钲"堋"字所从，ㄇ已讹变为"疒"了。金文之"倗"除用作人名如"倗生""倗伯""倗仲"等外，大都用作"倗友"字，如"用飨倗友"（趞曹鼎）、"及我倗友"（王孙钟）、"眔多倗友"（卫鼎）、"于好倗友"（杜伯盨）、"用乐嘉宾父兄大夫倗友"（嘉宾钟）。

总之，商代后期甲骨文、西周及春秋金文"朋""倗"两字形义区分甚为明显，"朋"为象形字，义表颈饰，又表货币计量单位；"倗"为形声字，甲骨文用作人名，金文则大都用来表朋友之义。

甲骨文、金文"朋""倗"的形义基本上是清楚的。但有一个问题疑而未解：为什么金文表"朋友"义之"倗"均从"人"，而传世典籍"朋友"之"朋"却不从"人"，均作双月之"朋"呢？① 双月"朋"与甲骨文、金文"倗友"之"倗"和"朋贝"之"朋"究竟是什么关系？陈炜湛老师曾指出："双月为朋的道理谁也讲不清……碰上这个双月朋又只好干瞪眼了：它与'朋友'、'朋党'有什么关系？！恐怕瞪眼瞪十年也无济于事，依然无法'明其意义'。"② 罗振玉、容庚等老一辈古文字学家限于资料，一般均以为后世朋友字乃假甲骨文、金文朋贝字为之。罗振玉谓："后世友朋字皆假朋贝字为之。"容庚先生曰："倗，《说文》：'辅也。从人朋声。'金文以为倗友之倗，经典通作朋贝之朋而专字废。"③ 当代学者由于论述的目的或角度不同，对这一问题也未作深入的探讨。

七八十年代以来大量战国秦汉简帛的出土，为解决这一问题提供了条件。包山楚简、郭店楚简、睡虎地秦简等有不少"朋"以及从"朋"之字，归纳起来大概有如下 9 种写法：

---

① 例如：《易·兑》："君子以朋友讲习。"《诗·大雅·抑》："惠于朋友。"《论语·学而》："与朋友交而不信乎？"《后汉书·马援传》："春卿事季孟，外有君臣之义，内有朋友之道。"

② 陈炜湛：《朋倗说》，见《汉字古今谈续编》，语文出版社 1993 年版。

③ 罗振玉：《增订殷虚书契考释》中，1972 年版，第 21 页下；容庚：《金文编》，中华书局 1985 年版，第 560 页。此外，商承祚《殷虚文字类编》（决定不移轩刻本，1923 年）、于省吾《甲骨文字释林》（中华书局 1979 年）、段玉裁《说文解字注》（上海古籍出版社 1981 年）等均持假借之说。

(8) ▨　"黄俚"（人名）之"俚"所从，《包山》173①
(9) ▨　"朋（朋）友"之"朋"所从，《六德》30
　　▨　"观绷"（人名）之"绷"所从，《包山》242
　　▨　"鄸郢"（地名）之"鄸"所从，《包山》190
　　▨　"朋（朋）友"之"朋"所从，《六德》28
(10) ▨　"俚（朋）友"之"俚"所从，《缁衣》45
(11) ▨　"那郢"（地名）之"那"所从，《包山》172
　　▨　"那郢"（地名）之"那"所从，《包山》165
　　▨　"紫黄纺之绷"之"绷"所从，《曾墓》竹简 5
(12) ▨　"紫绷（绷）"之"绷"所从，天星观简遣策
　　▨　"朋友"之"朋"，《日书》甲种 65 背面
　　▨　"偋（棚）揄"之"偋"所从，《秦律》125
　　▨　"崒峦岑崩"之"崩"所从，《苍颉篇》C026
　　▨　"与天子崩同占"之"崩"所从，《天文》3.2
(13) ▨　"俚（凭）几"之"俚"所从，《包山》260
　　▨　"绷（绷）璠"之"绷"所从，《包山》219
　　▨　"珊"（人名）所从，《包山》74
(14) ▨　"山陵埔（崩）"之"埔"所从，《纵横》199
(15) ▨　"西南得朋，东北亡朋"之"朋"，《周易》3 上
(16) ▨　"朋友"之"朋"，《语丛》一 87

以上诸形大体可分为两类。例（8）—（10）与甲骨、金文"朋"字相近；(9) 多把例 (8) 四短横连为两长横，有的上部加一横是饰笔；例（10）是例（8）的省略之形。例（11）—（16）形都是以字的外围作⌐或⌐为

---

① 本文简帛文字用例采自下列各书刊（括号里是书名或篇名的简称）：《包山楚简》（《包山》），文物出版社 1991 年版；《六德》《缁衣》《语丛》见《郭店楚墓竹简》，文物出版社 1998 年版；《曾侯乙墓》（《曾墓》），文物出版社 1989 年版；天星观简遣策见《楚系简帛文字编》，湖北教育出版社 1995 年版；《日书》《秦律十八种》（《秦律》）见《睡虎地秦墓竹简》，文物出版社 1990 年版；《天文气象杂占》（《天文》），载《中国文物》第 1 期；《阜阳汉简〈苍颉篇〉》（《苍颉篇》），载《文物》1983 年第 2 期；《战国纵横家书》（《纵横》）见《马王堆汉墓帛书（叁）》，文物出版社 1983 年版；《周易》见《马王堆汉墓文物》，湖南出版社 1992 年版。

特征。例（11）是在（8）的基础上加⼸形，显然是来自金文倗尊、王孙钟等形的；例（12）是在例（9）之丼的基础上加冂；（13）是在（12）上加一饰笔。例（14）、例（15）是例（12）形的进一步变化，中间丼的上横画与外围冂的上横画借笔，已见双月之雏形。例（16）的构形比较特殊，上部变为冃，去掉四短横，把冂下移，则与例（13）形近，四短横可视为饰笔。战国秦汉简帛之"朋"，或作为"朋友"字，或作为人名、地名以及其他意义用字的偏旁，它们可用丼，更多的是用冄或冊等形，不像甲骨、金文"朋贝"字与"倗友"字写法区分明显。战国玺文和陶文"朋"的写法与简帛文基本相同，如"僵"字所从，玺文作冊（《古玺汇编》3720），陶文则作冊（《古陶文汇编》3.968）。

我们认为上述例（12）即冊是由金文从"人"之"倗"演变为后世双月"朋"的关键性形体。甲骨文、金文"倗"所从"人"旁均伏盖于"朋"之上，与一般字"人"旁写在一边是不同的。于省吾先生把这些字隶作匎，分析为从朋勹声，可能也有考虑到这些字"人"旁的特殊位置。① 这些字"人"旁及其变体，如杜伯盨所从之勹，倗伯簋所从之勹，窦弔簋所从之勹，几乎或已经把"朋"之左上右三面包围了。简帛之冊就是由这些金文演变来的。以杜伯盨之冊和倗伯簋之冊为例，盖勹（倗伯簋所从）变作冂，丼（杜伯盨所从）变作丼；冊再变为冊（《周易》3 上）、冊（"交朋会友"之"朋"，尹宙碑）、朋（"朋徒潺湲"之"朋"，繁阳令杨君碑），后者已是从双月的"朋"字了。② 由是观之，传世典籍"朋友"之"朋"本非从双"月"，乃是由金文"倗友"之"倗"演变而来的，并非假借金文"朋贝"之"朋"。

二

以下我们准备在上面对"朋"所述的基础上，讨论几个"朋"及从"朋"之字。

《说文》以冊为小篆"朋"，见于"棚""倗""淜""弸""堋""輣"等字的右旁，然而又以其为"凤"的古文："古文凤，象形，凤飞，群鸟从

---

① 于省吾：《释勹、鼻、匎》，见《甲骨文字释林》，中华书局1979年版，第374页。
② 黄文杰《睡虎地秦简疑难字试释》（载《江汉考古》1992年第2期）对"朋"字的演变轨迹已作了初步的分析，请参看。

以万数，故以为朋党字。"一形两字，读者疑莫能解。曾宪通老师认为《说文》古文☲是由甲骨文☲（凤，《菁》5.1）演变而来的，用为朋党字，是由于读音相同和形体讹混的结果，与"凤飞，群鸟从以万数"毫不相干。①这是符合事实的。本人认为，小篆☲与金文☲（佣尊）、☲（王孙钟）等写法很相近，显然小篆"朋"是由金文"佣"讹变而来的，又与古文"凤"字混同，后加人旁则作《说文》小篆训为"辅也"之"佣"。《说文》小篆"朋"与古文"凤"两者来源有自，一形两字是两者讹混的结果，既非借凤为朋，也非借朋为凤。有学者认为双月"朋"是由《说文》小篆"朋"隶变而来的。②事实恐非如此。如上所述，后世"朋"字乃是由金文、古隶一路演变而来的。《说文》小篆"朋"虽也是由金文"佣"讹变来的，但又与古文"凤"混同，只出现在《说文》中。

汉代金文永始三年乘舆鼎"佐臣立，守啬夫臣彭，掾臣☲主"和永始乘舆鼎"护臣博，守佐臣襃，啬夫臣康，掾臣☲主"（后者共两件）三鼎铭"主"上一字，《秦汉金文录》未释，《金文续编》附录指出"旧释開"③，《秦汉魏晋篆隶字形表》见于"附录"④，《秦汉金文汇编》未释⑤，《汉代铜器铭文研究》释为"開"⑥。我们认为，"开"字汉代金文《开封行镫》和《永和二年钒》均作閒⑦，上述鼎铭之☲、☲与之不合，显然不是"开"。此字应释为"朋"。其构形与上述睡虎地秦简《日书》甲种65号背面"朋友"之☲和阜阳汉简《苍颉篇》C026"崩"字所从☲相同。永始乘舆鼎之"朋"是永始三年乘舆鼎"朋"字的省略。鼎文"朋"是三鼎铭中"掾"（当时担任主造的工官之一）的名字。由于永始三年乘舆鼎的年代（永始三年，公元前14年）和永始乘舆鼎的年代（永始二年，公元前15年）只差一

---

① 曾宪通：《释"凤""皇"及其相关诸字》，载《中国语言学报》1997年，第8期。

② 如张涌泉《敦煌俗字研究》下编第336页："'朋'字《说文》作'☲'（本为'凤'字古文），隶变作'朋'。"（上海教育出版社1996年版）

③ 容庚：《秦汉金文录》"汉金文录"卷一，第4-5页，中央研究院历史语言研究所1931年版；《金文续编》，商务印书馆1935年版，"附录"第3页。

④ 汉语大字典字形组编：《秦汉魏晋篆隶字形表》，四川辞书出版社1985年版，第1706页。

⑤ 孙慰祖、徐谷甫：《秦汉金文汇编》，上海书店出版社1997年版，第57页。

⑥ 徐正考：《汉代铜器铭文研究》"附录二"，吉林大学博士论文（打印本），1999年，第21-22页。

⑦ 参见《秦汉金文录》"汉金文录"卷三，第33页；卷6，第17页。

年，可知三鼎铭的"朋"很可能是同一个人。①

《汉印文字征》第 1 卷第 12 页"蒍"字头之下有如下 3 个字：

蒍　（蒍明私印）

蒍　（蒍尧私印）

蔚　（王蔚）

三字均从朋。《说文》："蒍，艹也。从艹，叞声。"徐铉等按："《说文》无叞字，当是寂字之省，而声不相近，未详。"段注："叞字，今不可得其左旁所从何等。"又："不知何时蒍改作蒍，从朋从刀，殊不可晓。"我们认为三印文左下所从就是"朋"，与《日书》甲种 65 号背面"朋友"之 ∅ 和阜阳汉简《苍颉篇》C026"崩"字所从 ∅ 相同。前两例可隶作"蒍"，"蒍"即"蒍"字，只是"刀"旁写作"寸"。"刀"旁作"寸"在汉代是常见的，如"到"之作到（赵君羊窦道碑）、"罚"之作罸（孙根碑）、"冠"之作冠（张尊师碑）等。② 究其原因，是形近讹作（碑刻文字刀旁多变作 ㇉，遂与 寸 形近），积非成是。第三例应隶作蒍，可能也是"蒍"的异体。《玉篇·艹部》引《左氏传》："无弃菅蒍。"《左传·成公九年》"蒍"作"蒍"。《集韵·怪韵》："蒍，或作蒍。"可见"蒍"即"蒍"字。"蒍"是姓氏。《通志·氏族略三》："《风俗通》：'晋大夫蒍得之后。又卫有蒍瞶，见《左传》。前汉有蒍彻。"上述前两例"蒍"字为姓，后一例"蒍"则为名。

《汉印文字征》第 6 卷第 26 页"郳"字头之下所收"郳仪之印"，第一字似也可隶定作"郳"，即与《包山》165 号和 172 号"郳鄩"（地名）的第一字同。

附记：本文蒙曾宪通师审阅，谨志谢忱。

（原载《古文字研究》第二十二辑，中华书局 2000 年版，第 278－282 页）

---

① 参见徐正考《汉代铜器铭文研究》，第 13－15 页。

② 参见韩耀隆《中国文字义符通用释例》，文史哲出版社 1987 年版，第 151－154 页。

战国文字中的"陵"和"李"

郑 刚

一

这个问题要先从鄂君启节谈起。

战国时期的楚器鄂君启节自发表以来①，得到了充分的重视和研究。文字已经大致认出，重要的人名、地名都被许多学者考释过。可以说，它的基本内容已经可以了解。但是，有一些问题却至今还纠缠不清甚至成为争论焦点。如出现于首句"大司马邵鄩败晋币（师）于襄陵之戬（岁）"的"陵"字就还没有一个公认的结论，有些考释者将它定为"陵"，有的定为"陲"，有的则定为"陲"而通作"陵"。②

楚大司马昭阳（节中写作"邵鄩"）在楚怀王六年于襄陵打败魏国（三晋之一），这件事见于《史记》。人名、地名、时代与金节都相符合③。以史书与金节相对比，节中的"襄![]"应该就是史书上的襄陵。但是这个字本身与古文字中的"陵"字却有区别。"陵"字金文作![]（散盘）、![]（陈猷釜），玺印作![]（高陵）。与![]字都不一样。相反，这个字与古文字及小篆的"垂"字确有相似之处。这就是为什么会有许多学者将它考定为"陲"的原因。

---

① 参见殷涤非、罗长铭《寿县出土的"鄂君启金节"》，载《文物参考资料》1958年4期第8—11页。本文采用商承祚摹本，见《文物精华》第二集。

② 有关文章参见郭沫若《关于鄂君启节的研究》，载《文物参考资料》1958年4期，第3页；于省吾《鄂君启节考释》，载《考古》1963年8期，第442页；商承祚《鄂君启节考》，见《文物精华》第二集，第49页；殷涤非、罗长铭《寿县出土的"鄂君启金节"》（见本页注①）；吴振武《〈古玺汇编〉释文订补及分类修订》，见《古文字学论集（初编）》。

③ 《史记·楚世家》："怀王六年，楚使柱国昭阳将兵而攻魏，破之于襄陵，得八邑。"

但是，◱字与"陲"字在字形上也还是有一定的差别的。"垂"字，小篆作◱，金文作◈（齐叔夷镈"湮"字所从），籀文作◈（《说文》"騹"字籀文所从）。经过比较，我们可以看出，◱字所从的◈与垂字所从的◈是不同的。第一，◱上部两侧各只有一枝，向下贯穿写作◈，而垂字两侧各有两枝，互不相连写作◈；第二，◱字上部为卜，是一横附在一竖上，而垂字却是厂，是一竖的上部向下弯；第三，◱字的一竖并不向下穿透，而◈字无一例外地都要延伸下来。从这三点来看，◱还不能认定为"陲"字。

从字源上说，"垂、来、禾、束"等字都是与植物有关的象形字。由于这些植物本身很相象，所以这些字的形体也有某些近似之处。再加上它们在意义上有关联，所以在两周金文中，这些字在用做意符时常可以互用，情况比较混乱。例如金文"华"字《说文》从◈于声可以写作◈（邾公华钟）、◈（克鼎）、◈（华季盨）、◈（仲姞甗）。与"禾""来""束"字相似而与◈不同；金文"嘉"字所以可以写作（侯马盟书嘉字亦禾、中、来通作）：

◈（陈侯作嘉姬簠）

◈（邾公劍钟）

◈（齐鞄氏钟）

◈（王子申笾盂）

◈（伯嘉父簠）

◈（王孙诰钟）

另外，"来"字可以写作束（作册大方鼎），"橐"字从束而可以写作◈（宜□之橐戈），"差"字从垂、从来、从禾通作，例繁不举。

从这些字来看，"◈""来""禾""束"等字在金文中是可以混用的。但是要把◱字与它们中间的某一个联系起来，有两点是必须考虑的。第一，鄂君启节的文字属于战国文字系统。它从两周金文中来，但有一定的发展变化，字形上有所歧异，不能把它与金文作简单的比附；第二，上述各字的混用大都发生在它们用作意符的时候。而◱字中的◈却无疑是声符。无论把它认作"◈"还是"夌"都不能简单地说它与某字形近、意近而换用。因此，我们必须从战国文字的内部去寻找线索。

〇字又可以写成〇（《楚帛书》"〇"字所从），〇与〇只是在上边一笔是否穿透上有所区别。而且从材料来看，穿透与否是一样的。① 〇字又出现于战国时代的三晋文字中，是"嗇夫"的"嗇"字所从：

〇（提练园壶）

〇（《古玺汇编》0108 号印）

〇（鹰柱盆）

〇（《古玺汇编》0109 号印）

〇与〇、〇异文互见，分别出现在同一个字中，可以认为是一个字的变体。秦简（睡虎地）麦从〇，新量斗麦从〇并可为证。

《说文》："嗇，爱濇也。从来、从回会意。"金文"嗇"字作〇（周中㦰匜）、〇（沈子簋）。从历史发展的顺序来看，〇字就是从〇演变而来的，〇字一竖缩短变成了〇，又变成了〇，这种省变的发展规律是前后一致的。因此。从"嗇"字结构和金文的写法来看，〇、〇就是"來"字的演变。

另一方面，古文字中的"來"字可以分为两个序列：

甲：〇（般甗）

〇（长白盂来字所从）

〇（战国来字布）

乙：〇（墙盘、昌鼎、石鼓）

甲序列中的"來"字上面一笔不穿透，而且都摆在一竖的右方，与〇字一样；而乙序列一笔都穿透，与〇字相同，可见，〇、〇、〇、來诸字正是保留了这一特点而将一竖缩短。"來"字一竖缩短不只是见于三晋文字。

---

① 《古文四声韵》引古老子"棘"字作〇。又另一体作〇，是〇的复体，上面一笔穿透与不穿透并见。"棘"字与"陵"在声音上有关参见后注。又金文中来通作來，然亦有作〇者，如般甗、单伯钟，特别是鼗所从的来，师酉簋作〇可证。

清代著录的传世器麦尊①的"麦"字作 麦，所从的來正是写作 來，这是一个有力的证据。

我们可以把"來"字的发展序列排列出来：

甲：來（般甗）→ 來（鄂君启节）

乙：來（墙盘）→ 來（麦尊、帛书、提练圆壶）

　　　　　　　→ 來（鹰柱盆）

因此，我们可以把 陸 字隶定为陸，是一个从阜、从土、來声的字，也就是"陵"字的异体字。"來"字在上古属于来纽之部字。"陵"字在上古属于来纽蒸部字②，两个字声母相同，韵母相对转。在上古是同音字可以通用③。那么，《史记》的记载可以证明并没有错，鄂君启节中的"襄陸"就是《史记》的"襄陵"。出土文字与史书记载略有差异是常见的现象，特别是人名和地名，史书采用了比较规范化的写法。而在出土文字中，由于战国文字地域性的影响和文字系统本身在发展过程中的不稳定性，一些字的写法有些差异。例如邾器中"邾"字都写作 鼄，与史书不尽相同。但总有一定的联系，楚文字的"陵"字与两周金文和北方系统的"陵"字不同。改从來声，产生了形声异构体，就是楚文字本身的特点。

楚文字中的"陵"字又常常省去 阝 而只写作 坴（《古玺汇编》0164）、坴（《古玺汇编》0209），也应当隶定为"坴"，读为陵。

二

战国玺印中有两方从來从子的印，写作 李（《古玺汇编》3503） 李

---

① 麦尊见于《西清古鉴》8·33，又《两周金文辞大系图录》20 即为此器，《西周金文断代史征》第 249 页也收有此器。

② 参见唐作藩《上古音手册》，"来"字在第 75 页，"陵"字在第 80 页。

③ 《诗经·女曰鸡鸣》："知子之来之，复佩以赠之。"来字与蒸部的赠字押韵，这是"来"与"陵"阴阳对转的证据。《说文》"䅑读若棘"（依段注）。《老子·三十八章》"荆棘生"。"棘"字马王堆帛书本《老子》作"扐"。又《诗经·斯干》"如矢斯棘"，"棘"字韩诗亦作"扐"，从力声；"力"可通"离"。《史记·司马相如传》"荔枝"，索隐作"离支"，《文选》及《汉书》亦作"离支"。"离"字古隶来母之部，与"来"字通用，例繁不举。

(《古玺汇编》3611），都可以隶定为孛。

这两方印都是私名印，其中的孛都用作姓，但此姓很难在古籍或出土文物中找到。它们相当于后代的什么姓氏还是个有待于解决的问题。但是本文前面部分的探讨可以为此字的解决提供一定的线索。由于北方的"陵"字在楚文字中写成陸，那么楚文字中从夹声的字也就相当于北方从夌声的字。"孛"就应该与从夌从子的字相当。

古文字中的"夌"字写为 ※（见上引陵字所从）。※字在篆文中变成了 ※。《说文》："夌，越也，从夂从※。"※字一分为二，※字就是※旁的来源。※亦成了 ※，这与"夋"字的发展是相似的。在古文字中。"允""夋"本是一个字，写作 ※（班簋）、※（石鼓）、※（三体石经古文）。但是由于古文字发展的特殊规律，从人的字可以加上 ※成了 ※（楚帛书），最后夂字又独立出来。"允"字就派生为"允""夋"二字。※与※的下半部分相似，"夋"与"夌"也相同。那么，它们的发展规律也应该是一样的。因此，把"夋"与"夌"联系起来看，我们可以发现，※字可以分为两部分，上半部分是目字为声符，下半部分为人（《说文》误为儿）。同样，※字也可以分为两部分，下半部分是"人"，而上半部分※就是声符，也就是"陸"字所由得声的"坴"字（《说文》"陸"从"坴"会意。"坴"亦声，"坴"从"圥"声）。"陵""陸"所由得声的"圥"为一字，不但是《说文》的分析，也可以从古文字中得到证明。"陵"字从 ※已见上文。"陸"字所从的"坴"则作 ※（父己卣"陸"字所从），※（义伯卣"陸"字所从），※（《说文》"坴"字籀文及"陸"字籀文所从）。其形体虽繁简不等，但其关键部件写作※却是一样的。"陵"字所从的※与"陸"字所从的※基本构形是一样的，只是下面两笔有合并与分开的不同。但这可能只是因为"夌"字作※下与人相接，才合并在一起。长陵盉"陵"字作 ※，下面两笔正好分开，可以证明"夌"字所以的 ※本来是分开作※的。

通过比较，我们可以看出"夌"与"陸"所从得声的"圥"本为一字。《说文》："夌，越也，从夂从圥。圥，高也。"又曰："陸，高平地也。"※字上从圥，下从人，正好表示登攀、陵越的意思。而"陸"字所从的※有高的意思，所以"夌"是个从圥从人的会意字，圥亦声。"陵"和"陸"音义很近，很可能是个从圥或六（"六"疑即陆的本字）派生出来的同源字。一方面，二字都有高山大阜的意思。另一方面，二字在上古也通常用。《老子·五十章》："陸行不遇兕虎。"马王堆帛书本老子"陸"字写作陵；《管子·

地员》："其种陵稻黑鹅马夫。""陵稻"一词在《内则》篇写作"陆稻"。《楚辞·九怀》："陵魁以蔽视兮"注：陵一作陆。"陵夷"一词在《楚辞·刘向九叹·忧苦》作"巡陆夷之曲衍兮。"王逸注："大阜曰陆。"而今本《尔雅·释地》作"大阜曰陵"。以上诸例都可以证明"陵""陆"在先秦典籍中是通用的，很可能是两个同源字。古地名南方多称陵，北方多称陆。二者可能是地域性的异体字。

按《说文》，先从六声。这也可以在古文字中得到证明。"陆"字所从的 ✡ 亦可单写作 ✡（如邾公钘钟及战国印的陆字）。因此，"陆""陵"所由得声及孳乳的根字就是 ✡ 或 ✡。这也就是 ✡ 字的根本部分。

确定了 ✡ 从 ✡ 声之后，从麦从子的就容易发现了。战国玺印中有一个大姓就是从麦从子。写作 ✡（《古玺汇编》2829）、✡（《古玺汇编》2834）、✡（《古玺汇编》2809）、✡（《古玺汇编》2807）。这是一个出现次数较多的姓氏，过去一直没有认出。《古玺汇编》缺释。从这个字的形音义诸方面来看，它就是常见的姓氏李。

第一，从声音来看，"李"字上古音属于来母之部，① 与"来"字一样。"陆"字与"陵"字是异构形声字。那么与"来"字同音的"李"字也可以由"麦"字来充当声符。因此，从声音上看，"孪"与"李"同音，"孪"可以读为李。②

第二，从用法上看，"孪"是战国玺印中常见的大姓，《古玺汇编》中共收有李姓私名印 44 方，而写作 ✡ 的李姓仅一见（2475）。"孪"与李共同作为李姓用字在文例上并不互相冲突。因为李姓在战国时已出现，多见于经史书中，著名者如老子李耳、魏相李悝、秦相李斯、赵名将李牧、秦将李信（《史记》有传）、开凿都江堰的李冰父子，如果李姓仅一见的话，就与历史不符。一个史书上的大姓不会在姓名玺中呈现出如此特殊的状态。而且从时代上来看，写作 ✡ 的 2475 号印字形比较规范，属于战国晚期至秦的遗物。而写作孪的则时代都相对的早，其中 2834 号可能早到春秋。因此，这两种写法在时代上是可以互补的。

---

① 参见唐作藩《上古音手册》，"李"字在第 77 页。
② "李"字与"理"字古同，《管子·法法》："皋陶为李。"注："李同理"。《史记·魏世家》："李克"，《韩诗内传》作"里克"。马王堆帛书《经法》："四时有度，天地之李也。"借为理。"理"又与"来"同。《诗经·烈祖》："赉我思成。"郑笺："读如往来之来。"《书经·汤誓》："预其大赉汝。"《史记·殷本纪》引"赉"为"理"。是"来"与"李"同音。

第三，更重要的是，从字形上看，"李"就是"李"字。它们的写法极其相似。

李：♠ (2834)　　　♠ (2807)　　　♠ (2815)

李：　　　　　　　♠ (《汉徵》)　　♠ (2475)

其中 2834 一方时代较早，而 2815 最晚。

通过将"李"字与"李"字相比较，不难发现"李"与"李"的差别主要有两点。

第一，"李"字上边写作 ⚹、⚹、⚹，中间的一竖并不下透写成"李"字的 ⚹、⚹。但是从历史的眼光来看，这一竖的下透是秦汉时代汉字演变的结果。汉印李字有写作 ♠ (《汉印文字徵》)的，这一竖也并没有透下来，可见在汉代也还是有较古的写法保留下来。这种在历史演变中加长或减短笔划的现象在古文字中是常见的。例如"吉"字写作 ♠ (毛公鼎)、♠ (侯马盟书)，中间的一竖也可以拉下来写作 ♠ (中子化盘)、♠ (王孙鼎)。

第二，"李"字上部写成 ⚹、⚹，而"李"字上部写成 ⚹、⚹。"李"字中间多了两笔组成的 ⌣ 形，但是这两笔也恰恰是在发展中省去了的。这种省变所留下的痕迹现在仍然可以看到。《古文四声韵》"李"字下引云台碑李字写作 ♠，"李"中间恰好有此两笔。而且，战国玺印的"李"字中也有省去这两笔作 ♠ 的（2816）。

原本《玉篇》"使"字古文作 ♠，这与《古文四声韵》所引崔希裕《纂古》"使"字写作 ♠ 是相同的。可以看出，它实际上就是"李"字省去中间的 ⌣ 形之后，上面一笔又没有向下穿透时的过渡体。"使"字从人，吏声，古与"来""里"同音，同为来母之部字。《方言三》："俚，聊也。"郭璞注："音吏。""吏"与"里""来"同音，实际上应是"李"字假借为"使"字，这也从侧面证明了"李"向"李"的过渡。

因此，"李"字就是"李"字。从字形上看，它们的继承关系是很明显的：

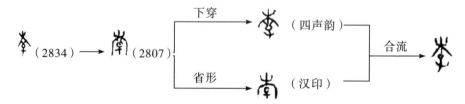

晚到马王堆帛书（《春秋事语》93），李字仍写作 ♠。

上面我们从形音义三个方面辨析了"李"与"李"的关系。可以确定，

"李"就是"李"的本字,写成李是后代字形讹变的结果。"李"(即"李")是一个从子、朱声的形声字。那么,我们也就要重新考察《说文》对"李"字的解释了。《说文》:"李,李果也。从木、子声。杍,古文。"但是"子"字古音在精纽①,与在来纽的"李"字毕竟有些区别,"李"字到底是不是从"子"得声,这一直是一个问题②。由于许慎的说解根据的是已经讹变了的篆书和隶书,所以他的字形分析有些讹误。但是现在我们还是能够看出他自己对这种分析也有所怀疑。在"李"字下他只说:"杍,古文。"而不是像《说文》的通例那样说:"杍古文李。"王筠认为:"不言古文李者,盖本古文梓。"③"杍"是《尚书·梓材》"梓"字的古文,两个字古同音通假。④但是《说文》并没有按惯例将"杍"字附于"梓"字下,又没有指明"李"与"杍"的关系。从字形结构上看,与"梓"字通假的"杍"字确实是从木、子声,这个字在《说文》中的地位就是"李"字现在所在的地位。由于"李"字出现,"杍"字无处可归,又与"李"字在音义上不同,所以才出现了这种在《说文》通书中不多见的无条理的摆放。这也可以证明,"李"字绝不会是从木,子声,否则《说文》就会指明它与真正的从木、子声的"杍"字的或体关系,或者同字关系(古文字中偏旁的位置是不固定的)。这从反面证明了"李"字的结构应该解释为从子、朱声。

因此,玺印中的"李"都应该解释为李字,作姓氏用。

现在我们回过头来看楚文字中的"李"字。由于我们已经明确了北方文字中"夌"声与楚文字中的"來"声的关系,那么可以认为这个字就是"李"(李)字在楚文字中的异构。3503 与 3611 两方印也应该分别定为"李郢"与"李道"。与南方的"陵"从来声,北方的"陵"从"夌"声一样,南"李"从"来",北"李"从"夌"("陵"与"陸"可能也有同样的关系)。在后代的文字统一过程中,北方系统被保存了下来,而楚文字的陵、李却被合流了。

这个"李(李)"字又见于楚帛书,写法与玺印完全一样。过去的解释很多,分别释为"季""字""殷"等。⑤ 其中"字"字说较易为人接受。但是从字形上看,这个字所从的 ㄨ 绝非"字"字所从的 㔾,释"字"于字形

---

① 参见唐作藩《上古音手册》"子"字条,第 180 页。
② 参见《说文解字诂林·五上》"李"字条。
③ 《说文句读》卷十二。
④ 参见《说文》段注。
⑤ 参见《长沙子弹库战国楚帛书研究》第 54 页。

未安。由于以前对⿱字的认识不足，此字也未能确认。但是把它与楚文字中的"陸"（陵）、"李（李）"的写法联系起来看，就可以确认它为"李"字。

以前的"孛"字说将它释为彗星。虽然对字本身的认识有所不当，但基于对全帛书的理解将它解释为星名还是正确的。李即李星。《史记·天宫书·东宫》房宿南方左角有星名为"李"，字又作"理"。《汉书·天文志》即写为"理"。"李"与"理"同音通假字。李星和帛书中出现的岁星、天棓星一样同为古代占星术中引用的星名。或为天理星，《灵台秘苑·卷十》《唐开元占经·卷六十九》都有专节论述天理的运行，占验。天理又见于睡虎地秦简日书，字正作"天李"。第751反至750反号简云："天李正月居子，二月居子，三月居午，四月居酉，五月居子，六月居卯，七月居午，八月居酉，九月居子，十月居卯，十一月居午，十二月居辰，凡此日不可入宫及入室，入室必威，入宫必有晕。"这是以天理星在天空十二宫的位置来决定行事的占星术。

在帛书中，李星都是与其他星是一起出现的。"天地作羕（祥），天棓将作㵞。降于其方。山陵其雙。又㫃囗洰。是谓㮒（李）。㮒（李）岁囗月，内（入）月七日。八日……"李星与天棓共同出现，"李岁"当指李星出现之岁。与日书中以天李之所在决定日所宜不宜有相似之处。"唯＋有＝囗。唯㮒（李）悳匿，出自黄㫃，土身无翼，出入囗同。""悳匿"即"侧匿"指星的运动，在这段文字中，"出自"与"出入"相对，所以"李"与"土身无翼"（依曾宪通师隶定，未刊稿）是两种星象，土疑即土星。

因此，将㮒（李）释为李星，与帛书的天文学内容是相符的。

三

楚帛书中还有一个从"來"声的字，写作⿱："惟悳匿之岁，三寺囗，緐之以⿱降。"这个字所从的币形还不能认识，但可以认为它从"來"得声，当读为"莱"。《说文》："莱，蔓华也。"又《经典释文·诗·楚茨序》："莱，田废生草。"帛书中指的是某星运行之后。天降莱于下。

信阳楚简有一个从"來"的⿱字，是一种器物的名称："弁（辫）缋""组缋"。① "缋"可读"銮"，《说文》："銮，瑧玉也。"简中指的是有佩带的玉。

---

① 《信阳楚墓》图版2-07号简、2-023号简。

战国文字中还有一些从夹、㐫得声或以其为形旁的字,都可以依此隶定、训读。① 但也有一些字还难于确定。②③

(原载古文字学会第七次年会论文集,1988 年。后收入《楚简道家文献辨证》汕头大学出版社 2004 年版,第 61－75 页。今据《楚简道家文献辨证》收录)

---

① 例如楚帛书,曾姬无卹壶及战国官印中的"陜(陵)"字,《古玺汇编》3312、1915 等从"来"的字。
② 例如鄂君启节中有一个地名"䊝陽",字可以隶定为䊝,但音义仍无法确定。
③ 本文在写作过程中蒙曾宪通师指导。

旧释"折"及从"折"之字平议

——兼论"慎德"和"惎终"问题

陈伟武

在以往的古文字研究中,非"折"字释为"折"字,非从"折"之字释为从"折"之字,从"折"之字释为非从"折"之字,从"折"之甲字释为从"折"之乙字,这四种情形都出现过,本文企图分别加以辨正,并附带讨论古文字资料中"慎德"和"惎终"等问题。

一

郭店楚简《缁衣》26—27号:"非甬至,▲(制)以型(刑),隹(唯)乍(作)五疟(虐)之型(刑)曰法。"整理者把▲当作"折"字而读为"制"①。他简"折"字作▲(《老子》甲简19、《成之闻之》简31),读为"制";或作▲(《六德》简2)。今按,释▲为"折"似是而非。郭店简有字作▲,诸家释"断"无异议,窃谓▲亦当释"断",可隶作"斳",与"㡷"为同字异体,从刃从斤义近互换。《说文·叀部》:"……皀,古文叀字。"《汗简》:"▲,断,并见《尚书》。"《集韵·换韵》:"断,古作㡷。""㡷"即"㡷"之讹。

鄂君启节有▲字,朱德熙先生释为"榑",在论证过程中朱先生列举了两类字形:(1)▲(龙节)、▲(长沙帛书);(2)▲(《陶录》附30上)、▲(《古玺》174);认为(1)和(2)应释为"叀"。朱先生还引黄宾虹先生之说,谓古玺文▲即《说文》"断"字古文"㡷"②。"叀"字上部变化不大,中部由▲→田→日,下部由∪→⺄→ㄓ。郭店简▲字左边"叀"与古玺"㡷"所从最相似。

---

① 荆门市博物馆:《郭店楚墓竹简》,文物出版社1998年版,第130页。
② 朱德熙:《鄂君启节考释(八篇)》,见《朱德熙古文字论集》,中华书局1995年版,第199页。

再从词义看，把字释为"斯（断）"，用以读《缁衣》原文亦甚合适，"断以刑"即治以刑。"断"有"治"义，如《淮南子·说林》："是而行之，故谓之断；非而行之，必谓之乱。"高诱注："断，犹治也。"

郭店楚简《老子》甲简 11："临事之纪，誓（慎）冬（终）女（如）忄（始），此亡败事矣。"整理者注："誓，简文与金文'誓'字或作 ![] （散盘）![] （鬲比簋）相近。'誓'借作'慎'。裘按：所谓'誓'字当与注六四所说的'斯'为一字，是否可以释为'誓'待考。"①

今按，裘先生按语未将此字释为"誓"，态度矜慎。其实即使此字可释为"誓"，从音韵的角度看，"誓"为禅纽月部字，"慎"为禅纽真部字，韵部尚相隔，两字通假的可能性也很小。兹将郭店简中整理者所谓"誓"的形体及其他一些相关字形罗列如下：

A　 ![] 《老子》甲 11　　![] 《缁衣》15　　![] 《缁衣》30
　　 ![] 《缁衣》32　　![] 《缁衣》33　　![] 《语丛四》4
B　 ![] 《老子》甲 27　　![] 《老子》丙 12　　![] 《性自命出》49
　　 ![] 《性自命出》49
　　 ![] 《成之闻之》19　　![] 《成之闻之》38　　![] 《成之闻之》40
C　 ![] 《五行》16
D　 ![] 《五行》17

整理者把上列四类字形分别释为"誓""斯""𧨀""䚻"。裘先生认为所谓"誓"与"斯"为一字是对的。《说文·言部》："䜣，喜也。从言，斤声。"又："忻，阖也。从心，斤声。"启发义与欣喜义相关，今犹言"开心"。《玉篇·心部》："忻，喜也。"从言从心互作之例甚多，颇疑䜣、忻本为一字异体，许慎别小篆为二形二义，音实相同。郭店简《性自命出》忻字凡三见，一用为欣喜义，两处读为"近"。上列四类形体，以 B 类"斯"字最常见，此字亦见于包山简 145 号，用为人名。似可析为从言斦声，"斦"当即"䘆"（此字亦见于睡虎地秦简，用为"近"）之省。C 类字为最繁之体，从言从心斦声，言旁心旁既可互作，并见一体之例亦非鲜见，此与谞或作𧥣、诖可作讳相似。D 类作"䚻"，为 C 类"𧨀"字之省。"誓"从"折"声，而前揭诸"折"字形体与 A 类之所从不肖，故知 ![] 不当释为"誓"。张

---

① 荆门市博物馆：《郭店楚墓竹简》，文物出版社 1998 年版，第 115 页注三〇。

光裕先生疑此字从"十"乃声符，恐未安，而隶作誓甚是。① 鄙意以为此字实从言，忻声。"忻"字，《汉语大字典》《中华字海》失录，其实"忻"字亦见于楚贝币面文，作忻、卟等形，② 用同"斩"。"忻"还见于曾侯乙墓一件漆箱盖上朱书文字，文云："民祀隹忻，日辰于维。"忻，饶选堂先生释"坊"，读为"房星"之"房"③；黄锡全先生改释为"此"，当指示代词释。④ 笔者以为二说均可商。"此"字亦见于另一漆箱朱书二十八宿"此（觜）隹（嶲）"之"此"，作卟，显与忻不类，而且，若释为指代词"此"，无先行词，亦不合先秦语法。以郭店简"誓誓"字所从之声符及楚贝币文"誓"合观，知字当释"忻"，读为"慎"。长沙子弹库楚帛书乙篇称"民祀不眷（庄），帝酒（将）繇以乱□之行"，可作漆箱盖上朱书文字"民祀隹（唯）忻（慎）"的反证。经典中关于敬慎祭祀的论述甚多，例如：《书·召诰》："愍祀于上下，其自时中乂。"又《多士》："自成汤至于帝乙，罔不明德恤祀。""恤"，慎也。此义金文习见。《诗·鲁颂·閟宫》："春秋匪解，享祀不忒。"慎则"不忒"。《论语·子张》："祭思敬，丧思哀。"《礼记·坊记》："修宗庙，敬祀事，教民追孝也。"《晏子春秋·内篇杂下》："臣其祭祀不顺，居处不敬乎？"文献中"顺""慎"音同通用之例甚多，可参高亨先生《古字通假会典》。⑤ 此处"顺"字亦当读为慎。综合文献所论，敬慎祀事大致表现为：祭祀要准时，祭品要整洁丰盛，态度要虔诚。漆箱盖上的朱书文前缀句释为"民祀隹（唯）忻（慎）"，正可与传世文献印合。

《老子》甲27号简"和其光，迥（同）其斳"之"斳"，马王堆帛书本甲种作"蛰"，乙种作"壐（矕）"，其他各本作"尘"，廖名春先生认为：""光'为荣光，'斳'为欣喜，大致相配。故书当作'斳（忻）'，'蛰'、'矕（壐、尘）'皆为借字。"⑥ 廖说是。郭店简"慎"字或作𠅤（《语丛一》46），其余均借斳、誓、諲为之。如《缁衣》30号简引《诗》："誓尔出话，敬尔威义（仪）。"誓，今本《诗·大雅·抑》作"慎"。《五行》简17"君

---

① 张光裕：《郭店楚简文字编》绪言，艺文印书馆1999年版，第9页。
② 商承祚等：《先秦货币文编》，书目文献出版社1983年版，第186页。
③ 饶宗颐：《曾侯乙匶器漆书文字初释》，见《古文字研究》第10辑，中华书局1983年版，第190—191页。
④ 黄锡全：《湖北出土商周古文字辑证》，武汉大学出版社1992年版，第108—109页。
⑤ 高亨纂著、董治安整理：《古字通假会典》，齐鲁书社1989年版，第90—91页。
⑥ 廖名春：《楚简〈老子〉校释（二）》，见《简帛研究》第3辑，广西教育出版社1998年版，第56页。

子謥其［独也］"，马王堆帛书本"謥"作"慎"。郭店简称"誓（慎）冬（终）女（如）忄（始）"（《老子》甲简 11）、"訢（慎）冬（终）若訂（始）"（《老子》丙简 12），用为"慎"的誓、訢实是"诉"字异体，不是从"折"得声的"誓"字。包山简有字作 ▦，整理者未释，滕壬生先生释为"诉"①，李零先生指出："似可隶定为'䜣'，疑是楚'慎'字的一种特殊写法。这里用作人名。参看 1015 页：訢。"②证以郭店简，知李先生之疑有理，▦ 与"訢"同是"诉"字异构。此字当隶作䜣，从言，折声，"参"为赘加声符。

二

古玺文有"悊"字，作如下诸形：

▦《古玺汇编》4300　　▦《古玺汇编》4307
▦《古玺汇编》4287　　▦《古玺汇编》4314
▦《古玺汇编》4325

一般将此字隶作"悊"字是对的，但人们往往视为"哲"字，如曹锦炎先生在论述古玺文字的简化现象时指出："再如'哲'字，古玺写作悊，从心、折声。所从的'折'本作'▦'（4299），象以斧斤断草之形。而'悊'字的简体……竟有简化成'▦'形……此种简化，实在是毫无道理可言。"③《说文·口部》："哲，知也。从口，折声。悊，哲或从心。"段玉裁注："按《心部》云：'悊，敬也。'疑敬是本义，以为哲是假借。"一字异用，同见于《说文》，此非独例。《水部》云："湩，河津也，在西河西。从水，垂声。"《口部》："唾，口液也。从口，垂声。湩，唾或从水。"段氏以"哲"之或体"悊"为假借字不无道理。王引之则认为"悊"是"惁"字之误。笔者认为段说近是而王说不可从，已于另文辨析。④

---

① 滕壬生：《楚系简帛文字编》，湖北教育出版社 1995 年版，第 188 页。
② 李零：《读〈楚系简帛文字编〉》，见《出土文献研究》第 5 辑，科学出版社 1999 年版，第 153 页。
③ 曹锦炎：《古玺通论》，上海书画出版社 1996 年版，第 65 页。
④ 陈伟武：《试论晚清学者对传钞古文的研究》，见《第二届国际清代学术研讨会论文集》，（台湾）中山大学，1999 年版，第 875－876 页。

《古玺汇编》中，有称"恁事"（4292）、"恁言"（4288）、"恁命"（4283）、"恁官"（4300）、"恁行"（4313）、"恁上"（4297）、"恁之"（4711）、"恁钵"（4323）；此外还有"恁信"①。若依《说文》"恁，敬也"之训去读，无不文从字顺。这些都是箴言玺。同是箴言玺，有称"敬事"（4142）、"敬命"（4225）、"敬守"（4231）、"敬行"（4254）、"敬上"（4200）、"敬之"（4243）、"敬钵"（4250）。两相比较，知许书训"恁"为"敬也"不妄。王人聪先生谓"恁行"之"恁"当训为"敬"②，此说甚是。疑"恁官"犹言"敬守"，《礼记·祭义》："莅官不敬，非孝也。"《左传·昭公二十三年》："慎其官守。"因此，古玺中的"恁"字一般如字读，释为"敬"即可，不必目为"哲"字。

三

金文有字作下列诸形，通常释为"哲"：

曾伯簠　师望鼎　克鼎
弔家父簠　番生簋　王孙钟

陈初生先生说："哲字金文多从心斦声（斦字书未见，疑即折之变体，𠂔或即𠂔相连增画所致，王孙钟则横写作）。"③ "斦"字虽不见于字书，断为从阜斤声的形声结构当无问题。古文字中从阜从土之字每通作，颇疑"斦"即"圻"之或体。

再看金文文例，克鼎铭："天子明哲。"哲字作；墙盘铭："渊哲康王。"哲字作，陈初生先生以为字从悳（德）折省声，④ 可从。克鼎铭又云："盅（淑）悊氒德。"井（邢）人妄钟铭"覭盅（淑）文且（祖）考，克质氒德"，"质"字作，通常以为"哲"字之假。番生簋铭云："不（丕）显皇且（祖）考，穆穆克誓氒德。"师望鼎铭："不（丕）显皇考宽公，

---

① 王人聪：《香港中文大学文物馆藏印续集一》，香港中文大学文物馆，1996年，第131号。
② 王人聪：《新出历代玺印集录》，香港中文大学文物馆专刊之二，1987年版，第20页。
③ 陈初生：《金文常用字典》，陕西人民出版社1987年版，第99页。
④ 陈初生：《金文常用字典》，陕西人民出版社1987年版，第99页。

穆₌克盟氒恖，愇氒德。"今按，前二例释"哲"尚可信，"哲"均用为形容词；后四例显非"哲"字，于句中用为动词，宜读为"昚（慎）"。尤其是克鼎的愇读为慎，比起将斲、愇看为"哲"字异体同见一铭，自然要合理些。"慎德"犹言"敬德"，班簋铭："允才（哉）！显隹（唯）敬德，亡（无）迪（攸）违。"彝铭常用"穆穆"或"穆穆翼翼"形容敬慎之貌。曾伯屃铭"愇圣元₌武₌孔光"，方濬益读为"愇圣元武，元武孔光"①。"愇圣"读为"慎圣"犹言"肃圣"，亦无不妥。梁其钟铭："不（丕）显皇且（祖）考，穆₌异（翼）₌，克悊氒德。""悊"即"愇"，敬也。

"慎德"，是上古时期重要思想观念之一，传世文献屡见阐述，均可与金文合观。《尚书·文侯之命》："克慎明德。"句式同于金文数例。鲁《诗·大雅·下武》："媚兹一人，应侯慎德。"毛《诗》作"顺德"，《孔子家语·弟子行》引《诗》亦作"慎德"。《仪礼·士冠礼》："敬尔威仪，淑慎尔德。"《周礼·地官·司徒》："十有一曰以贤制爵，则民慎德。"《礼记·大学》："是故君子先慎乎德。"《国语·周语下》："慎德之守也。"又《晋语五》："夫敬德之属也……"知"慎"犹"敬"也。《墨子·非命下》："不慎厥德，天命焉葆？"从经传诸子的论述可知，无论对君侯还是对民众，"慎德"都是人生修养的一种基本要求，故先贤于此告诫谆谆。

四

宋代薛尚功《历代钟鼎彝器款识》、王俅《啸堂集古录》著录了一件所谓"夏带钩"，有铭凡33字，鸟书，经李零先生考释，已基本晓畅可读，知为战国时期的带钩。铭辞本隐晦艰深，李先生一旦凿破浑沌，殊堪叹服。钩首四字，李先生释"勿可悊冬"，指出："物，犹言此物。悊，即悊（古哲字），古玺文悊多作悊，这里读为折。冬，古终字，通中，如钟铭常见的'中譁夒钖'即应读为'终翰且扬'。……'物可折中'，是用钩可系带来比喻折中之德。"②

根据前文对古玺"悊"字的讨论，我们认为这件带钩钩首四字当读作"物可悊终"，指带钩可使人敬终若始、善始善终。这也是一种借喻手法，因

---

① 方濬益：《缀遗斋彝器款识考释》卷八，第19页。
② 李零：《战国鸟书箴铭带钩考释》，《古文字研究》第8辑，中华书局1983年版，第59—62页。又收入《李零自选集》，广西师范大学出版社1998年版，第273—277页。

带钩能钩联首尾、贯通终始，故使人有循环往复、终始如一的联想。铭末有"允"字，李先生认为："古人说'允执厥中'，'允'与'折中'是意义关联的词，正好与铭文第一句呼应。"其实，把"惎冬"读为"惎终"，意指敬终（或慎终）若始，同样与"允"字义相吻合。

　　古文字资料中有关"慎终""惎终"的思想，在传世文献中也多有论述。例如《礼记·表记》："子曰：事君慎始而敬终。"又《文王世子》："古之君子，举大事必慎其终始。"又《祭义》："父母既没，慎行其身，不遗父母恶名，可谓能终矣。"又："父母既没，必求仁者之粟以祀之，此之谓礼终。"又："是故古之人有言曰：善终者如始。"

　　上述材料表明，儒家的敬终思想远有来自，故称举时总冠以"古之君子""古之人"等字眼。《易·谦卦》："谦，亨。君子有终。"又《九三》："劳谦。君子有终，吉。"《左传·襄公二十五年》："《书》曰：慎始而敬终，终以不困。"杜预注："逸《书》。"又"子产曰：政如农功，日夜思之，思其始而成其终，朝夕而行之，行无越思，如农之有畔，其过鲜矣。"从《左传》引逸《书》及《易》之卦辞、爻辞看来，至少西周时代就有对敬终思想的明确表述。何以要敬终？《荀子·议兵》："虑必先事而申之以敬，慎终如始，终始如一，夫是之谓大吉。"《说苑·敬慎》说："官怠于宦成，病加于少愈，祸生于懈惰，孝衰于妻子。察此四者，慎终如始。《诗》曰：靡不有初，鲜克有终。"又："慎终如始，乃能长久。"刘向援引《诗·大雅·抑》为证，结合社会生活中"官怠""病加""祸生""孝衰"四种现象，足以揭示敬终思想的必要性。而且儒家的敬终思想与其"孝"的理论是相一致的，《论语·学而》："曾子曰：慎终追远，民德归厚矣。"何晏《集解》："孔曰：慎终者，丧尽其哀；追远者，祭尽其敬。君能行此二者，民化其德，皆归于厚也。"邢昺疏："终谓父母之丧也。"曾子为孔门弟子以孝著称者，故其所谓慎终也是对"孝"的一种阐释。《荀子·礼论》："使生死终始若一，一足以为人愿，是先王之道、忠臣孝子之极也。"当然，儒家也有慎始思想，且常与敬终相提并论，《逸周书·程典解》："于安思危，于始思终。"《礼记·经解》："《易》曰：君子慎始。差以豪（毫）厘，缪（谬）以千里。"这多少可以说明慎始的原因。

　　早期儒家与道家的思想、学说有不少共同点，学术界已有共识。现在看来，敬终思想也是儒道所共有的。儒家观点已见前文，道家的论述如：郭店简《老子》甲简11："临事之纪，誓（慎）冬（终）女（如）訋（始），此亡（无）败事矣。"又《老子》丙简12："䚔（慎）终若訋（始），则无败事喜（矣）。人之败也，亘（恒）于其叡（且）成也败之。"道家看到社会现实中功败垂成的大量事例，故提出敬终思想。这与儒家的观点基本相同。

附记：小文《旧释"折"及从"折"之字评议》原载《古文字研究》第22辑（中华书局2000年版），后来收入拙撰《愈愚斋磨牙集——古文字与汉语史研究丛稿》一书。其中错误不少，如释古玺文和带钩铭中的"悊"字等。陈剑先生有论文《说慎》，原载《简帛研究二〇〇一》（广西师范大学出版社2001年版），又收录于所著《甲骨金文考释论集》（线装书局2007年版），对金文和楚文字中的"慎"字及相关问题都有精到的考释，读者自可参看。

与"慎"关系密切的"忻"字迄今似仅见于楚系文字，徐在国、程燕、张振谦《战国文字字形表》在引录《中国钱币》1994年第3期"忻"字和《货系》4179号"忻"字之后说："或读'十'。"（上海古籍出版社2017年版，第1932页）读"十"之说不可从。

李学勤先生曾引及小文，说："'忻'字有时可通读为'慎'，这里仍'用同"斩"'，学者已曾说明。"（《长布、连布的文字和国别》，见《通向文明之路》，商务印书馆2010年版，第201页）

吴良宝先生说："'忻'字也见于楚燕尾布、连布面文中，旧多释读为'斤''斩'等。郭店楚简中读为'慎'的字可以写成从言、[忻]声，因此陈伟武认为楚铜贝的'忻'字也应读为'慎'。这个字待考。"（吴良宝《中国东周时期金属货币研究》，社会科学文献出版社2005年版第273页）其实，我在文中的意思是说漆箱朱书之字应释为"忻"读为"慎"（表述有点含混），并未认为楚铜贝的"忻"字应读为"慎"，说用同"斩"也未能确证，或当如吴先生所言，待考。楚大布的"忻"读为"斩"，可能性较大。

（原载《古文字研究》第二十二辑，中华书局2000年版。后收入《愈愚斋磨牙集》，中西书局2014年版，第80－88页；《金声玉振：郭店楚墓竹简出土三十周年研究文选》，武汉大学出版社2023年版，第150－157页。今据《金声玉振：郭店楚墓竹简出土三十周年研究文选》收录）

金文"蔑曆"及相关问题试解

陈斯鹏

商周金文常见的"蔑曆"组合的释读,是一个长期吸引并困扰研究者的疑难问题。不同的解释方案,至今无虑数十种。近二十年,特别是近十年来,由于新出西周金文和战国竹简中出现了一些与之相关的新材料,引发了新一轮的研讨热潮,取得一些十分可喜的突破,但意见尚颇分歧。本文试图在吸收已有意见合理成分的基础上,略陈一得之愚,以助同仁讨论之兴。

一

金文"蔑曆"组合出现在上级对下级的勉励、嘉奖的语境中(包括客观描述和主观愿望两种情形,而以前者为主),这一点历来是有共识的。我们以 A 代表上级,B 代表下级,可将其典型结构归纳为如下几种。

一式:A 蔑 B 曆(包含承前省 A 形式)。

子曰:贝唯丁蔑汝曆。(小子𠭯卣,《殷周金文集成》05417,以下简称"《集成》")
王蔑庚嬴曆,锡祼鬯、贝十朋。(庚嬴鼎,《集成》02748)
天君蔑公姞曆,使锡公姞鱼三百。(公姞鬲,《集成》00753)
侯蔑遹曆,锡遹金。(遹甗,《集成》00948)
王蔑友曆,锡牛三。(友簋,《集成》04194)
(穆王)蔑苟曆,锡郁鬯。(苟盘,《商周青铜器铭文暨图像集成三编》3 卷第 367 页)

二式:A 蔑曆。

王使孟联父蔑曆,锡脭、牲大牢。(任鼎,《新收殷周青铜器铭文暨器影汇编》1554)

王使荣蔑厤，令妣邦。(䢅簋，《集成》04192)

王用弗忘圣人之后，多蔑厤锡休。(师望鼎，《集成》02812)

三式：B 蔑厤 A。

訊蔑厤伯大师。(师訊鼎，《集成》02830)

臤蔑厤仲竞父，锡赤金。(臤尊，《集成》06008)

四式：B 蔑厤于 A。

五侯诞贶六品，蔑厤于保。(保尊，《集成》06003)

寿䍙蔑厤于侯氏，锡馮马卅匹。(寿䍙尊，《商周青铜器铭文暨图像集成三编》3 卷第 84 页)

屯蔑厤于亢卫。(屯鼎，《集成》02509)

五式：B 蔑厤（包含承前省 B 形式）。

小臣謎蔑厤，眔锡贝。(小臣謎簋，《集成》04238)

次蔑厤，锡马、锡裘。(次尊，《集成》05994)

俞其蔑厤，日锡鲁休。(师俞簋盖，《集成》04277)

孝友史墙，夙夜不䜑，其日蔑厤，墙弗敢沮，对扬天子丕显休命。(史墙盘，《集成》10175)

(稻) 蔑厤，锡贝卅锊。(稻卣，《集成》05411)

其中"蔑"字或加"禾"旁作"穢"，或加"木"旁作"樧"，或加"人"旁作"僾"，这里统一以"蔑"代表之。"厤"字也有多种不同写法，特予揭示于下，并略梳理其间之关系。

a. ⟨图⟩

b1. ⟨图⟩　　b2. ⟨图⟩

c1. ⟨图⟩　　c2. ⟨图⟩

d. [字形]

e. [字形]

f. [字形]

g. [字形]

h. [字形]

i. [字形]

就已有材料来看，以上诸形以 a 类出现最早，从"厂"从"林"从"甘"。b 类由 a 类省"⊥"符而成，"甘"形或作"口"。古文字中位于字的下方的"甘"形或"口"形，往往通用无别，所以此二形实可合并。理论上 a 类也应可有从"口"的亚类，只是目前尚未出现而已。c 类由 b 类变二"木"为二"禾"而成。其"甘"形讹变为"日"即成 d 类，遂与后来的"曆"字同形（金文未见确定的用为曆日义的"曆"字），古文字中类似的"甘""日"讹混可参"晉""習"等字。e 类为 d 类的进一步讹变，"日"形变为"田"。f 类是 c 类省"厂"而成。g 类则由 b 类省"甘"或"口"而成。g 类易其一"木"为"水"即成 h 类。i 类可看作 h 类加"口"繁化，也可看作 b 类易其一"木"为"水"。

此外，庚嬴鼎"曆"字作[字形]，或隶释为"厤"，但该铭文系翻刻，从"厂"旁竖画向下长引，字之下部空虚来看，原铭当有"甘"或"口"符，或为锈掩，致使翻刻时未能体现。故此例应归于 c 类。即目前尚不能确定西周"曆"有作"厤"形者，尽管这是可能的。

诸形中以 b、c 二类最为常见。而 c 类正可与《说文·甘部》的"曆"认同（详见第四节的讨论），所以本文统一用"曆"来表示之。

在上面归纳的几种"蔑曆"组合中，一式"A 蔑 B 曆"为最常见。二式"A 蔑曆"不出现 B，理论上存在两种可能：一为"A 蔑曆 B"之省；二为"A 蔑 B 曆"之省。如任鼎的"孟联父蔑曆"可理解为"孟联父蔑曆任"，也可理解为"孟联父蔑任曆"。三式"B 蔑曆 A"实际上是一种不出现形式标志的被动句式，如师虘鼎的"虘蔑曆伯大师"即"虘蔑曆于伯大师"。此式加上被动标志"于"，便形成四式"B 蔑曆于 A"。五式"B 蔑曆"则为受事主语句，这种结构中的"蔑曆"结合紧密，中间不容插入其他成分。

二

关于"蔑厤"的早期诸说，孙稚雏先生《保卣铭文汇释》附录二①、邱德修先生《商周金文蔑历初探》② 都有较集中的引述。最近的比较深入讨论此问题的文章，如陈剑先生的《简谈对金文"蔑懋"问题的一些新认识》③ 和王志平先生的《"蔑厤"新解》④ 等，对新旧诸说也多有述评。读者可以参看。这里不准备作全面的介绍和检讨，只就若干我认为较为关键之点展开论述。

首先，从上节所列"蔑厤"诸式看，二字可离可合，故释读的方案必须能同时满足离、合两种情况。清人吴云《两罍轩彝器图释》和孙诒让《古籀拾遗》早已明确此点，并指出读为"飍没""密勿""黾勉"等联绵词的说法不可信。王志平先生也重申了这一点。其实不独连绵词，凡不可拆分的组合都是不合适的。所以，像李零先生近年提出的"伐矜"说⑤，也是不能考虑的了，因为"伐矜"无法离析而代入"A 蔑 B 厤"的结构之中。

其次，"蔑厤"诸式的语法构成需要作进一步的分析，这有利于确定释读的方向。

过去最为流行的意见，是把"厤"读为"历"，把一式"A 蔑 B 厤"理解为 A 嘉勉 B 的行历功绩，这就意味着把"A 蔑 B 厤"看作"A 蔑 B 之厤"，其中"蔑 B 厤"是动宾结构，"B"为领格。近年王志平先生的"伐劳"说，季旭升、黄锡全等先生之"蔑廉"说⑥，在语法理解上也同此。于

---

① 孙稚雏：《保卣铭文汇释》，见《古文字研究》第 5 辑，中华书局 1981 年版。又收入《孙稚雏学术丛稿》，中山大学出版社 2018 年版。

② 邱德修：《商周金文蔑历初探》，五南出版社 1987 年版。

③ 陈剑：《简谈对金文"蔑懋"问题的一些新认识》，见《出土文献与古文字研究》第 7 辑，上海古籍出版社 2018 年版。本文引用陈剑先生意见，均见此文。

④ 即刊陈斯鹏主编《汉语字词关系研究（二）》（中西书局 2021 年版）。本文引用王志平先生意见，均见此及其《"飞廉"的音读及其他》（李守奎主编：《清华简〈系年〉与古史新探》，中西书局 2016 年版）二文。

⑤ 李零：《西周金文中的"蔑厤"即古书中的"伐矜"》，见《出土文献》第 8 辑，中西书局 2016 年版。

⑥ 季旭升：《从〈清华贰·系年〉谈金文的"蔑厤（廉）"》，见《清华简〈系年〉与古史新探》，中西书局 2016 年版；黄锡全：《由清华简〈系年〉的"廉"字说到金文的"蔑廉"》，"纪念徐中舒先生诞辰 120 周年国际学术研讨会"论文，2018 年 10 月。

省吾先生之"厉翼"说，① 李零先生之"伐矜"说，则只着眼于连用的"蔑曆"，将之理解为并列式结构，此说自难以推及"A蔑B曆"式。管燮初先生则认为各种组合中的"蔑曆"都是动补式，"曆"表结果，读为"函"。② 朱其智、张延俊、吕晓薇等先生则认为"蔑B曆"是双宾语结构，张、吕二氏还将"蔑曆"解释为"赏赐佳肴"。③ 陈剑先生也同意将"蔑B曆"分析为双宾语结构，认为"蔑"与"被"义近，"曆"应读为"懋"，"A蔑B懋"意为"A覆被B以勉励"，"B蔑懋"或"B蔑懋（于）A"，则为"B受到（A的）勉励"。诸家的语法分析颇为分歧，这也是释读难以得出共识的一个主要原因。

我认为下引一则材料有助于评判以上诸种语法分析的优劣：

唯三月，<u>王使伯考蔑尚曆</u>，归柔郁、旁邕、臧，尚拜稽首。既稽首，延宾，赞，宾用虎皮称，毁（馈?），用璋，奉（?）。翌日，命宾曰："拜稽首，<u>天子蔑其亡（无）曆</u>，敢敏。"用璋。（尚盂，《考古》2011年第7期第17页）

开头的"王使伯考蔑尚曆"是普通的"A蔑B曆"格式，但后面与此相呼应的"天子蔑其亡（无）曆"却特别值得注意。李学勤先生说："这是尚自谦的话，说实际上没有什么功勋。"④ 是非常准确的理解。前后二句相勘合，至少可以得出两点确定的认识：①在"A蔑B曆"中，"曆"是名词性的，充当"蔑"的宾语；②在"A蔑B曆"中，"曆"的主体归属只能是B，因为如果"曆"是由A发出的，这里不可能用"无"予以否定。据此可以断定，将一式"A蔑B曆"看作"A蔑B之曆"是最合理的。换言之，"蔑B曆"为"动+定+中"结构。

然而，如果将"蔑"和"曆"之间的动宾关系直接套用到"蔑曆"连

---

① 于省吾：《释"蔑历"》，载《东北人民大学人文科学学报》1956年第2期。

② 管燮初：《西周金文语法研究》，商务印书馆1981年版，第63页。

③ 朱其智：《"蔑曆（历）"新说》，载《中山大学学报（社会科学版）》2010年第6期；张延俊、吕晓薇：《殷周金文"蔑历"的语法结构和意义》，载《长江学术》2013年第4期。

④ 李学勤：《翼城大河口尚盂铭文试释》，见《夏商周文明研究》，商务印书馆2015年版，第116页；原载《文物》2011年第9期。盂铭"亡"字作⌒，毫无问题，或疑之，完全不必。

用诸式中去，除了二式"A蔑曆"理解成"A蔑B曆"之省尚可讲通外，三式、四式、五式中的"B蔑曆"理解成"B被蔑B之曆"，都难免有逻辑套叠累赘之感，显得不太自然。为什么这么说？也许换一个角度来看，就会更加明白。被动式的"B蔑曆于A"理论上应可转换成主动式的"A蔑曆B"，设若"蔑曆"为动宾结构，那么，就变成动宾结构再带宾语了，这显然不符合古汉语的一般规则。

上述主张"A蔑B曆"为双宾语式的观点，似乎有一个好处，即"B蔑曆"中的"蔑曆"可比较自然地分析为动宾结构，以保持所有"蔑曆"组合的解释一致性。但其不能成立，已从上举尚孟铭文的文例得以证明。持那种观点的学者往往拿"A锡B金—B锡金"等辞例来同"A蔑B曆—B蔑曆"作比拟，现在看来也是有问题的，因为"金"是由A向B发出的，而"A蔑B曆"中的"曆"则是归属于B的，二者同形而不同质。主张"A蔑B曆"和"蔑曆"为动补式的观点，实际上也基于二者为同类语法结构的预设，而同样被尚孟铭文所否定。那么，这似乎也给了我们一个提示："蔑""曆"二字在离和合的组合形式中，其语法关系可能是不一样的，抛开语法同构的预设的束缚，或许能够得出更好的答案。

因此，不妨试作一个假设，像以往不少学者那样，仍将不被B间开的"蔑曆"假定为并列结构。这样可以避免将之视为动宾结构带来的逻辑和语法问题。然后，尝试看看能否和已经确定的"动+定+中"结构"蔑B曆"取得协调的解释。结果发现，将"曆"读为"劳"是一个最佳的方案。因为"劳"既有动词义慰劳、劳问、劳赏等，又有名词义辛劳、劳绩、功劳等，前者适可与大多数学者认同具有嘉奖、嘉勉一类意义的"蔑"组合成一个近义并列结构"蔑劳"，而后者代入"蔑B劳"中，理解为嘉奖某人的辛劳、劳绩、功劳，显然也是再通顺不过了。

回头看二、三、四、五式中的文例，将"蔑劳"当作一个结合紧密的并列式动词看待，确实要比视为动宾结构自然许多。前面在分析二式"A蔑劳"时，提出两种可能，即可补足为"A蔑劳B"或"A蔑B劳"，现在看来，应以前者更为近是。像任鼎的"王使孟联父蔑劳"和韘簋的"王使荣蔑劳"那样，以第三人称口吻作客观叙述者，补足为"王使孟联父蔑任劳"和"王使荣蔑韘劳"，固无不可；但师望鼎的"王用弗忘圣人之后，多蔑劳锡休"，出自作器者师望自述，如将"多蔑劳"理解为王多蔑我之功劳，便有自夸之嫌，实不合宜；而理解为王多蔑劳我，只强调王蔑劳的行为，而不突出我之有功劳，显然更得臣下之体。属于五式的史墙盘文例"孝友史墙，夙夜不象,其日蔑劳",正可相参。然则,从"蔑劳"结合的固定性考虑,任鼎、辟簋那种文例的"蔑劳",似也理解为并列动词"蔑劳"的宾语不出现即可,而没有必要认为是省了"蔑"的宾语或"劳"的修饰成分。

据我陋见所及,最先公开提出读"厤"为"劳"意见的是王志平先生的《"飞廉"的音读及其他》,但此说似未引起学界的注意。王先生又作长文《"蔑厤"新解》申论其说。王先生读"厤"为"劳",是以清华简《系年》"飞廉"之"廉"写作"厤"（ ）为语音线索的。其说略谓:"厤"字即"隒"之异体,所从"甘""埜（野）""土""林"均有表音功能,可读为"廉",又可读为"劳",属于音韵学上的"宵谈对转"的类例。他从"宵谈对转"的角度来沟通"厤"字的"廉""劳"二读,我很赞同。他指出所谓"宵谈对转"的实质是唇音韵尾 – w 和 – m 的交替,也是很正确的。所谓"幽侵对转"的原理也是如此。但我不同意他对"厤"字结构的分析。这里只提一点,王先生将"厤"字早期写法 中的 看成"埜（野）"（还有其他一些学者也持此观点）,是不可信的。陈剑先生已结合陈梦家、张亚初、周忠兵等先生的研究,正确地指出这个部件是"楙"的异体,其所从之"土"非"土",而是"牡"之初文。陈先生从"厤"字本以"林"（楙）为声符出发,读"厤"为"懋",颇觉直捷。唯其说在语法上的困难,已见前述,故也不可取。"厤"之造字本义,现在尚难以论定,但从其最早形体看,本从"林"（楙）声应属可信。而据此,实正有可与"劳"音相沟通之线索。上古"矛"声系与"卯"声系通,如郭店楚简《六德》12 以"茆"为"茅";① "卯"声系又常通"牢",如楚简用"留""榴""廇"等字为"牢";② 而"牢"复通"劳",如《后汉书·应劭传》:"多其牢赏。"李贤注:"牢,或作劳。"所以,"厤"直接读为"劳"应是可行的。

现在再来看"蔑"字的读法。王志平先生申陈小松、黄公渚、徐中舒、唐兰诸前辈读"伐"之说,将所有的"伐劳"组合都视为动宾结构。"伐"有夸美之义,古书且有"伐劳""伐其劳"一类说法,似均对此说有利。但上文已说到,"蔑 B 劳"确属动宾结构,但"B 蔑劳"中的"蔑劳"如果也理解为动宾结构,则有逻辑与语法上的困难。那么,如按我的理解略修正王

---

① 冯胜君:《读〈郭店楚墓竹简〉札记（四则）》,见《古文字研究》第 22 辑,中华书局 2000 年版。

② 陈斯鹏:《楚系简帛中字形与音义研究》,中国社会科学出版社 2011 年版,第 182 – 184 页。

说，将不插入"劳"的修饰语之"伐劳"分析为并列结构的动词，岂不是就可以消弭这一层疑虑了吗？然而，读"伐"之说实际还存在明显的障碍。试看下举文例：

  唯十又一月初吉辛亥，公令繁伐于眞伯，眞伯蔑繁曆（劳），宾𬒄廿、贝十朋，繁对扬公休，用作祖戊宝尊彝。（繁簋，《集成》04146）
  隹十又一月，邢叔来奉盐，蔑霸伯曆（劳），使伐用𣄢（帱）二百，丹二粮，虎皮二。霸伯拜稽首，对扬邢叔休，用作宝簋，其万年子子孙孙其永宝用。（霸伯簋，《考古学报》2018年1期第102页）

谢明文先生和黄益飞先生都曾指出繁簋、霸伯簋的"伐"为伐美义①，李爱民君对繁簋"伐"也有同样的看法②。此说自属可信。③ 但黄、李二氏据此以支持读"蔑"为"伐"之说，而谢氏则相反地，据此认为"蔑"不能读"伐"。显然，当以谢说为是。"伐""蔑"均为金文常见字，用字上从不交叉，不但"蔑劳"结构之"蔑"不作"伐"，攻伐义之"伐"不作"蔑"，现在更确定了伐美义之"伐"也不作"蔑"，而且与"蔑劳"结构同见于一篇铭文之中，足证二者的区分是十分明晰的。

  检视以往"蔑"字诸说，应该承认，"厉""劢""励""勉"一类读法实属最佳。主此说者以于省吾先生为代表。近年，范常喜先生依据新出战国竹书中"蔑""万"二声系多相通的现象，重申此说，认为："可以证明金文'蔑历'中的'蔑'可读作'厉'或'劢'，训为勉励。'劢'与'勉'音义俱近，有同源关系。"④ 其说甚是。由于"劢"字不多见，从与后世文献对应的角度考虑，不妨就直接读为"勉"。这样，将"勉""劳"代入"蔑曆"的各种组合，"勉某劳"即勉某人之劳，"勉劳"则为并列动词，无不文从字顺。

---

① 谢明文：《金文丛考（三）》，见《商周青铜器与先秦史研究论丛》，科学出版社2017年版，第49–51页；黄益飞：《西周金文礼制研究》，中国社会科学出版社2019年版，第210–211页。
② 李爱民：《2010年以来新出商周金文的整理与研究》，中山大学博士学位论文，2019年，第322–325页。
③ 但黄先生解释"使伐用帱二百，丹二粮，虎皮二"一句为使霸伯以诸物"称美已功"，则不确。实应如谢明文先生所理解的，是邢叔使人用诸物来伐美霸伯。"使"后省略了兼语，其句式可参公姞鬲："天君蔑公姞曆，使锡公姞鱼三百。"
④ 范常喜：《金文"蔑历"补释——兼谈楚简中两处与"蔑"相关的简文》，见《古文字论坛》第2辑，中西书局2016年版。

并列动词"勉劳"在古书中不乏其例，或倒其语序作"劳勉"，可为佐证：

（禹）劝率吏民，假与种粮，亲自**勉劳**，遂大收谷实。（《后汉书·张禹传》）

天子以为然而怜之，数**劳勉**显。（《汉书·石显传》）

宣因移书**劳勉**之曰……（《汉书·薛宣传》）

朝廷嘉之，数玺书**劳勉**，委以西方事，令为诸军节度。（《后汉书·梁懂传》）

陈剑先生指出，"勉励、鼓励"一类词义可用于事后，也可用于事前；用于事前者系勉励、鼓励某人去做某事。所言甚是。今观"勉劳"一词，正不必全用于既有成绩之后。如上引《后汉书·张禹传》文，便是先勉劳吏民，然后吏民积极从事，才终于有大收成。金文"B 蔑（勉）厯（劳）"，很多是不明言前后事因的，还有一些接言 B 做某事的，其中不排除包含有事前勉劳某人去做某事的情况。

金文"蔑（勉）B 厯（劳）"之"勉"还可与"宠"连用，例如：

<u>用天子宠蔑（勉）梁其厯（劳）</u>，梁其敢对天子丕显休扬，用作朕皇祖考穌钟。（梁其钟，《集成》00189）

诸家释文多于"宠"下点断，不确，当从陈剑先生意见连下读为是。优宠义与嘉勉义相类，故可联合为用。对于下属之"劳"，既可"勉"之，也可"宠"之。《后汉纪·光武皇帝纪》："上新即位，欲崇引亲贤，优宠大臣，乃以山林之劳，封太尉喜为节乡侯，司徒诉为安乡侯，司空鲂为杨邑侯。"其中"优宠大臣，乃以山林之劳"云云，换言之，就是说优宠大臣们之劳。蔡邕《让高阳乡侯章》："臣得微劳，被受爵邑，光宠荣华，耀熠祖祢。"（《全后汉文》卷七十一）则是说以微劳而受到光宠。虽然不直接以动宾结构"宠某劳"出现，但至少也可以说明"宠"与"劳"的搭配是很自然的。

三

除了"蔑厯"组合之外，金文中另外一些"蔑"或"厯"，分别读"勉""劳"，也是十分顺适的。

先看"蔑"字单用的例子：

唯朕又（有）蔑（勉），每（敏）启（肇）王休于尊白（皂—簋）。（天亡簋，《集成》04261）

壬寅，州子曰：仆麻，余锡帛、鹵贝，蔑（勉）汝王休二朋。（仆麻卣，《考古与文物》1990年第5期第38页）

唯五月初吉，王在周，令作册内史锡免卤百隍。免蔑（勉）静女王休，用作盘盉，其万年宝用。（免盘，《集成》10161）

告曰：王令盂以□□伐鬼方……盂又告曰：□□□□，乎（呼）蔑（勉）我征。（小盂鼎，《集成》02839）

唯三月初吉丁亥，穆王在下减应。穆王飨醴，即邢伯、大祝射。穆王蔑（勉）长卤以逨即邢伯。邢伯氏强不奸，长卤蔑（勉）厤（劳）。敢对扬天子丕杯休，用肇作尊彝。（长卤盉，《集成》09455）

呜呼，乃沈（冲）子妹克蔑（勉）、见厌于公休。（它簋盖，《集成》04330）

伯硕父、申姜其受万福无疆，蔑（勉）天子光。①（伯硕父鼎，《商周青铜器铭文暨图像集成》5卷第267页）

天亡簋的"有蔑"，李学勤先生指出意思即有嘉，甚是。② 实即可读"有勉"，谓受到（王的）嘉勉。仆麻卣"勉汝王休二朋"，意谓"我以王所休赐之贝二朋嘉勉你"。免盘"免勉静女王休"，意谓"免以王所休赐嘉勉静女"。嘉勉往往包含物质奖励。郭沫若先生虽曾读免盘之"蔑"为"勉"，但训为勉力，并在"勉"字下断句，实际上仍不得其解。③

小盂鼎"呼勉我征"，意即"（王）呼令勉励我去征战"，正与铭文前面所言"王令盂以□□伐鬼方"相呼应。长卤盉"穆王勉长卤以逨即邢伯"，意谓"穆王勉励长卤去执行'逨即邢伯'这项任务"。

---

① "光"字之释，参见袁金平、孟臻《新出伯硕父鼎铭考释》，见《出土文献》第10辑，中西书局2017年版；鞠焕文、付强《说伯硕父鼎铭中所谓的"六"及相关问题》，复旦大学出土文献与古文字研究中心网，2017年8月15日。

② 李学勤：《"天亡"簋试释及有关推测》，见《三代文明研究》，商务印书馆2011年版，第87页；原载《中国史研究》2009年第4期。

③ 郭沫若：《两周金文辞大系图录考释》（下册），上海书店出版社1999年版，第91页。

还有一些"勉"应理解为被动义的受勉励、受劝勉。如它簋盖的"妹克勉、见厌于公休",是作器者它的谦辞,意思是"我不能够受勉励、受劝勉于公的休美,也不能够称副于公的休美"。伯硕父鼎的"勉天子光",即"勉于天子之光",意思是"受勉励、受劝勉于天子之光赏"。我说这类"勉"属被动义,是从其语法意义来讲的。袁金平、孟臻先生说伯硕父鼎的"蔑"是自勉,则是从其词汇意义讲的。① 相对于以上诸例"蔑(勉)"之勉人,说这里的"蔑(勉)"是自勉,当然也无不可。至于不少研究者将伯硕父鼎"蔑天子光"看作与"蔑 B 曆"同样的结构,则是难以讲通的。

再来看不与"蔑"搭配的"曆"字。

　　叔朕父<u>加智曆</u>,用赤金一钧。(智簋,《文物》2000 年第 6 期第 87 页)

此铭在通常出现"蔑"字的位置上,用了"加"字。张光裕先生读为"嘉",并据此肯定"蔑"属嘉奖一类意义的观点。② 这种认识得到多数研究者的接受。现在,我们读"蔑"为"勉",正可相互支持。而"曆"读为"劳",文例尤为允洽。"加""嘉"实为同源词,加赠、嘉奖,义实相通,故字作"加"作"嘉"均无不可。古书正有"加"或"嘉"与"劳"搭配之例,如:

　　以伯舅耋老,<u>加劳</u>,赐一级。(《左传》僖公九年)
　　<u>加劳</u>三皇,勋勤五帝,不亦至乎!(《汉书·扬雄传》)
　　<u>汉嘉其勤劳</u>,拜为光禄大夫。(《汉书·常惠传》)

"加(嘉)"与"劳"可离可合,"加劳"又可用于被动式,凡此皆与金文"勉劳"如出一辙。

与"劳"意义相近的词,也多可言"嘉"。比如"绩",张光裕先生曾举《尚书·大禹谟》"嘉乃丕绩"。又如"功":

　　<u>王嘉季历之功</u>。(《竹书纪年》)

---

① 袁金平、孟臻:《新出伯硕父鼎铭考释》,见《出土文献》第 10 辑。
② 张光裕:《新见智簋铭文对金文研究的意义》,载《文物》2000 年第 6 期。

<u>于是上嘉去病之功</u>。(《汉书·霍去病传》)

可见，刍䈞"加刍厤"读"加刍劳"或"嘉刍劳"，是非常合适的。

四

近年新公布的清华简中有几个字跟金文"厤"字有关，不少关于"蔑厤"的新讨论即由此引发。但诸家对这几个字及其与金文"厤"字之关系的认识，并不一致，有必要在此略作考辨。

首先看最引人关注的清华简贰《系年》篇中用为"飞廉"之"廉"的那个字。此字见于《系年》第 14 号简，凡 2 见，写作▨、▨。字形与本文第一节所列"厤"的 c1 类写法毫无二致。因此，多数研究者即将之与金文"厤"字加以认同，并尝试以此为语音线索来解读金文之"蔑厤"组合。但也有学者持不同意见，如陈剑先生认为，"此形上所从应即'廉'或'廉'字省体，并以之为声符"，从而否认它与金文"厤"字的联系。对此，黄锡全先生有辩驳，可参看。① 我同意将▨与"厤"字认同。陈先生指出楚简文字中"兼"字中间穿插的"又"可省变为二横，写作▨，当然没有问题。但要说并此二横也可省去，则显然缺乏有力的证据。"兼"字所从之"又"本承担较重要的会意功能，其省变为二横者，实仍不失其示意作用（可与"并"写作▨相比拟），若但作二"禾"，则丧失了原本的造字理据了。如无确证，恐难信从。至于陈文用来支持其说的清华简陆《郑武夫人规孺子》的"厤"字，其实也有疑问（详下）。

大徐本《说文》甘部："䗐，和也。从甘、从麻，麻，调也。甘亦声。读若函。"小徐本徐锴曰："麻音歴，稀疏匀调也。"即认为字所从的所谓"麻"实际上是"厤"。后段玉裁《说文解字注》从而改篆作"厤"。过去由于缺乏可靠线索，研究者对于金文"蔑厤"之"厤"是否即同于《说文》此字，长期不能达成共识。现在，一个与金文"蔑厤"之"厤"完全相同而且有明确读音的字例出现了，正可对此予以检验。《系年》"厤"读为"廉"，古音属来母谈部，《说文》"厤"读若"函"，古音当在匣母谈部（也

---

① 黄锡全：《由清华简〈系年〉的"廉"字说到金文的"蔑廉"》，"纪念徐中舒先生诞辰 120 周年国际学术研讨会"论文，2018 年 10 月。

有音韵学家归侵部），还是比较接近的。所以，《系年》"曆"字出来之后，多数研究者主张它与金文之"曆"和《说文》之"曆"，三者为同一个字。这应可信。当然，《说文》（包括徐锴）对"曆"字的形和义的解释均不可靠。比如从金文字形看，其所从"甘"或作"口"，此类构件在古文字中多无音义功能，《说文》将"甘"解释成义兼声，当然是不对的。但尽管如此，《说文》保留其"读若函"的古音，应是相传有据的，相当宝贵。

这些新认识，为金文"蔑曆"之"曆"的释读提供了比较可靠的语音线索，具有重要的意义。据此，我们可以摆脱过去多往"厤"声的"歷"那个方向求解的思维惯性①，而是应该从 – m 一类唇音韵尾的方向去考虑。不少学者想到像《系年》那样直接读为"廉"，理解为廉明。其语法上的问题，本文第二节已讲过。我曾设想将"蔑廉"中的"廉"解释为动词义廉察，这样虽然可以避免语法上的问题，但廉察义与勉励义也嫌不太相类。而更主要的是，"蔑 B 廉"在词义上尤为不理想，因为从"蔑曆"组合的语境看，绝大部分应关乎事功，而非关乎德行，通通归之于廉明，极不合理。我们主张读"劳"，从"曆"以"楸"为声的方向已可给出合理的解释。如从"廉"音的角度考虑，"劳""廉"同属来母，韵部为宵谈对转，即唇音韵尾 – w 和 – m 的交替（参王志平先生说），同样没有障碍。

再来看看清华简柒《越公其事》中的"壓"字。

乃以熟食脂醢脯臐多从。<u>其见农夫老弱堇壓者</u>，王必饮食之。其见农夫觗颠足见，颜色训必而将耕者，王亦饮食之。（《越公其事》简31 – 33）

凡边县之民及有官师之人或告于王廷，曰："初日政（征）勿（物）若某，今政（征）重，弗果。"凡此勿（物）也，王必亲见而听之。察之而信，其在邑司事及官师之人则废也。凡城邑之司事及官师之人，<u>乃无敢增壓其政（征）以为献于王</u>。（《越公其事》简39 – 41）

"壓"字原形作 ![] （简32）、![] （简41）。整理者以为从"厤"声，读

---

① 当然，"厤"的形体来源与"曆"是否有关，尚可研究。从"曆"通"廉"和"劳"看，显然有来母一读，然则与"厤"虽韵部差别较大，但毕竟双声，二者存在流变关系的可能性似不能完全排除。姑志此以俟后考。

"堇��"为"勤��",引《说文》"��,治也"为说;读"增��"为"增益"。① 刘刚先生认为字从"兼"省声,从而读"堇��"为"谨歉",读"增��"为"增歉",谓系偏义复词,语义偏向于"增"。② 侯瑞华先生同意刘氏的字形分析,而读二"��"字为"歛"。③ 陈伟先生赞成侯氏读"增��"为"增敛"之说,而改读"堇��"为"勤俭"。④ 陈剑先生则将简文"��"字同金文"曆"字的▨类写法联系起来,认为是后者之省变,即二"木"变为二"禾","⊥"讹同"土",省去"甘"形。从而读"堇��"为"勤懋",读"增��"为"增贸",理解为或增加或改换。

陈剑先生对"��"字来源的分析是合理的。读"堇��"为"勤懋",文义固然也很通。但我们读金文"曆"字为"劳",移以读简文"堇��"为"勤劳",似乎更胜,盖"勤劳"为上古以来之成词,书证甚多。略举数例如下:

厥父母<u>勤劳</u>稼穑,厥子乃不知稼穑之艰难。(《尚书·无逸》)
昔公<u>勤劳</u>王家,惟予冲人弗及知。"(《尚书·金縢》)
君之惠也,敢惮<u>勤劳</u>?(《左传》襄公三十一年)
不明臣之所言,虽节俭<u>勤劳</u>,布衣恶食,国犹自亡也。(《韩非子·说疑》)

简文"勤劳"正是《无逸》篇所谓"勤劳稼穑"。简文意谓:越王见农夫之老弱而犹勤劳于稼穑者,必饮之食之,以慰其劳。

至于"增��",也自可读"增劳",而无需别寻他解。《管子·小匡》:"无夺民时,则百姓富;牺牲不劳,则牛马育。"尹知章注:"过用谓之劳。"正可为简文"增劳其征"做注脚。

"��"字又见于清华简捌《邦家处位》,其文例如下:

---

① 清华大学出土文献研究与保护中心编,李学勤主编:《清华大学藏战国竹书(柒)》,中西书局 2017 年版,第 131、135 页。
② 刘刚:《试说〈清华柒·越公其事〉中的"��"字》,复旦大学出土文献与古文字研究中心网,2017 年 4 月 26 日。
③ 侯瑞华:《清华柒〈越公其事〉"��"字补释》,复旦大学出土文献与古文字研究中心网,2017 年 7 月 25 日。
④ 陈伟:《清华简〈邦家处位〉零释》,见《中国文字》2019 年夏季号,万卷楼图书股份有限公司 2019 年版。

> 夫不敁（度）政者，<u>印（抑）歷无訛</u>，宔（主）賃（任）百设（役），乃歝（斁）于亡。（《邦家处位》简4）

整理者读"歷"为"历"，谓指任职，并谓"无訛"即"无訾"，指未经过"訾相其质"的考察过程。① 陈民镇先生也读"歷"为"历"，但训"察"，又读"訛"为"疵"，将"历无疵"理解为"无从发现缺失"。② 陈伟先生则读"歷"为"兼"，释"无訾"为不可数计，谓"兼无訾，是说不将政务交付给下属，同时掌管无数职事"。③

今按，"无訾"为古书成词，陈伟先生之释于文献有据，可以信从。而"歷"字则仍可读"劳"。"劳无訾"犹言"劳无度"，简文意谓，为政者如不善于统筹，而是亲任百役，劳碌无度，则将归于敝亡。这样的君主，便是"劳主"。《管子·七臣七主》云："劳主不明分职，上下相干。"而"贤主"则异于是。《吕氏春秋·士节》云："贤主劳于求人，而佚于治事。"

接着，我们来看看《郑武夫人规孺子》的"歷"字。

> 君答边父曰："二三大夫不尚毋然，二三大夫皆吾先君之所付孙也。吾先君知二三子之不二心，<u>用歷受（授）之邦</u>。"（《郑武夫人规孺子》简15-17）

"歷"字写作 ![字形], 整理者释读为"历"，训"尽"。④ 李守奎先生读为"兼"而未作解说。⑤ 陈剑先生然其说，并认为此字所从"厤"形与《系年》![字形] 字所从一样，是"廉"或"廉"之省体，"歷"以之为声。但是，此字读"兼"，在文意上其实并不见得很好。陈先生的解释是，"授邦"的对象"二三子"为多数名词，故用总括副词"兼"来修饰。此说似可商。盖以一

---

① 清华大学出土文献研究与保护中心编，李学勤主编：《清华大学藏战国竹书（捌）》，中西书局2018年版，第131页。
② 陈民镇：《清华简（捌）读札》，复旦大学出土文献与古文字研究中心网，2018年11月17日。
③ 陈伟：《清华简〈邦家处位〉零释》，见《中国文字》2019年夏季号，万卷楼图书股份有限公司2019年版。
④ 清华大学出土文献研究与保护中心编，李学勤主编：《清华大学藏战国竹书（陆）》，中西书局2016年版，第109页。
⑤ 李守奎：《〈郑武夫人规孺子〉中的丧礼用语与相关的礼制问题》，载《中国史研究》2016年第1期，第13页。

人而统诸政事乃可谓"兼",而以邦政授之多人按理恐不宜言"兼",相反地,应言"分"为是。《后汉纪·光武皇帝纪》云:"以公之威德,应民之望,收天下英雄而分授之。"言"分授",不言"兼授",可供参证。

今按,"厯"字可分析为从"又",从"曆"的省体"麻"为声。"曆"既常读为"劳",此益以意符"又",正可视为"劳"之后起本字。而简文"厯"读"劳",训"烦劳",为敬辞,"劳授之邦"谓以邦政相劳烦,语体色彩正甚恰当。

清华简捌《治邦之道》简 13 还见一"厤"字。文例如下:

> 古(故)毋慎甚勤(勤),服毋慎甚美,食毋慎甚𠭯(?费?),故资裕以易足,用是以有余,是以尃(敷)均于百姓之漸(兼)厤而愻者,故四封之中无堇(勤)裝(劳)𢡚(瘽)病之人,万民斯乐其道以彰其德。(《治邦之道》简 13+15①)

整理者读"漸"为"兼",读"厤"为"利",读"愻"为"爱",训"者"为"之",引《墨子·法仪》"兼而爱之、兼而利之"为释。② 于语法恐不合。"漸厤而愻者"当是"百姓"之后置定语。

"厤"字写作 ,结构与"厯"字极为相似,只是意符"又""力"的交替,应可视为一字之异体。倘上面对"厯"字的分析不误,则"厤"自是"劳"字的另一写法。整理者读"漸"为"兼"之说可从。兼者,重也。古书成语"衣不兼采"又作"衣不重采","食不兼肉"又作"食不重肉",可证。然则简文"兼劳"犹言"重劳"也。同篇简 26:"故万民漸病,其粟米六扰损竭。"整理者读"漸"为"慊",③ 实则也应读"兼","兼病"与"兼劳"义近。《诗经·小雅·节南山》:"不自为政,卒劳百姓。"陈奂《传疏》:"劳,犹病也。""愻"与"兼劳"并列,其记录的词义也应相类,然以其在楚简中常见的读法"爱"或"气"代入均不适合。我怀疑此应读为

---

① 该篇 13、15 号简内容相连属,14 号简为衍简,参见清华大学出土文献研究与保护中心编,李学勤主编《清华大学藏战国竹书(捌)》,中西书局 2018 年版,第 143 页注释[五七]。

② 清华大学出土文献研究与保护中心编,李学勤主编:《清华大学藏战国竹书(捌)》,中西书局 2018 年版,第 142–143 页。

③ 清华大学出土文献研究与保护中心编,李学勤主编:《清华大学藏战国竹书(捌)》,中西书局 2018 年版,第 147 页。

"饑"或"饥"。古"既""幾"二声系相通。① 范常喜先生看过本文初稿后告诉我,此"慼"可能即愤慨之"慨"字,古书或作"忾",这样可与后面的"万民斯乐其道以彰其德"相呼应。此说也有道理,特志此存参。

同篇又用"裘"字表"劳",这不能成为我们读"厲"为"劳"的障碍。战国竹简同篇中用不同字形记录一词的现象非常普遍,不足为异。如上博简四《曹沫之阵》简36:"陈功上贤,能治百人,史(使)长百人;能治三军,思(使)帅。"一句之中"使"用两个完全无关联的字形"史"和"思"来表示,就是和本篇用"厲"和"裘"表"劳"一样的情况。这样的例子尚多,无需赘举。

过去大家熟知的以"裘"系列的字形记录"劳",最早见于春秋时期的齹镈、叔夷钟等,战国文字所见尤多。② 而西周以上,则以"曆"系列字形表"劳"。二者在时代上恰有承接关系。现在,战国竹简中又出现用"曆"系列的"歷"来表"劳",是一种存古现象;又在"曆"声系的基础上,另造出意符明显的"歷""厲"。诸字形与东周时代主流的"裘"系列共存共用,体现出字词关系的复杂性。

附记:王志平先生赐读其大作《"蔑曆"新解》并惠允引用,范常喜、石小力、王辉、任家贤、蔡一峰、陈哲诸友审读初稿并提出宝贵意见,马坤为英译摘要,谨志谢于此!

(原载《出土文献》2021年第3期。后收入《汉语字词关系研究(二)》,中西书局2021年版,第193-206页。今据《出土文献》收录)

---

① 参见张儒、刘毓庆《汉字通用声素研究》,山西古籍出版社2002年,第890页。
② 甲骨文中有一作、等形的字,近出一些文字编将之归在"劳"字条下(参见李宗焜编著《甲骨文字编》,中华书局2012年版,第430页;刘钊主编《新甲骨文编(增订本)》,福建人民出版社2014年版,第772-773页)。该字一般用于地名,它与春秋战国用为"劳"的"裘"字是否有关,尚待研究。

音韵篇

论《经典释文》的音切和版本①

方孝岳

一

谓韵书取材于书音者,乃就其大略而言。实则二者性质迥然不同。书音者训诂学,韵书者音韵学。韵书所以备日常语言之用,书音则临文诵读,各有专门。师说不同,则音读随之而异。往往字形为此而音读为彼,其中有关古今对应或假借异文、经师读破等等,就字论音有非当时一般习惯所具有者,皆韵书所不收也。所谓汉师音读不见韵书者多,往往即为此种,而此种实皆训诂之资料,而非专门辨析音韵之资料。兹举一浅显之例言之,如女字有音为汝者,经典音义中所常见,而韵书之女则无汝音。女之与汝,古今音理有对应;汝水之汝为尔女之汝,于文字为假借;本此二事而以汝音女,在临文诵读之时通于此而不通于彼,并非处处皆可用,在韵书则女为女而汝为汝,音义并无交涉,故曰书音之与韵书二者,性质迥然不同。今检《经典释文》之音多为《切韵》(此指宋濂跋本王仁昫《刊谬补阙切韵》)所未见,即由于经师改字之读为《切韵》所不收也。其有收者,盖已为当时所习惯,如自败、败他之殊;美誉、毁誉之别,陆德明所谓此等或近代始分,或古已为别,相仍积习有自来矣。凡《经典释文》如字之读,即为当时习惯之音,为《切韵》所备载;而各家改读之音即不见于《切韵》,其故即由于此。兹以《诗经音义》言之,毛郑异同在于毛多如字而郑多改读,在经典音义中为一显著之例。其实毛郑皆未作音,习其学者相传有此音读耳。然而有可注意者,即

---

① 本文是方孝岳先生所著的《六朝书音反切谱系》一书的序言及说明。方先生生前曾对《经典释文》一书加以分析和研究,将此书所录音切按中古韵书所分的韵部加以分类排比,以便与韵书作比较的研究,帮助读者了解六朝时读书音的反切系统。全书按《经典释文》所录经典音切,分为《周易》《尚书》《诗经》《尔雅》《庄子》反切等各部分。现由李新魁、曾宪通同志将方先生所写的本书序言及说明的主要部分整理录出,加上题目发表。

毛氏作传之时，其字之音读未必全如作书音时所注如字之音。书音之如字代表当时通用之音，而不必即为毛氏当时之音。凡某字之读注为如字者，皆据后以读前，取毛之训解合于作书音时人所共知某字之音义而已。今检此种之音皆见于《切韵》，而郑氏改读之音则为《切韵》所不见，试观下列诸条可知：

《葛覃》　施于　毛以豉反，移也。《切韵》施字无此音。郑如字。

《绿衣》　女所　毛如字，郑音汝。《切韵》无女音汝。

《击鼓》　信　毛音申，云信极也。陈奂云：信极连文，犹云终古。《切韵》无信音申。郑如字，云：亲信。

《泉水》　不瑕有害　毛如字。陈奂云：亦不远害于礼。郑音曷，云：曷，何也。有何不可而止我。《切韵》曷字无害音。

《北门》　王事敦我　毛如字，云：敦厚也。郑都回反。《切韵》灰部无此音。

《干旄》　祝之　毛之六反。盖读为织字。郑之蜀反，云：祝当作属，属著也。《切韵》烛部无祝字。

《丘中有麻》　将其来施　毛如字。郑七良反。《切韵》将字无此音。郑盖读为羌。

《出其东门》　思存　毛如字。郑息嗣反。《切韵》志部无思字。

《猗嗟》　则贯　毛古乱反，云：中也。郑古患反，云：习也。盖读为惯字。《切韵》惯纽无贯。

《东山》　勿士行枚　毛音衡，云：士事枚微也。陈奂云：言周公密勿从事，行微不怠。郑音衔，云：勿犹无也。无行陈衔枚之事。《切韵》衔纽无行字。

《庭燎》　未艾　毛五盖反，云：久也。郑音刈，云：芟末曰艾。《切韵》刈纽无艾。夜未艾即尚未至刈禾之时。

《小宛》　温克　王如字，柔也。毛云：克，胜也。郑於运反，云：虽醉犹能温藉自持以胜。《切韵》酝纽无温。《汉书·薛广德传》："为人温雅有酝藉"。师古曰："酝如酝酿，藉如有荐藉也。"即有含蓄之意。

所谓不见者，改读之音实另为一字，而本字之下即不注有改读之一音，如《绿衣》"女所治兮"，毛读如字而郑音为汝，女汝并见于《切韵》，但女下并无汝音，是其事也。此乃就字求音，符合日用寻常之习惯，与专书诵读时就书求音各有师授者其事迥殊。《切韵》之职在于前者而不在于后者。二者之别,六朝人知之甚明。故颜之推《家训》一书既有《音辞篇》复有《书证篇》,二篇皆论音韵,而前者言韵书,后者言书音,其为界域故自分明。《切韵》一书所由表现与《经典释文》体裁有异,源流本末固确然可知也。至宋人《集韵》乃混而一之,凡书音中异文改读之字皆认为与本字同音,滥列一处,作为重文,混淆训诂学与音韵学之界限,可谓大谬不然者矣。本书名为《六朝书音反切谱系》,即取《经典释文》之音分别部居,以便与《切韵》相参照。研究韵书与书音反切之异同者可以览观焉。

二

《释文》有近年敦煌发现唐写本两种:一《周易释文》一卷,起《大有》至卷末;一《尚书释文》一卷,《尧典》《舜典》两篇全。皆与今本异同甚多,《尚书》尤多隶古字。其与今本之关系,近人已有考证,兹不具论,但就今所传刊本一略论之。

《释文》初不附注疏,岳珂《九经三传沿革例》云:"唐石本晋铜版本旧新监本蜀诸本与他善本止刊古注,若音释则自为一书。难检寻而易差误。建中蜀中本则附音于注文之下。甚便翻阅。"又云:"兴国于本音义不列于本文之下,率隔数叶始一聚见。不便寻索。"则注疏附音,实始于此。皆南宋时所刊,而于本款式与今不同。于本蜀中本今不可见。建中亦谓之十行本,今尚存十一经(无《仪礼》《尔雅》)。阮元作校勘记多据之。虽统名附音,而《论语》《孝经》《孟子》实无音。其不附《论语》,未详何意。《孟子》则原不列于《释文》。《孝经》则注疏用唐本,释文用郑本,不能合一故也。然岳珂相台本《孝经》仍附音释,则亦始于南宋矣。此外宋本诸经附音者,《诗》有小字经注本,段玉裁云南宋光宗时刻。《春秋左传》有淳熙小字本,有纂图本,皆至今仅存。而岳氏刊正九经三传,据《沿革例》有音释一门。则皆附音可知。然自云粗有审定,又观所论列诸条,皆不尽依陆氏原文。盖图便读者之耳目,而非以存德明之书。德明书自有单行本可读也。相台本号为精审,其例如此,则他本必有删改。故注疏本载《释文》多不全,如《诗·睢鸠》章,《释文》"睢七胥反鸠九尤反"下,删"睢鸠王睢也"句;"洲音州"下,删"水中可居曰洲"句;"荇衡猛反本亦作杏"下,删"接余也"句;"寤五路反寐莫利反"下,删"觉也寝也"句;"至云鸟之有至别者,兴是譬喻之名,意有不尽故题曰兴,以色曰妒",数语独不删。《左传》隐三年，《释文》"蘋音频"下，删"大萍也"句，"蘩音烦"下，删"皤蒿也"句；"蕰纡粉反"下，删"聚也"句；而"皤蒿白蒿也"一语独不删。及考所删之语，则皆见注中，故从省文。此所以陆氏自称训义兼辩，而注疏所载不尽然也。《释文》注疏时有违异，盖所见本不同。有陆本胜注疏本者，有注疏本胜陆本者。《左传》桓十二年"君子屡盟"，陆本作娄；庄元年"夫人孙于齐力"，陆本作逊。按娄屡孙逊古今字，经典中逊让字皆作孙，《汉书》中屡字皆作娄。《左传》多古字古言，正宜作娄作孙。娄字陆本胜，孙字注疏本胜也。《周礼》典瑞注"晋侯使瑕嘉平戎于王"，陆本作叚嘉，盖古文止作叚，读作瑕，此实古字，且可考见成元年《左传》瑕嘉亦后人窜改，是又陆本之胜注疏本也。然则既有违异，而注疏仍载之，使读者即因以考证异同，未为无功。惟刊注疏者，往往据注疏以改《释文》，如《左传》隐十一年，《释文》"郎一本作息"，庄四年《释文》"员或作郧"，今注疏本郎息员郧字互倒，使与注疏相合（娄盟叚嘉两条亦为注疏本改），而不知大失陆氏之真面目，甚不可也。陆书既以经典为名，而杂入老庄反遗孟子者，盖如《四库全书提要》所云北宋以前《孟子》不列于经，而老庄则晋以来为士大夫所推尚，德明生于陈季，犹沿六代之余波也。今考《隋书经籍志》子部载《孟子》注仅三家，邠卿康成刘熙，又綦母邃一家亡，载《老子》音注义疏十八家，《庄子》音注义疏十九家，又亡书无虑数十家，则当时风气可见。德明因而释之，随时好也，而仍以经典统之，从其大旨也。陆氏既云古今并录，又云一家之学，盖陆之于经注以一家为主，然《易》主辅嗣而不废荀虞诸家，《书》主伪孔而不废马郑诸家，《左传》主元凯而不废贾服诸家，《尔雅》主景纯而不废樊李诸家，推之各经皆然，于其注义同者固足相印证，不同者亦可广见闻，非木落不归其本，狐死不首其邱者比也。又采前人音义，若李轨徐邈等备列不遗，以待后人之折衷，正所以伸明一家之学也。然则云古今并录者据蒐采而言，云一家之学者据宗主而言，固不为矛盾耳。此书旧刻入《通志堂经解》中，校订颇疏，何义门所嗤。近抱经堂刊本大有厘正之功也。

陆氏所载诸家音，惟徐仙民识古，他家皆莫能及。如《易·坤卦》"驯致其道"，驯徐音训。按驯训皆从川得音，《周礼》"土训"郑司农读训为驯；《史记·五帝本纪》"能明驯德"，徐广曰驯古训字（《索隐》曰驯字徐广皆读曰训）；又"五品不驯"《殷本纪》作"五品不训"；《卫世家》"声公训"，《索隐》曰训亦作驯，同休运反；《万石君传》"皆以驯行孝谨"徐广曰驯亦作训；可知驯训古音同也。《讼卦》"归逋窜也"，窜徐又七外反。按《书》

"窜三苗于三危"，《说文·穴部》引作"窍三苗"，是窜窍同音，《文选·西都赋》豻狼憝窜与厉秽蹶为韵。《西征赋》竟遁逃以奔窜与带害外大泰为韵，《高唐赋》飞扬伏窜与需迈喙为韵，七命避地独窜与废岁荟为韵，故李善《高唐赋》注"《字林》曰窜逃也，七外反，非关协韵"，然则徐音之为古音审矣。《鼎卦》"金铉利贞"，铉徐又古冥反，一音古萤反。按《仪礼·士冠礼》注"今文扃为铉"，《说文·鼎部》鼏字下云"《周礼》庙门容大鼏七介"（今《周礼》作扃，扃鼏一字），即《易》玉铉大吉也。又《金部》铉字下云"《易》谓之铉，《礼》谓之鼏"，是铉或作扃，故有古冥、古萤二反也。《震卦》"洊雷震洊"，徐又在闷反（《坎卦》释文同）。按《说文·水部》云"洊水至也，从水荐，读若尊"，则在闷反正与《说文》音近也。《书·洛诰》"颁朕不暇"，颁，徐甫云反。按《说文·攴部》引作攽，云：分也，读与彬同。徐之甫云反即读如彬也。又《诗》"有颁其首"亦读为坟，与牂羊坟首同，盖训为大首者颁之本义，训为分者颁之引伸义，而音则无别。今人尽读为颁，盖用《周礼》大宰匪颁之式，郑司农注颁读为班布之班，而忘本音之当为坟也。《诗》"时维妇寺"，寺徐音侍。《匡谬正俗》云"寺人者内小臣在壸闱庭寺之中谓阉人耳，《诗》云寺人，《孟子》《左传》云寺人披寺人貂之类是也。侍人者谓当时侍卫于君，不限内外，犹言侍者耳。近代学者不详其义，皆读寺人同为侍人，斯其失矣。"按颜说过泥。（其全书论音韵多如是，盖由不识古音，故指摘徐仙民者颇多。）古寺侍多互用。《秦风》"寺人之令"，《左传》僖二十四年"寺人披请见"，《穀梁》襄二十九年"寺人也"，皆本或作侍（俱见《释文》）。《左传》昭二十五年"使侍人僚相告公"，本亦作寺人（同上）。且寺人之义本取于侍，《周礼·天官·序官》注"寺之言侍也"。盖侍人容有非寺人而寺人则无非侍人，正存古义，故徐多如此读（如《周易》为阍寺之类是），而于此章尤合。《毛传》云"寺近也"，郑笺云"是惟近爱妇人用其言故也"，则此寺字本非指阉官。上言哲妇倾诚，妇有长舌生是妇人，故此句亦谓惟妇人是近耳。如此读为侍，不尤近古乎？《左传》昭七年"叔孙婼如齐莅盟"，婼徐又音释。按叔孙婼《公羊》作叔孙舍，舍古多读为释。舍菜舍奠即释菜释奠。《周礼》占梦乃舍萌于四方，太史凡射事饰中舍算，郑君皆读舍为释。则徐音婼如释者，必古音。故《公羊传》转为舍。官正"凡邦之事跸"跸徐又音痹。按《大司寇》"使其属跸"故书跸作避，是则古音跸如避也。内饔羊泠毛而毳膻，泠徐郎年反。按古音泠似皆作怜。《诗》灵雨其零，与田渊千为韵。采苓采苓与颠旃然焉为韵。汉时先零羌亦读为怜。则泠郎年反正古音也。徐仙民之外，则刘昌宗礼音亦颇近古。《周礼》族师以相葬埋，葬刘才郎反。按葬义本训藏，故古音葬为藏。《易》葬之中野，《汉书·刘向传》引作臧之中野。《匡谬正俗》亦谓葬字有臧音，历引《汉书·酷吏传》长安中歌枯骨复何葬与场为韵，荀卿《礼赋》死者以葬与章明强为韵，《说苑》死者不葬与桑霜王为韵，皆所谓阳声韵，古皆平声也。司市注"无货则赊贳而予之"，贳刘伤夜反，一时夜反。《匡谬正俗》谓《声类》，《字林》、陆士衡《大暮赋》并音势，并引《说文》赊䝽贳货二字不同为据。然今本《说文》实作赊贳买也，与小颜所见本异。许以贳训赊，司市注亦同。《史记·高祖本纪》《集解》引韦昭注及张揖《广雅》又以赊训贳。音从义生，贳字义既同赊，则音当为射。叔重康成并在李登吕忱陆机前，韦昭张揖亦在吕忱陆机前，而与李登同时，更参以临淮郡之射阳县功臣表作贳阳，则读为射者乃古音，读为势者后出之音耳。凡徐刘二家之音有裨训诂略举数则，足窥一斑。

（原载《中山大学学报》1979 年第 3 期）

双声叠韵说

罗常培

语言文字的孳乳衍变和诗歌声律的参伍错综,在变化无方的中间仍离不开有迹可循的音理:约而言之,不外"双声互衍,叠韵相迆"罢了。因此我说,"双声"和"叠韵"是语言孳乳的"缘端",是转注假借的枢纽,是调谐诗歌音节的要素,是构成"反切""韵书"的滥觞——是声韵训诂之学的策源地。

"双声"和"叠韵"的名称,是到了六朝时候才有的。据《南史·谢庄传》说:

> 王玄谟问庄:"何者为双声?何者为叠韵?"答曰:"'玄''护'为双声,'磝''碻'为叠韵。"①

案:"玄",胡涓切,匣声,先韵;"护",胡误切,匣声,暮韵:其声同韵异,换言之,就是发声相同,所以叫作"双声"。"磝",五交切,疑声,肴韵;"碻",口交切,溪声,肴韵:其声异韵同,换言之,就是收音相同,所以叫作"叠韵"。六朝人对于这种音理,上自帝王,下至婢妾,几乎人人共喻:且看梁武帝开"大通门"以对"同泰寺";② 羊戎所说的:"官家恨狭,更广八分",和"金沟清泚,铜池摇飏,既佳光景,当得剧棋";③ 崔岩、魏收互相嘲谑的"愚魏衰收",和"颜岩腥瘦,是谁所生,羊颐狗颊,头团鼻平,饭房笒笼,著札嘲玎";④ 李元谦和郭文远的婢女春风互相问答的"是谁宅第过佳","郭冠军家","凡婢双声","儜奴谩骂"⑤ 等例,就可以窥见一斑了。古时虽然没有"双声""叠韵"的名称,然而对于声韵"和""谐"

---

① 《南史》卷二十,第6页。
② 《南史》卷七,第3页。
③ 《南史》卷三十六,第3页。
④ 《北史》卷五十六,第17页。
⑤ 魏杨衒之《洛阳伽蓝记》卷五,第1页。

的道理，却早已了然，并且能应用它。关于这一点，张行孚讲得最通。他说：

> 夫古人用韵，止取谐和，本无所谓"双声""叠韵"；而可以"双声""叠韵"名之者，由古人所谓"谐""和"，即后人所谓"双声""叠韵"也。①

可见古人虽无"双声""叠韵"之名，却早有"双声""叠韵"之实了。至于后来训诂家所谓"一声之转"和"音近而转"，等韵家所谓"同母之字"和"同韵之字"，那与"双声"和"叠韵"都是异名同实的。

古人既明双声叠韵之理，所以应用它们的地方也很多。约而举之，凡有四种。

1）助成诗歌的音节。诗歌中应用双声叠韵，若能恰到好处，很可以助成音节，增加美感。关于这一点，钱大昕在《潜研堂答问》中有一段话说得很详细：

> 人有形，即有声；声音在文字之先，而文字必假声音以成。综其要，不外叠韵双声二端；而叠韵易晓，双声难知。"股肱""丛脞"，虞庭之赓歌也。"次且""剿刖"，文王之演易也。至《诗》三百篇兴，而斯秘大启。《卷耳》之次章，"崔嵬""虺隤"两叠韵；三章"高冈""玄黄"两双声。《硕人》之次章，"巧笑"叠韵，"美目"双声。《大叔于田》之次章，上句"磬控"双声，下句"纵送"叠韵。《出其东门》之首章，"綦巾"双声，次章"茹藘"叠韵。《七月》之"觱发""栗烈"双声兼叠韵，上下相对。《东山》之"伊威""蟏蛸""町疃""熠耀"，四句连用双声。"佻兮达兮""哆兮侈兮""既敬，既戒""既霑，既足""如蜩如螗""如蛮如髦""不吴不敖""不竞不絿""允文允武""令闻令望""宜岸宜狱""式夷式已""之纲之纪""以引以翼"，隔字而成双声。"啴啴焞焞""颙颙卬卬"，叠字而成双声。"与与""翼翼"，隔句而成双声。"居居""究究"，隔章而成双声。"死生""契阔""搔首""踟蹰"，一句而两双声。"旅力""方刚""山川""攸远"，一句而一叠韵一双声。其组织之工，虽七襄报章，无以过也。其音节之和，虽埙篪迭奏，莫能加也。其尤妙者，"角枕粲兮，锦衾烂兮"，不独"粲"

---

① 张行孚：《说文发疑》卷一，第28页。

"烂"韵,而"枕""衾"亦韵;"锦衾"叠韵,"角""锦"又双声也。"不敢暴虎,不敢冯河","暴""冯"双声,"虎""河"又双声也。此岂寻常偶合者可比,乃童而习之,白首而未喻,翻谓七音之辨始于西域,岂古昔圣贤之智,乃出梵僧下耶?四声昉于六朝,不可言古人不知叠韵;字母出于唐季,不可言古人不识双声。自三百篇启双声之秘,而司马长卿,杨子云作赋,益畅其旨。于是孙叔然制为反切,双声叠韵之理,遂大显于斯世。后人又以双声类之,而成字母之学。双声在前,字母在后。知双声,则不言字母,可也;言字母而不知双声,不可也。而双声已昉于三百篇,吾于是知六经之道,大小悉备,后人詹詹之智,早不出圣贤范围之外也。①

钱氏对于《诗经》里双声叠韵用得好的地方,认为"其组织之工,虽七襄报章,无以过也。其音节之和,虽埙箎迭奏,莫能加也。"可见双声叠韵和诗歌的音节是很有关系的。不过,用得太多,太不自然,反倒觉得可厌。所以钱氏又说:

> 汉代词赋家好用双声叠韵。如"滭浡""潏汨""偪侧""泌瀄""蜲织垂髾""翕呷""萃蔡""纡馀""委蛇"之类,连篇累牍,读者聱牙,故周沈矫其失,欲令一句之中,平仄相间耳。沈所作《郊居赋》,"雌蜺连蜷"恐人读"蜺"为"五今反",此其证也。②

观此,可见古人在诗歌中所用的双声叠韵字,若能任其自然,出乎天籁,本来可以使声调铿锵,音节悦耳。但是后来的文人"尤而效之",有意去逐新趋异,雕琢造作,结果反倒成了"文家之吃"。③ 到了齐梁之际,周颙、沈约等倡为"永明体"以"四声""八病"相纠绳;于是有"一简之内,音韵尽殊;两句之中,轻重悉异"④ 和"双声隔字而每舛,叠韵杂句而必睽"⑤。种种议论——这都是"吃文"⑥ 的反动!在我们看来,周沈这班人的声律论,

---

① 《潜研堂文集》卷十五,《音韵答问》,第10、11页。
② 《潜研堂文集》卷十五,《音韵答问》,第13页。
③ 《文心雕龙·声律篇》。
④ 沈约:《宋书·谢灵运传论》。
⑤ 《文心雕龙·声律篇》。
⑥ 《文心雕龙·声律篇》。

固然是矫枉过正；但是后代比汉赋更要翻新斗巧的双声叠韵诗"口吃诗"①，那也的确是"佶屈聱牙"，不堪讽诵！我觉得还是钟嵘的议论，比较持平。他说：

> 余谓文制本须讽读，不可蹇碍；但令清浊通流，口吻调利，斯为足矣。至于平上去入，则余病未能；蜂腰鹤膝，则闾里已具。②

《诗经》里面虽然也常羼用双声叠韵的字，但是对于"清浊流通""口吻调利"的原则，还是没有违背；所以它和后代的"吃文"是不能相提并论的。

2）调谐诗歌的韵脚。古无"韵"字，但有"均"字。《说文》"韵"字注云："和也，从音员声。裴光远云：古与均同"；③ 梁顾野王说："声音和曰韵"；④ 刘勰说："同声相应谓之韵"；⑤ 可知所谓"韵"也者，便是音声里自然"均""和"的节奏。因此，古时虽无韵书，而诗歌的押韵，却能应用叠韵的道理，秩然不紊。并且古人用韵的地方，也不限于诗歌。毛先舒说："三代以上人书，往往涉笔成韵，亦不必诗歌，经子皆然。……尝以语人，大噱绝倒，然解人闻之，必不河汉。"⑥ 大概留心读古书的人，都不否认他这个话的。关于《诗经》的用韵，经明清以来古韵学家的考订，著有许多专书——如陈第的《毛诗古音考》，顾炎武的《诗本音》，孔广森的《诗声类》《诗声分例》，丁以此的《毛诗正韵》等——我可以不再征引。至于经子散文里边许多"涉笔成韵"的地方，它的功用是在引起读者特别注意于韵语所表的意义，并使人觉得声调和美。例如：

> 坤，至柔而动也刚，至静而德方，后得主而有常，含万物而化光。坤道其顺乎！承天而时行。积善之家，必有馀庆。积不善之家，必有馀殃。（《易·坤·文言》）

> 鼓之以雷霆，润之以风雨；日月运行，一寒一暑；乾道成男，坤道成女。（《易·系辞》）

---

① 赵翼：《陔馀丛考》卷廿三、廿四所引。
② 钟嵘：《诗品·序》。
③ 《说文解字》卷三，音部，"韵"字下。
④ 《玉篇》卷九，音部，"韵"字下。
⑤ 《文心雕龙·声律篇》。
⑥ 《昭代丛书》卷廿九，《用韵丛说》，第10页。

君子知微知彰，知柔知刚，万夫之望。（《易·系辞》）

无偏无党，王道荡荡；无党无偏，王道平平；无反无侧，王道正直。（《尚书·洪范》）

治人事天莫如啬。夫唯啬，是以蚤服；蚤服是谓重积德；重积德则无不克，无不克则莫知其极；莫知其极，是以有国。（《老子》）

五色令人目盲；五音令人耳聋；五味令人口爽；驰骋畋猎令人心发狂。难得之货令人妨；是故圣人为腹不为目，故去彼取此。（《老子》）

仁，可为也。义，可亏也。礼，相伪也。（《庄子·知北游》）

全汝形，抱汝生，无使汝思虑营营。（《庄子·庚桑楚》）

师行而粮食；饥者弗食；劳者弗息；睊睊胥谗，民乃作慝。方命虐民，饮食若流；流连荒亡，为诸侯忧。（《孟子·梁惠王》下）

这都是古人善用叠韵的证据。至于拿双声作韵脚的，虽然不多，但古时的诗歌里也往往发见。钱大昕说：

双声亦可为韵。小雅"决拾既佽，弓矢既调，射夫既同，助我举柴"；"佽""柴"固韵，"调""同"，双声亦韵也。①

后来张行孚更倡"古人双声叠韵通用"之说。他道：

古人于双声，不惟假借相通，亦用以为韵。王氏引之所云"平"与"便"字、"辨"字，古者皆相通。故《易》象象传屡用以为韵。钱氏大昕所云后儒所疑象象传者，不过"民""平""天""渊"诸字，此古人双声假借之例。……汪氏中云："音固有以双声取协者"。此其明证也。然诸家虽知双声之可为韵，而不谓古人叠韵双声通用者，则以未举三百篇之韵概以双声参之也。诚举三百篇之未合于叠韵者，概以双声通之，则自无不合矣。……夫三百篇之双声为韵，不可胜言。今试以数证明之，已可知矣。如《七月》之"阴"与"冲"韵；《云汉》之"临"与"躬"韵；《荡》之"谌"与"终"韵；《小戎》之"骖"与"中"韵；《召旻》之"频"与"中"韵；《北门》之"敦"与"摧"韵，钱氏皆以为"转音"。愚按"阴"与"雍"为双声。（原注："阴""雍"

---

① 《十驾斋养新录》卷十六，第1页。

之为双声,犹"英""雄"之为双声)古音必有读"阴"为"雍"者,故"阴"可与"冲"韵也。"临"与"隆"为双声,古音必有读"临"为"隆"者。(原注:《诗》"临衝闲闲",《韩诗》作"隆衝闲闲"。此"临"可读"隆"之证)故"临"与"躬"韵。"諶"与"虫"为双声。(原注:"諶""虫"之为双声,犹"郑""重"之为双声)古音必有读"諶"为"虫"者,故"諶"可与"终"韵也。"骙"与"松"为双声,古音必有读"骙"为"松"者,故"骙"可与"中"韵也。"颇"与"蓬"为双声,古音必有读"颇"为"蓬"者,故"颇"可与"中""躬"韵也。"敦"与"堆"为双声,古音必有读"敦"为"堆"者,故"敦"可与"摧"韵也。是钱氏所谓"转音",皆可以双声通之。……然古韵用双声,必因方俗先有此音。……知古韵之所以不能强合者皆方音为之,方音之所以不能尽合者,皆双声为之,然后古韵之条理可得而言也。①

案,音转虽然以双声作枢纽,而另外还有旁的关系,因此我觉得张氏之论未免稍近纡曲;但他所谓"古韵兼用双声,必因方俗先有此音"云云,却是他的卓见。拙作从方言上说明"音转"之理一篇文章里边,将对于张氏的意思,略有补充,这里且不赘及。

3)言语孳乳的缘端。言语的孳乳,和双声叠韵也有很大的关系。语意的引申,不完全像抽稻剥茧一般的逐渐而起;有的循着双声叠韵的音理,相反相对,亦得引申:这是它的第一个功用。当言语才发起的时候,为求意义的明了,或表示丁宁反复,曲像形容的意思,亦往往用双声叠韵连缀成词,以表一事一物。后来,文字虽趋单音,而二节语的蜕形,犹赖之以表现:这是它的第二个功用。现在分别举例于后。

①循双声叠韵的音理,相反相对而引申者。例如:

| 天—地 | 阴—阳 | 死—生 | 疾—徐 | 今—古 | 精—粗 |
| 加—减 | 夫—妇 | 公—姑 | 规—短 | 褒—贬 | 山—水 |

以上双声。

---

① 《说文发疑》卷一,第 20-22、25 页。

旦—晚　好—丑　老—幼　聪—聋　祥—殃　取—与
起—止　寒—暖　晨—昏　新—陈　水—火　受—授

以上叠韵。

②用双声叠韵连缀成词以表一事一物者。例如：
a. 人名。

与夷　弥年　灭明　伊尹　嫫母　胶鬲　离娄
黎来

以上双声。

皋陶　庞降　奚斯　奚齐　祁黎　蒯聩　韦龟
於菟

以上叠韵。

b. 物名。

蒹葭　薏苡　唐棣　驹骖　枸橼　枇杷　蔗蔗
鸳鸯　鹡鸰　蝙蝠　蜘蛛　蟋蟀　蜻蜓　鎯铘
詹诸　蛣蚰

以上双声。

玫瑰　夫渠　蛱蝶　蜉蝣　遮姑　鹪鹩　堂蜋
螞螗　昆仑　空桐　虾蟆　蜗蜋　令丁　银铛
俾倪　嬰婗

以上叠韵。

③动作和表象。

踌躇　黾勉　饕餮　拮据　尴尬　容裔　参差
萧瑟　髣髴　惆怅　匍匐　忼慨　觥觥　踊跃

契阔　　栗烈

以上双声。

呕偻　　徘徊　　偃蹇　　绸缪　　旖旎　　蝉连　　怆怳
婆娑　　窈窕　　崔嵬　　房皇　　萎㢮　　黯黮　　披靡
龙钟　　溦溺

以上叠韵。

此外，还有《说文》里边的谐声字，大多数都和它的声母是叠韵；但是，也有小部分和声母是双声的。如"𣂁"从"豈"声，而读若"根"；"毂"从"殳"声，而读若"库"；"倗"从"朋"声，而读若"陪"；"霹"从"鲜"声，而读若"斯"；"霣"从"真"声，而读若"资"；"蜦"从"仑"声，而读若"庚"。它所从的声母，没有一个不和"读若"的字是双声的。可见，谐声字孳乳的轨迹，又何尝外乎双声、叠韵的两条大路呢？

4）转注假借的枢纽。文字的转注、假借，和古今语、方言的衍变，都是拿双声叠韵作枢纽的。因为造作文字之初，一字虽止一音，而字之叠韵双声一转即变。此处若读甲音，彼处由水土风气和习俗渐染的关系，喉舌唇吻间稍有舛侈，就会转变为乙音。到了后来，彼处所读的音流传于此处，那么，此处的一字遂同时有甲乙两音——这就是古今方俗语音转变的原因。绎其条理，大约不出双声叠韵二途。今试搜集例证，分别说明于后。

①转注。许慎《说文解字·叙》说："转注者，建类一首，同意相受，'考''老'是也。"章炳麟解释道："字之未造，语言先之矣。以文字代语言，各循其声，方语有殊，名义一也。其音或双声相转，叠韵相迤，则为更制一字，此所谓转注也。"① 例如：

a. 叠韵转注例。

"標"，木杪末也，从木，票声；"杪"，木標末也，从木，少声。（標、杪、同在豪部）

"刑"，到也，从刀开声；"到"，刑也，从刀，㞢声。（刑、到同在青部）

---

① 《国故论衡》上《转注假借说》，第42页。

"诫"，敕也，从言，戒声；"諅"，诫也，从言，忌声。（诫、諅同在咍部）

"诪"，詶也，从言，寿声，读若酬；"詶"，诪也，从言，州声。（诪、詶同在萧部）

"煝"，火也，从火，尾声；"燬"，火也，从火，毁声。（煝、燬同在灰部）

"萧"，艾蒿也，从草，肃声；"萩"，萧也，从草，秋声。（萧、萩同在萧部）

b. 双声转注例。

"依"倚也，从人，衣声；"㕟"，所依据也，从受，工，读与隐同。（依、㕟同在影类）

"空"，窍也，从穴，工声；"窠"空也，从穴，果声。（空、窠同在溪类）

"屏"，蔽也，从尸，并声；"藩"，屏也，从草，潘声。（屏、藩同在帮类）

"谋"，虑难曰谋，从言，某声；"谟"，议谋也，从言，莫声。（谋、谟同在明类）

"颠"，项也，从页，真声；"顶"，颠也，从页，丁声。（颠、顶同在端类）

"嗞"，嗟也，从口，兹声；"谴"，嗞也，从言，差声。（嗞、谴同在精类）

②假借。许慎《说文解字·叙》说："本无其字，依声托事，'令''长'是也。"章炳麟解释道："字者，孳乳而寖多。……孳乳曰鯀，即又为之节制。故有意相引申，音相切合者，义虽少变，则不为更制一字：此所谓假借也。"① 不过，这是指着造字的方法说；古书里边往往本有其字，亦要"依声托事"的。王引之说："无本字而后假借他字，此谓造作文字之始也。至于经典古字，声近而通，则有不限于无字之假借者；往往本字见存，而古本则不用本字，而用同声之字。学者改本字读之，则怡然理顺，依借字解之，

---

① 《国故论衡》上《转注假借说》，第42页。

则以文害辞。是以后世经师作注，有'读为'之例，有'当作'之条，皆由声同声近者，以意逆之，而得其本字。所谓好学深思，心知其意也。"① 这种假借也有人叫作"通借"，老实说，就是古人写的"别字"；但是它在训诂上却很重要。何以呢？因为训诂是要通古今之殊语的，古人虽然不是故意地根据双声叠韵去写别字，而其方俗讹变之由，总不外乎双声、叠韵和同音三种关系。我们若不了解这种音理，而跟着古人将错就错地强作解释，那真不免"举烛""鼠璞"之讥了。所以现在有说明的必要。例如：

a. 叠韵假借例。

"所"，伐木声也。本是比况音声的语词。《书·无逸》曰："君子所其无逸。"郑注："所犹处也。"即借为"处"字。"所""处"同在模部。

"献"，宗庙犬名羹献，犬肥者以献之。《书·大诰》："民献有十夫。"传训"献"为"贤"。盖借为"彦"字。"献""彦"同在寒部。

"醜"，可恶也。此美醜字。《诗》曰"仍执醜虏"，《郑笺》训众；《孟子》曰："今天下地醜德齐"，《赵注》"醜"训类：并借为"雠"字。"雠""醜"同在萧部。

"宅"，所托也。《仪礼·士相见礼》："宅者，在邦则曰市井之臣，在野则曰草茅之臣。"《郑注》："宅者，谓致仕者去官而居宅……今文宅或为托。"案，"宅"即借为"托"字，谓"羁旅之人寄托于此国者也"。"宅""托"同在歌部。

b. 双声假借例。

"追"，逐也。此追逐字。《诗》曰："追琢其章"，《毛传》"追"训"彫"，即借为"琱"字。"追""琱"同在端类。

"烝"，火气上行也。此烝热字。《诗》曰："天生烝民"，《毛传》"烝"训"众"，即借为"众"字。"烝""众"同在端类。

"果"，木实也。从木，象果形在木之上，此果实字。《左传》曰："杀敌为果"，与果敢义近，即借为"敢"字。"果""敢"同在见类。

---

① 《经义述闻》第三十二《通说》下，"经文假借"条。

c. 同音假借例。

"光",明也。《尚书·尧典》:"光被四表,格于上下",《传》曰:"光,充也"。盖借为"广"字。"光""广"同在见类唐部。

"方"并船也。《书·尧典》:"汤汤洪水方割",《传》曰:"大水方方为害",谊未有安。"方",盖借为"旁"字。"方""旁"同在滂类唐部。

"易",蜥蜴,蝘蜓,守宫也。《郑玄》谓易有三谊,"简易,一也;变易,二也;不易,三也"。简易之谊盖借为"敫",变易之谊盖借为"侇"。"易""敫""侇",同在影类齐部。

"夷",东方之人也。此东夷字。《诗》曰,"乱生不夷",《毛传》"夷"训平,则借为"徴"。"夷""徴"同在影声灰韵。①

我们统观前面所举的例证,可以知道文字训诂和双声叠韵关系的密切了。后来训诂学上的"音训"以及"绝代语"和"别国方言"的解释,没有不根据这种音理的。说到声韵学的本身,汉代的"读若"法,当然不能逾越双声叠韵的范围;"反切"的方法是"以二字为一字之音:上字与所切之字双声;下一字与所切之字叠韵。"② 自来的《广韵》学家和等韵学家都是这么样说;至于韵书之构成,亦不过"本乎四声,纽以双声叠韵"③ 罢了。所以我说:双声叠韵是声韵训诂之学的策源地。

1927 年 12 月 31 日,在广州寓次

(原载中山大学《语言历史学研究所周刊》第 4 集,1928 年,第 41 期。后收入《罗常培文集》第七卷,第 336－348 页,山东教育出版社 2008 年。今据《罗常培文集》收录)

---

① 本篇标音,除记六朝人知双声叠韵一节外,关于周秦古音部分者,姑假定以黄君季刚所考之十九纽二十八部为准。(《罗常培文集》编者按:因原刊音标不清晰,今均删去)

② 陈澧:《切韵考》卷一,第 2 页。

③ 孙愐:《唐韵序论》。

小徐本说文反切之音系（节选）

严学宭

本篇考得声类四十三，韵类一百九十二，其特征如次。

（一）声类

1. 轻唇音之分化

今据唐写本《切韵》残卷与王仁昫《刊谬补缺切韵》，并参照《经典释文》《玉篇》诸书，知陆氏作《切韵》时，舌上舌头重唇轻唇尚未分化，故其类隔反切较《广韵》为多。近人张煊求《进步斋音论》且证隋初仍无轻唇四纽，则钱大昕的古读舌上音为舌头音，轻唇音为重唇音，实可视为定论。《广韵》中唇音反切仅为纯的（一、二、四等）和附腭的（三等）区别，尚未如《集韵》判然分成重唇轻唇两类。朱翱定《说文系传》反切在《切韵》之后，《广韵》之前，而轻唇音则已从重唇音分出。其因，只有商克（S. H. Schaank）在其所著的中国《古代语音学》（*Ancient Chinese Phonetica*）言之最明。大要是：

(1) 古双唇音在一二四等保存；
(2) 古双唇音在三等；
　　子、在开口仍旧保存，
　　丑、在合口即变成唇齿音。

其理系下唇受合口之节制，多少有点向后缩，于是容易使双唇塞音变成唇齿塞音，此二种微弱之塞音在有几种语音影响之下，容易使下唇和上齿之间裂出一缝，因此又可以变成唇齿之摩擦音。本篇轻唇音之分化，甚合商克解释唇音演变之条理，观匹类之轻唇音全部混入甫类，便知其中消息。

2. 等第的审别

寻绎本篇所考得之四十三声类，以与《广韵》四十七声类相较，只有"非""敷"不分，正齿三等音的"床""禅"不分，"疑""影"两母的一、

二、四等与三等各自相混，四十七声类减其四，适得四十三，而这四十三声类等第之审别极明。昔戴东原谓"呼等亦隋唐旧法"。(《声韵》考卷二) 钱大昕亦云："一二三四之等，开口合口之呼，法言分二百六部时，辨之甚细。"(《潜研堂答问》卷三) 吾师罗莘田先生更确切言之曰："四等之分划，在守温以前已流行，北宋之初亦为治音韵者所沿用，则其起源必在唐代，殆无疑义。"(《通志七音略研究》，《历史语言研究所集刊》五本四分) 今以本篇声类视之，知唐宋间等韵之学甚为发达，益可证罗先生之说为不谬。至本篇"影"母一、二、四等与三等之不分，盖由 ʔ 音 j 化不显著，即广韵亦有相混之现象。疑母一、二、四与三等之混，亦不足奇。而正齿音三等"床""禅"两母在古今音中当有极不规则之变化，故此不分。高本汉 (B. Karlgren) 曾拟测切韵正齿三等"床"母之音值为 ḍzʻ，禅母为 ẓ。今国音中"食""神""实"（床母）与"市""时""是"（禅母）等字同读ㄕ，而"船""乘"（床母）又与"臣""常"（禅母）同读ㄔ，此为"床""禅"两母混合起来之变化，而可反映古代"禅"母系具有塞声或塞擦声两种。其演化之历程则为：

$$\begin{array}{cccc}
 & \text{上古音} & \text{中古音} & \text{国音} \\
\text{床} & *\text{ḍ'ia} \longrightarrow & *\text{ḍzʻia} \longrightarrow & \text{ㄔㄕ} \\
\text{禅} & *\text{ḍ'ia} \longrightarrow & *\text{dzia} \rightarrow *\text{zia} \rightarrow & \text{ㄔㄕ}
\end{array}$$

上述两事，乃本篇声类之特征。至各类声母一二字之稍混，不过为归字之出入，或由讹误所致。况系传非韵书，其中难免有疏忽之处。即广韵亦不完全一致，故无足疑。

(二) 韵类

1. 开合呼之混淆

以本篇所得韵类与《广韵》对校，如何（歌）之与多（戈），监（衔）之与凡，安（寒）之与桓，密（质）之与术，昌（唐）之与阳，以及皆（皆）、介（怪）、迷（齐）、计（霁）、删（删）、行（庚）等韵之开口呼与合口呼各自混淆。凡《韵镜》四十三转所标之"合"，《七音略》四十三转所标之"轻中轻""轻中重""轻中轻内轻""轻中重内轻"者，本篇大致皆与开口相合。然考上古音谐声系统，开合之分应极严明。至中古《切韵》时代，其开合当不全同。全观本篇与开口相混之合口音，似只为一种轻微之合

口 [u]，故反切下字为开口，而反切上字则多为 [u] 韵字，尤以古见系字为极显著。如戈，古多反；科，苦何反；和，户歌反；跨，苦夜反；怪，古卖反；坏，胡介反；怀，户埋反；携，户迷反；官，古安反；桓，户寒反；还，户删反；广，姑沆反；晃，胡莽反；横，户更反等皆其例，似今声介合拼之理相近，亦研究反切者所不可忽视之现象。

2. 四等之划分

本篇四等大致分明，尤以效摄之叨（豪）、交（肴）、朝（宵）、挑（萧），流摄之娄（侯）、尤（尤）、虬（幽）为极明显。陈澧《切韵考》卷九云："陆韵分二百六韵，每韵又分二类三类四类者，非好为繁密也，当时之音实有分别也。"则本篇四等的划分，亦当有所根据。而罗莘田先生释等呼所说的"四等之洪细，盖指发元音时，口腔共鸣间隙之大小言也"，实能烛见等韵本法。本篇分等之义，自亦如此。至其中亦有相混之处，如巴（麻）韵之二、三等，行（庚）韵之一、三等，以及廉（盐）添、延（仙）先等韵多为归字之出入，与系统之分合无涉。高本汉以为分韵之标准在主要元音及鼻音韵尾。此中四等之划分，既明其与元音有关，而阴韵阳韵之分界，入声韵之相承亦绝不相混，足证朱翱审音之精。

朱翱反切之声韵实况叙述既竟，以下即可进而研讨其所依据者，究属何种音系。

（三）朱翱反切之语音系统

考唐人韵书大致皆祖陆氏《切韵》，孙愐李舟之作，即其例也。虽其间部目有增损、序次有移易，要皆以法言为本。凡属《切韵》音系之韵书，自陆氏《切韵》一百九十三韵至《广韵》之二百零六韵，皆是"论南北是非，古今通塞。"然语音随时而变，由隋至宋，其间不无变易，所以《切韵》时代之实际语音是一回事，《切韵》音系所包含之音系，又是一回事。于是有根据唐时实际语音以作韵书者，其分类不得不与《切韵》音系大异。如天宝《韵英》、元廷坚《韵英》、张戬《考声切韵》诸书，皆以秦音为准则。近人黄淬伯据慧琳《一切经音义》以考秦音之声纽韵类，计得声纽二十六，以与陈澧黄侃由《广韵》所考得之四十一纽相较，同者照、穿、床、审各分为二，异者神禅、泥娘、从邪、非敷、喻于不分。又得韵类一百七十三，平声三十七，上去称是，入声二十一，持之以与《广韵》相较，多寡之数，相去悬绝。按慧琳音义全用廷坚、张戬二书，故与《切韵》以来诸家韵书不同。王国维《天宝〈韵英〉元廷坚〈韵英〉张戬〈考声切韵〉武玄之〈韵诠〉

分部考》谓:"六朝旧音多存江左,故唐人谓之吴音,而以关中之音为秦音,故由唐人言之,则陆韵者吴音也,《韵音》一派秦音也。"又云:"《韵英》诸书,多本秦音,至其著书之方法,异于陆韵者有二,一改类隔为音和切,二细分五音之清浊是也,唐人所谓清浊,盖以呼等言,陆孙诸家撰韵,因亦以清浊分。"今以本篇所得较之,知朱翱反切不合《切韵》音系,而与秦音慧琳音切相近,兹举数证,以实吾说。

  王国维谓秦音韵书异于陆韵者,一改类隔为音和切。朱翱反切正为如此,如轻唇音之分化,舌头舌上,齿头正齿皆审别甚明。其后宋世重修《广韵》,切语犹沿陆氏之旧,以当时的语音读之,甚觉不谐,于是有类隔音和之说。朱翱反切早于《广韵》,以其根据实际语音,故改类隔为音和。钱大昕跋《说文系传》云:"大徐用孙愐反切,此本则用朱翱反切,音与孙愐同,而切字多异,孙用类隔者,皆易以音和。"今按钱氏所云"易以音和"实有所据,若谓音与孙愐同,则不尽然。此一证也。王国维又谓秦音韵书,细分五音的清浊,其清浊即呼等之义,本篇四等分别之细,胜于慧琳《音义》,尤以声类之一、二、四等与三等划分甚明,以与《切韵》相较,知其时语音的分化颇剧。此二证也。本篇声类非敷(甫类)不分,正齿音三等床禅(时类)不分,适与黄淬伯慧琳《一切经音义》反切考所得者相合。韵类相混亦大致相合。可知朱翱反切非以《切韵》音系为准,而实与秦音相近。王鸣盛说文反切谓"似朱近北音,孙近南音"盖有所据。此三证也。唐李涪刊正《切韵》,用东都音切谓东冬鱼模不须分别。按李为陇西人(据孙光宪《北梦琐言》),所习为西北方言,欲以洛阳东都为标准,故云如此。本篇东冬不分,鱼模亦有相混之处,足证朱翱反切亦以北音为据。此四证也。唐景审序慧琳《一切经音义》云:"古来音切,多以旁纽为双声,始自服虔,元无定旨。吴音与秦音莫辨,清韵与浊韵难明;至于武与縣为双声,企以智为叠韵;若斯之类,盖所不取。近有元廷坚《韵英》及张戬《考声切韵》,今之所音,取则于此。"由此可知慧琳音义全用廷坚及张戬二书,与《切韵》音系之沿用汉魏以来音切及兼采南北异音者,当不相同。其书开首,音《大唐三藏圣教序》"覆载"二字云:"上敷务反,见《韵英》,秦音也;诸家皆敷救反,吴楚之音也。"王国维谓:"景序所识,武与縣为双声,企以智为叠韵,与琳师所举覆敷救切,皆指陆韵一派言之。縣之武延反,企之为去寄反,覆之为敷救反,自六朝已然,唐人韵书如《切韵》《唐韵》小徐《篆韵谱》所据某《切韵》以及《广韵》无不从之。"今按朱翱反切,覆为芳福反,智为展避反。企字虽亦为去寄反,但寄为坚芰反,与智字不相系联,不得认为叠韵。縣则小徐缺是字，然由类隔改为音和一点视之，武、緐不应为双声，故知其与秦音相近。

朱翱反切非属切韵音系，而与秦音相近，证上五说，实非偶然，惟朱氏究据何种韵书，则成问题，说者谓小徐作《说文篆韵谱》所据之某切韵，或即朱翱反切所据之韵书。按今传世之《说文篆韵谱》有二种：一种是冯桂芬缩摹宋钞本之十卷刻本，为小徐之原本，部次与陆、孙诸韵及《古文四声韵》大同，大徐序所谓"以切韵次之"，就是指此；一种是函海本之五卷本，是大徐将小徐原本加以改定者，本序里所谓"以李舟切韵为正"，就是指此。王国维书小徐《说文解字篆韵谱》后中已有详明的辨正。小徐原本《说文声韵谱》究据何人切韵，虽未能知，但为切韵则无可否认。今与本节考证所得亦不相合，且朱翱为何处人，所据以定系传反切者究为何种语音，实无法明证，惟著述通体，凡属引用音切者，多言明以何种韵书为本。意者朱氏审定系传反切，必有当时一种最普遍之韵书为蓝本，而参以当时最流行之普通语音。王国维谓："唐人盛为诗赋，韵书当家置一部，故陆孙二韵，当时写本当以万计……传写既多，写者往往以意自为增损，即部目之间，亦不免少有分合。"今知朱氏所据，固非《切韵》音系，但必以一种韵书为本，而以当时最流行之普通语音自为增损，似可置信。故既与《切韵》音系不合，也不与秦音完全相同。李涪刊误曾言："凡中华音切，莫过东都，盖居天地之中，禀气特正。"则李涪时流行之普通语音，莫非洛阳（东都）之方言欤？高本汉以为《切韵》系依据当时的北方音，日本满田新造《论切韵分部之地理的及历史的意义》（《东洋学报》十三卷四号评高本汉《中国古韵研究之根本思想》第二章）谓："《切韵》本于北方言，参考南方音，兼参考几分古音。"近读同门周法高君《读高本汉〈中国音韵学研究〉》（《读书通讯》第五十三期）谓："高本汉对于唐初语音的拟测，是建立在'《切韵》的系统是代表长安方音'这个假定上面的。……本人在《切韵》以外找到了一部和《切韵》同时代同系统的书——玄应在唐贞观中所著的《一切经音义》，这本书的反切系统对于《切韵》的代表长安方音，恰是有力的证据。"由上列三说观之，《切韵》是否代表长安方音，固待详细论证，但唐代流行之普通语音为北音，确无可疑。陈寅恪氏《东晋南朝之吴语》（《历史语言研究所集刊》第七本第一分）云："东晋南朝疆域之内，其士大夫无论属于北籍，抑属于吴籍，大抵皆操西晋末年洛阳近旁之方言。其生值同时，而用韵宽严互异者，既非吴音与北音之问题，亦非东晋南朝疆域内北方方言之问题，乃是作者个人审音之标准有宽有严，及关于当时流行之审音学或从或违之问题也。"使陈先生语至唐五代尚有此种现象之话，则朱翱反切所依据普通语音，或即洛阳近旁之一种方言。在新证据未有发现以前，笔者只能作如此假定，倘或因此而显示其时普通流行之实际语音而于完成中国音韵史，能有点滴之劳，则可云幸矣。

中华民国二十六年七七事变后，我自北平仓猝逃出，先君威邕公亦由南京扶病回赣，乃奉侍汤药于宜春。书物荡尽，无以遣忧。方假得残籍数函，遂着手为此。不幸事未竟，而先君见背，肝肠断绝，抱恨终天。乃复风尘荏苒，作辍靡常，而校录比勘，尚赖学弟陈君炳然之助不少。顷者，施天侔先生命理旧稿，得以续成。云山修阻，惜未能就正于莘田先生且参证无着，疏误之处，必所难免。脱稿后承天侔先生暨张为纲学长校正数处，谨以致谢，并盼识者进而教之！

（原载《国立中山大学师范学院季刊》1943 年第 1 卷第 2 期。后收入《严学宭民族研究文集》，民族出版社 1997 年版，第 51－57 页。今据《严学宭民族研究文集》收录）

从"等"来看广州方言入声消失的迹象

黄家教

经过了历史的演变,汉语的声调系统已有了很大的变化。从调类的多寡来看,经历了从少到多,从多到少的过程。今南方诸方言,调类都比北方方言多,广州方言尤其多。

梅县方言平声、入声各分阴阳,再加上声和去声,共六个调。厦门方言平声、去声、入声各分阴阳,再加上声,共七个调。温州方言和潮汕方言,都是平声、上声、去声、入声各分阴阳,共八个调。广州方言平声、上声、去声、入声各分阴阳,阴入又再分为二,成为阴入和中入(或称上阴入和下阴入),共九个调。广州方言声调特别多,就是因为入声有三个:阴入、中入、阳入。从现象上看,广州方言的入声调是多了;从发展来看,这是广州方言的入声调走向消失的信号。何以见得?本文就来讨论这个问题。

广州方言声调的类别和调值

调类	阴平	阳平	阴上	阳上	阴去	阳去	阴入	中入	阳入
调值	˥55	˩11	˧˥35	˨˧23	˧33	˨˨22	˥5	˧3	˨2
调号	1	4	2	5	3	6	7	8	9
例字	诗	时	史	市	试	事	色	锡	食

入声调所依附的韵母是入声韵。入声调的存亡与入声韵息息相关。广州方言入声韵的三个塞音韵尾 –p、–t、–k 都齐全。音韵学把阴声韵和阳声韵称为舒声韵;把入声韵称为促声韵。入声韵有塞音韵尾梗塞、不好舒展,显得短促。试比较:诗 ʃi⁵⁵—色 ʃik⁶;试 si³³—锡 ʃik³;事 ʃi²²—食 ʃik²。可知"诗"与"色",音高一样,而音长不同。"试"与"锡";"事"与"食"也是如此。正因为这样,《广州方言拼音方案》才有可能以 1、3、6 兼代 7、8、9。即阴平和阴入用同一调号 1;阴去和中入用同一调号 3;阳去和阳入用同一调号 6。

在这里正须交代一下,广州方言的阴平调,有两个调值:一是 55,一是 553。名词如"猫""枪""柑""表"(錶)等,一般念 55。"米筛"的"筛"念 55,可是"筛米"的"筛"念 553。在日常交谈中,把上列的例子随意念成 55 或 553，还不致引起误解或费解。也就是说，阴平尚未完全分化成为两个调类，达到阳平、阴上、阳上、阴去、阳去那样，起了区别意义的作用，可也反映了阴平确是在动荡之中。

阴平与阴入、阴去与中入、阳去与阳入，都是音高相同而舒促有别，即阴平、阴去、阳去的音时比阴入、中入、阳入要长。然就入声之间的比较，中入比阴入的音时要长，即入声之间也有长短之分，中入是一种促而不短的调。这类调正是汉语入声调发展的一种蜕化型。入声韵的音时一长，塞音韵尾就松弛，首先 -k 就成了 -ʔ。这就是汉语入声消失的轨迹。

从广州方言 33 个入声韵与入声调的配合情况，可以考察其间一长一短的关系。

阴入		ɐp	ɐt	ɐk		ip	it	yt	ut	ik	ɛk		œt	uk	
中入	ap	at	ak		ip	it	yt	ut		ɛk	œk	ɔk	ɔt		
阳入	ap	ɐp	at	ɐt	ak	ɐk	ip	it	yt	ut	ik	ɛk	œt	œk	uk	ɔk

综观全表，大致上反映了阴入分化出来的一对入声调。于入声各韵，有阴入就缺中入，有中入就缺阴入，好似参商二星，互不碰面。

先分析以 a 和 ɐ 为主要元音的入声韵。

广州方言的 a 和 ɐ 是两个音位，它俩是广州方言诸元音音位中组韵能量最大者。它俩都能跟 -i、-u、-m、-n、-ŋ、-p、-t、-k 韵尾结合成为：

ai	au	am	an	aŋ	ap	at	ak
ɐi	ɐu	ɐm	ɐn	ɐŋ	ɐp	ɐt	ɐk

a 和 ɐ 是两个舌位不同的元音，而不是舌位相同只是长短有别的元音，所以不应标作 aː 与 a。由于 ɐ 不单独出现，也就是没有单元音韵 ɐ，因而 a 与 ɐ 的长短表现在复韵母、鼻韵母和入声韵母之中。

ap、at、ak，只有中入，而无阴入；ɐp、ɐt、ɐk 只有阴入而无中入。前者显得舒畅；后者显得短促。

再分析 ɛk—ik。

ɛ 与 i 色差异较大，为什么人们会感到 ɛk 与 ik 也像 ak 与 ɐk，长短相对呢？因为广州方言 ik 韵的 i 不是标准的前高元音。i 的实际音值是 ɪ，甚至可以念成 e。这样，ɛk 与 ek 就成了一对主要元音音色相近，而长短不同的收 -k 尾的入声韵。与此类似的有 ɔk 与 uk。因为 uk 中的 u 不是标准的后高元音。u 的实际音值是 ʊ，甚至可以念成 o。这样，ɔk 与 ok 就成了一对主要元音音色相近，而长短不同的收 – k 尾的入声韵。ɛk 有中入而缺阴入，ɔk 也是如此。ik 有阴入而缺中入，uk 也是如此。广州方言有 am、an、aŋ，就必有 ap、at、ak；有 ɐm、ɐn、ɐŋ，就必有 ɐp、ɐt、ɐk。同理，有 ɛk、ik 与 ɔk、uk，就必有 ɛŋ、iŋ 与 ɔŋ、uŋ。广州方言各类韵母配搭之整齐，充分证明了汉语历史音韵阴、阳、入三类韵母早已齐备。广州方言入声韵有 ɛk 与 ik 相对，阳声韵则有 ɛŋ 与 iŋ 相对。有些字在广州方言有文白异读，主要表现在 ɛŋ 与 iŋ。例如"清"和"青"，读音是 tʃ'iŋ55，话音则为 tʃ'ɛŋ553，元音略低，音时略长，音高也不是自始至终维持高平，而是末了有点松劲儿，稍呈下降。回头来看入声韵 ik，论系统应当只有阴入而缺中入，ɛk 应当只有中入而缺阴入，可是也有例外的。广州方言口语词"呖"lɛk，阴入。"呖"相当于普通话的"行"，能干的意思。个别或少数例外，无碍于规律的存在，何况这种音读不稳定的现象，表现在有文白异读或读音处于两可之间的词中。例如"脊"或以"脊"得声的"鹡""踖"，就有两读：一是 tʃik，阴入，一是 tʃɛk 中入，这正好说明语言有其内部的结构规律，同时又不是铁板一块，一成不变的。这就是严整性和变易性矛盾地统一着。

还有一个很有趣的现象：

œt 有阴入而缺中入；œk 有中入而缺阴入。œt 和 œk 中的 œ 是一个音位，在这一点上，它有别于 a 与 ɐ。然而，当 œ 与 – t 结合成 œt，读阴入调的时候，舌位抬高了，是 øt。当 œ 与 – k 结合，读中入调的时候，就成 œk。œt 于阳入调，舌位偏低，音时也较长，故不会变成 øt。

再说四个以高元音为主要元音的入声韵 ip、it、yt、ut。这四个入声韵都是有中入而缺阴入的（有个别例外字），其尾韵为 – p 或 – t，主要元音没有高低之分，音时没有长短的分歧。实际上，不论于中入或阳入，都念得比较长。例如："接"tʃip³、"叶"jip²；"节"tʃit³；"列"lit²；"血"hyt³、"绝"tʃyt²；"钵"put³，"末"mut²。

剩下一个孤零零的 ɔt。

ɔt 只有少数几个字，都是中入调。在广州方言的入声韵音节里，只有 ɔt 是既无阴入又缺阳入的，而且与之相配的声母只有喉牙音，基本上是从"曷"得声的字："葛"kɔt³；"喝""渴""褐"hɔt³。还有一个常用字"割"kɔt³。再看与之相对的阳声韵 ɔn，也只有喉牙音声母的字，例如："干""看""汉""安"。

从历史音韵来看，山摄开口一等，不与帮组、知组、照二照三组相拼。

与端组和精组相拼的，今广州方言的韵母是 an（例如：丹），入声韵则为 at（例如：达、擦），与二等合流。只有与喉牙音声母相拼的，今才是 ɔn 和 ɔt，保留一等的架式。属于山摄开口一等的入声韵字，本来就不多的。

ɔt 与 ut，并不像 ɔk 与 uk。

uk 的音值是 ʊk，甚至近于 ok。ɔk 与 uk，听起来是 ɔk 与 ok。ɔk 主要元音低而长，ok 的主要元音高而短。相对的阳声韵就是 ɔŋ 与 uŋ。uŋ 的实际音值是 ʊŋ，也近于 oŋ（例如：江 kɔŋ⁵⁵，公 koŋ⁵⁵）。ut 并不是 ʊt，更不会念成 ot，所以不存在 ɔt 与 ot 相对。再者广州方言 ut 韵主要是与唇音声母相拼，而 ɔt 只与喉牙音声母相拼，没有构成与同类声母相拼，声调又呈现高低不同的条件。ut 与唇音声母相拼，而不与舌、齿音声母相拼，与其相对的阳声韵 un，也是如此。œt 则与舌、齿音声母相拼，而不与唇音声母相拼，与其相对的阳声韵 œn 也是如此。臻摄合口一等，唇音声母为 un（例如：盆、门），入声韵则为 ut（例如：勃、没）。端组为 œn（例如：敦、盾），yn（例如：屯、臀），入声韵 ɐt（例如：突）。精组为 yn（例如：尊、村、孙），入声为 œt（例如：卒）。喉牙音声母为 ɐn（例如：昆、昏、温），入声为 ɐt（例如：骨、忽、核）。臻摄合口三等于来母、精组、知组、照组、日母都为 œnt（例如：伦、遵、椿、春、纯、润），入声则为 œt（例如：律、戌、蟀、出、术），个别为 yt（例如：绌）。见组为 ɐn（例如：均、匀），入声则为 ɐt（例如：橘）。

广州方言 ut 并不像 uk，uk 舌位略低就成 ok。ut 舌位没有降低而变成 ot 的。要变就变成 ɐt。臻摄合口一等没韵的"骨" kwɐt，"窟" fɐt，臻摄合口三等物韵的"掘" kwɐt，"佛" fɐt 就都是这样。可见 ut 与 uk 的性质大不相同。广州方言无介音，原属没韵和物韵的字，于广州方言，韵母原来的流音 ɐ，也就成为主要元音，难怪 ɐ 习惯是念得较短的。

广州方言入声韵韵尾－p、－t、－k 齐全，阳声韵与入声韵的配搭又极整齐，其体系之完整自不待说。不过，也有一些迹象可以看到广州方言的入声体系已起了深刻的变化。例如深摄开口三等缉韵的"蛰"字，原是收－p 的，今已变成收－k，读成 tʃik² 了。主要元音拉长来念 k 就变成－ʔ，再进一步就会丢失。"惊蛰"的"蛰"广州读 tʃik³。此字《广韵》直立切，当属澄纽缉韵。又"蛰"从"执"得声，可知本是收－p 尾的，今已转化为－k。中山大学蒲蛰龙教授，广州人称他为蒲至 tʃi³ 龙教授。"蛰"、读如"至"，入声韵变成了阴声韵。"至"音同"鸷"，"鸷"字《广韵》归至韵而不归缉韵，可知原入声字，塞尾丢失而转为阴声韵由来已久。广州方言阴上是个中升调˧˥，阳上是个低升调˩˨˧。广州方言入声字念如阴上或阳上的升调，也是一种变易的现象。广州方言一般变调是在第二音节。例如：栗子的"栗"读 lœt²；风栗的"栗"读 lœt³⁵。"鸽"字虽读 kɐp³（ɐp 念中入的是少数例外），然而"白鸽"的"鸽"则念 kɐp³⁵。笛子的"笛"念 tɛk²。长笛的"笛"念 tɛk³⁵。这种平短调变为升调，音时随而拉长，表明入声韵塞音韵尾已进入渐趋弱化的阶段。

广州方言的入声调，阳入尚未有明显的分化，而于阴入调则分化为阴入和中入。如果入声韵的主要元音相近，且只有阴入的，韵母主要元音必较高；只有中入的，韵母主要元音必较低：ap—ɐp、at—ɐt、ak—ɛk；ɛk—ik（ek）；ɔk—uk（ok）。把这种现象与《切韵》的体系相比较，可知有其历史的渊源。

ap 主要来自咸摄开口一等（如：答、纳、杂），咸摄开口二等（如：劄、闸、甲）。个别来自咸摄合口三等（如：法 fat³、乏 fat²）。

ɐp 来自深摄开口三等（如：立、习、缉）。

at 来自山摄开口一等（如：擦、撒、辣）和二等（如：八、扎、杀）。少数来自山摄合口二等（如：滑、刷、刮），还有的来自山摄合口三等（如：发、伐、袜）。

ɐt 来自臻摄开口三等（如：笔、密、七）。臻摄合口一等于今广州方言保留合口则为 ut（如：脖 put²，没 mut²）变为开口的则为 ɐt（如：突 tɐt²、忽 fɐt⁵）。

ak 来自梗摄开口二等（如：百、泽、客）。

ɐk 来自曾摄开口一等（如：北、德、刻）。

纵观上列诸例，ap、at、ak 主要来自开口一等和二等，来自三等的必是合口，而且与唇音声母相拼而成开口的（如：山摄合三等的"发""伐""袜"）。

ɐp、ɐt、ɐk 主要来自三等，其次来自一等，就是德韵，其主要元音也是较高的。

概括说来：以 a 为主要元音的入声韵，来自主要元音舌位较低的入声韵；以 ɐ 为主要元音的入声韵，来自主要元音舌位较高的入声韵。

ɛk 来自梗摄开口三等（如：只、尺、硕）。

ik 除了来自梗摄开口三等（如：碧、戟、席），还有梗摄开口四等锡韵（如：壁、剔、戚）。

梗摄开口三等和四等，于广州方言，基本上是 ik，照三组字为 ɛk。韵母同一来源，而与不同的声母相配，韵母元音高低也就不一样，从而影响到声调相配也不一样。

ɔk 主要来自宕摄开口一等铎韵（如：博、托、各）、合口一等（如：郭、廓、霍）、江摄开口二等觉韵（如：剥、浊、觉）。广州方言没有介音，"郭" kwɔk 的韵母不是 uɔk，而是 ɔk。声母 k 圆唇化，即 kw①。

uk 来自通摄。

ɔk 来自一等、二等，主要元音是低元音。uk 虽也来自一等，可通摄韵母的主要元音则为高元音。高低元音与阴入、中入相配，经纬分明。εk 来自三等，ik 来自四等，元音高低分别，算是大体分明。ik 主要来自四等，也有来自三等的，即来自梗摄开口三等（除照三组外）。εk 与 ik 的来源有点交叉。即使同是来自梗摄开口三等昔韵，"适""释"今为 ʃik⁵，"石""硕"今为 ʃεk³。

œt 来自臻摄合口三等术韵（如：律、卒、术）。臻摄合口三等，平、上、去、入各韵，除喉牙音声母为 ɐn—ɐt 外（如：均 kwɐn⁵⁵、橘 kwɐt⁵⁵），都为 œn—œt（例如：伦、遵、旬、春、纯、恤、出）。

œk 来自宕摄开口三等药韵（如：略、削、若）。又来自江摄开口二等觉韵知组（如：卓、戳）。

œt 和 œk 主要来自三等，而 œk 还有来自二等的，由是而表现了 œt 于阴入，其实际音值为 øt，与于中入的 œk 相比，ø—œ，一高一低，也甚分明。广州方言入声韵，主要元音高的韵母有阴入而缺中入；主要元音低的，则有中入而缺阴入。主要元音高的音时较短，主要元音低的音时较长。这是一条总的规律。

ip、it、yt、ut 的来源及其特点为：

ip 来自咸摄开口三等叶韵（如：聂、接、叶）。

业韵（如：劫、业、胁）。

四等帖韵（如：帖、蝶、协）。

it 来自山摄开口三等薛韵（如：别、列、热）。

月韵（如：揭、歇）。

四等屑韵（如：篾、铁、结）。

yt 来自山摄合口三等薛韵（如：劣、绝、雪）。

月韵（如：月、越）。

四等屑韵（如：缺、血）。

一等末韵，端组、来母、精组（如：夺、捋、撮）。

---

① 参阅黄家教《广州话无介音说》，载《学术研究》1964 年第 2 期。

ut 来自山摄合口一等末韵，帮组、见组（如：拨、末、括、阔、活）。

ip、it、yt、ut 四个以 i、y、u 为主要元音的入声韵，这些韵母不管来自哪个等，一般都念得较长，也就形成了只有中入而缺阴入（it 韵有个别阴入的字）。在阳入调，一般也念得较长。这又是广州方言入声韵已呈松散的表现。

根据对广州方言入声的分析，可得出如下几点认识。

1）汉语语音的变化，可以从声母、介音、主要元音、韵尾、声调几个方面去观察。就汉语的音节来看，声母、介音、韵尾都可缺，而主要元音和声调不能缺。可见主要元音是汉语音节的骨干，声调是汉语音节的灵魂。研究广州方言入声的特点，正是要抓住主要元音与声调的关系。入声调依附于入声韵，有的入声韵有阴入而缺中入，有的则有中入而缺阴入，非常明显，这与韵母的主要元音有关。

2）从广州方言入声韵与入声调分布的情况来看，韵母主要元音的高低起了主导作用，高低是元音的主要属性，长短是元音的次要属性，是元音的高低决定元音的长短，而不是元音的长短决定元音的高低。入声韵的主要元音偏低，音时就长，入声韵塞音韵尾就会渐趋模糊。–p、–t、–k 三个韵尾逐渐归并，喉塞音韵尾 –ʔ 的出现，是入声走向消亡的重要标志。带 –ʔ 韵尾的入声韵进一步舒化，声调就势必走上"入派三声"的轨道。

广州方言的入声，阴入分化为阴入和中入，连阳入有三个入声调。与中入相配的入声韵，主要元音拉长，韵尾逐渐弱化，–k 已似 –ʔ，整个入声韵逐渐舒化，这是入声消亡的信号。

在这里，不妨参照潮汕方言的入声，以之论证汉语各方言入声走向消亡的共同规律。

潮汕方言入声有阴入和阳入之分，阴入是高短调，阳入是低短调。仔细分析，元音高低，音时长短，韵尾是 –k 是 –ʔ，声调的高低升降，都有差别。例如：

    阴入"直"tik^5 "碟"$tiʔ^{553}$

    阳入"迫"pek^1 "伯"$pɛʔ^{21}$

tik 中的 i 念得短；tıʔ 中的 ı 念得长。tik 的声调是高平短调；tıʔ 的声调是高平略呈下降。pek 的声调是短低调；pɛʔ 的声调是低平略呈下降。在处理上 ik^5 与 $ıʔ^{553}$、ek^1 与 $ɛʔ^{221}$ 可归纳为：ik^5 与 $iʔ^5$、ek^1 与 $eʔ^1$。这样就是通过韵尾来体现主要元音和调值的区别。

3）从广州方言的入声，可以想到"上古入声分为长入短入两类"之说是可信的。王力先生早有此说（见《汉语史稿》上册），近著《古无去声例证》（见《语言研究论丛》）又进一步论证此说。这对于我们研究方音的现状和预测方音的发展趋势，都是有启发作用的。

（原载《音韵学研究》第 1 辑，中华书局 1984 年版）

近代汉语全浊音声母的演变

李新魁

《切韵》音系中的全浊音声母包括：

并　奉　定　澄　从　邪　床　禅　群　匣

一共是十个声母。这些声母的音值，各家的拟音并不一致。高本汉、赵元任、王力、方孝岳、董同龢等人拟为送气浊音；陆志韦、李方桂、周法高、李荣等人拟为不送气浊音；马伯乐则认为送气与否视时代的先后而不同，隋朝时读不送气，唐朝时读送气；葛毅卿却说看声调而定，阳平读送气，阳上、阳去字读不送气。我们认为，中古（隋唐时代）之时，汉语全浊音声母的音值拟为不送气比较合适，详细论述参见拙著《汉语音韵学》第七章第二节，这里不赘。

中古的全浊音声母在宋代以后逐渐演变为清音声母。它们演变的最终结果，在现代北京音中的表现是：

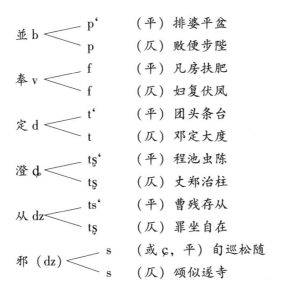

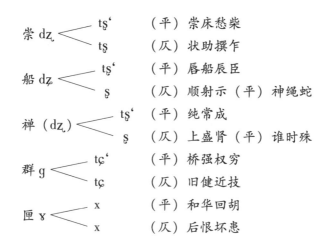

入声字变为非入声的变化发生在全浊音消失之后,所以它们变化的规律同于仄声,如中古的全浊音入声字白、宅、着、拔等后来变为平声,但现代读为不送气清音声母,与平声全浊音字变为送气清音不一样。

中古的全浊音声母字是如何演变为现代的清音声母的?中间经历了什么样的过程?演变的时限又怎么样?这些问题,有必要加以比较深入的探讨。本文准备就这些问题提出一个初步的看法。

一、唐宋时代:全浊音声母开始消变

唐宋时代的全浊音声母,就总体的情况来看,基本上维持着《切韵》系统的格局。唐末宋初出现的三十六字母(唐代守温定为三十字母,宋初增为三十六字母),全浊音的保存还很完整。唐宋出现的韵书、韵图,全浊音与清音声母字的分立仍相当清楚。不过,这一时期的一些语言材料,开始出现全浊音声母消变的蛛丝马迹。如唐人李肇《唐国史补》卷下云:"今荆襄人呼提为堤……关中人呼稻为讨、呼釜为付,皆讹谬所习,亦曰坊中语也。"提字为全浊声母定纽字,堤为清音声母端纽字;稻也是定纽字,讨是透纽字;釜是全浊声母奉纽字,付是非纽字。从李氏的叙述来看,唐代的湖北方言和关中方言的俗语(所谓"坊中语"),全浊声母字有变为清音声母的可能。然而《集韵》皓韵之内收稻字入讨小韵,并曰:"稻,秔也,关西语。"《集韵》特别指明稻之读为送气清音,是关西方言的读法,可能只是少数字变读为清音,并不能代表所有的全浊音字。

另一迹象是,北宋时,邵雍作《声音唱和图》,他将浊音声母分为两类,大体上是以仄声字配不送气清音（如以群纽字"近揆"配见纽字"古甲九癸"，以定纽字"兑大弟"配端纽字"东丹帝"等），以平声字配送气清音（如以群纽字"乾虬"配溪纽字"坤巧丘弃"，以定纽字"同覃田"配透纽字"土贪天"等），情况与后代北方语音全浊音消失后变为清音的分配情况相合。故周祖谟先生《宋代汴洛语音考》认为："近揆二字与乾虬二字皆属全浊群母一类，今邵氏以仄声之近揆与见母相配，以平声之乾虬与溪母相配，盖全浊之仄声已读同全清，全浊之平声已读同次清矣。此与今日北方语音正合。"周先生的推断有一定的道理，但从整个全浊音发展过程来考察，说北宋时全浊音声母就已经消失，颇可怀疑。我们认为，邵氏分全浊音声母字为两类以与全清、次清音字相配，还不足以断其为全浊音已经消变为清音。因为邵氏在此书的十二音图中明白地标明全浊音字为"浊"，他把它们分两类来与全清、次清音相配，还不是把它们与清音字混列。对此，周先生解释为"惟邵氏仍墨守字母家之旧说，故仍列为浊音耳。"我们以为，北宋时期，还没有别的语音材料比较全面地显示出全浊音消变为清音的迹象。宋人作的韵图如《韵镜》《七音略》《四声等子》和《切韵指掌图》等对全浊音字都分立不乱，南唐朱翱为徐锴《说文解字系传》所作的反切，对全浊音与清音声母字也区分得相当清楚。邵书将全浊音分为两类，与全清、次清音字相配，不一定意味着它已变为清音。他将全浊音字分为两类，很可能是当时的全浊音字按声调的不同（平声字与仄声字的差异）分化为两类，一类是送气浊音（平声字读为此类），一类是不送气浊音（仄声字读为此类）。这种情形可能正是全浊音消变的前奏。邵氏将它们标为"浊"，并不是墨守旧说，而是反映了全浊音消变的起始阶段。全浊音在《切韵》系统中，原读为不送气浊音，在北宋时的洛阳话中可能分化为两类：在仄声字中保持原来的读音不变，而在平声字中由于受到调值的影响（一般认为升调能使全浊音变为送气音），变为送气浊音。大概在北宋时，平声已经分化为阴、阳两类，阴、阳的分化是以声母的清浊为条件的。由于声母读为清浊的不同，影响到声调的调值，结果在平声中分为阴平和阳平两类。声调分化为两类之后，反过来又影响声母的发音，全浊声母的平声字逐渐变为送气音。如群、乾等字就读为［g'］。

仄声字在北宋时理应也分为阴阳两类，特别是上声字肯定分为阴、阳两类，它们的分野也是以声母的清浊为条件。宋代之时，已经发生了全浊上声字变为去声的过程。宋人张麟之在《韵镜》卷首的序例中写有"上声去音字"一节，曰："凡以平侧呼字，至上声多相犯（如东同皆继以董声，刀陶皆继以祷声之类），古人制韵间取去声字参入上声者，正欲使清浊有所辨耳（如一董韵有动字，二十二皓韵有道字之类矣）。或者不知，徒泥韵策分为四声，至上声多例作第二侧读之，此殊不知变也。若果为然，则以士为史，以上为赏，以道为祷，以父母之父为甫，可乎？今逐韵上声浊位并当呼为去声。观者熟思，乃知古人制韵，端有深旨。"张麟之这段话说明几个问题：①宋时的平声已分为两类，一为阴平，一为阳平，所以他说"以平侧呼字，至上声多相犯"，平字有东、刀和同、陶两类，前者为阴平，后者为阳平，两个平声在调四声的时候，"调"至上声却不分了，只有一类，东同继之以董，刀陶继之以祷，为什么？全浊的上声不存在了。②当时的全浊上声字，如动、道之类已变入去声。这些字在古代韵书（如《广韵》）中列于上声，但在宋时的实际语音中已变为去声。张氏不明音变的道理，反而说是古人取去声字参入上声，这是不正确的。但这正说明宋代已发生了"全浊变去"的演变。③张氏对清浊的分辨甚为明确。他说古人之所以将动、道等字列于上声，其目的是"正欲使清浊有所辨"。但对照实际语音，他认为"今逐韵上声浊位并当呼为去声"，也特别指明其为"上声浊位"，可见在当时的实际语音中，浊音并没有消失。不然，"清浊有所辨"的说法就成了无的放矢。全浊的上声字变为去声，表明当时在上声的调值上当分为两类，一为阴上，一为阳上，阳上变为去声。如不分为两类，一体读为上声一类，这种变化也就欠缺必要的区分条件。张氏所指出的浊上变去的事实，不止发生于宋代，唐代已经出现。白居易的诗作中，许多全浊上声字已与去声字互押，如《琵琶行》中的"部"字，与住、妒、数、汗、度、故、妇、去等字相押；《高仆射诗》中的"殆"字，与爱、泰、内、外、载、世、辈、盖、迈、退、戒、带等去声字相押，等等。韩愈的《讳辨》中，杜字（浊上）已与度字（浊去）同音。浊上变去，意味着上声可以分为"浊上"（阳上）与"清上"（阴上）。而去声是不是就只有一类呢？我们认为，在唐代之前，声调已有平、上、去、入四声，声母里有全浊音与清音之别。全浊音全部读为不送气音。后来，根据声母清浊的差异，声调方面逐渐分化为阴、阳两大类。唐人孙愐在《唐韵·序》"后论"一段中说："引字调音，各自有清浊。"这句话暗示着在引字调音的时候，各可以分成清浊两类，也就是有阴、阳调的区分。唐人李涪的《刊误》说："吴音乖舛，不亦甚乎！上声为去，去声为上。……恨怨之恨则在去声，很戾之很则在上声。又言辩之辩则在上声，冠弁之弁则在去声。又舅甥之舅则在上声，故旧之旧则在去声。又皓白之皓则在上声，号令之号则在去声。又以恐字恨字俱去声。今士君子于上声呼恨，去声呼恐，得不为有识之所笑乎?"李涪所说的很、辩、舅、皓诸字是上声的全浊音字;恨、弁、旧、号诸字则是去声的全浊音字。他把《切韵》指斥为"吴音",认为它所分不对,不合于"禀气特正"的"东都"(洛阳)音,可见当时的东都音浊上已变为浊去。由此可知,不单上声有两类,去声也分为阴、阳两类。不然,浊上就不会与浊去合一,而只可能是上声与去声合一。因此,唐代的某些方言,四声各分为两类,是很有可能的。现代南方那些保留古音特点较多的方言,如广州话、潮州话等,四声都各有阴阳之分,可能正是这种情况的遗留。声调分为两类,是以声母的清浊为条件的。其分化情况是:

全清、次清音字——读阴平、阴上、阴去、阴入。
全浊、次浊音字——读阳平、阳上、阳去、阳入。

后代的方言清、浊与阴、阳的配对不一定都保持这种公式。如吴方言在清浊上基本保持这种状态,只是声调发生消变,潮州方言在声调上保持这种状态(四声各分阴阳),但在清浊音方面却发生消变。有的方言在声调方面发生变化,归并了某些调类,如客家方言的阴去、阳去合一,存在六个声调,而北方某些方言则阴阳上、阴阳去、阴阳入合一,只存五个声调。宋代的北方方言大概就是分为这五个调。

中古的全浊音声母字在宋代的变化,就是按阴、阳调的分野区别为送气音与不送气音的。平声的阳调字(阳平)变为送气浊音,仄声(包括上、去、入声字)的阳调字仍读不送气浊音。邵雍作《声音唱和图》时,汴洛地区的语音正保留这种状态。后来,有一些方言逐渐丧失了全浊音声母。首先消变的是读为阳平调的送气浊音。反映这一变化的,是南宋祝泌所作的阐扬邵雍《声音唱和图》天声地音理论的《皇极经世解起数诀》。此书列了一个"一百五十二音入卦表",此表有不少混而不清的地方,但我们从他的排列中还可以看出当时汉语声类的一些特点。此书把全浊音字既列入"清音",又列入"浊音",列入清音者大体是平声字,列入浊音者大体是仄声字。按祝氏对清、浊音这两个词语的运用,与一般所说的清浊概念不甚相同,其中也牵涉到声母的发音部位。如他把唇音的非敷 [f] 声母字列为清,滂 [p'] 母字也列为清,而帮 [p] 母则列为与 [f] 相配的浊;舌音端 [t]、透 [t'] 母字列为清,而知 [ṭ]、彻 [ṭ'] 母字则列为它们相对的浊;牙音见 [k]、溪 [k'] 母字列为清,齿音精 [ts] 组字列为清,照 [tʂ] 组字列为与之相配的浊,等等。除那些从不同的发音部位出发定为清浊音者外,其他的"清浊"还是与一般所用的概念一致的。就全浊音声母来说，平声字为清，仄声字为浊。这在分类上与邵氏基本一致，但叫法却不相同。大概在祝泌作该书时（公元1241年），念为送气浊音的平声字已经进一步变为清音，所以祝氏称之为"清"，而不与邵书一样标为"浊"。但仄声字仍保持称为浊音不变。

可以作为此书的参证的，是宋人严粲在《诗缉》中的说法。他说："今人调四声者，误云：同桶痛秃，不知'同'为全浊，桶痛秃皆为次清，清浊不伦矣。"从严氏这段话中可以看到几个情况：①宋代的一般口语已有将全浊音字"同"读为清音的，所以有人拿它来与次清音字桶痛秃等"调"四声。②全浊音在平声字变为送气清音，"同"字读为 [t'oŋ]，所以与桶 [t'oŋ] 等字四声相承。③拿"同"字来与桶痛秃调四声，严氏指斥为"误"，说别人"不知'同'为全浊"，可知当时尚有读"同"字为全浊的，至少是读书音如此。如果所有的全浊音字都变为清音，所有的方言都失去全浊音，严氏也就不必指其为"误"。④严氏只指以"同"字与桶痛秃调四声为误，不及其他仄声的全浊音声母字，这表明"俗音"所以"俗"者，只是平声字而已，其他的仄声字有仍读全浊之可能。严氏这段话所表明的情况，是与祝泌的分法相合的，可以互相印证。总之，在南宋时，全浊音声母字可能在平声字中已经消变为送气清音，而在仄声字中，却仍旧读为全浊音，《起数诀》所反映的，正是这种现象的典型。

宋代的其他韵书韵图如《集韵》《礼部韵略》《五音集韵》《四声等子》《切韵指掌图》等，都看不出全浊音声母方面有消失的迹象。它们所反映的，可能是当时的读书音。口语上则是在平声字中消失了全浊音，而且可能是全浊音与送气清音两读。如"同"读 [doŋ]，又读 [t'oŋ]。

二、元代：全浊音的平声字可能清浊两读

元代的韵书如《古今韵会举要》（熊忠据黄公绍《韵会》修订，作于公元1297年之前）仍然参照《蒙古字韵》及当时的实际语音对音类再加以区分，在表面上采用《壬子新刊礼部韵略》所分的一百零七韵之下，另区别为各个"字母韵"，表现了保守与革新相杂糅的精神。但在声类上，它仍然保存着传统的全浊音声母。这大概是它在声母的分类上更着重于反映当时的读书音。

《蒙古字韵》是元代时用八思巴字与汉字相对照的一部同音字汇。它撰

作的年代不详，大概是作于八思巴字颁行的 1269 年以后到《古今韵会举要》撰作的 1297 年之前这一段时间的作品。它表面上看来，保存了全浊音声母。它将声母分为三十三类，但在八思巴字对音中，它以清音对译汉语的浊音字，以浊音对清音字。这种现象，目前我们仍然找不到很满意的解释。初步的看法是，《蒙古字韵》时，全浊音也开始消变了，但八思巴字的译音人由于本身的语音是不分语音的清浊的，所以在译音时把清浊两类字弄颠倒了（详细论述参阅拙著《〈中原音韵〉音系研究》，中州书画社 1983 年版）。

　　元代真正表明全浊音声母消变为清音声母的，主要是周德清所作的《中原音韵》，此书把声母分为二十类（据罗常培考定），全浊音声母消失。此书在声调方面的主要表现是"平分阴阳"和"入派三声"。平分阴阳与全浊音的消变密切相关。一般的看法是，全浊音声母在《中原音韵》中已经消失了。不过我们通过对此书的进一步研究，认为《中原音韵》之时，汉语的全浊音声母，在中原地区中，已经变为清音声母；但是，在周德清撰作该书的时候，全浊音并没有彻底消失。当时的平声字，可能还是全浊音与次清音两读。这个结论是从周德清撰作《中原音韵》的原本时把平声字分为"阴""阳""阴阳"三类字看出来的。周氏分平声为此三类，前人已有怀疑。明王骥德《曲律》"论平仄第五"说：

　　周氏以为阴、阳字惟平声有之，上去俱无。夫东之为阴，而上则为董，去则为冻；笼之为阳，而上则为陇，去则为弄，清浊甚别。又以为入作平声，皆阳。夫平之阳字，欲揭起甚难，而用一入声，反圆美而好听者，何也？以入之有阴也。盖字有四声，以清出者，亦以清收，以浊始者，亦以浊敛，此亦自然之理，恶得谓上、去之无阴阳，而入之作于平声皆阳也。又言，凡字不属阴则属阳，无阴阳兼属者。余家藏得元燕山卓从之《中原音韵类编》，与周韵凡类皆同，独每韵有阴有阳，又有阴阳通用之三类。如东钟韵中，东之类为阴，戎之类为阳，而通、同之类并属阴阳，或五音中有半清、半浊之故邪？

　　王氏提出的这一问题，是值得深入追究的。卓书至今尚存，它仿照周德清《中原音韵》而作，这一点，学术界的意见是一致的。那么，它对平声字分阴、阳、阴阳三类，是它的独创呢，还是来自周德清？一般认为，卓书的做法是继承周书而来的。周德清的《中原音韵》中，原来的初稿大概也是分为这三类的。卓氏作《中州乐府音韵类编》时，也按照周书的做法分平声为三类。陆志韦先生在刊印《中州乐府音韵类编》（中华书局1978年版）的"说明"中有一段分析，他说："《类编》分'阴''阳'和'阴阳'三类，《中原音韵》'的本'只分'阴'和'阳'两类。《中原音韵·正语作词起例》说：'《中原音韵》"的本"内，平声阴如此字、阳如此字。萧存存欲锓梓以启后学，值其早逝。泰定甲子以后，尝写数十本，散之江湖。其韵内平声，阴如此字、阳如此字、阴阳如此字。夫一字不阴则阳，不阳则阴，岂有一字而阴又阳也哉！此盖传写之谬。今既"的本"刊行，或有得余"墨本"者，幸毋讥其前后不一。'细读《中原音韵》的自序、后序、起例、以及别人写的序文，对上面那段话可以作这样理解：《中原音韵》的初稿在公元1324年（即泰定甲子）秋天写成以后，萧存存手抄了几十本在社会上流传，这就是周德清所说的'墨本'。'墨本'的体例是平声分为'阴''阳''阴阳'三类。《中原音韵》'的本'刊刻前那段时间里，周氏在'墨本'的基础上，经过增删修订，才成'的本'，正式刊刻。其中最重大的修订，就是把平声三类并成两类，这是周氏的一大发明。但是周氏却不敢承担'墨本'平声分三类的错误，而归咎于已经逝世的萧存存。按平声分三类的体例，阴平没有阳平可配的归阴类，阳平没有阴类可配的归阳类，阴平和阳平能相配的归阴阳类。但是依据语言实际，有时阴本可配阳，或阳本可配阴，只是因为言语里偶然没有可用的字，或是只有偏僻而不能用作韵脚的字，这样失偶的小韵该归阴类或阳类，还是归阴阳类呢？这就叫编韵书的人太为难了。周氏所以要修改体例的理由，也许就在于此。"前几年，我写《〈中原音韵〉音系研究》的时候，基本上接受了陆氏这一解释。近来，我经过进一步探究之后认为，周氏之所以要把平声分为这三类以及后来又再并为两类，恐怕不是由于两类字是否相配。"阴阳"这一类字的分出，主要的表面现象当然是取全浊音字与次清音字可以配对。但这种做法不仅因为全浊音可以配次清音，可能还有实际语言发音上的原因。

首先，周氏以全浊音的平声字配送气清音平声字，这是因为全浊音字这时已经变为送气音，与送气清音相同，所以拿来与送气清音相配。这表明这时的平声全浊音字已经变为送气音了。那么，是送气清音还是送气浊音呢？看来应是已经变为送气清音。那么，周氏为什么不把它们按照他后来在"的本"中的分法，把这些由原来全浊音字变来的"阳平"调字归入阳平一类而要另立"阴阳"一类呢？"阴阳"一类在发音上与"阴"或"阳"在发音上有什么区别呢？"阴阳"一类的分出仅仅是局限于分类上求其可与清音相配对呢，还是另有发音上的依据？我们认为，阴阳类区分出来的缘由，应从周氏自己的解释中去寻找。

周氏在"墨本"中把原端、知、见、章、庄、精、心、帮纽字列在平声"阴"类之内,把来、泥、日、明、微纽字列在平声"阳"类之内,而平声"阴阳"则收原全浊音並、定、澄、从、崇、床、群、匣、喻等纽字(我们称为甲类)以及与之相配的原次清音滂、透、彻、清、初、昌、溪、晓、影等纽字(我们称之为乙类)。甲类字在后代变为送气清音,与乙类字在声母上没有区别,只是在声调上有阴平与阳平之分。这两类字从"调"的角度上说,与平声中的阴、阳类相同,自应与它们排在一起合归阴平和阳平。那么,周氏在初作书时为什么要把它们分出一类称为"阴阳"呢?"阴阳"云云究何所指呢?周氏在上引那一段话中说:"夫一字不属阴则属阳,不属阳则属阴,岂有一字而属阴又属阳也哉?"可见他所分的"阴阳"一类是表明其"一字而属阴又属阳"的。但从他所分的"阴阳"类字来看,乙类字不存在什么既属阴又属阳的问题,因为它们本来就是清音字,清音字读为阴平调。有可能既属阴又属阳的,应当是指甲类字,即原来的全浊音字。但从"声调"的角度上说,它们不可能既属阴平又属阳平,因为这些全浊音字正是由于原属全浊音声母而读为阳平的。它们变为送气清音,按一般的说法,是以声调为分化条件的(即平声变为送气清音,仄声变为不送气清音)。在它们变为送气清音之前,它们本就应读为阳平,不可能到元代它们又可以有阴平与阳平两属。因此,周氏所说的"一字而属阴又属阳",显然不是指声调的两属而言,而应当是指声母的两读而言。即清、浊音两读,是为旧音与新音两读。旧音就是原来全浊音的读法,新音就是后来变化出来的送气清音。因此,周氏这种把它们归为"阴阳"而表明其"一字而属阴又属阳"的做法,正说明在元代之时,全浊音声母虽已消变为送气清音,读为阳平调而与原来的送气清音字(乙类字)相配,但仍保有原来全浊音的读法,形成"阴阳(实即清浊)两属"的局面。次浊音字(来、泥、日、明、微等)因为不发生从浊到清的变化,它们便只属"阳"之一类,而不象全浊音字一样可阴可阳。如果说"阴阳"一类是表示其声调上的可阴可阳,而不是声母之可清可浊,那么,"阳平"的来、泥、日、明、微等纽字也应是可阴可阳,因为它们也是由平声分化而来的。因此,我们认为,在周氏初作《中原音韵》之时,全浊音并没有完全消失,而在某些情况下还显露出它们存在的痕迹。后来周德清在写定此书时,删去这"阴阳"一类,分归阴类和阳类,可能这时候的清浊两读的情况已经逐渐减少或消失了。而从周氏对全浊音字原先的处理办法来看,恐怕不能说"声母之清浊乃一变为声调之阴阳"(罗常培《〈中原音韵〉声类考》），而可能在"阴阳"一类字中，声母的清浊与声调的阴阳一起存在，或者是全浊音声母字仍可清、浊两读。

《中原音韵》中除了它的"墨本"表现了全浊音声母字可能存在清浊两读之外，在少数的去声字，还显示了全浊音声母存在的迹象。如江阳韵中有"晃"（原匣纽字）与"况"（原晓纽字）小韵的对立，家麻韵中有"话"（原匣纽字）与"化"（原晓纽字）的对立等。

三、明代：全浊音的仄声可能仍清浊两读

入明以后，汉语的全浊音声母并没有立即消失。许多明代制作的韵书、韵图仍然保存着全浊音，特别是明代中叶以前。到明代中叶以后，一些韵书、韵图已不再表现保存全浊音，但这主要是一些反映北方方言的书。明代主要的韵书、韵图保存或取消全浊音的情况大致如下。

保存全浊音者：

《洪武正韵》安徽全椒人乐韶凤等人编撰，书成于1375年，分声母为三十一类。

《韵学集成》嘉定人章黼撰，书成于1481年之前，分声母为三十类。

《声韵会通》江苏昆山人王应电撰，书成于1540年，分声母为二十八类。

《韵学大成》安徽广德人濮阳涞撰，书成于1578年，分声母为三十类。

《并音连声字学集要》撰人不详，书成于1574年，分声母为二十七类。

《字学元元》湖南郴州人袁子让撰，书成于1603年，分声母为三十六类。

《韵表》浙江衢州人叶秉敬撰，书成于1605年，分声母为三十类。

《韵法直图》撰人不详，梅膺祚于1612年在安徽歙县得到此图。此书分声母为三十二类。

《音声纪元》安徽徽州人吴继仕撰，书成于1611年，分声母为三十二类。

《泰律篇》云南人葛中选撰，书成于1618年以前，分声母为二十五类。

《四声经纬图》嘉兴人陈荩谟撰,书成于1632年,分声母为三十六类。

《音韵日月灯》河南新安人吕维祺撰,书成于1633年,分声母为三十六类。

取消全浊音声母者:

《韵略易通》云南人兰茂撰,书成于1442年,分声母为二十类(用一首"早梅诗"表示)。

《青郊杂著》山东人桑绍良撰,书成于1543年,分声母为二十类。

《书文音义便考私编》南京人李登撰,书成于1587年,分声母为二十一类。

《交泰韵》河南人吕坤撰,书成于1603年,分声母为十九类。

《重订司马温公等韵图经》河北金台人徐孝撰,书成于1606年,分声母为二十二类。

《元韵谱》河北内丘人乔中和撰,书成于1611年,分声母为十九类。

《西儒耳目资》法国人金尼阁撰,书成于1626年之前,分声母为二十类。

《韵略汇通》山东掖县人毕拱宸撰,书成于明末之前,分声母为二十类。

《切韵声原》安徽人方以智撰,书成于明末之前,分声母为二十类。

《韵通》安徽芜湖人萧云从撰,书成于明末,分声母为二十类。

《等音》云南人马自援撰,书成于明末,分声母为二十一类。

《韵法横图》南京人李世泽撰,书成于明代中叶以后,它表面上保存全浊音,事实上是全浊音消失。

上举二十多种韵书、韵图中,保存全浊音与取消全浊音的书几乎各占一半。从作者的籍贯来看,存浊者多是南方人,而取消全浊音者则多为北方方言区的人。那么保存全浊音是不是南方方言的反映呢?看来不尽然。同是云南人,马自援的《等音》不存全浊音,《韵略易通》也是如此,而葛中选的《泰律篇》则保存全浊声母;同是安徽人,方以智的《切韵声原》取消全浊音,而吴继仕的《音声纪元》则仍然保存。各人的撰作不是全用自己的方音。据我们的分析,保存全浊音声母者所反映的基本上是当时比较接近于读书音的书面共同语,而取消全浊音则是比较接近于口语共同语。换一句话说,明代的"世俗之音"多已失去全浊音声母,而"知音者"口中的书面共同语,则保存了这些全浊音。不过,明代保存全浊音的书面共同语,看来也不是在所有的古全浊字音中都保存全浊音的读法,而是与前代一样,平声字中的全浊音已经消失了,声母的清浊已经化为阴、阳的分野,但仄声字里面,却仍然保存全浊音的读法。这种情况,在王文璧修订《中原音韵》等一系列韵书而成的《中州音韵》一书中正有所表现。王书创造了一套新的切语来表示字音,它表面上不分阴、阳平两调,但这两者的不同,是用反切上字来表示的。阴、阳平字的反切上字基本上分用不乱。这说明在平声中清浊声母的区别已经转化为声调的不同。在上声字中,反切上字却清浊声字兼用(因为上声字不分阴阳),这也表明上声字中清浊声母的界限已经消失,只是没有转化为声调的阴阳而已。在去声字中,基本情况与上声字相似,但某些原来的全浊音声母字的反切上字却仍用全浊音声母字,尽管这些反切上字看来已不合于被切字的读音。这种现象并不普遍存在,只是有规律地出现在舌音声母上。如家麻韵中的"大"字,堂那切;尤侯韵的"豆"字,唐漏切;庚青韵的"邓"字,唐稜切;"定"字,提另切;盐咸韵的"淡"字,徒滥切,等等。大、邓、定、豆、淡等字本都是全浊音声母"定"[d]纽字,这些字在全浊音消失后变为不送气清音。《中州音韵》中,原属全浊音的字基本上都变入清音,平声字变为送气清音,如唐、堂、提、徒等;仄声字变为不送气清音,如队、罪、兑、萃、跪等。按照《中州音韵》注音、定切的通则,变入送气清音的字用送气清音为切,两者分用不乱。但是,大、邓、定、豆、淡等字却用堂、唐、提、徒等变入送气清音的原全浊音字为切,这就与上述的原则不合。大、邓、豆等字在后来是变为不送气清音的,堂、唐、徒等字是变为送气清音的,它们的发展分道扬镳。照其他声母字的通例,大、邓等字是不应该用堂、唐等字为反切上字的,但《中州音韵》却偏偏用这些字作为大、邓等的切上字,这只能表明,大、邓等字在当时还读为全浊音,还没有完全变为不送气清音[t]声母,所以不能用其他的不送气清音字(如多、都、丁等)为切。

此外,明代的《韵法直图》把声母分为三十二类,表面上看来虽然保存了全浊音声母,但事实上,此书所反映的全浊音声母也只是一种残存结构,许多全浊音字已与清音字混读。全浊音声母也基本上是残存于仄声字之中。麦耘《〈笠翁词韵〉音系研究》(中山大学硕士论文)说:"此图全浊音的仄声,常与相应的清声母字同音。以去声中的古群母字为例,据我们的考证,在'骄居钧光江规涓坚兼鸠'10 韵中仍保持其全浊音的独立地位，而在'基弓京巾乖皆甘'7 韵中则已清化；又如床（澄）母的去声字，在'骄基弓庚钧赀皆挈迦涓坚关艰监钩鸠'16 韵中与清声母对立，而在'公居京巾簪光江规姑'10 韵中已读入清声母中。"由此可知，《韵法直图》对原全浊音字的读法，也是动摇于清、浊音之间，有一些原全浊音字清化了，而仄声字（主要是去声字）则仍存留全浊音的读法。这种情况，与自元代以来的某些语音材料的表现是一致的。

当然，这种把原全浊音声母的仄声字仍然读为全浊音，可能只是某些反映当时书面共同语语音的韵书、韵图的现象。而对于当时的口语共同语语音或各地（主要是指北方方言区）的"俗音"来说，这些仄声字也都已经变读为清声母了。这种情形，我们可以从明代的各种韵书、韵图的叙述中得到印证。如明代中叶以后，有一些地方的人已把原来全浊音声母的仄声字读为不送气清音，但明代的音韵学家袁子让在《字学元元》一书中，则主张把这些仄声字读为送气清音，以与原全浊音的平声字读为送气音相一致。他在该书卷二中说："三十六字母本读定矣，而读母者不知其辨，多误识之。如读定误若端母下之订，读并误若帮母下之柄，而不知定徒径切、并蒲迥切也，故读此两母下。等子平声则如其母读（李按：即读为送气清音），而上去入则误读为端帮等字，与其母固相枘凿，与其平声亦殊矛盾。予尝屡试读者，各摄皆然。然此两母之误，误母以及其子，犹可原也。至于群母下之上去入，多读如见母，澄母下之上去入多读如知母，从母下之上去入多读如精母，床母下之上去入多读如照母，此四母未尝谬读也，而读等子者，何读其上去入与其本母及平声大相径庭乎？夫以母生子，以平推上去入，未有母然而子否、平若而上去入戾者。以予概之，群定澄并奉从床邪禅匣喻十一分浊母之上去入，当如溪透十一分清母之上去入一类读之，从平声顺转下，自然得妙。何读者之一谬至于是？盖由释氏家传讹习，后先同舌，彼初不解其义，不知其切，信耳而入，信口而出。徒知其师教之如此，故其读如此也。予恐学者又履领释氏之谬，而传于吾儒，故详辨之。"由袁氏这段话看来，明代之时，原全浊音的仄声字尚没有固定的读法，许多人把它们读为不送气清音，而袁子让主张读为送气清音，以与平声字取得一致。如果当时已固定地读为不送气音，袁子让这种主张，就属于脱离实际或自我作意了。袁氏在同书卷九中又把这种读原全浊音声母仄声字为不送气清音称为"世俗"之音，可见当时的"雅音"对这种读法必有不同。一个可能是仍读为全浊音，另一个可能是像他所主张的读为送气清音。他说："今世俗呼近如见母之敬，呼步白备鼻如帮母之布北贡库,呼兑大弟如端母之对待帝,呼自在匠如精母之恣载酱,呼乍如照母之诈,呼宅直如知母之折陟……世俗之呼不为无据也。"这个"世俗"的读法,正是后代的读法,袁氏视之为"世俗",其读音当与当时之雅音不同。袁氏之后的吕维祺在《同文铎》一书中,也对这个问题发表了意见,他说:"诸母牙音中见溪群三母易明,惟疑母有讹呼作夷者……夫疑,鱼其切,夷,繇其切,牙、喉固有辨也。舌头四母惟定母有订、听二声,此作母者乃听声也。而读等子者多读作订声,订于徒径切不合,而且于本母下同啼台屯团田迢驼唐腾等字亦谬。"吕氏则是专就三十六字母中之"定"字的读法来说的,他也与袁氏一样主张应把定字读为送气音。吕氏又说:"重唇四母惟並母並蒲迥切,当作瓶上声或瓶去声,今皆读作兵去声,则是帮母下字,何以与滂互分清浊?其去本母下蓬皮蒲排瓶哀疱婆爬旁不亦远哉!"他也主张原全浊声母的仄声字应当读为送气音。而从他所说的"今皆读……"的话来看,明代的一般老百姓已读全浊音的仄声字为清音了,但所谓正音或雅音,则仍保持全浊音的读法。明人葛中选《泰律篇》卷八说:"问等韵四声,俱有全形,今浊仄何为借之清哉?曰:声之必四,有如四时,阴阳皆具。惟等韵布置永妙,全浊俱无正仄,故余归其真于纯清下,而仍用之,为其近耳。试观《指南》中,全浊上去入三声,皆呼为纯清之去入,无别也。至邪与心比,而邪之上去入,皆呼如心之去入,无别也。晓与匣、审与禅亦然。传习亦久,无处不然。然知音者,必不欲相混也。故周德清《中原音韵》于平声分阴阳,于仄则否;李士龙《音义便考》于群定並从禅澄床匣数浊母下仄声皆去之;俗书《韵略易通》于溪群、透定等清浊相比者皆出两平,而以仄统之,正谓此也。浊虽借仄,原有正仄,第以浊平直下呼之,亦自浑然全具仄声,清浊相配,相近而实相别,人特未易举耳。"这段话的意思也是说,一般的"俗音"把全浊音的上去入三声皆呼为纯清之去入,清浊相混,但所谓"知音者""必不欲相混",全浊的仄声字仍读为浊音。浊音字读为清音,这是"借仄",而它原有"正仄",它的"正仄"就是以浊平直下呼之便得,也就是它们本来全浊音的读法。由此可知,当时的一般口语俗音都已把全浊声母的仄声字读为不送气清音,而读书音或正音则仍保持原来全浊音的读法。这种全浊音在"知音人"口中,始能讲究。明人陆容《菽园杂记》卷四也说:"北人音韵不正者尤多,如京师人以步为布,以谢为卸,以郑为正,以道为到,皆谬也。"案步字《广韵》薄故切,暮韵並纽,布字博故切,暮韵帮纽;谢字辞夜切,祃韵邪纽,卸字司夜切,祃韵心纽;郑字直正切,劲韵澄纽,正字之盛切,劲韵章纽;道字徒皓切,皓韵定纽,到字都导切，号韵端纽。陆氏在这里举的，是一浊一清，浊音字读为清音，这是明代北京音的状况。但陆氏斥之为"音韵不正"。可见他心目中的"正"，就是把这些浊音声母的仄声字读为本来的全浊音。由此也可知，一般人口中的全浊仄声字已变为不送气清音，而正音仍保存全浊的读法。

四、清代：各地口语多已消失全浊音，但书面共同语的仄声字仍保存全浊音

清代以后，北方各地的口语绝大多数已经消失了全浊音声母。但清初的书面共同语对仄声字仍读为浊音，即是说全浊音声母在仄声字中仍然强固地保存着。最明显的证据是，《康熙字典》卷首所录的《字母切韵要法》，它仍用三十六字母作为声母的标目，但是，所用的字母却有所改变，改变的是原来用平声表示全浊音声母的字，如"见溪群疑"的"群"，是表示全浊音声母，平声，但此书改用仄声字"郡"来表示全浊音声母；"照穿床审禅"的"床"，本也是表示全浊音声母，平声，但此书改用仄声字"状"；其他的全浊音声母代表字"定""並""禅"因为本来就用仄声字，"从"字也可以读为去声，这些就都仍用旧字。群母改用郡字表示，清代的其他韵书、韵图，多是如此。由此可知，当时的全浊音声母在平声字中已经消失了，所以使用原来的平声字不足以代表全浊音，而改用仄声字来表示。这就表明当时的仄声字仍保存读为全浊音。所以清初的吴遐龄在《韵切指归》中说："白圈为阳，黑圈为阴，又白黑相兼为阳中带阴，然非纯阳之字，出口有三分阴，收音七分阳也。阴阳字惟平声有之，上去入俱无，盖平声清、仄声浊故也。"所谓"平声清，仄声浊"，我以为就是指原来的全浊音声母字，在平声中已变读为清音，而在仄声中仍读浊音。

清初的一些其他语音材料可以与此相印证。李渔作于康熙年音的《笠翁词韵》的全浊音仄声字与全清字对立，并没有合为一读，如：

洞—栋　　地—帝　　兑—对
豆—鬬　　造—灶　　渐—僭
讼—送　　谢—泻　　宙—昼
召—照　　乘—胜　　效—孝

按后代全浊音消失的方言来说，全浊音消失后变为不送气清音，与相应

的不送气清音合并，但此书仍保持这两者的对立。这种对立，只能视为全浊音声母在仄声字中仍然残存的迹象。据麦耘《〈笠翁词韵〉音系研究》（中山大学硕士论文）的探讨，上、去声字全浊音与清音对立的共有28例，入声字浊、清对立的共有38例。这表明李笠翁撰作此书时，全浊音的仄声字还没有完全失去浊音成分。这种现象，与《字母切韵要法》正可以互相印证。又如清初潘耒作《类音》，他在此书中说："北人非特无入声、缺疑母已也，竟以入声之字散入平上去三声，反谓平声有二，以稍重者为上平声，稍轻者为下平声，欲以配上、去为四声，是四声芟其一、添其一矣。疑母同喻，微母亦同喻。至群、定、床、从、并五母之上、去二声，竟与见、端、照、精、帮五母相乱，非唯本母不能再分阴阳，并上、去、入而皆失之，此其所短也。"据潘氏这种说法，他认为北方人口中，全浊声母群、定、床、从、并等读与全清声母见、端、照、精、帮等的仄声字相混，这是北音之"所短"。这种口气表明当时正音的仄声字当仍读为全浊音声母。

正因为有正音和当时的一些方言仍然保存全浊音声母，所以清代出现的许多韵书、韵图，仍然保存此类声母，如宗常的《切韵正音经纬图》、徐师臣的《徐氏等韵捷法》、无名氏的《挹涑轩切韵宜有图》、李元的《音切谱》、无名氏的《韵谱》、王佶的《韵谱汇编》、王曰恭的《增补韵法直图》、无名氏的《四声括韵》、张仲儒的《字学呼名能书》、无名氏的《揭摄韵法》、萧承煊的《天籁新韵》、陆陇其的《等韵便读》、无名氏的《翻切指掌》、方本恭的《等子述》、无名氏的《韵宗正派》、张序宾的《等韵法》、涂谦的《音学秘书》、倪路的《诗韵歌诀初步》、耿人龙的《韵统图说》、胡宗绪的《同文形声故》等。这些书保存全浊音声母，不会都是由于"复旧"和"保守"，也不是都反映南方之音。它们所表现的，多是当时书面共同语（当然也有某些方言）的读法。比如李元的《音切谱》，对当时全浊音的存废作了相当客观的反映。在此书中，许多全浊音字已混入清音声母。李氏在韵图中自注："此图与反切（案指传统韵书的反切）不合，如溪母之强乔勤求狂穷渠葵群本属郡母，透母之唐腾陶台坛头陀庭提条甜同徒屯团讫本属定母……"他把这些原属全浊声母的字列入清音声母之下，这当然是按照当时的实际读音来排列的。这反映了许多全浊音声母字已变为清音。但他又说："郡母或读从见……定母或读从端……郡定澄并从五母据《唐韵》反切及刘鉴《指南》而为此读也。《四声等第图》则勤求强虔皆在溪母……以愚所闻方言，唯秦陇河东南郡虔右等处读如《指南》之音，余皆不然。"按照李氏的说法，在清代，秦陇河东南郡等处仍保存全浊音。

清代的大多数方言，当然是消失了全浊音声母，这在许多韵书、韵图中也有所反映。由此可见，汉语全浊音声母的消变，各地方言的时间是不同的，这正是语言发展不平衡性的表现。就北京音来说，它的全浊音声母在明代中叶之时便已经消失了。而当时中原地区流行的书面共同语语音（读书音），则直至清代仍保持着全浊音。

总括上述全浊音声母在近代各个历史时期的演变，可以简单地概述如下。

唐宋时代，汉语的全浊音声母还相当完整，但已有发生演变的萌芽。全浊音声母消变的最早表现是，它们以声母清浊的不同读为两种不同的声调，不单平声字如此，在仄声中也是这样。有些方言的四声都各分为阴、阳两类，有些方言则在上、去、入声中合为一类，不分阴、阳。在当时的书面共同语读音中，全浊声母的平声字由于受到调值的影响，从不送气浊音变为送气浊音，而仄声字则仍保持不变，读为不送气浊音。南宋时代，阳平调的送气浊音字逐渐消变为送气清音。开始的一个阶段，还保持全浊音与清音两读，这在《中原音韵》的"墨本"中还有所反映。元代中叶以后，这种两读的情况渐趋消失。明朝之时，平声字基本上是变为送气清音了，但仄声字则仍读为全浊音。明代中叶，有些方言（如北京音）尽管平声字或仄声字都完全清化了，但读书音仍保持仄声字读为全浊音的特点，虽至清初尚犹如此。到了清代中叶以后，除南方的某些方言（如吴语、湘语）保存全浊音声母外，其他北方地区的绝大多数方言，不论是平声字或仄声字，全浊音都已变为清音了。这就是近代汉语全浊音声母演变过程的基本面貌。

（原载《中国语言学报》1991年第4期，第109-124页。后收入《李新魁自选集》，河南教育出版社1993年版，第182-206页。今据《李新魁自选集》收录）

从《颜氏家训·音辞篇》论《切韵》

罗伟豪

研究《切韵》的性质，颜之推的《音辞篇》是一种极重要的材料。陆法言《切韵·序》说："萧颜多所决定"，所以《音辞篇》可与《切韵·序》互相说明；尤其重要的是，《音辞篇》对各种音读反切的意见和《切韵》的去取内容几乎完全符合。下面就分几点谈谈我对《音辞篇》的理解。

一、"切韵音系"非一时一地之音

"夫九州之人，言语不同，生民以来，固常然矣。"《音辞篇》一开头就这样指出，自古以来就有方言的不同。后面又说"自兹厥后，音韵锋出，各有土风，递相非笑"，更进一步指摘了当时各地音韵学家讨论音韵的时候总不免带有自己的方音色彩。《切韵·序》说的"诸家取舍亦复不同""江东取韵与河北复殊"也就是这个意思。《切韵》是集合诸家音韵古今字书再加以捃选剖析而成的，这当然包括有各地方音的成素。有人认为，《切韵·序》所说的"论南北是非，古今通塞"应该有一个地区的方言作为标准，其实《切韵》并没有这个意思。《音辞篇》所说的"共以帝王都邑，参校方俗，考核古今，为之折衷。权而量之，独金陵与洛下耳"，意思并非主张"是非"的标准应该是金陵或洛下，反而是不看重这种专主一方的做法。当时方音分歧主要是南北两大势力，不过事实上这种分歧也并不是太大，所谓"河北江南，最为巨异"，今天看来并不能算是"巨异"，不是精于审音的人恐怕很难详细辨别它们的差异。① 所谓"土风"，也不过是大概就南北而言，并非真有详细分区的认识。至于当时一般音书作者，即一般审音家，他们都并不承认自己是"土风"，所以才"递相非笑"。中国音韵学家向来都不肯自安于从"土风"出发来谈论音韵，尽管事实上有些人不自觉地会带有土风色彩。大

---

① 陆德明《经典释文·序》："方言差别，固自不同。河北江南最为巨异，或失在浮清，或滞于沉浊。"张守节《史记正义·论例》："方言差别，固自不同，或失在浮清，或滞于重浊……若斯清浊，实亦难分，博学硕材，乃有甄异。"

家总各自以为相当全面,是有所"折中",拿自己所"折中"的音来非笑别人是"土风",并不是承认自己是"土风"来非笑别人的"土风"。如果承认自己是"土风",就无法笑别人是"土风"了。所以颜之推说"指马之喻,未知孰是",就是说大家都自以为是正确的通语,笑人家不是正确的通语,其实究竟谁正确谁不正确,很难决定,所以说"未知孰是"。自以为"通"而笑别人的"僻",正是"指马之喻"。连颜之推自己也曾经以"殊为僻也"来指摘别人的音,可以看出这种风气。所谓"共以帝王都邑"的"共"字,就是指上边所说的那些作音书的人,即"音韵锋出,各有土风,递相非笑"的人,说他们大家都是这样做的。他们所用作"折中"的标准也不过是南人从金陵、北人从洛下①,其实可以说"南染吴越,北杂夷虏,皆有深弊""两失甚多"。他这些话都说明了分韵定切并不应该单纯依据南方或依据北方,也就是不应该单纯依据当时的南方或当时的北方,因为照他说来,当时的南北都已有"杂染"了。这样看来,颜之推"多所决定"的《切韵》当然不是一时一地之音,不纯粹是当时的洛阳音,也不纯粹是当时的金陵音。

二、《切韵》所面对的语音事实

《切韵》所面对的语音事实,《音辞篇》当中所举的许多音读反切例子是有力的考查证据。

第一,我们从这些例句当中可以看出,当时有南北的方音分歧,大致南方方音的声母系统比北方方音似较简单。《音辞篇》云:"南人以钱为涎,以石为射,以贱为羡,以是为舐。"指的是南方方音的声母从邪相混,床禅相混。上述各例字依《广韵》反切说明:

钱,当音昨仙切,仙韵从母,南人读同涎,夕连切,仙韵邪母;
贱,当音才线切,线韵从母,南人读同羡,似面切,线韵邪母;
石,当音常只切,昔韵禅母,南人读同射,食亦切,昔韵床三;
是,当音承纸切,纸韵禅母,南人读同舐,神纸切,纸韵床三。

北方方音的韵母系统比南方似较简单,《音辞篇》云:"北人以庶为戍,

---

① 周祖谟《颜氏家训音辞篇注补》:"盖韵书之作,北人多以洛阳音为主,南人则以建康音为主,故曰权而量之,独金陵与洛下耳。"这样解释是很对的。

以如为儒，以紫为姊，以洽为狎"，指的是北方方音韵母鱼虞相混，支脂相混，咸衔相混。上述各例字依《广韵》反切说明：

庶，应为商署切，御韵审三，北人读同戍，伤遇切，遇韵审三；
如，应为人诸切，鱼韵日母，北人读同儒，人朱切，虞韵日母；
紫，应为将此切，纸韵精母，北人读同姊，将儿切，旨韵精母；
洽，应为侯夹切，洽韵匣母，北人读同狎，胡甲切，狎韵匣母。

第二，我们从颜氏所举的音读去考查，也可看出大致南北不同，虽有上述现象，但这些现象也有互见。《音辞篇》云："古今言语，时俗不同，著述之人，楚夏各异。《苍颉训诂》，反稗为逋卖，反娃为于乖；《战国策》音刎为免；《穆天子传》音谏为间；《说文》音夏为棘，读皿为猛；《字林》音看为口甘反，音伸为辛；《韵集》以成仍宏登合成两韵，为奇益石分作四章；李登《声类》以系音羿，刘昌宗《周官音》读乘若承。此例甚广，必须考校。"这大致都是北方人的著作。依《广韵》反切：

稗，应为傍卦切，卦·并，不应为逋卖切，卦·帮；
娃，应为于佳切，佳·影，不应为于乖切，皆·影；
刎，应为武粉切，吻·微，不应为亡辨切，狝·微；
谏，应为古晏切，谏·见，不应为古苋切，襉·见；
夏，应为古黠切，黠·见，不应为纪力切，职·见；
皿，应为武永切，梗三，不应为莫杏切，梗二；
看，应为苦寒切，寒·溪，不应为口甘切，谈·溪；
伸，应为失人切，真·审三，不应为息邻切，真·心；
羿，应为五计切，霁·疑，不应为胡计切，霁·匣；
乘，应为食陵切，蒸·床三，不应为署陵切，蒸·禅。

这些例子其声母是帮非与并奉有混，审三与心母相混（此例可能是讹音），疑母与匣母相混，床母与禅母相混。韵母是佳皆相混，谏襉相混，梗韵二、三等相混，寒谈相混。这说明北方音固然韵母有混，而声母也不是不混。而颜氏在后而又举出江南读"璠"为"藩"，读"岐"为"祇"（见下引），又说明南方音固然声母有混，而韵母也不是不混。

第三，我们又可以从颜氏所举的例子看出当时音读之中所存在的古音遗迹。反切的来源比较复杂，各种韵书、字书所用的切语是在一定时间范围内的历史产物，除了方音的分歧以外，也反映了古今语音的不同，即是方音分歧反映了古今沿革。《音辞篇》云："前世反语，又多不切；徐仙民《毛诗音》反骤为在遘，《左传音》切椽为徒缘，不可依信，亦为众矣。……《通俗文》曰：'入室求曰搜'，反为兄侯。然则兄当音所荣反。今北俗通行此音，亦古语之不可用者。"以上各例依《广韵》反切：

骤，锄祐切，宥韵床二，旧音却是在遘反（侯韵从母）；
椽，直挛切，仙韵澄母，旧音却是徒缘反（仙韵定母）；
搜，所鸠切，尤韵审母，古书却有兄侯反的音（侯韵晓母）。

这第三个例子是讹音。第一、二两例却明显地反映了一些系统的演变。上古精和照二两组是一类，端知两组是一类，但后来却逐渐分开。某些切语混淆两类界限，这是古音的遗留，而且还可能在某些方言里保存有此特点，但多数方言都已经变化了。旧时的切语不能照用了。《音辞篇》还举出了很多例子说明南北是非和古今通塞的相互关系。《音辞篇》说："玙璠，鲁之宝玉，当音余烦。江南皆音藩屏之藩。岐山当音为奇，江南皆呼为神祇之祇。江陵陷没，此音被于关中，不知二者何所承案。以吾浅学，未之前闻也。北人之音多以举莒为矩，唯李季节云：'齐桓公与管仲于台上谋伐莒，东郭牙望桓公口开而不闭，故知所言者莒也。然则莒矩必不同呼。'此为知音矣。"上述各例依《广韵》反切：

璠，应为附袁切，元韵并奉母，江南读同藩，甫烦切，元韵帮非母；
岐，应为渠羁切，支韵群母三等，江南读同祇，巨支切，支韵群母四等；
莒，应为居许切，语韵见母，北人读同矩，俱雨切，虞韵见母。

这些例子既明南方音帮非与并奉两类有混，支韵重纽两类相混，北方音鱼虞两韵相混，都和古读正音不合。所谓"何所承案"，即是"前无所承"的意思。这是古读应该保存的，而方音有个别不是这样，应该加以纠正。

以上各节所举都是《切韵》的作者们所面对的语音情况。

三、《切韵》的重要意义在于审音

当时的语音既有南北分歧，也有某些古读和今读如何去取的问题，于是《切韵》的作者们就提出要"论南北是非，古今通塞"，而"捃选精切，除削疏缓"，"剖析毫厘，分别黍累"，就是要对当时的音读作一番全面的审音工作，或依南不依北，或依北不依南，或废古从今，或沿用古读。而分析音理如此精细，显然是音韵学界一种专门性的研究，而不是为着一般人的需要。当韵书还未出现的时候，一般人的言语交际，临文音读，并不一定需要这种精研音理的著作。戴震说陆法言"定韵时有意求密，强生轻重"。这虽然还未能深入体会作者的用心，不知道他并不是什么"强"生轻重，但对这部书的大致性质，即求密的精神，也早已看出来了。

《切韵》的重要意义在于审音，《音辞篇》是最具体的说明。《音辞篇》有很多地方讨论各家审音的得失。从颜之推的眼光来看，当时音韵学家审音能正确的并不很多。《音辞篇》云："至邺以来，唯见崔子约崔瞻叔侄，李祖仁李蔚兄弟，颇事言词，少为切正。李季节著《音韵决疑》，时有错失，阳休之造《切韵》，殊为疏野。"被批评的人多过他所肯定的人。颜氏的学识使得自己"多所决定"的《切韵》在当时来说成为高度的审音模范，所以王仁昫说"时俗共重，以为典规"。《音辞篇》又云："《韵集》以成仍宏登合成两韵，为奇益石分作四章"，这大概是针对分韵宽窄而言的。有些韵部本来是应该分开的，《韵集》却并在一起，有些韵部本来不必再分，但《韵集》又分为两部。上述各例字《广韵》与《韵集》的比较如下：

《广韵》	韵部	《韵集》
成类	清部	清蒸同韵
仍类	蒸部	清蒸同韵
宏类	耕部	耕登同韵
登类	登部	耕登同韵
为类	支部	支韵合口分章
奇类	支部	支韵开口分章
益类	昔部	别立一韵
石类	昔部	别立一韵

《韵集》清蒸相混可能是某些不常见的方音，而支部按开合分为两韵，昔部按古音分为两韵，按《切韵》的体例都没有必要。《切韵》是从其"通"而不从其"塞"，而分部的原则基本上是主要元音相同即未尝不可同部。

从它详细分析音类的做法来看，我们不妨说《切韵》实是一种近于当时汉语的普通语音学的著作。近代音韵学家用反切系联的方法，结合切上切下声韵配合的用字趋势，把《广韵》的反切上字分为五十一类，反切下字分为三百类左右，这些音类反映了当时汉语语音最精细的分析，每一类反切上字或每一类反切下字是一个声母单位或韵母单位，而声母和韵母中的音素也错综表现出来。虽然工具有所局限，但这些精于审音的学者，我们应该承认他们已经具有很强的音素观念了。高本汉说《切韵》代表当时的长安方言，这句话固然不足为据，但他所说"《切韵》是一个或几个有训练的语言学家作出来的。凡于辨字上有关的音，即便微细，也都记下来"①，这些话倒说得没有错。我认为我们之所以对于《切韵》基本上还不妨采取高氏的拟音，是基于他这种认识，因为它合于《切韵》作者所谓"剖析毫厘，分别黍累"，而不是基于他的长安音的说法。《切韵》辨字的精细并不代表一个地方的语音。从一个方言看，某些不同的音类不能并为一个音类，从整个音系看，某一个方言的两个不同的音类虽然在其他许多方言里是相同的，但也要把它们分开，所以就分得这样精细。因此它是方言的综合而又适合于不同的方言。《音辞篇》云："河北切攻字为古琮，与工公功三字不同，殊为僻也。"《切韵》东部攻古红反，又古冬反，冬部攻古冬反。② 尽管此字古冬反的读法是"殊为僻也"，但《切韵》也本着照顾全局的原则，为它互见于东冬两部。支韵群母奇衹重纽两类的音读也是同样的道理。

当时一般的语音，总的说来，各地音系都没有《切韵》那样烦琐。不过，虽没有那样烦琐，但也当然不会像近古音那样简单。根据近人的研究，隋代韵文用韵不但不能如《切韵》那样细，即便所谓"同用"，也仍嫌太窄，有下列一些事实③：

　　东冬钟　　　　　东独用，也有东钟同用、东冬钟同用（一例）。

---

① 见高本汉《中国音韵学研究·古代汉语拟测总结》（中译本）。
② 今传徐锴《说文解字篆韵谱》虽然冬部没有"攻"字，但《切韵》各本冬部多有"攻"字。
③ 隋代韵文用韵情况是根据《中国语文》所载昌厚的《隋韵谱》归纳出来的。见《中国语文》1961年10月号、11月号，1962年1月号、2月号。

	钟独用，也有冬钟同用。
江	觉独用，也有觉药铎同用，江阳唐同用（一例）。
支脂之微	支独用，也有支脂同用、支之同用。
	微独用，也有脂微同用，之微同用。
	脂独用较少。
	之独用较少，而脂之同用多。
鱼虞模	鱼独用，也有鱼虞同用。
	虞独用。
	模独用，而虞模同用较多。
齐佳皆灰	灰（咍）独用。
咍祭泰夬	泰独用较多，也有代队泰同用，泰怪同用。
废	皆独用（一例）。
	齐独用。
	祭独用少，而祭霁同用较多。
真臻文（欣）	魂（痕）独用，而元魂（痕）同用。
魂（痕）	欣（文）独用，也有魂（痕）欣（文）同用。
	真（臻）独用，也有真文同用。
元寒删山	寒独用。
先仙	删独用，而删山同用多。
	删山庄组与先仙同用。
	先独用少。
	仙独用少，而先仙同用多。
	元独用极少，而元魂（痕）同用多。
萧宵肴豪	豪独用，也有豪宵同用，豪宵萧同用。
	肴独用少，而肴萧宵同用多。
	萧独用（一例）。
	宵独用，而萧宵同用较多。
歌	歌独用。
麻	麻独用。
阳唐	阳独用，而阳唐同用多。
庚耕清青	各韵独用少，而同用比独用多。
蒸登	蒸独用，职独用。
	德独用，也有职德同用。

尤侯幽	尤独用，而尤侯同用、尤幽同用。
侵	侵独用，缉独用。
覃谈盐添	覃独用，也有覃谈同用（一例）
咸衔严凡	盐独用，而盐添同用多。

当然，这些韵文用韵情况相当复杂，某些韵部少数独用的例子可能因为本部字多而不一定用到其他一般读音相同的韵部。某些韵部之间少数同用的例子也不一定是韵母读音完全相同。但有一点却是可以相信的，即如果两部之间同用的例句比独用的例句多，那当然是同的占优势，就一般情况来说，实际上可以归作一部了。相反，如果两部之间虽有不少同用的例句，但还没有各部独用的那么多，这就是某些地区和某些人的实际语音的反映。在某些方音里面，同用的韵部可以归并，而另一些方音还是应该分开。用以上原则来衡量，当时不论是南方还是北方的实际语音，都可以把不少韵部归并起来。

《切韵》的韵目次序，和韵目用字对研究《切韵》的性质也有很大的参考价值。为什么江部排在东冬锺之后？为什么支脂之、鱼虞等韵部都要排在一起而又用同声母字作韵目？这些都不是完全没有意义的。为了说明方便起见，我们先把所谓重韵的各组韵目排比一下：

平声	
东冬	皆一等端母
支脂之	皆三等照母
鱼虞	皆三等疑母
佳皆	皆二等见母
删山	皆二等审母
先仙	三、四等，皆心母
萧宵	三、四等，皆心母
庚耕	皆二等见母
清青	三、四等，皆清母
覃谈	皆一等定母
咸衔	皆二等匣母
上声	
蟹骇	皆二等匣母
感敢	皆一等见母

续表

去声	
送宋	皆一等心母
霁祭	三、四等，皆精母
卦怪夬	皆二等见母
谏裥	皆二等见母
劲径	三、四等，皆见母
入声	
屋沃	皆一等影母
辖黠	皆二等匣母
陌麦	皆二等明母
昔锡	三、四等，皆心母
合盍	皆一等匣母

《切韵》韵目虽一般是四声一贯，但声母并不都是一贯。值得注意的是各组重韵韵目的声母总是一样的。这充分说明了《切韵》的作者是有意以同声母作重韵韵目并且把它们排在一起来表示它们的分合关系的。陆法言《切韵·序》以支脂鱼虞的例子来说明这些韵部不应相混，用意显然可知。重韵韵目可能是某些方音可分而另一些方音却不可分。后来《广韵》也本着这个原则去处理开合分部，如寒桓、真谆、歌戈等韵目皆如此。这是《切韵》精神的发扬。

江部排在东冬锺之后而不排在阳唐之后，冬锺、蒸登的标目用端母对照三，阳唐用喻四对定母，尤侯用喻三对匣母，都有重要的比较意义，系统地说明了今古源流分合。东冬锺与江部在上古基本上属于一个大摄，从谐声偏旁和《切韵》的又音都可以看得很清楚。谐声不待言，又音是当时的两读，下面以《广韵》的几个例子作为说明：

江部

玒：玉名。古双切又音工
　（古红切）

橦：木名。宅江切又音童
　（徒红切）

悾：信也，悫也。苦江切又音空
　（苦红切）

东部、锺部

玒：玉名。古红切又音江
　（古双切）

橦：木名。徒红切又音幢
　（宅江切）

悾：信也，悫也。
　（苦红切）

橦：木名。宅江切 又音锺　　　橦：今借为木橦字
　　（职容切）　　　　　　　　　（职容切）

值得注意的是，江部的又音皆为东冬锺，而没有阳唐。这些又音表现了上古来源相同而当时的某些方音还保留有这种读法。当时大多数方音已经是东江两部有别，某些方言很可能是江部已和东冬锺等差别更远而与阳唐较为接近①，但一般说来，毕竟还不能与阳唐完全合流。隋代韵文押韵江部主要是独用，没有发现东冬锺江同用，这一方面说明了《切韵》的江部另立一部仍靠近东冬锺而没有归并到阳唐的理由，另一方面也说明了江的发展过程是由原来与东冬锺接近而逐渐变为与阳唐接近的。《切韵》冬锺、蒸登、阳唐、尤侯等韵目主要是表示韵母洪细的对立，即所谓一等韵和三等韵的区别，而韵母的洪细和声母的洪细（即声母的颚化与非颚化），有着一定的对应关系。一等韵的声母非颚化，三等韵的声母颚化，由声母的颚化发展而为三等韵，上述各韵目的声母的对应是个很好的说明。

	上古				中古		
冬	tuŋ	锺	tjuŋ	→	tjĭuŋ	→	tɕĭuŋ
登	təŋ	蒸	tjəŋ	→	tjĭəŋ	→	tɕĭəŋ
唐	d'aŋ	阳	d'jaŋ	→	d'jĭaŋ	→	jĭaŋ
侯	γou	尤	γjou	→	γjĭou	→	jĭou

以上各种事实说明了《切韵》韵部的开合洪细相互关系在韵目次序和韵目所用声母方面都表现了一些规律。如果《切韵》不是为了审音而设的，就不必分别得这样细致，不必作这样精密的比较了。所谓"剖析毫厘，分别黍累"，便是说某两个切语或某两个音类，粗略地看来好像相同，但实际音理上却有不能混同之处。从实际语音出发，经过审音，归纳出各种音类，依靠这些音类的分合可以反映各种实际语音，这就形成了所谓"切韵音系"。

四、审音的标准是什么

关于《切韵》一书的性质及其所代表的音系，大家的认识之所以不容易

---

① 王仁昫《刊谬补缺切韵》的项跋本把阳唐和江部排在一起，这是抄手不顾《切韵》本身系统而迁就当时某些读音，不足为据，但也可说明某些方音更走前了一步。

一致,关键在于对《切韵》的审音标准理解不一致。特别是对于陆法言的"论南北是非,古今通塞"应如何理解,仍是一个极重要的问题。这一层尤其带有关键性。因此,我们必须好好体会作者这句话的意义。"南北古今"是他们所面对的语音事实,"是非通塞"是审音的标准,所取的是"是"和"通",所不取的是"非"和"塞",而尤其应该注意的是长孙讷言所谓"酌古沿今",恰恰能扼要地说明陆法言这句话所代表的原则。《切韵》是历史与现实的两相结合。今音"沿"于古音,本包括变和不变两个方面,原封不动或系统变革都是"沿",合于这样对应的就可以说是"通",否则就可以说是"塞",讹音当然是"塞","虽依古读而不可行于今"也是"塞"。所谓"通",不是就一个地区而言,而是就南北各区而言。所谓"塞",也当然不是一律从今而废古。不过古音既然有些地区还能保存,那也就算是今音,而不能纯粹说是古音了,因为它并没有完全成为"过去"。例如支脂鱼虞之别,分明是南"是"而北"非";宏登合为一章,分明是合于古而今已"塞"。其他的例子,上面都已经说明,这里不再重复了。这些原则正是这几位名家所掌握的,所以就当得起"酌古沿今,无以加也"的称誉。

总之,我们从《切韵》作者们的自述当中,只觉得有论南北古今的气氛,而没有拿一时一地之音作标准的气氛。对今音固有批评,对古音也有批评,对梁益、秦陇、燕赵、吴楚之音固然有批评,对河北、江南一般中部也有批评。"杜台卿等"即代表河北,"江东取韵"即代表江南,并没有略去中部而不提,更没有专主洛阳或金陵。《切韵》这个音系是根据反切系联审查音类而自然形成的,并没有自己构造什么系统。这是反切本身所赋予的。此中古反切之所以可贵,不过要通过他们的整理才能表现出这个系统而已。因为《切韵》的重要意义在于审音,所以陆法言在定稿的时候就着重说出"剖析毫厘,分别黍累"。在这样的原则上,"捃选"精切的反切,"除削"疏缓的反切,由反切而音类,由音类而分部,归纳字音,酌存又读,而音类分析与韵部安排,更突出地表现它们的特色。通过这一系列的工作,就形成一套包罗南北、反映古今演变的"切韵音系"。

如果要问当时南北语音究竟如何分别,虽然从《切韵》一书很难知道,但颜氏《音辞篇》总算是能吐露一点消息。根据我前面所引各节,不妨姑且作下面的假定。

韵母方面,北方的系统大概可以说有下列情况:

东冬同部

东锺同部

江部

支部（也有支脂同部）

脂之同部

微部（去声未废同部）

鱼虞同部

模部

齐部（去声霁祭同部）

佳皆同部（去声卦怪夬同部）

灰部咍部（去声队代泰同部）

真部

臻部

文部欣部

元魂痕同部

删山同部

先仙同部

萧宵同部

肴部

豪部

歌部

麻部

覃谈同部

阳部

唐部

庚耕登同部

清青蒸同部

尤幽同部

侯部

侵部

盐添同部

咸衔同部

严部凡部

北方也许是这样，而南方的材料颜氏所举更少，更难推测。不过我们再参考《隋韵谱》所研究的结果，可以说有几种重要现象应该是南北所共同的，即二等韵独立，三、四等韵相近，江近东冬锺，元近魂痕，有些同等重韵的相混，这几种恐怕是南北相差不远的。

声母方面，南方系统大概可以说有下列情况：

  帮非，并奉有混
  滂敷同类
  明微同类
  端知同类
  透彻同类
  定澄同类
  泥母
  见母
  溪母
  群母
  疑母
  精庄同类
  清初同类
  从邪崇同类
  心山同类
  章类
  昌类
  船禅同类
  书类
  影母
  晓母
  匣母
  喻母
  来母
  日母

南方也许是这样，而北方的材料所举也少，也更难推测。不过上面说过

北方声母系统也不是没有疑混的现象。(如刘昌宗《周礼音》中的床禅之混)

　　以上所说，虽仅据《音辞篇》，但大致可以提供一些认识。近代劳乃宣有《简字全谱》包括全国方音，而又有京音、宁音、吴音、闽粤音四个分谱，这四个分谱即是从全谱中抽出来的。我们有了《切韵》这个当时的"全谱"，所可惜的就是毕竟无法具体为它作"分谱"罢了。

　　本文写作经方孝岳先生指导，并经中国语言学会年会分组讨论时同志们的帮助，特此敬致谢忱。浅陋之处仍希读者不吝指正。

（原载《中山大学学报》1963 年第 1 期。后收入《〈广韵〉与广州话论集》，中山大学出版社 2020 年版，第 12－25 页。今据《〈广韵〉与广州话论集》收录）

"黾"字上古音归部说

麦 耘

一

"黾"字在上古音中当归何部,一直众说纷纭。陈复华、何九盈先生对这个问题讨论最为详细,现在把他们谈"黾"声的段落撮要抄录在下面①(方括号中的按语是笔者所加):

"蝇"声各家都归蒸部。"黾"声的归部有四派意见:严可均归真类;段玉裁、朱骏声归阳部(段称第十部,朱称壮部),江有诰归耕部;王力《汉语史稿》归阳部,《汉语音韵》改归蒸部,"蝇"声不复存在,可能是"黾"声与"蝇"声合而为一了。

"黾"在《广韵》有三个读音:一见于耕韵系(耿),武幸切。再见于仙韵系(狝),弥兖切,注:"黾池,县名,在河南府。俗作黾。"[麦按:末一字误钞,实为"俗作渑"]三见于真韵系(轸),武尽切。注:"黾池县,在河南府。"同小韵有"渑",注:"上同,又音绳。"

联系意义来考察。《说文》:"黾,鼃黾也。"《广韵》耿韵注:"黾,蛙属"。按"鼃"即"蛙"字,可见耿韵的"黾"是本义,其读音也最早。至于"黾池"的"黾"与"鼃黾"的"黾",音义都不同,应看作是两个不同的词。人们为字形所蒙蔽,对二者语音的区别也就模糊了。下面把从"黾"得声的字分两组排列:

黾₁(蛙):鄳(一作黾)鼆

黾₂(黾池):蝇绳䵛渑

鄳,邑名。《汉书·地理志》苏林曰:音盲,师古曰:音萌,又音莫耿反。字亦作黾。《战国策·楚策四》:"填黾塞之内"。旧注:"黾、

---

① 陈复华、何九盈:《古韵通晓》,中国社会科学出版社1987年版,第368-370页。

鄏"字同，谋萌反。[麦按：此出自吴师道补鲍彪注。其反切上下字双声，不合反切例]"鄏"的异文又作鄴。段玉裁说：鄴者鄏之变。"盲、萌、鄴"都是阳部字。

黾$_2$：《汉书·地理志》："师古曰：黾，音莫践反，又音莫忍反。"与《广韵》一致，大概就是严可均归真部的根据。但"黾"又读作"绳"，"绳"在上古归蒸部，其他如"渑、譝、蝇"也归蒸部。《左传·昭公二十年》[麦按：当系昭公十二年]"渑陵兴"为韵。《诗·周南·螽斯》二章"薨绳"为韵。

"黾$_1$"归阳部是对的。"黾$_2$"当归蒸部。段玉裁说："故蝇以黾会意，不以黾形声，绳为蝇省声，故同在古音第六部（蒸），黾则古音读如芒，在第十部（阳）"。他看不见有个"黾$_2$"。"黾池"作为地名，应当在先秦就有了，而且读音一定与"黾$_1$"不同，这才能解释"绳、蝇、渑"等的声符与"黾$_1$"无关而与"黾$_2$"一致，也才能解释"黾"字在中古有三个切音的由来。陆志韦先生似乎也未注意"黾$_1$"与"黾$_2$"的区别，把"武尽切"与"武幸切"的关系作为真部跟耕部通转的例证[麦按：见陆志韦（1947）第十二章一丙]，是不妥当的。

"武幸切"也值得讨论。段玉裁、朱骏声都作"莫杏切"。"幸"耕部字，"杏"阳部字，这两个反切所反映的时代是不一样的。"莫幸切"[麦按：似应是"武幸切"？]是中古音，"莫杏切"是上古音，这里有个旁证：《广韵》梗韵"猛"小韵作"莫幸切"，而《切三》同一小韵作"莫杏反"。王念孙《广雅疏证》指出："黾与蛩同声，故蝦蟆之转声为胡蛩"，这说明《广韵》的"莫幸切"是由"莫杏反"改过来的，由此可以推知："黾"声之作"武幸切"，也是后来改的。

二

这段话有几个问题。

第一，《广韵》把《切韵》的"莫杏反"改成"莫幸切"，是把梗、耿两韵混淆了。这是《广韵》的疏失，然而从中也确可以看到语音的变化，就是从编撰《切韵》时的中古前期到重修《广韵》时的中古后期这几百年间，二等重韵合并了。这是中古时期内部的变化，与上古到中古的变化没关系。至于由此而推断"武幸切"也是经过这样的变化，就更缺乏根据。段、朱把"黾"字注为"莫杏切"大约是沿袭《说文》大徐本的朱翱音，后者出自五代，反映的显然也是中古后期梗、耿两韵相混的变化，而不可能是表现上古音。

第二，苏林是三国魏人，颜师古是唐人，吴师道是元人，所注音均不足据以论上古音。而"鄳"异体作"䣕"，现见最早的例子好像是见于《三国志·魏书》，那么也难以用作论据。王念孙注《广雅》，谓《释鱼》中训"蝦蟆"的"胡蟁"之"蟁"（阳部字）与"黾"通，很有道理，但《广雅》亦出三国魏，为时较晚，同样不能证明上古的情况（《尔雅》没有这一条）。

第三，把"黾"声这样分成两个系列，也并未能说明"黾"字中古何以有三个音。陈、何两先生实际上是把"黾、渑"的"武尽切"和"弥兖切"两个音完全撇开，而迂回着取"渑"的"又音绳"来立论。按《广韵》蒸韵"食陵切"下有"渑"，注："水名，在齐。《左传》云：'有酒如渑。'又泯、缅二音。"所引《左传》即陈、何先生所引韵文，原文是："齐侯举矢曰：'有酒如渑，有肉如陵。寡人中此，与君代兴。'"杜预注："渑水，出齐国临淄县北，入时水。"《释文》："渑音绳。"作为齐国河流名的"渑"在上古归蒸部自无疑问，但它跟河南府的"黾（渑）池"没有关系，后者只读"武尽切"或"弥兖切"，而无"绳"音。"黾池"之"黾"俗作"渑"，跟齐水名"渑"仅仅是字形偶然相同罢了。《广韵》的又音，常常只是根据字形而言，不一定是同义又读，此例即是。如此，"'绳、蝇、渑'等的声符与'黾$_2$'一致"之说就失去根基了。另外，读"绳"音的"渑"与读"武尽切"或"弥兖切"的"渑"无论声母、韵母差别都很大，如认为是同义又读，也需要有所说明。

第四，"黾池"的"黾$_2$"作为地名用字（实际上最初是水名），是假借的用法。我们知道，上古有不少地名、水名没有专门的用字，而假借同音字来表示。如果这个地名的读音与训蛙属的"黾$_1$"完全不同，为什么要借这个字形来写？假借不同音的字来写地名，不是非常奇怪吗？这也许是两位先生的观点中的要害问题。

三

尽管有以上问题，两位先生的研究方法还是很有启发性的，这就是不受字形的约束，从意义角度来把此字分成不同的词，再看它们各对应什么音。本文准备循这一思路，对这个问题再作深入的分析。

首先是"黾"字在上古究竟有多少种读音。笔者看到三种，比陈、何先生所分的多出一种。

黾$_{甲}$：后代读"武幸切"者。此相当于陈、何先生的"黾$_1$"。

黾$_{乙}$：后代读"武尽切"或"弥兖切"者。依严可均，此两音上推古音在真部。中古分化为两音，不区别意义，以下只作一音看待。"黾$_{甲}$"和"黾$_{乙}$"声母都是明母。

黾$_{丙}$："绳渑（齐水名）"等字所从得声者。如以"蝇"字为形声字，亦以此为声。于上古属蒸部。"绳"中古为船母，"蝇"中古为喻四，则"黾$_{丙}$"上古声母为舌音，且为浊音。此相当于陈、何先生的"黾$_2$"，但不包括"黾池"之"黾"。

再来看"黾"在上古有多少种意义，可以分为多少个词。根据对"黾"字和从"黾"的字的分析，可以排出如下几类。

黾 a：蛙之属，"鼃鼀黿鼆鼇蝇"等字从之。

黾 b：昆虫之属，"鼅鼄"等字从之。如不把"蝇"视为一般的形声字，则亦从此。

黾 c：龟之属，"鼇鼈鼊鼉"等字从之。"鼉"亦两栖爬行动物，可附此。

既然所指的动物不同，最初在字形上也应该是不同的。甲骨文中的龟形有两种，较多的一种是侧视形，当后来的"龟"字，一种较少见的是俯视形，当"黾 c"。《说文》"龟"字下附古文，是俯视形，实为"黾 c"。就甲骨文而言，"黾 c"的字形跟其他的"黾"不会相混。

甲骨文中，"黾 c"以外的"黾"字多见，为一四足动物，一般都视为"黾 a"[①]。除了从"黾 c"的"鼉"字外，甲骨文中没有其他从"黾"的字。金文有"鼅"字，所从"黾"为一长足昆虫，当即鼅鼄（蜘蛛）。

此外，"黾"还有假借的用法，择其常见者列于下。

黾 d："黾池"之"黾"。后又作"渑"，但与齐水名"渑"、楚地名"渑"（见下）均非一事。

黾 e："黾勉"之"黾"。字又作"僶"，晚出。

黾 f："黾隘"之"黾"。此为战国时楚国的著名险隘。有不同的名称、

---

① 其中会不会有的是"黾 b"，不好说。刻画出来的字形，蛙形和昆虫形本就是相似的。

写法，见下。①

四

现在来谈哪个意义对哪个语音。

首先，"黾 a"古音读"黾甲"，没有疑问。"黾 f"也读"黾甲"。这个音归何部，下文再讨论。

其次，"黾 d"和"黾 e"都对应"黾乙"，在真部②。凡假借字音来表达无本字的词，原不应该有独立的读音，所以这个音一定是跟别一个音有关系。由于"黾乙"跟"黾甲"声母相同，韵母上也都是阳声韵，故可以假设"黾乙"原本与"黾甲"同音。

再次，"黾 c"跟"龟"在意义上没什么区别，《说文》视为古今文之别，则在读音上，也可以假定"黾 c"与"龟"相同，属上古之部，声母为见母，跟上面列出的"黾"字的读音都没有关系。

最后是"黾 b"的读法。关键可能在"蝇"字上。这个字意义上在"黾 b"系列，读音上则在"黾丙"系列。这暗示"黾 b"是跟"黾丙"相联系的。如此，则"蝇"字中的"黾"既是形旁，又是声旁。

其实汉字中这类情况不少见。如"蛇"字中的"它" "腰"字中的

---

① 此外如"求黾"（竹名，见《管子》）、"大黾谷"（地名，见《汉书》）等，对语音的探讨暂时看不出有什么作用。另，《史记·扁鹊仓公列传》有个医学术语"浊"，徐广每曰"一作黾"，有一处谓"一作黾，又作猛"，似乎可暗示"黾"与阳部"猛"字通。但在"黾"与"浊"之间的关系没弄清楚之前，这材料没法用。

② 《史记·商君列传》："商君既复入秦，走商邑，与其徒属发邑兵北出击郑。秦发兵攻商君，杀之于郑黾池。"裴骃集解引徐广曰："黾或作彤。"《盐铁论·毁学》亦云："商君困於彤池"。似乎"黾"在这里与阳部字"彤"相通。按：郑为西周初郑国最早的都城，东迁新郑后此地仍名郑，后国灭而此地属秦，在商邑之北百余里，今属陕西省华县；而黾池在今河南省渑池县，在郑之东三百里之遥。司马贞索隐谓"时黾池属郑"，张守节正义则谓"秦兵至郑破商邑兵，而商君东走至黾，乃擒杀之"，均为不合理的臆测。今查《史记·六国年表》秦孝公二十四年载："商君反，死彤地。"彤为周初小国，后属秦，其地即在今华县境内，假定其时辖于郑，相当合理。今推测，"彤池"实为"彤地"之讹，至作"黾池"，则讹之又讹也。又，《汉书》有"闵勉"，同"黾勉"。"闵"上古文部。不过这不一定能引出"黾"也属文部的结论。此词是在"勉"字前添加一个同声母的音节构成双声连绵词，这音节的韵母既可取于文部，也可取于真部。再说东汉时"闵"字也有可能已转入真部。"黾勉"也作"密勿"，"密"在质部，与真部对转。不过这对确定"黾"字的归部同样没有决定性的影响。

"要""鑑"字中的"监""溢"字中的"益""雲"字中的"云""熟"字中的"孰"等等。旧说文家有"声兼义"之说，缺乏文字演变的观念。这些字应该用古文字的"累增"现象来解释：在初文的基础上，累增形旁而造成的一种特殊的形声字。如"它"原像蛇形，"孰"原会烹食意，"虫"和"火"是后来累增上去的，所造成的形声字，反使初文变成形式上的声旁了。这类形声字都有一个特点，就是其声旁既反映其读音，又跟意义有关（如果排除词义演变的因素，应该是跟这个形声字意义完全一样）。

现在假定"蝇"也属这类字，就是说"黾 b"初象蝇虻形，后来累增"虫"旁，即为"蝇"。这样就可以解释"绳、渑（齐水名）"等字是取"蝇"之初文为声旁，原来纠缠不清的地方都容易理通了。

五

下面来看"黾甲"是何部音。

段玉裁《说文解字注》归"黾"字于第十部即今人的阳部（见该书十三下）、朱骏声《说文通训定声》归"黾"声于壮部亦即阳部，然而他们实际上都并没有加以证明。可能他们根据的是"鄳"字异体作"鄤"这一点。前面已说过，这不能作为证据。

倒是段玉裁举了个反对他自己的例证。在《说文》卷六下"鄳"字之下，段注指出《战国策》《史记》的"黾塞""鄳隘"等即《左传·定公四年》的"冥阨"，说："黾字古音读如忙，与冥字为阳庚之转，最近。"照今天的古韵部命名，其实应该说是"阳耕之转"。按《战国策·楚策四》有"黾塞"，《史记·楚世家》作"鄳塞"，《春申君列传》称"黾隘之塞"，《苏秦列传》作"鄳阨"，《魏世家》则作"冥阨之塞"，《淮南子·墬形训》九塞之一有"渑阨"①，《吕氏春秋·有始览》九塞之一则为"冥阨"，这些地名所指全都就是《左传·定公四年》的"冥阨"，亦即《墨子·非攻中》的"冥隘"，其地在今河南省信阳县境。这个问题在当今历史地理学界已是共识。从这个例证看，"黾"应是跟耕部"冥"字通（段氏归"冥"于十一部即耕部）。

江有诰《音学十书·谐声表》把"黾"声归耕部，没有提出证据，大约仅仅根据中古耕韵系在上古归于耕部这一点。上面这个例子对江氏之说有

---

① 高诱注以"渑阨"为"渑池"，大误。

利。笔者还提一个证据：《周礼·秋官·蝈氏》"掌去鼃黽"，郑玄注："黽，耿黽也。"按"耿黽"是叠韵联绵词，跟"黽"是单言与重言的关系。在单音节词的前后加一个同声母或同韵母的音节而形成双声或叠韵联绵词，这种构词法在古汉语中不少见，如"黾勉"之于"勉"、"慗憼"之于"憼"之类。"耿"字是耕部字，那么"黽"字也该是耕部字。诚然，郑玄（127—200）比苏林（2世纪末）和《广雅》的作者张揖（3世纪初）只早几十年，但联系前面那条证据，还是可以相信"黽"字归耕部更合适。

如此，对"鼆"字的构成应重新审视。《说文》："鼆，冥也。从冥，黽声。"看来这字的形旁也是兼作声旁，很可能的情况是以"冥"字为基础累增声旁"黽"，造成新的形声字，跟"冥"是同族字。这种现象在古文字中多见，如在牙齿的象形上累增"止"声而成"齿"字、在"晶"字下累增"生"声而成"曑"（星）字、在房舍内有玉和贝的会意字中累增"缶"声而成"寶"字，等等。这与前面提到的累增形旁造成形声字的情况是对称的。①

六

还可以从"黽乙"的角度来看"黽甲"。如上文所假设，"黽 d"和"黽 e"的"黽乙"一音是从"黽甲"假借来的。"黽乙"属真部，如果"黽甲"是阳部，相去就稍远，如果"黽甲"是耕部，就相当接近。古音学家都认为真、耕两部元音相同（尽管各家所拟不完全一致），区别的只是真部为 – n 尾、耕部为 – ŋ 尾。可见订"黽甲"为耕部较订为阳部妥当些。

这里就要涉及陆志韦先生的观点了。他认为"黽"字的不同音切反映上古真、耕部通转，是正确的。这两部通转比较多，如何解释这现象，陆先生有点举棋不定，最后说："大体上不妨拟成当时方言的 – n，后来变成《切韵》的 – ŋ。"②

笔者认为耕部字确实有一部分是从真部变来的。例如"令"及"令"声字后代读 – ŋ 尾，而《诗》韵"零、苓、命"等押真部，"领"押耕部，

---

① "鼆"字在古籍中只作为鲁国地名"句鼆"出现过（见《左传·文公十五年》），无法作深入分析。

② 陆志韦：《古音说略》，见《陆志韦语言学著作集（一）》，中华书局1947年版，第197页。

"令"字则出入于两部,显然是从真部到耕部的过渡中。其他例子可参看陆先生书。对这种变化是否需要看成限于方言,也可以商榷。"令"声字押入真部的,就有大、小雅里的篇章,而大、小雅照理是不该用方言的。

"黾"字在真、耕两部的分布可以看成是上述现象的一个部分。现在假设:"黾"也曾有 $-n$ 变 $-ŋ$ 的过程,也就是说,它原本是真部字;此字假借为地名用字,就是"黾池",又假借用于"黾勉"一词中;作为蛙名的"黾"这个词的读音后来变入耕部,而在"黾池"和"黾勉"这两个词中仍保持读真部音。

为什么这两个词可以保留较古老的音?或许可以这样解释:一个是地名,地名常常是比较能保守旧音的;另一个是双声联绵词,韵母方面则是两个音节都带 $-n$ 尾,其中另一个音节"勉"读元部音,不发生 $-n$ 向 $-ŋ$ 的变化,所以影响"黾"也抗拒了变化。

那么"黾隘"也是地名,为何不读 $-n$ 呢?这要有另一种解释:这个地名本来就读耕部音,今见先秦都写作"冥",到后来"黾"字从真部变入耕部,才开始用"黾"字及从"黾"得声的字来表示。"鼆"字的出现也一定是在"黾"的 $-n$ 变 $-ŋ$ 之后。

如把"黾 a"归耕部,而认为"黾 d"和"黾 e"是 $-ŋ$ 变 $-n$,当然也是可以的。但相比之下,上述假设更合理:一来是"黾勉""黾池"都是相当古老的词,且找得到解释它们保存古读的理由;二来这跟真部字向耕部转变的大势吻合。

七

总结上文如下。

"黾 a"(蛙属)原是真部字,明母,即"黾乙"。字借为"黾 d"(黾池)和"黾 e"(黾勉)。后来"黾"变为耕部字(声母不变),即"黾甲"。又借为"黾 f"(黾隘)。

"黾 b"可能是"蝇"的初文,与"黾 a"本就不同一词,读音上也从来没有关系。这是蒸部字,声母是浊舌音,即"黾丙"。

至于"黾 c"则为"龟"字的异体,与上述"黾"不相干,不赘。

追记:文中提及古文字中的"累增"现象,这是清人王筠《说文释例》的术语,唐兰《中国文字学》(上海开明书店 1949 年版)称"緟益"。笔者的本科毕业论文（中山大学中文系1982届）讨论此问题，原题《緟益字说》，后来改为《累增字说》。

（原载《华学》第五辑，中山大学出版社2001年版。后收入《著名中年语言学家自选集·麦耘卷》，上海教育出版社2012年版，第94–104页。今据《著名中年语言学家自选集·麦耘卷》收录）

南方方言古晓组合口字唇化的动因再探*

庄初升

一、南方方言古晓组合口字今读的唇化现象

东南方言中除了闽语之外，各方言区的大部分方言点都有古晓组合口字今读唇擦音［f、v］或［ɸ、β］的表现，只是涉及的字数多寡不一而已，我们称之为唇化，如①：

表1　东南方言古晓组合口字今读唇擦音的表现

	火合一	花合二	虎合一	惠合四	挥合三	还合二	血合四	魂合一	黄合一	横合二
绩溪	ᶜxθ	₋xo	ᶜfu	fi²	₋fi	₋vɔ	ȵya\?	₋vã	₋xõ/₋õ	₋vei
苍南	ᶜfu/ᶜhɯ	₋ho	ᶜfu	vai²	₋fai	₋væ	ha\?₋/₋ha	₋ɦiɯ	₋fiõ	₋hã
温州	ᶜfu	₋ho	ᶜfu	vu²	₋ȵy/₋fai	₋va	ȵy₋	₋jy/₋vaŋ	₋ɦiuɔ/₋ɦia	₋viɛ

---

*　本文是国家社科基金重大项目"海内外客家方言的语料库建设和综合比较研究"（14ZDB103）、国家社科基金一般项目"明末以来西方人创制的汉语罗马字拼音方案研究"（13BYY103）的阶段性成果，曾在中国社会科学院语言研究所方言研究室主办的"汉语方言中青年国际高端论坛"（2015年9月19日至20日，四川大学）上宣读。发表前承蒙《中国语文》匿名评审专家提出修改意见，谨此一并致谢。

①　绩溪引自平田昌司主编《徽州方言研究》，（日本）好文出版1998年版，以及赵日新《绩溪方言词典》，江苏教育出版社2003年版；苍南蛮话引自陶寰主编《蛮话词典》，中西书局2015年版；温州、长沙、南昌、梅县、广州、阳江引自北京大学中文系语言学教研室《汉语方音字汇》（第二版重排本），语文出版社2003年版；属于粤北土话的曲江大村引自李冬香、庄初升《韶关土话调查研究》，暨南大学出版社2009年版；连州星子引自张双庆主编《连州土话研究》，厦门大学出版社2004年版；属于桂北平话的临桂两江引自梁金荣《临桂两江平话同音字汇》，载《方言》1996年第3期；属于湘南土话的新田南乡引自谢奇勇《湖南新田南乡土话同音字汇》，载《方言》2004年第2期。全文原标调值者均改为标调类。

续表

	火合一	花合二	虎合一	惠合四	挥合三	还合二	血合四	魂合一	黄合一	横合二
长沙	₋xo	₋fa	₋fu	fei²/fei²	₋fei	₋fan/₋xai	ɕie²/ɕye²	₋fən	₋fan/₋uan	₋fən/₋ɕyn
南昌	₋fo	₋fa	₋fu	fəi²	₋fəi	fan²/uan	ɕyɔt	fən²	foŋ²/uɔŋ	fŋ²/uaŋ
梅县	₋fɔ	₋fa	₋fu	fi²	₋fi	₋fan/₋van	hiat	₋fun/₋vun	₋vɔŋ	₋vaŋ/vaŋ
广州	₋fɔ	₋fa	₋fu	wɐi²	₋fɐi	₋wan	hyt₋	₋wɐn	₋wɔŋ	₋waŋ/waŋ²
阳江	₋fɔ	₋fa	₋fu	wɐi²	₋fɐi	₋wan/₋wa	hit₋	₋wɐn	₋wɔŋ	₋waŋ/waŋ²
曲江	₋fʉ	₋fo	₋fʉ	foe²	₋foe	₋vɵŋ/₋vʌŋ	₋hɵ	₋fun	₋vɔŋ	₋vʌŋ
连州	₋fʌu	₋fʌu	₋fu	huei²	₋fi	₋vɔŋ	fɛi²	₋vãi	₋vɔŋ	₋vaŋ
临桂	₋fu	₋fo	₋fu		₋fu	₋wã	hi₋	₋wæ̃	₋wɵŋ	₋wẽ
新田	₋xo	₋xua	₋fu			₋ue	ɕye²	₋xuən	₋xoŋ	₋ue

上面表1中的12个方言点仅仅是东南方言的一些代表,限于篇幅,无法大量列举。10个例字中,"虎"字12个方言点都读[f],"血"字唯有连州星子土话读[f]。根据张双庆主编(2004),连州土话中"血"读[f]声母的还有其他4个方言点,如:保安[fei²]、连州[₋fi]、西岸[foi₋]、丰阳[fɛi²],可见并非孤例。另外,根据我们的调查,闽西、赣南的一些客家方言中"血"也读[f]声母,如:宁化[fieʔ₋]、长汀[₋fe]、连城[fi²]、永定[fiɛʔ₋]、宁都[fiet₋]。特别值得注意的是,表1中读[v]或[w]的,实际上属于两种不同的性质。一是像绩溪,[v]是合口呼零声母高化、擦化的结果,这种现象在南方方言中也很常见;一是像温州,[v]来自匣母合口,与之对应的零声母合口字则来自影母合口。下面举3对例字:

表2 绩溪、温州的[v]属于两种不同的性质

	胡—乌		还—弯		会—威	
绩溪	₋vu	₋vu	₋vɔ	₋vɔ	va²	₋vi
温州	₋vu	₋u	₋va	₋ua	vai²	₋u/₋uai

由基督教大英圣书会（British and Foreign Bible Society）中国内地传教会（The China Inland Mission Press）于 1902 年编印的温州话《马可福音书》（*The Gospel of Mark in Wenchow Colloquial*），上面表 2 的匣母合口字“胡”“还”“会”用罗马字拼音分别拼写为 whu、wha、whai，秋谷裕幸、王莉（2008）根据郑张尚芳（1995）用国际音标分别构拟为［ * ɦʋu］［ * ɦʋa］［ * ɦʋai］。相应的，影母合口字则不用 wh 来拼写，如：乌 u、碗 ue。

东南方言中也有少数方言点并不具备上述古晓组合口字今读唇擦音的特点，如①：

表 3　东南方言古晓组合口字今读并非唇擦音的表现

	火合一	花合二	虎合一	惠合四	挥合三	还合二	血合四	魂合一	黄合一	横合二
歙县	ᶜxo	⊂xua	ᶜxu	xue⊇	⊂xue	⊆xuɛ	ɕyaʔ⊃	⊂xuʌ̃	⊆xo/⊆o	⊆vɛ
苏州	ᶜhəu	⊂ho	ᶜhəu	ɦuᴇ⊇	⊂huE	⊆ɦuᴇ/⊆ɦᴇ	ɕyɤʔ⊃	⊂ɦuən	⊆ɦuɒŋ	⊆ɦuaŋ
双峰	ᶜxʊ	⊂xo	ᶜxəu	ɣui⊇/gui⊇	⊂xui	⊆ɣua/⊆ɣa	⊂ɕyɛ/⊂ɕya	⊆ɣuan	⊆ɣɒŋ/⊆ɒŋ	⊆ɣuan
桂阳	ᶜhuo	⊂hua	ᶜhu		⊂huei	⊆ue	ʃye⊃	⊆huoŋ	⊆huaŋ/⊆uo	⊆huoŋ/⊆ue

表 3 的 10 个例字中，唯有“横”字歙县读唇擦音［v］，属于表 2 绩溪的那类性质。根据平田昌司主编（1998），歙县方言读［v］的包括古影、云、以、疑、匣、微等母的合口字，如：乌［⊂vu］、吴［⊆vu］、狐［⊆vu］、雾［vu⊇］、坏［va⊇］、圆［⊆ve］、缘［⊆ve］，［v］实际上是零声母合口呼的［u］元音高化、擦化而形成的。这种现象在汉语方言中也非常常见，但与本文所讨论的问题无关。

南方官话中，不少西南官话和部分江淮官话也有这类表现，但涉及的字数较少。何大安曾经指出湖北、湖南、四川和云南四省 374 个方言点中，212 个方言点有 X/F 的混读，其中大部分方言点属于晓组合口一二等字混入非组

① 歙县引自平田昌司主编，1998；苏州、双峰引自北京大学中文系语言学教研室，2003；属于湘南土话的桂阳敖泉引自范峻军，2000。

的类型。① 北方官话中,除了河南信阳的中原官话②,其他的尚未发现。下面表 4 中西南官话以成都为例③,江淮官话以黄孝片的红安为例④。表中 10 个例字中,成都唯有"呼""湖""忽"这 3 个韵母为[u]的音节读为[f]声母,其他 7 个介音为[u]的音节则读为[x]声母;红安"忽"字音暂缺,其他 9 个均读为[f]声母,在与成都话的比较中似乎可以看出[x]>[f ___ (u)]和[x]>[f ___ (uV)]的音变规律(V 指韵核)。

表 4　南方官话古晓组合口字今读唇擦音的表现

	花合二	呼合一	湖合一	灰合一	坏合二	惠合四	魂合一	忽合一	黄合一	横合二
成都	₋xua	₋fu	₋fu	₋xuei	xuai⁻	xuei⁻	₋xuən	₋fu	₋xuaŋ	₋xuən/₋xuan
红安	₋fa	₋fu	₋fu	₋fei	fai⁻	fei⁻	₋fən		₋faŋ	₋fən/₋fan

根据曹志耘主编语音卷 053 图⑤,"府"与"虎"都读为[f]声母的方言广泛分布于长江以南除了闽语之外的几乎所有方言区,吴语、徽语和西南官话只限于部分方言点。长江以北近江地区的西南官话、江淮官话,也有"府"与"虎"都读为[f]的,成都平原尤其密集。

二、南方方言古晓组合口字唇化的动因再探

南方方言中古晓组合口字唇化的现象,学界已有许多研究。万波深入考察了赣方言晓组的唇化现象,认为晓匣母从[x(h)]唇化为[f],应该都经过了[ɸ]的过程,即[x(h)]>[ɸ]>[f]。⑥"从音理上来说,发 x(u)或 h(u)时,由于 u 介音的圆唇作用,摩擦部位从舌根或喉前移到双唇,即变成ɸ(u)。"庄初升考察了粤北土话晓组的唇化现象,明确指出:"晓组 h 声母在合口字之前,由于 – u –介音的影响,上齿和下唇得以接近而摩擦,便产生 f

---

① 何大安:《规律与方向:变迁中的音韵结构》,北京大学出版社 2004 年版。
② 钱曾怡主编:《汉语官话方言研究》,齐鲁书社 2010 年版;叶祖贵、王美玲:《河南信阳地区方言晓、非组的想混情形及演变》,载《信阳师范学院学报》2011 年第 6 期。
③ 北京大学中文系语言学教研室:《汉语方音字汇》(第二版重排本),语文出版社 2003 年版。
④ 钱曾怡主编:《汉语官话方言研究》,齐鲁书社 2010 年版。
⑤ 曹志耘主编:《汉语方言地图集》,商务印书馆 2008 年版。
⑥ 万波:《赣语声母的历史层次研究》,商务印书馆 2009 年版,第 191 页。

声母，这个过程就是唇化。"① 图示如下：

（晓） *x → h → h(-u-) → ɸ(-u-) → f
（匣） *ɣ → ɦ ↗

谢留文分析了客家方言晓组的唇化类型，也认为"发生唇化的原因显然是因为介音［u］的作用所致"。② 覃远雄在谈到桂南平话融水、宜州的古晓组合口一、二等和少数合口三等今读［f］声母时也认为其音变过程是［hu-］→［ɸu-］→［fu-］。③ 项梦冰指出"虎"的［f］类读法几乎遍及客家话全区，它反映的是客家话的［h］在［u］条件下的唇齿化，即［hǔ-］→［f-/fǔ-］。④ 孙宜志认为江西赣语中晓匣母合口字与非组的合流涉及唇化和舌根化（按：即［f]>［h］的演变，实际上是喉化），这两种变化都与介音［u］有关。⑤ 实际上，非组字今读［f］之后，来自三等合口的［u］介音因为异化作用而常常被［f］所吞没（少数方言点读［ɸ］，［-u-］介音才得以保留），哪来的［u］介音使得［f］舌根化为［h］呢？现在看来，以上有关古晓匣母合口字唇化动因的观点大同小异，都需要重新检讨。

一般情况下，［u］是一个舌面后高圆唇元音。但是，圆唇的［u］与唇齿的擦音［f、v］在发音生理上并不协调。北京话"夫、福、腐、富"等音节的韵母［u］，实际音值都是不圆唇；梅县的"乌、无、武、务"等音节的韵母［u］，实际音值也都是不圆唇。在现代汉语中，一般不存在［f、v］与带［-u-］介音的韵母相拼的音节，就是因为［-u-］介音的圆唇性质使得［f、v］发音困难。北京话中，同样来自微韵合口的"非、妃、肥"等［f］声母字，韵母是［ei］；"归、鬼、魏、挥、威"等不是［f］声母字，韵母是［uei］。绩溪话中，同样来自微韵合口的"非、妃、肥""挥、魏、威"等［f、v］声母字，韵母是［i］；"归、鬼"等不是［f］声母字，韵母是［ui］。

叶晓峰以温州话为例，指出："如果u唇形不够圆，那么与之搭配的h也有可能会变成f，ɦ也会变成v。这就是很多地方f和h相混，v和ɦ相混在生

---

① 庄初升：《粤北土话音韵研究》，中国社会科学出版社2004年版，第163页。
② 谢留文：《客家方言语音研究》，中国社会科学出版社2003年版，第17页。
③ 覃远雄：《桂南平话古晓、匣、云、以母字的读音》，载《方言》2005年第3期。
④ 项梦冰：《客话音韵论》，北京大学博士学位论文，2005年，第258－259页。
⑤ 孙宜志：《江西赣方言语音研究》，语文出版社2007年版，第145页。

理上的原因。"① 结合其他南方方言,叶晓峰说:"我们认为其实 f、h 相混现象真正的原因就在于南方各个方言中只有一套 u 有关。晓组凡是在合口字前面变 f 的,它们所搭配的 u 或 uV 其实都不是圆唇的 u,而是不圆唇且带有唇齿摩擦性质的 u。……当然,南方汉语早期 u 肯定也是有两套的,一套圆唇的 u,一套具有摩擦性质 ʋ。后来这两套合并掉了,于是就产生 f、h 相混现象。"②

闽南方言没有撮口呼韵母,但是有 [u] 韵母和一系列以 [u] 为介音的合口呼韵母。根据笔者的音感,闽南方言的 [u] 不论是作为单元音韵母还是作为介音,都是圆唇性质比较显著的典型后高圆唇元音。闽南方言因为只有一套圆唇的 [u],而圆唇的 [u] 天然地与 [f、v] 等唇齿擦音无法相拼,所以闽南方言至今没有发生晓组合口唇化的音变。能否进一步说,闽南方言因为只有一套圆唇的 [u],所以也导致非组的文读音混入了晓匣组合口字的今读 [h](非组的白读音则保持重唇)?闽南方言的事实似乎可以作为支持叶晓锋的一个旁证。

叶晓峰批评了上述万波、庄初升、孙宜志的观点,其研究问题的角度值得赞赏,结论也有一定的道理。但是只是从南方方言尤其是温州话的共时语音系统出发,认为一套不圆唇的 [u] 是 [f、h] 相混现象真正的原因,有明显的局限性。梅县话是客家方言的代表,其元音 [u] 既可以当主元音,又可以当介音,还可以当韵尾。通过与梅县籍方言学者侯小英博士的讨论,结合多年的调查,我们认为梅县话的 [u] 作为单元音韵母和主要元音时有三种情况的读音,一是与 [f、v] 相拼时不圆唇,二是与 [p] 组、[t] 组、[ts] 组声母相拼时圆唇,三是与 [k] 组相拼时有人不圆唇,有人圆唇。梅县话的 [u] 作为介音时只与 [k] 组相拼,早期是 [kv] 或接近 [kv] 的 [kʋ],《汉语方音字汇》指出梅县话"元音 u 略松;……在声母 k、kʻ 后唇齿化,为 ʋ,如'古'、'公'实际读音为 ˉkʋ、˪kʋŋ"。③ 不过,现在越来越多的梅县人倾向于读为圆唇元音则是可以肯定的。梅县话是典型的古晓组合口唇化的方言,其共时的语音系统有力地证明并非只有一套不圆唇的 [u]

---

① 叶晓峰:《汉语方言中的 f、h 相混现象》,见《东方语言学》第四辑,上海教育出版 2008 年版,第 38 页。

② 叶晓峰:《汉语方言中的 f、h 相混现象》,见《东方语言学》第四辑,上海教育出版 2008 年版,第 40 页。

③ 北京大学中文系语言学教研室《汉语方音字汇》(第二版重排本),语文出版社 2003 年版,第 27－28 页。

元音，才是古晓组合口发生唇化的动因。总之，讨论南方方言古晓组合口唇化的现象不能仅仅从共时的语音系统中去寻找原因。

庄初升以客家方言材料为依据，以19世纪以来西方传教士、汉学家所编写的客、粤、吴等方言的罗马字拼音文献作为旁证，指出除闽语外，早期南方方言古见组合口字多有唇化软腭音［kv、kʰv］或［kw、kʰw］的表现（并非复辅音，［v］或［w］只是软腭音［k、kʰ］的形容性唇化成分）。① 这类唇化软腭音在有的南方方言点中还保留至今，如陆河、清新、南雄、连城、炎陵等地的客家方言，以及以广州话为代表的大部分粤语方言点。李新魁等（1995：26）认为广州话的"kw、kwʻ、w是唇化声母"，并明确指出"有一套唇齿化的自由变体，即［kʋ、kʋʻ、ʋ］（［ʋ］为唇齿半元音）"。因为上述［v］或［w］（或者是［ʋ］）是软腭音［k、kʰ］的形容性唇化成分，而见组和晓组两组都属于见系声母，所以从语音的系统性考虑，我们认为早期南方方言中也存在唇化喉音声母［hv、ɦv］或［hw、ɦw］（其前身是唇化软腭擦音声母［xv、ɣv］）。正是［v］或［w］这类形容性的唇化成分，才是使得［h、ɦ］唇化为［f、v］等声母的真正动因。

［hv、ɦv］或［hw、ɦw］在19世纪以来西方传教士编印的吴语罗马字拼音文献中有明确的记载，如大英圣书会编印的《新约圣书》（1894）和《马可福音书》（1902）等，反映了一百多年前温州话的音系，其中有hw、wh声母，像"悔hwai、回whai、坏wha、或whah、惑whaih"，秋谷裕幸、王莉根据郑张尚芳分别构拟为［﹡hʋ］、［﹡ɦʋ］。② 根据传教士的拼音文献，这类音读在早期的上海、苏州、宁波、绍兴和台州话中只剩下一个hw［﹡hv］，如上海话：花hwó、华hwó、化hwó、淮hwái、汇hwei、欢hwén、缓hwén、

---

① 国际音标通常用上标的［ʷ］来表示唇化（Labialized），"不过，人们倾向于用它来表示圆唇（撮唇）时伴随的软腭的收缩。对于这种双唇撮圆软腭化的音，标在上角的［ʷ］表达最为准确。如果必须区分一个既不撮唇又没有软腭收缩的圆唇度减弱发音，可以使用一个上标的［ᶹ］（唇齿近音符号）表示"（国际语音学会，1999/2008：23）。本文依照当前汉语方言学界的记音习惯标为［kv、kʰv］或［kw、kʰw］。参见庄初升《客家方言及其他东南方言的唇化软腭音声母》，载《方言》2016年第2期。

② 秋谷裕幸、王莉：《温州方言〈马可福音书〉的音系》，见《中国语言学集刊》第2卷第2期，中华书局2008年版；郑张尚芳：《温州方言近百年来的语音变化》，见《吴语研究》，香港中文大学新亚书院1995年版。

昏 hwun①；苏州话：花 hwo、歪 hwa、豁 hwah、欢 hwön、忽 hweh、荒 hwông②（原书声调标在汉字的四角上，这里省略）；宁波话：化 hwô、呼 hwu、辉 hwe、灰 hwe、豁 hwah、昏 hweng、谎 hwông③；绍兴话：化 hwô、辉 hwae、唤 hwön、豁 hwaeh、况 hwông④；台州话：伙 hwu、化 hwa、豁 hweh、婚 hweng、谎 hwông⑤。时至今天，苏州话、宁波、台州话中丢失了形容性的唇化成分，因此古晓组合口字没有出现唇化的现象（宁波话"虎"读为［ᶜfu］）；上海话、绍兴、温州话中强化了形容性的唇化成分，因此古晓组合口字出现了唇化的现象，只是涉及的字数有所不同而已。

　　吴语的这种演变在过往几十年中可以观察到。王福堂指出 20 世纪 50 年代绍兴东头埭晓组合口字声母开始与非组声母相混，"虽然'呼''湖'仍音 ᴄhu ᴄɦu，'昏''魂'仍音 ᴄhuẽ ᴄɦuẽ，但少数人又读 ᴄfu ᴄvu 和 ᴄfẽ ᴄvẽ，与'夫''符'、'分''文'同音。……在 90 年代陶寰的记音中，晓组合口呼声母完全混入非组，'呼''夫'同音 ᴄfu，'湖''符'同音 ᴄvu，'昏''分'同音 ᴄfẽ，'魂''文'同音 ᴄvẽ。"⑥ 王福堂指出："浊擦音［ɦ］本身在 [i u y] 前也弱化为带浊擦成分的 [j w ɥ]，如：杨 [ᴄjɦiaŋ]，完 [ᴄwɦuø̃]，雨 [ᶜɥɦy]。"⑦ 但是没有提到 [h] 在 [u] 之前的实际读音。另外值得一提的还有属于南部吴语的温州话，上述演变也已经基本完成，如"悔"由 hwai［*hʋai］变成了今天的 [fai]，"坏"由 wha［*ɦʋa］变成了今天的 [va]。郑张尚芳指出："这种现象开始得还比较早，Parker 所记'火'已有 ᶜfu、ᶜhu 两读；汤氏'火虎'也两读，而且'胡'已并入'无'ᴄvu；但赵氏'虎'读 ᶜfu 而'胡'仍读 ᴄɦu。说明这种音变游移了很长一段时期。至目前

---

① 根据英国人艾约瑟（J. Edkins）的《上海方言口语语法》（*A Grammar of Colloquial Chinese as Exhibited in the Shanghai Dialect*，1853），这是西方人的第一部描写非官话的汉语方言语法著作。

② 根据 1892 年苏州文学会（A Committee of the Soochow Literary Association）编写的《苏州方言字音表》（*A Syllabary of the Soochow Dialect*），这实际上是一份按照音序排列的苏州话同音字汇。

③ 根据美国人睦礼逊（W. T. Morrison）的《宁波方言字语汇解》（*An Angle-Chinese Vocabulary of the Ningpo Dialect*，1876）。

④⑤ 根据德国人穆麟德（P. G. Von Möllendorff）的《宁波方言音节》（*The Ningpo Syllabary*，1901），后面附有宁波、绍兴、台州三地的字音对照表。

⑥ 王福堂：《绍兴方言百年来的语音变化》，见《吴语研究——第四届国际吴方言学术研讨会论文集》，上海教育出版社 2008 年版，第 5 页。

⑦ 王福堂：《绍兴方言同音字汇》，载《方言》2008 年第 1 期，第 2 页。

老派仍有人能在单字读法中分别 fu、hu 和 vu、fiu，但说话时已只有 fu、vu 了。多数老派跟新派一样已不会分辨 u 前的 f/h，v/fi。"①

相比之下，西方传教士、汉学家的罗马字拼音文献表明早在 19 世纪，粤、客、赣语的古晓组合口字经过［hw、fiw］的阶段已经演变成［f、v(w)］声母和零声母合口呼了。以 1828 年马礼逊（Robert Morrison）《广东省土话字汇》（*Vocabulary of the Canton Dialect Chinese*）所记录的广州话为例，如：火 fo、和 wo、祸 wo、花 fa、虎 foo、狐 oo、歪 wai、悔 fooy、黄 wong、皇 wong。再以 1879 年巴色会传教士编印的客家启蒙读本《启蒙浅学》所反映的 19 世纪香港新界一带客家方言为例，在古见组合口保留唇化的软腭音声母［kv、kʰv］的同时，古晓组合口字已经唇齿化了，如：禾 wo²、火 fo³、花 fa¹、虎 fu³、话 wa⁴、坏 fai⁴、灰 foi¹、慧 fui⁴、欢 fon¹、红 fun²（调类改用阿拉伯数字表示，见庄初升、黄婷婷，2014）。另外，美国美部会传教士和约瑟（J. E. Walker）在闽北邵武传教期间所发表的 "Shao-wu in Fu-kien: a country station"（1878）一文和所编写的 *Shaouu K'iong Loma T'se*（《邵武腔罗马字》，1887）的邵武话字表，记录了一百多年前邵武话的有关字例，如：货 fuo³、花 fa¹、灰 féi¹、回 fuei⁵、坏 fai⁶。至于西南官话，像成都话等在一百多年前［xu］也已经变成了［fu］，如甄尚灵根据英籍中国内地会传教士钟秀芝于 1900 年刊行的《西蜀方言》所记录的材料指出："《西蜀方言》有 fu，还有 xu，但是 hu［xu］只有一个'核'字，且为 fu 的又音，限于用指果核。'核'的 xu 音，也可以看作是 xu 并入 fu 过程中的残余。"②

以上事实告诉我们，南方方言中的古晓组合口字唇化的动因，不是一般所理解的合口介音［-u-］，而是唇化成分［v］或［w］。我们把晓、匣母合口的早期形式构拟为［*xv、*ɣv］，它们在南方方言的许多方言点中先喉化为［hv、ɦv］。［hv］经过［hw］（或者［hʋ］）的阶段唇化为［f］；［ɦv］喉擦音弱化则可能变为［v］，或者经过［ɦw］（或者［ɦʋ］）的阶段，清化为［hw］或弱化为［w］，［hw］再唇化为［f］，而［w］在有的方言中则元音化为［u］介音。上述古晓组合口唇化的过程可用下图来表示。③

---

① 郑张尚芳：《温州方言近百年来的语音变化》，见《吴语研究》，香港中文大学新亚书院 1995 年版，第 352 页。
② 甄尚灵：《〈西蜀方言〉与成都语音》，载《方言》1988 年第 3 期，第 218 页。
③ 庄初升：《客家方言及其他东南方言的唇化软腭音声母》，载《方言》2016 年第 2 期。

$$晓母合口 \quad {}^*xv \to hv \to hw \to f$$

$$匣母合口 \quad {}^*\gamma v \to \text{ɦv} \begin{matrix} \nearrow v \\ \searrow \text{ɦw} \end{matrix} \begin{matrix} \nearrow hw \to f \\ \searrow w \to u- \end{matrix}$$

三、余论

袁家骅等早就指出："客家话实际上可以说没有韵头 -u-。合口呼韵母 ua uai uan uaŋ uen uon uoŋ uat uak uet uot uok 只能与声母 k- k'-配合，相拼时韵头实际上不是圆唇元音，而是唇齿摩擦音 v，如'瓜'kva⁴⁴，'快'k'vai⁵²。① 其实，如果在声母系统中增加 kv k'v 两个声母，这一套带韵头 -u- 的韵母就都可以取消韵头，而归入相当的开口韵。"这个论断也适用于闽语之外的其他南方方言，非常正确，也非常重要，徐贵荣曾进一步作了论证。② 我们认为，除了闽语之外，早期南方方言就像上述客方言一样，古见系的合口字都没有元音性的圆唇介音[-u-]。就晓组合口字而言，正是 [hv、ɦv] 或 [hw、ɦw]（其前身是唇化软腭擦音声母 [xv、ɣv]）的形容性唇化成分 [v] 或 [w]，导致声母 [h、ɦ] 唇化为 [f、v]。

古见组和晓组都属于"见系声母"，我们把古见组和古晓组的合口构拟为：见 [*kv]、溪 [*kʰv]、群 [*gv]、疑 [*ŋv]、晓 [*xv]、匣 [*ɣv]③。南方方言中这套唇化声母保留得最完整的是 19 世纪的吴语，其中上海、苏州、宁波、绍兴、台州有 5 个。以上海为例，1853 年英国人艾约瑟

---

① 袁家骅等：《汉语方言概要》（第二版），文字改革出版社 1983 年版。
② 徐贵荣：《客家话的合口介音 u 和 v 声母》，见《客语春秋——第八届国际客方言学术研讨会论文集》，台北文鹤出版有限公司 2010 年版。
③ 李方桂指出中古的见系声母大致可以互谐，可是"开口韵多与开口韵谐，合口韵多与合口韵谐"，因此认为"上古时期似乎有一套圆唇舌根音（labio-velars） *kw-，*khw-等（为印刷方便起见不写作 *kʷ-，*khʷ 等）""就大体而言可以立一套圆唇舌根音 *kw-，*khw-，*gw-，*ngw-，*hw，及 *·w-，这些声母也就是中古的大部分的合口的来源"。他没有谈到 *hw 组唇化为 f、v 等的问题。（李方桂：《上古音研究》，商务印书馆 1980 年版，第 16-17 页）蒲立本认为："（中古汉语）只有在舌根音和喉音之后才有带 w 和不带 w 的系统对立。在上古汉语中最好不要把 -w- 看作是介音，而是声母的形容性成分，这样我们就可以建立有圆唇和非圆唇对立的舌根音和喉音。"蒲立本还进一步指出："把圆唇喉音和圆唇舌根音中的 -w- 看作是声母的形容性成分，可以解释《说文》中一些难以解释的谐声现象。"[加拿大]蒲立本：《上古汉语的辅音系统》，潘悟云、徐文堪译，中华书局 1999 年版，第 47、50 页）

的罗马字拼音方案分别拼写为 kw、k'w、gw、ngw、hw，匣母合口已经清化并入晓母合口；温州尽管也是 5 个，但内涵有所不同，1902 年温州话《马可福音书》的罗马字拼音方案分别拼写为 kw、kw'、gw、hw、wh，秋谷裕幸、王莉分别构拟为 [kʋ、kʋʰ、gʋ、hʋ、ɦʋ]，疑母合口已经合并到疑母开口或匣母合口。① 结合今天的吴语来看，苏州话、宁波、台州话中丢失了形容性的唇化成分，因此古晓组合口字没有出现唇化的现象（宁波话"虎"读为 [ᶜfu]）；上海话、绍兴、温州话中强化了形容性的唇化成分，因此古晓组合口字出现了唇化的现象。由此可见，古晓组合口在吴语中的发展、演变是不平衡的，形容性唇化成分 [v] 或 [w] 只是提供一个唇化的动力，最终是否唇化可能还存在其他的因素。另外，南方各大方言之间古晓组合口唇化的进程也很不平衡，粤语、客家方言 19 世纪就已经完成，像表 2 的那几个方言点则抗拒唇化。后者未来是否走向唇化，主要看 [u] 韵母和 [u] 介音是圆唇还是非圆唇，是元音性还是辅音性。从圆唇到非圆唇是一个连续统，从元音性到辅音性也是一个连续统。唯有非圆唇辅音性，才会成为晓组合口唇化的动因。

（原载《中国语文》2017 年第 3 期，第 332－338 页）

---

① 秋谷裕幸、王莉：《温州方言〈马可福音书〉的音系》，见《中国语言学集刊》第 2 卷第 2 期，中华书局 2008 年版。

训 诂 篇

新训诂学

王　力

训诂学,依照旧说,乃是文字学的一个部门。文字学古称"小学"。《四库全书提要》把小学分为三个部门:第一是字书之属,第二是训诂之属,第三是韵书之属。依照旧说,字书之属是讲字形的,训诂之属是讲字义的,韵书之属是讲字音的。从古代文字学的著作体裁看来,这种三分法是很合适的。不过,字书对于字形的解释,大部分只是对于训诂或声音有所证明,而所谓韵书,除注明音切之外还兼及训诂,所以三者的界限是很不清楚的。若依语言学的眼光看来,语言学也可以分为三个部门:第一是语音之学,第二是语法之学,第三是语义之学。这样,我们所谓语义学(semantics)的范围,大致也和旧说的训诂学相当。但是,在治学方法上,二者之间有很大的差异,所以我们向来不大喜欢沿用训诂学的旧名称。这里因为要显示训诂学和语义学在方法上的异同,才把语义学称为新训诂学。

一、旧训诂学的总清算

以前研究训诂学的人,大致可分为三派:第一是纂集派,第二是注释派,第三是发明派。这三者的界限也不十分清楚,不过为陈述的便利起见,姑且这样分开而已。

(一) 纂集派

这一派是述而不作的。他们只把古代经籍的训诂纂集在一起。阮元的《经籍纂诂》以及近人的《韵史》《辞通》,等等,都属于这一类。述而不作的精神也可算是一种科学精神,只要勤于收集,慎于选择,也就不失为一种好书。不过从学问方面看来,这还不能算为一种学问,只是把前人的学问不管是非或矛盾,都纂集在一起而已。这种训诂学,如果以字典的形式出现,就显得芜杂不堪,因为字典对于每个字,应该先确定它有几种意义,不能东抄西袭,使意义的种类不分,或虽分而没有明确的界限。前者例如《中华大字典》，它的体裁很像《经籍籑诂》，不过《经籍籑诂》抄的是上古的训诂，而它则搜集至于近代而已。后者例如《康熙字典》《辞源》《辞海》之类，因为故训字面上有差异，所以不免分为数义，其实往往只是一个意思而已。例如《辞海》"媚"字下有三种意义：①说也，引《说文》；②爱也，引《诗》"媚兹一人"；③谄也，引《史记》"非独女以色媚"。其实"媚"字只有一种意义，就是《说文》所谓"说也"。"说也"就是"悦也"，"悦也"就是取悦于人，俗话叫作"讨好"。讨好皇帝显得是爱，因为古代对于君主是必须讨好的；讨好平辈往往被认为是坏事，所以是"谄"了。这是杂引古训的缺点，也就是纂集派的流弊。

（二）注释派

这一派是阐发或纠正前人的训诂，想做古代文字学家的功臣或诤臣的。《说文解字》的注家多半属于这一派，因为《说文》虽是字书之属，却是字形字义并重，注家就原注加以阐发，可以使字义更加显明而确定。例如王筠的《说文释例》里说："禾麻菽麦，则禾专名也；十月纳禾稼，则禾又统名也。"这是补充《说文》"禾，嘉谷也"的说法。这一类的书，做得好的时候，的确很有用处，因为前人的话太简单了，非多加补充引证不足以使读者彻底了解。因此，像段玉裁《说文解字注》一类的书确是好书。但是，有时候太拘泥了，也会弄出毛病来。例如《说文》"夫"字下云"丈夫也"，"婿"字下云"夫也"，段氏以"夫"为男子的通称，这是对的；而连"婿"字也认为男子的通称，就糊涂了，因为古书中没有一个"婿"字可解为男子的通称的。《说文》所谓"夫也"显然只是"夫妻"的"夫"。注释家对于《说文》，阐发者多，纠正者少，这固然因为崇拜古人的心理，造成"不轻疑古"的信条，但是新的证据不多，不足以推翻古说，也是一个大原因。近代古文字逐渐出土，正是好做许氏诤臣的时代，将来从这方面用力的人必多。例如《说文》"行"字下云："人之步趋也，从彳从亍会意。""人之步趋也"的说法不算错，但是在讲求本义的《说文》里就算错了。"行"字在古文字里作 ⼗, 显然是表示十字路的意思，所以"术"（邑中道）、"衖"（巷同）、"街"（四通道）、"衝"（交道）、"衢"（四达道，或云大通道）都是从"行"的。《诗经》里有几处"周行"（《卷耳》"寘彼周行"，《鹿鸣》"示我周行"，《大东》"行彼周行"）都是大路的意思（"周"是四通八达的意思）。不过有些地方系用象征的意义，可解作"大道"或"至道"罢了（"周道如砥"也是同样的道理）。《易经》的"中行独复"和《论语》的"中道而废"

相仿,《诗·豳风·七月》的"遵彼微行"和《周南》的"遵彼汝坟"相仿,"中行"也就是"中途","微行"也就是"小路"。这样去解释古书,才可以纠正前人的错误。

(三) 发明派

这可说是比较新兴的学派。古人解释字义,往往只根据字形。直到王念孙、章炳麟等,才摆脱了字形的束缚,从声韵的通转去考证字义的通转。本来,注释派也可以有所发明,但为《说文》《尔雅》等书所拘囿,终不若王念孙、章炳麟的发明来得多,而且新颖。又古代虽有"声训"之学,如刘熙《释名》等(《说文》也有"声训"),但那是用训诂来讲造字的大道理(如"马,武也""牛,事也"之类),和章氏讲"字族"(word family)的学问不同。章氏从声韵的通转着眼,开辟了两条新路:其一是以古证古,这可以他所著的《文始》为代表;另一是以古证今,这可以他所著的《新方言》为代表。《文始》里的字族的研究很有意思,例如"贯""关""环"等字,在字形上毫无相关的痕迹,而在字义上应该认为同一来源。但这是颇危险的一条路,因为声音尽管相近甚至相同,也不一定是同源。这一种方法可以引导后人作种种狂妄的研究。例如有人以为中西文字或亦同源,如"君"字和英文 king 音相近,"路"字和英文 road 相近;又如某君作《说音》一书,以为人类自然的倾向,可使语音和意义有一种自然的联系,如"肥"和英文的 fat 为双声。但是语言学家曾经指出,波斯的 bad 和英文的 bad 音义完全相同,法文的 feu 和德文的 Feuer,英文的 whole 和希腊文的 δλos (holos) 意义全同,音亦相近,然而并非同源。因此,"新声训"的方法必须以极审慎的态度加以运用;《文始》已经不能无疵,效颦者更易流于荒谬。

《新方言》的方法更为危险。现代离开先秦二千余年,离开汉代也近二千年,这二千年来,中国的语言不知经过了多少变化。《新方言》的作者及其同派的学者怀抱着一个错误的观念,以为现代方言里每一个字都可以从汉以前的古书尤其是《说文》里找出来,而不知有两种情形是超出古书范围以外的:第一,古代方言里有些字,因为只行于一个小地域,很可能不见于经籍的记载。而那个小地域到后来可能成为大都市,那些被人遗弃的字渐渐占了优势。第二,中国民族复杂,古代尤甚,有些语汇是借用非汉族的,借用的时代有远有近,我们若认为现在方言中每个字都是古字的遗留,有时候就等于指鹿为马。上述的两种情形,以后者的关系尤大。例如现在粤语区域有些地方称"嚼"为[ɲɔŋ],这可能是从越南的 nhai 字借来的,假使我们要从古书去找它的来源，一定不免穿凿附会了。现在试从章炳麟《新方言》里举出一个例子。他追溯"啥"的来源说："余，语之舒也。余亦训何，通借作舍，今通言甚么，舍之切音也。川楚之间曰舍子，江南曰舍，俗作'啥'，本余字也。"为什么他知道"舍"字有"何"的意义呢？他说："《孟子·滕文公》篇'舍皆取诸其宫中而用之'，犹言何物皆取诸其宫中而用之也。"这上头有两个疑问无法解答：第一，"何物皆取诸其宫中而用之"一类的句子不合于上古的语法；"什么都……"只是最近代语法的产品，唐宋以前是没有的，何况先秦？第二，"舍"字变为"甚么"很奇怪，"舍"是清音字，"甚"是浊音字，不能成为切音，而且中间有个 m 为什么消失了，也很难解释。后来步武章氏的人，越发变本加厉，以致成为捕风捉影。例如《辞海》"嚇"字下有三种意义："（一）以口拒人谓之嚇，见《集韵》。《庄子·秋水》：'鸱得腐鼠，鹓雏过之，仰而视之曰，嚇！'《释文》引司马云：'嚇，怒其声。'按义与《集韵》合。（二）惊恐人曰嚇。《庄子·秋水》：'今子欲以子之梁国而嚇我也'①，语音读如下，亦写作吓……"其实，《庄子》里的"嚇"字只有一种意义，就是"怒其声"，也就是一个拟声字。"嚇我"就是拿这种声音来对待我，也就是以为我羡慕你的梁国，像鸱以为鹓雏羡慕它的腐鼠一样。《辞海》凭空引来作恐吓的意义，就大错了。大概一个字义见于古书决不止一次，除非变形出现（所谓假借），否则只见一次者必极可疑，因为既是语言中所有的字义，何以没有别人沿用呢？因此，像《新方言》里所释的"舍"字和《辞海》里所释的"嚇"字都是极不可靠的。

自从清人提倡声韵之学以后，流风所播，许多考据家都喜欢拿双声叠韵来证明字义的通转，所谓一声之转，往往被认为一种有力的证据。其实这种证据的力量是很微弱的；除非我们已经有了别的有力的证据，才可以把"一声之转"来稍助一臂之力。如果专靠语音的近似来证明，就等于没有证明。双声叠韵的字极多，安知不是巧合呢？譬如广州有个"淋"字，意思是"熟烂了的"，若依一声之转的说法，我们尽可以说"淋""烂"一声之转，"烂"是俗语"淋"的前身。我们之所以不这样说，因为除了一声之转的武断之外，毫无其他强有力的理由。再看粤语区域中另一些地方，"淋"读如"稔"的平声（粤语"稔"读 nɐm 上声），倒反令我们怀疑它的本音是 [nɐm]，广州有一部分人 n、l 不分，才念成"淋"的。如果我们猜想的不错，更不能说它是由"烂"字变来了。声韵的道理，本极平常，而前人认为

---

① 《庄子》原文"也"作"邪"。

神秘,所以双声叠韵之说也由于它的神秘性而取得了它所不应得的重要性。这是新训诂学所不容的。

旧训诂学的弊病,最大的一点乃是崇古。小学本是经学的附庸,最初的目的在乎明经,后来范围较大,也不过限于明古。先秦的字义,差不多成为小学家唯一的对象。甚至现代方言的研究,也不过是为上古字义找一些证明而已。这可说是封建思想的表现,因为尊经与崇古,就是要维持封建制度和否认社会的进化。

二、新训诂学

以上对于旧训诂学的功罪,说了不少的话;旧训诂学的功罪既定,新训诂学应该采取什么途径,也可以"思过半"了。

我们研究语义,首先要有历史的观念。前人所讲字的本义和引申假借(朱骏声所谓转注假借),固然也是追究字义的来源及其演变,可惜的是,他们只着重在汉代以前,汉代以后则很少道及。新训诂学首先应该矫正这个毛病,把语言的历史的每一个时代看作有同等的价值。汉以前的古义固然值得研究,千百年后新起的意义也同样地值得研究。无论怎样"俗"的一个字,只要它在社会上占了势力,也值得我们追求它的历史。例如"鬆紧"的"鬆"字和"大腿"的"腿"字,《说文》里没有,因此,一般以《说文》为根据的训诂学著作也就不肯收它(例如《说文通训定声》)。我们现在要追究,像这一类在现代汉语里占重要地位的字,它是什么时候产生的。至于"脖子"的"脖"、"膀子"的"膀",比"鬆"字的时代恐怕更晚,但是我们也应该追究它的来源。总之,我们对于每一个语义,都应该研究它在何时产生,何时死亡。虽然古今书籍有限,不能十分确定某一个语义必系产生在它首次出现的书的著作时代,但至少我们可以断定它的出世不晚于某时期;关于它的死亡,亦同此理。前辈对于语义的生死,固然也颇为注意,可惜只注意到汉以前的一个时期。我们必须打破小学为经学附庸的旧观念,然后新训诂学才真正成为语史学的一个部门。

关于语义的演变,依西洋旧说,共有扩大、缩小、转移三种方式。我们曾经有机会在别的地方解释过这三种方式,现在不妨重说几句。扩大式例如"脸"字,本是"目下颊上"的意思,现在变了面部的意思,这样是由面上的一部分扩大至于整个面部了。缩小式例如"趾"字,"趾"本作"止",足也(《仪礼·士昏礼》"皆有枕,北止",郑注"足也"),后来变了脚趾的意思，这样是由整个的脚缩小至于脚的一部分了。转移式例如"脚"字，本是"胫"（小腿）的意义，后来变了与"足"同义，这样是由身体的某一部分转移到另一部分。上述这三种方式并不限于名词，动词和形容词等也是一样。现在试再举几个例子。"细"字从糸，大约本来只用为丝的形容词，后来变了"小"的意义，这是扩大式；现在粤语的"细"就是"小"，而官话的"细"又变了细致、精细的意义，这是缩小式。"幼"字本来是"幼稚"的意思，现在粤语白话称丝麻布帛文细者为"幼"（形容词），这又是转移式。又如现在官话"走"字等于古代的"行"，也是转移式。

除了上述的三种方式之外，还有一种特殊情形是在三式之外的，就是忌讳法。在古代，帝王的名讳往往引起语言的转变，汉明帝名"庄"，以致"庄光"变了"严光"，甚至讳及同音字，"治装"变成了"治严"，"妆具"变成了"严具"。唐太宗名"世民"，以致"三世"（祖孙三世）变了"三代"，"生民"变了"生人"。此外还有对于人们所厌恶的事物的忌讳。粤语中此类颇多，例如广东"蚀本"的"蚀"音如"舌"，商人讳"蚀"，于是"猪舌"变成"猪利"，"牛舌"成了"牛利"；商人和赌徒讳"干"（"干"是没有钱的象征），"干""肝"同音，于是"猪肝"变了"猪润"，有些地方变了"猪湿"；甚至有些地方的赌徒讳"书"为"胜"，因为"书""输"同音的缘故。这是关于财富上的忌讳。粤语区域的人忌讳吃的血，所以猪血称为"猪红"；云南人也有同样的忌讳，所以猪血称为"旺子"。粤语区域称"杀"为"劏"（音如"汤"），所以有些地方讳"汤"为"羹"（但"羹"义古已有之），例如南宁；有些地方的某一部分人讳"汤"为"顺"，例如钦廉一带的赌徒及商店伙计们。这是关于死伤方面的忌讳。又如广东有许多人讳"空身"为"吉身"。所谓"空身"，是不带货物而旅行的意思。粤语"空""凶"同音，所以讳"凶"而说"吉"。这是关于吉凶的忌讳。

有些语义的转移，可认为语义的加重或减轻。现在试举"诛""赏"二字为例。"诛"字从言，起初只是"责"的意思（《论语》"于予与何诛"），后来才转为"杀戮"的意思，由责以至于杀戮，这是加重法。"赏"字从贝，起初只是"赏赐"的意思，后来才转为"赞赏"的意思，由实物的赏赐以至于言语的赞美，这是减轻法。又试举现代方言为例。粤语以价贱为"平"，本来是像平价、平粜的"平"，只是"价值相当"的意思，由价值相当以至于价贱，也是一种加重法。西南官话有许多地方称价贱为"相应"，恐怕也是这个道理。加重法似乎可归入扩大式，减轻法似乎可归入缩小式，但二者也都可以认为转移式。意义的转变不一定就是新旧的替代，有时候，它们的新旧两种意义是同时存在过（如"诛"字），或至今仍是同时存在（如"赏"字）。因此我们知道语义的转移共有两种情形：一种如蚕化蛾，一种如牛生犊。

上面说过，语言学可分为三个部门：语音、语法、语义。但语义学并不能不兼顾到它与语法的关系。关于语音和语义的关系，前人已经注意到。章炳麟一部《文始》，其成功的部分就是突破了字形的束缚，从音义联系的观点上得到了成功。这可以不必多谈。至于语法和语义的关系，向来很少有人注意到。上面说及"什么都……"一类的语法（疑问代词后紧接着范围副词）是上古所没有的，于是我们知道"舍皆……"不能解释作"何物皆……"，就是从语法上证明语义的。试再举一些类似的例子。许多字典都把"适"解释为"往也"，然而上古的"往"字是一个纯粹的内动词，"往"的目的地是不说出或不能说出的；上古的"适"字是一个外动词或准外动词（有人称为关系内动词），"适"的目的地是必须说出的。"往"等于现代官话的"去"，"适"等于现代官话的"到……去"，这是语法的不同影响到语义的不同。

研究语义的产生及其演变，应该不受字形束缚。例如"趣"与"促"，"阳"与"佯"、"韬"与"弢"、"矢"与"屎"、"溺"与"尿"，论字形毫无相似之处，若论音义则完全相同（当然这不是说它们所含别的意义也全同）。有些字，形虽不古，而其意义则甚古，我们断定它们出生的时代，应该以意义为准。例如"糖"字出世虽晚，"饧"字则至少汉代就有，于是我们可以断定"糖"的语义是颇古的。反过来说，另有些字，意义虽不古而其形甚古者，我们断定它们出生的时代，也不能以字形为准。例如"抢劫"的"抢"大约是宋代以后才产生的语义，先秦虽也有"抢"字（《庄子·逍遥游》"飞抢榆枋"），但和"抢劫"的"抢"无关。又如"穿衣"的"穿"，虽很可能从"贯穿"的意义变来，但它在什么时候才开始有"穿衣"的意义，我们不能不管。现在许多字典（如《辞海》）甚至不把"穿衣"的一种意义列入"穿"字下，就更不妥了。又如"回"字，虽然在先秦经籍上屡见，但"来回"的"回"却大约迟至唐代才产生。上古的"回"等于后代的"迴"，《说文》"回"下云"转也"，《醉翁亭记》上所说的"峰回路转"就是"峰迴路转"。"来回"的意义自然是由"转"的意义引申来的，因为走回头路必须转弯或向后转。现代吴语一部分（如苏州话）和客家话都以"转"为"回"，可为明证。但我们只能说当"回"字作"转"字讲的时代已潜伏着转变为"来回"的意义的可能性，我们不能说上古就有了"来回"的"回"。现代的"回"在上古叫做"反"（后来写作"返"）。这样研究语义，才不至于上了字形的当。

从前的文字学家也喜欢研究语源，但是他们有一种很大的毛病是我们所应该极力避免的，就是"远绍"的猜测。所谓远绍，是假定某一种语义曾于一二千年前出现过一次，以后的史料毫无所见，直至最近的书籍或现代方言里才再出现。这种神出鬼没的怪现状，语言史上是不会有的。上文所述《辞海》里解释"嚇"字，就犯了这种武断的毛病。此外另有一种情形和这种情形相近似，就是假定某一种意义在一二千年前已成死义，隔了一二千年后，还生了一个儿子。例如"该"字，《说文》云："军中约也。""应该"的"该"和"该欠"的"该"似乎都可以勉强说是由"军中约"的意义引申而来（段玉裁就是这样说）。可奇怪的是，"应该"的"该"大约产生于宋代以后，"该欠"的"该"或者更后，而"军中约"的古义，即使曾经存在过，也在汉代以前早成死义，怎能在千年之后忽然引申出两种新兴的意义来呢？这是语源学方法中最重要的一点。

但是，从历史上观察语义的变迁，我们首先应该有敏锐的眼光，任何细微的变化都不能忽略过去。多数语义的转移总不外是引申，所谓引申，好比是从某一地点伸张到另一地点。既是引申，就不免或多或少地和原义有类似之点；如果太近似了，虽然实际上发生了变化，一般人总会马马虎虎地忽略了过去，以"差不多"为满足。这样，在许多地方都不会看得出变迁的真相来。例如上文所举的"脚"字，本是"胫"的意思，"胫"就是现代所谓"小腿"，"小腿"和"脚丫子"差得颇远，而《辞海》于"脚"字第一义下竟云："胫也，见《说文》。按脚为足之别称。"这样是说足等于脚，脚等于胫。完全没有古今的观念了。段玉裁的眼光最为敏锐，譬如他注释"仅"字，会注意到唐代的"仅"和清代的"仅"不同，唐代的"仅"是"庶几"的意思，段氏举杜甫诗"山城仅百层"为例。我们试拿唐人诗文来印证，就会觉得确切不易，例如白居易《燕子楼·序》："尔后绝不复相闻，迨兹仅一纪矣。"按唐代的"仅"和清代的"仅"都是程度副词，很容易被认为一样，然而前者叹其多，后者叹其少，实际上恰得其反。与"仅"字相类似的有"稍"字，宋代以前"稍"字都作"渐"字讲，近代才作"略"字讲。像这种地方最有兴趣，我们绝对不该轻易放过。

现在试举两个很浅的字为例。"再"字，唐宋以前都是"二次"（twice）的意思，"再醮""再造""再生"都是合于这种意义的，现代变了"复"（again）的意思，就不同了。例如说："某君已来三次，明日再来。"这种地方古代只能用"复来"，不能用"再来"。古代的"再"字非但不能指第三次以上的行为而言，而且也还不是专指第二次的行为而言，而是兼指两次的行为。《说文》"再"下云："一举而二也。"最妥。又如"两"字，现在意义是和"二"字差不多了（语法上稍有异点，见拙著《中国现代语法》第四章），但在最初的时候，"两"和"二"的意义应该是大有分别的。本来，数目上的"两"和车两的"两"（今作"辆"）是同源的。《说文》以"兩"为数目的"两"，"两"为"车两"的"两"，那是强生分别，像唐人之分别"疏""疎"，今人之分别"乾""乾"一样。《风俗通》里说"车有两轮，故称为两"，这是很对的。我们猜想最初的时候，只有车可称为"两"，所以《诗·召南》"之子于归，百两御之"，"百两"就可以表示"百车"。由"车两"的意义引申，凡物成双的都可以叫作"两"。但它和"二"字的不同之点乃是：前者只指两物相配，不容有第三者存在；后者无所谓相配，只是泛指"二"数而言。因此，"两仪""两端""两造""两庑"之类都是合于上古的意义的，因为没有第三仪、第三端、第三造、第三庑的存在的可能。"两汉""两晋""两湖""两广"也是对的。至于像《史记·陈轸列传》说："两虎方且食牛"，这就和"二"字的意义差不多了。可见汉代以后，"两"和"二"的区别渐归泯灭。现在我们说"买两斤肉""吃两碗饭"之类是完全把"两"和"二"混而同之，若依上古的意义，是不能用"两"的。因为市面上不只有两斤肉，我不过只买其中的两斤；饭锅里也不止有两碗饭，我不过只吃其中的两碗而已。这种地方是很容易忽略过去的。有时候，我们只须利用前人所收集的资料，另换一副头脑去研究它，就可以有许多收获。

曾经有人提及过文字学和文化史的关系，有许多的语源可以证明这一个事实。依《说文》所载，马牛犬豕的名目那样繁多，可以证明畜牧时代对于家畜有详细分别的必要。"治"字从水，它的本义应该就是"治水"。《说文》以"治"为水名，朱骏声云："治篆实当出别义，一曰汨也，理导水也。"这是妥协的说法。其实只有"理导水"是最初的意义。因此，我们可以证明太古确有洪水为灾，古人先制"治"字，然后扩大为普通"治理"的意义；"治玉""治国"之类都只是后起的意义而已。又上古重农，所以稻麦的名称也特繁。只须看买卖谷米另有"籴""粜"二字（"糶"字也可能是"粜"字的前身），就可知上古的农业重要到了什么程度。再说，关于风俗习惯，也可以由语词的分化或合并看出来。例如关于胡子，上古共有"髭""鬚""髯"三字，在口上叫"髭"，在颐下叫做"鬚"，在颊旁叫做"髯"。胡子分得详细，就显示古人重视胡子。近代的人把胡子剃得光光的，自然不需要分别，只通称为"胡子"就够了。

其实何止如此？一切的语言史都可认为文化史的一部分，而语义的历史又是语言史的一部分。从历史上去观察语义的变迁，然后训诂学才有新的价值。即使不顾全部历史而只作某一时代语义的描写（例如周代的语义或现代的语义），那就等于断代史，仍旧应该运用历史的眼光。等到训诂脱离了经学而归到了史的领域之后，新的训诂学才算成立。到了那时节，训诂学已经不复带有古是今非的教训意味，而是纯粹观察、比较和解释的一种学问了。

（原载《开明书店二十周年纪念文集》，开明书店1947年版，第173 – 188页。后收入《王力文集》第十九卷，山东教育出版社1990年版，第166 – 181页；《龙虫并雕斋文集》第一册，《王力全集》第十九卷，中华书局2015年版，第299 – 310页。今据《王力全集》收录）

训诂在《四书集注》中的运用

陈焕良

朱熹为《大学》《中庸》《论语》《孟子》分别作了注释,对《大学》还区分了经传并重新编排了章节,作为一套书同时刊行,称为《四子》。《大学》《中庸》的注释基本上是朱熹写的,较少引用别人的话,因此称为"章句",《论语》《孟子》的注释因为引诸家说法较多,称为"集注"。后人合称之为《四书章句集注》,简称《四书集注》。

《四书集注》是朱熹的重要训诂著作。朱熹倾注了一生的心血来注这部书,他曾说:"熹于《论》《孟》《大学》《中庸》,一生用功,粗有成就。"(《晦庵文集》卷五十二《答胡季随》)又说:"某于《语》《孟》,四十余年理会。中间逐字称等,不教偏些子,学者将注处宜仔细看。"(《朱子语类》卷十九)他的门徒,李性传也说,他在临死前一天还在修改《大学章句》。

《四书集注》的特点,是用程朱理学注《四书》,以阐发义理为主,与传统经注不一样。但其解词释句,还是力求符合本文的原意的,而且简明扼要,深入浅出,明白易懂,对前人的注释多能择善而从,因此能脱去隋唐义疏及宋初经说的烦冗之弊,而成为独具特色的训诂著作。如能从训诂的角度对《四书集注》进行深入的研究,对于正确评价朱熹在训诂学史上的地位,以及如何从《四书集注》中汲取训诂上的精华,运用于古籍整理还是颇有意义的。

《四书集注》的注文主要是朱熹写的。本文所谈的实际上是朱熹如何运用训诂来注《四书》。因此所引注文均为朱注。

《四书集注》训诂的内容十分广泛。概括起来如次。

一、校勘文字

文字校勘包括异文、衍字、误字、脱文、错简等。例如:

曰:"无倦。"(《论语·子路》)注:无,古本作册。

子曰："桓公九合诸侯，不以兵车，管仲之力也。如其仁，如其仁。"（《论语·宪问》）注：九，《春秋传》作纠，督也。古字通用。

阳货欲见孔子，孔子不见，归孔子豚。（《论语·阳货》）注：归，如字。一作馈。

子绝四：毋意、毋必、毋固、毋我。（《论语·子罕》）注：毋《史记》作无，是也。……程子曰：此毋字非禁止之辞。

唐棣之华，偏其反而。（《论语·子罕》）注：偏，《晋书》作翩，然则反亦当与翻同，言华之摇动也。

子曰：好学近乎知，力行近乎仁，知耻近乎勇。（《中庸》章二十）注：子曰二字，衍文。

素隐行怪，后世有述焉。（《中庸》章十一）注：素，按《汉书》当作索。盖字之误也。索隐行怪，言深求隐僻之理，而过为诡异之行也。

孟子曰："孔子不得中道而与之，必也狂狷乎！狂者进取，狷者有所不为也。"（《孟子·尽心下》）注："不得中道"至"有所不为"，据《论语》，亦孔子之言，然则孔子字下当有"曰"字。《论语》道作行，狷作獧。

子曰：与其进也，不与其退也，唯何甚？人洁己以进，与其洁也，不保其往也。（《论语·述而》）注：疑此章有错简。"人洁"至"往也"十四字，当在"与其进也"之前。

如上所举关于文字方面的校勘，都是十分精当的。但是，也有主观武断的地方。朱熹在《记〈大学〉后》一文中说，《大学》"简编散脱，传文颇失其次，子程子盖尝正之。"朱熹又因二程遗说，"复定此本"。其中有些章从程本，有些章从旧本，有些章则朱熹自定。他还补写了非《大学》原文一章，他说："传的五章，盖释格物致知之义，而今亡矣。间尝窃取程子之意以补之。"这段补传共一百三十四字。这种不经考订，妄改古书的学风却是不可取的。

二、分析句读

关于句读的注释，通检《四书集注》全书，仅见六七例，具录于下：

子曰："十室之邑，必有忠信如丘者焉，不如丘之好学也。"（《论语·公冶长》）注：焉，如字，属上句。

朱注意在表明"焉"字表示确定语气，与副词"必"相应，当属上读，而不能误为疑问代词从下读。

　　子曰："吾尝终日不食，无益，终夜不寝，以思，不如学也。"（《论语·卫灵公》）"益""思"字下分别加注"句"。
　　必有事焉而勿正，心勿忘，勿助长也。（《孟子·公孙丑上》）注：赵氏、程子以七字为句，近世或并下文心字读之者亦通。
　　且许子何不为陶冶，舍皆取诸其宫中而用之？（《孟子·滕文公上》）注：舍，止也，或读属上句。舍，谓作陶冶之处也。

笔者按：舍，相当于今语"啥"，当属下读。

　　交闻文王十尺，汤九尺，今交九尺四寸以长，食粟而已，如何则可？（《孟子·告子下》）"长"字下注曰"句"。
　　山径之蹊间，介然用之而成路；为间不用，则茅塞子之心矣。（《孟子·尽心下》）"间""路"字下分别注曰"句"，释义曰："介然，倏然之顷也"，"为间，少顷也。"

三、注释字音

按《四书集注》的体例，注音在释义之前，中间用〇隔开，现按所用的术语，分别举例。

1. 某音某

　　贤者与民并耕而食，饔飧而治。（《孟子·滕文公上》）注：饔，音雍。飧，音孙。
　　治于人者食人，治人者食于人。（《孟子·滕文公上》）注：食，音饲。
　　见而民莫不敬，言而民莫不信，行而民莫不说。（《中庸》章三十一）注：见，音现。说，音悦。
　　今之人修其天爵，以要人爵。（《孟子·告子上》）注：要，音邀。

不税冕而行。(《孟子·告子下》) 注：税，音脱。

从例句中可以看出，朱注用"音"这个术语，除了注一般的同音字以外，还用以注通假字，这时候，除了注音的作用以外，还有释义的作用。也正因为如此，遇上通假字，注音时读为本字之后，一般情况下就不再释义了。如"要，音邀"，"税，音脱"。

2. 某读作（为、曰、如）某

"读作（为、曰、如）"用以解释通假字，有注音兼释义的作用。

日知其所亡，月无忘其所能。(《论语·子张》) 注：亡，读作无。亡，无也。

此之谓自谦。(《大学传之六章》) 注：谦，读为慊，苦劫反。谦，快也，足也。

日省月试，既廪称事，所以劝百工也。(《中庸》章二十) 注：既，许气反。既，读曰饩。饩廪，稍食也。

3. 某与某同，某同某，某某同

"同"这个术语，在朱注中，除了注异体字以外，也用以注通假字。

庶人不传质为臣。(《孟子·万章下》) 注：质，与贽同。质者，士执雉，庶人执鹜，相见以自通者也。

取色之重者与礼之轻者而比之，奚翅色重？(《孟子·告子下》) 注：翅，与啻同，古字通用，施智反。

故为渊殴鱼者，獭也；为丛殴爵者，鹯也。(《孟子·离娄上》) 注：殴，与驱同。爵，与雀同。

诗曰："奏假无言，时靡有争。"(《中庸》章三十三) 注：假，格同。

学而时习之，不亦说乎？(《论语·学而》) 注：说，与悦同。

4. 某如字

夷子怃然，为间曰："命之矣。"(《孟子·滕文公上》) 注：间，如字。为间者，有顷之间也。

5. 某某声

以约失之者，鲜矣。(《论语·里仁》) 注：鲜，上声。
小人之过也必文。(《论语·子张》) 注：文，去声。文，饰之也。
舜往于田，号泣于旻天。(《孟子·万章上》) 注：号，平声。

此外，朱注还用反切注音。

可以看出，朱熹注音有这样的特点：①所用术语没有严格的界限，比如"音"和"读作（为、曰）""同"，都可以注通假字，都有释义的作用，因此同一个字可以用不同的术语来注音。如"辟，音譬"；"辟，读作譬"；"辟，譬同"。②朱注很重视破读音，"某，某声"在注音中占很大的比例，这是宋元时代重视破读法、强调以四声别义，在朱注中的反映。朱熹在《孟子·梁惠王章句上》中说："凡治字，为理物之义者，平声；为已理之义者，去声。"朱注中以四声别义的破读法有不少在现代汉语中还保留着。

四、解释词义

解释词义涉及所用的术语及其训释方法。这是传注体训诂著作的主要内容，也是《四书集注》的主要内容。

1. 解释词义的术语

1) 为、曰。这两个术语相当于现在的"叫"或"叫作"，用以解释的词语放在被解释的词语前边。例如：

臣闻郊关之内，有囿方四十里。(《孟子·梁惠王下》) 注：国外百里为郊，郊外有关。
奔而殿。(《论语·雍也》) 注：军后曰殿。

《四书集注》中还常用"曰"来解释同义词：

鱼馁而肉败，不食。(《论语·乡党》) 注：鱼烂曰馁，肉腐曰败。

2) 谓、谓之、之谓、之称、之意。"谓"，即"说的是"，或"指的是"。被解释的词语在前，用以解释的词语在后。使用"谓"，往往是用较具体、形象的事物来解释较抽象、笼统的概念。例如：

> 三代之得天下也以仁。（《孟子·离娄上》）注：三代，谓夏、商、周也。

"谓之"，"叫作"的意思。它的用法与"谓"有区别，用以解释的词语，在其所解释的词语之前。例如：

> 不素餐兮，孰大于是？（《孟子·尽心上》）注：无功而食禄，谓之素餐。

"谓之"也作"之谓"，意思是一样的。例如：

> 《康诰》曰："作新民"。（《大学》引《书》）注：鼓之舞之之谓作。
> 依于仁，游于艺。（《论语·述而》）注：依者，不违之谓。游者，玩物适情之谓。

"之称"等于说"的说法"，"之意"等于说"的意思"。例如：

> 鄙夫，可以事君也与哉？（《论语·阳货》）注：鄙夫，庸恶陋劣之称。
> 子谓卫公子荆，"善居室。始有，曰：'苟合矣。'少有，曰：'苟完备矣。'富有，曰：'苟美矣。'"（《论语·子路》）注：苟，聊且粗略之意。

3）言、犹言、之为言。"言"，用以解释词语时，相当于"说"的意思。例如：

> 为东周乎？（《论语·阳货》）注：为东周言兴周于东方。

《四书集注》中用"言"解释词语的不多，常用的是串讲文意，阐述章旨。

"犹言"意为"等于说"，用以解释词语。例如：

先进于礼乐，野人也，后进于礼乐，君子也。(《论语·先进》) 注：先进后进，犹言前辈后辈。

《四书集注》中还用"之为言"来解释词义，仅见三例，具录于下：

子曰："唯仁者能好人，能恶人。(《论语·里仁》) 注：唯之为言独也。
心之官则思，思则得之，不思则不得也。(《孟子·告子上》) 注：官之为言司也。
齐明盛服，以承祭祀。(《中庸》章十六) 注：齐之为言齐也，所以齐不齐而致其齐也。

汉唐经注中"之为言"与"之言"一样，用于以音义相通的词语作解释。而以上三例中，除了第三例用同字为训，有语音上的联系以外，其余被解释的词与用来解释的词都没语音上的联系。

4) 犹。《四书集注》中使用"犹"这个术语，往往是所解释的词语与用以解释的词语意义是相近的。例如：

今夫天，斯昭昭之多。(《中庸》章二十六) 注：昭昭，犹耿耿，小明也。

5) 指。"指"这个术语，在汉唐时代的传注著作中，似未曾见过。而《四书集注》则常用以随文释义。例如对"夫子"一词的解释：

蘧伯玉使人于孔子，孔子与之坐而问焉，曰："夫子何为？"对曰："夫子欲寡其过而未能也。"(《论语·宪问》) 注：夫子，指伯玉也。

6) 名。《四书集注》中说"某，某名"者，所解释的都是专用名词，注解很简略，只指出某名，一般不加详释。例如（正文略）：

石门，地名。
互乡，乡名。
淇，水名。

武城，鲁邑名。
三苗，国名。
大宰，官名。
司败，官名，即司寇也。

7）貌。《四书集注》中用"貌"解释的都是形容词。例如：

肫肫其仁，渊渊其渊，浩浩其天。（《中庸》章三十二）注：肫肫，恳至貌。渊渊，静深貌。浩浩，广大貌。

8）属、类。"属""类"表示事物的种类。例如：

衽金革，死而不厌。（《中庸》章十）注：金，戈兵之属。革，甲胄之属。

鸢飞戾天，鱼跃于渊。（《中庸》章十二引《诗》）注：鸢，鸱类。

9）所以。"所以"表示事物的功能、用途。例如：

孟子曰："离娄之明，公孙之巧，不以规矩，不能成方圆；师旷之聪，不以六律，不能正五音；尧舜之道，不以仁政，不能平治天下。（《孟子·离娄章句上》）注："规，所以为圆之器也。矩，所以为方之器也。"

孟子曰："仁言，不如仁声之入人深也。善政，不如善教之得民也。"（《孟子·尽心章句上》）注："政，谓法度禁令，所以制其外也。教，谓道德模范齐礼，所以格其心也。"

第二例先用"谓"释"政""教"之所指，再用"所以"说明其功用。
此外，还用"某者，某也"或"某，某也""某，某"等格式释义。例如：

我亦欲正人心，息邪说，距诐行，放淫辞，以承之三圣者，岂好辩哉？（《孟子·滕文公下》）注：辞者，说之详也。

文王之囿，方七十里，有诸？（《孟子·梁惠王下》）注：囿者，蕃育鸟兽之所。

驱而纳诸罟护陷阱之中，而莫之知辟也。（《中庸》章七）注：罟，网也。护，机槛也。陷阱，坑坎也。皆所以掩取禽兽者也。

笾豆之事，则有司存。（《论语·泰伯》）注：笾，竹豆。豆，木豆。

《四书集注》训释词义的方法，除了个别地方用音训（如"征，正也。"）（《孟子·梁惠王章句上》）和形训（如"或曰：中心为忠，如心为恕，于义亦通。"）（《论语·里仁》）主要是用义训。

2. 解释词义的方法

1）同义相训。例如：

君子坦荡荡，小人长戚戚。（《论语·述而》）注：坦，平也。

2）同义辨析。例如：

丈夫生而愿为之有室，女子生而愿为之有家，父母之心，人皆有之。（《孟子·滕文公章句上》）注："男以女为室，女以男为家。"

故理义之悦我心，犹刍豢之悦我口。（《孟子·告子章句上》）注："草食曰刍，牛羊是也。谷食曰豢，犬豕是也。"

有澹台灭明者，行不由径，非公事，未尝至于偃之室也。（《论语·公冶长》）注："径，路之小而捷者。"

（中山之木）是日夜之所息，雨露之所润，非无萌蘖之生焉，牛羊又从而牧之，是以若彼濯濯也。（《孟子·告子章句上》）注："萌，芽也。蘖，芽之旁出者也。"

同义相训的方法，对词义的解释是宽泛、含混的。而同义辨析，相对比较具体、确凿，能辨别同义词之间的细微差异。

3）以狭义释广义。例如：

去其金，发乘矢。（《孟子·离娄下》）注：金，镞也。

4）以共名释别名。例如：

百姓闻王钟鼓之声，管籥之音。（《孟子·梁惠王下》）注：钟鼓、管籥，皆乐器也。

虽有镃基，不如待时。（《孟子·公孙丑上》）注：镃基，田器也。

5）设立界说。例如：

不逆诈，不亿不信。（《论语·宪问》）注：逆，未至而迎之也。亿，未见而意之也。

子曰："毋！以与尔邻里乡党乎！"（《论语·雍也》）注：五家为邻，二十五家为里，万二千五百家为乡，五百家为党。

6）宛述情状。例如：

子曰："禘，自既灌而往者，吾不欲观之矣。"（《论语·宪问》）注：灌者，方祭之始，用郁鬯之酒，灌地以降神也。

大车无輗，小车无軏，其何以行之哉？（《论语·为政》）注：輗，辕端横木，缚轭以驾牛者。軏，辕端上曲，钩衡以驾马者。

7）比拟事物。例如：

方寸之木可使高于岑楼。（《孟子·告子下》）注：岑楼，楼之高锐似山者。

五、考证名物

《四书集注》对词语的解释，力求简明扼要，不重考据，但有关古代的名物、礼俗、典章制度时，则征引文献，略加考证。例如对《孟子·梁惠王上》"不违农时，谷不胜食也；数罟不入洿池，鱼鳖不可胜食也；斧斤以时入山林，材木不可胜用也。……王道之始也"一节，在注音释义之后，便引证古代有关保护自然资源的规定说："古者，网罟必用四寸之目，鱼不满尺，市不得鬻，人不得食。山林川泽，与民共之，而有厉禁，草木零落，然后斧斤入焉。此皆为治之初，法制未备，且因天地自然之利，而撙节爱养之事也。"又如：

虽疏食菜羹，瓜祭，必齐如也。(《论语·乡党》) 注：古人饮食，每种各出少许，置之豆间之地，以祭先代始为饮食之人，不忘本也。

仲尼曰：始作俑者，其无后乎！(《孟子·梁惠王上》) 注：古之葬者，束草为人，以为从卫，谓之刍灵，略似人形而已。中古易之以俑，则有面目机发，而太似人矣，故孔子恶其不仁，而言其必无后也。

三年之丧，齐疏之服，飦粥之食，自天子达于庶人，三代共之。(《孟子·滕文公上》) 注：《丧礼》："三日始食粥，既葬，乃疏食。"此古今贵贱通行之礼也。

以上所举诸例的注释，在赵岐《孟子注》及何晏《论语集解》中均未见，因此保留在朱注中关于古代名物的考证，不但有助于后代读者理解文意，而且对后代读者了解古代社会生活也是很有帮助的。

六、阐述语法

寓语法于训诂，在《四书集注》中颇为突出。阐述语法，与用词造句的原则有关，说清楚了词法、句法，也就有助于理解词义、句意，因此阐述语法与解释词义两者是相辅相成的。

《四书集注》很着重虚词的用法，注文中凡称"辞""语辞""语助""语助词"等，都表明所释的词语是虚词。例如（正文略）：

于，叹辞。可者，仅辞。肆，发语辞。
恶，惊叹辞。所，誓辞也。抑，反语辞。
其诸，语辞也。诺，应辞也。之，语助也。
乎哉，疑辞。勿者，禁止之辞。只，语助辞。

此外，还有"声""语助声""发语声"等术语：

意，心不平之声。
姑，语助声。
施，发语声。

《四书集注》中对于活用的实词也一一注解。例如：

犹彼白而我白之。(《孟子·告子上》) 注：我以彼为白也。

按：第二个"白"字是形容词的意动用法。又如：

涕出而女于吴。(《孟子·离娄上》) 注：女，以女与人也。

按：女，名词用如动词。又如：

子庶民也，来百工也。(《中庸》章二十) 注：子，如父母之爱其子也。

按：子，名词的意动用法。又如：

以其兄之子妻之。(《论语·公冶长》) 注：妻，为之妻也。

按：妻，名词用如动词。又如：

孟子去齐，充虞路问曰：夫子若有不豫色然。(《孟子·公孙丑下》) 注：路问，于路中问也。

按：路，名词作状语。

以上所解释的词，按照原来的词义，都是比较浅白易懂的，但在各例句中，它们已经活用了，不能按照原来的词义解释，必须按照活用后与其前后有关的词语一起来解释，才能得出其准确的词义，因此，朱熹对活用的实词一一加以注解。

七、论述表达方式

《四书集注》中有些注解，既不是解释词义，又不是解释语法，而是论述表达方式、说明修辞手段的。

表达方式包括省文、称数、谦恭等。

1. 省文
例如：

郊社之礼，所以事上帝也。(《中庸》章十九) 注：郊，祭天。社，祭地。不言后土者，省文也。

按：社，土地神，世人谓社为后土。朱注既说明社与后土同义，又说明这里用的是省文手段。

记载人物对话，省略某问某答的提示文字，这是古今共有的表达方法，但在没有使用标点符号的文言文中，这种表达方法不利于阅读，不加注释，不容易分辨是谁说的话。有两种情况，记一人之言中加"曰"字，例如：

曰：管仲，曾西之所不为也，而子为我愿之乎？(《孟子·公孙丑上》) 注：曰，孟子言也。

这是记载公孙丑与孟子的一段对话。公孙丑问曰："夫子当路于齐，管仲、晏子之功，可复许乎？"孟子在答话中又引用了曾西的话，加曰字表更端，后代读者不一定明了古书中这种表达方法，因此朱熹特别加注："曰，孟子言也。"又如：

子路问成人，子曰：……曰："今之成人者何必然？……"(《论语·宪问》) 注：复加曰字者，既答而复言也。

这个注解，说明"曰"字下也是孔子所言，也是记载一人之言中加"曰"字例。又有记二人之语省"曰"字者。例如：

孟子曰："善人也，信人也。""何谓善？何谓信？"(《孟子·尽心下》) 注：不害问也。

以上是浩生(姓)不害(名)与孟子的问答。又如记载公孙丑与孟子的问答：

"何谓知言？"曰："诐辞知其所蔽……必从吾言矣。"(《孟子·公孙丑上》) 注：此公孙丑复问，而孟子答之也。

这个注表明"曰"字之前是公孙丑之问，而略"曰"字。二人之言而省

"曰"字，在书中很多，朱熹都一一加注某问某答。

这两种情况的注解，在没有使用标点符号之前尤为重要，并为后代整理古书、为原文标点断句提供重要的依据。

2. 称数

例如：

> 子曰："《诗》三百，一言以蔽之，曰：'思无邪'。"（《论语·为政》）注：《诗》三百十一篇。言三百者，举大数也。
>
> 且以文王之德，百年而后崩，犹未洽于天下。（《孟子·公孙丑章句上》）注："文王九十七而崩，言百年，举成数也。"

以上二注有关文言中的称数法，所谓举大数，举成数，表明该数是虚数，不能视为确数。与称数有关的还有倍数、分数。例如：

> 大国地方百里，君十卿禄，卿禄四大夫，大夫倍上士，上士倍中士，中士倍下士。（《孟子·万章章句上》）注："十，十倍之也。四，四倍之也。倍，加一倍也。徐氏曰……"
>
> 次国地方七十里，君十卿禄，卿禄三大夫，大夫倍上士，上士倍中士，中士倍下士，下士与庶人在官者同禄，禄足以代其耕也。（《孟子·万章章句上》）注："三，谓三倍之也。徐氏曰……"
>
> 小国地方五十里，君十卿禄，卿禄二大夫，大夫倍上士，上士倍中士，中士倍下士。下士与庶人在官者同禄，禄足以代其耕也。（《孟子·万章章句上》）注："二，即倍也。徐氏曰……"

朱注中关于"大国""次国""小国"诸君和卿、大夫、士之田禄及其所养之数的计算，其中尤为值得注意的是"大国""次国"条中"倍"字注："倍，加一倍也"；"小国"条"二，即倍也。"（"二"如同下文"大夫倍上士，上士倍中士，中士倍下士"之"倍"，亦即"加一倍也"）今人有以"倍"为"一倍"，少一"加"字，则谬矣。朱注引"徐氏曰"（详原注）尤证明"倍，加一倍也"是正确的。

上例有关倍数，下例则有关分数：

> 哀公问于有若曰："年饥，用不足，如之何？"有若对曰："盍彻

乎?"(《论语·先进》)注:"彻,通也,均也。周制,一夫受田百亩,而与同沟共井之人,通力合作,计亩均收,大率民得其九,公取其一,故谓之彻。鲁自宣公税亩,又逐亩什取其一,则为什而取其二矣。故有若但请专行彻法,欲公节用以厚民也。"曰:"二,吾犹不足,如之何其彻也?"(《论语·先进》)注:"二,即所谓什二也。"

"彻"是周代实行的税法,从朱注(详见原注)可知是"什一"(十取其一)。"什一""什二"即十分之一、十分之二。朱注阐述"二"表分数。

3. 谦恭

古人交际,遣词用语,讲究感情色彩之褒贬谦恭,以免失礼乃至冒犯尊长。凡此,朱注皆以揭示出注。例如:

> 哀公问曰:"何为则民服?"孔子对曰:"举直错诸枉,则民服;举枉错诸直,则民不服。"(《论语·为政》)注:"哀公,鲁君,名蒋。凡君问,皆称孔子对曰者,尊君也。"

这正如孔子与学生对话,用"子曰"与"(学生)对曰",庶几是通例。又如:

> 哀公问于有若曰:"年饥,用不足,如之何?"(《论语·先进》)注:"称有若者,君臣之辞。"

有若,字子有。自称以名,称人以字。《论语》中,学生一般称字,此称其名,以示君臣有别。又如:

> 子曰:"述而不作,信而好古,窃比于我老彭。"(《论语·述而》)注:"述,传旧而已。作,则创始也。故作者非圣人不能,而述则贤者可及。窃比,尊之之辞。我,亲之之辞。老彭,商贤大夫。见《大戴礼》,盖信古而传述者也。孔子删《诗》《书》,定《礼》《乐》,赞《周易》,修《春秋》,皆传先王之旧,而未尝有所作也。"
> 子曰:"默而识之,学而不厌,诲人不倦,何有于我哉?"(《论语·述而》)注:"三者已非圣人之极至,而犹不敢当,则谦而又谦之辞也。"
> 子曰:"文,莫吾犹人也。躬行君子,则吾未之有得。"(《论语·述

而》）注："莫，疑辞。犹人，言不能过人，而尚可及人。未之有得，则全未有得。皆自谦之辞，而足以见言行之难易缓急，欲人之勉其实也。"

子曰："若圣与仁，则吾岂敢？抑为之不厌，诲人不倦，则可谓云尔已矣。"（《论语·述而》）注："此亦夫子之谦辞也。"

曾子有疾，孟敬子问之。曾子言："鸟之将死，其鸣也哀；人之将死，其言也善。"（《论语·泰伯》）注："言，自言也。鸟之畏死，故鸣哀；人穷则反本，故言善。此亦曾子之谦辞，欲敬子知其所言之善而识之也。"

其事则齐桓、晋文，其文则史。孔子曰："其义则丘窃取之矣。"（《孟子·离娄章句上》）注："窃取者，谦辞也。"

昔者有王命，有采薪之忧，不能造朝。（《孟子·公孙丑章句下》）注："采薪之忧，言病不能采薪，谦辞也。"

诸例中所谓"君臣之辞""尊之之辞""亲之之辞""谦而又谦之辞""自谦之辞""谦辞"云云，都是尊人或自谦的表达方式。

八、说明修辞手法

粗略地检查，有以下几种。

1. 有关反复

例如：

子曰："贤哉，回也！……贤哉，回也。"（《论语·雍也》）注：故夫子再言贤哉回也，以深叹美之。

孟子对曰："王！何必曰利？……王亦曰仁义而已矣，何必曰利？"（《孟子·梁惠王上》）注：重言之，以结上文两节之意。

2. 有关比喻

例如：

人虽欲自绝，其何伤于日月乎？（《论语·子张》）注：日月喻其至高。

是以君子恶居下流，天下之恶皆归焉。（《论语·子张》）注：下流，地形卑下之处，众流之所归。喻人身有污贱之实，亦恶名之所聚也。

3. 有关互文
例如：

是故君子动而世为天下道，行而世为天下法，言而世为天下则。（《中庸》章二十九）注：动，兼言行而言。道，兼法则而言。法，法度也。则，准则也。

4. 有关呼告
例如：

曾子有疾，召弟子曰："启予足！启予手！诗云：'战战兢兢，如临深渊，如履薄冰。'而今而后，吾知免夫！小子！"（《论语·泰伯》）注：小子，门人也。语毕而又呼之，以致反复丁宁之意，其警之也深矣。

5. 有关比兴
例如：

《诗》云："桃之夭夭，其叶蓁蓁。"（《大学》章九）注：夭夭，少好貌。蓁蓁，美盛貌。兴也。

6. 有关引用
例如：

思天下之民，匹夫匹妇有不被尧、舜之泽者，若己推而内之沟中。（《孟子·万章上》）注：《书》曰："昔先正保衡作我先王，曰：'予弗克俾厥后为尧、舜，其心愧耻，若挞于市'。一夫不获，则曰'时予之辜'。"孟子之言，盖取诸此。

以上推求暗引的出处，又有明引典籍，但只有书名无篇名，或只有篇名无书名，朱熹也一一为之详注。例如：

《诗》云:"潜虽伏矣,亦孔之昭。"(《中庸》三十三)注:《诗》,《小雅·正月》之篇。

《太誓》曰:"我武惟扬,侵于之疆,则取于残,杀伐用张,于汤有光。"(《孟子·滕文公下》)注:《太誓》,《周书》也。

九、串讲文意

《四书集注》是章句体的注疏,除了注音、释义以外,串讲文意,归纳章旨则为其要务。例如:

夫子循循然善诱人,博我以文,约我以礼。(《论语·子罕》)注:循循,有次序貌。诱,引进也。博文约礼,教之序也。言夫子道虽高妙,而教人有序也。

从"循循"到"进也",是解释词义,以下就是串讲文意,可以帮助读者理解文意的深层意义。又如:

不揣其本,而齐其末,方寸之木,可使高于岑楼。(《孟子·告子下》)注:本,谓下。末,谓上。方寸之木,至卑,喻食色。岑楼,楼之高锐似山者至高,喻礼。若不取其下之平,而升寸木于岑楼之上,则寸木反高,岑楼反卑矣。

"方寸之木"以下便是串讲文意,其中"至卑,喻食色""至高,喻礼"等语是句中表层文意所无的,朱熹根据上文提到食、色、礼,作如此串讲,便把其言外之意揭示出来了。

串讲文意和解释词义紧密结合,互相补充。有时串讲文意近似直译,寓释词于译句中,使注文更加简练,是《四书集注》的一大特点。例如:

兆足以行矣。而不行,而后去,是以未尝有所终三年淹也。(《孟子·万章》)注:兆,犹卜之兆,盖事之端也。孔子所以不去者,亦欲小试行道之端,以示于人,使知吾道之果可行也。若其端既可行,而人不能遂行之,然后不得已而必去之。盖其去虽不轻,而亦尝不决,是以未尝三年留于一国也。

释义中未注"淹"字,但我们从串讲中便可知道"淹"就是"留"的意思。又如:

孔子曰:"过我门而不入我室,我不憾焉,其唯乡原乎!……"(《孟子·尽心下》)注:乡原,非有识者。原,与愿同。荀子原悫,字皆读作愿。谓谨愿之人也,故乡里所谓愿人,谓之乡原。孔子以其似德而非德,故以为德之贼。过门不入而不恨之,以其不见亲就为幸,深恶而痛绝之也。万章又引孔子之言而问也。

释义未注"憾"的词义,但串讲中说:"过门不入,而不恨之,以其不见亲就为幸,深恶而痛绝之也。"据此可知"憾"即"恨"也。又如:

于卒也,摽使者出诸大门之外,北面稽首再拜而不受。(《孟子·万章》)注:卒,末也。摽,麾也。数以君名来馈,当拜受之。非美贤之礼,故不悦。而于其末后复来馈时,麾使者出,拜而辞之。

"卒"释义曰"末也",串讲作"末后",更浅白易懂。

十、分析篇章结构

分析篇章结构,是为了弄清文章的脉络,更深入地掌握某些词、句,以至章节在全文中所表达的意义。因此它也是训诂的范围。历代的训诂学家都重视篇章结构的分析,朱注中也有不少文字是分析篇章结构的。例如《大学章句》每章之后标明章次,说明章旨。有时还在章旨之后说明该章在全文的布局中所起的作用。例如《大学章句》传之七章之后言:"此亦承上章以起下章。"又如《中庸章句》:"右第七章。承上章大知而言,又举不明之端,以起下章也。"

《论》《孟》章句分析形式相同,均在篇名之后说明全篇章数,章与章之间用〇隔开,有的章节后说明章旨与作用,或不写。比较全面说明章旨的是《论语·乡党》,其篇目下注:"……旧说,凡一章,今分为十七节。"本篇除个别章节外,都在章末扼要地说明章旨。例第一章说:"此一节,记孔子在乡党宗庙朝廷言貌之不同。"第二章说:"此一节,记孔子在朝廷事上接下不同也。"如此等等,通过分析章节,说明章旨,揭示大意,使全文的脉络更清晰地展现于读者面前,便于掌握中心思想。

以上从训诂的角度对《四书集注》作极其肤浅的分析,以就正大家。

(原载《中山大学学报》1987年第2期;又载中国人民大学《语言文字学》1987年第6期。后收入《训诂学与古汉语论集》,中山大学出版社2018年版,第3-22页。今据《训诂学与古汉语论集》收录)

《荀子》词例误释举例

李中生

词例，指古代专书中某些词具有特殊的意义或用法。虽然自清儒以来，关于辨识词例对训诂工作的重要意义，已为越来越多的学者所认识，但从《荀子》一书来看，在实际的注释工作中，注家对词例的误释仍屡有发生。误释的原因，细分约有以下三种：忽视本书自注，不明作者思想，归纳用例不周。现试就以上三类情况加以举例分析。

一、忽视本书自注而误释

陆宗达先生说："古代专书皆有词例，并在正文中解释词义。如《周礼》：'春见曰朝；夏见曰宗。'（与《诗经》'朝宗于海'用词不同）《左传·庄公十一年》：'凡师，敌未陈曰败某师，皆陈曰战，大崩曰败绩，得俊曰克，覆而败之曰取某师。'这都是针对本书用词条例的解释，有时与该语词的一般意义不完全吻合。"[①] 本书既有自注，利用其注掌握该书的词例自然便是一个可靠的方法。但从《荀子》一书来看，书中的自注并没有得到注家的充分重视。

《荀子》一书对词例的解释，有的是随文释义。如《劝学篇》："未可与言而言谓之傲，可与言而不言谓之隐，不观气色而言谓之瞽。故君子不傲、不隐、不瞽，谨顺其身。"不傲、不隐、不瞽的傲、隐、瞽，用的是上文所解释的意义。在这些地方，词例的解释紧随着词例的用例，一般来说，不致于会造成误解。但是，某些词的词例用法，有时不只是出现一次，而是在不同篇章中多次出现，而作者没有必要处处都作解释。这样，在作者没有作出解释的地方，如果不留心出现在他处的作者自注，其词例的用例就很容易被误解。如：

1)《修身篇》："凡治气养心之术，莫径由礼，莫要得师，莫神一好。"

[①] 陆宗达：《训诂简论》，北京出版社1980年版，第88页。

对其中的"莫神一好",杨倞注:"神,神明也。一好,谓好善不怒恶也。"王念孙说:"一好,谓所好不二也。《儒效篇》曰'并一而不二则通于神明',《成相篇》曰:'好而壹之神以成',皆其证。非好善不怒恶之谓。"(《读书杂志》)梁启雄引李冶说:"一好,谓纯一其好,思虑不杂也。'用志不分,乃凝于神',此'神一好'之说也。"(《荀子简释》)

以上杨倞的注解固然不对,而王、李之说也不免强为之解。《修身》开篇,首先说的是尊师,接下来说的是隆礼,再接下来说:"血气刚强,则柔之以调和;知虑渐深,则一之以易良;勇胆猛戾,则辅之以道顺;齐给便利,则节之以动止;狭隘褊小,则廓之以广大……"而后用"莫径由礼,莫要得师,莫神一好"三句加以总结。然则,"莫神一好"应是对"血气刚强,则柔之以调和"等语的归纳。但"血气刚强"等语,并无专一之旨。所谓柔之、一之、辅之等等,说的是要做到尽善周治,因此,"莫神一好"应有尽善周治之义。在《儒效篇》中,荀子有这样的自注,"此其道出乎一。曷谓一?曰:执神而固。曷谓神?曰:尽善挟治之谓神。"(杨倞注:"挟,读为浃。浃,周洽也。")荀子在此对"一"和"神"的解释,不仅仅是针对《儒效篇》"此其道出乎一"的"一";它同时也是对全书所有用于此义的"一"和"神"作解释。用荀子的这个自注来解释《修身篇》的"莫神一好",不仅文旨能够贯通,所谓"莫神一好",即莫尽善周治于喜爱坚执尽善周治的治理方法;而且,也使得"莫神一好"与"莫径由礼,莫要得师"两句句法保持一律(神与径、要对应,是形容词,而王、李将神解作名词)。

除此之外,《王制篇》:"故天之所覆,地之所载,莫不尽其美、致其用,上以饰贤良、下以养百姓而安乐之。夫是之谓大神。"《议兵篇》"故仁人之兵,所存者神,所过者化。"《不苟篇》:"诚心守仁则形,形则神,神则能化矣。"各句中的"神",用的也都是《儒效篇》中的解释。"大神",即尽善周治之极(与上文"莫不尽其美、致其用",文意紧相承接)。"所存者神",即所止留之处都尽善周治。"形则神",即"仁心形于外则一切尽善尽治"(章诗同《荀子简注》注)。杨柳桥《荀子诂译》释"大神"的"神"为化;杨倞释"所存者神"的"神"为"畏之如神";梁启雄《荀子简释》释"形则神"的"神"为"即《中庸》'一致诚如神'之'神'"。这些都是忽略荀子对词例的自注而造成的误解。

《荀子》一书的词例自注,有的不是随文释义。如《修身篇》的一组解释:"以善先人者谓之教,以善和人者谓之顺;以不善先人者谓之谄,以不善和人者谓之谀。是是、非非谓之知,非是、是非谓之愚。伤良曰谗,害良曰贼。是谓是、非谓非曰直。窃货曰盗，匿行曰诈，易言曰诞，趣舍无定谓之无常，保利弃义谓之至贼。多闻曰博，少闻曰浅。多见曰闲，少见曰陋。难进曰偍，易忘曰漏。少而理曰治，多而乱曰耗。"这是在叙述过程中，将有关修身问题的一些重要词语放在一起作解释。又如《正名篇》的一组解释："散名之在人者：生之所以然者谓之性。性之和所生，精合感应，不事而自然谓之性。性之好、恶、喜、怒、哀、乐谓之情。情然而心为之择谓之虑。心虑而能为之动谓之伪。虑积焉、能习焉而后成谓之伪，正利而为谓之事。正义而为谓之行。所以知之在人者谓之知。知有所合谓之智。智所以能之在人者谓之能。能有所合谓之能。性伤谓之病，节遇谓之命。是散名之在人者也，是后王之成名也。"这是在提到散名时对一些散名的举例解释。这些非随文释义的解释，大多是针对本书词例所作的解释；但是，因为它们不是随文释义，所以容易被看作是与本书词例无关的文字而将它忽略。如：

2)《修身篇》："勇胆猛戾，则辅之以道顺。"俞樾："顺，当读为训。古顺，训字通用。"（《诸子平议》）邓汉卿："勇敢坚毅而又凶暴的人，就用道顺去辅正他。"（《荀子绎评》）

按：依照"顺"字的通常意义，这里的"道顺"很难解通，所以，俞樾以"训"读"顺"（此说为今天的不少注译本所从）。但这样一来，"辅之以道顺"与"勇胆猛戾"义不相对（上下文"血气刚强，则柔之以调和；知虑渐深，则一之以易良""齐给便利，则节之以动止；狭隘褊小，则廓之以广大……"上下分句皆意义相对）。邓汉卿《荀子绎评》也许看到了这一点，所以干脆不加以解释，而以"就用道顺去辅正他"来对译"辅之以道顺"。但这样做毕竟解决不了问题，读者需要了解"道顺"的意思。其实，如果能注意到上面提到的《修身篇》中一组解释，这里的"道训"并不难解释。道，通导，对顺字，荀子在前面所引的那组训释中说："以善和人者谓之顺。""以善和人"，即能宽容人。因此，"道顺"所指应是：能开导人，宽容人。《王制篇》说："威严猛戾，而不好假道人。""假道"之"假"，指宽假；"道"，也通导。杨倞注："假道，谓以宽和假借道引人也。"章诗同："假，宽容；道，诱导。"（《荀子简注》）所释可取。"威严猛戾而不好假道人"与"勇胆猛戾则辅之以道顺"，文可互发，此"假道"可证"道顺"之义。又，《非十二子篇》："遇贱而少者则修告导宽容之义。"所谓"告导宽容"，也就是"道顺"。

3)《赋篇》："大参乎天，精微而无形；行义以正，事业以成；可以禁暴足穷，百姓待之而后宁泰。……夫是之谓君子之知。"

梁启雄:"义今作仪。《说文》:'义,已之威仪也。'此言:若就知的大处看它,它简直高大达于天;若就知的精微处看它,它简直细小到无形象可见。人们行动容仪因善用知就端正了,一切事业因善用知就成功了。"(《荀子简释》)章诗同《荀子简注》、邓汉卿《荀子绎评》等对"行义"的解释与梁启雄同,认为:义,古"仪"字,仪容。杨柳桥则说:"行义,犹道义也。"(《荀子诂译》)

按:《君道篇》:"血气和平,志意广大,行义塞于天地之间,仁知之极也,夫是之谓圣人审之礼也。"这里的"行义"与《赋篇》的"行义"应是同一意思,但从此文来看,它显然不能解释为"行动与容仪",可知梁启雄等注家的解释是欠妥当的。杨柳桥释"行义"为"道义",较梁说为优,但仍非达诂。在《荀子》书中,"行"既可表示一般意义上的"品行",也可指带有褒的意味的"好的品行"。对此荀子曾有过注释,这就是在上面所引《正名篇》的一组解释中所说的:"正义而为谓之行。"正,适也、当也。整句话的意思是:合乎正义的行为就叫作"行"。上引《赋篇》(及《君道篇》)的"行义","行",指的是外在的好的品行;"义",指的是内在的好的品质。"行义"连文,指好的品行和品质。"行义以正"的意思是好的品行和品质依靠智而得以肯定(正,定也。《解蔽篇》:"凡人之有鬼也,必以其感忽之间,疑玄之时正之。"杨倞注:"必以此时定其有鬼。"下文说:"而已以正事。"杨倞注:"谓人以此定事也。"可证"正"有"定"义)。

又,《乐论篇》:"礼修而行成。"《成相篇》:"请成相,道圣王,尧舜尚贤身辞让,许由善卷,重义轻利,行显明。"《子道篇》:"入孝出弟,人之小行也。上顺下笃,人之中行也。从道不从君,从义不从父,人之大行也。"各句中的"行",都指合乎正义的行为,也就是好的品行。《乐论篇》的"礼修而行成",意思是修礼则能成好的品行。《成相篇》的"行显明",意思是合乎正义的行为表现显著(显、明为同义复词。《国语·周语》"尊贵明贤"韦昭注:"明,显也。")上文说"重义轻利",语意正紧相承接。《子道篇》的"小行、中行、大行",意思是:人的好品行的小的方面、中等的方面、大的方面。杨柳桥《荀子诂译》将《乐论篇》"礼修而行成"译为"礼文修饰,行为成就";将《赋篇》的"行显明"译为"行为非常高尚"。邓汉卿《荀子绎评》将《子道》篇"小行"释为"小的品行"。这些都是忽视《荀子》对词例的自注而导致的不准确的注释。

《荀子》一书的词例,有时它的意义用的是本书某注释的引申义,在这种情况下,也容易忽视本书的注释而使词例得不到正确的理解。

4)《王制篇》:"贤能不待次而举,罢不能不待须而废,元恶不待教而诛,中庸民不待政而化。"王先谦《荀子集解》引郝懿行说:"中庸民,言中等平常之人。"王念孙:"'元恶'、'中庸'对文,'中庸'下不当独有'民'字。此涉注文'中庸民'而衍。《韩诗外传》无'民'字。"

按:"平政齐民"是荀子思想的一个重要组成部分。《君道篇》说:"人主欲强固安乐,则莫若反之民;欲附下一民,则莫若反之政。"《议兵篇》又说:"凝士以礼,凝民以政。礼修而士服,政平而民安。"倘连中等平常之人也"不待政而化","平政齐民"便失去了它的理论意义,故郝说实为误说。又,"中庸民"与"元恶"对文而多出一字,确有衍文的可能,不过,王念孙说衍"民"字,则又可疑。文作"中庸",于义难通。《荀子》"中庸"一词,仅此一见,他无别出,王氏所引《韩诗外传》乃出自西汉韩婴,焉知韩婴不是据他书"中庸"之词而妄改《荀子》?胡志奎《论语辨正》在论述《论语》"中庸之为德"为晚出之章时,怀疑《荀子》之"中庸民",实际上原为"中民",所疑甚是。然则,"中民"又是什么意思呢?根据《荀子》本书的训释,可以推知,它指的应该是行为符合礼义之民。荀子在《儒效篇》解释说:"曷谓中?曰:礼义是也。"表示"礼义"的"中"是名词,引申作形容词用,则有行为符合礼义的意思。"中(庸)民不待政而化",即行为符合礼义之民不待政而化。这样理解,既与上下文意紧相承接,也与荀子的思想相符合。

中字的行为符合礼义之义,又用在"中君"一词。《臣道篇》:"事圣君者,有听从无谏争;事中君者,有谏争无谄谀;事暴君者,有补削无挢拂。"杨倞注:"中君,可上可下,若齐桓公者。谄谀则遂成暗君也。"后世注家大都沿袭杨倞的这一说法,其实,杨注是望文生义。所谓"中君",指的是行为符合礼义之君。荀子在《非十二子篇》《性恶篇》《大略篇》等篇中曾将社会中的人分为"圣人""君子""小人"。《儒效篇》则又将"儒"分为大儒、雅儒、俗儒。从荀子的论述中可以知道,圣人和大儒,是能够将礼义作为统类,"知通应变,曲得其宜"的人;君子和雅儒虽不能以礼义知通应变,但却能恪守礼法;小人和俗儒则是不能恪守礼法的人。回过头再来看看《臣道篇》的圣君、中君、暴君,通过比较可以知道,圣君与圣人、大儒相类似,他是能够贯通礼义,无所不得其宜之君,所以对他只能"有听从,无谏争"。暴君与小人、俗儒相类似,不能恪守礼法,不能"隆礼敬士",所以对他是"有补削,无挢拂"(挢、拂二字均为矫正之义)。而中君,虽不能贯通礼义、无所不得其宜,但却能够做到行为符合礼义,依礼法行事,所以对他是"有谏争，无谄谀"。下文说："忠信而不谀，谏争而不谄，挢然刚折端志而无倾侧之心，是案曰是，非案曰非，是事中君之义也。"从这段话，也可以揣摩出中君的能恪守礼法的特性。

总之，《王制篇》的"中庸民"，实原为"中民"，指的是行为符合礼义之民。《臣道篇》的"中君"，指的是行为符合礼义之君。诸家将"中庸民"误释为"中等平常之人"，将"中君"误释为"可上可下"中等之君，其中一个主要的原因是，忽视了该书对词例的解释，不知用该书自注的引申义去观察词例的用例。

二、不明作者思想而误释

大量的事实证明，在古汉语中，汉民族的各种重要意识观对语词的意义会产生重要的影响，而作者个人的一些重要思想，也同样会使语词在该书中产生一些特殊意义。因此，当古书对该书的词例没有专门作出解释时，我们还可以通过考察作者思想来审辨词例。从《荀子》一书来看，一些注家由于不明作者思想，也导致了对词例的误释。下面略举两例。

1)《劝学篇》："礼者，法之大分，类之纲纪也。"梁启雄："分，疑本字之讹。"(《荀子简释》)

按：这是不明荀子思想而导致对词例的误释。重视礼乐是荀子的思想核心，而"荀子谓礼之意义，一言以蔽之：曰'分'。其意义与作用，在建设一种制度，使其各守所分而不逾越侵犯。"①。荀子既把"分"当作治国之制，所以《荀子》一书中的"分"，有时也就具有"制"（准则）的意义。《荣辱篇》："况夫先王之道，仁义之统，《诗》《书》《礼》《乐》之分乎？"杨倞注："分，制也。"甚是。《荣辱篇》："荣辱之大分，安危利害之常体……是荣辱之大分也。……是安危利害之常体也。""大分"与"常体"对文。《王霸篇》："是百王之所同，而礼法之枢要也。……是百王之所同，而礼法之大分也。""枢要"与"大分"互作，很明显，"大分"是基本准则之义。《劝学篇》的"大分"，也指基本准则。"礼者，法之大分"，说的是，礼义，是立法的基本准则。

又，《非相篇》："小辩不如见端，见端不如见本分。小辩而察，见端而明，本分而理。"王引之说："'本分'上本无'见'字，此涉上两'见端'

---

① 罗根泽：《荀子礼论通释》，载《女师大学术季刊》1931年第2卷第2期。

而衍。本分者，本其一定之分也。杨注'见端首不如见本分'，则所见本已衍'见'字。下文'小辩而察，见端而明，本分而理'，皆承此文言之，而'本分'上无'见'字，故知'见'为衍文。"（王念孙《读书杂志》）

按：如依王说，文作"见端不如本分"，文意是见端不如"本其一定之分"，则上下文意很不相贯。我认为衍的不是"见"字，而是"本"字。原文当作"小辩不如见端，见端不如见分"。意思是，谈论烦琐的小事不如观察到事物的头绪；观察到事物的头绪不如了解到事物的准则。下文的"见端而明，本分而理"，意思是，观察到事物的头绪能说明问题，依据事物的准则能解决问题。今本之所以将"见端不如见分"误作"见端不如见本分"，这是由于前人不明"分"字在《荀子》书中可表示准则之义，于是根据下文的"本分"而增一"本"字。

总之，对于"分"字在《荀子》书中表示"准则"之义，如果不联系荀子思想对词义的影响，则难免会迷惑不解，并生出种种误校误释。

2）《解蔽篇》："远方莫不致其珍，故目视备色，耳听备声，口食备味，形居备宫，名受备号，生则天下歌，死则四海哭，夫是之谓至盛。"章诗同："备色，各种美色。下文'备声'等仿此。"（《荀子简注》）

按：章释"备色"为"各种美色"，这有增文成义之嫌。其实，"备色"可直接释为"美色"。《汉语大词典》释此处的"备"为"美好"，可取。但"备"为什么会有"美好"义呢？通过考察可以发现，荀子思想中有一重要观念，这就是以全、尽为美。《劝学篇》说："君子知夫不全不粹之不足以为美也。……君子贵其全也。"《解蔽篇》说："身尽其故则美。"（杨倞注："故，事也。"）《正论篇》又说："圣人，备道全美者也。"可知，荀子所极力塑造的理想的人格，是全、备的人格，同时，在荀子看来，这也是一种美的人格。荀子既以全、备为美，"备"也就有了"美"的意义。

不仅仅是"备"，与备同义的"尽"，在《荀子》书中也同样可以表示"美"。如，《大略篇》："夫尽小者大，积微者著，德至者色泽洽，行尽而声问远。""行尽而声问（闻）远"，意思是行为美好便会名声远播。《乐论篇》："声乐之象：鼓大丽，钟统实，磬廉制，竽、笙、箫和，筦、籥发猛，埙、篪翁博，瑟易良，琴妇好，歌清尽，舞意天道兼。""歌清尽"，即歌声清越而优美。《礼论篇》："凡礼，始乎梲，成乎文，终乎悦校。故至备，情文俱尽；其次，情文代胜；其下复情以归大一也。"孙诒让："悦校，当读为'娧姣'，《说文》：'娧，好也。'姣说解同。盖礼弥文，则弥姣好。即《大戴礼·礼三本篇》"终于隆"之意。"（《札迻》卷六）孙说可取。"至备，情文俱尽"承上文"终乎悦校"而言，意即礼极周备之时，情与文都美好。下文"大象其生以送其死，使死生终始莫不称宜而好善，是礼义之法式也。"正以"好善"来形容礼的完备。对以上各篇中的"尽"字，邓汉卿《荀子绎评》释《大略篇》的"行尽"为"行为完备"，释《礼论篇》的"情文俱尽"为"情与文都尽致"。王先谦《荀子集解》则释《乐论篇》的"歌清尽"的"尽"为"尽者，反复以尽之"。邓、王所著都是精义较多、成就较高的《荀子》注书，但他们对"尽"字的解释却是欠准确的，而之所以有此一失，与忽视用荀子思想去考察该书词例很有关系。

三、归纳用例不周而误释

在缺少本书自注时，归纳全书词的用例，这是审辨词例的又一重要方法。从注家对《荀子》词例的误释来看，有一些是因为没有对该书词的用例进行全面的归纳。如：

1)《正名篇》："不利传辟者之辞。"梁启雄："传，当为'便'，形近而讹。谓不利用便嬖近习的人的言辞来作为己的称誉。"（《荀子简释》）包遵信："'利'字古未有径作利用讲，即今语亦不得径谓'利用'为'利'。梁氏训字，每每今古不分。"①

按：包遵信对梁启雄释"利"为"利用"提出批评，认为"'利'字古未有径作利用讲"，其实，包遵信的看法是错的。通过归纳《荀子》全书"利"字的用例，可以发现，尽管他书"利"字鲜有作"利用"解（之所以说"鲜有"，而不说"没有"，因为，《论语·里仁篇》："仁者安仁，知者利仁。"杨伯峻《论语译注》释"利"为"利用"，这个解释倘能成立，则"利"字在他书表示"利用"，有此一例）；但在《荀子》一书中，"利"字却常常可以解作"利用"。如《赋篇》："人属所利，飞鸟所害。"杨倞注："人属则保而用之，飞鸟则害而食之。"杨注可取。所谓"人属所利"，即（对于蚕），人类利用它。《王霸篇》："重色而衣之，重味而食之，重财物而制之，合天下而君之。"梁启雄说："'制'，疑当为'利'。"其说可取。利、制篆文相似，容易互讹。所谓"重财物而利之"，即重视财物而利用它。《君子篇》："论法圣王，则知所贵矣；以义制事，则知所利矣。""知所利"即"知所利用"，与上文"以义制事"文意正相承接（杨倞注："以义制事则利

---

① 包遵信：《读〈荀子〉札记》，见《文史》第6辑，中华书局1979年版。

博",释"利"为"利博",此注增文成义,不可信)。《富国篇》:"不利而利之,不如利而后利之之利也;不爱而用之,不如爱而后用之之功也。"这段话的意思是,不给人民利益而只知利用他们,比不上先给人民利益然后再利用人民更为有利;不爱护人民而只知使用人民,比不上先爱护人民再使用他们更有功效。其中"利之""而后利之"之"利",也相当于今语"利用"的意思。根据《荀子》一书"利"字的用例,可以证明包遵信认为"利"古不作利用讲的这个看法是错的,而他之所以会得出这个偏离事实的结论,主要原因便在于没有对《荀子》书中"利"字的用例进行全面的归纳。

为了正确地审辨词例,我们不仅需要对本书词的用例进行全面的归纳,而且在归纳语词用例的时候,还必须结合上下文,对每一处用例都进行审度,使我们所作出的解释能切合文章实际,这样才能保证所得结论的可靠性。在《荀子》的注释中,我们看到,一些注家尽管也曾对某词在《荀子》一书中的用例进行了全面的归纳,而后指出词例现象,但由于他们在个别地方出现了理解上的偏差,结果影响到结论的可靠性。这是因为归纳不周而误释词例的又一种情况。如:

2)《君道篇》:"故人主必将有便嬖左右足信者然后可。"王先谦:"便嬖犹近习也。《荀子》书'便嬖'不作邪佞解。"(《荀子集解》)《富国篇》:"观其便嬖,则其信者悫,是明主已。"梁启雄:"荀卿书例,凡'便嬖(嬖或作"辟""僻")'与'亲比己者'连用,才含邪佞意,若单举'便嬖'二字,只是指左右近习的人罢了!未肯定为何种人。"(《荀子简释》)

按:王先谦与梁启雄对《荀子》一书中"便嬖"的用法都作了归纳,但结论不太一样,王先谦认为"《荀子》书中'便嬖'不作邪佞解",也就是说,《荀子》书中所有的"便嬖"都不作邪佞解。梁启雄认为"荀卿书例,凡'便嬖''亲比己者'连用,才含邪佞意",也就是说,《荀子》书中"便嬖",有的不作邪佞解,有的可作邪佞解。究竟哪一个结论是对的呢?通过对其用例的分析,可以知道,王先谦的说法是对的,而梁启雄的说法则是错的。其用例不多,现不妨全部摘抄如下。《富国篇》:"观其便嬖,则其信者不悫,是暗主已。……观其便嬖,则其信者悫,是明主已。"《君道篇》:"文王非无贵戚也,非无子弟也,非无便嬖也,倜然乃举太公于州人而用之。"又:"然而求卿相辅佐则独不若是其公也,案唯便嬖亲比己者之用也,岂不过甚矣哉!""便嬖左右者,人主之所以窥远收众之门户牖向也,不可不早具也。故人主必将有便嬖左右足信者然后可;其智慧足使规物,其端诚足使定物然后可,夫是之谓国具。""故人主无便嬖左右足信者谓之闇。"《王霸篇》:

"安唯便僻（嬖）、左右、亲比己者之用，如是者危削。"又："安不恤是非，不治曲直，唯便僻（嬖）、亲比己者之用，夫是之谓小用之。"《儒效篇》："呼先王以欺愚者而求衣食焉……随其长子。事其便辟（嬖），举其上客，……是俗儒也。"所有词例，无一含具贬义。梁启雄认为《荀子》书中"便嬖"与"亲比己者"连用时含邪佞义，这是分析不细致而产生的误说。从所摘抄的文句可以看到，《荀子》一书中"便嬖"与"亲比己者"连用，是广指与己关系密切的人，并不等于是邪佞之人。其上下文说的是不任人唯亲，不能随意引申，说成不任人唯邪佞之人。

（原载《广西师范大学学报》1997年第4期。后收入《荀子校诂丛稿》，广东高等教育出版社2001年版，第40–52页。今据《广西师范大学学报》收录）

语法篇

谈现代汉语的受动词

何　融

一

现代汉语的他动词里,有一种在词义上含有遭受或承受意义,在结构上表示主语是动作或性状、事件的遭受或承受者的动词。这种动词虽为数不多,但常被使用,有它的重要性。

这种动词常用的有"受""遭""遭受""挨""吃""着""冒""中""负""担""禁"(经)"经受""蒙受""承受""耐"等。其中"受""遭"及"遭受""经受""蒙受""承受"等都是纯粹的受动词,受动意义比较明显;"挨""吃""着""冒""中""负""担""禁"(经)"耐"等的词义比较复杂,往往要在结构里才能显出它的受动意义。先各举一例如下:

(1) 凡在这三件事上犯了严重错误的时候,革命就受挫折。(《毛泽东选集》第四卷第 1485 页)
(2) 赵……赵家遭抢了!(鲁迅:《阿 Q 正传》)
(3) 帝国主义已经使人类遭受两次世界战争的浩劫。(1960 年《各国共产党和工人党代表会议声明》)
(4) 二嘎子,说实话,我替你挨打跟挨骂!(老舍:《龙须沟》)

"挨"的词义有多种,他如"挨近牲口""挨家挨户""挨到天黑"的"挨"都不是受动词。

(5) 这家伙吃不住拷打,他要一说实话,其余三个人就都完了!(《吕梁英雄传》37 回)

他如"吃累""吃苦""吃惊""吃亏""吃败仗""吃官司"的"吃"都是受动词。

(6) 喂，谁！别着凉呵！（陈残云：《香飘四季》第8章）
比较：衣服湿了的，要换呵，别受凉！（《香飘四季》第9章）

"着"也写作"招"，如"然后再多烧水，找个盆，给孩子烫烫脚，省得招凉生病！"（老舍：《龙须沟》）

(7) 可是孩子……路上冒了风寒，病一加重，几天就死了。（《新儿女英雄传》第7回）
比较：小梅淋了雨，受了点风寒，躺在床上直发烧。（《新儿女英雄传》第7回）

"冒"也是多义词，常见的"冒烟""冒险"的"冒"都不是受动词。

(8) 他……就那么心平气和的忍受这点病，和受了点凉，或中了些暑并没有多大分别。（老舍：《骆驼祥子》）
(9) 教导员，你脸上负伤了！（陆柱国：《上甘岭》）
比较：武霞吃惊道："你受伤了！"（杨朔：《三千里江山》）
(10) 爸爸妈妈年纪都大了，……就是不肯来，宁愿躲在老窝里担惊受怕！（欧阳山：《苦斗》第405页）
(11) 你太老了，禁不住我揍；下来！（老舍：《骆驼祥子》）

"禁"（jīn），《广韵》："力所加也"，张相《诗词曲语辞汇释》"犹受也"。"禁不住"就是"受不起"的意思。①
"禁"也写作"经"，例（12）的"经得起"就是"禁得起"。

(12) 坑道经得起血与火的考验。（陆柱国：《上甘岭》）
比较：①他自信禁得起种种困难，就决意动身。（旧初中语文课本

---

① "禁不住"还有"忍不住"的意思，例如"听了这个消息，禁不住心里又惊又喜"（马烽：《光棍汉》），这样用的时候，不是受动词。

第一册，《玄奘的西游》）

②连续三年严重的自然灾害没有压倒初诞生的人民公社，反而使它受到了考验和锻炼。（1968年12月18日《人民日报》吴象：《从太行山到汾河湾》）

（13）这些论点不但在理论上是正确的，而且在实践中经受了反复的考验。（《再论陶里亚蒂同志同我们的分歧》）

（14）他从来没有听过这样的话，让党和自己蒙受侮辱，这是不能容忍的……（《红岩》第11章）

（15）苏联曾经独力承受了并且击败了希特勒和他的伙伴的几百万军队的进攻。（《再论无产阶级专政的历史经验》）

（16）这种塑料耐酸，耐碱，耐油，耐冲击，有很好的弹性。（1963年10月8日《南方日报》第二版）

"耐"是"禁受得起"的意思，常说的"耐用""耐寒"等的"耐"，意思相同，但"耐着性子"的"耐"却是"忍"的意思，二者表示不同。

含有词素"受"的合成动词不都是受动词，比如"享受""接受""感受""尝受"这几个动词的中心意思都在前一个词素，"受"不过起补充作用，有时可以不用它，因此它们都还是主动词，不是受动词。但如"忍受"的情形又有些不同，"忍"虽然是个主动词，可是"忍受"的宾语常常是动词，主语又常常是动词宾语的动作的承受者，从用法上看，跟受动词有相似的地方，因此，把它看做准受动词，附带谈一谈。

"熬"常和"受"联合使用在一个结构里，有"忍受"意义，可以同"忍受"一样当作准受动词来谈。下面是"忍受"和"熬"的例子：

（17）苦难深重的农民，怎能再忍受反动派的蹂躏？（《红岩》第4章）

（18）十八岁上父母全死了，留下他孤单一人，苦熬苦受，……（《吕梁英雄传》第5回）

上述几个受动词中，"受"出现最早，殷墟卜辞里及《诗经》里已常用它作谓语。例如：

（19）我伐马方，帝受我又。（《殷墟卜辞综述》第97页）

(20) 觏闵既多，受侮不少。(《诗经·邶风》)

"遭"在《诗经·周颂》"闵予小子，遭家不造"里，还只有遭逢的意思，到了汉初才有时用来表示遭受，这无疑是由不愉快的遭逢这一意义引申出来的。例如：

(21) 是以箕子佯狂，接舆避世，恐遭此患也。(《史记·邹阳传》)
(22) 七年而太史公遭李陵之祸。(《史记·太史公自序》)

"挨"也写作"捱"①。它是个比较晚出的受动词，在元代文献里才不断出现它的受动用法。如：

(23) 莫不我五行中合见这鳏寡孤独，受饥寒，捱冻馁。(《元曲选·秋胡戏妻》)
(24) 捱千般打拷，百种凌逼，一杖下，一道血，一层皮。(《元曲选·窦娥冤》)

"吃"（喫）在唐代变文里已被用作受动词，宋时不但更多用，而且还有和"受"合成一个受动词"喫受"的用法：

(25) 并亦火急离我门前，少时终须喫掴。(《燕子赋》)
(26) 三娘到庄，定是喫残害。(《刘知远诸宫调》)
(27) 咦！您是甚人，在此打睡？疾忙起来，去见长者，莫带累咱每喫受谴责。(《新编五代史平话》)

在宋元人语言里，常说"吃打""吃顿拷打"，现代汉语里已很少这么说了。

"着"也是宋元时期常用的受动词。举两例如下：

(28) 报答春光酒一卮，贫中无酒着春欺。(杨万里：《三月三日雨

---

① 在《元曲选》里多用"捱"，《红楼梦》里才"捱""挨"两用，如"我虽然挨了打，却也不很疼痛"，"我不过挨了几下打"。(俱见《红楼梦》第34回)

作谴闷诗》)

(29) 俺出门红日乍平西,归时犹未夕阳低,怎教俺担惊受怕着昏迷。(《元曲选·盆儿鬼》)

"中"早在汉代就有受动的用法,它的受动意义可以从下列两对例句比较出来:

(30)(灌)夫身中大创十余。(《史记·魏其武安列传》)
比较:项王身亦被十余创。(《史记·项羽本纪》)
(31) 韩信拍马言曰:吾中萧何之计也。(《前汉书平话》)
比较:吕胥曰:今遭陈平之计也。(《前汉书平话》

"负"的受动用法早在《战国策》里就已出现。如:

(32) 夫有高世之功者,必负遗俗之累。(《战国策·赵策》)
(33) 邹阳客游,以谗见禽,恐死而负累,乃从狱中上书。(《史记·邹阳列传》)

"担"旧时也写作"耽",《元曲选·勘头巾》杂剧"为别人受怕耽惊",《争报恩》杂剧"你可怜见我躭烦受恼"说明这一点。但"担"在宋代已用作受动词,引宋元两例如下:

(34) 只为牛驴寻不见,担惊恐怕,捻足潜纵,迤逦过桃园。(《刘知远诸宫调》)
(35) 为兵戈,担惊受恐;折夫妻,断梗飘蓬。(《元曲选·蝴蝶梦》)

"禁"在唐代已有受动词的用法,宋人除说"禁"外,还常说"禁受"。"禁受"也即是现代汉语的"经受"。

(36) 一寸迴肠百虑侵,旅愁危涕两争禁!(唐彦谦《春阴》诗)
(37) 李洪信、洪义两个……只管在家骂詈,三娘子不能禁受。(《新编五代史平话》)
(38) 百姓既没有钱粮交纳,又被官府鞭笞逼勒,禁受不过,三三

两两逃入山间,相聚为盗。(《京本通俗小说·冯玉梅团圆》)

"耐"在南北朝时已经有"忍受得住"或"禁得起"的用法,引刘宋和赵宋时期两例如下:

(39) 炳之为人,疆急而不耐烦。(《宋书》卷53《庾炳之传》)
(40) 海棠半坼难禁雨,燕子初归不耐寒。(周密:《鹧鸪天》词)

"冒"与"蒙"双声,《汉书·食货志》"选举陵夷,廉耻相冒"下颜师古注曰:"冒,蒙也","蒙"有"遭受"的意义(详下),所以"冒"也有"遭受"的意思。

在古代汉语里,常用的受动词还有"蒙""承""被""离"(罹)等。"蒙"是一个起源很早的受动词,陆德明《经典释文》在《周易》"明夷内文明,而外柔顺,以蒙大难"下引郑玄注:"蒙犹遭也",《汉书·杜钦传》"是以晋献被纳谗之谤,申生蒙无罪之辜"下,颜师古注曰:"蒙亦被也",都证明"蒙"是一个受动词。再引两例为证如下:

(41) 夫公孙鞅事孝公……蒙怨咎,欺旧交……卒为秦禽将破敌,攘地千里。(《战国策·秦策》)
(42) 且进贤受上赏,蔽贤蒙显戮,古之道也。(《汉书·武帝纪》)

"蒙"后来发展为"蒙被",又发展为现代汉语的"蒙受"。

(43) 臣虽阘茸,名非先贤,蒙被朝恩,当此重任……(《三国志·公孙瓒传》注)

"承",《说文》"受也",在秦汉以前,它就有了受动的用法。例如:

(44) 夫妇有所,是谓承天之祜。(《礼记·礼运篇》)
比较:曾孙寿考,受天之祜。(《毛诗·小雅·信南山》)
(45) 承教而动,循法无私,民之职也。(《战国策·赵策》)

"承受"无疑是由古代汉语的"承"发展出来的,从下例看来,它的历史也不算甚浅了：

(46) 我偌大家私，无人承受。（《元曲选·合同文字》）

"被"在先秦两汉时期，除用作表被动的介词外，还经常用作受动词，略引两例如下：

(47) 夫有高世之功者，必负遗俗之累；有独知之虑者，必被庶人之恐①。（《战国策·赵策》）
(48) 有军功者各以率受上爵，为私斗者各以轻重被刑。（《史记·商君列传》）

"离"也写作"罹"，孙星衍《尚书今古文注疏》《洪范篇》疏曰："罹"俗字，又引《汉书集注》曰："罹遭也"。例如：

(49) 不协于极，不罹于咎，皇则度之。（《尚书·洪范篇》）
(50) 高祖离困者数矣，而留侯常有功力焉。（《史记·留侯张良世家》）

在古代汉语里，还有一个表示被动意义的词"见"，它在结构里只跟动词结合，又不让定语成分插进它和动词的中间，例如："盆成括见杀"（《孟子·尽心章》），所以它不是受动词，因而不在本文讨论之列。

根据上述，可见：①汉语有不少本身就含有被动意义的动词，如果因为汉语有时不用被动词语去表达被动意义，就说"汉语动词没有主动被动的区别"②的说法是不正确的；②现代汉语的受动词不是一个时期产生出来的，而是逐渐发展起来的，它们的历史是有长有短的。

二

在词的形态上，在词和词结合的功能上，受动词跟一般的他动词有相同

---

① "恐"，《史记·赵世家》作"怨"。
② 见李荣编译的《北京口语语法》，第17页。

的地方，也有不相同的地方。

形态方面，受动词跟一般的他动词有一点很不相同，这就是受动词不像一般他动词一样可以重叠，例如不说"受受""挨挨"。

受动词同一般的他动词一样，在结构里可以附带时态词尾，也可以不附带时态词尾。但附带与不附带，附带面的广与狭，情形很不一致。大致是：① "禁"（经）、"耐"两个受动词都经常不带时态词尾；② "遭""着""冒""中""担"都只带"了"；③ "吃""负""蒙受"可带"了""过"，但不带"着"；④ "忍受"能带"着""了"，但不带"过"；⑤ "受""遭受""挨""经受""承受"和"熬"的附带力最强，"着""了""过"三个时态词尾全能附带。列表如下：（"＋"表示能带，"－"表示不带）

	着	了	过		着	了	过		着	了	过
受	＋	＋	＋	冒	－	＋	－	蒙受	－	＋	＋
遭	－	＋	－	中	－	＋	－	承受	＋	＋	＋
遭受	＋	＋	＋	负	－	＋	＋	耐	－	－	－
挨	＋	＋	＋	担	－	＋	－	（忍受）	＋	＋	－
吃	－	＋	＋	禁（经）	－	－	－	（熬）	＋	＋	＋
着	－	＋	－	经受	＋	＋	＋				

词和词结合方面，受动词也有几点不同于一般的他动词：第一，一般他动词可以前加介词"被"，表示被动，而受动词却和自动词一样，不跟表示被动的介词结合，当然，因为受动词本身就已有了被动的意义；第二，一般他动词常常和趋向动词结合为一个合成谓语，而受动词（"忍受""熬"除外）①像下例里的"受"和"过来"直接结合为一个合成谓语的情形，却很罕见，这大概是因为受动词所表示的动作行为缺少趋向性的缘故：

(51) 现在，他似乎看出来，一月只挣那么些钱，而把所有的苦处都得受过来……（老舍：《骆驼祥子》）

另一方面，受动词跟一般的他动词一样，能和能愿动词结合为一个合成谓语，例如：

---

① "忍受、熬"都可以和"下去""过去"等结合。例如"然后情绪安定下来，把疼痛忍受过去"（《党救活了他》），"这日子怎能熬下去呢"（《吕梁英雄传》第五回），这一点也说明"忍受""熬"都和受动词有些区别。

（52）买地卖地是周瑜打黄盖，一家愿打，一家愿挨。（李准：《不能走那条路》）

（53）它应该受人民的监督，而决不应该违背人民的意旨。（《毛泽东选集》第三卷第811页）

受动词还和他动词一样，可以有否定的说法，即可以接受否定副词"不""没有"的修饰。如：

（54）历史上没有任何革命党派不遭受敌人和他们的代理人的诽谤的。（《列宁主义和现代修正主义》）

（55）他自从参加志愿军以来，还没有负过伤。（陆柱国：《上甘岭》）

我们说受动词是他动词的一种，是因为受动词也能带有宾语，它所带的宾语也一样可以是名词、动词、形容词和词组。不过受动词最常带的宾语是动词宾语，也可以说，常带动词宾语是受动词的一个特征。

受动词能带用动词宾语的也最多，除"冒"只带用名词宾语外，都可以带用动词宾语["着"见后例（60），"中"例见后述，其余各例俱见前引]。不过它们带用动词宾语的范围有广有狭，在所有受动词中，"受""遭""遭受""挨""耐"能带用的动词宾语最多，比如"受"可以用"骂""惊""伤""骗""打击""批评""欺侮""侵略""压迫""剥削""指责""蒙蔽""惩罚""威胁""挫折""考验""欢迎""表扬""奖"……等作它的宾语，而"中""负""担"等能带用的动词宾语却极其有限，"中"只能用动词"迷"作宾语（例如"错非是中了修正主义的迷"），"负"的常见的动词宾语只有"伤"，"担"常见的动词宾语也只有"惊"。

值得注意的是，受动词所带的动词宾语都是他动词。这是因为受动词作谓语的句子的主语，在意义上，都是充当宾语的动词所表示的动作的承受者。

受动词（"负""担"除外）谓语句，施动者也可以同受动者一起出现在一个句子结构里，但只能以宾语的定语成分出现，这也是受动词谓语句的一个特征。例如：

（56）贫农是农村中的佃农，受地主的剥削。（《毛泽东选集》第一卷第7页）

（57）现在，国际上一切革命的马克思列宁主义者，正在遭受现代

修正主义者的攻击。(《列宁主义与现代修正主义》)

（58）（顺姑）哭了小半夜，就挨了她父亲的一顿打。(鲁迅：《在酒楼上》)

动词充当受动词的宾语之后，它就不再能附带时态词尾"着""了""过"，也不再能重叠。另一方面，它就同名词宾语一样，可以接受定语的修饰，但不大接受物量词的修饰，除了不定量的物量词"点""些"和"种"之外。这可见充当受动词的宾语的动词，虽然失去了一些动词的特点，但还没有转化为名词。下面是形容词和"点""些""种"几个量词作定语的例子（名词作定语例已见前引）：

（59）最近一个时期，中国共产党遭到了荒唐的攻击。(《再论陶里亚蒂同志同我们的分歧》)

（60）至于老高，从前是积极分子……因为着了一点迷，像只跑惯了的小牙猪想离开群吃点野食。(刘澍德：《桥》)

（61）即使革命的指导路线是正确的，也不能完全保证革命不遭受某些挫折。(《关于国际共产主义运动总路线的建议》)

（62）马克思主义在开始的时候受过种种打击，被认为是毒草。(《关于正确处理人民内部矛盾的问题》)

由于受动词经常带上动词宾语，因此有人把受动词"挨"看为"表被动性的助动词"①，或看为"被动态的构形成分"（Формант пассива）②，"受"也有人看为"动词被动结构的构词词素"③。其实，"挨"和"受"无可怀疑地是一个可以独立运用的动词，因为①"挨"和"受"都可以附带助动词（能愿动词）所不能附带的动词词尾"着""了""过"；②"挨""受"跟作它的宾语动词不必紧接在一起，它们之间可以让宾语的定语或"挨""受"的补语（如"我受得住折磨""这孩子再挨不得打了！"）插进去；③"挨"和一般动词一样，可以和助动词组合为合成谓语（如"你们不应该挨打，应该反击！"）。

受动词能带用形容词或名词宾语的比较少，"冒""禁"（经）、"承受"

---

① 见黎锦熙《新著国语文法》第35节及第84节。
② 见 И. М. 鄂山荫教授主编《华俄辞典》"挨"字条。
③ 见 C. E. 雅洪托夫《汉语的动词范畴》汉译本第57页；鄂山荫教授主编的《华俄辞典》"受"字条。《华俄辞典》原文为：формант пассивной конструкций гдагода.

都不带用形容词宾语,"着""负""禁"(经)都不带用名词宾语。下面简单举出受动词带用形容词宾语和名词宾语的例子:

①受动词带形容词宾语例:

受寒遭到干旱　遭受困难　挨饿　吃苦　着凉　中暑　负屈　担烦　经受住困难　蒙受耻辱　耐劳　(忍受痛苦)　(熬着疼痛)

②受动词带名词宾语例:

受罪遭殃　遭受灾难　挨刀　吃败仗　冒了风寒　中毒　担嫌疑　经受经济危机　蒙受祸害　承受阳光　耐油　(忍受着这点病)　(熬日头)

从上面的叙述,我们可以看出,在所有受动词中,"禁"(经)只带动词宾语,"冒"只带名词宾语,带用宾语的面最狭;"着""负"都可以兼带动词和形容词宾语,"承受"可以兼带动词、名词宾语,带用宾语的面比"禁""冒"广,但又比"受""遭""遭受""挨""吃""担""经受""蒙受""耐"等狭。

跟动词宾语表示主语所承受的动作不同,形容词宾语表示主语人物承受的性状,名词宾语表示主语人物承受的事件。

形容词和名词作宾语的句子,就结构形式上说,也有一点不同于动词作宾语的句子,这就是形容词和名词作宾语的句子在宾语前不出现施动者。

跟动词作宾语的情形一样,形容词作受动词的宾语之后,也可以接受不定量的量词的修饰。例如:

(63) 这几天可是请假了,身热,大概是受了一点寒……。(鲁迅:《弟兄》)

(64) 他……就那么心平气和的忍受着这点病,和受了点凉或中了些暑并没有多大分别。(老舍:《骆驼祥子》

受动词的宾语同一般的他动词的宾语一样,也可以是一个词组。例如:

(65) 在亚洲、非洲、拉丁美洲,大多数国家仍然遭受着帝国主义者的侵略和压迫。(《再论陶里亚蒂同志同我们的分歧》)

(66) 这外号"外国绅士"……最近却遭了一点小小的不如意。(欧阳山:《苦斗》第619页)

(67) 党老爷敲诈他,钱庄压迫他,同业又中伤他,而又要吃倒账,凭谁也受不了这样重重的磨折罢。(茅盾:《林家铺子》)

(68) 我爹放猪,丢了猪,挨地主打,气死了。(刘白羽:《无敌三勇士》)

例(65)的宾语是联合词组,例(66)的是偏正词组,例(67)的是动宾词组,例(68)的是主谓词组。

跟含有"给与""告诉""询问""赏罚""赢输"等意义的动词不同,受动词一般不带双宾语,有些句子,受动词的后面虽然也有两个名词性的成分,例如"我……挨了工头多少鞭子"(《红色的安源》),"崔碏碌挨了他一顿窝心脚的话,憋了一肚子火"(《新儿女英雄传》),但接近受动词的即前一个名词性的成分,都是后一个名词性的成分的定语,因为都可以附带定语标志"的"。

受动词也和含有"使令""请求""催促""劝告"等意义的动词不同,不能充当谓语延伸句的前一谓语,即支配兼语的谓语,但它能充当谓语延伸句的后一谓语,即陈述兼语的谓语。例如:

(69) 而这两个极端的政策,都使党和革命遭受了极大的损失。(《毛泽东选集》第二卷第760页)

(70) 然而等到(荞麦粉)调好端来的时候,仍然使我吃一吓。(鲁迅:《在酒楼上》)

受动词(包括"忍受")在一定情况下(如有能愿动词帮助或承前说话),可以不带宾语,在有介词"把"和副词"都"的帮助下,也可以把宾语提置在受动词之前。例如〔参阅(51)(52)两例〕:

(71) 班长有什么困难,都是他先承受。(刘白羽:《无敌三勇士》)

(72) 他把疼痛忍受过去。(翟文蔚:《党救活了他》)

(73) 什么委屈都受过了,何必单在这一点上叫真儿呢?(老舍:《骆驼祥子》)

比较:论良心,祥子并没有立意欺人,而且自己受着委屈。(《骆驼祥子》)

受动词作谓语的句子，主语所遭受或承受的动作、性状或事件，一般是不愉快的，只有"受"或"耐"作谓语的句子，有时可以是愉快的。如：

（74）张家庄种棉，宋师傅……受到过政府的重视和表扬。（马烽：《一架弹花机》）

（75）路边门上有扇门板，结实耐用。（邵子南：《地雷阵》）

在带用补语上，受动词和一般的他动词一样，也能直接或通过"得"带上补语，它所带的补语也可以是形容词、动词和数量词，但不能是介词结构，也很少是一个词组。下面举几个例子：

（76）妈妈带我吃尽了苦，我从小也受惯了苦。（《红岩》第四章）

（77）那么衰弱的生命力，怎能经受住无穷的折磨？（《红岩》第20章）

（78）敌人正面的考验，我可以经受得住。（《红岩》第20章）

（79）警察挨了一下，翻过煤车又追。（吴运铎：《把一切献给党》）

受动词（主要是"挨""中"）也可以借用指称动作工具的名词作补语，表示动量。但名词借作量词之后，就不能再受物量词的修饰，能受物量词修饰的，也就不是补语而是宾语了。试比较下面两例：

（80）陈老七站在最前，已经挨了几棍子。（茅盾：《林家铺子》）

（81）爹跟他理论，反挨了好几个巴掌。（周浩夫：《走向胜利》）

受动词如果要兼带宾语和补语的话，一般是先带补语，后带宾语，例如只说"他好像挨了一下当头棒"，不大说"他挨了当头棒一下"，这跟一般他动词可以先带宾语后带补语的情形多少有不相同。

受动词除作谓语外，还可以单独作定语，或和"所"字组合作定语。下面是这两种用法的例子：

（82）在高兴里，回想起曾经熬过的艰难，曾经遭受的挫折，都变成最快意的事。（杨朔：《三千里江山》）

（83）他的脸慢慢由红而白，把以前所受过的一切委屈都一下想起

来，全堵在心上。(老舍：《骆驼祥子》)

但受动词更常和动词、形容词等组成动宾词组作定语，或前加"所"字后再和名词性成分组成主谓词组作定语。例如：

（84）遭受严重破坏的党组织又恢复了活动。(《在烈火中永生》)
（85）那时候，我还不十分明白受穷受苦的道理。(吴运铎：《把一切献给党》)
（86）台湾同胞今天所受的灾难是极其深重的。(周恩来：《在全国政协二届二次全会上报告》)
（87）我们认识了朝鲜人民今天的境遇，也认识了祖国所受的威胁。(魏巍：《冬天和春天》)

三

现代汉语里，主语人物是受动者的表达方式，大别有三种。第一种是句中不用任何有被动意义的词语去表示的，即单凭受动者居主位去表示的方式，例如："地主打垮了""黑旋风拿住了"。这种形式的句子有两点值得注意：第一，谓语一般不带宾语①，因为主语就是动作所涉及的人或事物；第二，谓语一般须带上补语②。

第二种就是我们现在所讨论的，用受动词去表示的。

第三种是用表示被动的介词"被""给""叫""让"等去表示的。例如："他被青年们包围起来了""机器房全叫水淹了"。

此外还有用"被……所"表示的方式，如"任何帝国主义的侵略都将被我们所粉碎"，这一形式是古汉语"为……所"(《史记·曹叔世家》："周幽王为犬戎所杀")的变体，只在施动者必须出现上同可以单用"被""给"表示（即不出现施动者）的形式微有不同。因此可归入第三种句式。

第二种和第三种的句式，由于都有表示被动意义的词儿，这些词儿又都可以直接和动词结合，所以有时从形式上看来，竟好像没有什么分别似的。

---

① 这种句式有时也可以带上宾语，但不多见。例如："光着膀子，脊梁晒破了皮"(杨朔：《北黑线》)，"方志坚在绷带所里上了药，连夜转送后方"(周洁夫：《走向胜利》)。

② 这种句式有时也可以不带补语，例如："屋子毁了，东西烧了"(《三千里江山》)，但比较少见。

略举两例如下:

(88) 卢蒙巴被杀害,基赞加被拘禁,许多爱国者遭到迫害,刚果独立斗争遇到挫折,对于这些,苏联领导难道一点也不感到自己的责任吗?(《新殖民主义的辩护士》)

(89) 而实行了许多超民主主义的所谓"阶级路线"的政策……而使当前的革命任务被歪曲,使革命势力被孤立,使红军运动受挫折。(《毛泽东选集》第三卷第974—975页)

但是,如果施动者也在句中出现的话,在第二种句式里,指称施动者的成分是做宾语的定语,在第三种句式里,指称施动者的成分是和被动介词组成介词结构作谓语的状语,二者的结构形式就大有区别了。例如:

(90) 亚洲、非洲、拉丁美洲,长期以来,一直受欧洲和美国的殖民主义者的掠夺和压迫。(《再论陶里亚蒂同志同我们的分歧》)

(91) 儿子一死,租种的地被地主夺回去了;赁的房被房主收走了;一些家具又让债主们拿去了。(马烽:《沈大妈》)

再从意义上说,两种句式的着重点也有所不同。"受""挨"等是动词,在句子里充当谓语,直接陈述主语人物有所遭受,是句子的主要意思所在——句子的主要意思不在它后面的动词宾语;"被""叫"等是介词,在句子里只表示受动者和施动者的关系,不是句子的主要意思所在——句子的主要意思还在它后面的动词谓语上。由此可知:如要着重说明主语人物的遭受,就须采用第二种句式;如要着重说明主语人物遭受了什么,就须采用第三种句式。

此外,第三种句式只陈述主语人物遭受了什么行为动作,第二种句式还陈述主语人物遭受了某种性状或事件,这也显示出二者的区别。(1963年12月21日完稿)

(原载《学术研究》1964年第1期,第103—111页)

从广东方言中体察语言的交流和发展

岑麒祥

一、广东方言的类别和历史背景

广东是我国方言最复杂的一个地区。全省方言,除北江的瑶语,海南岛的黎语、苗语和南路靠近广西边界一带的壮语等少数民族语言以外,在汉人聚居的地方,大致可以分为广府话、客家话和福佬话三大类。每一大类中,又可因地理上的关系而分为若干小系。

广府话以广州为中心,可分为四个小系。

1)粤海系,包括珠江三角洲大部分地区和西江一带的方言;

2)台开系,包括台山、新会、开平、恩平四邑的方言;

3)高雷系,包括高州、雷州等处的方言;

4)钦廉系①,包括钦州、廉州等处的方言。

客家话以梅县为中心,可分为三个小系。

1)嘉惠系,包括嘉应州(梅县)和惠州大部分地区的方言;

2)北江系,包括北江等处的方言;

3)粤南系,散布在台山、赤溪以至高州、雷州、钦州、廉州等处的乡间。

福佬话以潮汕为中心,可分为两个小系。

1)潮汕系,包括韩江流域等处以至海丰、陆丰、宝安、中山近海一带的方言;

2)琼崖系,包括海南岛沿岸等处以至高州、雷州沿海一带某些地区的方言。

这还只是一个大致的分类。若再仔细区分起来,有些个别地区几乎一乡有一乡的乡音,一镇有一镇的土谈,有些甚至只隔一条溪水、一座小山,言

---

① 现已改属广西。——作者

语便不能相通。

广东方言何以会有这样的情形呢？考究起来，原因当然不只一个，但主要还是由于民族迁移和混杂的结果。

在古代，广东土著和中原汉人很少往来。周夷王的时候，楚国熊氏进攻杨越，楚国文化逐渐传入百越。秦始皇二十五年（前222），派遣王翦攻略百越，二十九年又派使屠睢用水军进攻越人，相持三年，后来秦军的粮食吃光了，越人反攻，秦军大败，屠睢被杀。接着，始皇又遣任嚣、赵佗攻略南越，移民五十万戍守五岭，派任嚣为南海尉兼管三郡郡政，赵佗为龙川令。秦亡后，赵佗自立为南越武王，直到汉武帝元鼎六年（前111）才灭亡了。在这约一百年间，广东的一切发生了很大变化，不仅当地土著已大半化为汉族普通人民，广东的特殊方言也因此奠定了基础。

西晋末年，北方大乱，汉人避难南下，起先聚集在江淮一带，其后江淮乱起，又从淮南渡江迁至江、浙、闽、赣数省，一部分甚至到了广东，对于岭南的开辟曾有相当助力。唐末，广州靖海军节度使刘隐的弟弟刘岩据有广、邕、容三管之地，自立为帝，号称南汉。南宋末年，赣、闽等省的人民，因避元军，大量流入广东。清代中叶以后，海禁大开，广东成了我国出海要道，内地来经营商业的很多，逐渐造成了一种繁荣的景象。

总之，广东是我国移民的一个尾闾，因为迁移非一时，所从来的又非一地，加以山川阻隔，交通不便，久而久之，就逐渐形成了许多方言。大概说来，广东原始土著所操语言是跟壮语同一系属的，现在除少数僻处粤、桂边区的还保持着这种语言以外，其他在广东中区和西江、南路一带的，都已彻底汉化，同汉人分不开了。他们的语言就成了现在的广府话。客家人来广东大约始于晋代永嘉之乱（307—312），唐僖宗末年黄巢起义和南宋末年元人南侵时又各来了一大批。他们大都是从赣南和闽南迁来的。到广东的时候，许多肥沃的土地早已被先来的占去，所以不得不定居在东江、北江一带比较硗薄的地区，有些并且辗转移到了其他各地的乡间。他们因为来得较晚，跟原已定居于此的居民俨然有主客之别，所以被称为"客家"，他们的语言就成了现在所谓"客家话"。另一批是由福建渡海而来的，多定居于粤东韩江流域一带，一部分甚至远渡大洋到了海南岛，或散居在海丰、陆丰、宝安、中山以至高州、雷州沿海一带。他们因为来自福建，所以被称为"福佬"，他们的语言就成了现在所谓"福佬话"（高州、雷州沿海一带的或称为"海话"）。由此可见，广东的方言虽然复杂，但它们的来龙去脉显然是有迹可寻的。

二、广东方言和壮语的关系

广东原始土著被汉人同化的时间很早。秦汉以后，迁移到广东的汉人代有增加，人口的比率日益悬殊，加以汉人具有较高的文化，经过长期的通婚杂居，土著的语言也因受汉语的影响而起了很大的变化。就现代广东方言来说，无论从哪一方面来看，都已是属于汉语系统的了。

然而古代越语是不是在现代广东方言中完全没有留下一些"底层"呢？那又不见得。

我们现在来处理这个问题似乎还嫌过早，因为我们对于原始越语还没有充分的认识。不过我们在上面所说广东原始土著所操的语言和壮语同一系属，即都属侗傣语族的成员，这是相当可靠的。侗傣语族语言有一个特点，就是它们流行的地区虽然很广，但是其间的差别并不很大。可见这些语言变迁得并不很快。我们试把广东方言和壮语或其他侗傣语族语言相比较，当可以找到其中的一些蛛丝马迹。

先就语音方面来说。大家知道，一种语言或方言的语音是自成系统的，一般不容易受外来的影响。但是壮语的语音却与广东方言的语音很相近似。壮语有许多汉语借词，其中的音韵系统和广州话的几乎完全相同。广东四邑（台山、新会、开平、恩平）、两阳（阳江、阳春）和高州等处的方言里有一个舌边清擦音 ɬ，壮语里也有这个音，所配各字很相一致。龙州壮语有八个声调，现在广州话也有八个声调（另有一个"中入"声是后来演变出来的），阴、阳两类相配差不多完全一样。古代汉语"明""泥""疑""来"等全浊声母，现代汉语只与阳调韵相配；壮语的 m－，n－，ng－，l－却各有阴、阳两调的读法。现在广州话的汉字读音，这些声母也只与阳调韵相配，但是有些口头上的用语，如"乜"（māt，什么）、"拧"（ning，拿）、"啱"（ngam，合适）、"孻"（lai，最小或最后的）等，却都读成阴调。这些都可能是古代越语的遗迹。

至于词汇和语法，那就更为显著了。广府话称人为"佬"，如"大佬"（哥哥）、"细佬"（弟弟）、"外江佬"（外省人）、"客家佬"（客家人）、"福佬"（福建人）等。"佬"本为壮语自称之词（壮人又称"壮佬"），后来变为有对人表示亲昵之意。此外，广州话"细想"叫作"惗"，"玩"叫作"撩"，"掷"叫作"掟"，"一块"叫作"一旧"……"惗""撩""掟""旧"等都与壮语的完全相同。

语法方面也留下了一些遗迹。壮语语法结构的规则,修饰语常放在被修饰语后面。这是跟现代汉语的习惯恰恰相反的。可是在广府话里就有不少这样的例子,如"客人"叫作"人客","干菜"叫作"菜干","公鸡"叫作"鸡公","牸牛"叫作"牛牸",等等,在地名中更为常见。这还只是就广州话来说的,在西江、南路一带的方言里,这种由古代越语沉淀下来的成分更为丰富。例如在这些地区的方言里,柚子都叫作"構"或"碌構";"碌"就是壮语"子"的意思,而"構"就是"柚"。广州话柚子也叫作"碌柚",那就是把原有的成分和汉语的成分配合在一起了(注意它的词序)。合浦土语"小"叫作"呎"(土字,音 nɛ),"小孩"叫作 nɛ⁻ɛ 或 -nung¹ɛ;nɛ 在壮语是"小"的意思,nung 在广西许多地区的壮语里都有"弟弟"之意。ɜnɛ 实由 nungɛ 变来(同化作用),而 nungɛ 又由 nungnɛ 变来(即所谓"异化作用"),无论在语词方面或词序方面都是跟壮语相一致的。

地名最容易显露出先民的遗迹。这是世界语言一般的通例。广东有许多地名是以"那"("罗")"六"("禄""渌""绿""菉")等字冠首的。以"那"("罗")冠首的如:

那伏(新会),那州(中山),那伏墟(台山),
那落村(清远),那落墟(高要),那康(新兴),
那乌(阳春),那吉墟(恩平),那波胡(开平),
那浪(阳江),那花(电白),那楼(化县)
那丽(钦县),罗郁冈(高要),罗银(阳春),
罗茅(德庆),罗练(封川),罗求(开建),
罗镜墟(罗定),罗沙墟(云浮),罗旁墟(罗定);

以"六"("禄""渌""绿""菉")冠首的如:

六合(台山),六田(封川),六平山(阳江),
六岸(信宜),六磊坡(化县),六朴(合浦),
禄境(南海),禄马(台山),绿步墟(高要),
禄村(四会),禄塘村(高明),禄岗(鹤山),
禄源村(云浮),渌山(封川),渌水村(灵山),
渌眼(钦县),绿滚(德庆),绿岭(电白),

那菉汛（茂名），大菉墟（防城），等等①。

按"那"（"罗"）壮语音－na，原意为"田"或"水田"；"六"（"禄" "渌""绿""菉"）壮语音 luk，原意为"谷"或"山地"。这是与当地形势 有关的，而下一个字都是它的修饰语。

三、北方汉语对于广东方言的影响

广东方言自形成后，它的演变规律就逐渐和北方汉语的演变规律不能一致。粤省多山地，僻处南陲，一般说来，它的各种方言是比较倾向于保守的，所以许多古代汉语的特性，都还可以从它们里面找出来。可是由于演变规律不同，许久以来，它和北方汉语的距离就一步一步地扩大了。

话虽这样说，但是历代由于流戍、迁谪、征伐、避乱、经商等缘故，汉人从北方到广东的很多。他们说的都是北方汉语，到广东后和当地人士混杂在一起，在语言方面，总不免引起一种交流的作用。另一方面，北方从来就是我国政治、经济、文化的中心。广东人跟北方人接触，也自动向北方汉语吸收了不少成分。

任何一种语言或方言，它的内部组织不外语音、语法和词汇三部分。我们现在来谈广东方言所受到北方汉语的影响，应该也分这三部分来讨论。不过在一种语言或方言里，语音和语法是各自构成完密的系统的，一般不易受到外间的影响。只有词汇比较零碎。它常随社会的需要而产生，随着社会的发展而发生变化，等到社会不需要了，它也可能因被废弃而死亡。广东方言虽不断受到北方汉语的影响，但是由于上述原因，语音和语法方面是比较少的，受影响最深的还是在词汇方面。

我国向来使用方块汉字，各地的读音尽管不同，但写法总是一样的。从前写作用文言，遣词造句全国一致，并无地区上的分别，其后虽然改用了白话，而各地写文章还是照着北方汉语的习惯，很少用方言。这对于各地的方言影响很大，对广东方言也不例外。其中许多带有书本意味的词语大都是经由文字传播进去的，起初也许只限于写作上使用，但久而久之，有些就连口语也用上了。

---

① 参见罗常培《语言与文化》第五章，北京大学出版部1950年版；徐松石《粤江流域人民史》第十九章，中华书局1939年版。

广州话从北方汉语借用词语，往往是只借字而不借音的，虽从外语译音的词也是这样，所以念起来常觉得跟原音相差很远。例如马克思（Marx）和斯大林（Stalin），用现代北方话念起来还很相近似，广州人把他们叫作 Ma ha ksi 和 Sitailǎm，就差得相当远了。此外也有些词是经由口语传进去的，在写法上反不相同。例如北方话"角"和"脚"同音，广州人分不清楚，误把"角色"译成"脚色"。其实这两个字在广州话是不同音的，但是现在已经把它固定下来了。另外有些外语借词，如果是通过口语传进去的，在北方话和广州话也可能写成不同的词。例如汽车车轮的胶内胚，北方话管它叫"胎"（"车胎"），广州话却叫作"呔"，它们都是从英语的 tyre 翻译过来的，音虽相同而写法不同。

大致说来，广州话中许多跟学术文化有关的词语都是从北方汉语搬运过来的，但是随着社会的发展，广州人也可以用相同的材料造出相同的词，因此要区分其中哪些是真正从北方话搬运过来的，哪些是他们自造的，这是相当困难的。这里有一个比较可靠的办法，就是看其中哪些是带有北方话的前缀或后缀的。例如广州话表示"类之小者"多用"仔"，如"刀仔""杯仔""棍仔""凳仔""猪仔""狗仔"等，北方话却用"子"或"儿"，如"刀子""杯子""棍子""凳子""花儿""球儿""马儿"等等（这些词现在已经逐渐失去"小"的意义）。表示外国的东西，广州话多用"番"，如"番枧"（肥皂）、"番茄"（西红柿）、"番薯"（白薯）、"番石榴"（一种水果）、"番鬼佬"（外国人的贬词）等，北方话却用"洋"或"胡"，如"洋火""洋灰""洋烟""胡琴""胡萝卜"等。这是分别得相当清楚的。但是我们看，现在广州话里也有一些用"子""儿""洋""胡"的词语，如"狮子""法子""日子""乞儿""洋葱""胡椒"等。这些无疑都是在过去某一时期从北方汉语搬运过来的。

总之，广州话只是汉语的一种方言。因限于从古以来的历史条件和社会条件，它不可能变成一种独立的语言。它和北方话比较起来虽然有各种差别，但是由于种种原因，不断受到北方汉语的影响是不可避免的，所以直到现在，双方的距离还不致太大。

四、广东方言的特点和词汇的发展

广东的位置处在我国南部，背山面海，早年和内地的交通极不方便，在粤汉铁路通车以前，俨然自成一国，因此广东人和北方人接触的机会一般是比较少的。广东方言虽然不断受到北方汉语的影响，但是它的语音和语法是自成系统的，词汇方面，由于种种原因，也颇多独自新创的词语。这些都造成了它的特点。

一般地说来，广东方言的音韵比较接近古音，词汇也颇多古词。例如"饮""食"二词，在许多北方口语里早已死亡，但是广东人每天还是挂在嘴上。"以手取物"谓之"拈"，"以物与人"谓之"畀"，来源都很早；现在广东人日常所用的还是这两个词。

词汇中的基本词汇比较稳定，但也不是完全不起变化的。有些词在北方汉语里已经改变了，但是在广东方言里却还保存着。例如"脸"本指"目下颊上"，北方汉语早已用"脸"代"面"，而广东方言却还是用"面"；"颈"在北方汉语里早已为"脖子"所代替，而在广东方言里却没有改变。

我国古代就已经存在着许多方言，同一种动植物，往往各地都有它自己的称谓。例如《尔雅》"蟋蟀"郭璞注："即蛬蟧也，一名蟋蚝；齐人呼蟋蟧。"《方言》："蛥蚗，齐谓之螇螰。楚谓之蟪蛄，或谓之蛉蛄，秦谓之蛥蚗，自关而东谓之虭蟧，或谓之蜓蚞，或谓之螇螰，西楚与秦通名也。"由此可以想见。又如"蝙蝠"一名，《方言》载："蝙蝠，自关而东谓之服翼，或谓之飞鼠，或谓之老鼠，或谓之仙鼠。"不同的地区往往有不同的说法。这在广东方言中也有所反映。现在广州话管"蝉"叫"沙蝉"，但是有些地区却把它叫作"遮蟧"或"蟟蟧"。"蝙蝠"是广州话的通称，但是有不少地区却把它叫作"蝠鼠"或"飞鼠"。诸如此类的名称，有许多都是于古有所本的。

此外，广东的特殊环境也给它产生了一些特殊的词语。广东地近亚热带，终年不见冰雪，广东人往往冰雪不分，于是常把"人造冰"叫作"雪"，"冰激淋"叫作"雪糕"，"冰棍"也叫作"雪条"。在广东经商的有一种迷信的传统。有些他们认为听起来不吉利的词，常因忌讳而用别的词来代替。例如不说"舌"（与"蚀"同音，亏本）而代之以"脷"，不说"肝"（与"干"同音，资本尽）而代之以"膶"，不说"空"（与"凶"同音，不吉利）而代之以"吉"，不说"书"（与"输"同音，赔本）而代之以"胜"。因此，"舌"变成了"脷"，"猪舌"也变成了"猪脷"；"猪肝"变成了"猪膶"，"萝卜干"变成了"萝卜膶"，"担杆"也变成了"担膶"（南路一带也有叫作"猪湿""担湿"等等的）；"空屋出租"变成了"吉屋出租"，"空身番嚟"（空身回来）也变成了"吉身番嚟"；"通书"变成了"通胜"，甚至"丝瓜"（"丝"与"输"音相近）也变成了"胜瓜"。

广州地近香港。广州话里由英语译音的词特别多，例如把"铜子儿"叫作"仙士"（cents），"邮票"叫作"士担"（stamp），"公共汽车"叫作"巴士"（bus），"计程汽车"叫作"的士"（taxi），"手杖"叫作"士的"（stick），"球"叫作"波"（ball），"英吋"叫作"烟子"（inch），"英里"叫作"咪"（mile），"十二个"叫作"叮"或"打臣"（dozen），"四分之一"叫作"一个骨"（quarter），"牌号"叫作"嚜"（mark），"时兴"叫作"花臣"（fashion），"保险"叫作"燕梳"（insure），"商人"叫作"孖毡"（merchant），"支票"叫作"则纸"（cheque），"衬衣"叫作"邮衫"（shirt）等等。其中有许多都是由香港华侨带回来的，现在虽已有所改变，但是有些已经习惯成自然了。

广东语言环境复杂，来源纷歧，许多都由它的词汇反映出来。现在广州话里，我们可以看到，同一个意义常表以好几个词。例如表示"小孩子"这个意义的就有"细蚊仔""细佬哥""细路仔""苏虾仔""bibi 仔"以至"儿童""孩儿"等。这些词语中，有的是古代流传下来的，有的是新近出现的，有的是借来的，有的是自造的，有的是一般人常用的，有的是只限于一部分人使用的，有文有俗，各有各的妙用。斯大林说："语言的词汇的变化，不是用废除旧的建设新的那种方法来实现的，而是用新词去充实现有词汇的方法来实现的。"① 我们从广东方言演变的研究中可以充分证明这句话的正确性。

（原载《中国语文》1953 年 4 月号。后收入《语言学学习与研究》，中州书画社，1983 年版，第 225－235 页。今据《语言学学习与研究》收录）

---

① 斯大林：《马克思主义和语言学问题》，第 16 页。

汉语动补结构的发展[*]

潘允中

  古汉语的动补结构计有三种：第一，他动词后面带着自动词或形容词表示结果的，叫结果补语；第二，动词后面带有另一表示动作趋向的动词的，叫趋向补语；第三，动词后面带有介宾结构表示时间、处所或和动词有关的事物的，叫关系补语。这里专谈前两种补语结构的发展。至于第三种补语，笔者别有论述，这里从略。

一、动补结构的产生和发展

  古代汉语动词的使动用法后来的发展之一，是变成动补结构。形式是，他动词后面紧接着一个自动词或形容词，表示动作所产生的结果，然后接上一个宾语。如果是自动词带补语的，则不带宾语。

  结果补语比使动词更为完善，表达更为明确。试比较下列两种结构就会清楚：

    使动词：宁不亦淫从（纵）其欲，以怒叔父？（《左传·成公二年》）
       走白羊、楼烦王。（《史记·卫将军列传》）
    动补结构：（苏秦）乃激怒张仪，入之于秦。（《史记·苏秦传》）
       陈余击走常山王张耳。（《史记·张丞相传》）

  上述前两例使动法之所以能成立，是靠词序（叔父怒→怒叔父；白羊、楼烦王走→走白羊、楼烦王），而后两例的结果补语，则改用两个动词复合的新结构（激怒，击走），来表达同一意思。后者比前者精密完善，是很明显的。这应当看作是汉语语法史上的一个进步。

  结果补语是什么时候产生的呢？一般说来，先秦时期较流行的是使动用

---

[*] 本文是作者编著的《汉语语法史纲》的一章。

法，至于动词后面带结果补语的用例还不多见。但是一种语法结构的产生，决不会是突然而来的。下面几个例子，可算是先秦时期结果补语的萌芽：

(1) 若火之燎于原，不可向迩，其犹可扑灭？（《尚书·盘庚》）
(2) 天用剿绝其命。（《尚书·甘誓》）
(3) 鲧则殛死，禹乃嗣兴。（《尚书·洪范》）
(4) 必有事焉，而勿正，心勿忘，勿助长也。（《孟子·公孙丑上》）
(5) 子之相燕，坐而佯言曰："走出门者何，白马也？"（《韩非子·内储说上·七术》）
(6) 田先生坐定，左右无人……（《战国策·燕策》）
(7) 此二士者……从属弥众，弟子弥丰，充满天下。①（《吕氏春秋·当染》）
(8) 齐侯伐卫，战败卫师。（《左传·庄公二十八年》）

"扑灭"就是扑之使灭，"剿绝"就是断之使绝，"死"是"殛"的结果。"助长"就是助之使长。"战败"就是把它打败。这几个动词组合的共同特点是，两个动词紧紧跟着，后一个是前一个所表示的行为的结果。这正是后世结果补语的萌芽。例（6）的"定"和例（7）的"满"是形容词，表示动作所达到的程度，也是最早的结果补语。这几个例子，又可分为四类：

A. 他动词 + 自动词 + 宾语——例（2）、例（8）。
B. 动词（他动或自动）+ 自动词——例（1）、例（3）、例（4）。
C. 动词 + 形容词 + 宾语——例（7）。
D. 动词 + 形容词——例（6）。

A、B两类略多，而C、D两类则仅偶尔见之。总体来看，在先秦时期，

---

① 王力先生在《汉语史稿》（中册第404页）认为先秦的"助长""扑灭"等一类结构，都不是使成式，而是省略兼位名词的递系式（按指兼语式）。但同书第406页又承认"激之使怒"的"激怒"、"矫之使正"的"矫正"等是使成式。按照后一说法，则"扑灭"正是"扑之使灭"（孔颖达正义就是这样解释的），"助长"是"助之使长"。从句式上说，这同样是使成式；从动词结构上说，则是动补结构。王先生在同书同处认为使成式产生于汉代。据此，似可提前到先秦时代，不知王先生以为然否？

这四类都已经出现，但还不多见①。这是因为当时最通行的语法是用"而"来连接前后两个有关的动词，如果两个动词共带宾语"之"的，尤其如此。例如：

(9) 今夫水，搏而跃之，可使过颡；激而行之，可使在山。(《孟子·告子上》)

(10) 鲲之大不知其几千里也，化而为鸟，其名为鹏。(《庄子·逍遥游》)

(11) 晋文公得南之威，三日不听朝，遂推南之威而远之，曰："后世必有以色亡其国者！"(《战国策·魏策》)

(12) 射而中之。(《左传·成公十六年》)

在中古前期的西汉，结果补语才开始流行，许多像例(11)、例(12)的两个动词中间用"而"来连接的结构，都给新兴的补语结构所取代。像例(10)的"化而为"，同时已有"臭腐复化为神奇"(《庄子·知北游》)的说法，后来"化为"就普遍用起来了。"推而远之"，变为"推远"。"射而中之"，变为"射中"，诸如此类。它的演变规律大致是：

使动法→动+"而"+补→动补
例如：远之→推而远之→推远

这个规律只是就整个演变趋势概括而言，并不是说每个具体结构都必定经过这三个阶段，有的只经过两个阶段，如：射而中之→射中。

自汉魏六朝至唐代，结果补语发展得很快，应用范围也日趋扩大。现依照上述 A、B、C、D 四类的特点，各举例如下。

A. 他动词带自动词为补语，并且有宾语的：

(13) 旦日飨士卒，为击破沛公军。(《史记·项羽本纪》)

---

① 祝敏彻同志的《先秦两汉时期的动词补语》一文，认为无"得"的结果补语，例如"小事倒弄大了——这是汉代以前多没有的"。(见《语言学论丛》第2辑，新知识出版社1958年版，第17-18页) 王力先生的《汉语史稿》(中册第405页) 也认为外动词带形容词的使成式是在汉代产生的。我们看了本文 D 类例(6)、C 类例(7)，应该说它在先秦就出现了。

(14) 广腾跃而上胡儿马，因推堕儿。（《史记·李将军传》）

(15) 奴乘涉（涉指原涉）气，与屠争言，斫伤屠者，亡。（《汉书·游侠传》）

(16) 今大将军爽破坏诸营，尽据禁兵。（《魏志·曹爽传》）

(17) 裁成合欢扇，团团似明月。（《怨歌行》）

(18) 羊踏破菜园。（《笑林》第 59 页）①

(19) 打坏木栖床，谁能坐相思？（《读曲歌》）②

(20) 撑船而冲破莲荷。（《变文》第 422 页）③

B. 动词（他动或自动）带自动词为补语，而没有宾语的。在这期间，结果补语有个新发展，即不仅他动词可以带自动词为补语，而且自动词后面也可以带上另一自动词为补语。当然，有些动词本来是他动与自动两可的，但它们仍有共同的特点，即后面不带宾语。这一点是和 A 类不同的。例如：

(21) 遂饿死于首阳山。（《史记·伯夷传》）

(22) 诸侯更相诛伐，周天子弗能禁止。（《史记·始皇本纪》）

(23) 会大霖雨三十余日，或栈道断绝。（《魏志·曹真传》）

(24) 童谣云："谁谓尔坚石打碎。"（《晋书·谢石传》）

(25) 交伊舜子修仓，四畔放火烧死。（《变文》第 131 页）

C. 动词带形容词为补语，并且有宾语的，如：

(26) 走长安，匡正天子，以安高庙。（《史记·吴王传》）

(27) 汉氏减轻田租。（《汉书·王莽传》）

(28) （王）凤不内省责，反归咎善人，推远定陶王。（《汉书·元后传》）

(29) 田，填也，五稼填满其中也。（《释名·释地》）

D. 动词带形容词为补语，而没有宾语的。这种结构比较少，举例如下：

---

① 指鲁迅编《古小说钩沉》，人民文学出版社 1954 年版。
② 《乐府诗集》卷四十六，通行本。
③ 《敦煌变文集》下集，人民文学出版社 1957 年版。下文简称《变文》，阿拉伯字指页数。

（30）叟，缩也，人及物老皆缩小于旧也。（《释名·释亲属》）
（31）我不独食，果自减少。（《百喻经》卷下）

以上四类，自唐宋以后，在原来结构的基础上又有了新的发展，有的则早在南北朝时已开始。兹择其中三种比较重要的，略述其发展过程。

首先，是结构助词"得"的产生和发展。这种结构是在动词和结果补语中间插入助词"得"，紧接上去的补语，可以是形容词（说得好），也可以是形容词组（演得非常美妙），还可以是句子（驳得他无话可说）。此外，动词也可以作"得"后的补语（完得成）。结果补语的扩大，使得汉语的表现力大为增强。这种演变，首先起源于"得"的虚化。"得"在先秦的基本意义是"获得""得到"，是个实义他动词，常带宾语。如：

（32）得良友而友之，则所见者忠信敬让之行也。（《荀子·性恶》）
（33）（齐）得王五城，并力而西击秦。（《战国策·赵策二》）

由"获得"引申为可能义，并由主要动词演变为动词前的助动词，这是"得"走向虚化的第一步。如：

（34）今守度奉量之士欲以忠婴上而不得见。（《韩非子·诡使》）
（35）穰侯十攻魏而不得伤者，非秦弱而魏强也，其所攻者地也。（《战国策·秦策三》）

"不得见"就是不能见，"不得伤"就是不能伤害它，这里的"得"已不是原来获得什么的意思，而只是抽象意义的获得。正因为如此，"得"就有可能成为助动词，并且只能放在动词之前。到了汉代，"得"的这种用法，发生了一个显著的变化，它由动前转移到动后，从而演化为补语，表示动作所得的结果。如：

（36）今臣为王却齐之兵，而攻得十城。（《史记·苏秦传》）
（37）（显）为人巧慧习事，能探得人主微指（旨）。（《汉书·石显传》）
（38）太公钓得巨鱼，剖鱼得书。（《论衡·纪妖》）
（39）捕得单于从兄。（《后汉书·班超传》）

（40）平子饶力，争（挣）得脱，逾墙而走。(《世说·规箴》)
（41）众僧闻像叫声，遂来捉得贼。(《洛阳伽蓝记》)

以上（36）—（41）各例的"得"和它前面的动词结合得很紧，到底还算是实词。但其中也有一些并不表示实义"获得"的，如例（40）。例（40）是动后先来个"得"，然后接上另一自动词"脱"作补语。动补之间插入"得"，这是历史上第一次出现的新结构。这种例子是南北朝时期出现的，可见当时动后补语"得"已走向虚化。下面是同时期出现的例子，尤可说明这种虚化趋势日益明显。

（42）凡种小麦地，以五月内耕一遍，看干湿转之，耕三遍为度，亦秋社后即种，至春能锄得两遍，最好。(《齐民要术·杂说》)
（43）秋耕不堪下种，无问耕得多少，皆须旋盖磨如法。(同上)

这两个例子的"得"都比例（40）的"得"更为虚化，却和（40）的"得"一样，是最早出现的结构助词。"得"后的补语是数量词组，这也是前此所无的。像例（36）—（41）"得"后的都是名词［例（40）是例外］，或名词性词组，并且是宾语而不是补语；只有例（42）的"两遍"和例（43）的"多少"才是真正的补语。

由此可见，动后带结构助词"得"的补语结构，应该说起源于南北朝。

自唐以后，直至近代，这种结构逐渐发展起来，在"得"后充当补语的，已出现过六种类型：（甲）名词或名词性词组；（乙）动词或动词性词组；（丙）数量词或数量词组；（丁）形容词或形容词组；（戊）句子；（己）自动词。分别举例如下。

甲类：这一类的"得"多少还有一点达到义，如果去掉"得"，补语便是宾语。如：

（44）直至天明，造得一寺，非常有异。(《变文》第169页)
（45）如是家中养得一男，父母看如珠玉。(《变文》第181页)

乙类："得"只表示前一动词的结果。如：

(46) 这两个踢下水去的才挣得起，正待要走……（《水浒》30）①

(47)（武松）大笑道："小人真个娇惰了，哪里拔得动！"（《水浒》28）

丙类：像上文例（42）和（43）这一类的"得"，有点像表完成体的"了"，但细一看，它又和"了"不同，它毕竟是表动词的结果的补语。这种动补结构，产生于南北朝，后来又有发展。如：

(48) 相公问汝念得多少卷数？远公对曰："贱奴念得一部十二卷，昨日总念过。(《变文》第 177 页)

丁类：动词后面以形容词（词组）表示动作的程度或结果的：

(49) 拍手叫道："杀得好！"（《京本·错斩崔宁》）②
(50) 我两个起得早了，好生困倦……（《水浒》62）

戊类："得"后句子表夸张性的结果的：

(51) 是经声朗朗，远近皆闻，清韵珊珊，梵音远振，敢（感）得大石摇动，百草亚（曲）身，瑞鸟灵禽，皆来赞叹。（《变文》第 168 页）
(52) 唬得两腿不摇而自动。（《宣和遗事》亨集)③
(53) 一句话，说得满屋子里笑起来。（《红楼梦》11）④

己类：这是例36"争（挣）得脱"这一句型的新发展：

(54) 只是他做得出来须差异。（《朱子语录》四）
(55) 此秀才展拓得开。（《朱子语录》四）
(56) 只有彩霞还和他合得来，倒了茶给他。（《红》25）

---

① 《水浒》，人民文学出版社 1972 年版七十一回本子。下文简称《水浒》，阿拉伯字指回数。
② 《京本》指《京本通俗小说》，中国古典文学出版社 1954 年版。
③ 《宣和遗事》，中国古典文学出版社 1954 年版，全名叫《新刊大宋宣和遗事》。
④ 《红楼梦》，作家出版社 1953 年版。下文简称《红》，阿拉伯字指回数。

以上甲乙丙丁戊己六种补语都是上文所说的 ABCD 四类"动后带补"范围以内的发展。

其次，是形后带"得"和补语的新结构（好得很）的产生。这个结构有点象上述的丁类，但毕竟不同。丁类是在动后带上形容词或形容词组。而这是在形容词加"得"带补语，而且补语的结构也比较复杂。这种结构是在近代文学作品里才流行起来的，而过去只有个别用例曾出现于宋人的话本讲史。像《宣和遗事亨集》的"这贾奕昼忘飧，夜忘寝，禁不得这般愁闷，直瘦得肌肤如削"就是。这种结构里面"得"后的补语，大致不出形容词、副词或副词性词组、句子等类。例如：

（57）我与你说他姓名，惊得你屁滚尿流。（《水浒》73）
（58）袭人等见了，都慌的（得）了不得。（《红》34）
（59）王夫人看了……急的（得）又把赵姨娘骂一顿。（《红》25）

第三，结果补语的另一发展是和"把字式"相结合。动后补语既然是表示动作的结果的，就很容易和那用介词"把"（将）提宾的句式结合起来，因为后者正是要求表示结果的句式。例如：

（60）我将这纸窗儿润破，悄声儿窥视。（《西厢记·三本一折》）①
（61）燕青看了，便扯扁担，将牌打得粉碎。（《水浒》74）
（62）把生死关头看破。（《儿女英雄传》16 回）

此外，一部分动补结构的发展，走向词化，如"扩充""冲破""充满""破坏""矫正"等，现在都成了复合动词。其所以如此，是因为这些一动一补的词经常连用在一块，结合得很紧，久而久之，就变为复合词了。

二、趋向补语的发展

趋向补语是动补结构的第二种。所谓趋向补语，是指动词后面带有表示动作趋向的动词作补语的结构。充当这种补语的趋向动词，限于"去""来""上""下""起""过""出""上去""上来""下去""下来""起来""过

---

① 据王季思校注《西厢记》，文艺出版社 1954 年版。

去""过来""出来"等几个。为方便起见，其中单音词的，我们不妨叫它为"单词趋向补语"，简称"单趋补"；复合词的，叫它为"复词趋向补语"，简称"复趋补"。复趋补里的前一个词，我们管它叫"复趋补前"，后一个词叫"复趋补后"（只有"去""来"两个）。

汉语史上的趋向补语，按其结构，基本上可以归纳为以下五种：

  A. 动 + 单趋补（走去，走来，上去，下来）
  B. 动 + 复趋补（走上去，走下来）
  C. 动 + 单趋补 + 宾（走上台，走下台）
  D. 动 + 宾 + 单趋补（看戏去，看戏来）
  E. 动 + 复趋补前 + 宾 + 复趋补后（走上台去，走下台来，唱起歌来）

以上说的这五种趋向补语的起源和发展的情况，并不完全相同。在先秦前期的典籍里，还没有发现趋向补语，像《诗经·君子于役》的"日之夕矣，羊牛下来"的"下来"，算是动后带趋补的唯一例外。先秦后期的语法，开始有了一些表示动作趋向的属于 A 类结构的初期形式。例如：

  （63）还入于郑。（《左传·僖公二十四年》）
  （64）楼缓闻之，逃去。（《战国策·赵策二》）

此外，《战国策·齐策》里还有"燕将攻下聊城"一句，算是 C 类早见的一例。①

以上 AB 两种例子都不多，当时通行的句法是在他动词和趋向动词之间插入连词"而"来联系两个不同的动作，成为一种连动式句子。但是就这种句子的后一动词的意义来说，它也表示着趋向补语的概念。如："有渔父者，下船而来，须眉交（皎）白"（《庄子·渔父》）；"我腾跃而上"（《庄子·逍遥游》）；"子贡趋而进曰"（《庄子·大宗师》）。例外：《论语·乡党》："趋进，翼如也。"

由此可见，A 类和 C 类的趋补结构是最早产生的；它们起源于先秦，而

---

① 祝敏彻《先秦两汉时期的动词补语》一文认为先秦时期趋向动词和它前面的动词还未复合在一起。（《语言学论丛》第 2 辑，上海教育出版社 1959 年版，第 27 页）观本文在这里所举的三例，足见祝说亦非事实。

盛行于汉代,并由此派生 B 类和 D 类两种新结构。至于 E 类则是在近代才有的。兹依类举例,并简述其发展中的特点如下。

A 类结构的公式是:动 + 单趋补(走去,走来)。单从这个公式看,两汉以后的用法,同例(63)、例(64)的没有多大的不同。但是例(63)、例(64)表明,在先秦,这种结构只限于"入""去"等几个,并且用例还不多。西汉以后的情况有两点明显的不同:①"入""去"的用例多了,许多动词后面都能接上这两个单趋补;②除"入""去"等外,"出""来""下"等也陆续成为趋向补语。例如:

(65)于是吴王乃与其麾下将士数千人夜亡去。(《史记·吴王传》)
(66)今上祷祠备谨,而有此恶神,当除去。(《史记·始皇本纪》)
(67)《诗经》旧时亦数千篇,孔子删去,复重正而存三百篇。(《论衡·正说》)
(68)阿奴欲放去耶?(《世说·德行》)
(69)武帝择宫人不中用者,斥出,归之。(《史记·项羽本纪》)
(70)君为我呼入,吾得兄事之。(《史记·项羽本纪》)
(71)汝只有一手,那得遍笛?我为汝吹来。(《幽明录》)①

B 类结构的公式是:动 + 复趋补(走上去,走下来)。它和 A 式最大的不同是,A 式的趋向补语为单音词,而 B 式则以复合动词为趋向补语。复趋补在先秦是没有的(例外的是《诗经》"牛羊下来"的"下来"),它起源于西汉,自汉以后,陆续产生"出去""上去""过去""过来"等固定结构。如:

(72)楚围汉王荥阳急,汉王遁出去,而使周苛守荥阳城。(《史记·张丞相传》)
(73)征和二年春,涿郡铁官铸铁,铁销,皆飞上去。(《汉书·五行志》)
(74)遂有一童子,过在街坊,不听打鼓,即放过去。(《变文》第 161 页)
(75)何清不慌不忙,却说出来。(《水浒》17)

---

① 见《古小说钩沉》第 294 页。

(76)（黛玉）知道烫了，便亲自赶过来。(《红》25)

形容词作动词用时，也适用此式，如"众人看时，只见鳌子一般红肿起来。"(《水浒》65)

近代口语文学里还出现了 B 式的另一种新结构，即动词与复趋补之间可以插入表完成体的词尾"将"，如"跳将起来"，"飞将上去"。这和今语"跳了起来""飞了上去"的句法是一样的。按，动词与趋补之间带词尾"将"，萌芽于南北朝及唐人著作，如《颜氏家训·治家篇》："若生女者，辄持将去"，白居易《长恨歌》："惟将旧物表深情，钿合金钗寄将去"，以及《变文》中常见的"唱将来"都是。不过这是属于单趋补的 A 式。到了宋元时代，新 B 类"跳将起来"式的句法才多了起来。如：

(77) 张胜看时，原来是屋梁上挂着一个包，取将下来道……(《京本·志诚张主管》)

(78) 张大公，凭着你留下我这一条拄杖，怕这忤逆不孝子蔡邕回来，把这拄杖与我打将出去！(《琵琶记》22)①

在明清小说里，更常见这种结构。如：

(79) 从地下叫将起来。(《水浒》8)

(80) 这行者飞将上去。(《西游记》46)②

(81) 宝玉听了，不觉心内痒将起来。(《红》26)

形容词后也能接"将"，用如上例，如"天气冷将起来"(《红》64)。如果动词是双音节的话，那末，"将"字就往往不用，或者把复趋补换成单趋补。这大概是四字格的习惯在起作用吧。例如：

(82) 起身抢出房门，正待声张起来。(《京本·错斩崔宁》)

(83) 想到此间，便又伤感起来。(《红》44)

(84) 宋江白着眼，却乱打将来，口里乱道……(《水浒》39)

---

① 《琵琶记》，中华书局 1960 年版。

② 《西游记》，人民文学出版社 1961 年版。

(85) 从外摇摆将来。(《金瓶梅》14)

C 类结构公式是：动 + 单趋补 + 宾（走上台，走下台）。这比 A 式只是末尾多带个宾语，别的并无不同。用例最早见于《齐策》"攻下聊城"，上文已经指出。两汉以后便逐渐增多了。如：

(86) 灌夫复驰还，走入汉壁。(《史记·魏其武安侯列传》)
(87) 收去诗书百家之语，以愚百姓。(《史记·李斯传》)
(88) 攻下睢阳外黄十七城。(《汉书·高帝纪》)
(89) 舜子走入宅门，跪拜阿孃四拜。(《变文》第 130 页)
(90) 把马牵去后槽上拴了。(《水浒》17)

D 类结构的公式是：动 + 宾 + 单趋补（看戏去，看戏来）。特点是，趋向补语不是紧紧跟在动词后面，而是接在宾语之后。这种"动—宾—动"的结构，跟兼语式相像，区别在于兼语式的后动行为是出自宾语，而趋向动词却不是这样，它仅仅是先行动词的补充，用以表示方向，而且在意义上一望而知它不是宾语发出的行为。如兼语式"司马夜引袁盎起"（《史记·袁盎传》)、"左右或欲引相如去"（《史记·蔺相如传》）。这里的"动—宾—动"都是兼语式，而不是 D 类的动补结构。像下面各例，则是汉代产生的典型的 D 类句子：

(91) 王使人持其头来。(《史记·范睢传》)
(92) 毛遂谓楚王之左右曰："取鸡狗马之血来！"(《史记·平原君传》)

南北朝以后，D 类句子得到相当广泛的发展。例如：

(93) 还侬扬州去。(《南朝乐府·襄阳乐》)
(94) 蛮奴领得战残兵士，便入城来。(《变文》第 202 页)
(95) 沩山问："师什么处去来？"师曰："看病来"。(《传灯录》十四)
(96) 小人也难回大师府里去。(《水浒》17)

趋向补语"去""来"后面还能接另一动词，构成连动句。这是自宋以来一贯通行的句法。如：

(97) 再说这鲁智深就客店里住了几日，等得两件家生都完备：做了刀鞘，把戒刀插放刀鞘内；禅杖却把漆来裹了。(《水浒》5)
(98) (鲁智深)行了半月之上，于路不投寺院去歇，只是客店内打火安身，白日间酒肆里买吃。(同上)

E 类结构的公式是：动 + 复趋补前 + 宾 + 复趋补后（走上台去，唱起歌来）。特点就在于把复合词的趋向补语分离开来，中间插进一个宾语。如果拿 D 式来比较，则 E 的动后多了一个复趋向补语的前一个音节。这种句法，在宋以前还未发现过，可能是宋以后的新兴结构。举例如下：

(99) 明日捉个空，便一径到临安府前叫起屈来。(《京本·错斩崔宁》)
(100) 若是你做出事来，老身靠谁？(《京本·志诚张主管》)
(101) (府尹)便唤过文笔匠来，去何清脸上刺下"迭配……州"字样，空着甚处州名……(《水浒》17)

和 D 式一样，在补语"去""来"后面也可以接另一动词，成为连动式句子，如"绘信且不数钱，急走出店来看……"(《京本·冯玉梅团圆》)
汉语的趋向补语，也可以跟结果补语重叠起来使用，在近代汉语里已经有过这种例子，如《水浒》第 8 回："行一步，算一步，倒走得我困倦起来。"又，23 回："话说宋江因躲一杯酒，去净手了，转出廊下来，趿了火锨柄，引得那汉焦躁，跳将起来就欲要打宋江。"
由此可见，汉语的动补结构是历史悠长、内容丰富的，它是汉语不断发展、不断完善的重要手段之一。

(原载《中国语文》1980 年第 1 期。后收入《汉语语法史概要》，中州书画社 1982 年版，第 229－243 页；《潘允中汉语史论集》，中山大学出版社 2018 年版，第 337－349 页。今据《中国语文》收录)

古汉语中名词代词作补语

赵仲邑

介词结构放在谓语后作补语或补语放在动宾结构之后，这两种补语大家都会承认。但当名词、代词直接放在动词后作补语，这种补语便容易和宾语相混了。因此什么是补语，什么是宾语，还得先行交代清楚。

就本篇所说的宾语、补语而论，谓语如果是外动词、使动词，宾语就是放在这些动词后面的句子成分。它所表示的人或事物，是受外动词、使动词所表示的动作、行为支配的对象。谓语如果是动词（主要是内动词）、形容词，补语就是放在谓语后面补充说明动词、形容词所表示的动作、行为或性状的有关方面，如处所、时间、原因、手段方式、动作对象（不是支配的对象）、比较对象、主动者等。

这样说，动词后的宾语和补语的区别是很清楚的。如果是名词或代词，放在外动词、使动词的后面，它们所表示的人或事物，是受外动词、使动词所表示的动作、行为支配的对象，那当然是名词、代词作宾语了。但如果名词、代词放在动词后面，其所代表的人或事物，并不是受动词特别是内动词所表示的动作、行为支配的对象，而只是补充说明动作、行为的有关方面，那就不是名词、代词作宾语，而是名词、代词作补语了。这种情况，在古汉语中很普遍。

但有些人研究汉语的语法，不管动词的性质，不管动词和后面所带的名词、代词不同的关系，认为凡是动词，后面所带的名词、代词都是宾语。这样看问题，简单是简单了，但不符合汉语的客观事实，对汉语语法的教学和研究，都没有什么帮助。譬如《史记·魏其武安侯列传》"颖阴侯言之上"的"上"，大家都会承认是补语。但"将军壮义之，恐亡夫，乃言太尉"中的"太尉"是宾语还是补语呢？不注意名词、代词可作动词的补语这种语言事实，对这个问题的理解就会混淆不清。如果汉语语法著作正视这种事实，就会使读者学了，一看到"言太尉"之类，就会知道"太尉"是补语，是补充说明动词"言"的动作对象，便知道是"对太尉言"之意了。不正视汉语名词、代词可作补语的事实，就会使好些研究古代汉语的语法著作，对这种客观事实重视得很不够。

　　为了有助于古代汉语语法的教学和科研，对这问题有进一步探讨的必要，因而本文想对这问题试作初步的探索。但谈古汉语中名词、代词作补语时，作补语的名词，也包括名词性的词组。

　　古代汉语中名词、代词作补语有二式：A 式是"谓+宾+补"，如《聊斋志异·促织》的"又试之鸡"。（以△代谓语，○代宾语，●代补语）B 式是"谓+补"，如《史记·留侯世家》的"履我（帮我穿鞋子）！"。A 式补语和宾语不易相混，而 B 式补语则容易和宾语相混，所以本文专谈 B 式。

　　动词加补语可称"动补结构"，动词加宾语可称"动宾结构"。表面上，这种动补结构和动宾结构都是"动+名（代）"。如杜牧《阿房宫赋》"负栋之柱"和"架梁之椽"，"负栋"和"架梁"的语法结构，表面看来一样，都是"动+名"。但前者是动宾结构，"栋"是外动词"负"支配的对象；后者是动补结构，"梁"补充说明内动词"架"的处所。又如柳宗元《封建论》"困平城"，如果略为粗心，会把它误认为动宾结构，把这话解释为"围困平城"。其实它是动补结构，即《李陵答苏武书》的"困于平城"。所不同的只是《李陵答苏武书》用介词结构"于平城"作补语，而《封建论》是用名词"平城"作补语罢了。"平城""于平城"都补充说明被围困的处所。

　　语法结构表面相同特别是字面上又相同的，补语更容易和宾语相混，碰到这种情况，更应该细心把二者区别开来。如：

（1）斗且出，提弥明死之。（《左传·宣公二年》）
（2）买臣深怨，常欲死之。（《汉书·朱买臣传》）
（3）焉用亡郑以陪邻？（《左传·僖公三十年》）
（4）百里奚之未遇也，亡虢而虏晋。（《吕氏春秋·慎人》）
（5）杀苏角，虏王离。（《史记·项羽本纪》）

　　例（1）的"死之"是动补结构，是"为之（赵盾）死"之意。这"死"是内动词，后不带宾语。代词"之"是"死"的补语。例（2）的"死之"是动宾结构，是"使之（张汤）死"之意。这"死"是内动词作使动词用，后带宾语。代词"之"是"死"的宾语。例（3）的"亡郑"是动宾结构，意即"使郑国灭亡"。这"亡"是内动词作使动词用，名词"郑"是"亡"的宾语。例（4）的"亡"是"逃亡"，是内动词，后不带宾语。"亡虢"意即"从虢国逃亡"，名词"虢"是"亡"的补语。例（4）和例

(5) 的"虏"都是外动词。但例（5）的"虏王离"是动宾结构，是"俘虏了王离"之意。这"虏"表主动。名词"王离"是"虏"的宾语。而例（4）的"虏晋"则是动补结构，是"为晋国所俘虏"之意。这"虏"表被动。名词"晋"是"虏"的补语。

名词代词作补语有好几种用法。

有的表示处所。如：

(6) 思皇多士，生此王国。（《诗经·大雅·文王》）
(7) 某在斯。（《论语·乡党》）
(8) 使居之。（《左传·隐公元年》）
(9) 燕雀乌鹊，巢堂坛兮。（《楚辞·九章·涉江》）
(10) 吾子何以至此也？（《新序·节士第七》）
(11) 武等学长安，歌太学下。（《汉书·王褒传》）
(12) 泝迤平原，南驰苍梧涨海，北走紫塞雁门。（鲍照《芜城赋》）
(13) 河决北都商胡。（《梦溪笔谈》卷十一）
(14) 吾以窜逐而来此，宜也。（王守仁《瘗旅文》）
(15) 转货他郡。（《辍耕录》卷二十四）
(16) 滇南车马，纵贯辽阳；岭徼宦商，衡游蓟北。（宋应星《天工开物·序》）
(17) 宜勒使夷人徙澳门。（龚自珍《送钦差大臣侯官林公序》）

例（9）的"巢"是名词作动词用，"筑巢"之意。例（10）"至此"，即同则下文"吾何以不至于此也？"的"至于此"。

有的表示时间。如：

(18) 逝者如斯夫，不舍昼夜！（《论语·子罕》）
(19) 珠与玉兮艳暮秋，罗与绮兮娇上春。（江淹《别赋》）
(20) 渔舟唱晚。（王勃《滕王阁序》）
(21) 玉垒浮云变古今。（杜甫《登楼》）
(22) 澄澄变今古。（王昌龄《同从弟南斋玩月忆山阴崔少府》）
(23) 欲持一瓢酒，远慰风雨夕。（韦应物《寄全椒山中道士》）

（24）主人有酒欢今夕。（李颀《琴歌》）
（25）与语三日。（《新序·杂事第二》）

例（25）的"三日"是表示时间的数量补语。"三日"是以名词为中心的词组，即名词性的词组，所以仍划归此类。

有的表示手段方式。如：

（26）子皮以为忠，故委政焉。（《左传·襄公三十一年》）
（27）有饿者，蒙袂接履，贸贸然来。（《新序·节士第七》）
（28）长卿谢病不能临。（《汉书·司马相如传上》）
（29）乃遣助以节发兵会稽。会稽守欲距法，不为发。（《汉书·严助传》）
（30）吾枕戈待旦，志枭逆虏。（《晋书·刘琨传》）
（31）当枕石漱流。（《世说新语·排调》）

例（26）的"委政"即"委以政"。例（27）的"蒙袂"即"蒙面以袂"。例（28）的"谢病"即"辞谢以病"。例（29）的"距（拒）法"即"拒以法"。例（30）的"枕戈"即"枕以戈"。例（31）的"枕石漱流"即"枕以石，漱以流"。

有的表示原因。如：

（32）伯夷死名于首阳之下。（《庄子·骈拇》）
（33）等死，死国可乎？（《史记·陈涉世家》）
（34）（灌夫）非有大恶，争杯酒，不必引他过以诛也。（《史记·魏其武安侯列传》）

例（32）的"死名"，即"因（贪）名而死"。例（33）的"死国"，即"因楚国而死"。例（34）的"争杯酒"，即"因杯酒而争"。

有的表示主动者。如：

（35）纵有姊妁，以医幸王太后。（《史记·义纵列传》）

(36) 时王叔文得幸太子。(《新唐书·刘禹锡传》)

(37) 言隐荣华。(《文心雕龙·情采》)

(38) 二水中分白鹭洲。(李白《登金陵凤凰台》)

例(35)"幸王太后"指"被王太后宠幸"。例(36)"得幸太子",指"能被太子宠幸"。例(37)"言隐荣华",指"话的意思被文采所掩蔽"。"荣华"是名词,指"草木所开之花"。《尔雅·释草》:"草谓之华,木谓之荣。"这里指文采。例(38)"中分白鹭洲",指"被白鹭洲从中间分开"。

有的表示对象,但不是被外动词支配的对象。如:

(39) 文嬴请三帅。(《左传·僖公三十三年》)

(40) 邴夏御齐侯。(《左传·成公二年》)

(41) 伯氏不出而图吾君。(《礼记·檀弓上》)

(42) 臣数言康王,康王又不用臣。(《史记·武帝本纪》)

(43) 至于誓天断发,泣下沾襟。(欧阳修《五代史·伶官传·序》)

(44) 诸葛亮舌战群儒。(《三国演义》第四十三回回目)

(45) (楚灵王)曰:"人之爱子,亦如是乎?"侍者曰:"甚是。"(《史记·楚世家》)

(46) 非独性异人也,亦形势然也。(贾谊《治安策》)

(47) 楚亭人心恶梁亭之贤己。(《新序·杂事第四》)

(48) 人情莫亲父母。(《汉书·贾捐之传》)

(49) 断狱岁岁多前。(《汉书·翟方进传》)

例(39)、例(40)、例(41)补语所表示的是为之服务的对象。例(39)"请三帅"意即"为三帅请求"。例(40)"御齐侯"意即"为齐侯驾车"。例(41)"图吾君"意即"为吾君谋划"。"三帅""齐侯""吾君",都不是受动词"请""御""图"支配的对象,所以都不是宾语而是补语。例(42)、例(43)、例(44)的补语都是动作的对象。例(42)"言康王"意即"对康王言"。例(43)"誓天"意即"对天发誓"。例(44)"舌战群儒"意即"与群儒舌战"。例(45)至例(49),补语都表示比较的对象。例(45)的"甚"是程度副词,用作形容词。"是"是指示代词。"甚是"

即"甚于是",意即"比这个更甚"。例(46)的"异人",即"异于人",意即"和别人不同"。例(47)的"贤己",意即"比自己贤"。例(48)的"亲父母",意即"比父母更亲"。例(49)的"多前",意即"比以前多"。

本文所收集的例子虽然不很多,但已足以说明:

1)语言的现象是复杂的,古代汉语中动词和它后面的名词、代词的关系也是这样,要对具体的情况作具体的分析。简单地笼统地认为凡是动词,它后面跟着的名词、代词都是宾语,当然不合古代汉语的客观事实。即使认为凡是外动词,它后面跟着的名词都是宾语,也不尽符合古代汉语的客观事实,如上所举的。"困平城""虏晋"和例(23)、例(26)、例(27)、例(28)、例(29)、例(34)、例(35)、例(36)、例(37)、例(38)、例(39)、例(41)等例子都足以作为反证。反之,认为凡是内动词,它后面的名词、代词都是补语也不合古代汉语的客观事实。当内动词作使动词用时,它后面的名词、代词就是宾语了。本文主要是谈古汉语中名词、代词作补语,对作宾语的问题没有多谈,但例(2)的"死之",例(3)的"亡郑",也足以否定"内动词后名词、代词都是补语"的论点。

2)名词、代词作补语,其作用也相当复杂。本文虽只分为六种,其实是八种,因例(39)至例(49)是把三种合并为一种。

3)内动词、外动词、形容词和用作动词的名词,其后的名词、代词都有可能作补语。当然名词作补语的情况比代词多得多。

4)名词、代词作补语,在谓语和补语之间,一般可加介词"于"来解释。如例(4)的"虏晋"可解释为"虏于晋";例(13)的"河决北都商胡",可解释为"河决于北都商胡"。事实上同一个谓语补语,有的写作时已在补语前加上介词"于"了。如柳宗元《封建论》的"困平城",《李陵答苏武书》便已作"困于平城"。《新序·节士第七》的"至此",同则下文便已作"至于此"。有少数可加介词"以"来解释。如例(26)至例(31)各例。但不能认为这其间省略了介词"于"或"以"。因为这类不用介词的例子很多。当然介词结构可作补语,众所周知。但名词、代词不一定要借助介词组成介词结构才能作补语,因为有些名词、代词本身就可作补语。而且有的在行文上也不能加上介词。如例(1)的"死之",例(8)的"居之",就不能说"死于之""居于之"。古代汉语是没有这样说的。

5)古汉语中名词代词作补语,译为现代汉语,往往要将句子成分重新组合,在译文中把补语改为状语,否则便会闹笑话。在译文中,可把例(14)的"来此"译成"来这里",例(46)的"异人"译为"不同别人"。

这种例子是很少的,大部分都不能这样直译。例(49)的"多前",译为"多从前",不成话。加上介词,译为"多过从前",在某些方言(如广州方言)里虽然容许,但在普通话里,还是要译为"比从前多"。例(20)的"渔舟唱晚",译为"渔船歌唱傍晚",那就大错特错。译为"渔船唱歌在傍晚",也不自然。要译为"渔船在傍晚唱歌"。例(4)的"亡虢""虏晋",译为"逃亡虢国""俘虏晋国",与原意完全相反,要译为"从虢国逃亡""被晋国俘虏"。都是要把原文的补语,译时改为状语,才能译得准确和自然。

(原载《中山大学学报》1981年第4期,第100–104页)

印度尼西亚语的名词结构*

高华年

印度尼西亚语属马来－波利尼西亚语系。有些语言学家称它为澳斯特罗尼西亚语系，这一系语言分布的范围很广，从非洲东南海岸的马达加斯加岛，经印度尼西亚群岛和菲律宾，直到太平洋的广大地区。在太平洋星罗棋布的群岛上，分布着马来－波利尼西亚语系的几百种语言。这个语系含4个语族：印度尼西亚语族、波利尼西亚语族、美拉尼西亚语族和密克罗尼西亚语族。我国云南的佤瓦语、崩龙语和台湾的高山语也属于这个语系。说这一系语言的人数约有1亿7500万。

印尼语的名词构造有许多特点。本文特提出来讨论，以供读者在教学和研究上参考。目前我国语言学界懂得印尼语的还不多，为了读者阅读方便，文内例句均加国际音标注音。

印尼语的名词可以分为简单名词、复合名词和派生名词。此外，名词的性和数也有独特的表现。现在分述如下。

一、简单名词

（一）简单名词是由一个音节构成的

bah ［bah］洪水　　　　　gung ［guŋ］锣、锣声
jam ［dʒam］钟、表　　　tis ［tis］症疾、寒热病
hal ［hal］事情、案件

最早的印尼语原来以单音节词为主，也没有附加成份。后来语言的发展经过了各种的变化，如重叠原始的单音节词，或者在原始的单音节词上加上

---

* 本文作者1960年前后调查研究过印度尼西亚语，曾发表《印度尼西亚语的句子结构》一文（《中山大学学报》1961年第4期），本文是一篇存稿。发表前已将印尼文例改为改革后的拼写法，并请印尼东方语言中心主任徐敬能先生校阅。——编者按

前缀、中缀或后缀，才渐渐变成多音节词。现在单音节词已经不多了。

（二）简单名词是由两个或两个以上不成意义的音节构成的

现在印尼语中这种二音节的词最多。例如：

buah ［bu-ah］ 果实、水果　　itik ［i-tik］ 鸭子
bunga ［bu-ŋa］ 花、花纹　　hidung ［hi-duŋ］ 鼻子

二、复合名词

复合名词是由两个或两个以上的单词（根词）构成的。它是由各种词类组合而成的。

（一）由名词和名词组合而成的

1. 并列复合名词

由两个同义词、反义词并列而成的。又分几种情况。

1）重叠简单名词而成另一个意义的复合名词。例如：

mata ［ma-ta］ 眼睛　→　mata-mata ［ma-ta-ma-ta］ 特务
làngit ［la-ŋit］ 天空　→　langit-langit ［la-ŋit-la-ŋit］ 天花板；上颚
yang ［jaŋ］ 神　　→　yang-yang ［jaŋ-jaŋ］ 最高之神

2）由两个简单的反义词并列起来构成的复合名词。例如：

ibu bapàk 父母　　　　　suani isteri 夫妻
［i-bu］［ba-pak］　　　　［su-a-mi］［is-te-ri］
　母　　父　　　　　　　　丈夫　　妻子
kava miskin 贫富　　　　siang malam 日夜
［ka-ja］［mis-kin］　　　　［si-aŋ］［ma-lam］
　富　　贫　　　　　　　　日　　　夜

2. 主从复合名词

这种复合名词是由一个主要的词和一个从属的词组合而成的。它可以分为下列 11 种。

1）前一个词表示后一个词的属名。例如：

pohon durian 榴连树　　daun pisang 香蕉叶
[po-hon]　[du-ri-an]　　[da-un]　[pi-saŋ]
　树　　　榴连　　　　　叶子　　　香蕉
labu air 冬瓜　　　　　tahun kabisat 闰年
[la-bu]　[a-ir]　　　　[ta-hun]　[ka-bi-sat]
　瓜　　　水　　　　　　年　　　　闰

2）前一个词表示后一个词的形状。例如：

lidah api 火舌，火焰　　mata air 水源，泉眼
[li-dah]　[a-pi]　　　　[ma-ta]　[a-ir]
　舌　　　火　　　　　　洞眼　　　水

3）后一词为前一个词的本源。例如：

telur kayam 鸡蛋　　　air mata 眼泪
[tə-lur]　[a-jam]　　　[a-ir]　[ma-ta]
　蛋　　　鸡　　　　　　水　　　眼

4）后一个词表示前一个词的地位。例如：

kuku kaki 脚指甲　　　biji mata 眼球（引申为爱人，最亲爱的人）
[ku-ku]　[ka-ki]　　　[bi-dʒi]　[ma-ta]
　指甲　　脚　　　　　　核　　　眼
orang hutan 人猿、猩猩　babi hutan 野猪
[o-raŋ]　[hu-tan]　　　[ba-bi]　[hu-tan]
　人　　　森林　　　　　猪　　　森林

5）后一个词表示前一个词的功用。例如：

kamar tamu 客房　　　　　　rumah sakit 医院
[ka-mar]　[ta-mu]　　　　　[ru-mah]　[sa-kit]
　室　　　　客人　　　　　　　房子　　　病
kaca mata 照镜　　　　　　　meja makan 饭桌
[ka-tʃa]　[ma-ta]　　　　　　[mə-dʒa]　[ma-kan]
　玻璃　　　眼睛　　　　　　　桌子　　　饭

6）后一个词表示前一个词的性质。例如：

kapal induk 航空母舰　　　　surat kabar 报纸
[ka-pal]　[in-duk]　　　　　[surat]　[ka-bar]
　船　　　　母　　　　　　　　文件　　　新闻

7）后一个词表示前一个词的种类。例如：

juru bahasa 译员　　　　　　tukang kayu 木匠
[dʒu-ru]　[ba-ha-sa]　　　　[tu-kaŋ]　[ka-ju]
　内行　　　语言　　　　　　　工匠　　　木

以上可以说明，印尼语的复合名词一般是后一部分（后一单词）修饰或限制前一部分。但外来语借词的次序却相反。例如：

perdana menteri 总理、首相　　maha rakja 皇帝
[pər-da-na]　[mən-tə-ri]　　　[ma-ha]　[radʒa]
　第一的　　　部长　　　　　　　伟大的　　王
bumi putra 原住民
[bu-mi]　[pu-tra]
　土　　　孩子

三个复合名词的两个单词皆借自梵语。

8）两个意义相关的名词组合成一个复合名词，它的意义就是这两个词

的总合。例如：

air raksa 水银
[air] [rak-sa]
水　　汞

siang malam 日夜
[si-aŋ] [ma-lam]
白昼　　夜

9）前一部分为 anak "儿"，表示后一部分为细小的意义。例如：

anak air 小河
[a-nak] [air]
儿　　水

anak ayam 雏鸡
[a-nak] [a-jam]
儿　　鸡

anak duit 利息
[a-nak] [du-it]
儿　　钱

anak dacing 法码
[a-nak] [da-tʃiŋ]
儿　　天平

10）前一部分为名词 buah "果"，表示后一部分的物体为圆形的。例如：

buah① apel 苹果
[bu-ah] [a-pəl]
果　　苹果

buah catur 棋子
[bu-ah] [tʃa-tur]
果　　棋

11）前一部分为名词 orang，表示后一部分所指的为人。例如：

orang Melayu 马来人
[ɔ-raŋ] [mɔ-la-ju]
人　　马来

orang Inggris 英国人
[ɔ-raŋ] [iŋ-gə-ris]
人　　英国

（二）由名词和动词组合而成的复合名词

经常是后一部分动词表示前一部分名词的功用。例如：

---

① "苹果"和"榴连"不加"buah"也可以。

kertas ampelas 砂纸
[kər-tas]　[am-pəlas]
　纸　　　　擦

kapal terbang 飞机
[ka-pal]　[tər-baŋ]
　船　　　　飞

emas kawin 定亲礼金
[ə-mas]　[ka-win]
　金　　　婚嫁

lampu témpél 壁灯
[lam-pu]　[tɛm-pɛl]
　灯　　　　粘贴

（三）由名词和形容词组合而成的复合名词

1）后一个词表示前一个词的状态。例如：

emas padu 纯金
[ə-mas]　[pa-du]
　金　　　纯一的

arang padu 煤
[a-mas]　[pa-du]
　煤　　　纯一的

2）后一个词表示前一个词的种类。例如：

labu merah 南瓜
[la-bu]　[mə-rah]
　瓜　　　红

labu manis 甜瓜
[la-bu]　[ma-nis]
　瓜　　　甜

3）后一个词表示前一个词的功用。例如：

kursi malas 安乐椅
[kur-si]　[ma-las]
　椅子　　懒惰

4）前一个词表示后一个词的性质。例如：

panjang tangan 扒手
[pan-dʒaŋ]　[ta-ŋan]
　长　　　　手

panjang lidah 饶舌
[pan-dʒaŋ]　[li-dah]
　长　　　　舌

keras kepala 顽固
[kə-ras]　[kə-pa-la]
　硬　　　　头

besar hati 开心
[bə-sar]　[ha-ti]
　大的　　　心

kecil hati 气馁、沮丧、生气	manis mulut 甜言蜜语
[kə-tsil] [ha-ti]	[ma-nis] [mu-lut]
小的 心	甜 口

5）由两个意义不相关的形容词和名词组成另一个新的复合名词。例如：

daki dunia 钱财	nafsu dunia 欲望
[da-ki] [du-ni-a]	[naf-su] [du-ni-a]
肮脏 世界	情欲 世界

三、派生名词

印尼语有十分丰富的词缀和由词根加前缀、后缀或中缀构成的词。本文因为篇幅所限，只能简单举些例子来证明这些现象。

1. 词根加前缀 pe-、per-或 ke-构成另一个名词

lindung	保护 →	pelindung	保护人
[lin-duŋ]		[pə-lin-duŋ]	
tenun	纺织 →	penenun	纺织工人
[ta-nun]		[pə-nə-nun]	
kasih	爱恋 →	kekasih	爱人
[ka-sih]		[kə-ka-sih]	

2. 词根加后缀-an，加前后缀 pe…an、per…an 或 ke…an 构成的名词

manis	甜 →	manisan	甜品
[ma-nis]		[ma-ni-san]	
buah	水果 →	buah-buahan	水果类
[bu-ah]		[bu-ah] [bu-ah-an]	
labuh	停泊 →	pelabuhan	港口、埠头
[la-buh]		[pə-la-buh-an]	
api	火 →	perapian	火炉
[a-pi]		[pə-ra-pi-an]	

rakyat	人民 →	kerakyatan	人民性，人民的
[rak-jat]		[kə-rak-jat-an]	

3. 词根加中缀-el-、-em-、或-er-构成的名词

patuk	啄 →	pelatuk	啄木鸟
[pa-tuk]		[pa-la-tuk]	
tanggung	负责 →	temanggung	官职
[taŋ-guŋ]		[tə-map-guŋ]	
gigi	牙齿 →	gerigi	锯齿
[gi-gi]		[gə-ri-gi]	

四、名词的性

1. 在印尼语里，名词本身没有性的形态变化。但有些词既可以指阴性，又可以指阳性

例如：

adik（或缩写为 dik）	弟弟、妹妹	[a-dik]
kakak	姐姐、哥哥	[ka-kak]

印尼语借用梵语时，有些词是以词尾表示阴阳性的。如词尾-a 表示阳性，词尾-i 表示阴性。例如：

putra	王子	putri	公主
[pu-tra]		[pu-tri]	
déwa	神	déwi	女神
[dɛ-wa]		[dɛ-wi]	

梵语属印欧语系，所以名词的性别和单复数可以在词的本身表现出来。而印尼本语言要表示阴阳性，就要在名词后面加性别助词来表示。

2. 在人、动物名称的后面加表示性别的词，组成一个复合名词

1）laki-laki 或 lelaki 表示男人。

orang laki-laki 男人
［ɔ-raŋ］ ［la-ki］ ［la-ki］
人　　　男性

orang lelaki 男人
［ɔ-raŋ］ ［lə-laki］
人　　　男性

2）perempuan 表示女人。

orang perempuan 女人
［o-raŋ］ ［pə-rəm-pu-an］
人　　　女性

Melayu perempuan 马来女人
［mə-la-ju］ ［pə-rəm-pu-an］
马来人　　　女性

3）djantan① 表示动物阳性。

lembu jantan 公牛
［ləm-bu］ ［dʒan-tan］
牛　　　雄性

burung jantan 公马
［bu-ruŋ］ ［dʒan-tan］
马　　　雄性

4）betina 表示动物阴性。

anjing betina 母狗
［an-dʒiŋ］ ［bə-ti-na］
狗　　　雌性

ajam betina 母鸡
［a-jam］ ［bə-ti-na］
鸡　　　雌性

biang 也是指女性的，它的范围很广，可以指母兽、母鸟和母树等。例如：

anjing biang 母狗
［an-dʒiŋ］ ［bi-aŋ］
狗　　　母

pohon biang 母树（对小树而言）
［po-hon］ ［bi-aŋ］
树　　　母

五、名词的数

在印尼语中名词本身看不出单复数来，即名词的单复数不是由词形变化来变化的。印尼语表示多数的方式有下列几种。

---

① diantan 也可以表示人，如 anak djantan：男孩子、男子汉。

（一）由上下文的语气来表示

(1) Dikebun　　itu　　ada　　pohon　　dan　　bunga.
　　［di-kə-bun］［i-tu］［a-da］［po-hon］［dan］［bu-ŋa］
　　　在　　　花园　　那　　存在　　树　　和　　花
　　花园里有许多树和花。

(2) Raja　　tak　　adil　　ditentang　　orang.
　　［ra-dʒa］［tak］［a-dil］［di-tən-taŋ］［o-raŋ］
　　国王　　不　　公正　　被反对　　　人
　　不公正的国王被人们反对。

(3) Bawalah　　buah　　durian　　itu　　ke　　sini　　dua-dua.
　　［ba-wa-lah］［buah］［du-ri-an］［i-tu］［kə］［si-ni］［du-a］［du-a］
　　搬运　　　果　　榴梿　　那些　　到　　这里　　二　　二
　　把那些榴梿果两个两个地搬到这里来。

例（1）的"pohon"和"bunga"都是指复数，因为在花园里"树"和"花"当然是很多的，不止一棵树，一朵花。例（2）的"orang"也是指多数的，反对国王的老百姓不会是一个人。例（3）的"buah durian"两个两个地搬运，当然也是指复数的。再看下面两个例子：

(4) Bapakku　　mempunyai　　kuda.
　　［ba-pak-ku］［məm-pu-nja-i］［ku-da］
　　父亲我的　　所有　　　　　马
　　我父亲有马。（或：我父亲有许多马。）

(5) Disana　　ada　　orang.
　　［di］［sa-na］［a-da］［o-raŋ］
　　在　　彼处　　存在　　人
　　那里有人。（或：那里有许多人。）

例（4）的"kuda"、例（5）"orang"在这样的句子里可以指单数，也可以指复数。

(二) 用不定数词来表示名词的复数

1. banyak **很多、大量的**

  (6) Disekolah　　itu　　banyak　　murid.
    [di] [sə-ko-lah] [i-tu] [ba-nak] [mu-rid]
    在　　学校　　那个　　很多　　学生
    那间学校有很多学生。

2. semua **一切、所有**

  (7) Semua　　hulubalang　　yang　　berani　　tampillah　　kemuka.
    [sə-mu-a] [hu-lu-ba-laŋ] [jaŋ] [bə-ra-ni] [tam-pil-ah] [kə-mu-ka]
    所有　　将军　　的　　勇敢　　前进　　到前面
    所有勇敢的将军都到前面来吧。

3. beberapa **几个，少数的**

  (8) Berapa　　gadis　　berjalan　　ke　　sana.
    [bə-ra-pa] [ga-dis] [bər-dʒa-lan] [kə] [sa-na]
    几个　　女孩子　　走　　在　　那里
    有几个女孩子走到那边。

4. 用 para、kaum 放在人称名词前面表示复数
例如：

  (9) Selamat　　datang　　kepada　　para　　wartawan.
    [sə-la-mat] [da-taŋ] [kə-pa-da] [pa-ra] [war-ta-wan]
    欢迎　　到　　向　　们　　记者
    欢迎记者们。

(10) Di   negeri   ini   kaum   wanita   selalu   bekerja
　　 [di] [nə-gə-ri] [i-ni] [kaum] [wa-ni-ta] [sə-la-lu] [bə-kər-dʒa]
　　 在　　 国家　　 这　　 界　　 妇女　　 常常　　 工作
dirumah.
[di-ru-mah]
在家
在这个国家里妇女们常常在家里工作。

（三）用重叠式来表示名词的复数

1. 重叠名词表示复数

例如：

(11) Pelajar-peajar   berangkat   hari   ini.
　　 [pə-la-dʒar] [pə-la-dʒar] [bə-raŋ-kat] [ha-ri] [i-ni]
　　 学生　　　　 学生　　　　 出发　　　　 日　　　 这
学生们今天出发。

(12) Tuan-tuan   dan   nyonya   nyonya.
　　 [tuan] [tuan] [dan] [no-nja] [no-nja]
　　 先生　 先生　 和　　 女士　　 女士
先生们和女士们。

2. 重叠名词表示该名词种类繁多，而成为集体名词

例如：

anak-arak 儿童们（不同年龄的许多儿童）　　toko-toko 各种商店
[a-nak]　　[a-nak]　　　　　　　　　　　　[to-ko]　　[to-ko]
　小孩　　　小孩　　　　　　　　　　　　　　商店　　　商店
burung-burung 鸟类　　　　　　　　　　　　meja-meja 各种桌子
[bu-ruŋ]　　[bu-ruŋ]　　　　　　　　　　　[mə-dʒa]　 [mə-dʒa]
　鸟　　　　鸟　　　　　　　　　　　　　　　桌子　　　桌子

3. **重叠名词的第二个名词加后缀 an，表示该名词种类繁多，而成为集体名词**

例如：

  bungkus-bungkusan 各种包裹 buah-buahan 果类
  [buŋ-kus] [buŋ-kus-an] [bu-ah] [bu-ah-an]
   包裹   包裹   水果 水果
  obat-obatan 药品   pohon-pohonan 各种树林；树丛
  [ɔ-bat] [ɔ-bat-an]   [pɔ-hɔn-pɔ-hɔn-an]
   药   药   树

4. **重叠名词后面的形容词，表示该名词的复数**

例如：

  anak kecil-kecil 许多小孩子 pakaian bagus-bagus 许多美丽的衣服
  [a-nak] [kə-tʃil] [kə-tʃil] [pa-kai-an] [ba-gus] [ba-gus]
   孩子 小   小   衣服   美丽 美丽
  orang besar-besar 许多身体魁伟的人 binatang besar-besar 各种巨大的动物
  [o-raŋ] [bə-sar] [bə-sar] [bi-na-taŋ] [bə-sar] [bə-sar]
   人   大   大   动物   大   大

但在下列情况下，不能以重叠名词表示复数。

5. **该名词已有数词表明复数的，不能重叠**

例如：

  lima orang anak   五个小孩（anak 不能再重叠）
  [li-ma] [o-raŋ] [a-nak]
   五   个   小孩
  dua buah buku   两本书（buku 不能再重叠）
  [du-a] [bu-ah] [bu-ku]
   两   册   书

6. **抽象名词不能重叠**

例如：

nasib　　　命运（不能重叠为 nasib-nasib）
[na-sib]
pikiran　　思想（不能重叠为 pikiran-pikiran）
[pi-kir-an]

7. 物质名词如不能计数的，不能重叠
例如：

garam　　　盐（不能重叠为 garam-garam）
[ga-ram]
beras　　　米（不能重叠为 beras-beras）
[bo-ras]

但可以计数的物质名词仍然可以重叠。例如：meja-meja "各种桌子"。（参看上文）

8. 名词重叠后表示另一意义，该名词不能再重叠
例如：

buluh　　　竹　　　buluh-buluh　　　管子
[bu-luh]
kuda　　　马　　　kuda-kuda　　　　支架；马步架势
[ku-da]

9. 代表人体中某部分的名词，原来就是复数的，不必再重叠
例如：

rambut　　头发　　tangan　　　手
[ram-but]　　　　　[ta-ŋan]

印尼语是在马来语的基础上发展而形成的。马来语有许多外来词，因此印尼语的词汇中也含有许多外来词。名词也不例外。这是研究印尼语应该注意的。

（原载《暨南大学华文学院学报》2001 年第 1 期）

广州方言语法的几个特点*

黄伯荣

广州话是汉语五大方言之一,这里所谓特点,是拿它和北方话相比较,就其不同的地方提出来讨论。

(一) 宾语位置的不同

凡是有两个宾语的句子,在语法上,一般把指事物的叫作直接宾语,把指人或有生命的东西的叫间接宾语。北方话一般是把直接宾语紧接在间接宾语的后面,但广州话刚刚相反,它的直接宾语却可以紧接在间接宾语的前面,例如:

他给我五本书。(北方话)
佢畀五本书我。(广州话)

北方话虽然也有把直接宾语放在间接宾语的前面的,例如:"他送五本书给我。"但两宾语之间必定要插进一个副动词,成了"……送……给……"的另一形式,少了"给"字就不成话,这显然和广州话不同了。

(二) 某些副词位置的不同

1) 广州人说话最喜欢把副词放在所修饰的动词的后面,有些用法是北方人所不习惯,甚至认为不通的,例如:

(1) 张三来嘅时候,我食紧饭。(张三来的时候,我正在食饭。)
(2) 佢冲紧凉,请你等吓啦。(他正在洗澡,请你等一等吧。)
(3) 时间晏过头,去亦有用。(时间太晚,去也没有用处。)

---

* 广州话是粤语(广府话)中的一种,粤语分布于广东省中、西、南三部及广西省东南部,共占约一百县的地区。粤语内又可分四种土话,这里讨论的是广州市及其邻近县份所用的一种方言。

(4) 我买多咗两本书，送一本你。（我多买了两本书，送一本给你。）

上面五个例子中的副词，在北方话都是应该放在述语前头的，尤其是例（4），在北方话一定要把副词"多"字放在动词的前面。

2）广州话里的副词不但可以常常紧接在动词后面，有些还可以放在和动词隔得很远的地方，例如：

(5) 我同你去先，佢一阵正去。（我跟你先去，他等一下才去。）
(6) 等一阵我就来，我去食饭先。（等会儿我就来，我先去吃饭。）
(7) 等一阵添，佢就来啦。（再等一下，他就来了。）

例（5）是把副词放在不及物动词的后面；例（6）是把副词放在宾语的后面；例（7）所用的"添"字有"再""又"的意思，它常常被放在句末。这种用法是很特别的。

3）广州话的否定词"不"字的用法，也和北方话不一样。广州话的"唔"字相当于北方话的"不"字。"唔"字虽然可以放在一切述语之前表示否定作用，例如"我唔打你""你唔好""唔系你"等，但和表示可能性的副词"得"字同用时，就和北方话有点不同了。北方话是把否定词放在动词和"得"字的中间，广州话却可以把否定词摆在前面，例如：

(8) 连一个字都唔不记得。（连一个字也记不得。）
(9) 佢唔舍得你。（他舍不得你。）
(10) 我唔食得嚛咁多菜。（我吃不了这么多菜。）
(11) 咁样做法唔对得你住㗎！（这样做对不起你啦。）

例（8）、例（9）广州话绝不能把否定词夹在中间，例（10）、例（11）虽然可以说成"食唔嚛"和"对唔住"，但加上"得"字，词序就不同了。

（三）比较式的不同

拿两件事物或动作来比较，少不了一个形容词作衡度的标准。北方话常把形容词放在相比两物的后面，把"比"字放在两物的中间；广州话可以不要"比"字，而将形容词夹在相比两物的中间，形容词下面再加上一个

"过"字，表示超过的意思，例如：

(12) 鸡肉好食过猪肉。（鸡肉比猪肉好吃。）
(13) 象大过牛。牛细过象。（象比牛大。牛比象小。）
(14) 我走得快过你。（我走得比你快。）

（四）名词没有表示复数的词尾

广州话代名词复数的词尾有一个"哋"字和北方话的"们"字相同。北方话复数人称代名词都可以加"们"字，但广州话就不能这样。例如"我们""你们""他们"，广州话可以说成"我哋""你哋""佢哋"；但是"同志们""孩子们""妇女们"就不能说成"同志哋""孩子哋""妇女哋"。

（五）某些动词位置的不同

广州话动词在句中的位置，大致和北方话相同，只有个别用法不一样。例如：北方话"我跟你看戏去"，广州话就不能这样说，应该把动词夹在"看戏"之前，因为"去"的动作在"看戏"之前，这种排列方法很合汉语一般规律。再看下面的例子，可以更清楚了。

(15) 我去上海。（我到上海去。）
(16) 你去边度？（你上哪儿去？）
(17) 我来呢度。（我到这儿来。）

（六）造词的不同

广州话有好些造词法和北方话不同的，最显著的是带有性属的名词，它把表示性属的词放在普通名词的后面，这点刚和北方话相反。除了人以外一切动物的阳性都可加一"公"字，阴性的加一"乸"字。还有加"女""项"等字在名词后面表示未生殖的雌性，这只限于鸡、猪等家畜才可以。此外还及于没有性属的植物、无生物，例如：

(18) 木瓜公（不能结果的木瓜树）　木瓜乸（能结果的木瓜树）
(19) 衫扣公（纽扣突出的一个）　衫扣乸（纽扣中有洞或凹陷的一个）

除了表示性属的语词外，普通语词也有倒过来的，例如：

人客（客人）　去归（归去）　紧要（要紧）
欢喜（喜欢）　齐整（整齐）　挤拥（拥挤）

广州话语法的特点还有很多，这里不过举几条显著例子罢了。研究中国语法已成为今天研究祖国语文中的重要工作，研究方言大众语的语法也是同等重要的。本文只是提供给同志们研究资料的一部分。

（原载《方言与普通话集刊》第一本，文字改革出版社1958年版，第58-60页）

"很多"与"很少"

张维耿

曾听到一个外国学生这样用汉语表述:"我来到中国有很多机会说汉语。但是,我在德国有很少机会说汉语,所以汉语说得不好。"前一句"有很多机会说汉语"表述完全正确;可后一句"有很少机会说汉语",不符合汉语的表达习惯,得说成"很少有机会说汉语"。"很多"与"很少"属于反义同构的偏正词组,为什么"有很多机会说汉语"可以说,却不能说"有很少机会说汉语",它们在语义和功能上究竟有些什么异同,这引起了我们的研究兴趣。

1989年第1期《汉语学习》刊登了朱德熙先生的文章《很久、很长、很多》。文中指出,"很多"的语法功能等同于数量词,能直接修饰名词(很多房子),或者放在主宾语位置上指代名词(很多是坏的/扔了很多),功能也正好跟数量词相当。朱先生的《语法讲义》中也指出:"很多"可以作谓语(人很多),能直接作定语(很多人),还可以充当体宾动词的宾语(看过很多)。他从充当体宾动词的宾语这项说明,"很多"带有体词性。至于"很少",朱先生说:要注意的是"很少"不带体词性,与"很多"不同。但是他又说,"很少"可以直接作定语(很少人知道),这一点与"很多"相同。① 由上可见,朱德熙先生是把"很少"的功能看作相当于数量词的,而数量词属于体词,"除了做主语、宾语和定语之外,也能做谓语"。② 所以"很多"带有体词性,同时又有谓词性;"很少"与"很多"不同,它不带体词性,但它可以直接作定语,与"很多"又是相同的。为什么会这样,朱先生没有作进一步说明。

那么,"很少"与"很多"的差异是否仅仅表现在它不带体词性上面呢?先让我们观察和分析一下"很多"与"很少"在口语和书面语中的各种不同情况下的用例。

---

① 参见朱德熙《语法讲义》,商务印书馆1982年版,第75页。
② 参见朱德熙《语法讲义》,商务印书馆1982年版,第52页。

一

先看看作主语和宾语的例句：

(1) 我买了十斤鸭梨，很多是坏的。
　　我买了十斤鸭梨，很少是坏的。
(2) 这筐苹果很少坏的。
　　这筐苹果很多坏的。
(3) 这种人我见过很多。
(4) 我们谈了很多……
(5) 如果认识到我们对于生活在我们四周的许多生物的相互关系还有很多不了解的，那么，关于物种或变种的起源问题，我们即使有很多地方不能解释，也就不足为奇了。

例（1）的"很多/很少"指代名词"鸭梨"，作主语。例（2）是主谓谓语句，"很多/很少"指代名词"苹果"，在主谓结构中作主语。例（3）的"很多"指代"这种人"，作宾语。在同一位置上，"很多"不能换用"很少"，不说"这种人我见过很少"，宜说"这种人我见过一两个"，或"这种人我很少见过"。例（4）的"很多"也是宾语，指代的事物是不言而喻的。这句话的"很多"也不能用"很少"替换，往少的方面说可说成"我们谈了几句"。例（5）"有很多不了解"是由动词"有"组成的连谓结构，联系下文的"很多地方"，可知"很多"指代名词"地方"，作"有"的宾语。

以上各例的"很多"和"很少"分别指代名词，其所指代的事物通常在前面出现过。它们在句中充当主语或宾语，把它看作相当于数量词是不成问题的。后三例"很多"充当体宾动词的宾语，"很少"不能。凭这一点说"很多"带有体词性是对的，但认定"很少"不带体词性，便不够全面。因为前两例的"很少"，与"很多"语义对应，表示事物的数量，并处在主语位置上，是没有理由不承认它的体词性的。

再看看作名词修饰语的例子：

(6) 这地方很多人来过。
　　这地方很少人来过。

（7）广场上很多人。

广场上很少人。

（8）他们首先有了很多知识，而又承认自己知识不够……（吴晗《说谦虚》）

（9）古城周围有很多古墓……（翦伯赞《内蒙访古》）

（10）在这里的墓葬中，发现了很多古物……（翦伯赞《内蒙访古》）

（11）只见"金皇后"的槽跟前围了很多人。（马烽《饲养员赵大叔》）

例（6）是主谓谓语句，"很多/很少"作定语，修饰主谓结构的主语"人"。例（7）的"很多人/很少人"是体词性谓语，"很多/很少"修饰名词"人"。例（8）的"有"表示具有，"很多"修饰宾语"知识"。"有很多知识"的反义不说"有很少知识"，得用相当的说法"有一点知识"，或"没有多少知识"。例（9）的"有"表示存在，"很多"修饰宾语"古墓"。"有很少古墓"的说法也不能成立，宜说"有一两座古墓"，或"没有多少古墓"，也可以说"很少有古墓"。例（10）的"很多"修饰受事宾语"古物"，在同一位置上，"很多"不能换用"很少"，不说"发现了很少古物"。例（11）的"很多"修饰施事宾语"人"，"围了很少人"不能说，得说"围了几个人"。

可以看出，"很多"和"很少"都能作主语修饰语和体词谓语中的修饰语，但"很多"还可以充当宾语的修饰语，"很少"不能。文章开头提到"有很少机会说汉语"之所以表述不正确，其原因正在这里。"很多"和"很少"修饰名词，后面可以不带"的"，这一点与数量词是相似的，如"三个人"不说"三个的人"。因此，作定语的"很多/很少"，可以看作数量词。作宾语修饰语的"很多"，其相同位置上替换为反义的"一点""几个""一两座"之类，也说明"很多"相当于数量词。相当于数量词的"很多/很少"自然是带有体词性。

为了说明的方便，我们把带体词性的"很多/很少"写作"很多1""很少1"。

二

"很多"和"很少"还可以作谓语和补语，看下面的用例：

(12)……读他的书的人虽然很多，但是能够说出他的大节的人却很少。（吴晗《爱国学者顾炎武》）

(13) 雨水很多很暴……（孙犁《山地回忆》）

(14) 大家都知道的事情说得很多，以为只有自己知道别人不知道。

别人不知道的事情说得很少，以为自己知道别人也应该知道。

（何其芳《谈修改文章》）

例（12）的"很多"与"很少"互相对举，在句中都处在谓语的位置上。例（13）"很多"与"很暴"组成联合结构，一起作句子的谓语。例（14）"很多"与"很少"也是互相对举，分别作前后两个句子的补语。

由助词"得"引导的补语"很多"和"很少"不能看作数量词，因为数量词不具备这一语法功能，如"说了两次"可以说，但不能说"说得两次"。"说得很多""说得很少"是从"说得多""说得少"扩展而来的，说明是表示状态的述补结构，"很多""很少"是状态补语。① 状态补语多由形容词充任，因而作补语的"很多""很少"具有形容词性。

作谓语的"很多"和"很少"未尝不可以看作数量词，因为数量词也可以作谓语，如"他十五岁"。不过作数量词的"很多""很少"中的"多""少"不能单用，如"很多坏的"不能说"多坏的"，"见过很多"不能说"见过多"，"很少人"不能说"少人"，而作谓语的"很多""很少"，去掉"很"仍然站得住，如"集市上人很多"，也可以说"集市上人多"。这说明作谓语的"很多/很少"具有形容词性。从例（13）"雨水很多很暴"的谓语组成部分来看，"很暴"是形容性的，与"很暴"并列的"很多"，没理由看作数量词。

作补语和谓语的"很多/很少"具有形容词性，它不是单纯表示事物某一方面的属性，而是对事物的量的概念的一种主观估价，带有明显的描写性，属于状态形容词一类。带有形容词性的"很多/很少"，可归入谓词性这一大类，分别写作"很多2"和"很少2"。

三

"很少"还可以作状语，"很多"不能。看下面的例句：

---

① 参见朱德熙《语法讲义》，商务印书馆1982年版，第133页。

(15) 她十五六岁了，除了老板之外，大概很少有人知道她的姓名。（夏衍《包身工》）

(16) （爱农）不大喝酒了，也很少有工夫谈闲天。（鲁迅《范爱农》）

(17) 这几个月来，我除了吃饭睡觉，很少在家里待。（马烽《韩梅梅》）

(18) 她平日并不大关心报纸，又很少学习关于中国革命实际问题的文章。（杨沫《青春之歌》）

(19) 自从她搬到前堡子以后，也很少到这里来串……（束为《租佃之间》）

例（15）"很少有人知道她的姓名"是由动词"有"组成的兼语词组，其反义不说"很多有人知道她的姓名"，宜说"有很多人知道她的姓名"。例（16）"很少有工夫谈闲天"是由动词"有"组成的连谓词组，其反义说法为"有很多工夫谈闲天"，或"常常有工夫谈闲天"。例（17）"很少在家里待"，其反义说法不用"很多在家里待"，而说"时常在家里待"。例（18）的"很少学习"，其反义说法不是"很多学习"，而是"经常学习"。例（19）"很少到这里来串"是连谓结构，反义说法为"经常到这里来串"。

可见处在状语位置的"很少"，其反义词语不是"很多"，而是"常常""时常""经常"一类副词。这说明处于状语位置的"很少"表示动作、行为出现的频率，属于副词性的词语，可以写作"很少3"。

总起来看，"很多"和"很少"这两个词语，其语法功能的异同可比较如下：

语法功能	作主语	作宾语	作主语修饰语	作宾语修饰语	作谓语	作补语	作状语
很多	+	+	+	+	+	+	
很少	+		+		+	+	+

从上表的比较中可以看出：①体词性的"很多1""很少1"表示数量，语义互相对应，语法分布部分对应："很多"可以作主语、宾语和定语；"很少"可以作主语和主语修饰语，不能作宾语修饰语。②谓词性的"很多2""很少2"表示状态，语义互相对应，语法分布亦完全对应，在句中作谓语和补语。③副词性的"很少3"表示频率，在语义上和语法分布上都与"很

多"不对应,作句子的状语。

由此可见,"很多"带体词性,但当它作谓语和补语时,又带谓词性。"很少"可以作状语、谓语和补语,在这种情况下它不带体词性;当它作主语和定语时,又带体词性。因此,认为"很少"不带体词性,看来是不够全面的。根据语义和语法功能的不同,把"很多"区分为相当于数量词的"很多1",相当于形容词的"很多2",把"很少"区分为相当于数量词的"很少1",相当于形容词的"很少2",可能是比较符合语言实际状况的。

(原载《汉语学习》1993年第6期,第12-14页)

谈谈汉语几种句式的转换

傅雨贤

一

这里所指的句式转换,是指句式之间的同义转换。两种或几种句式,转换后不同义,不属于我们讨论的范围。如:

客人来了。——来了客人。

前句的"客人"是定指的,后句的"客人"是不确定的。二者句义不同,不算作同义转换。

在汉语里,同义句的存在以及同义句之间的相互转换,是有深厚的语义基础的。同一种语义内容有时可以用几种不同结构格式的句子来表现,不同结构格式的句子有时可以表达出相同的语义内容。

这里所说的同义,只是句义相同,并非完全相等。句义相同,而强调点、说明点或色彩等有所不同,就形成了同义句。如果连强调点、说明点、色彩等都完全相同,那就成了等义句。句义相同,而强调点、说明点或色彩等有所不同,才使同义句的存在成为必要。例如:

(1) a. 我们讨论过了这个案件。
 b. 这个案件,我们讨论过了。
(2) a. 一条板凳坐四个人。
 b. 四个人坐一条板凳。

(1b) 跟 (1a) 同义,可是 (1b) 的强调点在"这个案件"。(2b) 跟 (2a) 也同义,但 (2a) 的说明点是"一条板凳"怎么样,(2b) 的说明点是"四个人"怎么样,二者的话题不相同。

一般说来，构成同义句有下列四个原则：①成分词（实词）相同；②非成分词（即表示语法关系的虚词）可以有所增、减；③成分词的排列次序有所不同；④能互相转换，转换后意思相同，但效果不完全一致。成分词相同，即句义的组成成分相同，这是构成同义句的先决条件，是基础；非成分词有所增减和成分词的排列次序有所变动，这是造成不同句子格式的语法手段，只有利用表示不同语法意义的虚词和词序的变换，才能造成不同结构格式的同义句；句式转换后意思相同，而强调点、说明点、色彩等表达效果又有所不同，这是构成同义句的终点。上述四点是互相联系在一起的。请看例句：

（3）a. 我们一定要修好淮河。　　（5）a. 我明白这个道理。
　　　b. 我们一定要把淮河修好。　　　b. 这个道理，我明白。
（4）a. 有辆车在马路上。　　　　（6）a. 我不喝酒了。
　　　b. 马路上有辆车。　　　　　　　b. 酒，我不喝了。

a 式与 b 式是同义句。例（3b）用介词"把"提前宾语，强调对宾语"淮河"的处置。例（4b）"马路上"提至首句，并删去了介词"在"，改变了句子的话题，说明"马路上"怎么样。例（5b）例（6b）把宾语提至句首，改变了话题。这些例句都符合上述四个原则。

二

汉语句式转换的类型是多种多样的，可以从两大方面去分析、归纳。

首先，从句子平面的成分层次上看，可以分为两类：同级转换和异级转换。同级转换就是主干成分与主干成分之间的转换或附加成分与附加成分之间的转换，又可称为对转；异级转换是主干成分与附加成分之间的转换，又可称为旁转。

同级转换的例子如下：

（7）我是李亚清——李亚清是我
（8）一床被子盖两个人——两个人盖一床被子
（9）一件衣服十二元——十二元一件衣服
（10）一斤等于十两——十两等于一斤
（11）二加二等于四——四等于二加二

（12）韭菜拌豆腐——豆腐拌韭菜

（13）天连水——水连天

（14）她睡在床上——她在床上睡

（15）火车往北京开——火车开往北京

（16）他生于一九三〇年——他于一九三〇年生

（17）他高兴极了——他极为高兴

例（7）至例（13）是主干成分与主干成分即主语与宾语的相互转换。具体分析起来，例（7）左右两句指称的人称相同，例（8）左右两句说明的容量相同，例（9）左右两句说明的价值相同，例（10）左右两句指称的数量相同，例（11）左右两句计算的数量相同，例（12）左右两句包含的内容相同，例（13）左右两句描绘的景象相同。例（14）—（17）是附加成分与附加成分即状语与补语之间的相互转换。具体说来，例（14）左右两句说明动作的处所相同，例（15）左右两句说明动作的方向相同，例（16）左右两句说明行为的时间相同，例（17）左右两句说明的动作情态相同。

异级转换的例子如下：

（18）我们讨论过这个文件的内容。——关于这个文件的内容，我们讨论过。

（19）张伯十分赞成你的婚事。——对于你的婚事，张伯十分赞成。

（20）他煮焦了饭。——他把饭煮焦了。

（21）我送给他这两本书。——我把这两本书送给他。

（22）狂风吹开了大门。——大门被狂风吹开了。

（23）墙上挂着水彩画。——水彩画挂在墙上。

（24）他身体很好。——他的身体很好。

（25）他不敢说一句话。——他连一句话也不敢说。

（26）我给他买件衣服。——我买件衣服给他。

这些例句左右两边转换后，原意未变，但句子的格式即成分安排变了，主干成分（主语或宾语）利用虚词或词序移动了位置，而转化成了附加成分（状语、补语或者定语）。

其次，从转换形式对当关系的多少来看，又可以分为两类：单式转换和多式转换。单式转换是一对一的形式转换；多式转换是一对多，即有两种或两种以上的形式转换。

先看单式转换的例子：

(27) 他就是韩驼子——韩驼子就是他
(28) 二乘四等于八——八等于二乘四
(29) 四个人同坐一条板凳——一条板凳同坐四个人
(30) 土豆炒牛肉——牛肉炒土豆
(31) 他住在学校——他在学校住
(32) 飞机飞往上海——飞机往上海飞
(33) 她心里很高兴——她心里高兴得很

为什么这些例句只能具有单式转换，而不可能具有多式转换呢？因为例（27）是由"是"组成的判断句，不可能转换为"把"字句或"被"字句。例（28）、例（29）都是说明数量或容量的句子，内容决定了它们只能具有一种转换形式。例（30）—（33）也是谓语动词的性质决定了它们不可能再转换为"把"字句、"被"字句或别的句式。

再看多式转换的例子：

(34) 小叶非常熟悉张主任。——张主任，小叶非常熟悉。——小叶对张主任非常熟悉。
(35) 他搞得我很烦恼。——他把我搞得很烦恼。——我被他搞得很烦恼。
(36) 他把这个问题说得很含糊。——他对这个问题说得很含糊。——这个问题他说得很含糊。
(37) 郭师傅炒好了鱼片。——鱼片，郭师傅炒好了。——郭师傅把鱼片炒好了。——鱼片被郭师傅炒好了。
(38) 玉芳找到了原版本。——原版本，玉芳找到了。——玉芳把原版本找到了。——原版本被玉芳找到了。
(39) 我送给了他两个大苹果。——两个大苹果，我送给了他。——我把两个大苹果送给了他。——我送了两个大苹果给他。
(40) 我告诉你这个好消息。——我把这个好消息告诉你。——我告诉这个好消息给你。——这个好消息我告诉你。

同义转换的原理对于研究汉语的句式和指导语言实践都有重要意义。
首先，可以用来区别狭义同构的格式。例如：

(41) a. 他洗白了蚊帐。　　　(43) a. 他喝完了这些酒。
    b. 他洗惯了蚊帐。　　　　　b. 他喝怕了这些酒。
(42) a. 他洗破了衣服。
    b. 他洗怕了衣服。

例（41a）、例（41b）两句都是"名+动+形+了+名"，按成分分析都是"主语+谓语+补语+了+宾语"。从表层上看，没有什么差异。但是如果用句式转换的方法检验，就可以把它们区别为两种不同的类型，如 a 式可以转换为"把"字式或"被"字式："他把蚊帐洗白了。""蚊帐被他洗白了。"但是 b 式不能这样转换。例（42）、例（43）的 a、b 式每一句都是"名+动+动+了+名"，按成分分析都是"主语+谓语+补语+了+宾语"，每一句的词性和词序也是一样的。同样，如果利用转换方法，a 式可以转换为"把"字式和"被"字式，b 式则不能。我们把其中可以转换的 a 式记为 S_1，不能转换的 b 式记为 S_2。S_1 谓语动词后边的补语（形容词或动词），都是跟后边的宾语发生意义上的联系，补充说明宾语，跟主语没有直接关系。如例（42a）"他洗破了衣服 = 他洗衣服 + 衣服破了"。余类此。S_2 谓语动词后边的补语（形容词或动词），都是跟前边的主语发生意义上的联系，补充说明主语，跟宾语不发生直接关系。如例（42b）"他洗怕了衣服 = 他洗衣服 + 他（洗）怕了"。余类此。可见，从深层意义上看，它们实际上是有区别的两小类。

这种区别，除了谓语动词后的补语跟谁发生关系这一点是起决定性作用的之外，还应当考虑别的条件。如果前面的主语是非生物，就不能产生 S_2 的结构。例如"石头压碎了玻璃""北风吹开了木门""木板压扁了青蛙"等等，都只能是 S_1。如果主语是人，宾语又是属于生物的东西，有些句子属于 S_1，有些句子属于 S_2；有些句子既可以理解为 S_1，又可以理解为 S_2。这主要取决于补语的性质。例如："猎人打怕了老虎"，既可以是 S_1，说老虎被打怕了，又可以是 S_2，说猎人怕了。

其次，句式转换的方法还可以用来区别歧义句。大家知道，汉语有一些语言片断或句子，含有歧义，即一个语言片断或句子可作两种或两种以上理解。例如：

（44）说服小王的老师	（49）保护小陈的奶奶
（45）咒骂小赵的妈妈	（50）贬低小严的班长
（46）责备小张的姐姐	（51）表扬袁芳的老师
（47）欺负小明的哥哥	（52）吹捧杨健的同学
（48）关心小刘的叔叔	（53）痛斥老王的嫂嫂

这些例句既可以理解为 a 式——动宾关系（V∣N_1＋的＋N_2），又可以理解为 b 式——偏正关系（V＋N_1＋的∣N_2）。这就是说，同一个表层结构能表现出两种不同的深层结构。在没有上下文或语境可以资借的情况下，我们可以通过句式的转换来辨别它是属于 a 式或 b 式。凡是属于 a 式的，都可以利用介词"被"而转换为"某某被怎样"，如例（44）可以转换为"小王的老师被说服"；凡是属于 b 式的，则不能作这种形式的同义转换。

必须指出的是，例（44）—例（53）之所以会产生歧义，关键在于前面那个动词，从意念上看它要可以自然地支配、涉及后边的第一个名词（或代词）和第二个名词。同时，第二个名词的性质也很重要。它必须具有发出第一个动词所表示的动作行为的能力，否则，就不可能转换为主语，而成为像"老师说服小王"这样的句式。此外，从上举各例来看，第二个名词都是属于人物一类的，才有可能造成这种歧义句。如例（44）的"老师"换成"小猫"或"桌子"，就不可能构成这种歧义句了。再如：

（54）他死了父亲才来。　　（55）老王死了孩子才走。

例（54）既可以理解为 a 式：他在父亲死了之后才来；也可以理解为 b 式：他死了之后他的父亲才来。例（55）既可以理解为 a 式：老王在孩子死了之后才走；也可以理解为 b 式：等老王死了之后他的孩子才走。像这样的句子也可以通过句式转换来辨别它属于哪一种结构关系。如果属于 a 式，可以转换为："父亲死了他才来""孩子死了老王才走"；如果属于 b 式，就不能这样转换。

最后还必须指出的是，研究同义转变，寻找出句式转换的规律和条件，还有利于人们熟练掌握各种不同的句式，有利于人们选择最恰当的句式来表达自己的思想感情，提高语言的表达效果，这在修辞上很有价值。如"我们消灭了那伙最凶恶的敌人"这个句子，如果要强调对宾语"敌人"的处置，就可以把它转换成"把"字句："我们把那伙最凶恶的敌人消灭了"。如果要强调宾语"敌人",并把它作为话题,那末就可以转换为"被"字句或主谓谓语句:"那伙最凶恶的敌人被我们消灭了""那伙最凶恶的敌人,我们消灭了"。

　　句子或语言片断的存在不是孤立的,什么时候该选用哪一种句式,往往要根据前后文句的结构特点或语境,这样才能使整个复句或句群协调起来,达到语言通畅、和谐的目的。请看下面例句:

　　(56)对于一小撮严重的经济犯罪分子,必须坚决打击①,决不能心慈手软②,姑息养奸③,但也要给他们以出路④。

　　(57)做宣传工作的人,对于自己的宣传对象没有调查①,没有研究②,没有分析③,乱讲一顿④,这是万万不行的⑤。

　　例(56)是由四个分句组成的复句,第一个分句"打击"的宾语是"一小撮严重的经济犯罪分子",第二、三、四分句的谓语也跟这个宾语有关系。为了突出这个宾语,用介词"对于"把它提置句首,不但显得目标明显,而且使二、三、四句的句式整齐、协调。如果把这个宾语放在第一句谓语动词之后,说成"必须坚决打击一小撮严重的经济犯罪分子,决不能心慈手软、姑息养奸,但也要给他们以出路。"就显得目标不够突出,文字也没有原文那么流利、协调。例(57)是由五个分句构成的复句(也有人把前四个分句看成是"这"的复指成分),第一、二、三个分句有一个共同的宾语"自己的宣传对象",如果每个谓语动词后边都出现这一宾语,就显得文字很啰唆。作者利用介词"对于"把它提到第一个谓语动词的前边,不但突出了这个宾语,而且使一、二、三句句式整齐、匀称、协调,大大提高了文章的表达效果。

　　(原载《语法研究和探索2》,北京大学出版社1984年,第109-116页)

粤语源流考

叶国泉　罗康宁

广东之所以简称为"粤",是因为在古代曾是"百粤之地"。笔者认为,"百粤"是个音译词,又可写作"百越"。

"百粤"只不过是古代岭南土著的自称。今天的壮族自称 Bouxdoj(布壮),对汉人,他们称之为 Bouxgun(布官,即官族)。Boux(布)与"百"读音相近,古人译作"百"是可能的。除壮以外,傣族、布依族也有类似的说法,如"布依",其读音也跟"百粤"相近。因此,"百粤"本来就不是一个汉语的语词。其意思相当于汉人所说的"粤族",或者"粤人"。

那末,粤语是粤人的语言么?或者说,粤语是从古百粤语演变而成的么?答案都是否定的。因为在古代,那些古粤人的各部落是各自独立,互不统属的,在生产极端落后的条件下,他们不可能形成一个统一的部族,也不可能形成一种统一的"古百粤语"。有一些学者举出今天粤语与壮语中一些相互通用的口语词,如"垯"(壮语 dieg,地方)"恁"(壮语 naemj,思考),"擞"(壮语 sai,浪费),认为这说明两种语言的"母体""曾经发生过相互混合的阶段,然后才各沿着不同的道路继续发展。由此证实粤语的形成跟古越语(准确地说是跟'古百越语')本来就有着十分重要的关系"①。这种推断似乎难以成理,因为这种相互通用的词语数量并不多。而且多半可以从古汉语中找出它们的来历(例如"恁"、"擞",在《集韵》中便可找到②)。何况,使用这类口语词的并不仅是粤语和壮语,连客家话里也有。但谁也没有认为客家话形成跟古百粤语有什么重要关系。在今天的粤语中,我们倒是可以找到不少英语词,但是,是否能据此而认定粤语与英语有什么渊源呢?当然不行。萨丕尔指出:"语言象文化一样,很少自给自足。"③ 粤语在发展过程中,不可避免地会从其他方言和语言中吸收一些因素,但这决不能作为它来源的依据。粤语虽然以"粤"命名,却跟古"百粤"的语言没有亲缘关

---

① 李敬忠:《粤语是汉语族群中的独立语言》,载《学术论坛》1990 年第 1 期。
② 参见白宛如《广州话本字考》,香港中文大学出版社 1995 年版。
③ 萨丕尔:《语言论》。

系，它不是古粤地的土产，而是汉族移民从中原地区带进来的。

一、粤语形成于西江中部

粤语到底怎样形成的呢？从汉人大规模入粤最早的历史来考察，粤语形成于西江中部。

据史籍记载和考古发现，大约从西周时代开始，岭南粤人与中原汉人就有来往。不过，由于有五岭之隔，这种来往极为有限，到了秦始皇二十五年（公元前222年），他曾派兵南征百粤，但究竟打到哪里，史无记载。至二十九年（公元前218年），西瓯（西江一带）粤人反秦，屠睢奉率五十万（存疑）大军征讨，兵分五路："一军塞镡城之岭，一军守九疑之塞，一军处番禺之郡。一军守南野之界，一军结余干之水。……又以卒凿渠而通粮道，以与越人战。"① 这里所记的"镡城之岭"，指今广西越城岭；"九疑之塞"，指今湖南宁远县南；"渠"，即灵渠。这两支军队开通灵渠再经漓江、贺江而进入岭南，灵渠将湘江与漓江沟通，从而成为中原汉人进入岭南的历史上第一条主要通道。三十三年（公元前214年），战争告一段落，秦又"谪徙民五十万戍之"（雍正《广东通志》）。这五十万人在当时是个不小的数目，因为直至东汉时统计，岭南各郡的人口还很少超过十万的，在秦始皇时代就更是地旷人稀。这一大批汉人"徙民"的到来，足以改变岭南粤人的"一统天下"的局面，随之汉语便由此而被带入岭南。这五十万"徙民"当时究竟定居何处？众说纷纭。不过有一点是可以肯定的，那就是当时的番禺（今广州市）一带，仍是粤人的天下。秦末，汉人赵佗在此建立南越国，所任用的官员从丞相以下基本上是粤人，就连赵佗本人，也得改变自己的服饰、生活习惯及其语言，把自己异化成粤人以便于统治。如果不是粤人势力十分强大，他就不会那么做。但是，在西江的中部，那里的情况就完全不同，经过秦兵的一番征讨，那里的粤人大都逃散，从而成为汉人填补及落脚定居的最佳之地。由此推之，这五十万"徙民"多数定居于西江中部，而中原汉语也就首先传播于西江中部。汉元鼎六年（公元前111年），汉灭南越国，将岭南分为九郡：南海、苍梧、郁林、合浦、交趾、九真、日南、儋耳、珠崖。同时又设立"交趾部"，以便于统治这九郡，治所最初设在赢陵（今属越南），但不久又迁至西江中部苍梧郡治广信。此后三百年间，广信一直是岭南的政治、

---

① 见《淮南子·人间训》。

经济、文化的中心。到了东汉，交趾部改为交州，其治所也在广信。那末，广信在何处？罗香林先生指出："现在广东的封川，就是汉代交州刺史驻地及苍梧郡治的广信。"①

今天的封川只不过是封开县的一个小镇，而在汉朝，它却做过三百年的岭南首府，这是了不起的，也是令人难以置信的。但是历史就是如此。君不见，千百年沧桑之变，有多少古代重镇甚至易为平地。一个岭南首府变为小镇又何足为奇呢？今天我们可以乘火车或汽车直抵中原，然而在唐代以前，中原汉人进入岭南主要的还是靠灵渠这条通道。汉初，陆贾两次出使南越国，走的都是这条水路；直至唐初，宋之问被贬到泷州（今罗定），走的也是这条水路；就连主持开凿大庾岭"横浦之道"的张九龄返回曲江，也经漓江兜个大弯，《巡按自漓水南行》一诗便是佐证。广信地处漓江、贺江与西江汇合处，扼西江之要冲，沿江向东可抵番禺，溯江向西可达南宁，在岭南不少地方仍在粤人控制之下的时代，确是战略要地。由于汉族移民大批定居于西江中部，因此这一带的开发、汉族文化及其语言的传播也必然早于粤中、粤东、粤北各个区域。据《汉书·地理志》记载，当时苍梧郡人口为14万多，南海郡只有9万多人，南海郡包括今广东省怀集、四会以东大片地区，面积比苍梧大一倍，而人口却比苍梧少三分之一，因此，以广信为岭南首府，虽未必称得上"最佳选择"，却还是有一定道理的。

从秦至东汉这段漫长的岁月，西江中部一直是岭南汉族移民的主要地带。这些汉族移民将中原的文化、语言带到这里，生根，开花，结果，是经历过一段漫长的道路的。著名的学者罗香林先生指出："汉人由西安经汉中沿汉水南下，至洞庭湖，溯湘水而至粤桂交界，中原的学术思想，由此交通孔道，向广东传播"。"当时珠江三角洲，虽然也有相当学术表现，但可以代表广东学术思想的，还是西江中部的几个学者。"② 例如，汉代著名学者、王莽的老师陈钦，被称为"岭南儒宗"的陈元，我国最早的佛教学者牟融，都是广信人。尤其值得一提的，是著过《春秋经注》《公羊传注》《谷梁传注》的大学问家士燮。他祖籍在山东，王莽乱世时迁入岭南，定居广信，成为当时当地的望族，至士燮是第六代。以上所有这些名人，他们在传播汉族文化方面都起了很大的作用。语言是文化的载体，随着汉族文化的传播，汉语也就在这一带流行开来。由于广信一带远离中原，交通不便，这些汉族移民进入岭

---

① 罗香林：《世界史上广东学术源流与发展》，载《广东建设研究》1947年第1期。
② 罗香林：《世界史上广东学术源流与发展》，载《广东建设研究》1947年第1期。

南之后，他们使用的汉语也就逐渐偏离了中原汉语的发展轨迹而形成了自己的某些特点，遂形成了早期的粤语，即粤语的雏形。

二、粤语的发展及其中心的转移

语言是随着时代的发展而发展，随着时代的变化而变化的。东汉末年，封建势力群雄割据，曹操、刘表、孙权三大政治势力都企图控制岭南。先是刘表私自委任部将吴巨为苍梧的郡太守，据此扼住交州的中枢；而曹操则以东汉朝廷的名义委任士燮"董督七郡"，借以与吴巨抗衡。赤壁之战后，曹操退守中原，孙权便趁机派遣步骘率军从湘桂水道南进，击败了吴巨。夺取了广信。士燮迫于形势，宣布归附东吴，步骘继续沿江东进，攻下番禺（今广州市）。为了避开士燮的势力，巩固孙吴政权的后方，他于建安二十二年（217年）将交州州治从广信迁至番禺。从此广信作为岭南首府的三百余年历史宣告结束。

但是，番禺地理位置偏东，难以控制交州西部的广阔地区，为了便于治理，东吴于永安七年（264年）将岭南分为交、广二州。交州辖交趾、九真、日南、儋耳、珠崖，州治龙编（今河内）；广州辖南海、苍梧、郁林、合浦，州治番禺。

番禺成为州治之后，汉人的势力便向西江下游及珠江三角洲扩展。但是，直至晋朝，"广州南崖，周旋六千余里，不宾服者乃五万余户，至于服从官役，才五千余家"①。此后于永嘉年间，中原晋王朝发生了"八王之乱"，继而又"五胡乱华"，导致中原汉人大规模南迁，使岭南汉族移民数量激增，从东晋时起一直至唐代，中央朝廷一贯推行"以俚治俚"的政策，大量敕封当地粤人为公、侯，官至将军、刺史、太守、县令等等，客观上有利于汉民和粤民的进一步融合。在这种良好的条件下，汉族的文化及语言就从西江中游不断地向东传播，粤语便逐渐成为西江流域至珠江三角洲一带的通行语言。这里有一点必须强调，中原地区从"五胡乱华"起，受北方游牧统治达二百七十多年之久，汉语内部发生了很大的变化。相比之下，岭南汉人所使用的粤语倒是较多地保留着魏晋年间中原汉语的面貌。唐代诗人张籍的《元嘉行》中就这样写道："南人至今能晋语。"这样看来，粤语与中原汉语的距离拉开，主要是中原汉语本身变化所致，当然，粤语在某些方面也接受古百粤

---

① 《晋书·陶璜传》。

语的影响，但这毕竟是次要的。李新魁先生在一文中说："当广州话已经形成了具有自己的某些语言特点，但又大体同于汉语的一支有一定流通范围的方言之后，它便停止了接受北方汉语的进一步同化，甚至对这种同化产生抗拒的作用。这时，它从原来的'求同'（受中原汉语的影响，接受它的同化）转而向'求异'（自身的演变）的方向变化了。"① 这一分析是中肯的。不过，粤语之所以"停止接受中原汉语的进一步同化，甚至对这种同化产生抗拒作用"，其主要原因还在于它较多地保存了隋唐以前中原汉语的面貌，并保持着相对的稳定性，直至今天，粤语区人还常常引以自豪。

粤语停止接受中原汉语的进一步同化，还突出地表现在它对客家话的态度上。我们知道，客家人进入岭南，大约始于唐朝"横浦之道"修通，到唐末与宋高宗南渡时形成高潮，那时岭南原有汉族移民的势力已经十分强大，并控制了珠江三角洲及西江两岸平原等经济较为发达的地区。因而新从中原迁来的客家人只得定居于岭南山区。本来，客家话在当时要算是较为标准的中原汉语，可是它传入岭南之后，已经无法进一步同化已经形成自己特点的粤语了，相反地，有些客家话地区后来则受到粤语的渗透，成为"双方言区"，甚至变成粤语区。由此可见，到了唐宋时期，粤语已经发展成为一支具有显著特点的汉语方言，并且形成了以番禺（广州）为中心，以西江流域和珠江三角洲为基础的一种通行语言。

三、余论

方言的分布，一般说来跟它的形成和发展有着密切的关系，只有弄清了粤语的形成和发展过程，我们才能对它的分布作出一个科学的分析；而分析今天粤语的分布情况，亦可印证它的形成和发展过程。

由于粤语在西江中部形成，后又借西江流域而向东西扩展（沿江而下至广州以及整个珠江三角洲。溯江而上至广西的梧州及至南宁）。因此西江一带的粤语一直保持着相当程度的一致性；而远离西江的地区，语音就有较为明显的差异，例如地处西江中部的封川（即古广信）和梧州与广州距离很远，但这一带粤语与广州话的差异很小；相比之下，地处广州不远的台山、开平等地的粤语与广州话的差别就很大；就连属于广州郊县的增城，其语音与广州话的差异也不小。这就说明，粤语各次方言的分布与西江有着明显的

---

① 李新魁：《论广州方言形成的历史过程》，载《广州研究》1983年第1期。

关系。《中国大百科全书·语言文字》及《中国语言地图册》（中国社会科学院语言研究所）都将粤语分为广府、邕浔、高阳、四邑、勾漏、吴化、钦廉等七个片，这一分法是值得商榷的。如"勾漏片"，其中属于西江中部的德庆、郁南、罗定、封开（除开建一带），语音比较一致，都接近广州；而远离西江的玉林、北流、容县、蒙山等地，其声韵调配合关系就各有不同，以精、清、从、邪四母为例。玉林、北流、容县念为 t、t'，蒙山念为 θ，广州念为 ts、ts'。至于北面的阳山、怀集及封开县的开建一带，与西江中部的语音差异也不小，连正常通话都有困难。因此，将这些市县的粤语划为一片是说不过去的。至于"高阳片"，据笔者调查，也是不能成立的。关于这一点，在笔者合写的《信宜方言的文白异读》①一文中已有详述。这里再补充一点，据熊正辉先生《广东方言的分区》所述，划分这一片的根据是"古心母字是否读ɬ声母"②，然而，笔者作了个统计，在茂名、高州、信宜话中，由ɬ声母所组成的音节仅占全部音节的 4%，其他音节绝大多数跟广州话差别不大（这一带还有个 ŋ 声母，但这个声母"广府片"一些地区也有，不成其差异），因而，对语言交际无多大影响；而阳江与广州两地，语言交际就有困难，就连阳江与高州两地的人员来往，其语言交际也有困难。究其原因，主要不在于有无ɬ声母，而在于它的声韵调配合关系与广州话、高州话有较大的差别：它的八个声调的调值与广州话、高州话无一个相同。从地理位置上看，信宜和高州距西江不远，历史上与西江中下游交往较多。如信宜一带，汉代曾属西江中部的端溪县（今德庆县），直至唐初，仍归泷州（今罗定）管辖，因此语言便受到西江一带的影响，与广州话差别较小。而阳江则远离西江，历史上跟西江中下游极少交往，其语言就与广州话拉开了距离，形成了有别于广州话的较多特点，因此不应把高州、阳江两市的粤语划为一片。

那末，粤语内部各次方言究竟怎样划分较为合理呢？

如果从历史的资料来考察，或从它的形成及其发展的角度来考察，笔者认为可以把它分为以下三个不同的层次：第一个层次是，以广州话为中心，以珠江三角洲及西江流域两岸的县市话语为基础，这是粤语系统中最为通行的主体方言。这个主体方言语音词汇比较一致，其共同点较多，各地人员来往用方言交谈，语言上畅通无阻。必须指出，这个地域的粤语最为典型，且在唐宋时期已经形成，因而粤语系统必然以珠江或西江流域的方言作为主体。

---

① 叶国泉、罗康宁：《信宜方言的文白异读》，载《语言研究》1990 年第 2 期。
② 熊正辉：《广东方言的分区》，载《方言》1987 年第 3 期。

第二层次是属于珠江或西江流域的外围或边远地区，其中包括东莞、增城、从化、清远、广宁、怀集、新兴、云浮、罗定等，还包括粤西走廊如信宜、高州、化州、吴川一带，也包括广西东南部一些县市如岑溪、容县、玉林、南宁等地。这些县市的方言与广州话比较起来，虽然有着各种不同的特点，但语音、词汇的共同点仍然比较多，可以说是"大同小异"。跟广州人用方言交谈，基本上可以互相通话，是属于粤方言系统中多种类型的次方言。第三个层次是非珠江或西江流域的粤语片，其中包括粤西北的阳山、连县、连南、连山，粤中的新会、台山、开平、恩平，还有阳江、阳春等县市，另外还包括广西南部合浦廉州和灵山部分乡镇等一小片。这一非西江流域的粤语，无论在语音方面或词汇方面，都跟广州话有较大的差别。虽然同属于粤语这个系统，但广州人却很难听懂，甚至根本无法听懂。另外，根据地理位置和方言上的差异，我们还可以把非西江流域的粤语大致上分成四小片，即连江片（包括阳山、连县、连南、连山）、四邑片、两阳（阳江、阳春）片，廉州片。这四个小片的方言各自有浓厚的地方特色，语音、词汇各片差别很大，片与片之间根本无法通话，但是它们却是同属于一个粤语系统，因此我们只能把它们看成是粤语系统中次方言之下的几种不同类型的地方土语。

  以上三种情况，笔者只是根据历史上有关资料及今天通话的程度作出初步的估计，并没有深入各地作详细的调查，因此只能提供参考。不过，这里必须说明，语言是随着时代的发展而发展的，在改革开放后的今天，由于经济的发展，交通和资讯的发达，科学的进步，教育、文化水平的提高，人员交往日益频繁，各地粤方言相互之间的差异肯定会渐渐缩小，吸收广州话的因素必然会越来越多，这是一种不可逆转的趋势。

（原载《语言研究》1995年第1期，第156–160页）

油岭瑶话概述

余伟文　巢宗祺

居住在广东省连南瑶族自治县油岭排①的瑶族，过去称为"八排瑶"②。他们所说的话属于瑶族勉语的"藻敏"方言③。说这种话的大约有五万多人，主要分布在连南县境内。连南县各个排的瑶话在语音和词汇方面有一点微小的差别，但并不影响通话。这里的瑶人很多会说汉语，除了会说本地客家话以外，有些人还会讲普通话，或会讲"白话"（粤方言），所以，瑶话中有相当多的汉语借词，也引进了汉语的一些语法形式。跟其他一些瑶排相比，油岭排无论是在风俗习惯方面，还是在语言方面都是比较保守的，这就是我们选择油岭作为主要调查点的原因。下面仅对油岭瑶话的语音、词汇、语法方面的特点作一个概括性的描述。

一、语音系统

（一）声母

有十七个：

p	b	f	v	m		
t	d	s	ts	n		l
			j	ɲ		
k	g	h		ŋ		

---

① 据当地同志说，连南瑶族自治县瑶族居住的地方过去称为"排"（即村寨），油岭是瑶族人居住的一个"排"。

② 瑶族在过去有各种不同的名称，如"盘古瑶""过山瑶""八排瑶"等。"八排瑶"因居住的地区而得名，油岭瑶人属"八排瑶"。参见毛宗武等编著《瑶族语言简志》，民族出版社1982年版，第5页。

③ 勉语是瑶族人民使用的三种语言中的一种，"藻敏"方言是勉语的一种方言，"藻敏"是瑶人自称的汉译名称。参见毛宗武等编著的《瑶族语言简志》，民族出版社1982年版，第9页。

声母说明：①t、d 的发音部位略靠后，常变为舌尖后音。② ts、s 在后随高元音 i 时，常有人发成舌叶音或舌面前音。③喉擦音 h 也有人发成舌面后擦音，在后随元音 i 时，又会发成舌面中擦音。④j 声母一般发舌面中擦音或舌面中半元音，也有人发成舌叶或舌面前塞擦音。⑤鼻音声母有四个，ɲ 有时发成舌面前鼻音。极少数几个词里有清鼻音m̥、ŋ̥作声母，如：ŋ̥ŋ⁴⁴ "回去"（比较 ŋ⁴⁴ "五"），这种清鼻音声母只出现在成音节的同部位鼻音韵母前。⑥声母 p、b 后随韵母 u 时一般都颤唇。⑦在后随韵母 on、ot 时，声母往往唇化，如：tswon "快"，kwot "割"，等等。这里的 tsw、kw 仍标作 ts、k。

声母例词：

p	piu⁴¹ 跑	b	beu⁴⁴ 轻	m	ma⁴¹ 踩	f	fui²⁴ 跪
v	vui⁴⁴ 埋	t	ta⁵³ 搽	d	du²⁴ 长	n	naŋ²⁴ 短
s	si⁴⁴ 酸	l	let²² 追赶	ts	tsei²⁴ 拖	ɲ	ɲi⁴⁴ 二
j	ju⁴¹ 嚼	k	kei⁴⁴ 哄骗	g	got⁴⁴ 渴	ŋ	ŋei⁴⁴ 醒
h	hu⁴⁴ 厚						

（二）韵母

有单元音韵母 5 个，复元音韵母 10 个，带鼻韵尾韵母 18 个，带塞音韵尾韵母 12 个，成音节辅音韵母 2 个，共 47 个。

	i	e	a	u	o
		ei	ai	ui	oi
ia					
iu		eu	au		ou
iau					
im		em	am	um	om
iam					
in		en	an	un	on
ian					
iŋ		eŋ	aŋ	uŋ	oŋ
iaŋ					
ip		ep	ap	up	op

```
                    iap
           it    et    at    ut    ot
                    iat
              m̩    ŋ̍
```

韵母说明：①这里所标的元音 e、o 实际开口度都比较大。②这里所标的元音 a 在多数情况下接近于央元音，在复韵母 ia、iam、ian、iap、iat 中，a 的口腔较闭。③复韵母 ei、ai、oi 中的 i 舌位略低。④在韵母 on、op、ot、un、up、ut 中，o 和 u 的后面有时会带轻微的过渡音 ə。⑤跟声母 f 相结合的成音节辅音 ɣ，同韵母 u 归为一类。⑥成音节鼻辅音韵母在词语里可以出现四种情况：m̩，n̩，ɲ̍，ŋ̍，例如：m̩^{44} "拿"，n̩^{53} no^{22} "没有"，ɲ̍^{41} ɲan^{44} "不吃"，ŋ̍^{41} "嬰"，单说的时候一般只有 m̩ 和 ŋ̍ 两种。

韵母例词：

i ji^{53}ti^{24} 嘴	e he^{44} 坐	a na^{22} 捉
u hu^{44} 少	o do^{41} 捆	ei kei^{22} 瘦
ai bai^{44} 响	ui bui^{41} 沸腾	oi hoi^{44} 难
ia sia^{44} 红	iu siu^{24} 暖和	eu deu^{41} 吐
au bau^{24} 发芽	ou kou^{44} 远	iau liau^{41} 看
im him^{44}（diaŋ^{41}）杉（树）	em dem^{41} 掐、刺	am tsam^{44} 热
um kum^{22} 缺少	om lom^{41} 烤	iam diam^{41} 踢
in in^{41} 嫩	en hen^{24} 选	an man^{44} 痛
un bun^{24} 发射	on jon^{22} 醉	ian tsian^{44} 清楚
iŋ jiŋ^{44} 养	eŋ leŋ^{24} 浅	aŋ laŋ^{44} 直
uŋ guŋ^{24} 冷	oŋ noŋ^{24} 穿	iaŋ kiaŋ^{24} 宽
ip a^{44} dip^{44} 皮	ep kep^{44} 剪	ap nap^{41} 耘田
up kup^{22} 盖，压	op kop^{44} 涩	iap siap^{22} 十
it hit^{44} 解开	et vet^{44} 挖	at dat^{44} 织
ut sut^{44} 捡	ot hot^{44} 擦	iat diat^{44} 跌，摔
m̩ m̩^{44} 拿	ŋ̍ ŋ̍^{41} 不	

(三) 声调

调次	调值	举例	
1	˥ 44	kon^{44}拣	siaŋ^{44}新
2	˥˧ 53	kon^{53}裙	siaŋ^{53}墙
3	˨˦ 24	kon^{24}滚	siaŋ^{24}想
5	˦˩ 41	kon^{41}灌	siaŋ^{41}尝
6	˨ 22	kon^{22}住	siaŋ^{22}箱子
7	˦ 44	kot^{44}割	biat^{44}缸
8	˨ 22	kot^{22}扛	biat^{22}辣

声调说明：①声调有七个，其中塞辅音韵尾声调两个，为了便于跟方言或同族其他语言比较，把它们排成上述次序。②第1调的音节多数不变调，但有些第1调的音节在另一音节之前会变成第2调，如：tu^{44}hon^{41}→tu^{53}hon^{41}"火炭"，这类音节（如：tu^{44}"火"）似乎跟这里空缺的第4调有关，我们一律仍按该类音节单念时的调值归类。③关于变调的情况：第1调已如前述。两个第2调的音节相连，前一音节一般发成第1调，第2调的音节在其他声调的音节前多数念成55。第3调的音节在后随其他音节时都变调，多数情况变为21，少数变成第1调。第5调的音节变调时一般变为第1调。第6调的音节一般不变调，有时变为21。

二、词汇概况

1）抽象名词极少，有关政治、经济、科学、文化和其他社会意识的名词，本族语几乎没有。集合名词，像植物、动物、矿物、食品、工具之类也没有。有的集合名词是由表示具体事物的名词组合起来的，如"粮食"，作为供食用的谷物、豆类和薯类的统称，油岭瑶话叫作 noŋ^{24} me^{24}，它是由两个具体名词 noŋ^{41}（饭）和 me^{24}（米）组合成的。

2）借词很多，有关政治、经济、文化、社会意识等方面的词，一般都是汉语借词。例如：voŋ^{41} ti^{41} "皇帝"，ho^{22} doŋ^{41} "学堂"，ton^{22} kiat^{44} "团结"，kon^{41} pu^{41} "干部"。日常生活用语中也有不少借词，借词的读音是按照瑶话的声韵调系统组合的，一些老借词中的单音节名词前加一个词头 a^{44}，使它们"瑶化"了。例如：lap^{22} tsup^{22} "蜡烛"，tau^{22} fu^{22} "豆腐"，a^{44} su^{44} "书，字"，a^{44} sin^{53} "信"。借词多从广州话和客家话借来。例如：fan^{41} kan^{24}（番枧）肥皂，来自广州话。新借词则主要借自本地客家话，如 tian^{41} jiaŋ^{41} "电影"。有些借词部分取自汉语，部分采用本族语词，如：fan^{41} kui^{24} tu^{44}（番鬼火）火柴，tu^{44}（火）是瑶话固有的词，表示"洋"的意思叫"番鬼"，这是来自广州话的。

3）同音词和多义词比较多，有的是偶然同音，如：sei^{44} "是，非，就"，pia^{44} "薄，进"，ku^{53} "桥，九，大姨"，du^{24} "早，长"。有的同音词反映了瑶人祖先的生活条件，例如：doi^{53} "甜，咸，河"。表示"河"的 doi^{53} 和另外两个意义的 doi^{53} 是偶然同音。用同一语音形式表示"甜"和"咸"两种不同的味觉，可能是这地方早先长期缺盐少糖的缘故，doi^{53} "甜、咸"相对于 tom^{24} "淡"来说是有共同之处的。

油岭瑶话里多义词最突出的是 ai^{41}，它的基本意义是"做，干，搞"之类，不过它的使用范围还要广得多。例如：ai^{41} kuŋ^{44}（工）"做工"，ai^{41} hoŋ^{44}（柴）"打柴"，ai^{41} liaŋ^{24}（田）"种田"，ai^{41} tsiŋ^{44}（歌）"唱歌"，ai^{41} fo^{41} ki^{24}（伙计）"交朋友"，ai^{41} ko^{44} fa^{24} "讨饭"（ko^{44} fa^{24} 是"穷困、潦倒"的意思，在它前面用一个 ai^{41} 构成这样一个固定词组）。

4）构词方式。油岭瑶话的词可以分为单纯词和合成词两大类。

①单纯词。单音节词的比重很大，多音节单纯词数量较少。单音节的，如：iu^{41} "扔、丢"，noi^{22} "问"，lou^{44} "大、粗"，vei^{44} "他、她"，tsam^{44} "热"，等等。多音节的，如：ŋaŋ^{44} ŋei^{44} "蜻蜓"，teŋ^{44} tuŋ^{44} teŋ^{44} "圆鼓"。

②合成词。由两个或两个以上基本成分结合构成的，有下述几种。a. 联合式：noŋ^{41}（饭）me^{24}（米）"粮食"，tu^{53}（个、只）lon^{44}（位、个）"独自"。b. 陈述式 ɲia^{44}（牙）si^{44}（酸）"气愤"，a^{44} tan^{44}（身）beu^{44}（轻）"勤快"。c. 支配式：kia^{44}（起）an^{44}（身）"动身"，kuŋ^{41}（同）hum^{44}（心）"齐心"。d. 主从式：jem^{53}（盐）toŋ^{44}（糖）"白糖"，tsoŋ^{44}（撞）tiu^{44}（中）"遇见"。基本成分跟附加成分结合构成的，即附加式。其中有附加成分在前的，例如：tam^{44} 有"大"的意思，不单用，作前附加成分，如 tam^{44} kiaŋ^{24} "老鹰"。tam^{44} kiaŋ^{53} "大肠"，tam^{44} tai^{44} "大姑"。附加成分在后的较多，例如：-dan^{44} 作为后附加成分表示"小"，有点象广州话的"仔"。如：tsu^{24}（路）dan^{44}（仔）"小路"，diaŋ^{41}（树）dan^{44}（仔）"小树"。-pia^{53} 不单用，作为后附加成分含有"母、雌、女"的意义，如：tiŋ^{44}（猪）pia^{53}（母）"母猪"，ha^{44}（妖）pia^{53}（女）"女妖"。-kug^{44} 作为后附加成分表示动物

的阳性，如：jiŋ⁴⁴（羊）kuŋ⁴⁴（公）"公羊"。-pe²⁴作后附加成分时成为一部分名词的标志，如：ju²⁴（石）pe²⁴（头）"石头"，lau²⁴（竹）pe²⁴（头）"竹子"。此外，有的词里包含不止一种构词方式，例如：sui⁴¹（吹）tu⁴⁴（火）ko⁴⁴（筒）"吹火筒"，这是个主从式中又包含支配式的合成词。

三、语法特点

（一）各类词的特点

1. 名词

1）受数词限制时，名词前面须有量词，例如：pu⁴¹（三）tsa⁴⁴（只）kui⁴⁴（鸡）"三只鸡"。

2）名词多数不能重叠，少数表示时间的名词或一些可以借用作量词的名词可以重叠，重叠后表示"每一"的意思，例如：nai⁴⁴ nai⁴⁴ "天天"，vian²⁴ vian²⁴ "碗碗"。

3）名词修饰名词时，总是修饰成分在前，被修饰成分在后，例如：lia⁴⁴（铁）ben²⁴（板）"铁板"，diaŋ⁴¹（木）piu²⁴（房）"木房"。

4）指人名词可以在后面加 von⁴⁴ 表示复数，如：a⁴⁴ tui⁴⁴（叔）von⁴⁴ "叔叔们"。

5）单音节名词前通常总有词头 a⁴⁴，词头 a⁴⁴ 主要有下列作用：①构成复音节。如：a⁴⁴ len⁵³ "穿山甲"；a⁴⁴ moŋ⁴⁴ "苍蝇"。②指类别。只有单音节名词带词头 a⁴⁴，其他词类的单音节词都没有带这词头的。如：doi⁵³，作为名词，前面要带 a⁴⁴，"河"瑶话叫 a⁴⁴ doi⁵³；作为形容词，前面不带 a⁴⁴，"甜、咸"瑶话叫 doi⁵³。

2. 动词

1）有些动词可以重叠，往往用以表示"随意"或"短暂"。例如：aŋ⁴⁴（敲）aŋ⁴⁴（敲）dai⁴⁴ hiŋ⁴⁴（桌子）"敲敲桌子"。有的动词重叠须在中间嵌一个 a⁴⁴，表示动作"短暂"。例如：

jan⁴¹（让）tsia⁴⁴（我）nam⁵³（想）a⁴⁴（一）nam⁵³（想）."让我想一想"。

2）动词后加 e⁴⁴ 表示完成。例如：

tsia⁴⁴　ɲan⁴⁴　e⁴⁴　nai⁴⁴　diaŋ⁴¹　o⁴⁴①. 我吃了午饭了。
　我　　吃　　　　午　饭

3）动词后加 laŋ⁴¹ 表示持续。例如：
vei⁴⁴　ai⁴¹　laŋ⁴¹　tsiŋ⁴⁴　pia²⁴　lau⁴⁴. 他唱着歌进来。
　他　　唱　　　　歌　　进　　来

4）动词后加 ke²⁴ 表示经历。例如：
vei⁴⁴　mi⁵³　ke⁴¹　bia²²　keŋ⁴⁴. 他去过北京。
　他　　去　　　　北　京

5）动词后加 kia⁴⁴ 表示开始。例如：
ai⁴¹　kia⁴⁴　tsiŋ⁴⁴　唱起歌来。
　唱　　　　歌.

6）助动词 ɲian²² "愿"，so⁴⁴ "会"，kam⁴⁴ "敢"，等等。可以放在主要动词前表示可能、意愿等。有的助动词兼属实义动词（如：so⁴⁴ "会"）。例如：

mui⁵³　ɲian²²　ŋ⁴¹　ɲian²²　ai⁴¹？你愿不愿干？
　你　　愿　　不　　愿　　干
vei⁴⁴　so⁴⁴　sia²⁴　su⁴⁴. 他会写字。
　他　　会　　写　字

3. 形容词

1）形容词作修饰语时的位置。有些形容词放在被修饰成分的后面，这是比较特别的。例如：vaŋ⁵³（天）meŋ⁴⁴（蓝）"蓝天"，piaŋ⁴⁴（花）sia⁴⁴（红）"红花"。也有形容词放在被修饰成分前面。例如：siaŋ⁴⁴（新）piu²⁴（房）"新房子"，hu⁴⁴（厚）su⁴⁴（书）"厚书"。如果形容词后面加一个助词 nu⁴⁴ "的"，那么，形容词和助词 nu⁴⁴ 就得放在被修饰成分的前面。例如：tiŋ⁴⁴（猪）tin²²（肥）"肥猪"，tin²²（肥）nu⁴⁴ tiŋ⁴⁴（猪）"肥的猪"。

2）形容词可以重叠。例如：
lou⁴⁴　lou⁴⁴　nu⁴⁴　mai⁵³　teŋ⁴⁴ 大大的眼睛
　大　　大　　　　　眼　睛

双音节形容词重叠一般是 AABB 式。例如：
ou⁴⁴　tou⁴⁴ 肮脏　ou⁴⁴　ou⁴⁴　tou⁴⁴　tou⁴⁴ 肮肮脏脏

重叠的形容词作谓语时通常在后面加一个 mu²²。例如：

---

① o⁴⁴ 是语气助词，另行讨论。

a⁴⁴　men⁴⁴　vin⁴⁴　vin⁴⁴　mu²². 脸儿圆圆的。
　　　　脸　　　圆　　圆

3）部分形容词可以前加一个音节，表示程度加深。例如：bi⁴⁴ meŋ⁴⁴（绿）"碧绿"，ban⁴¹（雪）pa²²（白）"雪白"。这些形容词前的附加成分还可以重叠，表示程度进一步加深，例如：ban⁴¹ ban⁴¹ pa²²（雪白雪白）。

4）很多形容词可以在它们的重叠形式中插入 ŋ⁴¹ sei⁴⁴ "不是"，用以加强修饰的意义，例如：doi⁵³（甜）ŋ⁴¹ sei⁴⁴ doi⁵³（甜）很甜　kou⁴⁴（远）ŋ⁴¹ sei⁴⁴ kou⁴⁴（远）很远。

5）形容词表示比较等级的手段。例如：joŋ⁴⁴ "高"，joŋ⁴⁴（高）oi⁴¹（一点）"高一点"，tsi⁴⁴（最）joŋ⁴⁴（高）"最高"。油岭瑶话中并没有形成一套表示形容词比较等级的语法系统，oi⁴¹是个补语（参见后面"句子类型"部分），它没有"比较好""更好"之类的说法。根据这个表示最高级的程度副词的位置（在被修饰成分前）和读音来判断，瑶语里现在说的 tsi⁴⁴（最）是从汉语借来的。

4. 代词

1）人称代词。

人称	单数	复数
第一人称	tsia⁴⁴ 我	von⁵³ na⁴⁴ 我们
第二人称	mui⁵³ 你	niu⁴¹ 你们
第三人称	vei⁴⁴ 他	vei⁴⁴ von⁵³ na⁴⁴ 他们

人称代词用在一般名词前表示领属关系时，常须用助词 nu⁴⁴。例如：tsia⁴⁴（我）nu⁴⁴ su⁴⁴（书）"我的书"。人称代词用在表示亲属的名词前面时，有几种情况：

vei⁴⁴　nu⁴⁴　ko⁴⁴　他的哥哥
他　　的　　哥
vei⁴⁴　na⁴⁴　ko⁴⁴　他哥哥
他　　个　　哥
vei⁴⁴　ko⁴⁴　他哥哥
他　　哥

又，bu⁴⁴也是第一人称代词复数（我们），作句子成分时，bu⁴⁴和 von⁵³ na⁴⁴可同时出现，也可以只出现 bu⁴⁴或 von⁵³ na⁴⁴。bu⁴⁴还常用在一般名词前面（加助词）表示领属关系。bu⁴⁴有时可表示第一人称单数，如 bu⁴⁴ ko⁴⁴ "我哥哥"。

2）指示代词。na^{44} hen^{53}"这"，na^{44} tu^{53}（也可说 na^{44} na^{44}）"这个"，na^{44} naŋ^{53}（也可说 na^{44} kui^{41}）"这里"，ti^{22} hen^{53}"那"，ti^{22} tu^{53}（也可说 ti^{22} na^{44}）"那个"，ti^{22} naŋ^{53}（也可说 ti^{22} kui^{41}）"那里"。

na^{44} hen^{53}"这"，ti^{22} hen^{22}"那"可以单独用作句子成分。例如：

na^{44} hen^{53}（这）sei^{44}（是）tsia^{44}（我）nu^{44}（的）su^{44}（书）."这是我的书"。

3）疑问代词有 siŋ^{41} men^{53}"谁"，siŋ^{41} bu^{41}"什么"，hoŋ^{22} ti^{22}"怎么"，pa^{22} na^{44}"哪个"，pa^{22} naŋ^{53} 或 pa^{22} kui^{41}"哪里"，ka^{44} kia^{41}"多少"，ai^{41} siŋ^{41} toi^{44}"为什么"，等等。

5. 数量词

1）数词。有两套形式。第一套：a^{44}"一"，vi^{41}"二"，pu^{41}"三"，pe^{41}"四"，pia^{44}"五"，to^{44}"六"，ɲi^{22}"七"，jat^{22}"八"，ku^{53}"九"，siap^{22}"十"。第二套：jot^{44}"一"，ɲi^{22}"二"，hom^{44}"三"，he^{44}"四"，ŋ^{44}"五"，lia^{22}"六"，hut^{44}"七"，bet^{44}"八"，ku^{24}"九"，siap^{22}"十"。

这两套数词的基本用法是：

①用作基数词而不跟量词组合的时候：

a. 个位数用第一套数词。

b. 表示十位数时，十前面和后面的数词用第二套（说"一十"a^{44} siap^{22}，不用第二套）。例如：siap^{22} jot^{44}"十一"，hut^{44} siap^{22} lia^{22}"七十六"。

c. 用于百位数时，"一百"用第一套（a^{44} ba^{44}），"二百"两套都可以用（vi^{41} ba^{44} 或 ɲi^{22} ba^{44}），"三百"到"九百"用第二套（hom^{44} ba^{44}"三百"，ku^{24} ba^{44}"九百"）。

d. 表示"千"和"万"的数词，全用第一套。

例如：a^{44} hun^{44}"一千"，jat^{22} van^{44}"八万"。

②序数词用第二套。

例如：heŋ^{44} jot^{44}"初一"，hom^{44} ŋo^{41}"三月"。

③跟量词组合的情况。

a. 度量衡的称数。"一、二"用第一套数词。a^{44} tsaŋ^{44}"一斤"，vi^{41} sia^{44}"二尺"。

"三"以上全用第二套数词：hom^{44} tsan^{44}"三斤"，lia^{22} sia^{44}"六尺"。

b. 表示时间、天数、倍数、容量等，用第一套数词：pu^{41}（三）diam^{24}（点）tsuŋ^{44}（钟）"三点钟"，pe^{41}（四）nai^{44}（天）"四天"，jat^{22}（八）pan^{44}（倍）"八倍"，pe^{41}（四）vian^{24}（碗）"四碗"。

c. 跟表示单位的量词，如"棵、粒、个、只"等组合时，用第一套数词。如：to⁴⁴（六）tsa⁴⁴（只）kui⁴⁴（鸡）"六只鸡"。

2）量词。

①跟数词结合表示事物和动作等的数量。例如：a⁴⁴（一）tsan⁴⁴（斤）jem⁵³（盐）"一斤盐"，vi⁴¹（两）tuŋ⁴¹（桶）m̩²⁴（水）"两桶水"，vei⁴⁴（他）diam⁴¹（踢）e⁴⁴（了）tsia⁴⁴（我）a⁴⁴（一）kui⁴¹（下）"他踢了我一下"。

②跟指示代词结合，起着替代中心语的作用。例如：tsia⁴⁴（我）nuŋ²²（要）na⁴⁴（这）tu⁵³（个），ŋ⁴¹（不）nuŋ²²（要）ti²²（那）tu⁴³（个）"我要这个，不要那个"。

③单独用在名词前或动词后，表示单量。例如：a⁴⁴ piu²⁴（家）toi⁵³（来）lou²⁴ na⁴⁴（个）men⁵³（人）"家里来了一个人"，koŋ²⁴（讲）siam⁴⁴（再）huŋ⁴⁴（次）"再说一遍"。

④用在代词和名词之间，起联系的作用。

a. 用在人称代词和名词之间。例如：tsia⁴⁴（我）na⁴⁴（个）ba⁴⁴（爸）sei⁴⁴（是）a⁴⁴ kian⁴⁴（汉人）"我爸爸是汉人"。

b. 用在指示代词和名词之间。例如：na⁴⁴（这）kon⁴¹（棵）diaŋ⁴¹（树）saŋ⁴⁴（长）kia⁴⁴ joŋ⁴¹（好）siaŋ⁵³（很）e⁴⁴"这棵树长得很好"。

指示代词不能直接跟名词结合，不能说：na⁴⁴（这）diaŋ⁴¹（树）"这树"。

⑤量词重叠起遍称的作用。例如：von⁵³ na⁴⁴（我们）na⁴⁴（个）na⁴⁴（个）tsum⁴⁴（勤劳）siaŋ⁵³（很）e⁴⁴"我们个个都很勤劳"。

6. 副词

表示时间的：tsaŋ²⁴"刚"，set⁴⁴ ni²²"马上，立刻，忽然"，di²² ken⁴⁴"已经，现在"，sei⁴⁴"就"，hen⁴⁴ koŋ⁴⁴"先"，sa⁴⁴ ŋa⁴⁴"快要"，huŋ⁴⁴ huŋ⁴⁴"次次，时时，常常"，on⁴⁴ no⁴⁴"正在"，ŋ⁴⁴ lu⁴⁴ lu⁴⁴"不久"。

表示程度的：siaŋ⁵³"很"，saŋ⁵³"太"，tsi⁴⁴"最"，di²² ŋ⁴⁴ dou²⁴"十分，非常"，siam⁴⁴"更"。

表示范围的：du⁴⁴"都"，tam⁴⁴"全，齐"，kuŋ⁴⁴ huŋ⁴⁴"一起"，lau⁴¹ du⁴⁴"总共"，hen⁴⁴"只，仅仅"，nu²²"也"。

表示重复的：siam⁴⁴"再"，jau²⁴"又"。

表示语气的：nu²² oŋ⁴⁴"究竟，到底"，tsian⁴⁴ tsi⁴¹"的确"，saŋ⁴⁴ a⁴⁴

"大概，差不多"，soŋ⁴⁴"都已"。

表示否定的：ŋ⁴¹不；mei⁴⁴别，不要。

7. 助词

1）结构助词。

①nu⁴⁴。

a. 跟随名词或代词用在名词前，构成领属或限制关系。例如：a⁴⁴ ko⁴⁴（哥）nu⁴⁴（的）bit⁴⁴（笔）"哥哥的笔"。

b. 动宾词组后面加 nu⁴⁴ 可以具有名词的某些性质。例如：tsia⁴⁴（我）sei⁴⁴（是）ai⁴¹（种）liaŋ⁵³（田）nu⁴⁴（的）"我是种田的"。

②lei⁴⁴，kia⁴⁴。

这两个助词用来连接动词和补语。例如：tsia⁴⁴（我）jaŋ⁴¹（走）lei⁴⁴ tson²⁴（快）siaŋ⁵³（很）e⁴⁴"我走得很快"，vei⁴⁴（他）nu⁴⁴（的）fu⁵³（床）ai⁴¹（弄）kia⁴⁴ ou⁴⁴（肮）ou⁴⁴（肮）tou⁴⁴（脏）tou⁴⁴（脏）"他的床弄得肮肮脏脏"。一般说，lei⁴⁴用于联系表程度的补语，kia⁴⁴多联系表状态的补语。但这也不是绝对的，下面这个句子里助词用 lei⁴⁴或 kia⁴⁴都可以：vei⁴⁴（他）jap⁴⁴（睡）lei⁴⁴（或 kia⁴⁴）kom⁴⁴（香）siaŋ⁵³（很）e⁴⁴"他睡得很香"。

③lou²⁴。

作结构助词时，用来连接形容词与程度补语。例如：a⁴⁴ vaŋ⁵³（天）goi⁵³（干）lou²⁴di²²ŋ⁴¹dou²⁴（顶不住）"天旱得不得了"。

2）时态助词。

①e⁴⁴用在动词后面，表示完成。例如：sia²⁴（写）e⁴⁴ a⁴⁴（一）fun⁴⁴（封）sin⁴⁴（信）"写了一封信"。

②laŋ⁴¹用在动词的后面，表示动作正在进行。例如：vei⁴⁴（他）jau⁴¹（看）laŋ⁴¹su⁴⁴（书）"他看着书"。

③lou²⁴作时态助词时，跟在动词后面表示状态的持续，在有的动词后面它也能表示完成。例如：a. 表示持续：bui⁴⁴（躺）lou²⁴"躺着"；he⁴⁴（坐）lou²⁴"坐着"。b. 表示完成：ai²¹（耕）lou²⁴ liaŋ⁵³（田）"耕完田"。c. e⁴⁴单纯表示动作、行为的结束，lou²⁴则着眼于事情本身的完毕、成功。下面例子中的 e⁴⁴不能换成 lou²⁴：ho⁴¹（上）e⁴⁴ kui⁴¹（山）"上了山"。

④kia⁴⁴用作助词有两种情况：

a. 表示"从一种状态向另一种状态的变化"，有"开始"的意思。例如：a⁴⁴ vaŋ⁵³（天）viaŋ⁵³（亮）kia⁴⁴（起来）"天亮起来"。

b. 表示动作的继续和形成了的新的状态的持续。例如：fu^{24}（站）kia^{44}"站着"，单独说 $fu^{24}kia^{44}$，既可以表示"站起来"，又可以表示"站着"，它的意义一定要在具体的语言环境里才能判定。

助词 $laŋ^{41}$、lou^{24}、kia^{44} 都能跟在动词后面表示持续，但是它们的用法有不同，表达的意义有些细微的差别。$laŋ^{41}$ 主要用在动作动词的后面。例如：$jaŋ^{41}$（走）$laŋ^{41}$ "走着"。

有的动词后面用 $laŋ^{41}$ 和 kia^{44} 都可以。例如：ai^{41}（唱）$laŋ^{41}$ $tsiŋ^{44}$（歌）"唱着歌"，ai^{41}（唱）kia^{44} $tsiŋ^{44}$（歌）"唱着歌"。

lou^{24} 主要用在表示状态的动词后面。例如：fui^{24}（跪）lou^{24} "跪着"，$tiaŋ^{44}$（停）lou^{24} "停着"。有的时候，动词后面 lou^{24} 和 kia^{44} 都可以出现：pe^{44} fo^{44}（头）$naŋ^{53}$（上）hep^{44}（插）lou^{24}（或 kia^{44}）$piaŋ^{41}$（羽毛）"头上插着羽毛"。

⑤ke^{41} 用在动词后面表示经历。例如：$tsia^{44}$（我）mi^{53}（去）ke^{41}（过）hom^{44}（三）$koŋ^{44}$（江）"我去过三江"。助词 ke^{41} 与作动词补语的 ke^{41} 不同，下面例子中的 ke^{41} 是补语：$jaŋ^{41}$（走）ke^{41}（过）$diaŋ^{41}$ kan^{44}（树林）"穿过树林"。

ke^{41} 作为一般实义动词表示经过，作动词的补语时，它可以表示在空间上经过某一点（如上例），不能表示在时间上经过某一点。例如，不能说：$tsia^{44}$（我）$ȵan^{44}$（吃）ke^{41}（过）$noŋ^{41}$（饭）。o^{44} 要表达这种意思，必须说：$tsia^{44}$（我）$ȵan^{44}$（吃）e^{44}（了）$noŋ^{41}$（饭）o^{44} "我吃了饭了"。

3）语气助词。

①o^{44} 用于陈述语气，表示发生了某种变化。例如：a^{44} $vian^{24}$（碗）ai^{41}（弄）bai^{41}（破）o^{44} "碗弄破了"。句中的 o^{44} 翻成汉语时，常可译作"了"，但是它跟表完成的时态助词 e^{44} 不同，e^{44} 相当于广州话的"咗"、北京话的"了$_1$"，o^{44} 相当于广州话的"咯"、北京话的"了$_2$"，比较下面例子：$tsia^{44}$（我）$ȵan^{44}$（吃）e^{44}（了$_1$）$noŋ^{41}$（饭）o^{44}（了$_2$）"我吃了$_1$饭了$_2$"。北京话：我吃了饭了。广州话：我食咗饭咯。

②nu^{44}。

a. 用于陈述语气，表示肯定。例如：$tsia^{44}$（我）sei^{44}（是）han^{44} nai^{44}（前天）toi^{53}（来）nu^{44}. "我是前天来的。"

b. 用于疑问语气，表示征求对方的意见。例如：mui^{53}（你）mi^{53}（去）$ŋ^{41}$（不）mi^{53}（去）nu^{44}？"你去不去呢？"

③a^{44}。

用于疑问语气，表示询问。例如：na⁴⁴（这）ba⁴⁴（把）bit⁴⁴（笔）mui⁵³（你）fen⁴¹（欢）hi⁴⁴（喜）a⁴⁴？"这支笔你喜欢吗？"

④ja⁴¹。

用于祈使语气，表示央求或催促。如：tson²⁴（快）toi⁵³（来）ja⁴¹！"快来呀！"

a. 用于陈述语气，表示猜测。如：vei⁴⁴（他）toi⁵³（来）je⁴⁴."他会来的吧。"

b. 用于祈使语气，缓和地提出某种要求。例如：ga²²（下）biŋ⁴⁴（雨）o⁴⁴（了），mei⁴⁴（别）mi⁵³（去）mi⁵³（去）o⁴⁴（了）je⁴⁴."下雨了，别去了吧。"

这种句子里 mi⁵³ 须重复，mi⁵³ 的重复有加强语气的作用。

⑤baŋ⁴¹。

用于陈述语气，表示犹疑。如：ŋ̍⁴¹（不）be²² le²²（知道）vei⁴⁴（他）toi⁵³（来）ŋ̍⁴¹（不）toi⁵³（来）baŋ⁴¹."不知道他来不来呢。"

4）其他助词。

①von⁴⁴ 用在指人名词后面，表示复数。例如：ti²⁴（姐）moi⁵³（妹）von⁴⁴（们）"姐妹们"。

②naŋ⁵³ 用在一些名词和一些词组后面表示处所。例如：a⁴⁴ fu⁵³（床）naŋ⁵³"床上"，a⁴⁴ doi⁵³（河）naŋ⁵³"河里"，ga²²（下）mi⁵³（去）naŋ⁵³"下边"。

③mu⁴⁴ 用在重叠的动词或形容词后面，表示"……模样"。例如：tut⁴⁴（笑）tut⁴⁴（笑）mu⁴⁴"笑嘻嘻的"，vin⁴⁴（圆）vin⁴⁴（圆）mu⁴⁴"圆圆儿的"。

④toi⁴⁴ 用在小句后面表示原因。例如：a⁴⁴ vaŋ⁵³（天）ga²²（下）biŋ⁴⁴（雨）toi⁴⁴，tsia⁴⁴（我）ŋ̍⁴¹（不）te⁴⁴（得）mi⁵³（去）nu⁴⁴ a⁴⁴."因为天下雨，所以我不能去啦。"

⑤nu⁴⁴ sei⁴⁴ 用在小句末尾，表示假设。例如：a⁴⁴ vaŋ⁵³（天）ŋ̍⁴¹（不）ga²²（下）biŋ²²（雨）nu⁴⁴ sei⁴⁴，tsia⁴⁴（我）mi⁵³（去）kau⁴¹（种）dai⁴¹（薯）。"天不下雨的话，我就去种番薯。"

8. 介词

介词有 ka⁴⁴"给，替，同，和"，un⁴⁴"从，由，沿，往"，hiaŋ⁴¹"向，朝"。介词常与别的词语组合成介词结构在句中作状语。例如：tsia⁴⁴（我）un⁴⁴（从）na⁴⁴（这）pian⁴⁴（边）jan⁴¹（走)."我从这边走。"

有些介词兼属动词。例如：ban^{44}"给"，kan^{44}"跟"，dui^{41}"在，对"。

9. 连词

连词有 ka^{44} "和，同"（兼属介词），a^{44} si^{44} "或者"，a^{44} se^{44} "但是"。油岭瑶话中连结句子的连词极少，表达一些复杂的句子时，往往就借用汉语的关联词语。

10. 叹词

叹词有表示感慨、赞叹、悲哀等情绪的，也有用来提醒对方注意的。例如：

tsia^{41}（唉），tsam^{44}（热）siaŋ^{53}（很）O^{44}."唉，热极了。"

ia^{44}（哇），na^{44}（这）toŋ^{44}（所）piu^{44}（房）a^{44} lou^{44}（非常）joŋ^{41}（好）joŋ^{41}（好）！"哇，这所房子多漂亮啊！"

hai^{24}（喂），mui^{53}（你）mi^{53}（去）paŋ^{41} ŋ^{44}（哪里）a^{44}？"喂，你上哪儿去啊？"

11. 拟声词

瑶话中也有很丰富的拟声词，有模拟笑声的，模拟流水声和其他各种响声的。例如：ha^{44} ha^{44} "哈哈"，ga^{44} la^{44} ga^{44} la^{44} "嘎拉嘎拉"。拟声词可以充当句子成分。例如：bia^{24} kuŋ^{44}（雷公）ku^{44} lum^{44} ku^{44} lum^{44}."雷声轰隆轰隆。"

（二）句子成分和语序

句子成分也可以分成主语、谓语、宾语、补语、定语和状语六种。

1. 语序

1) 句子主要成分的次序是：主语在前，谓语在后，宾语在动词的后面。例如：vei^{44}（他）eu^{44}（喊）tsia^{44}（我）."他喊我。"

动词带两个宾语时，可以是直接宾语在前，也可以是间接宾语在前。例如：vei^{44}（他）ban^{44}（给）e^{44}（了）tsia^{44}（我）a^{44}（一）ba^{44}（把）kia^{24} hu^{44}（锄头）."他给了我一把锄头。"

把 tsia^{44}（我）放在 kia^{24} hu^{44}（锄头）后面也可以，意思仍不变。

2) 定语、状语有的在中心语的后面。例如：

piaŋ^{41}（花）sia^{44}（红）"红花"，num^{53}（叶）meŋ^{53}（绿）"绿叶"。

mui^{53}（你）jaŋ^{41}（走）hen^{44} doŋ^{44}（先）."你先走"。

tsia^{44}（我）mai^{44}（买）vi^{41}（二）tsan^{44}（斤）nen^{44}（仅仅）."我只买二斤"。

定语、状语也有在中心语之前的。例如：

joŋ⁴⁴（高）kui⁴¹（山）"高山"，saŋ⁵³（太）lou⁴⁴（大）"太大"。

3）补语在中心语的后面。如果动词后面有宾语和补语，它们的位置有两种情况，有时补语在宾语前，例如：tsia⁴⁴（我）ɲan⁴⁴（吃）ŋ⁴¹（不）ga²²（下）noŋ⁴¹（饭）."我吃不下饭。"有时补语在宾语之后：tsia⁴⁴（我）ɲan⁴⁴（吃）noŋ⁴¹（饭）ŋ⁴¹（不）ga²²（下）."我吃不下饭。"

2. **用作谓语的语言单位**

1）动词、形容词充当谓语。例如：

a⁴⁴kui⁴⁴（鸡）jut⁴⁴（啄）me²⁴（米）."鸡啄米。"

na⁴⁴（这）tu⁵³（座）beŋ⁴¹（山）joŋ⁴⁴（高）siaŋ⁵³（很）e⁴⁴."这座山很高。"

2）体词充当谓语。例如：

ni⁴⁴nai⁴⁴（今天）heŋ⁴⁴jot⁴⁴（初一）."今天初一。"

na⁴⁴heŋ⁵³（这）siŋ⁴¹bu⁴¹（什么）tum⁴⁴taŋ⁴¹（东西）？"这是什么东西？"

3）拟声词充当谓语，例见前面"各类词的特点"。

4）各类词组充当谓语。例如：

vei⁴⁴　ho⁴⁴　beŋ⁴¹　dau²⁴　hoŋ⁴⁴.（连动词组）
他　　上　　山　　砍　　柴。

他上山砍柴。

tsia⁴⁴　eu⁴⁴　mui⁵³　toi⁵³　ka⁴⁴　tsia⁴⁴　hum⁴⁴　piu²⁴.
我　　叫　　你　　来　　给　　我　　盖　　房（兼语词组）

我叫你来帮我盖房顶。

其他如主谓词组，联合词组都可以充当谓语，不一一举例了。

（三）句子类型

从结构来看，它的句子有主谓句和独语句，完全句和省略句。就句子的语气来说，也可分陈述句、疑问句、祈使句和感叹句四种。下面要说明的是另外几种句子。

1. **表示形容词的比较的句子**

na⁴⁴　fai²²　liaŋ⁵³　lou⁴⁴　oi⁴¹　ti²²　fai²²　liaŋ⁵³.
这　　块　　田　　大　　一点　那　　块　　田

这块田比那块田大一点。

在这种句子里，形容词已转化为动词，后面带一个补语 oi⁴¹ 和一个宾语（如上例中的 ti²²fai²²iaŋ⁵³），在这些由形容词转化来的动词后面，补语置于宾语之前。

现在也有人采用汉语的说法：

toŋ⁴⁴　ɲi²²　bi⁴⁴　toŋ⁴⁴　jot⁴⁴　huŋ⁴⁴　meŋ⁴⁴　oi⁴¹.
唐　　二　　比　　唐　　一　　聪　　明　　一点
唐二比唐一聪明一点。

2. 表示被动的句子

boŋ⁴¹　ɲi²²　ban⁴⁴　vei⁴⁴　sa⁴⁴　ket⁴⁴　e⁴⁴　dun⁴⁴.
房　　二　　给　　他　　妻　　打　　了　　顿
房二给他妻子打了一顿。

3. 表示"来"或"去"的句子

tsia⁴⁴　mi⁵³　kin⁴⁴　haŋ⁴⁴.
我　　　去　　金　　坑
我到金坑去。

vei⁴⁴　ni⁴⁴　nai⁴⁴　toi⁵³　na⁴⁴　lau⁵³.
他　　今　　天　　来　　这　　儿
他今天到这儿来。

油岭瑶话不会把"去金坑"说成"到金坑去"；同样，"来这儿"，瑶话也不说"到这儿来"。

4. 复句

1）表示并列关系。如：

mui⁵³　he⁴⁴　liaŋ⁵³，tsia⁴⁴　siaŋ⁴⁴　liaŋ⁵³.
你　　犁　　田　　　我　　插　　田
你犁田，我插秧。

2）表示主从关系。如：

a⁴⁴　piu²⁴　vai⁴⁴　e⁴⁴　toi⁴⁴，hi⁴¹　biŋ²²　nu⁴⁴　a⁴⁴.
　　　房　　坏　　了　　　　　　漏　雨
因为房子坏了，所以漏雨啦。

这里从句中用助词 toi⁴⁴ 表示原因。

mui⁵³　va⁴⁴　nai⁴⁴　toi⁴¹　nu⁴⁴　sei⁴⁴，tsia⁴⁴　ka⁴⁴　mui⁵³　ka⁴⁴　di⁴⁴　mi⁴⁴.
你　　明　　天　　来　　　　　　　我　　和　　你　　共　　同　　去
如果你明天来，我就和你一起去。

从句里助词 nu^{44}sei^{44} 表示假设。

油岭瑶话中复句形式少,现在有人借用汉语的关联词语来构成一些复杂的句子。

附注: 这篇文章是我们在 1982 年夏调查了油岭瑶话之后写成的。限于篇幅,作了删节。在搜集和整理材料过程中,高华年教授向我们提出了不少宝贵意见,谨在此表示谢意。

(原载《中山大学学报》(哲学社会科学版)1984 年第 3 期,第 115 - 126 页)

先秦古文字材料中的语气词

张振林

一

现在常见的《古代汉语》《汉语史》和《文言语法》一类的书籍，在讲到先秦（或称上古）部分时，大抵选材于《易》《书》《诗》、"三礼"、《春秋》三传、《国语》《战国策》和诸子著作、《楚辞》等被称为先秦文献的书籍，直接引用地下出土的第一手材料者极为罕见。这些文献中，有的写作年代混沌不清；有的写作年代虽然可知，但往往是经过传抄和结集时的润色或窜改，已非本来面目。郭沫若同志就曾根据卜辞和铜器铭文的内容及其所用文字、词汇的时代特点，分辨过这些文献中部分作品的真伪和制作年代。①古代语言没有录音，古文字材料则是研究先秦语言的最可靠的依据，这是毋庸置疑的。对古文字材料的词类和语法进行研究，往往会给文献材料的价值估计带来莫大的帮助，如对殷周金文进行研究后，可知当时第一人称不用"予"或"吾"，"朕"不用作主格，第二人称通常用"女"而不用"汝"，极少用"爾""尔"，等等，如果文献中有和这些情况相左的，即可判断是春秋以后所作，或是经过后人改窜的。容老师希白教授曾在 50 年前发表过《周金文中所见代名词释例》②。据我所知，马国权同志在 20 年前曾写过《两周金文辞词法初探》（未刊），对金文中的语词作了分类编排研究，其于 1979 年发表的《两周铜器铭文数词量词初探》③，即为其中一部分的补充修订之作。时隔多年，出土的古文字材料已大为增加，进一步研究古文字材料中的词汇，为先秦古汉语的研究提供更多的时代确切可靠的第一手资料，是很有必要的。

在学习铜器铭文过程中，每读到韵文，音韵铿锵，琅琅上口，使人辄生

---

① 参见郭沫若《中国古代社会研究》和《古代研究的自我批判》。
② 参见《燕京学报》1929 年第 6 期。
③ 参见《古文字研究》第 1 辑，中华书局 1979 年版。

读《诗》之感，而记言或叙事散文，如有名的《盂鼎》《墙盘》《舀鼎》《克鼎》《散盘》《毛公厝鼎》等，虽经过许多专家考释疏通，已基本可读，但总叫人觉得如读《尚书》，美言之，是"苍峻古朴""崇奥浑穆，渊古高卓""文辞凝练"①，丑言之，则实在是佶屈聱牙，拗口难读，不像前几年出土的中山王嚳诸器铭，文辞一经疏通，读起来就充满感情，如读《左传》《战国策》文选。例如："呜呼，语不废哉！寡人闻之：蔑其溺于人也，宁溺于渊。""呜呼，哲哉！社稷其庶乎！厥业在祇。寡人闻之：事少如长，事愚如智，此易言而难行也，非惷与忠，其谁能之？其谁能之？！惟吾老貫是克行之。""呜呼，念之哉！"读到这样的文句，能使人感触到其思想活动，如听到动感情的谆谆告诫，情意恳切，不能不说是金文中初见的绝妙好文。其所以有此效果，首先在于文章的思想内容，自不待说，而成功地使用了大量的语气词，也不能不说是金文中初见的。这一点启发了我，调查一下古文字材料中语气词的使用情况，对先秦时代古汉语的发展面貌研究，是很有帮助的。

最近看到香港中文大学1980年4月出版的《中国语文研究》创刊号，里面有一篇李达良先生的文章，名叫《若干文言语气词源出上古时期的推测》。该文"试从甲、金文、《诗》《书》时期的材料作为断限，选了十一个比较重要的语气词，作一初步探讨，考察一下这些词在这时期的一般状况和相互关系"②。其考察的结果是：①在这时期，语气词的数量比较少，在所举十一字中，没有"耶""耳""夫"三字。②用法比较简单，词性、字形和字音都不大稳定。③很多词有分化现象，尚在发展阶段。古汉语语气词的发展成熟，应该是在甲、金文、《诗》《书》时代以后，随着晚周两汉群经诸子的哲理散文和史传散文的长足进展，逐渐完成。李先生在"也"字条下，引举了秦铜权、新郪虎符、诅楚文、石鼓文和睡虎地秦简中的"殹"，并证"猗、兮、殹、也"四字为描写同一声音的异体字。此外，李先生在"哉"字条下引了金文二例；认为"已、耳、与（欤）、乎、夫、者"，虽然金文中都有，但不是作语气词用；而"也、邪（耶）、矣、焉"等字，在甲骨文、金文中找不到。③ 因此，李先生所举的材料，基本上来自从商到春秋的《诗》《书》，不分各篇章的具体时代。从语言发展角度看，我以为时间划分太长且失之笼统。

---

① 均见于于省吾著《双剑誃吉金文选》之眉批。
② 李达良：《若干文言语气词源出上古时期的推测》，载《中国语文研究》1980年4月创刊号，第67页。
③ 李达良：《若干文言语气词源出上古时期的推测》，载《中国语文研究》1980年4月创刊号，第71页。

《诗》和《书》中都包含着上千年的材料，况且它们在春秋战国间结集后，又屡经辗转传抄，加上从古文隶变到今天的楷书，其中失误、改窜不可避免。现在这两部书中的语气词，究竟有多少是原有的，多少是后来的，也很难分辨。因此，以《诗》《书》例句为主的引证，难免使人生疑。尽管李先生关于语气词"尚在发展阶段"的结论和关于发展成熟期的推测，都是审慎可取的，但我觉得，依据出土的先秦古文字材料，将语气词整理一番，也是极为必要的。

以上三端，就是我撰此文的原因和意旨。

二

在甲骨卜辞中，句首语助叀、隹是常见的，就像金文中的隹（唯）、雩一样，并不表示某种特定的感情或意图所需的语气。陈梦家先生的《殷虚卜辞综述》中所说的语气词，是指动词之前表示肯定、否定和不定语气的副词允、不、弗、弜、勿、毋、其。其所谓"偶有在句末安置语气词的"①，指的是《殷契粹编》第四二五片："丁未卜㭰㞢咸戊彶㓞。"此段卜辞，似不能肯定末一字当释为"戊乎"合文。甲骨卜辞中未见单纯语气词。对甲骨卜辞的语气判断，主要是根据动词、副词以及整段卜辞的内容推测的。同样，在商代的金文里，也未见单纯的语气词。

在语言实践中，感情最为强烈地通过语言表现的，莫过于惊呼、感叹和命令，其他感情的表现，在语气上的区别是相对地细微些的。命令语气通常是用简短明确的句子表达的，所以不产生纯表语气的命令语气词。而惊呼和感叹则往往通过特殊的语音来表达，因而产生一种专门描写这类声音的惊叹词（现代语法书一般称为感叹词）。惊叹词带有较长的拍节，因此常把它当作一个独立的词类，且常常把它当作独立的句子来看待，使它同其他句末语气词成为平行的关系。但是为了探索古汉语中语气词的产生和发展的使用情况，我在此仍把它当作语气词中的一种，姑称为句首语气词，同其他句末语气词一起加以考察。这样，我们在现在可见到的先秦古文字材料中，可以找到如下13个词。

---

① 陈梦家：《殷虚卜辞综述》，第128页。

（一）叡

叡在金文中多见，有的作为人名，有的与"今"对称义如徂，有的作为句首感叹词。作句首感叹词的有下列各例：

（1）叡！酉（酒）无敢酲，有崇烝祀无敢醺。（盂鼎）

（2）叡！吾考克渊克尸（夷）。（沈子它毁）

（3）叡！东尸（夷）大反，白（伯）懋父曰（以）殷八𠂤（师）征东尸（夷）。（小臣謎毁）

（4）王令（命）㦰曰：叡！淮尸（夷）敢伐内国，女（汝）其㠯（以）成周师氏戍于古𠂤。（彔㦰卣）

（5）叡！乃仁县白（伯）室。（县妃毁）

过去有不少考释家，引《尚书·费誓》的"徂兹淮夷徐戎并兴"为证，把上述各例的"叡"字训为徂、为往、为昔。首先指出"金文之叡用为嗟字"的是柯昌济。① 杨树达认为《费誓》该句应以"徂兹"为句，"徂兹"犹"嗟兹"也，并引证了《诗》《管子》《尚书大传》《说苑》《青州牧箴》等书的例句，证明它为表声的叹词。他说："嗟字经传中无虑千百见，而金文中了无其字，正以作叡不作嗟尔。"② 将《费誓》该句同例（4）相比较，则可发现其内容是相一致的。"徂兹"或"叡"，是对淮夷徐戎并兴，胆敢侵犯中原的惊叹。徂、叡二字皆从且得声，声类相同，故可用来表现同一惊叹语气。

（二）䛑

"䛑"字在金文和帛书中作句首感叹词，与经传中的"猷"相近。

（6）王令（命）虞③侯矢曰：䛑，侯于宜。（矢毁）

（7）王若曰：彔白（伯）㦰，䛑，自乃且（祖）考又（有）勋于周邦，右（佑）闢（辟）四方，叀圂天令（命）。（彔白㦰毁）

---

① 柯昌济：《韡华阁集古录跋尾》，第17页。
② 杨树达：《积微居金文说》，第58-59页。
③ 《古文字研究》本隶为"虞"，《中国语文研究》本讹为"虔"。——原文编按

(8) 帝曰：繇，□之哉！毋弗或敬。（长沙楚帛书）

（三）巳

在甲骨卜辞和铜器铭文中，十二地支中的巳，均作 🜲 或 🜲，而不作 🜲。🜲 在西周金文中作句首语气词，在春秋战国期间则作句末语气词。经传中的"已"，殆是"巳"字蜕变的。如长沙仰天湖第二十五号楚墓出土的竹简，即显露了这一蜕变的踪迹：以 🜲、🜲、🜲 表示经过清点核对，某一家赗赠之物到此结束，也就是后世作为终结、完了的"已"。仔细慢写则为"巳"（🜲），草率急就则为"己"（🜲）。

"巳"字作为句首语气词的有：

(9) 巳，女（汝）妹辰又（有）大服，余隹（惟）即朕小学，女（汝）勿兒余乃辟一人。（盂鼎）

(10) 王曰：父厝，巳，曰彶兹卿事寮、大史寮，于父即尹。（毛公厝鼎）

在郭沫若同志的《两周金文辞大系考释》中，盂鼎的"巳"字属上为句，毛公厝鼎的"巳"字连下为句。这里从于省吾先生的《双剑誃吉金文选》，以"巳"为叹词，就像《书·大诰》之"巳！子惟小子"，《康诰》之"巳！汝惟小子"和"巳！汝乃其速由兹义率杀"。

巳字作句末语气词例：

(11) 往巳，弔（叔）姬！（吴王光作叔姬鉴）
(12) 一膏（享）名①巳，二膏（享）忧巳。②（信阳楚竹书）
(13) 聞（闻）之于先王之法巳③。（信阳楚竹书）
(14) ……立日贛赐布巳④。（信阳楚竹书）

---

① 释误，字作 形。——原文编按
② 见信阳楚竹书 1-046、1-039 简，字作 、 。或释"也"。参河南省文物研究所《信阳楚墓》，《中国田野考古报告集·考古学专刊丁种第三十号》，文物出版社 1986 年版。下文所引同。——原文编按
③ 见 1-07 简，字作 。——原文编按
④ 见 1-010 简。赐或释"赐"。——原文编按

（15）……亓（其）欲，能又（有）弃巳①。（信阳楚竹书）

（16）……聅（闻）之巳②。（信阳楚竹书）

信阳楚竹书中尚有四处残简有"巳"字，在此从略。

（四）乌虖、乌夫、於嘑、於虖

经传中的感叹词"呜呼"，在西周金文中作"乌虖"，春秋战国期间作"乌夫"或"於嘑""於虖"，都是句首独立的感叹词。

（17）乌虖，尔有唯半（小子）亡（无）戠（识）。（砺尊）

（18）乌虖，隹考娸𠂤。（沈子它毁）

（19）乌虖，乃沈子妹克蔑，见獻于公，休沈子肇田，𢼊、狙贮酋。（沈子它毁）

（20）乌虖，效不敢不迈（万）年夙（凤）夜奔徒（走）扬公休。（效卣、效尊）

（21）班拜頴首曰：乌虖，不杯乱皇公受京宗懿（懿）釐，毓文王、王姄□孙隲于大服，广成𣄰（厥）工（功）。（班毁）

（22）乌虖，詠帝家，曰（以）章不吊（淑）枣乃邦。（賨子卣）

（23）戉曰：乌虖，王唯念戉辟刺（烈）考甲公。（戉方鼎）

（24）戉曰：乌虖，朕文考甲公文母日庚弋休。（戉方鼎）

（25）乌虖，哀哉！用天降大丧于上国。（禹鼎）

（26）乌虖，徣余小子圂湛于囏（艰）。（毛公厝鼎）

以上八家九器均为西周器，"乌虖"二字从西周前期到后期，写法基本不变。

（27）於嘑，敬哉！（儠儿钟）

（28）乌夫，戋（贱）人刚恃，天达亓（其）型（刑）。（信阳楚竹书）③

---

① 见1-018简，字作乚。——原文编按

② 见1-030简，字作㇄。——原文编按

③ 见1-02简。——原文编按

(29) 周公戒然䣂（作）色曰：乌夫，戋（贱）人𠬝（格）上，则型（刑）戮①至。(信阳楚竹书)②

(30) 於虖，语不婆（废）𠦝（哉）！(中山王䁀鼎)

(31) 於虖，斱（哲）𠦝！(中山王䁀鼎)

(32) 於虖，攸（悠）𠦝！(中山王䁀鼎)

(33) 於虖，念（念）之𠦝！(中山王䁀鼎，二见)

(34) 於虖，允𠦝若言！(中山王䁀壶)

(35) 於虖，先王之惪（德），不可复䙴（得）。(盗壶)

第（27）例为春秋器，其下均属战国作品。单是中山王䁀鼎，就 5 次出现"於虖"，说明到了百家争鸣的时代，文风较口语化。

（五）夫

句首"夫"字，杨树达的《词诠》把它称为提起连词，其解说却为"发言之端"③，有自相矛盾之嫌。我们通常所说的连词（连接词），是指用来连接词、词组或分句的词。而这句首"夫"字，是发议论者想提出某一重要事情并发表议论，为引起人们注意而发出的语气词，带有重点强调的意味。它在句子中只有表达这种语气的意义，而无其词汇上的具体意义。所以，新中国成立以来的许多教科书，已把它称为句首语气词。

(36) ……𠂤④则𠭰皆三代之子孙。夫□⑤……(信阳楚竹书)⑥

(37) ……𠃍。夫……(信阳楚竹书)⑦

(38) 夫古之圣王，孜（务）在䙴（得）臤（贤），其即（次）䙴（得）民。(中山王䁀壶)

信阳楚竹书都是残断简。例（36）是从文句内容推测，当于"子孙"下

---

① "戮"作𢧵，《古文字研究》本隶为戮。——原文编按
② 见 1-01 简。——原文编按
③ 杨树达：《词诠》，中华书局 1978 年版，第 36 页。
④ 各本隶为夊。原简蚀泐，或释久。——原文编按
⑤ 此字各本都有隶定，但难辨笔画，原简仅存上部残画，今以□代之。——原文编按
⑥ 见 1-06 简。——原文编按
⑦ 见 1-071 简。前字作𠃍。——原文编按

面断句。例 (37) 原简虽只残存二字，但在"夫"字上面古人留下了很明显的句读横画，这正是为了避免将"夫"字误解为句末语气词而特别加上的符号。所以该"夫"字为句首语气词是没有疑问的。

"夫"字作为句末语气词，在已出土的古文字材料中还很少见，现仅见下面一例：

(39) ……虐戕不智也夫！（信阳楚竹书）①

（六）才、戈、哉、𢦏

先秦经传典籍中常见的句末语气词"哉"只有一种形体，或表感叹，或表疑问，或表反诘。但在出土古文字材料中有才、戈、哉、𢦏等形体，均从才得声，都是在句末表感叹，表疑问和反诘语气的尚未曾见。

(40) 苟（敬）高（享）戈（哉）！（珂尊）

(41) 王曰：师訇，哀才（哉）！今日天疾畏（威）降丧，首德不克䠟，古（故）亡承于先王。（师訇毁）

(42) 乌虖，哀戈（哉）！用天降大丧于上或（国），亦唯噩侯馭方率南淮尸（夷）、东尸（夷）广伐南或（国）东或（国），至于历内。（禹鼎）

(43) 冂哉，其兵。（庚壶）

(44) 於嘑，敬哉！（儋儿钟）

(45) 述玉鱼顥曰：钦戈（哉），出游水虫，下民无智。（鱼鼎匕）

(46) 鄀侯辇（载）畏夜（威夷）愍（淑）人（哉）！（鄀侯载毁）

(47) 帝曰：繇，□之哉，毋弗或敬。（长沙楚帛书）

(48) 於虖，语不媺（废）𢦏（哉）！（中山王䪣鼎）

(49) 於虖，新（哲）𢦏（哉）！（中山王䪣鼎）

(50) 於虖，攸（悠）𢦏（哉）！（中山王䪣鼎）

(51) 於虖，念（念）之𢦏（哉）！（中山王䪣鼎，二见）

(52) 於虖，允𢦏（哉）若言！（中山王䪣壶）

（七）之

"之"字在甲骨卜辞和两周金文中，通常都是作第三人称宾格或附在名

---

① 见 1-014 简。——原文编按

词（或名词性词组）后作领格助词"的"用。在铜器铭文中，于言作器之后，文末附上"永宝用之"或"永保鼓之"（限于钟类），此类文例数以百计。这个"之"字，可作第三人称宾格看待，指代上述所作该器。但是，同样有许多铭末是以"永宝用"或"永宝用言"作结的，那么把"永宝用之"的"之"字作为句末语气词理解，似也未尝不可。此类例，在此不征引。

（53）齐三军围□，冉子𢦏（执）鼓（鼓），庚①大门之，𢦏（执）者（诸）獻（献）于霝（灵）公之所。（庚壶）

（54）隹（惟）天乍（作）福，神则各（格）之，隹（惟）天乍（作）𢍜，神则惠之。（长沙楚帛书）

（55）寡人𦕤（闻）之：蔑其汋（溺）于人施（也），宁汋（溺）于開（渊）。（中山王𰯼鼎）

（56）寡人𦕤（闻）之：事乍（少）女（如）䛊（长），事愚女（如）智，此易言而难行施（也），非恁（仁）与忠，其隹（谁）能之？其隹（谁）能之？！隹（惟）虐（吾）老賈是克行之。（中山王𰯼鼎）

（57）呂（以）内䋤（绝）邵公之譽（业），乏其先王之祭祀；外之，则䖒（将）速（使）堂（上）勤（觐）于天子之庙，而退与者（诸）侯齿䛊（长）于逾（会）同，则堂（上）逆于天，下不惄（顺）于人施（也）。寡人非之。（中山王𰯼壶）

（58）凡兴士被甲，用兵五十人呂（以）上，必会王符乃敢行之；燔坠事，虽无会符，行殴（也）。（新郪虎符）

例（53）的"大门"为大攻城门，"门"后的"之"字类似"焉"，为句末语气词。杨树达先生于《庚壶跋》一文中考之甚详②，在此从略。例（56）中最后的"是克行之"的"之"字为代词，作"行"的宾语。而"其谁能之"的"之"字是句末表感叹的语气词。句前的"其"字与疑问代词"谁"组成疑问句，因此"其谁能之"是疑问形式的感叹句。例（57）中的第三个"之"字为句末语气词是很明显的，第一、二、四个"之"字为领格助词，第五个"之"字为代词。

---

① 原隶作摩。——原文编按
② 参见杨树达《积微居金文说》第180–181页。

（八）也、施、殹

在两周金文中不见"也"字。后世从"也"之字，来源于从"它"，如"池"作"沱"（小篆分化为二字），"地"来源于"埅"。可见 ⚬ 是 ⚬ 分化出来的。"它"（⚬）在西周金文中作器物名，其造字之义，本为象匜之俯视形。西周后期偏旁开始长足发展，在西周后期和春秋时期的铜器铭文中，"它"或根据其物质性质加"金"旁，或根据其为器物加"皿"旁，或同时增加"金"旁和"皿"旁。总之，从西周至春秋，"它"字多作器名或人名，也有重言当作形况字用的，如《伯康毁》的"它＝受兹永命"，《齐侯盘》《齐侯敦》的"它＝熙＝"，但还未见作语气词用的。用"它"描写语气声音作为句末语气词，形变为"也"（ ㄎ ），是战国以后的事。其作为语气词在战国是产生初期，字未定型，故又有作"施"（从也得声字），作"殹"（同音字）的。

在现已出土的古文字材料中，字写作"也"的有楚简：

（59）……虘怃不智也夫。（信阳楚竹书）①

（60）……与甯是之也。（信阳楚竹书）②

（61）……□也。　　（信阳楚竹书）③

作"施"的有中山王䰜器：

（62）寡人䎽（闻）之：蒦其汋（溺）于人施（也），宁汋（溺）于渊（渊）。（中山王䰜鼎）

（63）寡人䎽（闻）之：事尐（少）女（如）䛊（长），事愚女（如）智，此易言而难行施（也）。（中山王䰜鼎）

（64）㥅忌（谋虑）虘（皆）从，克又（有）工（功），智施（也）。诒死皋（罪）之有若（赦），智（知）为人臣之宜（义）施（也）。（中山王䰜鼎）

---

① 见1-014简，字作 ㄎ 。——原文编按

② 见1-019简，字作 ㄎ 。——原文编按

③ 辞例太短，无法确定出自哪一简，1-058和1-063残简上的字写法均与此二字有别，而与上文"巳"写法相同。——原文编按

（65）余智（知）其忠訐（信）施（也），而謁賃之邦。（中山王譽壺）

（66）則堂（上）逆于天，下不忥（顺）于人施（也）。（中山王譽壺）

（67）酒（将）与虐（吾）君并立于丗（世），齿張（长）于遭（会）同，则臣不忍见施（也）。（中山王譽壺）

作"殹"的有秦器：

（68）汧殹（也）泪泪。（石鼓文）
（69）汧殹（也）涿涿。（石鼓文）
（70）……礼使介老将之，以自救殹（也）。（诅楚文）
（71）燔坠事，虽无会符，行殹（也）。（新郪虎符）

《睡虎地秦墓出土竹简》里有大量以"殹"为"也"的例子。信阳楚简用"也"字，而本为楚地之云梦，进入秦以后即用"殹"字。看来"也""施""殹"，原有地域国别上的差异。秦刻石和诏版之放弃"殹"而改用"也"，大概即属于秦统一文字时，以简代繁、"以趣约易"的一个表现。

（九）虖（欤）

虖见于春秋齐叔夷镈和龢镈铭，前器作重言形容词用，后器作连词"与"用。虖作为语气词用，始见于信阳出土的楚竹书。

（72）猷（犹）艻萰（兰）虖（欤）！（信阳楚竹书）①

信阳出土的楚竹书多为残简。然此句甚完整，"虖"下尚有句读横画，无异标明"虖"为句末语气词。"虖"如"欤"，表感叹。在信阳楚竹书中，"虖"字还有一见，因简开裂，前面的字笔画模糊，故此不再征引。

（十）者

在金文材料中，"者"字甚多，但一般都作"诸侯"之"诸"，或专名

---

① 见 1-024 简。——原文编按

用字，如“者妸”“者减”“者旨于睗”“者沪”“者旨暫”等人名。《免毁》的“者”字则是“书”字之省上半部分。中山王譽墓出土的铜器铭文，“者”字的用法则丰富得多：有的继续作“诸”用，如“退与者（诸）侯齿𨱍（长）于遀（会）同”“者（诸）侯䖒（皆）贺”（均见于中山王譽壶）、“有事者（诸）官图之”（见于兆域图）；有的作结构助词，义如“……的人”，如“进退□乏者，死亡（无）若（赦），不行王命者，悆（殃）逊（联）子孙”（见于兆域图）；也有作语气词用的，置于表时间的词后边，表提顿语气，如：

(73) 昔者，郾君子遀，觀弇夫㹻，𨱍（长）为人宗，闬于天下之勿（物）矣，猷（犹）粯（迷）惑于子之，而迋（亡）其邦，为天下㱩，而皇（况）才（在）于乑（少）君虖？（中山王譽鼎）

(74) 昔者，𧆘（吾）先考成王㬎（早）弃群臣……（中山王譽鼎）

(75) 昔者，𧆘（吾）先祖趄王、邵考成王，身勤社稷行四方。（中山王譽鼎）

(76) 昔者，吴人并雩（越），雩（越）人𢿢教备恁（仁），五年复吴，克并之，至于含（今）。（中山王譽鼎）

(77) 昔者，先王𢆶𢘓（慈爱）。（𧊒壶）

以上五例“昔者”的用法，与《易·系辞》之“昔者，圣人之作易也……”相同。

（十一）虖

“乎”是经传古籍中常见的句末语气词。甲骨卜辞和西周、春秋的铜器铭文中，经常出现“乎”字，但都是作为“呼唤”“诏呼”使用，而不作语气词。其作为语气词，现只见于中山王譽鼎，字写作“虖”。

(78) 而皇（况）才（在）于乑（少）君虖。（中山王譽鼎）

(79) 于虖，㪿（哲）𢆶（哉）！社禝（稷）其庶虖？（中山王譽鼎）

例（78）“虖”表反诘语气，例（79）句末之“虖”表委婉推断语气。

（十二）矣

到目前为止出土的先秦材料中，句中停顿语气词“矣”字，只一见：

(80) 昔者，郾君子逾，观夯夫悟，张（长）为人宗，甩于天下之勿（物）矣，猷（犹）规（迷）惑于子之，而祉（亡）其邦，为天下缪，而皇（况）才（在）于半（少）君虐？（中山王䡅鼎）

（十三）焉

句末语气词"焉"，见于战国文字材料：

(81) 賈曰：为人臣而返臣其宗，不羊（祥）莫大焉。（中山王䡅壶）
(82) 于虐，允糵（哉）若言！明大之于壶而耆（时）观焉。（中山王䡅壶）
(83) 枼万子孙，毋相为不利。亲卬（仰）丕显大神巫咸大沈久湫而质焉。（诅楚文）

如果将出现语气词的先秦古文字材料，按其时间先后次序作纵向排列，将使用的语气词作横向排列，我们就可以得出一个先秦古文字材料中语气词出现情况表（见附表）。

三

目前已经出土的先秦古文字材料，可以肯定地说，有它的局限性。首先从材料种类看，西周、春秋只限于铜器铭文，未见竹简、帛书一类较为普及常用的文书材料；其次从铜器铭文本身看，它是受到铭物的内容和体裁限制的，有不少材料是公式化的，像颂鼎、颂壶一类公式化的文辞，像墙盘、散盘一类的叙事文，即使文长100多字乃至300多字，也不能像记言体或叙事兼记言（夹叙夹议）的文体那样表现口语。春秋前期的铭文更是如此，多数为50字以下的公式化铭辞，缺乏生气，这是事情的一方面。但另一方面我们也可以看到，我们根据现已出土的古文字材料，对语气词的产生和发展的概貌作一些推测，也不算是天方夜谭。这就是：

第一，商代还未有语气词。①

第二，语气词的产生是从西周初期开始的。最初出现的是描写强烈的惊叹语气的独立的感叹词。正如附表所显示的那样，西周时期有较多的句首感叹词被使用，句末语气词很少。

第三，语气词是语言实际中极为生动的语音现象，本身没有实在的词汇意义，却有不可缺少的语法意义。若从文字记录语词的角度看，语气词在初期是同象声词差不多的，只要能将带某种感情语气的声音反映出来，使用哪一个同音字或声音相近的字，都是可以的。只有到语气词发展得较丰富成熟时，不同语气所用的字才逐渐固定下来。用这样的观点看前面所举材料，我们就可以看到：①从"乌虖"到"於虖"，"虖"字不变，"乌"变为"於"，说明从西周到春秋战国，这一感叹的语音是有所变化的。信阳楚竹书里"虖"字改用"夫"，可能在战国时期的楚国北部，此一语气发唇音而不发喉音。"乌"变"於"，主要是时代不同的音变反映；"虖"可写作"夫"，主要是地域方言的关系。② ②句末语气词"哉"在西周初期已经产生，直到战国中期，经历了700多年，都是使用从才得声的字；另从地域上看，南起长沙，北至中山，东起于徐，西至宗周，也都是使用从才得声的字。这就说明，从西周到战国，"哉"这个语气词，基本上没有时间和地域的差异，只是用字仍未固定而已。③同是在战国中期，句末语气词"也"，在楚和中原作"也"，在中山作"施"（旎），在秦作"殹"。秦始皇统一中国后，原属楚地的云梦（南郡）曾改用秦字"殹"；而秦权、诏版和刻石，则采用了较简便的"也"（也）字。这说明某些语气词的用字，在战国时期有国别地域的差异，而秦始皇及其近臣在统一文字工作上，并没有坚持以秦字代替六国分歧的文字。④句末语气词在西周初期开始出现，但只是个别的。春秋后期有所增加，但增加仍不多，这可能是语言历史事实，有春秋中、后期叙事兼记言的长铭，如叔夷镈、鑑镈、庚壶、洹子孟姜壶、晋姜鼎、晋公䚁、蔡侯龖钟等可以作证。至使用铁器生产的战国时期，政治、军事、外交流动都非常纷繁，思想文化也十分活跃，出现了诸子百家争鸣，纵横家游说四方，王室和

---

① 参见张世超《卜辞句末语气词的再探索》，见《中国文字研究》第二辑，广西教育出版社2001年版，第206–210页。该文提出卜辞句末之"不我"是表疑问的语气词"夫"的舒缓言之。这意见可供参考。

② 祖籍中原而今居住于华南山区的客家人所说的客家话，凡从乎得声的字，仍旧不发喉音而读唇音，与"夫"字完全同音。原属楚地的汉语湘方言、赣方言和粤方言区也大致如此。这可能就是楚将"虖"读作"夫"的语音遗存。

卿大夫敬重知识分子，食客盈门，著述颇多的局面。这样，使用语气词准确地表达不同的思想内容和语气，成了达到政治、军事、外交、思想斗争的胜利所不可缺少的一种手段。于是语气词得到长足发展。目前所见语气词多的古文字材料主要是战国中期的，便是上述那种历史文化状况的反映。至于战国前期，现在所见较长的文字材料尚少，还不敢妄加蠡测。总之，语气词的产生是由少渐多的。有的声音和用字同地域有关，有的则与地域关系不大；有的经历长时期声音有所变化，有的则变化不大。需要区别情况，作具体分析。

第四，上面已说过，语气词在语言实际中本是一种极生动的语音现象，而我们现在据以讨论的材料，不可能是当时录下来的语音本身，而只能是记录这些语音的文字资料，这就是说，我们现在谈的语气词的发展，跟文字的表现能力也有关系。如现代普通话中的语气词有哎、唉、嗳、啊、呀、吧、呢、哩、吗、嘛等；方言区还另增加一些方言语气词，如广州话中有啵、嗻、嚟、嘞、喎、喋等。在前人为我们准备了足够表达语音的偏旁材料基础上，各地群众都可以根据当地语音，选择一个同音字，加上口旁作为语气词用字。在说同一种话的文化人中通过约定俗成原则，还可将语气词用字相对地固定下来。但是先秦时代却不同，从有文字留存的商代中后期至秦统一中华的1000多年中，构成汉字特点的偏旁体系，还处在不断地产生、发展、成熟的过程中。我在去年（1979年）古文字研究会年会上提出的论文《试论铜器铭文形式上的时代标记》中，曾对偏旁发展大势作过简要描述：商代有少数稳定的偏旁；西周中后期有了明确的偏旁意识，使偏旁有较大发展；春秋后期至战国初期，偏旁基本成熟稳定。汉字偏旁的发展，不单纯是汉字的构字方法和造字能力重大发展的基础，同时也是汉字表达汉语的能力发展增长的反映。再查看一下语气发展情况统计表，可发现语气词的每一次发展并有了文字记录，都刚好在偏旁的每一次发展时或稍后一点。这是一个偶然的巧合呢，还是说明语气词的发展同汉字表现能力发展有关？这是很值得研究的问题。从上述13个语气词看，多数用字还是借用已有词（包括实词和虚词）的用字，"乌虖""哉""也"等语气词用字还很不固定，这些都是语气词产生初期的现象。西周时期使用借字"才"或"戋"，春秋战国时期出现"哉"或"𢦑"，就明显表现出人们有意识使用偏旁为语气词造专字。用口旁加音符造的"嚤""哉""𧧑"，作为语气用字，在春秋战国期间出现，这个时期既是汉字偏旁迅速发展成熟期，又正是语气词长足发展，要求相应的文字记录它，以避免单字借用过多而产生意义混乱的时期，也绝不是偶然的。语言发展的需要，推动了文字的发展、完善。文字的表现功能增长，又为记录语言的新发展，提供了更大的可能性。而处于主动地位的人，则在语言、文字互相推动，既有需要也有可能的情况下，力图准确地表达不同的语意，创造和丰富着语气词，并找到和使用着准确描写这些语气词的文字。

第五，从出土的先秦古文字材料中的语气词发展状况，我们得出另一个关于经传文献的看法。经过对出土材料和经传文献的研究和比对，我们已初步确认，《易经》是从原始社会转换到奴隶制时代整个过程的产物，在商周时期流传、修删、增益。《易传》是春秋战国时期从奴隶制转换到封建制整个过程的产物，是对《易经》的新解说。今文《尚书》28篇中，虞书2篇和夏书《禹贡》，是春秋战国期间伪托的作品，《甘誓》和商书5篇基本上属于商的作品，周书19篇是从周武王到春秋秦穆公时的作品。这是从商书和周书的主要文辞和思想内容分析出来的。它同《诗经》一样，从商到春秋中期的作品皆有，是春秋后期辑录、整理、加工、润饰而成集的。因此，《易》《书》《诗》三书，尽管其制作年代早至商，晚到春秋，但不能说所有文字都是原来的。大量使用合体形声字，就说明已非原样，而是经过润饰传抄变了样的。从战国到秦汉，这些经传都经过经师的辗转传授解说，今天所见的《易》《书》《诗》中的许多语气词，不见于商、周、春秋的古文字材料，看来都可能是春秋末经战国、秦、汉，不断在传授、解说、修改、润色中掺进去的。

中山王墓的铜器铭文和信阳长台关一号楚墓出土的竹书，使我们看到了战国中期的许多语气词使用情况，可以预料，将来的文物出土，将提供春秋战国时使用语气词的更丰富的材料，不单数量上会增加，时间上也完全可能提前。但是，在春秋中期或更早出现大量语气词的可能性，是极其小的，前引叔夷镈等一批春秋中、后期叙事兼记言体的长铭，即可为佐证。

一九八〇年八月于中山大学

附录

先秦古文字材料中语气词出现情况表

时间	器名	句首							句末											句中	
		乌虖	乌夫	於虖	叡	繇	已	夫	才弋	哉斁	已	之	也	施	殹	睪	夫	虖	焉	者	矣
西周前期	何尊	1							1												
	矢殷			1																	
	盂鼎				1	1															
	沈子它殷	2		1																	
	效卣	1																			
	效尊	1																			
	班殷	1																			
	寰子卣	1																			
	小臣謎殷		1																		
西周中期	戜方鼎	2																			
	彔戜卣			1																	
	彔白戜殷				1																
	县妃殷		1																		
西周后期	师訇殷								1												
	禹鼎	1							1												
	毛公厝鼎	1			1																
*																					
春秋中后期	庚壶									1	1										
	儆儿钟		1							1											
	吴王光乍叔姬鉴											1									
	鱼鼎匕								1												
战国时期	鄝侯载殷									1											
	信阳楚竹书		2			2				10	3						1	1			
	长沙楚帛书			1					1	2											
	中山王譽鼎		5						5		2		4					2		4	1
	中山王譽壶		1		1				1	1		3						2			
	盗壶		1																1		
	诅楚文											1					1				

续表

时间	器名 \ 语气词 出现次数	句首							句末												句中
		乌虖	乌夫	於虖	叔	繇	巳	夫	才/弋	哉/挙	巳	之	也	施	殹	辪	夫	虖	焉	者	矣
战国时期	石鼓文														2						
	新郪虎符																				
	29器种	11	2	8	5	3	2	3	4	10	11	7	3	7	4	1	1	2	3	5	1

* 出土的春秋前期的文字材料，迄今为止，只有一些简短而且公式化的铜器铭文，未见语气词，暂付阙如。

原书附记：本文为中国古文字研究会第三届年会论文，1980年版。先后刊于：香港《中国语文研究》1981年第2期；《古文字研究》第七辑，中华书局1982年版；中山大学中文系编《古文字学与语言学论集》，中山大学出版社1986年版；曾宪通主编《古文字与汉语史论集》，中山大学出版社2002年版。《古文字与汉语史论集》最晚出，收录的是后来的修订版，今据之收入，并与《中国语文研究》《古文字研究》本参校。

（原载《张振林学术文集》，中山大学出版社2019年版，第167—184页）

论先秦汉语被动式的发展*

唐钰明　周锡䪖

一

过去一般认为被动式产生于春秋以后。① 1980年杨五铭在郭沫若等前辈零星论述的基础上，正式提出了西周金文已有被动式的论点（管燮初、李瑾不约而同地持有同样看法）②，其结论大体可信。实际上，西周时期被动式不仅见诸金文，而且典籍也不乏其例。我们普查《尚书》《诗经》《周易》三书，共得十八例，均为"于"字式。兹引数例并略加申论如次。

(1) 予小子新命于三王，惟永终是图。（《尚书·金縢》）

于省吾《尚书新证》卷四："新命犹言始命，言新为三王所命也。古人'于'字在句中往往为被动之词。"

(2) 我有周佑命，将天明威，致王罚敕，殷命终于帝。（《尚书·多士》）

殷命终于帝即殷命为帝所终。《尚书·召诰》："天既遐终大邦殷之命"与此意同句异。

---

* 本文蒙潘允中教授审阅，谨致谢忱。
① 王力先生认为："真正的被动式在先秦是比较少见的，而且它的出现是春秋以后的事。"（《汉语史稿》，中华书局1980年版，第420页）
② 杨文《西周金文被动式简论》系1980年古文学第三次年会论文，见《古文学研究》第七辑；管说见《西周金文语法研究》，中华书局1981年版，第160页；李说见《汉语殷周语法问题探讨》，见《中华文史论丛》增刊《语言文字研究专辑》上，上海古籍出版社1982年版。

(3) 惟罪无在大，亦无在多，矧曰其尚显闻于天。（《尚书·康诰》）

"殷末孙受德，迷先成汤之明，侮灭神祇，不祀，昏暴商邑百姓，其章显闻于昊天上帝。"（《逸周书·克殷》）以及"万舞翼翼，章闻于天，天用弗式。"（《墨子·非乐》）均与此同例。"闻"字本义为"听闻""闻知"，"达"乃后起引申义。以下诸例闻字均用本义，不宜作"达"解。

(4) 惟时怙冒闻于上帝，帝休，天乃大命文王殪戎殷。（《尚书·康诰》）

"时"，犹指示代词"是"。"冒"，勖也；"怙冒"，大功。大功为上帝所闻。

(5) 申伯之德，柔惠且直。揉此万邦，闻于四国。（《诗经·大雅·崧高》）

郑《笺》："四国，犹言四方也。"此谓申伯之德为四方所闻。

(6) 忧心悄悄，愠于群小。（《诗经·邶风·柏舟》）
(7) 公用享于天子，小人弗克。（《周易·大有·九三》）

"用"，虚词，犹"因"。《左传·僖公二十五年》曾引此，杜注："得位而说，故能为王所宴飨。"

(8) 困于酒食。（《周易·困·九二》）

就是为酒食所困。《论语·子罕》："不为酒困。"

典籍所见，均为"于"字式。杨文总括西周金文被动式十三例，十二例为"于"字式，仅一例是"见×于×"式：

(9) 乃沈子妹克蔑，见厌于公。（《沈子簋》）

我们认为此例大有可疑。疑点之一："见×于×"式是"于"字式与

"见"字式相结合的、比较完善的综合型被动式,这种形式是"于"字式以及"见"字式广泛流行之后、亦即战国后期才出现的(见下文所论),何以西周早期会孤零零地冒出一例呢?疑点之二:此句(乃至此篇铭文)的释读其实尚成问题。比如于省吾、吴闿生就都将"厌"字解为"合也"①,与郭沫若解作"厌足"(即杨文所从)有所不同。至于有些同志将下例当作被动式②,则更是明显的失误:

(10) 公大史咸见服于辟王。(《作册魃卣》)

此例的"见服"实与"见事"同义:"匽侯旨初见事于宗周。"(《匽侯鼎》)杨树达指出"见事盖犹言述职"③。查甲骨文、金文以及《尚书》《诗经》《周易》,"见"字通作实词用,并未虚化,单纯型的"见"字式尚无以产生,更遑论综合型的"见×于×"式了。

综观西周金文以及典籍,所见均为"于"字式。至于"见"字式之说,则尚难成立。

二

春秋开始,在"于"字式之后相继出现了"为"字式和"见"字式。就春秋战国之交的典籍《左传》《国语》《论语》《墨子》进行统计,"于"字式52例,"为"字式45例,"见"字式8例。这项数据表明"于"字式继续领先,"为"字式异军突起,"见"字式则是初露头角。例如:

(11) 失礼违命,宜其为禽也。(《左传·宣公二年》)
(12) 随之见伐,不自量力也。(《左传·僖公二十年》)

"于"字式之后为什么会产生"为"字式和"见"字式?一方面,"为"字和"见"字的虚化为此提供了可能;另一方面,"于"字式作为被动结构在表达施受关系上有所不足,不能满足语言日益精密的需要。"于"字式的

---

① 于说见《双剑誃吉金文选》,吴说见《吉金文录》。
② 参见上引管燮初、李瑾二文。
③ 《积微居小学述林·书康诰见士于周解》,中华书局1954年版。

主要不足是：

第一，"于"字用途广泛，既可引介施动者，也可引介受动者，因而仅凭"于"字往往还不能判断某句是否为被动式，还要进一步考察前面的动词是否为具有被动意念的外动词。也就是说，在很大程度上仍要靠意念来判断。例如：

（13）劳心者治人，劳力者治于人。（《孟子·滕文公上》）
（14）人之情，宁朝人乎，宁朝于人也？（《战国策·赵策四》）

表面上两句形式相同，实际上却是形同而实异。"治于人"的"治"字是具有被动意念的外动词，故为被动式无疑。"朝于人"是否如此呢？将原有的上下文引全，就比较清楚了："虞卿请赵王曰：'人之情，宁朝人乎，宁朝于人也？'赵王曰：'人亦宁朝人耳，何故宁朝于人？'"由赵王的回答，可知"朝"字并不含被动意念，"朝人"是使动用法，意为"使他人朝见（自己）"，"朝于人"意为"（自己）朝见他人"。这里的"朝"字与"力多则人朝，力寡则朝于人"（《韩非子·显学》）完全一致，"朝于人"决非被动式。王力先生将例（14）的"朝于人"误断为被动式①，正从侧面说明"于"字作为被动形态标志的确是不够明确的。

第二，即使"于"字前面是具有被动意念的外动词，这种句式也不见得就是被动式，还得进一步考察"于"字所引介的是否为施动者，特别是所引介的是处所名词之时。例如：

（15）子畏于匡，曰："……天之未丧斯文也，匡人其如予何？"（《论语·子罕》）
（16）文王……囚于羑里。（《韩非子·难二》）

《韩非子·难言》："仲尼善说而匡围之"，可证例（15）畏字借作围②，匡是下文"匡人"的借代，是施动者，该句为被动式。例（16）文王是被羑里所囚禁的吗？不是，是纣王，所以《史记·殷本纪》说："纣囚西伯羑里"。该句囚字尽管是具有被动意念的外动词，但"于"字所引介的羑里并

---

① 《汉语史稿》，中华书局1980年版，第421页。
② 杨伯峻《论语译注》释为"拘"。

非施动者，所以该句不是被动式而只是意念上的被动。

（17）傅说举于版筑之间，管夷吾举于士，孙叔敖举于海，百里奚举于市。（《孟子·告子下》）

（18）吾再逐于鲁，伐树于宋，削迹于卫，穷于商周，围于陈蔡之间。（《庄子·山木》）

这两例中只有"吾再逐于鲁"的"于"字引介了施动者，其他"于"字所引介的都不是施动者，王力先生却不加区别，笼统称之为"施事的处所"而把两例全部归入被动式①，我们认为是不妥当的。至于舒化龙把意念上的被动也算不上的"战于长勺"（《左传·曹刿论战》）当作"于"字式②，那更是错了。要正确分辨"于"字引介处所的这两种不同情况，最简便的办法就是看看能否采用后起的更为完善的被动式来予以转换。比如，"逐于鲁"可以转换为"为鲁所逐"，故为被动式；"傅说举于版筑之间"不能转换成"傅说为版筑之间所举"，故不是被动式；其他类推。"于"字式有时要靠后起的被动式予以甄别，不正说明"于"字式表达施受关系有所不足吗？

"为"字、"见"字作为被动的形态标志比"于"字更明确，因而意念上的被动以及"于"字式有时赖之得到强化，例如：

（19）王若欲讲，必少割而有质。不然，必欺。（《战国策·魏策三》）

（20）夫破人之与破于人，臣人之与臣于人，岂可同日而言之哉！（《战国策·赵策三》）

例（19）司马迁移植到《史记·穰侯列传》时，将"必欺"强化为"必见欺"，例（20）"破于人"与"臣于人"在《史记·苏秦列传》中分别作"见破于人"与"见臣于人"。

在通常的情况下，"为"字式，"见"字式所起的作用是和"于"字式相辅相成，使先秦被动表示法更富于表现力。它们的产生标志着先秦被动式已突破形式单一的局面，开始走向丰富多采。这几种单纯型被动式发展的逻

---

① 《汉语史稿》，中华书局1980年版，第421页。
② 《汉语发展史略》，内蒙古教育出版社1983年版，第161页。

辑结果，便是综合型被动式的萌生。综合型被动式在这时期仅见一例，是由"于"字式和"为"字式相结合的"为×于×"式：

(21) 暴王桀纣幽厉……失其国家，身死为僇于天下。(《墨子·法仪》)

僇，耻笑。《墨子·所染》另有句云："此四王（指桀纣幽厉）者，所染不当，故国残身死亡，为天下僇"，两相对照，可证例 (21)"于"字所引介的"天下"确为施动者。这种句式整个先秦时期均不多见，战国后期还有两例，其一如：

(22) 秦王安能制晋、楚……楚少出兵，则晋、楚不信，多出兵，则晋、楚为制于秦。(《战国策·秦策二》)

这种句式未获发展，是由于"为"字本身可以直接引介施动者，再借用"于"字没多大必要。因学术界未有提及这种句式，故特为申论于此。

三

我们统计了战国出土文字资料和战国后期有代表性的典籍《孟子》《荀子》《庄子》《韩非子》《战国策》①，共计"于"字式 169 例，"为"字式 60 例，"见"字式 41 例，"为×于×"式 2 例，新产生的形式"见×于×"式 11 例，"为×见×"式 1 例，"为×所×"式 4 例，"被"字式 5 例。综合型的被动式纷纷出现，是这时期的显著特点。"见×于×"式例如：

(23) 文王所以见恶于纣者，以其不得人心耶？(韩非子·难二)
(24) 桓公之兵横行天下，为五伯长，卒见弑于其臣。(韩非子·十过)

这种形式比"为×于×"式发达，与"见"字不能引介施动者而只能依赖"于"字密切相关。至于"为×见×"式，除已为王力先生所引用的一例之

---

① 内容包括：铭文、竹简、帛书、石刻文，等等；银雀山竹简和马王堆帛书中的战国古籍。

外①，未有新的发现，大致因其功能可被新崛起的"为×所×"式所代替。

"为×所×"式一般认为汉代才出现②，其实在战国末期已经萌芽了，例如：

（25）申徒狄谏而不听，负石自投于河，为鱼鳖所食。（《庄子·盗跖》）
（26）楚遂削弱，为秦所轻。（《战国策·秦策四》）
（27）今愚惑，或与罪人同心，而王明诛之，是王过举显于天下，而为诸侯所议也。（《战国策·秦策三》）
（28）夫直议者不为人所容。（《韩非子·外储说左下》）

这些典籍里出现"为×所×"式，不能归结为秦汉人的篡改③，而应该是"为"字式发展的自然结果。我们知道，"为"字式自始便有两种格式，一是"'为'+动词"（下称甲式），一是"'为'+施动者+动词"（下称乙式）。春秋战国之交"为"字式45例，乙式占17例，尚属少数；战国后期"为"字式60例中，乙式占52例，已是绝对优势，例如：

（29）吾恐其为天下笑。（《庄子·徐无鬼》）
（30）齐弱则必为王役矣。（《战国策·秦策二》）
（31）愿君必察，无为人笑。（《韩非子·奸劫弑臣》）

这种句式大量存在，为"为×所×"式的产生铺平了道路。在"为×所×"式产生之前还存在一种过渡形态，例如：

（32）员不忍称疾辟易，以见王之亲为越之擒也。（《国语·吴语》）
（33）刳比干，囚箕子，身死国亡，为天下之大僇。（《荀子·正论》）

《荀子·非相》另有句云："桀纣长巨姣美……然身死国亡，为天下大僇。"可证"为天下之大僇"犹"为天下大僇"。裴学海《古书虚字集释》卷九指出："'之'犹'所'也。"对此论证颇详，足证"为越之擒"相当于"为越

---

① 《汉语史稿》，中华书局1980年版，第423页。
② 如《汉语史稿》第424页、郭锡良等编《古代汉语》亦沿其说。
③ 洪诚《论古代汉语的被动式》（载《南京大学学报》1958年第1期）引用过例（25）和例（26），但归诸秦汉。

所擒","为天下之大僇"相当于"为天下所大僇","为×所×"式可说是呼之欲出了。《庄子》《韩非子》《战国策》三书"为"字式共49例，乙式多达42例，而"所"字在三书中用作助词已成常例，因此，"为×所×"式最早见于此三书，实在是瓜熟蒂落的事。这时期"被"字式共5句，都见于《战国策》和《韩非子》，王力先生以其中三例为据，判定"被"字式"萌芽于战国末期"，① 我们根据相同的典籍，认为"为×所×"式萌芽于战国末期，似亦未为过。

结论：先秦汉语被动式的发展层次分明，呈现着由单一到多样的趋势，"于"字式最早出现，最占优势，其后是"为"字式和"见"字式，最后是各种综合型的被动式以及"被"字式。

附录

先秦汉语被动式出现频率表[*]

时期	形式 频率	于	为	见	为×于×	见×于×	为×见×	为×所×	被
两周	金文	13							
	尚书 诗经 周易	18							
	小计	31							
春秋战国之交	左传	19	18 (15+3)	1					
	国语	10	16 (10+6)	3					
	论语	2	1 (0+1)	1					
	墨子	23	10 (3+7)	3	1				
	小计	54	45 (28+17)	8	1				

---

① 见《汉语史稿》第425页。

续表

时期	形式/频率	于	为	见	为×于×	见×于×	为×见×	为×所×	被
战国后期	出土文字资料	20	6 (1+5)	1					
	孟子	13		3					
	荀子	36	5 (0+5)	19		1			
	庄子	19	8 (1+7)	1		3	1	1	
	韩非子	33	20 (5+15)	13	1	2		1	3
	战国策	48	21 (1+20)	4	1	5		2	2
	小计	169	60 (8+52)	41	2	11	1	4	5
总计		263	105	49	3	11	1	4	5

* 本表总计先秦被动式461例:"为"字式括号内前者为甲式、后者为乙式,如8(1+7)表示甲式1例、乙式7例,合为8例;金文我们另发现一例,与杨文所计12例合共13例。我们还普查过《周礼》《老子》《商君书》《楚辞》《孙子兵法》《公孙龙子》等典籍,因被动式极少,又无新现象,故未列入表中。

(原载《中国语文》1985年第4期)

汉语方言中词组的"形态"

施其生

题目的"词组"也指"短语""结构"等,总之是指比词大、比动态的句子小的、静态的语法单位。

传统的语法观念中,"形态"指词内部的变化形式,不管是构词形态,还是构形形态,总是属于词法的层面,形态的标记或变化,总是发生在词内或附着在词干上,成为词的形式的一部分,其所表示的语法意义,是附加在词的词汇意义上的。

汉语缺乏像印欧语那样的狭义的形态,但是有类似于印欧语形态的构形手段,如一些表示语法意义的虚成分(词缀、虚词)、重叠、音变(变音或变调)等。如果不囿于印欧语的语法概念,客观地面对汉语的事实,我们发现在方言和普通话里,有一些类似印欧语形态的语言形式是属于词组、给整个词组增添某种语法意义(修饰性或结构性意义)的,有些并可改变词组的结构功能。换一个角度看,词组加上这些"形态",便在该词组的词汇意义之外增加了某种语法意义(包括修饰性的或结构性的),这些"形态",和词的形态变化在功用上并无二致。如果承认汉语的词有某些类似印欧语形态的东西,那我们就不得不承认汉语的词组也有"形态"。

本文列举普通话和方言中的例子,论证有些"形态"是属于词组的,并指出词与词组、词与词素的界线常常被打破是汉语的一个特点,不承认这个特点,会对汉语语法的分析造成某些局限。

一、词组的附加"形态"

助词等虚成分常表示很虚的语法意义,类似印欧语的形态,我们通常也把附着在词上的虚成分看作"形态",如普通话"着""了""过"等,有的学者甚至径称为"形尾"。但是它们有部分可以附着在词组上,给词组增添某种语法意义,和附着在词上的并无二致。

（一）［汕头方言（闽南方言潮汕片）］数量词组・囝 ［kiã⁵²］／囝呢［kiã⁵²⁻²⁴ni⁵⁵］

"囝"是小称的记号，可以粘附在名词、量词和数量词组之后。①

1. 名词后

<u>椅</u>囝（小凳儿），<u>刀</u>囝（小刀儿），<u>厝</u>囝（小房子），<u>池</u>囝（小池子）。

2. 量词后

（1）只撮高丽，蜀条截做几<u>节</u>囝，浸做药酒，蜀暝食蜀<u>杯</u>囝。（把这些高丽参，每条切成几小截儿，泡成药酒，每晚喝一小杯。）

3. 数量词后

（2）只<u>两斤</u>囝酒，就想爱灌醉阮五人？（才这么两斤酒，就想灌醉我们五个人？）

（3）只摆菜贵死，五个银正买只<u>几丛</u>囝芹菜！（近来菜真贵，五块钱才买这么几棵芹菜！）

例（2）里的量词是度量衡量词，度量衡量词表示恒定的单位，本身无小称，由"囝"表示的小称形态分明是属于"两斤"而不属于"斤"的。下面的话有歧义，也证明"囝"不但可以是量词的小称标记，也可以是数量词组的小称标记：

（4）花钵底丛番茄就生只<u>几粒</u>囝番茄？

一种意思是"花盆里的番茄就结这几个小番茄"，"囝"表示番茄的单位（"粒"）小，是量词"粒"的小称标记；另一种意思是"花盆里的番茄才结这么几个番茄"，番茄不一定个儿小，"囝"表示数量（"几粒"）小，是数

---

① 施其生：《汕头方言量词和数量词的小称》，载《方言》1997年第3期。

量词组"几粒"的小称标记。

虽然"小称"范畴在印欧语里只是具有指称语义功能的名词代词之类才有,到汉语扩展到量词尚容易接受,扩展到数量词组似乎就有些距离了,在一时找不到更合适的术语的情况下沿用"小称"是否恰当仍可讨论,但是,作为小称标记,上述各种用法的"囝"是同一的,我们起码可以肯定一点:在汕头方言的语法系统中,我们无法在承认"粒囝"的"囝"是形态的同时却否认"两粒囝""两斤囝"的"囝"是"两粒""两斤"的形态,并且"两粒"和"两斤"是词组。

类似的词组小称形态不独汕头方言才有,海南屯昌闽方言、广东廉江粤方言也有。

(二)[屯昌方言(闽南方言琼文片)]数量词组·囝

海南闽语屯昌方言和属闽语潮汕方言的汕头方言一样,"囝"是个小称记号,可以附在名词或量词上表示事物或单位的小称,如说"椅囝(椅子)""丛囝(小棵)",但是下面例子里的"囝",分明是附着在词组上表示数量之"小"的[1]:

(5)乜啊!架车许大乃放得<u>四吨</u>囝蔗乎[fio²¹³]?(怎么,这么大的车才装运那么四吨甘蔗呀?)

(6)买<u>十斤</u>囝糖。(就买那么十斤糖。)

(7)食<u>四顿</u>囝糜。(就吃那么四顿饭。)

例(5)、例(6)的量词是度量衡量词,小称只能是针对整个数量而言。一般的量词后头出现"囝",由于既可能是量词的小称也可能是数量词的小称,往往会形成歧义。例如:

(8)买四包囝糖。(买四小包糖/才买那么四包糖。)

(三)[廉江方言(粤方言高雷片)]数量词组·仔[2]

小称记号"仔"可用于一般的名词上构成名词小称,也可用于数量词组

---

[1] 例句取自钱奠香《海南屯昌闽语语法研究》,云南大学出版社2002年版,第54页。
[2] 本文廉江方言的例句由林华勇提供。

上，例如下例的"数量词组·仔"只能看作数量词组的小称形式。

(9) 成十几只人，<u>几斤仔</u>菜斯呢够食哦。(十几个人，才这么几斤怎么够吃啊？)

"斤"是度量衡量词，句中"几斤仔"的"仔"不是附着在"斤"上指"斤"小的，而是附着在数量词组"几斤"上，指"几斤"之小的。

(四) [汕头方言] [指代词+动/形] ·法 [huak²]

汕头方言有和普通话一样的用作构词后缀的"法"，如"呾法（说法）""睇法（看法）"等，这种"法"所构成的是名词。这里说的是另一个专门附着在谓词性词组之后的"法"，与这种"法"发生直接关系的是一个词组，必须含有方式代词，包括方式指示代词"□生 [tsi²¹³⁻⁵⁵ sẽ³³]"、"□生 [hĩ²¹³⁻⁵⁵ sẽ³³]"或方式疑问代词"做呢 [tso²¹³⁻⁵⁵ ni⁵⁵]"。"法"表示"方式"，是一个方式助词，带"法"的词组依然是谓词性的，请看句例（被附着的成分加下划线，下同）：

(10) 汝□ [tsi²¹³⁻⁵⁵] <u>生教奴囝法</u>□ [kaʔ²⁻⁵] 有用！(你这样教孩子哪里行得通！)

(11) 伊□ [hĩ²¹³⁻⁵⁵] <u>生使钱法</u>个翁做呢堵会缀！(她那样花钱丈夫怎么受得了！)

(12) 我来去睇呾伊介<u>做呢物法</u>。(我去看看他究竟怎么个搞法。)

(13) 汝睇着<u>做呢佮伊呾法</u>？(你看该怎么跟他说？)

"法"的粘着对象是前面的词组而不是前面的词，例 (10)、例 (11) 两例中"奴囝法""钱法"不能说，也证明了这一点。

(五) [广州方言（粤方言广府片）] 词组·噉 [kɐm³⁵]

广州方言的"噉"本是个方式指示代词，但有的已经变成一个形容词性标记，无论粘附在什么词或词组上，整个"'噉'字结构"都类似于一个状态形容词。例如：

(14) 我<u>出力</u>噉撬，仲系撬唔开。(我使劲地撬，还是撬不开。)

（15）成日见佢苦瓜噉面。（整天见她苦着脸。）（苦瓜噉面，像苦瓜一样的脸）

（16）个细路劏猪噉喊。（那小孩杀猪一样地哭。）

（17）阿强滚水烙脚噉走咗嘑。（阿强急急忙忙地走了。）（滚水烙脚噉，像被开水烫了脚似的）

如果例（15）中的"噉"看作词的形态标记，就没有理由说例（16）、例（17）中的"噉"不是词组的形态标记。

（六）[广州方言] 词组·度 [tou^{35}]

"度"是只能附着在含数量词组的词组上的，是一个表示约数的助词。例如：

（18）嗰个男人五六十岁度。（那个男人大约五六十岁。）

（19）今日嚟参观嘅有三百几人度。（今天来参观的大约有三百多人。）

二、词组的儿化"形态"

汉语的儿化通常由词尾如"儿""日""了"等演变而成，也可仍视作附加形式，不过这种附加形式已经"化"入音节的内部，语音上更接近"屈折"，意义上的语法化更为彻底。为方便，这里由儿尾变来的儿化仍记作"AB·儿"。

河南浚县方言（中原官话）的儿化也可作小称形式，由儿化构成的名词小称形态如"树儿""雨儿""刀儿""箱儿""桌儿"等；量词的小称形态如"条儿""把儿""片儿""阵儿""段儿"等。这些小称形态在形式上都可以视作一个语言片断加上一个"儿化"标记，不过上述的语言片断都是词，因此是词的形态。

但是这个"儿"还可附着在几类词组上构成小称。例如：

（一）［浚县方言（中原官话）］形容词性词组·儿

1.［数量词组＋A］·儿①

(20) a. 这条河三米深。（这条河有三米深。）
　　 b. 这条河<u>三米深</u>儿。（这条河才三米深。）
(21) a. 他有五十斤重。（他有五十斤重。）
　　 b. 他才有<u>五十斤重</u>儿。（他才五十斤重。）
(22) a. 学校的院墙一人高。（学校的院墙一人高。）
　　 b. 学校的院墙才<u>一人高</u>儿。（学校的院墙才一人高。）

　　上述各组中，b 句"·儿"的指小意义是属于"数量词组＋A"的，比较 a、b 两种说法，可看到数量并没有改变，但 a 句只是客观的描述，b 句还表示说话人认为这个数量所代表的度量衡特征在程度上比较小。如例（20b）"三米深儿"表示说话人认为这条河"三米深"是一个比较小的深度，言下之意是说这条河不深或这条河浅。

　　和汕头、屯昌、廉江数量词组的小称相比，这种小称的意义略有差异。汕头方言的"数量词组·囝/囝呢"是把事物的数量往小里说，如"只斤囝呢韭菜白你知若□［tsoi³¹］钱（这一斤韭黄你知道多少钱）"中"斤囝呢"是把"斤（一斤）"往小里说；浚县方言里的"［数量词组＋A］·儿"是把这个数量所表示的度量衡特征往小里说，如"五十斤重儿"是把"五十斤重"往小里说。但是整体意义上的这种差异是由于在结构上汕头方言数量词小称的标记"囝""囝呢"是附着在数量词组上的，而浚县的小称标记（儿化）则是附着在形容词短语上的。就"儿"的"形态"意义而言其实并未改变。

2.［程度指示代词＋A］·儿

(23) a. 他长ᴰ镇高。（他长这么高。）
　　 b. 他长ᴰ镇高儿。（他才长这么高。）
(24) a. 她嘞腰恁们粗。（她的腰那么粗。）
　　 b. 她嘞腰<u>恁们粗</u>儿。（她的腰才那么粗。）

---

① 浚县方言的例子由辛永芬提供，句中的上标"ᴰ"表示动词的一种变韵，请参阅辛永芬《浚县方言语法研究》，中华书局 2006 年版。

(25) a. 剩ᴰ镇多饭。(剩了那么多饭。)
　　 b. 剩ᴰ镇多儿饭。(才剩那么多饭。)

上述各组中儿化的 b 句都比不儿化的形式多了一种往小里说的意义。

3. [名词+A]·儿

(26) 巴掌大儿一片儿个地张儿够弄啥呀。(巴掌大一小片儿地方够干什么呀。)

(27) 那棵树长嘞些慢，一年了才指头粗儿。(那棵树长得很慢，一年了才指头粗。)

(28) 那个小猫儿只有拳头大儿一点儿。(那只小猫儿只有拳头那么一点儿大。)

这类儿化词组中的名词在语义上都表示比况，功能是状语性的，整个儿化词组的功能仍然和不儿化的"名词+A"一样，是形容词性的。儿化比不儿化的形式也是多了一种往小里说的意义，即认为"巴掌大""指头粗""拳头大"都小了。

4. [多+A]·儿

(29) a. 得多长?
　　 b. 得多长儿?
(30) a. 他家离这儿有多远?
　　 b. 他家离这儿有多远儿?

词组里的"多"是个程度疑问代词，儿化不儿化意义上的区别在于是否包含询问者在程度方面"较小"的主观预计。如例(29a)、例(30a)只是客观地询问长度、路程，例(29b)、例(30b)则表示询问者预计长度不大、路程不远。

5. [不/冇+多+A]·儿

(31) 他女婿嘞个儿不/冇多高儿。(他女婿的个子不太高。)
(32) 恁仨加□[tɕ'iai⁵⁵]也不/冇多沉儿。(你们三个加起来也没多重。)

(33) 汤做嘞不/冇多稠儿。(汤做得不怎么稠。)

(34) 我不要恁宽,不/冇多宽儿都够了。(我不要那么宽,窄窄的就够了。)

例中"不/冇多"结合较紧,语义和功能都接近一个低程度副词,类似汕头方言的副词"无若",是"不怎么""不太"的意思。"不/冇 + 多 + A"本身已经有低程度的意义,但仍有小称形态,这是很正常的。"不/冇多"表示的是词汇义之"小",而"·儿"则是语法义的指小,二者语义并非同一。正如闽语"椅囝"还可以有与"大椅囝"相对的"细椅囝",粤语"凳仔"还可以有与"大凳仔"相对的"细凳仔",可见表语法义小称的"囝"(或"仔")是可以与表词汇义的"细(小)"同时出现的。浚县这些例子中,小称式"[不/冇 + 多 + A]·儿"正是把一个低的程度再往小里说。

6. [不 + A] ·儿

(35) 那个西瓜不大儿。(那个西瓜很小。)

(36) 买^{D}不多儿。(买了一点儿。)

(37) 不远儿嘞路,一会儿都到了。(路很近,一会儿就到了。)

这种儿化词组中的形容词"A"都是所谓具有度量衡或数量语义上的"正面"特性的,"负面"的"小""少""近"等一般不用。加"不"否定之后就成"负面"了,例如"不多"义近"少",儿化则是再往小里说。

浚县方言单音形容词加"儿尾"只形成名词,例如"尖儿""黄儿""弯儿""空儿"等。上述六种儿化词组都保持儿化前的形容词性,而且在语义上,儿化与否的区别都是整个词组是否具有指小的语法义,而非其中的形容词是否具有这种语法义。例如是"三米深儿"和"三米深"形成了"指小"和"非指小"的区别,而不是"深儿"和"深"形成这种区别。所以无论从功能上还是从语义上我们都只能承认儿化是整个词组的小称形态。

和上文谈到汕头方言数量词组小称时所述的道理相同,"小称"的术语用到这种形容词组上是否恰当仍可讨论。但是我们起码可以肯定,在浚县语法系统中,我们无法在承认"树儿""片儿"的儿化是"形态"的同时却否认"三米深儿""镇高儿""指头粗儿""多长儿""不多高儿""不大儿"的儿化也是形态。

儿化应该属于语法化程度相当高的一种形态标记了。我们现在看到的是,在汉语中它虽然只是在一个音节内使韵母的语音形式发生变化,但是这个音节可以是一个单音词的形式,可以是一个复音词的最后一个音节。也可以是一个词组的最后一个音节,在语法上,作为形态标记,汉语的儿化常常突破词的界线而成为词组的形态标记。

三、词组的重叠"形态"

重叠是汉语里最接近印欧语形态的一种形式变化,大多以词为基式,但是我们越来越多地发现汉语的词组也可以重叠,给作为基式的词组加上某种特定的语法意义。

(一)(汕头方言)动词词组重叠

汕头方言的有些动词(包括某些助动词)可以重叠,重叠后语义上从叙述变成了描状,程度通常较轻,语法功能从动词变成了状态形容词①。例如(加下划线的为基式):

(38)隻猪目<u>反</u>反,未是食着毒药?(这猪有点儿翻白眼的样子,难道吃了毒药了?)

(39)我心里<u>惊</u>惊。(我心里有点儿害怕。)

(40)汝<u>敢</u>敢去!(你大胆地去吧!)

可以重叠的还有许多动词词组,重叠后语义特征和语法功能和单个动词的重叠并无二致。例如:

(41)伊双骹<u>生毛</u>生毛。(他的腿毛乎乎的。)(生毛,长毛)

(42)个天<u>爱落雨</u>爱落雨。(天快下雨的样子。)

(43)只款衫<u>无生理</u>无生理,也卖了十外件。(这种上衣似乎没什么生意的样子,终究还是卖了十几件。)

(44)看着<u>无人好 [hāu²¹³⁻⁵⁵] 相信</u>无人好相信(看来似乎没人肯相信的样子。)

---

① 施其生:《汕头方言动词短语重叠式》,载《方言》1988 年第 2 期。

汕头方言中类似的例子还可以举出许多,详见施其生(1988)①。

(二)[屯昌方言(闽南方言)]动词词组重叠②

海南屯昌方言和汕头方言同属闽南方言,屯昌的单个动词可以重叠,表示行为或状态的持续,常作定语。如:

(45)<u>走走</u>许三其侬(正在跑的那三个人)
(46)<u>砍砍</u>许丛树(被砍的那棵树)
(47)<u>行行</u>上来奸伯爹(正往上面走来的那位大伯)

同样语法意义的"重叠",可用在某些简单词组上。例如动宾词组:

(48)<u>卖菜卖菜</u>奸嫂(卖菜的那位大嫂)
(49)<u>驶牛驶牛</u>奸伯爹(耕田的那位大伯)
(50)<u>骑车骑车</u>奸青年团(骑自行车的那个小青年)
(51)<u>惊鬼惊鬼</u>许枚侬(怕鬼的那个人)
(52)<u>痛囝痛囝</u>奸嫂(疼爱子女的那个大嫂)
(53)<u>无力无力</u>许枚侬(没力气的那个人)
(54)伊这向<u>无力无力</u>去然(他近来显得无精打采的样子)

动趋式:

(55)<u>行上行上</u>奸老侬(往上走的那个老人)
(56)<u>退落退落</u>许架车(往下倒车的那辆车)

偏正词组:

(57)<u>无敢无敢</u>许枚(不敢的那个)
(58)<u>无嚼无嚼</u>许枚(还没吃的那个)

---

① 施其生:《汕头方言动词短语重叠式》,载《方言》1988 年第 2 期。
② 屯昌方言的语料取自钱奠香《海南屯昌闽南语语法研究》,云南大学出版社 2002 年版,第 64—68 页。

上述词组结构上复杂化之后也可重叠，语法意义不变。比较：

(59) 无书包无书包坏学生团（没书包的那个学生）
    无书包载册无书包载册坏学生团（没书包背书的那个学生）
(60) 无拍籼机无拍籼机许几户（没打谷机打谷的那几户）
    无拍籼机拍粟无拍籼机拍粟许几户（没打谷机的那几户）
(61) 无嚼无嚼许枚（还没吃的那个）
    无嚼糜无嚼糜许枚（还没吃饭的那个）
    无想嚼糜无想嚼糜许枚（不想吃饭的那个）
    无想来嚼糜无想来嚼糜许枚（不想来吃饭的那个）
    无嚼饱无嚼饱许枚（还没吃饱的那个）
    无嚼得落无嚼得落许枚（吃不下去的那个）

(三) [廉江方言（粤语）] 动词词组重叠

广东廉江也可见到词组的重叠，"重叠"的语法意义有的和汕头相近，整个重叠式加上助词"嗷式/嗷势"之后类似一个状态形容词，常作谓语：

(62) 天爱落水爱落水嗷式。（天像要下雨的样子。）

有的和屯昌很接近，表示动作或状态的持续，常作定语。如：

(63) 你识得使牛使牛□［nu⁵⁵］只阿伯吗？（你认识正在耕地的那个阿伯吗？）
(64) 打拳打拳□［nu⁵⁵］只系我同学。（正在打拳的那个是我同学。）

如果我们把"重叠"看作一种构成形态的形式变化，动词重叠就是动词的一种形态，好比俄语的动词可以通过词尾变化变成形动词。形式上，虽然重叠和"附加"等不同，无法在线性的序列中作结构分解，但是仍可作为一种形式成分提取出来，即把动词重叠式分解为"动词+'重叠'"，动词重叠前后，即加上"重叠"形式的前后，语义特征和语法功能有所不同，可见作为构形手段的"重叠"有其特定的语法意义。那么，动词短语重叠式就是

"动词词组 + '重叠'",这里的"重叠"只能认为是该动词词组的一种形态,其中作为构形手段的"重叠",与动词重叠式中的"重叠"并无二致。①由此,我们无法否认动词词组也有形态。

闽语、吴语以及与吴语毗邻的江淮官话,都可见到动补式词组的重叠:VR→VVR。这种重叠离开后面的 R 便不成立,或者其中的 VV 与单音节动词重叠而成的 VV 在意义和用法上完全不同,因此这种 VVR 只能看作动结式词组的 AAB 式重叠,也是一种动词词组的重叠。下面略举数例。

(四) [汕头方言(闽南方言)] 动补式词组重叠

动补式词组的重叠和基式相比,多了动作时不讲方式而"随便""草率""轻松"地行事的附加意义。

(65) 外口撮奴囝佮我趒趒走!(外头那些孩子都给我赶走!)
(66) 撮卫生纸无蜀睏囝就拢分人挈挈了去了。(卫生纸不一会就都让人拿光了。)
(67) 两条辫佮侬铰铰掉好。(两条辫子还是索性剪了它好!)
(68) 丛花分伊熏熏死去了。(那棵花给熏死了。)
(69) 时间爱遘了,食食了猛猛行!(时间快到了,胡乱吃完了赶紧走!)
(70) 撮衫佮伊收收起!(把衣服都给收起来!)
(71) 门骹佮伊扫扫白。(把门口给扫干净了。)
(72) 块坐垫着挈出去许口拍拍两下。(这块坐垫得拿到外头拍几下。)

汕头方言没有类似普通话"看看"的单音动词 AA 重叠式,这种 VVR 应该看作动补词组的 AAB 式重叠。

(五) [杭州方言(吴语)] 动补式词组重叠

动补式词组重叠的意义很接近汕头方言。

(73) 实价点儿饭你快点儿吃吃了 [liau$^{51-33}$]。(这么一点儿饭你赶

---

① 施其生:《汕头方言量词和数量词的小称》,载《方言》1997 年第 3 期。

紧吃完了吧。)

(74) 拨客堂间个地下扫扫清爽。(把客厅的地扫干净。)

(75) 桌子高头个书拨我驮驮过来。(桌子上面的书给我拿过来。)

(76) 嘎发俺个一只汪汪狗去拨他弄弄死。(这么可爱的一只小狗就这样被他弄死了。)

(77) 嘎新个一只洋娃娃去拨他弄弄破。(这么新的一只洋娃娃就这样被他给弄破了。)

(78) 我个钥匙去拨贼骨头偷偷了[loʔ²⁻³]去。(我的钥匙被小偷就那样偷走了。)

(六)[南京方言(江淮官话)] 动补式词组重叠[①]

(79) 你把院子打扫打扫干净。

(80) 这件事要弄弄好。

(81) 头发要吹吹干。

(82) 这些问题要想想清楚。

刘顺、潘文(2008)把南京方言的这种形式定性为"VVR"动补结构,认为"'VVR'结构中动词重叠的语法意义不同于普通话动词重叠的语法意义"[②]。

重叠作为一种表示语法意义的手段,在语音形式上已经近乎"屈折"。更像屈折的,是把两个重叠的音节再作变化,在潮汕方言的许多地方,表示同样的语法意义,是在动补词组的动词前加一个音节,这个音节是动词发音的变形——动词为阴声韵和阳声韵的,韵母变成[iŋ],入声韵则变成[ik],由是构成一个双声的音节组合。例如上面例(65)—例(72)汕头方言例句中的"AAB"(补语是双音节时为"AABC")在饶平要说成:

□趒走 ziŋ²¹⁻³²ziau²¹⁻³² tsau⁵² □挈了 khik⁵⁻²khioʔ⁵⁻²liau⁵²

□铰掉 kiŋ³³ka³³tiau²¹ □熏死 hiŋ³³huŋ³³si⁵²

---

① 例句取自刘顺、潘文《南京方言的VVR动补结构》,载《方言》2008年第1期,第47-49页。

② 刘顺、潘文:《南京方言的VVR动补结构》,载《方言》2008年第1期。

□食了 tsik$^{54-32}$tsia?$^{54-32}$liau^{52}　　□收起 siŋ^{33}siu^{33}khi$^{52-313}$
□扫白 siŋ$^{313-55}$sau$^{313-55}$pe?^{54}　　□拍两下 phik$^{32-54}$pha?^{32}no$^{35-32}$e^{32}

就来源说，这是"AAB"的进一步变形。但是这样一来其形态变化在形式上就成了"AB→xAB"，饶平以至整个潮汕方言的单音动词绝对没有"xA"的变形，只有动补词组可以这样变。也就是说，这种类似语音屈折的变化应是整个动补词组"AB"的变化，换个角度，我们只能说这种"形态"（从语音形式到语法意义）是属于词组"AB"的。

（七）［昆明方言（西南官话）］数量词组重叠

词组的重叠形态，还可以举出一些别的类型，例如数量词组的小称，除了第一节所述用附加"形态"表示，在一些地方也用重叠"形态"来表示，下面是昆明方言的例子①：

(83) 这<u>几件件</u>衣服，我一小下就搓掉了，何消拿洗衣机洗。
(84) 昨天的会就来了<u>几个个</u>人。

这些句子中重叠式表示的都是数量小而不是单位小，小称义显然属于整个词组而不属于量词，也就是说，例中的重叠是整个数量词组的"形态"。下例用的是货币单位"块"，也用这种小称"形态"，显然不可能属于量词而是属于整个数量词组：

(85) 我只有这<u>几块块</u>钱，买不成衣服，干脆吃吃嘚得了。

四、词组的复合形态

上述几种形式，还可以在一个词组上合并使用，构成词组的复合形态，给词组增添某种语法意义。例如山东沂水方言的数量词组小称（只限于以"一"和"几"组成的数量词组），其形式有两种，带喜爱色彩的用"AB儿

---

① 此处例（83）—例（85）取自丁崇明《昆明方言量词的组配》，见《汉语方言新探索——第四届汉语方言语法国际研讨会论文集》，北京师范大学 2008 年。

B_儿"，带嫌弃色彩的用"ABB 子"①。

（一）［沂水方言（胶辽官话）］数量词组儿化再重叠

（86）<u>一把儿把儿</u>韭菜，包不着包子。（就那么一把韭菜，没法包包子。）

（87）馍馍就剩<u>几个儿个儿</u>了。（馒头就剩那么几个了。）

和"一把""几个"比较，上面两句话里的"一把儿把儿"和"几个儿个儿"都多了"数量少"和喜爱、亲昵的意义，这些意义和韭菜有多大把、馒头有多大个儿没有关系。也就是说，增添的语法意义是对整个数量词组"一把"和"几个"而言而不是对量词的。形式上的改变也属于整个词组，是把数量词组的最后一个音节儿化然后再加以重叠，是一种"加缀重叠"②，可表示为"AB_儿 B_儿"。

（二）［沂水方言］数量词组重叠再加"子"

（88）就剩<u>一筐筐子</u>了，挨和着卖完呗。（就剩一筐了，忍着卖完吧。）

（89）种了二三十棵来，刮了一场大风，就活了<u>乜几棵棵子</u>。（种了二三十棵来着，刮了一场大风，就活了这几棵。）

和"一筐""几棵"相比，"一筐筐子""几棵棵子"多了嫌弃其数量少的意义，没有"筐"和"棵"比较小的意思。可见小称形态是属于词组"一筐"和"几棵"而不是属于量词的。形式上是数量词组作"ABB"式重叠后再加"子"尾，是一种发生在词组上的"重叠加缀"③，可表示为"ABB 子"。

---

① 沂水的例句由赵敏提供。
② 参见施其生《论汕头方言中的"重叠"》，载《语言研究》1997 年第 1 期。
③ 参见施其生《论汕头方言中的"重叠"》，载《语言研究》1997 年第 1 期。

五、词组有"形态"是汉语的特点所使然

词组"形态"的存在,究其原因,在于汉语中词和词组之间的界线不是很清楚。其实,汉语里,不独词和词组之间的界线不清楚,词和词素的界线也常常是被打破的,请看下面的例子。

(一)[广州方言]·鬼[kuɐi³⁵]

广州方言有个表示强烈感情色彩的中缀"鬼"①,附着在某些语言单位上,给这个单位增添上附加的感情意义,有点像普通话的"他妈的"常插在语句中给语句增添感情意义:

(90)我家姐个仔<u>好鬼百厌</u>,搞到我阿妈成日腰瘘骨痛!(我姐姐的儿子真他妈的淘气,把我妈折腾得整天腰酸背疼的!)

(91)部电话又畀个仔<u>整鬼坏</u>咗嘞!真系<u>百鬼厌</u>!(电话又让儿子弄坏了!真他妈的淘气!)

(92)佢份人好硬颈,<u>好鬼难</u>讲得佢听嘅!(他这人很倔,很难说得动他的!)

(93)我真系<u>怕鬼晒</u>佢嘞!(我真是怕了他了!)

(94)我<u>得鬼闲</u>啊!(我哪有空啊!)

(95)锁匙锁喺屋入便嘞!呢下<u>论鬼尽</u>嘞!(钥匙锁在屋里了!这下可麻烦了!)

从上面的例子我们看到,"鬼"的粘附对象和位置是不管语素、词和词组的界线的:

	粘附对象	粘附位置
<u>论鬼尽</u>	单纯词	词中,复音语素的两个音节之间
<u>百鬼厌</u>、<u>得鬼闲</u>	复合词	词中,词根之间
<u>怕鬼咗</u>、<u>怕鬼晒</u>	带形尾的词	词中,词根和词缀之间②
<u>好鬼百厌</u>、<u>整鬼坏</u>	词组	词组中,词之间

---

① 粗鄙的说法则用表示男性或女性生殖器的词如口[kɐu⁵⁵⁸]、口[tʻɐt²]、口[hɐi⁵⁵]等。

② "咗""晒"为形尾,虚语素。

有些语言成分是由两个跨越词界线的成分凝聚而成的,也是汉语这一特点的表现。下面是汕头方言的例子。

(二) [汕头方言] "领格" 人称代词 "□ [uã³³]" 和 "□ [niã³³]"

汕头方言有两个表面看来好像人称代词"领格"的词 □[uã³³] 和 □[niã³³],分别表示第一和第二人称,只用在亲属称谓的前面表示领属。例如:

□[uã³³]兄(我哥哥)　　　□[uã³³]公(我爷爷)
□[uã³³]校长(我们校长)　□[uã³³]头(我们的头儿)
□[niã³³]兄(你哥哥)　　　□[niã³³]公(你爷爷)
□[niã³³]校长(你们校长)　□[niã³³]头(你们的头儿)

其实这两个词,是由复数第一、第二人称代词"阮[uaŋ⁵³]""恁[niŋ⁵³]"和后面称谓词的词头"阿"合音而成的:

阮　　+阿兄　→□兄　　　恁　　+阿兄　→　□兄
uaŋ⁵²⁻²⁴ + a³³hiã³³ → uã³³hiã³³　　niŋ⁵²⁻²⁴ + a³³hiã³³ →　niã³³hiã³³

考察周边潮汕话的情况,□[uã³³]、□[niã³³] 由复数第一、第二人称代词"阮[uaŋ⁵²]""恁[niŋ⁵²]"和后面称谓词的词头"阿"合音而成的推断可进一步得到确认。饶平亲属称谓词没有词头"阿",也就没有 □[uã³³]、□[niã³³] 产生,"我哥哥""你哥哥"说成"阮兄[ŋ⁵²⁻²⁴hiã³³]"和"恁兄[niŋ⁵²⁻²⁴hiã³³]";潮安亲属称谓词有词头"阿",但未发生合音,至今仍说"阮阿兄[uŋ⁵²⁻²⁴a³³hiã³³]"和"恁阿兄[niŋ⁵²⁻²⁴a³³hiã³³]"。

在汕头人的语感中,□[uã³³] 和□[niã³³] 已经是两个独立的单音词,有其特定的意义和用法:表示领属的第一、第二人称,单复数不论,只用于称谓词前,与称谓词结合时称谓词不能再带词头"阿"。一般人再也不会觉察它是"阮阿"或"恁阿"。然而,从这两个词的形成过程中,我们看到词与词、词与词素的界线完全被忽略。

词与语素、词与词组两头的界线没有印欧语清楚,这是汉语的一个特点,一个需要我们不囿于印欧语语法的成见才能正视的特点。写到这里,不由得我们不佩服吕叔湘先生犀利的学术眼光。早在20多年前,吕先生就在他的《汉语语法分析问题》中指出:"讲西方语言的语法,词和句子是主要的单位,语素、短语、小句是次要的……讲汉语的语法,由于历史的原因,语素和短语的重要性不亚于词,小句的重要性不亚于句子。""从语素到句子,如果说有一个中间站,那决不是一般所说的词,而是一般所说的短语。"①

对汉语的这一特点缺乏充分的认识,从而不敢承认汉语的词组可以有形态,有时会导致我们的语法分析无法更加严密。例如一般的现代汉语教科书,在对语言片段进行结构分析的时候,常常采取不管连词、助词或形尾等成分的办法,也就是说不把这些虚成分当作其所在结构体的结构成分,实际上是把这些虚成分排除在结构之外,例如分析"今天刚买来的菜":

就层次分析的原则而言,这样的分析是不够严密的,要是说连词、助词和形尾等是表示语法意义的,可以不作为结构体的组成部分来分析,为什么同样表示语法意义的介词又算结构成分,需要划出一层"介词结构"来分析?

这种分析方法似乎有其"方便"之处,其中之一便是可回避词组有形态的问题。按照严格的层次分析法,本来应该还有一层:

第一层的直接成分应该是"今天刚买来的"和"菜",而"今天刚买来的"的构造应该是"今天刚买来·的"。无论是看作名词化的标记还是看作修饰语的标记,这里的"的"都应该是一种构形形态,是一个和"我的"的"的"同一的语法形式。也就是说,"今天刚买来的"是词组"今天刚买来"加上了名词性"形态"(或修饰语性"形态")"的"。但是作这样的分析,

---

① 吕叔湘:《汉语语法分析问题》,商务印书馆1979年版。

理论上必须先承认词组有形态。可是我们由于不敢在理论上承认汉语的词组有形态,只好不管这个"的"。

词组的附加形态,例如上面的例子,似乎还容易用诸如不管虚词之类的办法来回避,若是碰到词组的儿化形态,分析时照样回避,其严密性的欠缺将暴露得更清楚,例如上文第(20)例浚县话:

(20) a. 这条河三米深。(这条河有三米深。)
　　　b. 这条河<u>三米深儿</u>。(这条河才三米深。)

如果不承认词组"三米深"可以加上儿化的"形态",分析时略去 b 句的儿化不管,a、b 两句只能得出相同的分析结果。事实上,两句话是有区别的,只是不承认词组形态的语法分析无法揭示出两句话的差别。

碰到词组的重叠形态,如汕头方言、屯昌方言、廉江方言那样的动词词组重叠式,硬不承认词组的形态,结构分析更是根本无法进行下去。例如例(44)汕头话:

(44) 看着无人好［hāu$^{213-55}$］<u>相信无人好相信</u>。(看来似乎没人肯相信的样子。)

到了第二层"无人好相信无人好相信"的片段,该如何切分?切为"无人好相信+无人好相信"两部分是不行的,因为它们根本不是直接成分。只有把它分析为"无人好相信+'重叠'",分析才能继续进行下去。而要作这样的分析,前提是必须承认"无人好相信无人好相信"是词组"无人好相信"带重叠"形态"所形成的结构体。

更重要的是,否认汉语的词组可以有形态,会给我们的研究眼光造成种种局限。有时我们不得不把某些语法形式的本质联系生硬割断,例如因为不承认词组有体貌而把普通话里同源、同形、语法意义有共性的"了$_1$"和"了$_2$"分别看成"体貌助词"和"语气助词"。有的方言至今仍在使用近代汉语里存在过的、动宾等词组后面的"了"("吃茶了佛前礼拜"之类),如果我们不敢把它看成一个附着在词组上表示完成的体貌助词(与"动态助词"同属一类的"事态助词"),就无法在体貌系统中把它放到一个适当的位置上,揭示出它和"了$_1$""了$_2$"在意义、功能上的区别和联系,无法更好地分析出它们在语法性质上的异同。又如因为不敢把山东等地方言中句末的

"来"看作附着在词组上表示事态经历体貌的形态,我们也不得不把它和附着在动词上表示动作经历体貌的"过"分归"语气助词"和"体貌助词"。再如某些方言中同时有用在动词前、动词后和句末的三种"在"[D],均表示"持续";普通话有"在""着"和"呢",也是都表示"持续"。其间的区别和联系,以及和三个"了",和"过""来"等体貌形式之间的某种平行关系,若受词组不可以有形态,因而当然不可以有"体貌"的认识所囿,也很难看得清楚。

(原载《语言研究》2011 年第 1 期)

论《祖堂集》中以"不、否、無、摩"收尾的问句

伍 华

《祖堂集》序作于五代南唐保大十年（952年），是现存最早的禅宗语录，其中保存了大量早期的白话材料，这些材料对汉语语法史的研究有重要价值。本文对该书中出现的以"不、否、無、摩"收尾的问句作了全面考察，挖掘了一部分前人未加注意或注意不够的语言事实，从交际功能着眼，将这四种句子作了新的分类，并确定了《祖堂集》问句末的"不、否、無"没有否定意义。为便于叙述，这里暂且用"不"字句、"否"字句、"無"字句和"摩"字句作为这些句子的代用名称，其中"不"和"否"目前多数人认为是同一个词，但笔者认为在唐代它们的书面音不同，"不"读平声，"否"读上声，宋以后则有混同的现象，为保持原貌，本文仍一分为二。此外，"摩"即后来通行的"麽"。

一、"不"字句和"否"字句

1）《祖堂集》用"不"收尾的问句计有187例，其中"不"直接用于句末者184例，"不"之前有虚词"以"者2例，"不"之前有虚词"已"者1例。如：

(1) 问师曰："解论义不？"（1.042,06）①
(2) 莫是俊机白侍郎以不？（4.092,10）
(3) 问："见有身心是道已不？"（1.133,10）

句末用"否"的问句仅见4例，都是直接附于句末，如：

---

① 材料来源根据日本京都大学人文科学研究所出版的《祖堂集索引》，1.042,06指原文册、页、行。

（4）思曰："你去让和尚处达书得否？"（1.150,07）

"不"和"否"作用相同，在书面语中可以互相替代，宋以后整理成集的禅宗语录如《景德传灯录》《古尊宿语录》和《五灯会元》等，用"否"的多些，因此同记一句话，《祖堂集》用"不"，其他语录则可能用"否"。

2）过去凡此二种形式的问句（不论其使用时代的早晚）一般被看作反复问句，这样归类表面看来似乎没有什么问题，但是如果全面考察"不"字句和"否"字句在各个历史时期的使用情况，就会发现这一结论带有片面性，它不完全符合汉语史——尤其是唐宋时期的语言实际。

3）如果这些句子都是反复问句，那么按理它们都能改成"VP 不 VP"[①]的形式来理解。但是在《祖堂集》187个"不"字句中，适合这种变换的只是其中的164例；在另外4例"否"字句中，适合这种变换的有3例。这些能当"VP 不 VP"讲的句子，我们称之为甲类句。甲类句又有两种情况，一种在VP前边没有表反复问的语法标志，以下记作"VP 不/否"，其中"VP 不"88例，"VP 否"1例。如：

（5）彼中有信不？（1.150,13）
（6）你去让和尚处达书得否？（1.150,07）

另一种在VP前有"还"字出现，以下记作"还 VP 不/否"。这种"还"没有实义，作用相当于近代汉语及现代某些方言中的句中语助词"可"，"还 VP 不/否"一律可以理解为"VP 不 VP"。因此，"还"字可以看作反复问句的一种语法标志。在《祖堂集》中，"还 VP 不"计有73例，"还 VP 否"2例。如：

（7）师问僧："什么处来？"僧云："游山来。"师曰："还到顶上不？"曰："到。"（2.061,05）
（8）问："蛤中有珠蛤还知不？"（2.068,09）
（9）招庆因举佛陁婆梨尊者从西天来礼拜文殊，逢文殊化人问："还将得尊胜经来否？"（3.081,11）

---

① VP 为 verb phrase 的缩写，包括形容词短语。

这种句式在唐宋的禅宗语录中常见，别的资料中也有一些例子，但不那么普遍，例如：

(10) 公还诵金刚经以否？（《庐山远公话》变文集第 186 页）

(11) 问："管仲设使当时有必死之理，管仲还肯死否？"（《二程语录》第 253 页）①

(12) 邓文孚问："孟子还可为圣人否？"（《二程语录》第 194 页）

4）不能理解为"VP 不 VP"的我们称之为乙类句。在《祖堂集》中，乙类的"不"字句计有 25 例，"否"字句有 1 例。

乙类中为数最多的是 VP 前加测度副词"莫"的句子，《祖堂集》的"莫 VP 不"凡 21 例，"莫 VP 否" 1 例。"莫"相当于现代的"莫非、别是"等，例如："和尚此间莫有真金与人不？"（1.111，14）意思是："和尚这里莫非有真金给人吗？"这是带有揣测语气的问句，如果改说成"VP 不 VP"，则"莫"无所属，因为汉语不存在"莫非有没有……"之类的说法，只有去掉"莫"方能成立，但这一来句子就会变为纯然不知而问的真性问句，语义全非。又如：

(13) 僧云："不顾占莫是和尚重处不？"师曰："不顾占重什摩？"（2.067，12）

(14) 佛日便归堂，取柱杖拖下师前，师云："莫从天台采得来不？"对曰："非五岳之所生。"（2.082，04）

(15) 和尚云："我难后到沩山，得一日问我：'汝在仰山住持说法，莫诳惑他人否'？"（5.064，09）

这种句子在宋代的禅、儒语录中都常见，兹略举数例如下：

(16) 师共一僧语，傍有僧曰："语底是文殊，默底是维摩。"师曰："不语不默底莫是汝否？"（《景德传灯录》云 5.87）②

---

① 《二程语录》据丛书集成本。
② 《景德传灯录》据收入《大藏经》（频伽精舍校勘本）的版本，"云"指云叠，5.87 指册、页。

(17) 问僧:"近离什么处?"僧云:"龙兴。"师云:"发足莫离叶县否?"(《古尊宿语录》腾4.99)①

(18) 问:"上古人多寿,后世不及古,何也?莫是气否?"(《二程语录》第148页)

宋代还有一个表测度的副词"莫须",与"莫"的作用相同,也能与"否"搭配,例如:

(19) 曰:"学者未能穷理,莫须先有事否?"(《上蔡先生语录》第20页)②

(20) 又问:"既有祭,则莫须有神否?"(《二程语录》第219页)

(21) 问:"五峰所谓'天理人欲,同行异情',莫须这里要分别否?"(《朱子语类》第167页)

"莫须VP否"同样不能改说成"VP不VP"。

《祖堂集》中还有这样一个例子:

(22) 陆亘云:"莫不得不?"(5.049,07)

谓语竟然用了否定式,这更是与反复问句的定义——从正反两方面问——大相径庭。虽然《祖堂集》只此一例,但这种句子在唐宋时期并非绝无仅有,譬如:

(23) 了世三际相不可得已否?(《宛陵录》腾4.81)

(24) 不落莫否?(韩愈《送杨少君序》)

(25) 少卿笑曰:"叔不曾读张燕公诗否?……"(《酉阳杂俎》八·黥)

(26) 吴王曰:"万兵不少以不?"(《伍子胥变文》,变文集第19页)

(27) 子胥心口思惟:"此人向我道家中取食,不多唤人来捉我以

---

① 《古尊宿语录》据收入《大藏经》(频伽精舍校勘本)的版本,"腾"指腾叠,4.99指册、页。

② 《上蔡先生语录》据丛书集成本。

否?"(《伍子胥变文》,变文集第13页)

(28) 仰曰:"恁么相见莫不当否?"(《五灯会元》3.22)①

(29) 吾丈莫已不用否?(《上蔡先生语录》第17页)

(30) 敦夫来见先生曰:"先生令某来见二公,若彦明则某所愿见,如思叔莫不消见否?"(《二程语录》第283页)

"莫VP不/否"和"不VP不/否"的结构本身已决定它们不能理解为"VP不VP",《祖堂集》的乙类"不"字句中还剩三例是没有明显的区别性特征的,但是从语境上可以看出它们不等于"VP不VP"。如:

(31) 法空禅师问曰:"佛之与道尽是假名妄立,十二部经亦应不实,从前尊宿代代相承皆言修道,摠(作弄切,通"总")是妄不?"师曰:"然。……"(1.136,08)

(32) 香山僧慧明问:"无心是道,瓦砾无心,亦应是道?"又曰:"身心是道,四生六类皆有身心,悉是道不? ……"(1.134,13)

例(31)意思是说:"佛和道全是假名妄立,十二部经也应当不实,那么从前尊宿代代相承都说修道,全是虚假的吧?"例32第二问意思是:"如果身心是道,那么四生六类都有身心,全都是道吧?"从内容来看,这两例都是用问句的形式来表示某种推论,"信"的成分多于"疑",所表达的语气接近现代的"VP吧",如果改说成"VP不VP",语气也就随之改变,而与上下文义不相连属。

5) 甲、乙两类句子的交际功能显然不同:甲类句要求对方根据提问内容选择肯定或否定的形式作答,除动词V是"是"之外,答语不能用"是"或"然";乙类句则要求对方对提问内容加以证实,不管V是什么,答语都可以用"是"或"然"。比照目前比较通行的分类名称,甲类属于反复问句,乙类则相当于是非问句。

可见以"不、否"收尾的问句在中古已经产生了分化,之所以会出现这种状况,原因在于"不、否"的词性发生了变化,大概由于它们久处句末易读轻声,乃至否定意义逐渐虚化,转化为语气词,同时又可能受到"乎、欤、耶"等疑问语气词的类化影响,由原来单一表反复问逐步扩展到兼表是

---

① 《五灯会元》用民国十九年影印宋宝祐本,3.22指册、页。

非问。北宋文史学家宋祁（998—1061）曾说："《春秋》'霸之济不，在此会也'①。古人以济不作两字用，谓济与不济也。今人用不，为欤耶之比。"（《宋景文公笔记》）这是说句末"不"的用法古今有别，在上古它是否定词，而在北宋（事实上更早一些）则用法和"欤、耶"等词相同。"今人用不，为欤耶之比"是较为粗略的说法，实际上唐宋时期"不、否"的用法和"欤、耶"不尽相同，前者仍多用于反复问，后者则用于是非问为常，虽有交叉，但各自的主职仍很分明。但如果仅以词性而言，则宋祁的看法确实很有道理。

下面我们进一步来讨论这个问题。

乙类句句末的"不、否"没有否定意义，仅凭这一点，已经足于证明乙类句的"不"和"否"是语气词。同时我们又发现，宋代的禅宗语录中虽然仍然存在"莫 VP 不/否"的句子，但"不"和"否"已经出现脱落的趋势，换句话说，即出现了和"莫 VP 不/否"同义的格式"莫 VP"。

如《祖堂集》卷五：洞山辞时……师曰："莫是湖南去不？"对曰："无。"师曰："莫是归乡去不？"对曰："也无。"（2.010，09—11）此语在《景德传灯录》卷十五中记作："莫湖南去？""莫归乡去？"

下边这些原无语气词的问句（a 组），一律可以加上"不"或"否"而不改变语义，试与 b 组相比较：

  a. 胡钉铰参，师问："汝莫是胡钉铰？"（《景德传灯录》云 5.98）

   进云："莫只者便是？"（《古尊宿语录》腾 5.50）

   学云："莫便是学人本分事？"（《古尊宿语录》腾 5.13）

  b. 纸衣道者参，师问："莫是纸衣道者否？"（《元证语录》大正藏 47.527）②

   莫只这个便是不？（《祖堂集》3.068，03）

   莫便是本来面目否？（《悟本语录》大正藏 47.511）③

很明显，a 组句代表了 b 组句的一种变式。在不用测度词语的乙类句中，也可以发现这种变化的迹象，如例（32）有两个平行的问句，"亦应是道？"

---

① 《左传·昭公四年》文，"不"今本作"否"。
② 即《抚州曹山元证禅师语录》，"大正藏"指日本大正新修《大藏经》，47.527 指卷、页。
③ 即《筠州洞山悟本禅师语录》。

和"悉是道不?",前句可译为"也应该是道吧?",后句可译为"全都是道吧?",两种格式的交际功能一样。从这些变式里,可以隐约看出传疑语调的作用,尽管我们无从知道这种语调的实际值。这种变式的存在,进一步说明了"不、否"的虚词性,但同时也可能暗示着一种趋向,乙类的"不"字句和"否"字句正在走向衰亡,因为其自身的矛盾——"不、否"义变而音、形依旧,不利于它们超出反复问句的范围自由发展,"不"和"否"的非反复问用法将被淘汰。

"不"或"否"用在甲类句时情况又怎样呢?我们知道甲类句全部可以改说为"VP 不 VP",那么是否可以说"不"或"否"词性不稳定,用在乙类句时没有否定意义,用在甲类句时则仍有否定意义,或者说这是两种不同性质的句尾词?要回答这个问题,得先弄清楚是否"不"或"否"对甲类句的性质起着决定作用。

前面我们已把甲类句分为用"还"(以下记作甲$_1$)和不用"还"(以下记作甲$_2$)两小类,"不"或"否"对于这两种格式来说并不是同等重要的,甲$_1$如果去掉"不"或"否"对它的交际功能没有很大影响,证据是当时存在一种和它同义的格式"还 VP"。"还 VP"在《祖堂集》中共 5 例,如:

(33) 师曰:"你还闻道带累他门风?"(2.069,03)①
(34) 三郎曰:"还闻道黄三郎投马祖出家?"(4.039,05)
(35) 汝还知大唐国内无禅师?(4.134,02)
(36) 众中还有新来达士?出来与老僧揖送。(3.009,03)

其他材料中也有这种句子,如:

(37) 问言诸将:"还识此阵?"诸将例皆不识。(《韩擒虎话本》,变文集第 201 页)
(38) 雁字一行来,还有边庭信?(柳永《甘草子》词,全宋词第 15 页)

这种"还 VP"的句式,与近代汉语及现代部分方言中的"可 VP"相

---

① "还闻道……"等于"听说没听说……"。以下类此。

当,后者已由朱德熙先生考证为反复问句,可资参证①。显然,它可以看作是甲₁的一种变式,这个变式在《祖堂集》中量虽不多,但是它的存在以及后来的发展却表明"不"或"否"在甲₁中已不起决定作用。

甲₂的情况与甲₁不同,它去掉"不"或"否"以后就不再是反复问的句式,这时从直观上看似乎是"不"或"否"在起着决定作用,但事实并非如此,前面我们谈到乙类句中有部分句子是没有区别性特征的,全凭语境的限制我们才知道它不等于"VP 不 VP",这就是说单纯的"VP 不/否"是歧义结构,可以是甲类,也可以是乙类。如例(32)"悉是道不?"原意是"全是道吧?",本属乙类,这是提问者根据一定的前提条件——"身心是道,四生六类皆有身心"——推论出应该"全是道",但又拿不准,说出来要求对方加以证实。但是如果撇开其语境,这一句也未尝不可以作"全是道不全是道"解,变成了甲类。在这里我们不妨作个试验,用公认的语气词"乎"来替换"不"或"否":

(甲₂)彼中有信不?→彼中有信乎?

替换后意思不变,但"乎"同样不能省略。再看下边这个替换式:

(乙)悉是道不?→悉是道乎?

将"悉是道乎"放入原句的语境,意思不变,但孤立地看这一句,同样也可以理解为"全是道不全是道"。要是再把它们译为现代汉语的对应形式"VP 吗",你会发现"VP 吗"同样是歧义结构,而相当于甲₂的那句,"吗"同样不能省去。

可见"不"和"否"在《祖堂集》所反映的语言里,只是相当于文言"乎"和现代"吗"的作用,甲₂不能去掉"不"或"否",跟"VP 乎""VP 吗"(相当于甲₂者)不能任意去掉"乎"或"吗"一样,都是因为单纯用"VP"发问只能是乙类,不能去掉"不"或"否"不足于证明它们有否定意义。

现在我们可以回答前面提的问题了,无论是甲类句还是乙类句,句末的"不"或"否"都是语气词。至于为什么同一个形式会有不同的作

---

① 朱德熙:《汉语方言中的两种反复问句》,载《中国语文》1985 年第 1 期。

用，那是由于疑问点的移动造成的，限于篇幅，本文不打算详细讨论这个问题。

6）这里附带谈谈"VP"和"不/否"之间的"以"或"已"的作用问题。"以"和"已"是同一个词的两种写法，禅宗语录用得不多，敦煌变文中比较多见。有篇文章将它看作正反并列法（即反复问）的语法标记。① 其实作者并没有注意到唐宋白话中用了"以"或"已"的不一定是反复问句，"莫 VP 以不"和"不 VP 以不"都时有所见，如例（2）、例（23）、例（26）、例（27）。我们认为，当"不"或"否"还是否定词的时候，它们原是句中的关联词，"不"或"否"虚化之后，它们便作为习惯形式遗留下来，没有什么语法作用，并且在唐末宋初的口语中已不很常用。

二、"無"字句和"摩"字句

1）《祖堂集》以"無"收尾的问句共 280 例，其中"無"直接附于句末的仅 4 例，前加虚词"也"者 276 例。如：

(39) 和尚还有不病者無？(2.034, 06)
(40) 和尚还得也無？(3.098, 14)

唐宋诗词中一般单用"無"，禅宗语录中则多以"也無"连用，用"也"与不用"也"没有什么句法差别，主要是口语习惯的问题。

《祖堂集》以"摩"收尾的问句共 202 例，"摩"一律直接附于句末，例如：

(41) 师叔在摩？(4.127, 09)

在写作本文之前，笔者根据多种材料对"無"和"摩（麼）"的出现情况进行了考察，结果表明，在唐宋白话中"無""摩（麼）"与"不、否"的用法大致相同，对"不"字句和"否"字句的考察方法及结论，基本上适用于这两种句子。

---

① 李思明：《从变文、元杂剧、〈水浒〉、〈红楼梦〉看选择问句的发展》，载《语言研究》1983 年第 2 期。

2)"無"字句。

用"無"收尾的问句过去也一般被看作反复问句,其实"無"字句也应分为甲乙两类,《祖堂集》属甲类的"無"字句共261例,其中绝大多数在句中用"还",兹各举二例如下。

甲1:"还VP(也)無",凡243例。

(42)还称得长老意無?(3.098,07)
(43)汝还知也無?(1.183,04)

甲2:"VP(也)無",凡18例。

(44)娘在無?(1.175,03)
(45)师问:"有火也無?"(4.056,07)

"还……(也)無"与表测度或反诘的词语以及否定式谓语相排斥,有一句似是例外:

(46)有人便问:"承师有言,'是你诸人着力,须得趁着始得,若不趁着,丧身失命。'直得趁着,还不丧身失命也無?"(3.088,13)

但细玩文意可知,此句的"还"有实义,相当于"便、即"等,"还"当"便、即"讲也是唐语常例,如王梵志诗:"敬他保自贵,辱他还自受;你若敬算他,他还敬算你。"(《王梵志诗校辑》第85页)又:"一朝乘驷马,还得似相如。"(第117页)以上三"还"字都作"便、即"解。因此,这一例实际上是乙类句。

乙类的"無"字句共19例,其中,"莫VP(也)無"17例,如:

(47)僧云:"莫便是传底人無?"(3.098,14)
(48)道吾具三衣白二师兄曰:"向来所议,于我三人甚适本志,然莫埋没石头宗枝也無?"(2.019,01)
(49)进云:"和尚莫通三教也無?(2.128,05)

这种句子在其他语录中也常见,例从略。

"不 VP（也）無"1 例，即例（46）：

直得趁着，还不丧身失命也無？（3.089，01）

《景德传灯录》有"莫不是也無？"（云 5.99）。白居易诗有"笑问中庭老桐树，这回归去免来無？"（引自《佩文韵府》）句中的"免"相当于否定词的作用，当"不用"讲，"免来無"意思是"不用来了吧"。此二例都可证明例（46）不是孤立的现象。

无结构特征者 1 例：

（50）和尚拈起和痒子曰："彼中还有这个也無？"对曰："非但彼中，西天亦無。"和尚曰："你应到西天也無？"（1.149，01）

后一问承前答语"非但彼中，西天亦無"而言，意谓"你应当到过西天吧？"言外之意是说：若未曾到西天，何以能知西天亦無？倘若理解为"应当不应当到西天"则失其原义。但是如果脱离语境，它也未尝不可解作后一种意思，因此这是一个可能产生歧义的结构，歧义的产生是由于疑问点的移动。"还 VP（也）無"和"莫 VP（也）無"之所以不会产生歧义，是因为"还"和"莫"对疑问点有限制作用，如果去掉"还"和"莫"，同样可能产生歧解。试以例（49）分析之，它只能理解为"和尚莫非通三教吧？"属乙类；去掉"莫"之后，由于原语境的约束，其疑问点不变，仍是乙类句；但如果此时把它单独抽出，则也可以理解为"和尚通三教不通三教？"，变成了甲类句。由于"無"对疑问点没有约束作用，因此它没有否定意义。

前边提到的"莫 VP"和"还 VP"句式，"VP"后也可以加"無"而语义不变，即：

莫 VP = 莫 VP（也）無
还 VP = 还 VP（也）無（例皆从略）

可见当句中有其他传疑手段时，"無"也可以省去。

综上所述，则"無"已经具备语气词的特点，"無"之前的"也"和"不、否"之前的"以、已"一样，原也是句中关联词，随着"無"的虚化而作为习惯形式保留下来了。

3)"摩"字句。

"摩"是《祖堂集》的写法,宋以后的语录一律用"麽"。"摩"字句也分为甲乙两类,在《祖堂集》中,属甲类的占多数,共 170 例。

甲$_1$:"还 VP 摩",113 例,如:

(51) 禅师曰:"汝还闻曹溪摩?"(1.114, 08)
(52) 石头曰:"今夜在此宿还得摩?"(2.005, 10)
(53) 师曰:"那边还有这个摩?"(2.016.08)

甲$_2$:"VP 摩"57 例,如:

(54) 师云:"皇帝见目前虚空摩?"帝曰:"见。"(1.117, 01)
(55) 三日后问侍者:"这个师僧在摩?"(3.119, 09)
(56) 有人道得摩?(2.034, 14)

乙类的"摩"字句共 32 例,其中,"莫 VP 摩"15 例,如:

(57) 汝诸人来者里觅什摩?莫要相钝致摩?(2.100, 02)
(58) 师便把住云:"莫屈着兄弟摩?"(3.073, 12)
(59) 师拦胸把住云:"莫成相触忤摩?"(3.073, 14)

"莫不 VP 摩"4 例:

(60) 莫不识痛痒摩?(2.092, 01)
(61) 莫不要升此座摩?(3.099, 02)
(62) 莫不辜负摩?(3.141, 09)
(63) 与摩相见莫不当摩?(4.091, 01)

"不 VP 摩"2 例:

(64) 佛弟子念经不得摩?(5.043, 10)
(65) 佛弟子唱如来梵不得摩?(5.047, 03)

"岂 VP 摩"2 例:

(66) 适来岂是违于因中所愿摩？（3.063，10）

(67) 只到这里岂是提得起摩？（2.060，14）

无显著特征者 9 例，如：

(68) 师勘东园僧问："汝年多少？"对曰："七十八。"师曰："可年七十八摩？"对曰："是也。"（1.181，05）

(69) 师于窗下看经次，蝇子竞头打其窗，求觅出路，弟子侍立云："多少世界，如许多广阔而不肯出头，撞故纸里，驴年解得出摩？"（4.138，07）

例（69）末句的"驴年"一词是反语，因十二支之年无名驴者，故"驴年"实指无此时，这句大意为："能有出得去的时候吗？"

有好些涉及汉语史的语法著作，是把"麼"字句与"不"字句、"否"字句、"無"字句作为对立的两类来看待的，如高名凯先生的《汉语语法论》等。从交际功能上看，这种分类是不妥的。"摩（麼）"是从"無"分化出来的语气词，在两者同时使用的年代没有什么本质区别，可以相互替代，只是"摩（麼）"一般不与"也"相配，因此，只要不否认"無"字句的甲类是反复问句，就得承认"摩"字句的甲类也是反复问句。朱德熙先生在《汉语方言里的两种反复问句》（《中国语文》1985 年第 1 期）一文中，曾论及明清小说中出现的"可 VP 麼"句式，认为它和"可 VP"一样，属于反复问句。这个观点我完全赞同，与"可 VP 麼"结构相当，且早出四五个世纪的"还 VP 摩"自然更有理由归入反复问句之列，以此推之，凡能变换为"VP 不 VP"的"VP 摩（麼）"都应归入反复问句。

三、余论

1）综合以上两部分的论述，可以得出一个结论：《祖堂集》问句末的"不、否、無、摩"都是语气词，用这四个词的问句都应分为甲乙两类，因此不能笼统地以"不、否、無"作为汉语反复问句的一个语法标记，也不能以"摩"或"麼"作为是非问句的语法标记。

2）现在我们将这四个词的分布数据表示如下：

句尾词	总次数	甲、反复问句				乙、是非问句						
		VP……	还VP……	合计	%	VP……	莫VP……	莫不VP……	不VP……	岂VP……	合计	%
不	187	89	73	162		3	21	1			25	
否	4	1	2	3			1				1	
無	280	18	243	261		1	17		1		19	
摩	202	57	113	170		9	15	4	2	2	32	
合计	673	165	431	596	88.6	13	54	5	3	2	77	11.4

从这张表中可以看出：①除"否"比较少用之外，其他三个词作用基本相同，但比较之下，"摩"的功能显得更活跃一些。"不、否、無"形、音、义的矛盾可能影响它们的发展；"摩"已脱胎成独立的新词，改写为"麼"之后形、音、义更趋于统一（唐以后"麼"一般不单独用作实词），因此它更有条件朝多用途的方向发展，《祖堂集》的数据已显示出这一趋向。②这些词用于反复问的次数比用于是非问的次数多得多（88.6%：11.4%）。原因主要有两个：第一，这些句子的前身是反复问句，到中古虽然有了分化，但人们习惯上还是多用它们来表示反复问。第二，《祖堂集》表达是非问的方式多种多样，除这四个词之外，还可以用其他语气词如"耶、也、那"等表示，也可以不用语气词只用疑问语调，但反复问则主要靠这四个词，以"VP 不 VP"的形式出现问句仅 14 例。

（原载《中山大学学报》1987 年第 4 期）

《合集》第七册及《花东》甲骨文时间修饰语研究

——附论"历贞卜辞"之时代

谭步云

此前,笔者撰写过两篇文章讨论殷墟甲骨文的时间修饰语①,着重描述了时间修饰语在五个时期的甲骨文中的形态及存在方式。下面,笔者将以此为参照标准,进一步分析《甲骨文合集》(以下简称《合集》)第七册所著录的甲骨文以及花东所出甲骨文的时间修饰语,以推断这些甲骨文的确切时代。

《合集》第七册所著录的甲骨文,共分成甲、乙、丙三部分,实际上就是陈梦家所称的"𠂤组""子组"和"午组"卜辞②。

这些甲骨文,学术界比较一致的意见是,它们应隶属于武丁时期。所以《合集》称之为"一期附"。有的学者则认为它们早于第一期③;也有学者把它们划归武乙、文丁期④。

事实上,这三部分甲骨文互相之间并没有必然的联系,把它们笼统地堆积在一起,并不科学。现在许多学者已经注意到这一点,在阐述他们的观点时,把三者分别对待,依陈梦家的说法,称之为"𠂤组""子组"和"午组"。因此,本文在讨论《合集》第七册的甲骨文的时间修饰语时,也采用

---

① 参见谭步云《武丁期甲骨文时间修饰语研究》,见《2004年安阳殷商文明国际学术研讨会论文集》,社会科学文献出版社2004年版,第108-117页;《祖庚祖甲至帝乙帝辛期甲骨文时间修饰语研究》,见《纪念世界文化遗产殷墟科学发掘80周年考古与文化遗产论坛会议论文》,中国安阳2008年10月29—31日,第386-395页。

② 参见陈梦家《殷虚卜辞综述》,中华书局1988年版,第135-171页。

③ 例如陈梦家就认为所谓的"午组卜辞"早于武丁时期的宾组卜辞,𠂤组、子组则属于武丁晚期卜辞。参见氏著《殷墟卜辞综述》,中华书局1988年版,第33页。又如胡厚宣认为,"扶"等所贞卜辞"疑皆当属于武丁以前,或为盘庚、小辛、小乙之物"。参见《战后京津新获甲骨集·序要》,上海群联出版社1954年版,第1页;《甲骨续存·自序》,上海群联出版社1955年版,第1-2页。

④ 例如董作宾、岛邦男等。参见岛邦男著,濮茅左、顾伟良译《殷墟卜辞研究》,上海古籍出版社2006年版,第39-55页。

"自组""子组"和"午组"的概念。以下分别论之。

一、自组（《合集》第七册附甲，片号 19754—21525）

"自组"卜辞也有表过去时间的修饰语，那就是在验辞中的"干支"。例：

(1) 辛丑卜，自：自今至于乙巳雨？乙霍（豭）①，不雨。（《合集》20923）

我们注意到：验辞中的"干支"省略成了"干"，与武丁期卜辞中的占辞用法相同。武丁期卜辞命辞和验辞中的"干支"并不省略为"干"，倒是占辞部分的"干支"常略作"干"。

"自组"卜辞表现在时间的修饰语，由下列词语构成："今""今（某）月""今旬""今干支""今日""之日""今夕""之夕""大采""小采""昃"。例：

(2) 丁未卜，今齿 来母？／丁未［卜］，今不齿 来母？（《合集》21095）

(3) 己卯卜，今一月雨？（《合集》20913）

(4) 己丑卜，舞，今月（或作"夕"）从雨，于庚雨？／己丑卜，舞，庚从雨？允雨。（《合集》20975，同版见贞人"扶"）

(5) 甲子卜，今旬不祉？（《合集》20412）

(6) 辛未卜，王贞：今辛未大风，不隹禹（祸）？（《合集》21019，同版见贞人"自"）

(7) 戊午卜，自贞：方其祉，今日不□？（《合集》20419）

(8) 戊寅卜，方至不？之日曰：方在崔□。（《合集》20485，末一字似是"啬"）

(9) 乙酉卜，䏦囚？今夕允囚。（《合集》21395）

---

① 郭沫若、于省吾以为"霍"即"豭"之初文。参见郭沫若《卜辞通纂》，科学出版社1983年版，第383－384页；于省吾《甲骨文字释林》，中华书局1979年版，第107－111页。

(10) 戊午亦𡆥？之夕𡆥。(《合集》21399)

(11) 丙午卜，今日其雨？大采雨自北，延，少雨。(《合集》20960)

(12) 壬戌卜，雨？今日小采允大雨，延，脽日隹启。王，令□𡆥方腺……(《合集》20397)

(13) 壬申卜，今日方䢼不？昃雨自北。(《合集》20421)

"自组"卜辞的时间修饰语在句中的位置多变，表现出不拘一格的态势。例：

(14) 壬申卜，𠂤贞：方其䢼，今日？癸酉卜，𠂤贞：方其䢼，今日？月。(《合集》20408，"月"前缺刻序数)

(15) 丁未卜，今日方其䢼不？(《合集》20412)

"今日"可用在句末、句首或句中，且无需任何介词引导。"文无定法"切合"自组"卜辞的语言事实。

"自组"卜辞表将来时间的修饰语，由下列词语构成："来干支""翌干支（翌日干支）""干支（某月干支、今某月干支、旬干支）""翌日""某月""生（某）月"。例：

(16) 壬午卜，来乙酉雨？/不雨？(《合集》21065)

(17) 戊申卜，贞：翌日乙酉令……(《合集》20819)

(18) 庚戌卜，徝：叀翌日步射兕于囧？(《合集》20731，囧疑"向"字倒文)

(19) 辛酉卜，七月大方不其来䢼？(《合集》20475)

(20) 乙亥卜，徝：土史？弗及今三月土史？/乙亥卜，生四月土史？(《合集》20348)

"来干支"可由介词"于"引导。例：

(21) 甲戌 [卜]，扶：于来乙酉父乙次？(《合集》19946 正)

联系前辞所署干支分析，例（16）、例（17）、例（21）的"乙酉"，或作"来乙酉",或作"翌日乙酉",都距离前辞所署干支有不少时日：分别为三天、三十六天、十一天。如果不是误刻或伪刻,正可以证明"自组"卜辞表将来时间的"翌""来"是同义词。

"翌日干支"或作"翌日干",也可表次日,尽管例子不太多。例：

（22）己丑卜,翌日庚启？允。（《合集》20991）

或作"某月干支"。例：

（23）壬辰卜,五月癸巳雨？（《合集》20943）

或作"今某月干支",此式虽然冠以"今",但相对于前辞所署的时间而言,仍属于将来时间。例：

（24）辛酉卜,王贞：方其至,今九月乙丑方……（《合集》20479）

或作"旬干支"。例：

（25）癸未卜,贞：旬甲申□？允雨……（《合集》21021）

以"干支"表将来时间,可由介词"于"引导。例：

（26）乙巳卜,于丁酉雨？（《合集》20938）

"自组"卜辞中,由"干支"构成的修饰语,也可表现在时间。例：

（27）甲子卜,翌日丙雨？／乙丑㞢雨自北,少？／乙丑卜,乙丑雨？㞢雨自北,少？（《合集》20967）

末一辞的"乙丑"显然是"今乙丑"的简略。由此可知,"干支"用作时间修饰语,表什么时间,完全得根据具体文例判断。这一点,在"自组"卜辞中显得尤其突出。

"某月"可由介词"在"引导,例：

（28）壬子卜，贞：在六月王在毕？（《合集》19946）

也可由介词"于"引导。例：

（29）于四月其雨？（《合集》20946）

如同表现在时间的修饰语，表将来时间的修饰语在句中的位置也多变。例：

（30）辛酉卜，乙丑易日？／乙丑不易日？癸亥卜，易日，乙丑？／癸亥卜，不易日，乙丑？（《合集》21007）

"自组"卜辞也有表现在－将来时间的修饰语，武丁期的基本型"自今至于干支"及其变例"自今数日至于干支""自今干支至于干支"也见于此组卜辞。例：

（31）辛丑卜，㱿：自今至于乙巳雨？乙霍（㝱），不雨？（《合集》20923）

（32）辛酉卜，贞：自今五日至于乙丑雨？（《合集》20919）

此型的变例"自今数日"虽是武丁期特有，但也见于"自组"。例：

（33）辛亥卜，㱿：自今五日雨？／辛亥卜，㱿：自今三日雨？（《合集》20920）

（34）丁酉卜，㱿：自丁酉至[于]辛丑虎不[其𫼁]？／丁酉卜，㱿：自丁酉至于辛丑虎不其𫼁？允不。／丁巳卜，㱿：自丁至于辛酉虎其𫼁？允。／丁巳卜，㱿：自丁至于辛酉虎其𫼁？不？十一月。／辛卯卜，㱿：自今辛卯至于乙未虎𫼁？不？（《合集》21387）

例（34）凡五辞，乍一看，首四辞表"现在－将来时间"的修饰语作"自干（支）至于干支"，与第三期表将来时间的状语形式"自干至干"相同。其实，由于"自组"卜辞的"今干支"形式可省变为"干支"，因此，这四辞"干支"实际上都是"今干支"的省略，仔细对照前辞的干支就清楚了。

二、子组（《合集》第七册附乙一，片号：21526—21871；乙二，片号：21872—22042）

"子组"卜辞基本上无验辞部分，因此，在验辞中充当表过去时间角色的修饰语自然不存在了。我们又未能找到有关"昔""昔干支"的用例，因此，"子组"卜辞并无表过去时间的修饰语。

承担"子组"卜辞表现在时间的修饰语任务的词语有以下这些："今岁""今秋""今（某）月""今日""今夕"。例：

(35) 戊辰，子卜贞：今岁又史？（《合集》21671）

(36) 壬午卜，我贞：今秋我入商？（《合集》21715）

(37) 甲午卜，䎿贞：今六月我又史？（《合集》21668）

(38) □辰卜，䎿贞：今月亡囚（祸）？（《合集》21668）

(39) 乙丑，子卜贞：今日又来？（《合集》21727）

(40) 癸亥卜，贞：今夕亡囚（祸）？（《合集》21949）

"子组"卜辞表现在时间的修饰语的位置相对稳定，一般置于命辞句首，未见置于命辞句中或句末。

"子组"卜辞表将来时间的修饰语所使用的词语较少，只有下列几个："某月""来干支""翌日""干（支）"。例：

(41) 乙巳卜，㳄贞：今五月我又史？/乙巳卜，六月我又史？（《合集》21635）①

(42) 乙亥，子卜：来己酉乡羊匕己？（《合集》21547）

(43) 乙丑，子卜贞：翌日又来？（《合集》21727）

(44) 乙亥亡囚（祸）？（《合集》21806）

"某月"可由介词"于"引导，例：

(45) 壬午，余卜：于一月又史？（《合集》21664）

---

① 贞人"㳄"原篆作𣱛，通常隶定为"㳄"或"㳄"。

命辞中的"干支"有时候省略为"干"。例：

(46) 己卯卜，我贞：令龚，翌庚于雀？(《合集》21631)
(47) 甲寅卜，㲋贞：叀丁[令]龚？(《合集》21633)

三、午组（《合集》第七册，丙一，片号：22043—22129；丙二，片号：22130—22536）

有学者认为，"午组"并无名叫"午"的贞人，不当以"午"称之；而且只有一名贞人"兊"，实在构不成"组"①。不过，迄今学界仍存在不同意见②。孰是孰非，似乎仍有讨论空间。本文姑且沿用旧称。

如同"子组"一样，"午组"也不见表过去时间的修饰语。

"午组"卜辞表现在时间的修饰语，有以下词语："今（某）月""今干（支）""今日""今夕"。例：

(48) 丁亥卜，女壴疾于今二月，弗巛？(《合集》22098)
(49) 戊午卜，贞：妻有䅟，今月？(《合集》22049)

从以上两例可以看出，"午组"卜辞的时间修饰语的存在方式接近"自组"卜辞。

(50) 戊寅卜，今庚辰酚盟三羊于匕……(《合集》22228)

这种前辞所系干支并不对应于命辞"今干支"的情形，使人想起了第四期类似的例子。我们注意到，"午组"卜辞的"今干支"更多地省作"今干"。例：

---

① 参见方述鑫《论非王卜辞》，见《古文字研究》第 18 辑，中华书局 1992 年版，第 126－150 页。
② 有学者认为，除了"午""兊"，"♦"也是"午组"的贞人。参见萧楠《略论"午组卜辞"》，见《甲骨学论文集》，中华书局 2010 年版，第 40－47 页；原载《考古》1979 年第 6 期。

(51) 戊子卜，于来戊用羌？／今戊用？／己亥卜，不至田（雍）？／至田（雍），今己？／戊戌卜，炻至，今辛？／炻不至，今辛？（《合集》22045）

例（4）第一辞云"今戊""来戊"，似乎表明"午组"卜辞中"今""来"的意义非常明确："今"指占卜当日，"来"指下旬相同天干的那一日。第三辞的"今辛"，比较前辞所署干支"戊戌"可知，尽管名为"今"，事实上却表"来"的意义。然而，第二辞的"今己"却又与前辞相一致。倘若不是误刻或伪刻，这是很让人诧异的现象。此外，"午组"卜辞时间修饰语的后置，显示出其存在方式有点儿紊乱。这都是"午组"卜辞时间修饰语颇具断代意义的特点。

(52) 乙丑卜，又殳目，今日？（《合集》22391）
(53) 贞：今夕……（《合集》22417）

据例（49）、例（51）、例（52），可知"午组"卜辞的作者似乎特别喜欢将时间修饰语后置。

"午组"卜辞所使用的表将来时间的修饰语在用词上没有什么特别，全都是武丁期常见的："旬""来干（支）""翌干（支）"以及"干（支）"。例：

(54) 癸未卜，贞：旬亡禍（祸）？／癸巳卜，贞：旬亡禍（祸）？（《合集》22403）
(55) 于来庚寅酌羊于匕庚？（《合集》22230）
(56) 丁未卜，其䢅中，翌庚戌？／丁未［卜］，不䢅中，翌庚戌？（《合集》22043）
(57) 癸巳卜，甲午岁于父乙，牛？（《合集》22098）

"干支卜，翌干支"的类型仅例（56）一见，"翌"在"午组"卜辞中尚未具有"次日"的意义再无可疑。

"午组"卜辞表将来时间的修饰语形式接近武丁期，但其省略形式，却又是武丁期罕见的。

"午组"卜辞不见表现在－将来时间的修饰语。

四、花东甲骨（《花东》1—689）

花东 H3 坑的时代，据同出器物，当属殷墟文化一期晚段，大致相当于武丁早期①。但也有学者以为"恐在武丁晚期，最多可推断其上限及于武丁中期"②。那么，我们不妨看看其时间修饰语所反映的语言现象切合上述哪一个推断。

（一）过去时间

花东卜辞使用"昔"表过去时间。用例很少，只三见：

(58) 壬申卜，既㲋，子其往田？[用]，昔□用。禽四麑。（《花东》35）

(59) 辛酉卜，从曰：昔䖒牟？子占曰：其牟。用。三鹿。（《花东》295）

(60) 昔䖒……（《花东》548）

不过，"昔䖒"可能只是人名，并非时间概念，因此，例（58）所缺的字也许就是"䖒"。

（二）现在时间

花东卜辞用以表现在时间的词语有"今""今日""今夕"等。"今日"所表时间清晰，而"今"所表时间则较模糊。例：

(61) 乙卜，贞：二卜又（有）祟，见今又（有）角鬼，□亡囧（祸）？（《花东》102）

(62) 辛丑卜，叀今逐□？（《花东》108）

(63) 今月丁不往□？己酉卜，今月丁往□？（《花东》146）

(64) 己卜，弜告季于今日？己卜，弜告季于今日［归］？（《花

---

① 参见刘一曼、曹定云《殷墟花园庄东地甲骨卜辞选释与初步研究》，载《考古学报》1999 年第 3 期，第 231－310 页。

② 陈剑：《说花园庄东地甲骨卜辞的"丁"——附：释"速"》，载《故宫博物院院刊》2004 年第 4 期，第 59 页。

东》249）

(65) 己酉卜，今夕丁不往㓞？/今夕丁不往㓞？（《花东》146）

从上引例证，可以看到前辞中的时间修饰语"干支"可省略为"干"（命辞亦如是，见下文所引例证），位于命辞句末时通常由介词"于"引导，与"宾组""自组"卜辞都不同。

"今"有时附于干支之前，却表将来时间。例如：

(66) 丁卜，今庚其乍丰䵼，丁禽，若？/丁卜，今庚其乍丰䵼，丁禽，若？（《花东》501）

"庚"距离前辞的"丁"至少有两日之遥。"今"表将来时间的用法与"午组"卜辞略同。

花东卜辞中有四个清晰的表时概念：日出、昃、暮（暮）、夕，既用以表现在时间，也用以表将来时间。例：

(67) 癸巳卜，翌日甲岁且甲牡一？/叙卣一于日出？/甲午卜，岁且乙牝一，于日出改？用。甲午卜，岁且乙牝一，于日出改？（《花东》426）

辞中的"日出"，甲骨文首见，当指次日日出时分，至于其所指时段，可能相当于廪辛、康丁、武乙、文丁期卜辞的"旦"。

(68) 辛酉昃岁匕庚黑牝。子祝。/辛酉昃岁匕庚黑牝。子祝。（《花东》123）

(69) 癸卯卜，翌日辛于昃用？/庚戌卜，子叀弹乎见丁眔大，亦燕用昃？（《花东》475）

"昃"也见于武丁及廪辛、康丁期，可由介词"于"或"用"引导。例(68)的"昃"表现在时间，例(69)则表将来时间。

(70) 己卜，暮改卯三牛匕庚？/己卜，暮改卯三牛匕庚？（《花东》286）

(71) 甲戌卜，暮耏且乙岁？用。(《花东》314)

(72) 暮耏宜一牢伐一人？用。(《花东》340)

"暮"字有多个异体，或象日没于草木之形，或增益隹，象日暮鸟投草木之形：☒、☒、☒、☒、☒、☒（孙海波：1965：24－25页），即"莫（暮）"之本字。学界已成共识。武丁期只作☒（《合》8185正、10729），或省林作☒（《合》10227、15588正）。花东卜辞只见☒、☒二形①。这或许可作为断代之参考标准。"莫（暮）"所表时间早于"夕"或"每（晦）"，可在卜辞中得到证实："暮往夕入……冓雨／王其省盂田，暮往每（晦）入，不雨？"（《屯南》2383）

(73) 戊戌夕卜，翌日［己］子［叀］豕冓毕？(《花东》378)

(74) 甲辰夕岁且乙黑牝一？子祝翌日舌。(《花东》350)

(75) 己酉夕（卜），翌日叕匕庚黑牡？甲辰夕岁……？(《花东》150)

(76) 乙亥夕卜，丁不雨／乙亥夕卜，其雨？子占曰：今夕雪，其于丙雨，其多日。用。(《花东》400)

由例（19）得知，"夕"既表现在时间，也表将来时间。

（三）将来时间

倘若联系前辞所署干支考察，花东卜辞时间修饰语的"翌（日）""来"可能是同义词，都表次日的意义，与旧出卜辞不同。当然也有可能"翌"为近指，指次日；而"来"为远指，指下一旬相同天干之日，如同"午组"卜辞那样。尽管目前还没有更多证据证明何者更符合事实，然而笔者倾向于"翌"为近指"来"为远指。一般说来，精确的表述为"翌日（来）干支"，但花东卜辞表将来时间修饰语却往往作"翌（日）干""来干"，甚至作"翌"。例：

---

① 花东卜辞见☒。辞云："辛未岁匕庚先☒牛耏乃耏小牢？用。"（《花东》265），释者以为亦"莫"。细审文例，似乎不当释作"莫"。

(77) 乙酉卜，子于翌日丙求阤南丘豕，葬？（《花东》14）

(78) 戊卜，于翌己往休于丁？（《花东》53）

(79) 辛丑卜，于翌逐□？（《花东》108）

(80) 甲辰卜，于来乙又于且乙宰？用。/己酉卜，翌庚子乎多臣燕见丁？用。不率。（《花东》34）

(81) 戊卜，于翌己往休于丁？（《花东》53）

"翌（日）"或"来"可省略，有时仅署干支也可表次日。例：

(82) 戊寅卜，翌己巳其见玉于皿？永。（步云案：根据下一卜辞前辞所署干支，"己巳"可能当作"己卯"）/己卯卜，庚辰舌三匕庚㱃牢，叕（后）㱃牝一？（《花东》427）

(83) 乙未卜，在□，丙［不雨］？（《花东》10）

(84) 甲寅卜，乙卯子其学商？丁永用子尻。（《花东》150）

然而，有时即便用一"日"字，也可表次日。例：

(85) 甲夕卜，日雨？/甲夕卜，日不雨？/子曰：其雨。用。（《花东》271）

此辞在甲日夜间所卜，则"日"为次日无疑。

尽管在命辞中仅使用"干支"就可以表次日概念，然而，"干支"却往往表将来时间。这表明了花东卜辞时间修饰语尚处于有待精确的阶段，与"自组""子组"和"午组"卜辞相同。例：

(86) 乙卯卜，其卯（御）疾，于癸巳曹豜，又鬯？（《花东》76）

(87) 甲辰，丑祭且甲？友。羌一。（《花东》267）

（四）现在－将来时间

"自今至于"等武丁期常见的表现在－将来时间的词语不见于花东卜辞，而花东卜辞表现在－将来时间的词语颇具自身特点。例：

(88) 癸巳卜，自今三旬又至南，弗霾三旬？/二旬又三日至。/亡其

至南?/出,自三旬乃至。(《花东》290)

据例(88)可知,"今"甚至"自今"可以省略,而其所表意义不变。例:

(89)其采五旬?/三旬?/其采五旬?(《花东》266)
(90)五旬。(《花东》112)
(91)癸卜,不采旬日雨?(《花东》183)
(92)癸未卜,今月六日,王生月又至南?子占曰:其又至,寿月夋。(《花东》159)

所谓"三旬、五旬",自然就是"自今三旬、五旬"的意思。关于"生月",笔者认为是"闰而再闰之月"①,得此一例,可证予说不谬。此辞"今月""生月""寿月"并见,"生月"指"闰而再闰之月",而附于"今月"之后。

表现在-将来一段时间的"月""旬"之前的"自今"可以省略,而"(数)日"之前也不例外。例:

(93)壬卜,三日雨至?壬卜,五日雨至?(《花东》256)
(94)丙卜,五日子目既疾?/丙卜,三日子目[既疾]?(《花东》446)
(95)庚卜,囟五六日至?(《花东》208)

所谓"三日、五日",自然就是"自今三日、五日"的意思。

以上大致勾勒出《合集》第七册以及《花东》所著录的甲骨文时间修饰语的表现形态和存在方式。毫无疑问,这部分甲骨文的时间修饰语,无论在表现形态(参看本文附录的"甲骨文时间修饰语用词一览表")还是存在方式上,都与武丁、祖庚祖甲、廪辛康丁、武乙文丁、帝乙帝辛等五期卜辞有异。不详加分析贸然定之为某期,都难免有顾此失彼之虞。

笔者认为,语法是"世系""称谓""贞人""坑位"四项之外最重要的

---

① 谭步云:《殷墟卜辞"生(某)月"即闰而再闰之月说》,载《中山大学研究生学刊》2014年第4期,第6-14页。

甲骨文断代标准①。因此,以下将运用语法(主要是时间修饰语的表现形态和存在方式)分析的手段,并结合其他断代标准,对"自组""子组""午组"以及花东所出卜辞作一全面分析,希望得出一个较为接近真实的结论。

从"甲骨文时间修饰语用词一览表"中看到,武丁时期所使用的表时间的词语,大致也存在于《合集》第七册的甲骨文中。尤其值得注意的是,武丁期特有的时间修饰语也出现在《合集》第七册的甲骨文中。例如:表现在时间的"今旬""生某月""大采";表现在-将来时间的"自今干支至于干支""自今数日至于干支""自今数日"。当然,"自组""子组"和"午组"的时间修饰语用例并非都接近武丁期。例如:"自组"卜辞在命辞中使用的干支,有时可表现在时间。又如:"子组"和"午组"卜辞中的"今干支""来干支"或"干支"常省变作"今干""来干"或"干"。武丁时期的卜辞是没有这些时间修饰语类型的。

在时间修饰语的表现形态上,"自组"卜辞最接近武丁期卜辞;在存在方式上,"子组"卜辞最接近武丁期卜辞。

"自组"卜辞时间修饰语的存在方式表现为"文无定法"。给人一种印象,这种刻写下来的"书面语"还没成熟,总觉得它多少有点儿口语的味道。像命辞里的时间修饰语常常后置,与武丁时期卜辞的占辞部分相似。此外,某些时间修饰语所表意义仍不清晰。例如"翌"。"自组"卜辞中,"干支卜,翌干支"类型凡四例,其中一例"翌干支"不特指前辞所署干支的次日。用百分比表示,即占总数的25%。由文例看,"自组"卜辞中有署兆侧刻辞"二告"者,例如《合集》21290。结合"字形""书体风格"看,"自组"卜辞带有古朴、浑厚的色彩,线条粗犷,形体具备原始图画的特点,尤以贞人"扶"所作者为甚[参看本文所附"《合集》第七册甲骨文常见字字形表(与武丁期宾组、花东卜辞对照)"]。种种迹象表明,"自组"卜辞不得晚于武丁期。再检视"自组"卜辞所具的称谓,似乎有理由定之为小辛、小乙之世。例:

(96)庚戌卜,扶:夕土般庚,伐卯牛……(《合集》19798)

武丁称盘庚理应敬之曰"父庚"。又例:

---

① 谭步云:《〈甲骨文断代研究例〉述评》,载《中山大学研究生学刊》1987年第3期,第28—35页。

(97) 己未卜，王：㞢兄戊羑？（《合集》20015）

此辞为王所亲贞，"兄戊"殆小辛、小乙之兄，未及位而终。
"自组"中有供职两朝的贞人，例：

(98) 辛酉卜，又且乙廿宰？／癸未卜，扶：酌钔（御）父甲？（《合集》19838）

"父甲"当是武丁称阳甲。可见"扶"是两朝元老。

我个人的意见是，"自组"中大部分是武丁早期的作品，小部分是小辛、小乙的作品（贞人"扶"所卜者）①。

"子组"卜辞时间修饰语的表现形态约近于武丁期，但诸如"干支"省为"干"的情况，为武丁期罕见。"子组"卜辞时间修饰语的存在方式较稳定，其位置通常在命辞句首。结合辞例看，"子组"卜辞不署兆侧刻辞，与武丁期卜辞大异。结合"字形""书体风格"看，"子组"卜辞字形呈现出中晚期特征：笔道纤细紊弱，略有涩滞之感。"子组"卜辞没有多少可资参证的称谓，因此颇难确定其时代。三鉴斋师曾指出："子组贞人与武丁时贞人永有共版关系，如《前编》5·26·1，刻两辞，一为'丙辰卜，永贞：乎省田？'一为'□□［卜］，我贞：凡？'即其证。"② 故此，可把这一组的卜辞确定为武丁晚期。只是根据时间修饰语的表现形态、辞例、字形及书体风格，却可以把它确定为第二期晚期。

"午组"卜辞时间修饰语的表现形态略近于武丁期，但存在方式却与"自组"卜辞相似。"翌"也未完全具有特指"次日"的意义。"午组"卜辞虽然也无兆语，但其字形、书体风格则最接近武丁期卜辞。如果从称谓考虑，似应定之为武丁期，例：

(99) 癸巳卜，㞢岁于且戊宰三？／甲午卜，兄：钔（御）于匕至匕

---

① 考古工作者根据坑位、称谓、人物、字体、钻凿等情况，认为"'自组卜辞'的时代似属武丁晚期"。参见萧楠《安阳小屯南地发现的"自组卜甲"——兼论"自组卜辞"的时代及其相关问题》，见《甲骨学论文集》，中华书局2010年版，第38页；原载《考古》1976年第4期。步云案：结合花东卜辞也是"㞢""又"并用的情况考察，笔者以为是说容有可商。

② 参见陈炜湛《甲骨文简论》，上海古籍出版社1987年版，第97-98页。

辛?／甲午卜，兌：卯（御）于下乙至父戊，牛？（步云案：首辞"匕"后殆漏刻一字）（《合集》22074）

如前述，"父戊"是小乙、小辛的兄长，所以武丁敬称曰"父戊"；而"且（祖）戊"，恐怕就是武丁对"大戊"的称谓。

综上所述，我认为，"自组"卜辞最早，"午组"次之，"子组"最晚。

至于花东卜辞，结合"土"（"土"字祖庚期亦偶见，例如《合集》22823、22824、22825等）等字字形分析，花东卜辞的年代当与"自组"同时或接近，绝不可能晚于武丁期。最坚实的证据是，花东卜辞时间修饰语"翌（日）干支""来干支"的用法接近于"自组"卜辞。进一步结合世系、贞人、称谓等断代标准考虑，例如考察花东卜辞祭祀过的先公先王，即可以了解其世系为：上甲→大乙→大甲→小甲→祖乙→祖辛→祖甲→祖丁→羌甲。那么，可以肯定其为王室后裔。又如贞人。花东卜辞中的"子""糸""永"等也见于旧出殷墟卜辞，均为武丁期贞人。即便不是同一人，花东卜辞也不可能晚于武丁期。再如称谓，花东卜辞所见父丙、且（祖）丙、且（祖）戊等称谓，略异于旧出殷墟卜辞。笔者以为，父丙可能是羌甲、盘庚、小辛、小乙的兄弟，且（祖）戊是"子"对"大戊"的称谓，同于"午组"卜辞（《合集》22074）。换言之，花东卜辞的占卜者"子"与武丁为堂兄弟①。再从占卜程序看。花东卜辞多有"占辞"，与武丁期同。以"某占曰"为特征的占辞，旧出卜辞只见于武丁期和帝乙帝辛期。花东卜辞既然不可能晚至帝乙帝辛，那只能接近于武丁期。又从人物看。花东卜辞有"妇好"，也许即武丁期的"妇好"。但是，花东卜辞的"妇好"的"妇"作ᐩ等形，前所未见，殆王妇的专字。这或可视作花东卜辞早于宾组卜辞的证据。

概言之，笔者以为发掘者的断代是正确的：这批卜辞当早于武丁"宾组"卜辞。

---

① 关于花东卜辞的"子"，论说甚夥，窃以为花东卜辞整理者所作判断最接近事实。整理者认为"子"与武丁不同父，甚至不同祖。参见曹定云、刘一曼《再论殷墟花东H3卜辞中占卜主体"子"》，见《考古学研究》（六），科学出版社2006年版，第300-307页；曹定云《三论殷墟花东H3卜辞中占卜主体"子"》，载《殷都学刊》2009年第1期，第7-14页。步云案：花东卜辞有"羌死、不死"（《花东》215、《花东》241）之问，又有"学羌"（《花东》473）之问，疑此"羌"就是羌甲（阳甲）。其时父丙及盘庚、小辛、小乙均有机会继任，殆父丙未及而终，遂成就盘庚为王。

五、历贞卜辞断代之讨论

除了《合集》第七册所载以及花东所出卜辞的断代存在争议外，学界对历贞卜辞的断代也有不同意见，或以为当武丁祖庚期，或以为武乙文丁期。①这里，笔者拟以时间修饰语为断代标准，并结合其他断代标准，对三鉴斋师所摹历贞卜辞二十二纸进行考察，从而厘定历贞卜辞之时代。

(100) 丙午贞：酚升岁于中丁三牢，祖丁三牢？历……（《甲》556）

此称"中丁、祖丁"，不足以判断称者其谁。但"酚"为晚期字形，则历贞卜辞不当在武丁之世。

(101) 己亥，历贞：三族，王其令追召方，及于昏（？）？（《京津》4387）

召方，不见于武丁期。而与武丁关系密切的"舌方""土方"等也不见于历贞卜辞。

(102) 己亥贞：来乙其酚五牢？（《屯南》974，同版见贞人"历"）

此例"来干支"作"来干"，切合第三、第四期干支省作"干"之例。②当然，"干支"的这种用法也略同于"午组"、花东卜辞。不过，例(100) 和此例的"酚"字作 、 等形，与宾组作 （《乙》6664）午组作 （《合集》22228），花东作 （《花东》149）明显有别。若进一步结合其他断代标准考虑，定之为武乙文丁期可能较符合事实。

---

① 参见陈炜湛《"历组卜辞"的讨论与甲骨文断代研究》，见文化部文物局古文献研究室编《出土文献研究》，文物出版社1985年版，第1—21页。
② 谭步云：《祖庚祖甲至帝乙帝辛期甲骨文时间修饰语研究》，见《纪念世界文化遗产殷墟科学发掘80周年考古与文化遗产论坛会议论文》，中国安阳2008年10月29—31日，第386－395页。

(103) 又（有）凸（祸）？癸巳贞：历，勺（旬）亡凸（祸）？又（有）凸（祸）？□卯卜，历，[勺（旬）]亡凸（祸）？（《存》上2202）

(104) 癸未，[历]贞：勺（旬）亡凸（祸）？癸巳，历贞：勺（旬）亡凸（祸）？又（有）凸（祸）？癸丑，历贞：勺（旬）亡凸（祸）？又（有）凸（祸）？癸亥，历[贞]：勺（旬）亡[凸（祸）]？（《屯南》457）

(105) 又（有）凸（祸）？癸丑，历贞：勺（旬）？三卜，亡凸（祸）？又（有）凸（祸）？癸亥，历贞，勺（旬）？三卜，亡凸（祸）？（《怀特》1621）

(106) 癸未，历贞：勺（旬）亡凸（祸）？又（有）凸（祸）？癸巳，历贞：勺（旬）[亡凸（祸）]？（《宁沪》1·446）

(107) 癸未，[历]贞：勺（旬）亡凸（祸）？又（有）凸（祸）？（《库》1678）

(108) 又（有）[凸（祸）]？癸未，历：勺（旬）亡凸（祸）？癸巳贞：历，又（有）凸（祸）？又（有）凸（祸）？癸卯贞：历，勺（旬）亡凸（祸）？（《金》396）

"土"字在祖庚期以后消失，例（103）—例（108）中命辞不使用"土"而使用"又"，便可断定这都是祖甲以后的卜辞。试比较：

(109) 戊午卜，古贞：般其土（有）凸（祸）？戊午卜，古贞：般亡凸（祸）？（《存》下442）

(110) 己巳卜，王贞：其又（有）凸（祸）？（《京津》3163）

例（109）是典型的宾组卜辞，使用"土（有）"而不使用"又（有）"。例（110）"王"作"玉"，典型的祖甲卜辞，使用"又（有）"而不使用"土（有）"。历贞卜辞"又（有）"字用法同于例（110）而异于例（109），尽管历贞卜辞王字仿古作"玉"，却也不宜置于武丁期内。

虽然完整且具备清晰断代信息的历贞卜辞仅九例，但也足以推断其时代不得早于祖庚祖甲期，而以此为准绳，与"历"相关的甲骨也应确定为武乙文丁时物。

六、结论

通过对《合集》所著录的甲骨文的时间修饰语的综合分析，五个时期的甲骨文（包括《合集》第七册所著录者）时间修饰语的表现形态相同的少，不同的多；它们的存在方式前后期之间也大相径庭。毫无疑问，甲骨文的时间修饰语带上了时代的烙印，这烙印无形中为甲骨文的断代研究提供了有利的证据。本文正是利用甲骨文时间修饰语的时代标识，综合运用其他断代方法，对《合集》第七册所著录的甲骨文进行时代的判断的。从而得出了"自组""子组""午组"应分属不同时期的结论。同样地，花东所出及所谓的"历组"卜辞的断代也可以通过时间修饰语的考察以推断其时代。

当然，用断代方式系统地研究甲骨文法，本文只算是开了个头。仅利用时间修饰语一点去断代，也许还有所不足。故此，有意从事这方面工作的同道面临的将是甲骨文断代语法研究的挑战。

附录一

本文征引书目及简称表

1）中国社会科学院考古研究所编辑：《甲骨文编》，中华书局，1965年9月第1版。本文甲骨文著录简称除特别注明者外悉参是书"引书简称表"。

2）许进雄撰：《怀特氏等收藏甲骨文集》，加拿大多伦多皇家安大略博物馆，1979年。本文简称《怀特》。

3）郭沫若主编、胡厚宣总编辑：《甲骨文合集》，中华书局，1979—1982年10月第1版。本文简称《合集》。

4）社会科学院考古研究所编著：《小屯南地甲骨》，中华书局，1980年10月第1版。本文简称《屯南》。

5）社会科学院考古研究所编著：《殷墟花园庄东地甲骨》，云南人民出版社，2003年12月第1版。本文简称《花东》。

附录二

甲骨文时间修饰语用词一览表

时间、用词		时期 1	2	3	4	5	1期附	花东
过去时间	昔	√	×	×	×	×	×	√
	昔干支	√	×	×	×	√	×	×
	干支	√	√	×	×	×	√	×
现在时间	今	√	√	√	×	×	√	√
	今者	√	×	×	×	×	×	×
	今岁	√	√	×	×	√	√	×
	今春（秋）	√	×	√	×	×	√	×
	今（某）月	√	×	×	×	×	√	×
	今旬	√	×	×	×	×	√	×
	今（日）干支	√	×	√	×	√	×	×
	今日	√	√	√	√	√	√	√
	今夕	√	√	√	√	√	√	√
	今（王）某祀	×	×	×	×	×	×	×
	兹（某）月	×	√	√	×	×	×	×
	兹夕	√	×	√	√	×	×	×
	之日	√	√	×	×	×	√	×
	之夕	√	√	×	×	×	√	×
	大采	√	×	×	×	×	×	×
	小采	×	×	×	×	×	√	×
	旦	×	×	√	√	×	×	×
	日出	×	×	×	×	×	×	√
	旽	×	×	×	×	×	×	×
	枏	×	×	×	×	×	×	×
	莫（）	√	√	√	√	√	√	√
	夕	√	√	√	×	×	×	×
	郭兮	×	×	√	×	×	×	×
	昃	√	×	×	×	×	√	√
	中日	×	×	√	×	×	×	×
	大食	×	×	×	×	×	×	×
	即日	×	×	√	×	×	×	×

续表

时间、用词		时期 1	2	3	4	5	1期附	花东
现在时间	屯日	×	√	√	√	×	×	×
	湄日	×	×	√	√	×	×	×
	既日	×	√	×	×	×	×	×
将来时间	将	√	×	√	√	×	×	×
	翌（日）干支	√	√	√	√	√	√	√
	翌日	√	√	√	√	√	√	×
	翌夕	×	×	√	×	×	×	×
	来者	×	√	×	×	×	×	×
	来岁	√	×	×	×	×	×	×
	来（春）秋	√	×	×	×	×	×	×
	来（日）干支	√	√	√	×	×	√	√
	来日	×	×	√	×	×	×	×
	旬	√	√	√	√	√	×	×
	某月	√	×	×	×	×	√	×
	生（某）月	√	×	×	×	×	×	×
	至日	×	×	√	×	×	×	√
	祖先日名	×	×	√	√	×	×	√
	乡日	×	×	×	√	×	×	×
	木（林）日（夕）	×	×	×	√	×	×	×
	昏日	×	×	√	×	×	×	×
	干支	√	×	√	√	√	√	√
现在、将来时间	自今至于干支	√	×	×	×	×	×	×
	自今干支至于干支	√	×	×	×	×	√×	×
	自今干至于来干	×	×	√	×	×	×	×
	自今数日至于干支	√	×	×	×	×	×	×
	自今数日至干支	×	×	×	×	×	√×	×
	自今数日	√	×	×	×	×	√×	×
	自数日	×	√	×	×	×	×	×
	自今旬	√	×	×	×	×	×	√
	今日至于翌干支	×	√	√	×	×	×	×

续表

时间、用词		时期 1	2	3	4	5	1期附	花东
现在—将来时间	今日至于干支	×	√	√	×	×	×	×
	今日至干支	×	×	×	√	×	×	×
	今来（岁）干支	√	×	×	×	×	×	×
	今来干支	√	×	√	√	×	×	×
	至于干支	√	×	×	×	×	×	×
	至干	×	×	×	√	×	×	×

注：1. 表中的"√"代表情况存在，"×"代表不存在。

2. 表中"现在—将来时间"一栏，"自今干支至于干支""自今数日至干支"和"自今数日"的用语只见于"自组"；"自今数日"的用语只见于"子组"。

附录三
《合集》第七册甲骨文常见字字形表（与武丁期宾组、花东卜辞对照）

组别 常用字	自 组			子 组					午组	花东	宾组
	扶	自	屮	子	㱿	禣	余	我	兀	子、友	宁
子											
未											
戌											
巳											
贞											
王											
屮											
寮											
于											
更											

注："子组"卜辞"屮"作"又"，与祖甲以后卜辞同。花东卜辞尽管有"屮"，但也有"又"，与"自组"卜辞同。

（原载《古文字论坛》第二辑，中西书局2016年版，第91—112页。后收入《多心斋学术文丛》，花木兰出版社2022年版，第148—167页。今据《古文字论坛》收录）

琉球写本《人中画》的与事介词及其相关问题*

——兼论南北与事介词的类型差异

李 炜　王 琳

一、琉球写本《人中画》中介词"替"的用法

琉球写本《人中画》(以下简称"琉本《人》")是清代琉球官话系列课本(18世纪教琉球人学汉语的课本)中的阅读本,其母本是早于它一个世纪的啸花轩写刻本《人中画》(以下简称"啸本《人》"),琉本《人》于18世纪中叶编写而成,和其他琉球官话课本一样,呈现出鲜明的汉语南方方言语法特征。①

琉本《人》共出现462例"替",除了67例连词用法、2例动词用法,其余的393例均用作介词,大部分用法是现代汉语所没有的。我们将这些介词分为以下三类,分别进行考察。

第一类:

(1) 他才去见县官、学官,到不替黄舆讲,反替那财主说得稳稳当当的了。(琉本《人·自作孽》第1回)

(2) 若不好说,定有暧昧的情了,替我捞起来!(琉本《人·终有报》第4回)

---

* 本项研究受到国家社会科学基金项目"清代琉球官话系列课本语法研究"(项目号:07BYY046)、广东省哲学社会科学"十五"规划项目"现代汉语与事介词的演变研究"(项目号:05J-01)和"中山大学优秀研究生导师逸仙创新人才培养计划"(项目号:11100-3126200)的资助。本文曾于2009年12月在潮州韩山师院召开的广东省中国语言学会2008—2009学术年会暨语言接触国际研讨会上宣读。《中国语文》审稿专家提出了宝贵的修改意见,谨致谢忱!

① 李炜、李丹丹:《从版本、语言特点考察〈人中画〉琉球写本的来源和改写年代》,载《中山大学学报》2007年第6期。

第一类的"替"介引受益对象,表示受益关系。例(1)中的"替"表示服务义,在现代汉语中相当于"给、为、替",但现代汉语的"给、为、替"分别只能有琉本《人》"替"的一部分用法,较之后者,其使用范围要窄得多,某些在琉本《人》中成立的句子在现代汉语中是不成立的。而且琉本《人》中所有的"给"均不表服务义①,"替"几乎是表达服务义的唯一介词。例(2)中的"替"表示"顺某人之意而为之"②的意志义。意志义在现代汉语中很常见,但在这里仅此1例,说明当时还是新兴用法。

第二类:

(3)张媒婆笑说:"唐相公这样拣精拣肥的主顾,就有正经的大好亲事,我也没有这些气力替你缠了……"(琉本《人·终有报》第2回)

(4)这时候汪费手里很好,不要讲黄奥为他许多的好情,只说替他同来一番,听见他要回去,也该送些盘缠才是,就像替他不相干的事一般,都不提起。(琉本《人·自作孽》第1回)

(5)柳春荫听了,恰又取名叫春荫,替旧名一样,就满心欢喜说:"春荫最好!"(琉本《人·寒彻骨》第1回)

(6)就是当日不看风信就开船,这是我李天造的罪,替我儿子李春荣何干?大王到不罪我,反加我儿子的罪。(琉本《人·狭路逢》第3回)

第二类的"替"介引相与对象,表示相与关系。具体来说,例(3)的"替"表示交互义;例(4)的"替"表示协同义;例(5)的"替"表示等比义;例(6)的"替"表示关联义。这些"替"在现代汉语中相当于"和、跟、同"。琉本《人》中"和""跟"还是动词;"同"没有表示交互义的用例,表示协同义的数量也不多。③

第三类:

(7)刘恩听了,忙忙进去替柳春荫说知。(琉本《人·寒彻骨》第1回)

---

① 在琉球官话中,"给"有表给予义和使役义的动词及表被动义的介词用法,没有表受益义的介词用法(参见李炜、濑户口律子《琉球官话课本中表使役、被动义的"给"》,载《中国语文》2007年第2期)。"为"虽可表受益义,但仅有2例。

② 吕叔湘:《中国文法要略》,商务印书馆1982年版。

③ "同"作"协同义"介词有10例。

（8）老头子说："就是才先说的那个青年的相公，原要买花，因看见了扇子，连花都不买，拿着扇子读来读去，就象癫子一般，定要替我买……"（琉本《人·风流配》第2回）

第三类的"替"介引指涉对象，表示指涉关系。例（7）的"替"表示顺指义，即动作的方向从主语指向介词宾语，是一种顺向的指涉，相当于现代汉语的"给、跟、对、向、和、同"；例（8）的"替"表示逆指义，即动作的方向从介词宾语指向主语，是一种逆向的指涉，相当于现代汉语的"跟、向"等。琉本《人》中"同"无顺指义的用法①，"向"也无逆指义的用法，"对"则仅有1例②。

以上三类"替"分别表达与事范畴的受益、相与、指涉三种关系，为了称述方便，我们权且将能够把表达这三种关系的介词称为"与事介词"，并将其内部系统分为两个层级。③④ 第一层级由三大类——受益关系、相与关系和指涉关系构成⑤；第二层级则由三大类下位的八小类构成。如下图：

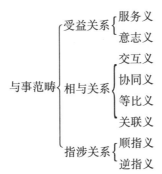

----

① 另有"对、向"，虽出现的次数不算少，分别为21例和3例，但"对"所选择的动词范围很窄，仅限于"说"和"笑"。

② 这1例为："我是对奶奶（太太）当面明公正气求的，又不是私情暗昧，老爷问太太就知道，怎么说个送官呢？"（琉本《人·终有报》，第3回）

③ 李炜：《琉球官话课本中表使役、被动义的"给"》，载《中国语文》2006年第2期。

④ 我们对汉语与事范畴的界定参照了李如龙先生的说法，他在谈到闽南方言中有关"与事"的介词时所举的实例与我们这里所谈的三大类八小类关系完全一致。参见李如龙《闽南方言的介词》，见《介词》，暨南大学出版社2000年版，第122－138页。

⑤ 相与介词和指涉介词有介词宾语跟主语之间关系方向的不同：相与介词是一种双向关系，指涉介词是一种单向关系。

琉本《人》中"替"是可以通表以上三大类八小类用法的强势介词，其他介词虽可表达与事范畴的其中一类或两类关系，但没有一个可以像"替"一样通表的。那么其母本与事介词的使用情况又是怎样的呢？我们对照了啸本《人》，上述 8 例相应地分别为：

(1a) 他再去见县官、学官，到不替黄舆讲，反与那财主说得稳稳的了。（啸本《人·自作孽》第 1 回）

(2a) 若不好说，定有暧昧之情，与我拐起来！"（啸本《人·终有报》第 4 回）

(3a) 张媒婆笑道："唐相公这等拣精拣肥的主顾，就有正经的好大亲事，我也没这些气力与你缠了……"（啸本《人·终有报》第 2 回）

(4a) 此时汪费手中有余，且莫说黄舆为他许多好情，只说与他同来一番，听见要回去，也该送些盘缠才是，却像不关他事一般，全不提起。（啸本《人·自作孽》第 1 回）

(5a) 柳春荫听了恰又取名春荫，与旧名相同，便满心欢喜道："春荫最好！"自此，柳春荫改为商春荫了。（啸本《人·寒彻骨》第 1 回）

(6a) 况当日匆忙开船，皆我李天造之罪，与幼子李春荣何干？大王到反宽我之死，而夺幼子之生？（啸本《人·狭路逢》第 3 回）

(7a) 刘恩听了，忙进去与春荫说知。（啸本《人·寒彻骨》第 1 回）

(8a) 张老儿道："就是方才说的那位少年相公，原要买花，因看见了扇子，连花都不买，拿着扇子读来读去，就像疯了的一般，定要与我买……"（啸本《人·风流配》第 2 回）

啸本《人》的"与"是和琉本《人》的"替"相平行的表达与事范畴三种关系的"强势介词"，即除了"与""替"，虽然有其他相关介词表达与事范畴，但是在各自版本中均不存在其他通表与事关系的介词，且无论在功能还是数量上均无法和"与""替"相比，例略。啸本《人》的与事介词"与"除个别一两例，整体被改写为琉本《人》的"替"（如表1）。①

---

① 啸本《人》的"与"有三种用法：给予动词、与事介词和连词，琉本《人》的"替"则只有与事介词和连词的用法。

表1 两种版本《人》与事介词"与""替"比较

分类		啸本"与"	琉本"替"
受益关系	服务义	30	114
	意志义	1	1
相与关系	交互义	81	84
	协同义	40	54
	等比义	11	15
	关联义	16	17
指涉关系	顺向指涉义	53	101
	逆向指涉义	3	7
共计		235	393

由上表我们可以看出，琉本《人》的与事介词"替"与啸本《人》的与事介词"与"是一脉相承的，只是前者的数量比后者多。经过对比发现，多出的近160例有从零形式改写的，也有从表与事范畴的其他介词改写而来的。这说明在通表受益、相与、指涉三种关系方面，琉本《人》"替"的"强势"度高于啸本《人》的"与"。其他四种琉球官话课本①中的与事介词"替"也可通表整个与事范畴并兼作连词，不赘。② 顺便说一句，与近代汉语一样，啸本中的"与"除了作与事介词和连词，还作给予动词，而琉本中的"替"则不能作给予动词。

二、《红楼梦》《儿女英雄传》中的与事介词

琉本《人》由一个与事介词"替"通表受益、相与、指涉三种关系是特殊现象，还是同时期语料的共同现象呢？

我们考察了清代中后期以北京官话为主要特征的《红楼梦》（以下简称《红》）和《儿女英雄传》（以下简称《儿》）中与事介词的使用情况，发现

---

① 其他四种分别为《官话问答便语》（1703年或1705年）、《白姓官话》（1750年）、《学官话》（1797年）和《广应官话》（1797年到1820年之间），这些琉球官话课本均为日本天理大学附属图书馆藏本（参见濑户口律子、李炜《琉球官话课本编写年代考证》，载《中国语文》2004年第1期）。

② 李炜：《琉球官话课本中的与事介词"替"》，见《中山人文学术论丛》（七），澳门出版社2006年版，第38-49页。

二者中除了"与",均不存在由一个强势介词通表这三大类八小类的用法,它们的与事介词呈多样化、专职化的态势。在这两部作品中,"与"虽可通表三大类关系,但已非强势介词。《红》《儿》中与事介词"与"和其他与事介词出现比例依次分别为 416∶1886(《红》)和 99∶2270(《儿》)。我们将《红》《儿》中所有相关与事介词的整理结果简述如下,并附表 2。

1. 受益关系介词

《红》中主要使用"给"和"替",且二者势均力敌;到《儿》中,"给"的数量远远超过"替",成为受益介词的代表。举例如下:

(9) 宝玉道:"酸疼事小,睡出来的病大。我替你解闷儿,混过困去就好了。"(《红》第 19 回,第 264 页)

(10) 一会儿又用手指头给他理理头发,一会儿又用小手巾儿给他沾沾脸上的眼泪……(《儿》第 20 回,第 278 页)

2. 相与关系介词

《红》中使用"与""和""同",虽然三者均可表交互义、协同义、等比义、关联义,但它们在使用时有主次分工:交互义主要使用"和",协同义主要使用"同",关联义主要使用"与",等比义主要使用"和""与"。《儿》与《红》的情形大体相同:交互义主要使用"合",协同义主要使用"同",等比义、关联义主要使用"合"。举例如下:

(11) 原来宝玉急于要和秦钟相遇,却顾不得别的,遂择了后日一定上学。(《红》第 9 回,第 130 页)

(12) 尹先生说:"你们女子有同母亲共得的事,同父亲共不得;有合母亲说得的话,合父亲说不得……"(《儿》第 17 回,第 241 页)

(13) 没甚说的便罢,若有话,只管回二奶奶,是和太太一样的。(《红》第 6 回,第 99 页)

(14) 他虽合咱们满洲汉军隔旗,却是我第一个得意门生,他待我也实在亲热。(《儿》第 2 回,第 18 页)

3. 指涉关系介词

《红》《儿》中均主要使用"和"/"合""向"。不同的是在两部作品中"与""给"虽均可表指涉,但在《红》中二者的比例为 62∶85,在《儿》中二者的比例则为 1∶120。举例如下:

（15）等我去到东府瞧瞧我们珍大奶奶，再向秦钟他姐姐说说，叫他评评这个理。（《红》第10回，第142页）

（16）这年正是你的周岁，我去给你父母道喜。（《儿》第19回，第270页）

表2 《红》/《儿》与事介词用例统计

分类		与	给	替	和/合	同	向	对
受益关系	服务义	44/2	232/593	272/123	0/0	0/0	0/0	0/0
	意志义	2/0	9/11	0/0	0/0	0/0	0/0	0/0
相与关系	交互义	93/7	0/0	0/0	165/239	13/19	0/0	0/0
	协同义	50/12	0/0	0/0	80/74	197/248	0/0	0/0
	等比义	41/36	0/0	0/0	55/42	13/23	0/0	0/0
	关联义	123/41	0/0	0/0	74/73	5/4	0/0	0/0
指涉关系	顺向指涉义	62/1	85/120	8/2	292/345	8/4	288/275	24/42
	逆向指涉义	2/0	0/0	0/0	61/20	0/0	5/13	0/0
共计		416/99	326/724	280/125	727/793	236/298	293/288	24/42

由以上统计，我们可以直观地看到，清代中后期《红》《儿》中的与事介词系统比起琉本《人》要复杂得多。在《红》和《儿》中，与琉本《人》中"替"同时代层次的强势介词的表达形式呈多样化的态势，主要分两大类：一类是与给予动词同形表受益关系兼表指涉关系顺指义的"给"①，另一类是可表相与关系和指涉关系逆指义并兼作连词的"和/合、同"类介词。

三、南北方言与事介词的选择对立

典型南方方言吴语苏州话的"搭"②、闽语福州话的"共"、粤语广州话和客家梅县话的"同"均可在本方言系统内部通表与事范畴的受益、相与、

---

① "向"和"对"是书面语体的表达。
② 我们还考察了对话部分为吴语的《海上花列传》（清光绪年间），全书的403例介词"搭"也是可以通表受益（111例）、相与（71例）、指涉（221例）三种关系。

指涉,并兼作连词(连词例略)。如表3:

表3 南方方言与事介词用例

分类		苏州话	福州话①	广州话	梅县话	普通话译句
受益关系	服务义	我搭俚烧饭。	我共伊煮饭。	我同佢煮饭。	偃同佢煮饭。	我给他煮饭。
	意志义	耐还勿搭我滚出去!	汝故怀共我滚出去!	你仲唔同我躝出去!	你还不同偃滚出去!	你还不给我滚出去!
相与关系	交互义	搭耐商量商量。	共汝商量商量。	同你商量下。	同你商量商量。	跟你商量商量。
	协同义	搭俚经常勒海一道。	共伊经常着一堆。	经常同佢喺埋一齐。	同佢经常在一起。	和他经常在一起。
	等比义	我搭耐一样高。	我共伊平平悬。	我同佢一样高。	偃同佢一样高。	我跟他一样高。
	关联义	搭我搭啥界阶?	共我有什乇干过?	同我有乜嘢关系?	同偃有嘛解关系?	和我有什么关系?
指涉关系	顺指义	搭先生鞠仔个躬。	共先生鞠躬一下。	同老师鞠咗个躬。	同老师鞠了个躬。	给老师鞠了个躬。
	逆指义	俚要搭我借50块洋钿。	伊卜共我借50块钱。	佢要同我借50蚊。	佢要同偃借50块钱。	他要跟我借50块钱。

除表3所举四种典型南方方言,还有其他南方方言如:福建平和话的"合"、南宁平话的"凑"和"共"、赣南石城客话的"嬴"② 都可通表与事范畴的三大类关系八小类意义(例略)。

以上南方方言的与事介词虽然选择各异,但它们有一个共同点:在本方言系统内部,均可以由一个兼作连词的介词通表与事范畴的三大类八小类意义,各种语义功能在分布上是完全平行的,与琉本《人》中"替"的情形也相平行,但与《红》《儿》中与事介词的选择情况相对立。需要强调的是,琉本《人》中的"替"并非方言用法,而是与其功能相同的"搭、共、同"

---

① 福州话的材料由陈泽平先生提供,谨致谢忱。
② 平和方言的材料可参考庄初升《闽南方言的介词》,见《介词》,暨南大学出版社2000年版,第205-226页;南宁平话的材料可参考覃远雄《南宁平话的介词》,见《介词》,暨南大学出版社2000年版,第227-235页;石城方言的材料可参考曾毅平《石城(龙岗)方言的介词》,见《介词》,暨南大学出版社2000年版,第205-226页。

等介词、连词的官话表达形式。① 另外，南方方言中"搭、共、同"等介词、连词与"替"一样，都不能作给予动词，在以上四种典型南方方言中，给予动词分别为"拨、乞、畀、分"，而这些词又都不能够作与事介词用，它们与琉球官话课本中"给"的功能一样，作动词表示给予、使役，作介词引进施事表被动。②

北方方言又如何呢？我们首先选取了北方方言的代表语北京话为考察对象，统计了自清末以来的七部北京话作品——《小额》、《骆驼祥子》（对话部分）、《四世同堂》（对话部分）、《龙须沟》、《茶馆》、《评书聊斋志异》和《京味小说八家》（对话部分），发现这些作品中的与事范畴均由多个介词来表达：受益关系用"给、为、替"等，其中意志义只用"给"；相与关系用"跟③、和、同"；指涉关系顺指义用"跟、给、对"等，逆指义用"跟、向、和"。如：

（17）回头叫到我这儿，不论那位，给我拿上去过一过得啦。（《小额》，第278页）

（18）吃完，都给我滚，我好招待亲友。（《骆驼祥子·十三》，第70页）

（19）这就是我要和你商量商量的呀！（《四世同堂·九》，第79页）

（20）老三！我想啊，你可以同他一路走。（《四世同堂·十二》，第109页）

（21）我们孩子他妈笑着对我说："赶明儿你戴上帽子写东西吧，好看，跟堂·吉诃德的仆人桑科一样。"（《京味小说八家·傻二舅》，第490页）

（22）小丁宝，听着，这跟你有密切关系！甚至于跟王掌柜也有关系！（《老舍剧作·茶馆》，第333页）

（23）……老师父，您多慈悲，我这给您叩头啦！（《评书聊斋志异》第1集，第4页）

---

① 李炜：《琉球官话课本中的与事介词"替"》，见《中山人文学术论丛》（七），澳门出版社2006年版。

② 李炜、赖户口律子：《琉球官话课本中表使役、被动义的"给"》，载《中国语文》2007年第2期。

③ 从我们所掌握的北京话语料看，直到清末民初"跟"才在北京话里发展为成熟且强势的与事介词，用于表相与关系和指涉关系（包括顺指义和逆指义）并兼作连词。

(24) 真一个钱也不跟咱们要?(《老舍剧作·龙须沟》第 2 幕,第 268 页)

以上八例中的与事介词依次表示与事范畴中八小类意义:服务义、意志义、交互义、协同义、等比义、关联义、顺指义、逆指义。

此外,我们还调查了西北四种方言——西宁话、兰州话、银川话、西安话,发现四者在与事介词的选择上与北京话基本一致。如表4:

表 4　西北方言与事介词用例

分类		西宁话	兰州话	银川话	西安话
受益关系	服务义	我给我阿爷拿药去哩。	我给我爷取药去哩。	我给我爷取药去哩。	我给俺爷取药去。
	意志义	—	—①	你给我滚出去!	你给我滚出去!
相与关系	交互义	你阿哥跟我打了一顿。	你哥跟/连我打了一仗。	你哥跟我打了一仗。	你哥跟我干咧一仗。
	协同义	老文跟尕李一搭去了深圳了。	老文跟/连尕李一搭里去了深圳了。	老文跟小李一搭里去了深圳了。	老文跟小李一块儿去咧深圳咧。
	等比义	青海的花儿跟甘肃的花儿一样,都是回民唱的。	青海的花儿跟/连甘肃的花儿一样,都是回民唱的。	青海的花儿跟甘肃的花儿一样,都是回民唱的。	青海的花儿跟甘肃的花儿一样,都是回民唱的。
	关联义	这个事跟我俩没啥关系。	这个事跟/连我没啥关系。	这个事跟我没啥关系。	这个事跟我没啥关系。
指涉关系	顺指义	老师给我点了个头。	老师给我点了个头。	老师给我点了下头。	老师给我点咧下头。
	逆指义	尕王跟老李借了点钱。	尕王跟/连老李借了些钱儿。	小王跟老李借了些钱。	小王跟老李借咧些钱。

无论是200多年以来的北京话,还是如今的西北方言,与事介词大体都

---

① 在今天新派兰州话里也可以听到"你给我滚出去!"的说法,但是老派的兰州话的"给"不能表达意志义,要说也只能说"滚着出去!"。

分为两大类：一类是与给予动词同形表受益关系兼表指涉关系顺指义的"给"，另一类是表相与关系和指涉关系并兼作连词的"跟、和、同"类介词。① 普通话与事介词的情形亦如此。②

四、结论

有关介词"替"表达相与、指涉关系的现象，前人已有关注，如李崇兴曾举出《元曲选》宾白部分"替"用作相与关系和指涉关系的用例各一个③：

(25) 刘唐哥，我也曾替你同在衙门中来，直这般狠也！（《元曲选》1620）

(26) 你要替我唱喏，你叫一声："老人家，我唱喏哩！"我们便知道了。（《元曲选》1729）

这里，我们再补充1例"替"表指涉关系的：

(27) 你如今和夫人两个孩儿牵羊担酒，一径的来替你陪话。可是我不是了。左右，将酒来，你满饮此一杯。（《元曲选》346）

---

① 本文在2009年12月潮州会议上宣读后，江蓝生先生在与我们私下讨论时，希望我们在探讨南北方言类型对立的基础上进一步关注"中部方言"的相关情况。江先生的指教我们完全接受。如上所述，汉语在与事介词的选择上，存在着典型的南方方言与北京话及西北方言之间的鲜明对立，而中部的相关情况却复杂得多，例如我们正在调查的中原官话河南禹州方言中的"□ [kɷ²⁴]"，它疑似可作给予动词同时通表与事范畴三类关系并兼作连词（例略），但它至少存在以下两个问题：a. 假定"□ [kɷ²⁴]"为"给"，则其语法功能和古汉语的"与"就完全一致了，也即是说它整体替代了"与"，但替代后又没有发生语法功能的变化或产生新的语法功能，那么这个替代的意义又何在？b. "□ [kɷ²⁴]"的本字尚未考定，不能排除是来源不同的字。这类现象不单河南话中有，湖南、湖北等地方言中也存在。我们认为首先应对汉语南北两端的相关情况进行正确的描写与解释，其结论才将有助于我们最终解决"中部方言"的相关问题，对此江先生表示赞同。

② 李炜：《琉球官话课本中的与事介词"替"》，见《中山人文学术论丛》（七），澳门出版社2006年版。

③ 李崇兴：《〈元曲选〉宾白中的介词"和""与""替"》，载《中国语文》1994年第2期。

据我们的统计,《元曲选》宾白中出现了九十多个与事介词"替"(例略),表相与关系和指涉关系的也不过以上三例,其余均表受益关系。值得注意的是,李崇兴还同时指出介词"和"表达受益关系的用法①,例如:

(28)虽然和俺两个孩儿分另了家私(替两个孩儿跟另外一个人分家)(《元曲选》456)
(29)既然如此,就劳你和金哥妹子添妆则个。(《元曲选》1228)
(30)争奈有老婆在家,和我生了一儿一女。(《元曲选》1327)

在《元曲选》宾白部分,表相与关系和指涉关系的强势介词"和"有数百用例(例略),但表达受益关系的介词"和"也仅此三例。李先生认为这类特殊用法的"替""和"均是以吴语为背景的,他的观察有一定的道理。其实,从本质上说,不管是哪个介词,只要能通表受益、相与、指涉三种关系,就应该是典型南方方言共有的特征。通过以上事实我们看到,以一个与事介词通表受益、相与、指涉三种关系在《元曲选》宾白中属于"罕见"用法,正常情况是"替"主要用于表达受益关系,而"和"主要用于表相与关系和指涉关系并兼作连词(例略),这恰恰说明《元曲选》宾白是以北方话为主要特征的,与琉本《人》的南方方言特征形成对立。

如果撇开"给"不管,只看一个介词是否能通表相与、指涉两类关系并兼作连词的话,那么无论是古代汉语中的"与"、《元曲选》中的"和"、琉本《人》中的"替"、典型南方方言中的"搭、共、同",还是现代北京话、西北方言和普通话的"跟",七者在这一点上都是共同的。

从共同语层面看,可以认为是现代汉语的动词兼介词"给"和介词兼连词"跟"等,最终取代了古代汉语的"与",但在这个渐变过程中,介词"替"曾经试图取代"与"的大部分功能(除了不作动词),遗憾的是,这一"南支"官话现象,最终未能在现代汉民族共同语中留下位置。

引用书目:琉球写本《人中画》,日本天理大学附属图书馆藏本。《红楼梦》,曹雪芹著,人民文学出版社1996年版。《儿女英雄传》,文康著,知识出版社2001年版。《海上花列传》,韩邦庆著,人民文学出版社1982年版。《小额》,松友梅著,广东人民出版社1985年版。《骆驼祥子》,老舍著,北

---

① 李崇兴:《〈元曲选〉宾白中的介词"和""与""替"》,载《中国语文》1994年第2期。

京燕山出版社 2009 年版。《四世同堂》，老舍著，人民文学出版社 1998 年版。《老舍剧作》，老舍著，傅光明选编，浙江文艺出版社 2007 年版。《评书聊斋志异》（一、二集），陈士和讲述，百花文艺出版社 1980 年版。《京味小说八家》，刘颖南、许自强编，文化艺术出版社 1989 年版。《元曲选》，臧晋叔编，中华书局 1958 年版。

（原载《中国语文》2011 年第 5 期，第 419–426 页）

"随着V"与"越来越A"同现研究及其历时考察

朱其智

一、"越V越A"中V与A是正比函数关系

吕叔湘在《中国文法要略》中将"越V越A"中V与A间的关系称为"倚变"或者"函数"关系。① 现代汉语语法学界多选用前者,如北京大学中文系1955级、1957级语言班编写的《现代汉语虚词例释》认为"表示两种或两种以上行为、性状的倚变关系,即后者随着前者的变化而变化";② 邢福义也选择了"倚变"这一术语,指出越V表示变异的条件或依据,越A表示的是结果,虽然他在文中也提到"函数关系";③ 张斌主编的《现代汉语虚词词典》同样认为是倚变关系。④

我们认为用"函数"这一术语更能准确表示V与A之间的语义关系。在"越V越A"中,V是自变量,A是因变量,V与A是正比函数关系。如果A是积极形容词,V与A之间的关系就是正值的正比函数关系;如果A是消极形容词,V与A之间就是负值的正比函数关系。例如:

正值正比函数关系　　　　　　　　负值正比函数关系

(1) a. 越跑越快　　　　　　　　　b. 越跑越慢

(2) a. 越做越大　　　　　　　　　b. 越做越小

(3) a. 越赚越多　　　　　　　　　b. 越赚越少

(4) a. 越聊越有趣　　　　　　　　b. 越聊越没劲

(5) a. 越解释越清楚　　　　　　　b. 越解释越糊涂

---

① 吕叔湘:《中国文法要略》,商务印书馆1982年版,第367页。
② 北京大学中文系1955、1957级语言班:《现代汉语虚词例释》,商务印书馆1982年版,第523页。
③ 邢福义:《"越X,越Y"句式》,载《中国语文》1985年第3期。
④ 张斌:《现代汉语虚词词典》,商务印书馆2001年版,第670页。

(6) a. 越说越客气　　　　　　b. 越说越不客气

(7) a. 越学越努力　　　　　　b. 越学越不努力

(8) a. 越劝越不固执　　　　　b. 越劝越固执

以例（1）为例，请看示意图：

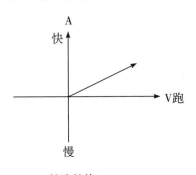
a. 越跑越快

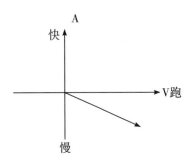
b. 越跑越慢

有的形容词没有相应的反义词，在表示相反意思时只能加"不"，形成"越 V 越不 A"的变式，闫立媛对这个现象已有研究。① 例（6）、例（7）是积极形容词加"不"成为消极形容词，例（8）则相反。"不"字出现，进一步验证了我们引进"正值"和"负值"的概念是以语言事实为依据的。

邢福义曾举了这样一个例子来讨论"越……越……"的函数关系②：

(9) 你现在调回来了，这是第一步，以后的路只会越走越宽，不会越走越窄……

邢福义这样评论道："孤立地看'越走越窄'，很难断定是不是反比倚变。上例由于把'越走越宽'和'越走越窄'对比着说，才显出了前者是正比倚变，后者是反比倚变。"

然而，根据我们的研究，"越走越宽"和"越走越窄"都是正比函数关系，不过，前者是正值的，后者是负值的。

当然语言结构不可能像数学那样精确，正比函数的数学表达式是 $y = kx$，当 $k > 0$，图像如左图呈上升趋势，当 $k < 0$，图像如右图呈下降趋势。正比函

---

① 闫立媛：《"越 A 越 B"的语义、语法制约》，载《柳州职业技术学院学报》2005年第 5 期。

② 邢福义：《"越 X，越 Y"句式》，载《中国语文》1985 年第 3 期。

数的 k 值，可以任意取（但是 $k\neq 0$），k 值决定了图像的倾斜程度。可"越 V 越 A"仅仅是语言结构，只有积极形容词和消极形容词二项定性，不可能具体取值。

二、介词结构"随着 V"与"越来越 A"同现，而很少与"越 V 越 A"同现

"越来越 A"只是"越 V 越 A"的一种特殊的形式，可是它们与介词结构"随着 V"同现率相差很远。我们检索北京大学汉语语言学研究中心现代汉语语料库，"随着"与"越……越"共有 1086 条，我们对此做了穷尽统计：

无关	随着 V，越发/越加	随着 V，越 A_1 越 A_2	随着 V_1，越 V_2 越 A	随着 V，越来越 A
179	18 + 2	13	30	844
16.5%	1.8%	1.2%	2.8%	77.7%

"随着 V"与"越来越 A"同现占了约 78%，而"随着 V"与"越 V 越 A"不到 3%，前者有 844 例，而后者只有 30 例，前者是后者的 28 倍强，为什么两者的差距这样大？我们有必要作进一步的研究。（对于"随着 V，越发/越加"和"随着 V，越 A_1 越 A_2"等本文暂不讨论）

（一）"来"的性质

赵元任认为："如果第一个'越'找不到一个动词（没有什么具体的行动），那就用一个填空的动词'来'或'过'或'变'，借以补足这个公式。"① 这是从共时角度来说的。

刘楚群认为"越来越 A"是"越 V 越 A"的虚化形式，"越 V 越 A"由一个包含很强的动作性意义的格式经过不断虚化而最终变成一个动作义消失、包含较强的时间意义的格式"越来越 A"。② 这是从语法化角度来分析的。

这就是说，在"越 V 越"结构中，V 具有动作性和时间性；而"越来越"中的"来"丧失了动作性，仅仅具有时间性，成为一个形式动词来

---

① 赵元任：《汉语口语语法》，吕叔湘译，商务印书馆 1979 年版，第 70 页。
② 刘楚群：《论"越 V 越 A"》，载《河北师范大学学报》（哲学社会科学版）2004 年第 4 期。

填空。

我们进一步认为在"越来越"结构中的形式动词"来"具有指代作用。赵元任认为"来"是最常用的代动词（pro-verb），"可以替代任何动词，例如讲到'玩ㄦ牌'，可以说：'他不会，不能让他来'。甚至可以带宾语，例如说'你来两牌'"①。吕叔湘主编的《现代汉语八百词》也指出动词"来"具有"代替意义具体的动词"②的作用，下面是该书举出的"来"作代动词的例子：

> 你拿那个，这个我自己来（＝自己拿）
> 唱得太好了，再来一个（＝再唱一个）
> 老头儿这话来得痛快（＝说得痛快）

而我们所说的指代作用，就是代动词的功能之一，请看下文分析。

（二）"越 V 越 A"与"随着 V，越来越 A"的句式变换

"越 V 越 A"可以变换为"随着 V，越来越 A"。例如（"→"是表示转换的符号）：

(10) a. 生产社会化程度**越**提高，管理工作**越**重要。→
   b. **随着**生产社会化程度的提高，管理工作**越来越**重要。

（指代）

在原式（10a）中，第一个"越"引导自变量 V"提高"，第二个"越"引导因变量 A"重要"。在变换式（10b）中，由介词"随着"将自变量 V 前置，就在第一个"越"后留下一个空位，可是，"越—越 A"不能成立，而且第一个"越"也不可删除，因为单个的"越"不能表示函数关系，就用形式动词"来"填充空位，构成"越来越 A"，并且指代前置的自变量 V，这显示出"来"作为代动词的功能。这就是"随着 V"与"越来越 A"同

---

① 赵元任：《汉语口语语法》，吕叔湘译，商务印书馆 1979 年版，第 290 页。
② 吕叔湘：《现代汉语八百词》，商务印书馆 1984 年版，第 308 页。

现,而绝少与"越 V 越 A"同现的原因,因为一般动词无指代作用。再如:

(11) a. 世界工业**越**发展,垃圾越多。→
　　 b. **随着**世界工业的发展,垃圾**越来越**多。

(12) a. 人口和车辆**越**增加,昆明城市交通滞后的情况**越**突出。→
　　 b. **随着**人口和车辆的增加,昆明城市交通滞后的情况**越来越**突出。

(13) a. 生产规模**越**扩大,原有的厂房和劳动力**越**紧张。→
　　 b. **随着**生产规模的扩大,原有的厂房和劳动力**越来越**紧张。

例(11b)、例(12b)、例(13b)中,用"来"填空并分别指代"发展""增加"和"扩大"。

(三)"随着 V,越来越 A"结构自身存在的价值

例(10)—(13)的变换是可逆的,即"随着 V,越来越 A"可以变回"越 V 越 A"。以例(10)为例:

(10) b. **随着**生产社会化程度的提高,管理工作**越来越**重要。→
　　 a. 生产社会化程度**越**提高,管理工作**越**重要。

可是有的例子是不能变换回去的。例如:

(14) b. **随着**社会主义市场经济的逐步建立,法律的地位和作用已**越来越**重要。→
　　 a.*社会主义市场经济**越**逐步建立,法律的地位和作用已**越**重要。

例(14b)不能变换回去,即例(14a)不能成立的原因为,"越 V"表示随着时间的变化而变化,那么副词"越"之后和 V 之前就不能再加上表示渐变的副词,即在"越"和"建立"之间就不能插入"逐步","越"多和光杆动词组合。下面两例同此:

(15) **随着**改革开放的不断发展,在我国举办的大型体育赛会**越来**

越多。

(16) **随着**国家之间联系的日益紧密，经济上的相互依存和优势互补也**越来越**明显。

而介词结构"随着 V"的 V 之前是可以加此类修饰语的，如例（14b）、例（15）、例（16）中的"逐步""不断"和"日益"。这样，语言表达就更加细致精密，这显示了"随着 V，越来越 A"结构有其自身存在的价值。

三、"越来越 A"的历时考察

（一）"越 V 越"的出现

现代汉语"越来越"很常用，但是在汉语历时发展进程中，出现得很晚；而"越 V 越"句式，蒋冀骋、吴福祥认为早在宋代就出现了①，杨荣祥也有同样观点，并注意到《朱子语类》有"越……越……"句式②。我们考察的结果是《朱子语类》已有 5 例"越……越……"句式。例如：

(17) 如何是义，如何是礼，如何是智，如何是仁，便"仁"字自分明。若只看"仁"字，越看越不出。（《朱子语类》卷六）

(18) 曰："不要说高了圣人。高了，学者如何企及？越说得圣人低，越有意思。"（《朱子语类》卷四十四）

(19) 故浙中不如福建，浙西又不如浙东，江东又不如江西。越近都越不好。（《朱子语类》卷一百一十一）

（二）"越来越 A"的考察

到了清代早期的《红楼梦》，也只有"越 V 越"结构，没有出现"越来越"的用法。我们从北京大学汉语语言学研究中心古代汉语语料库中，共检索到清代中晚期小说中有 11 例"越来越 A"，我们全部列举在这里（原文一一核对）：

---

① 蒋冀骋、吴福祥：《近代汉语纲要》，湖南教育出版社 1997 年版，第 429 页。
② 杨荣祥：《近代汉语副词研究》，商务印书馆 2005 年版，第 108 页。

（20）贾明上前叫道："奚老伯父！您看**越来越**多了。"（清张杰鑫《三侠剑》第6回）

（21）常、镇两府的地方官，见这班饥民**越来越**多，到得后来，连那淮、扬、徐、海三府一州的饥民，大家都逃避过来。（清张春帆《九尾龟》第187回）

（22）世风**越来越**薄，人心越弄越坏。（清无垢道人《八仙得道》第68回）

（23）此时天有二鼓，自从起更，墙上灯**越来越**暗，纪逢春就害怕起来。（清贪梦道人《彭公案》第153回）

（24）石铸的船被围在中间，他一看贼人**越来越**多，只听见马玉山吩咐……（清贪梦道人《彭公案》第180回）

（25）马玉龙精明强干，把马一带，往南就杀，南边人**越来越**多；往北杀去，北边人也**越来越**多，再找白水都督马雄，早已踪迹不见。（清贪梦道人《彭公案》第316回）

（26）若不依我那药方行，他的病是**越来越**重。（清《济公全传》第24回）

（27）掌柜的果然把李三德找来，酒饭座**越来越**多，都冲着李三德和气，爱招顾，二年多的景况，买卖反倒赚了钱。（清《济公全传》第125回）

（28）病**越来越**重，没钱叫孩子到铺子取去，日子长了，内中伙友就有人说闲话，说……（清《济公全传》第125回）

（29）后面跟着马队，那号鼓声**越来越**近，直向狄营冲来。（清无名氏《续济公传》第184回）

（30）石就忙拿起三角旗展了一展，突然那香头上放出一道金光，就此**越来越**多，满屋都是金光。（清无名氏《续济公传》第197回）

清代"越来越A"例证见于《三侠剑》《九尾龟》《八仙得道》《彭公案》《济公全传》和《续济公传》六种通俗小说中。花城出版社出版的《济公全传》"原版序言"前有黄天骥的论文《评〈济公全传〉》，据黄天骥的研究，《济公全传》的作者现已无法查悉，它的创作年代，当为清代中叶。[①] 如果黄天骥推论正确的话，这是我们发现的最早出现的"越来越A"的例证。

《八仙得道》是无垢道人在同治七年（1868年）完成的小说；据鲁迅

---

① 黄天骥：《评〈济公全传〉》，见《济公全传》，花城出版社1983年版。

《中国小说史略》考订，《彭公案》一书最早的刊行时间是光绪十七年（1891年）；《九尾龟》最早由点石斋从光绪三十二年（1906年）到宣统二年（1910年）陆续出版。《续济公传》约成书于清光绪年间；《三剑侠》公开发表更晚，已进入民国时期。

我们对以上六种书籍成书年代和出版时间的考察，可以得出初步结论：即"越来越 A"用法萌芽于清代中叶，到了晚清，逐渐增多，民国以降发展至今成为现代汉语常用句式之一。

（三）代动词"来"的考察

经初步检索和考察，《红楼梦》中"来"也只是用作趋向动词，没有代动词的用法。而《济公全传》中却出现了不少代动词的用法。例如：

（31）和尚说："算我错了。你给我**来**一壶酒，要有两层皮有陷的**来**一个。"伙计心说："和尚连馅饼都不懂。"伙计刚要走，这个矮子也说："小子，给我**来**一壶好酒，要两层皮有馅的**来**一个。"伙计一想："这两个人倒是一样排场来的。"赶紧给和尚拿了一壶酒、一个馅饼。也给矮子一壶酒、一个馅饼。（《济公全传》第 81 回）

（32）正冲盹，就听有人说："**来**一卦。"一睁眼，只打算是算卦的，睁眼一瞧不是，人家买一挂红果。赌气，又把眼闭上。刚一闭眼，和尚来到近前说："辛苦，算卦，卖多少钱？"一抬头说："我这卦理倒好说，每卦十二个钱，你要算少给两个吧，给十个钱。（《济公全传》第 181 回）

例（31）中连续四个"来"都是代动词，而例（32）"来一挂"的"来"代动词的作用更明显，甚至引起了歧义，睡眼蒙眬的算命先生以为是要"算一卦"，而来人只是想"买一挂"红果。

作为代动词的"来"和"越来越 A"在清中叶、在《济公全传》中同时出现，使得我们有理由相信正是"来"字发展成为代动词的时候，才有资格出现在"越 V 越"结构中来填空，发展成"越来越"格式；这同时也证明了"越来越"中"来"的作用是指称和替代，而不是别的什么。

（四）"随着"与"越来越 A"同现

随着语言表达的日益精密，在民国时期开始出现"随着"与"越来越

A"同现的例证,这是当代汉语该句式的滥觞:

(33)凤彩于是移居别处,**随着**宾客往来的增加,她的声价也**越来越**高。(民国曹绣君辑,刘玉瑛、梅敬忠主编《古今情海》卷九)

例(33)中用来填空的"来",因为前面有了"随着"介引出前置词"增加",就凸显了它代动词的功能。

从"越V越"发展到"越来越",这是语法化的第一步;再从"越来越"单用,发展到"随着"与"越来越"同现,"来"指代"随着"引导的前置词V,这是语法化的第二步。

(原载《世界汉语教学》2010年第1期)

预设冲突及三种语义关系对"却、但"的句法选择

张世涛　孙莎琪

一、研究背景

研究"却"和"但"的成果很多。如邢福义①研究了含"但"的3种复句，含"却"的2种复句。景士俊②、梅力崇③研究过副词"却"。杨月蓉④、刘清平⑤、王小敏⑥、彭小川等⑦、岑泽丽⑧都辨析过副词"却"和连词"但（但是）"（以下简称"但"）的异同。

这些研究显示，"但"和"却"都有连接作用，区别在于："却"是副词，只用在谓语前；除一般转折义外，还可表示出乎意料和超出常情。"但"是连词，可连接词、短语、分句、句子或段落；在句子中可以放在谓语前，还可以放在主语前；表示转折，引出上下文相对立的意思，或限制、补充上文的意思。

但是，由于意义、用法复杂，我们认为，有关"却"和"但"，还有一些问题仍未解决。如后接分句没有主语时，放在谓语前的"却"和"但"并不是都能互换，为什么？语义、篇章、语用等因素哪些在起作用？哪个因素影响更大？

---

① 邢福义：《汉语复句研究》，商务印书馆2001年版。
② 景士俊：《析"却"》，载《内蒙古大学报》（哲学社会科学版）1995年第1期。
③ 梅力崇：《关联副词"却"试析》，载《语言教学与研究》1998年第3期。
④ 杨月蓉：《"但是"与"却"的相容性和相斥性——兼论转折句的语义关系》，载《中国语文》2000年第2期。
⑤ 刘清平：《"却"与"但是"的语义、句法和语用比较》，载《学术研究》2000年第10期。
⑥ 王小敏：《"但却"与"但……却"及关联词作用的再思考》，载《甘肃高师学报》2000年第5期。
⑦ 彭小川、李守纪、王红：《对外汉语教学语法释疑201例》，商务印书馆2004年版。
⑧ 岑泽丽：《"却""倒"及"但是"比较》，载《科教文汇》2007年第2期。

此外，如何把语言本体研究成果有效地应用于汉语作为外语/第二语言教学，也是我们关心的问题。请看来华留学生的相关偏误：

（1）＊你为什么去北京旅行，但不去长城呢？（英国 中4①）
（2）＊虽然会看字，但是连最简单的字也不会写。（法国 高1）

由于句法问题已有不少研究，本文主要从语义、篇章、语用等方面考察"却"和"但"的异同，希望能对汉语本体研究和汉语作为外语教学有所启发。

二、语用预设冲突

北京大学中文系1955级、1957级语言班认为，"却"表示所提出的事情或动作是出乎意外或违反常情、超出常态的。② 例如：

（3）姚志兰只当他爹爹出了事，空袭过去，气急败坏扑着大坝跑来，不见爹爹，却救起李春三。（《语言学论文》）

句中"却"不能用"但"替换。

下面从语用的角度做进一步考察。一般说来，交际双方都有一些共同知识、共有背景，这样交际才能继续下去，这些共有知识可被称为语用预设。这种共有背景常常隐含在句中，没有明确表示出来，如例（3）隐含的常识是子女应当以父母为重，"却"后边的意思跟这个常识有冲突。共有知识也可能在上文刚出现过，即刚从新信息转为旧信息。如：

（4）是他约我来拜访您的。我来了，他却没来。[《读者（合订本）》]

对听者来说，"我来拜访"可以从语境中推出；"是他约我来拜访您的"

---

① "英国 中4"指"中山大学英国留学生，中级4班"。下同。
② 北京大学中文系1955、1957级语言班：《现代汉语虚词例释》，商务印书馆1982年版。

原来是新信息，但在说完第一句话后已成为共有知识。因此，在说、听后两句话之前，"他比我更应该来"已成为蕴涵的语用预设。使用"却"，就是为了凸现"他没来"这一事实跟包含的预设强烈冲突。如果不用"却"而使用"但"，这种冲突不但得不到凸现，有时连句子的可接受度也成问题。如：

(4')？是他约我来拜访您的。我来了，但他没来。

再比较：

(5) a. 张三要来参加会议，但要求机票食宿会议全包。
  b. 李四要来参加会议，却要求机票食宿会议全包。

用例（5）中的 a 句，表示说话人和听话人有一个共识："张三"很可能、有资格提出这个"要求"。用 b 句，表示说话人、听话人的共识是："李四"不太可能、没有资格提出这一要求。正因为"李四要求……"跟说话人、听话人的共识冲突，说话人才使用"却"来凸现这一冲突。尽管例（5）包含的语用预设可能并未在上文明确出现，但由于"张三""李四"的身份地位是说话人、听话人都知道的，句子是可以接受的。如果这两句话都成立，那么，在听说双方共有知识背景中，a 句的"张三"可能是教授，b 句的"李四"则可能只是讲师甚至助教。我们把例（5）改造一下标明身份就更清楚了：

(6) a. 张三是著名教授。他要来参加会议，但要求机票食宿会议全包。
  b. 李四是助教。他要来参加会议，却要求机票食宿会议全包。
(7) a.？张三是著名教授。他要来参加会议，却要求机票食宿会议全包。
  b. 李四是助教。他要来参加会议，但要求机票食宿会议全包。

"但"跟语用预设关系不大，因此（6a）和（7b）都可以接受。"却"凸现行为、事件跟语用预设的冲突，如果把（6b）的"却"换成"但"，就不能凸显这种冲突；（7a）后一分句表现的行为跟语用预设本来没有冲突，用了"却"，可接受度就有问题了。

正反对举关系的复句,有的只能用"但",不能用"却"。如:

(8) a. 我们共产党人反对一切阻碍进步的非正义战争,但是不反对进步的正义战争。(《毛泽东选集》2版)
　　b. *我们共产党人反对一切阻碍进步的非正义战争,却不反对进步的正义战争。

这种现象与语用预设有关。例(8a)的后一分句,既不跟前一分句冲突,也不跟语用预设冲突,因此不用"却",例(8b)不成立。

(9) a. 我有很多话要说,一见面却说不出来了。[《读者(合订本)》]
　　b. 我有很多话要说,但一见面说不出来了。

从第一分句可以推测"见了面就会说出很多话来",但实际情况却相反。可见,从前一分句的表述,可能自然引出某种结果。如果最后的情况跟这种结果相反,也需要用"却",而"但"不具备这种功能。再如:

(10) a. 空中传来阵阵仙乐。众居民侧耳谛听,却又听不见了。(王朔《痴人》)
　　b. *空中传来阵阵仙乐。众居民侧耳谛听,但又听不见了。

从例(10a)可以推测出,众居民侧耳谛听,应该听得更清楚,但最后的情况却相反:听不见仙乐了。说话人用"却"来凸现这种结果和推测的冲突。

三、三种语义关系对"却""但"的选择

以往大多研究认为,"但"和"却"最突出的语法功能,是表示复句分句之间的转折关系。但是,复句的分句之间除了转折关系,还有其他的语义关系,如相反、倚变、假设、递进、补充等。这些关系的表达,对"但"和"却"的选择有一定限制。下面先从预设的角度讨论前人研究较少涉及的3种语义关系,接着探讨辖域和转折度。

（一）倚变关系

表示反向倚变的复句，可以用"却"。如：

(11) a. 他愈是想睡，却愈是睡不着，头脑反而更清醒了。（罗广斌、杨益言《红岩》）

　　b. *他愈是想睡，但愈是睡不着，头脑反而更清醒了。

(12) a. 当富人越来越富的时候，穷人却越来越穷。（《人民日报》1996年）

　　b. *当富人越来越富的时候，但穷人（却）越来越穷。

在这类反向倚变复句中，后接分句或单句的意义，根据起始分句或前置状语意义的变更而变更。这时一般用"却"而不用"但"。原因正如上节所述，后接分句或单句的意义与语用预设发生了冲突。如例（11a）中，前一分句提到很想睡觉，那么正常出现的结果是很容易睡着，但在后一分句中却出现了相反的结果，因此只能用"却"。

（二）"不但不……"递进关系

在"不但不……"的转折递进复句中用"却"不用"但"。如：

(13) a. 全体船员，不但不试着挽救这条船，却张惶失措，乱作一团。（《十日谈》）

　　b. *全体船员，不但不试着挽救这条船，但张惶失措，乱作一团。

(14) a. 欧阳不但不用从口袋里往外掏钱，却是因为叉麻雀赚钱而去交学费。（老舍《赵子曰》）

　　b. *欧阳不但不用从口袋里往外掏钱，但是因为叉麻雀赚钱而去交学费。

转折递进复句，有人认为是递进关系，有人认为是转折关系，还有人认为二者兼有。需要注意的是，句中的"却"可以用"反而"替代；事实上，它出现的上下文环境也跟"反而"相似。马真讨论了"反而"出现的语义环境：A. 出现了一种情况（如例13，船出现了险情）；B. 按照常理，应该出现另一种情况（船员抢险）；C. 事实上，另一种情况没有出现（船员没有尝试挽救船）；D. 出现了跟另一种情况相反的情况（张惶失措……）。① "反而"（包括这里讨论的"却"）出现在 D 句中；而"不但不"往往出现在 C 句中。A 和 B 所在句子有时出现，有时不出现。

"但"不能出现在这类复句中，有两个原因：一是前边出现了"不但不"，避免重复；二是从意义看，这类复句虽有转折义，但转折的前提是前半句出现了与按照常理推出的假设相反的情况，用"却"正是为了突出实际情况与预设的冲突。

注意转折递进复句跟倚变复句的区别：在倚变复句中，"却"可用可不用；在转折递进复句中"却"必须用，否则句子不成立。

（三）补充关系

在表示补充关系的复句中，一般用"但"不用"却"。如：

(15) a. 要反对个人主义，但要区分个人主义和个人利益。(《人民日报》)

　　b. *要反对个人主义，却要区分个人主义和个人利益。

(16) a. 成人对他们提供支持和帮助是十分必要的，但要注意方式方法，不要伤害他们的自尊心。(方富熹，方格《儿童心理：儿童的心理世界——论儿童的心理发展与教育》)

　　b. *成人对他们提供支持和帮助是十分必要的，却要注意方式方法……

后一分句对前一分句所陈述事实进行限制、说明、补充，跟前一分句的意思大致是顺向的。而"却"强调后一分句跟前一分句意义和预设方向相反，因此不能在句子中出现。

以上三种语义关系对"却、但"的选择主要是由语用因素决定的。在反向倚变关系和"不但不……"递进关系中，后一分句的意思都显示出跟语用预设的冲突，因此用"却"不用"但"；而表示补充关系时没有类似的冲突，因此用"但"不用"却"。

---

① 马真：《说"反而"》，载《中国语文》1983 年第 3 期。

（四）辖域与转折度

不少人认为，"却"跟"但"的不同，在于它有强调作用。以下从辖域角度考察这个问题。先看例子：

(17) a. 过程虽然不同，结果却是一样的。
b. 过程虽然不同，但结果是一样的。[《读者（合订本）》]

"不同"和"一样"是反义词语，"一样"是整句话的信息焦点。例(17a)的"却"离它很近，管辖范围小，使之受到强化；例(17b)的"但"管辖的是整个小句"结果是一样的"，转折力度较弱。再看一例：

(18) a. 他爱"天仙的美"不爱"妖精的美"。他的一个朋友却欣赏"妖精的美"。（钱钟书《围城》）
b. 他爱"天仙的美"不爱"妖精的美"。但他的一个朋友欣赏"妖精的美"。

"爱""欣赏"是近义词语；"他"和"他的一个朋友"是同一语义场的同类词语；"天仙的美"和"妖精的美"是反义词语。位于主句（后接分句）后半部的"妖精的美"不但是新信息，而且是整句话的信息焦点、转折点。例(18a)中"却"离它很近，使之进一步受到强调。相对来说，例(18b)句的"但"离它较远，转折力度就弱一些了。还可以从听话人角度分析。例(18b)句，听话人听到、看到"但"时，就知道要转折了。而例(18a)句，听话人听到、看到"却"，才知道要转折，转得比 b 句要急但促得多。从此例还可以看出"欣赏妖精美"的人比较少，因此有出人意料的效果。"却"突出的是，这位朋友的与众不同，偏偏欣赏"妖精的美"。

可见，跟"但"相比，"却"管辖范围小，焦点相对集中，转折比较急促，转折语气就显得强一些。一般认为"却"有强调作用，原因在此。

四、多重复句与转折套叠

在多重复句中，连词"但"后的转折部分可以是多个分句，而"却"大多数情况后面只有一个分句，如：

(19) 200天后,小袋鼠可以外出活动,但一有危险就立即转入袋中,由妈妈带着逃走。(《中国儿童百科全书》)

(20) 你昨天骂了我,但只要你能完成指标,我还得用你。(《人民日报》1993)

(21) 但是,这个名词这样的用法,虽然极其正确,但除非谨慎使用,否则就容易令人误解。(《经济学原理》)

(22) 知识虽然可以带来幸福,但假如把它压缩成药丸子灌下去,就丧失了乐趣。(《读书》第168卷)

(23) 毛泽东未能收到这首诗,但即是如此,他也仍忘不了开慧。(《毛泽东寄情〈蝶恋花〉》)

这5例,表示转折的"但"后边有两个分句,它们分别显示出几种关系:连贯、充分条件、必要条件、假设、让步。例(19)、例(22)、例(23)虽然句法允许(在谓语前而不是在主语前),其中的"但(是)",不能用"却"替换。

另外,转折形式并非只出现在两个分句中,有时会出现转折的套叠,这时如果出现"却",则常常是在最后一个分句,如:

(24) 虽然我进去前再三叮嘱自己(S1),哪怕他们吊打我(S2),尽可以招供(S3),但决不能哭(S4)!可一进门(S5),人家正眼都没瞧我一下呢(S6),(?但)我自己却先挺不住了(S7)。(王朔《动物凶猛》)

例24的篇章结构关系是:

虽然[S1……叮嘱(〈S2,S3〉,但S4)],可[(S5,S6),却S7]

此例从篇章看分两段,之间是转折关系,用"可"。前段内又有转折关系,用了"但";后端内又有转折关系,用"但"就不是很准确了。此外S7用"却"凸显跟语用预设(决不能哭)的冲突。

这里还涉及一个转折度和核心语段的问题。以往有研究认为,"只是""不过""却"的转折语气比"但是"要弱一些。从核心语段所传递的信息来看,"但"后边的核心语段所传递的信息,可以既含有新信息又含有旧信息,也可以是全新信息;"却"后除了可以是新信息、旧信息之外,还可以是信息焦点。① 在我们收集的例句中,如果有转折分句的套叠,先后出现几个表转折的连词和副词,一般都是"却"在最后;当"但"和"却"同现时,"但"位于旧信息或非焦点信息之前,而"却"一般位于新信息或焦点信息之前,如:

(25)假如把一个原子放大到篮球那么大,原子核也比针尖还小,但是原子核却集中了差不多整个原子的质量。(《中国儿童百科全书》)

例(25)"但"位于旧信息"原子核"前,"却"位于焦点信息"集中了差不多整个原子的质量"前。再如:

(26) a. 他上课也带着笔记本,只是不做笔记,却在本子上乱画。[《读者(合订本)》]
　　b. *他上课也带着笔记本,只是不做笔记,但在本子上乱画。

总之,在多重复句中,"却"倾向于用在最后一个分句中,"但"可以比较自由地后接多个分句。

五、结语

"却"和"但"在语用上有明显区别:"却"凸显行为、事件跟语用预设的冲突;"但"没有这种用法。这种区别,影响了它们在三种不同语义关系中的分布。反向倚变、转折递进都存在跟某种语用预设的冲突,因此在表达这两种语义关系的复句中常用"却"而不用"但";补充关系由于不存在这种冲突,因此只能用"但"而不能用"却"。在多重复句中,"却"出现于最后一个分句,更容易凸现跟前边分句的预设所产生的冲突。

本文开头列举的两个偏误,也可以用预设冲突来解释。例(1)中,长城是北京最有名的景点之一,去了北京就应该去长城,这是隐含的常识;去北京不去长城,与常识冲突。从语用角度来看,应该用"却"。例(2)中,

---

① 郭志良:《现代汉语转折词语研究》,北京语言大学出版社2005年版,第306页。

"会看字",一般也应该会写字;"连最简单的字也不会写"是出乎人意料的,所以例(2)应该把"但是"改成"却"。

由上可知,"却"后句子的意思跟语用预设有冲突,是"却"使用的重要条件,也是"却"跟"但"的最大区别。除去句法限制的区别,这一点最为重要。如果我们抓住这一点进行汉语作为第二语言的教学,可以让学习者更容易掌握相关知识和能力。

还有,学习者常常出现用"但(是)"误代"却"的偏误,相反的情况比较少。这跟语言的标记性有关。相对而言,"但"标记性弱,使用频率高,容易习得,较早习得;"却"标记性强,使用频率低,不容易习得,较晚习得。用标记性弱的词语代替标记性强的词语,是二语习得的普遍规律。

从上可知,语用教学在汉语作为外语/第二语言教学和研究中必不可少。讲清楚语言点在语用上的作用和异同,配以适当的练习,可以促进汉语作为外语/第二语言教学。

(原载《华文教学与研究》2010年第4期)

汉语方言声调屈折的功能

刘若云　赵　新

汉语的形态变化不象印欧语那么完整、系统，往往只可归纳，不可类推。汉语方言的形态变化中相当一部分是声调屈折或含有声调屈折的成分。本文拟对汉语方言单纯声调屈折的功能进行考察，声母、韵母等兼声调的屈折形式将另作探讨。文中所引材料来源不一，我们一般不作划一处理，但凡变调都尽量改用变调符号。

一、通过声调屈折构成小称

"小称"是在原词义的基础上表小或少的方式，有时还可以引申出鄙弃、揶揄、亲昵等不同的感情色彩。声调屈折是汉语方言构成小称的一种重要手段。

1）名词通过声调屈折构成小称的方言有：粤方言的广东广州[1]、信宜[2]，广西容县[3]、玉林[4]；粤北土话[5]；客家方言的广东普宁市石牌镇[6]；赣方言的江西乐安县万崇[7]、宜丰[8]、黎川[9]，安徽宿松[10]，湖北阳新[11]；徽

---

[1] 李新魁、黄家教、施其生、麦耘、陈定方：《广州方言研究》，广东人民出版社1995年版，第51-53页。
[2] 叶国泉、唐志东：《信宜方言的变音》，载《方言》1982年第1期。
[3] 周祖瑶：《广西容县方言的小称变音》，载《方言》1987年第2期。
[4] 梁忠东：《玉林话的小称变音》，载《广西师范大学学报（哲学社会科学版）》2002年第3期。
[5] 张双庆：《乐昌土话研究》，厦门大学出版社2002年版；赵冬梅：《粤北土话小称研究》，暨南大学硕士学位论文，2002年。
[6] 邵宜：《赣语宜丰话词汇变调的类型及其表义功能》，载《方言》2006年第1期。
[7] 邵慧君、万小梅：《江西乐安县万崇话的小称变调》，载《方言》2006年第4期。
[8] 邵宜：《赣语宜丰话词汇变调的类型及其表义功能》，载《方言》2006年第1期。
[9] 颜森：《黎川方言的仔尾和儿尾》，载《方言》1989年第1期。
[10] 唐爱华：《安徽宿松方言的变调》，载《方言》2005年第2期。
[11] 黄群健：《湖北阳新方言的小称音变》，载《方言》1993年第4期。

语的安徽绩溪、歙县、屯溪、祁门①；吴方言的浙江温岭②、汤溪、庆元③；官话的山西霍州④、湖北大冶⑤等。如：广州　篮$_{篮}$lam^{11} ～ 篮$_{小篮子}$lam^{55} | 嗰个人$_{那个人}$kɔ^{35} kɔ^{33} jan^{21} ～ 嗰个人$_{那个人，带鄙视色彩}$kɔ^{35} kɔ^{35} jan^{35} | 信宜　缸 kɔŋ^{53} ～ 缸$_{小缸}$kɔŋ↗⑥ | 猪肠$_{猪大肠}$tʃy^{53} tʃɤŋ^{11} ～ 猪肠$_{猪小肠}$tʃy^{53} tʃɤŋ↗ | 会计 wui^{22} kɐi^{33} ～ 会计$_{带轻视色彩}$wui^{22} kɐi↗ ‖ 粤北土话长来话　刀$_{大刀}$ta^{31} ～ 刀$_{菜刀}$ta↗ ‖ 普宁石牌　刀　tɔ^{22} ～刀$_{小刀}$tsai^{45} ‖ 黎川　虾公$_{虾}$ha^{44} kuŋ^{44} ～ 虾公$_{小虾}$ha^{44} kuŋ^{53} ‖ 宿松　棒 p'aŋ^{12} ～ 棒$_{小棒子}$p'aŋ^{55} | 妹$_{妹妹或女孩}$mei^{12} ～ 妹$_{妹妹或女孩,带怜悯色彩}$mei^{55} ‖ 阳新　盆 p'ɐn^{212} ～ 盆$_{小盆}$p'ɐn^{45} | 睏 k'uɐn^{33} ～ 睏$_{对幼儿用语,带亲昵、娇宠色彩}$k'uɐn^{45} ‖ 绩溪　鸭 ŋɔʔ^{32} ～ 鸭$_{小鸭}$ŋɔʔ^{53} ‖ 温岭　虾蟆子$_{蝌蚪}$ʔo^{33} mo^{31} tsʅ^{31} ～ 虾蟆子$_{蝌蚪,小称}$ʔo^{33} mo^{13} tsʅ^{51} ‖ 庆元　酒瓮 tɕiɯ^{33} oŋ^{11} ～ 酒瓮$_{小酒瓮}$tɕiɯ^{33} oŋ^{55} ‖ 霍州　刷　sua^{11} ～ 刷$_{小刷子}$sua^{31}。

2）动词通过声调屈折构成小称的方言有：粤方言的广东信宜⑦、广西玉林⑧，赣方言的安徽宿松⑨、湖北阳新⑩等。如：信宜　睇书$_{看书}$tɐi^{35} sy^{53} ～ 睇书$_{看一看书(表示短时动作)}$t'ɐi↗ sy^{53} ‖ 玉林　摸摸 mø^{54} mø^{54} ～ 摸摸$_{带尝试,动作轻微义}$mø^{33} mø^{35} ‖ 宿松　洰 mi^{55}$_{小口、少量地喝}$⑪ ‖ 阳新　敲$_{用力敲}$k'ɔ^{33} ～ 敲$_{轻轻地敲}$k'ɔ^{35}。

3）形容词通过声调屈折构成小称的方言有：粤方言的广东广州⑫、信

---

① 赵日新：《徽州的小称音变和儿化音变》，载《方言》1999 年第 2 期；伍巍、王媛媛：《徽州方言的小称研究》，载《语言研究》2006 年第 1 期。
② 李荣：《温岭方言的变音》，载《中国语文》1978 年第 2 期。
③ 曹志耘：《南部吴语的小称》，载《语言研究》2001 年第 3 期。
④ 沈明：《山西方言的小称》，载《方言》2003 第 4 期。
⑤ 汪国胜：《湖北大冶话的情意变调》，载《中国语文》1996 第 5 期。
⑥ [↗] 指超高升调，[↘] 指超高降调，[→] 指超高平调。
⑦ 罗康宁：《信宜方言志》，中山大学出版社 1987 年版。
⑧ 梁忠东：《玉林话的小称变音，载《广西师范大学学报（哲学社会科学版）》2002 第 3 期。
⑨ 唐爱华：《安徽宿松方言的变调》，载《方言》2005 年第 2 期。
⑩ 黄群健：《湖北阳新方言的小称音变》，载《方言》1993 年第 4 期。
⑪ 古为上声字，按对应规律，今宿松话当读 [˧˩] 31 调。今读高平调为屈折变调。
⑫ 袁家骅等《汉语方言概要（第 2 版）》，语文出版社 2001 年版，第 187 页。

宜①，广西容县②、玉林③；赣方言的江西乐安县万崇④；吴方言的浙江庆元⑤等。如：广州　咁大这么大 kam³³ ta:i¹¹ ～ 咁大这么小 kam³³ ta:i³⁵／咁大这么大而已 kam³³ ta:i³⁵ ‖ 信宜　岳高头抬起头 ŋɔk² kou⁵³ tʻɐu²³ ～ 岳高头把头抬高一些 ŋɔk² kou↗ tʻɐu²³ ‖ 玉林　红带嫌其太红的意味 oŋ³² ～ 红带喜爱，认为红得合适的意味 oŋ³⁵ ‖ 乐安万崇　咯老高这么高 ko³⁵ lau⁴⁴ kau³⁵ ～ 咯老高不太高，较矮 ko³⁵ lau⁴⁴ kau→ ‖ 庆元　共样同样 tɕiɔŋ³¹ iã³³ ～ 共样同样，小称 tɕiɔŋ³¹ iã³¹。

还有一些方言形容词（包括单音节和双音节）存在重叠兼声调屈折表示程度的减轻或增加的现象，本文不讨论。

4) 量词、数词、代词、副词通过声调屈折构成小称的方言有：粤方言的广东广州⑥信宜⑦，广西玉林⑧；赣方言的江西乐安万崇⑨、安徽宿松⑩、湖北阳新⑪；吴方言的浙江汤溪⑫等。如：广州　包量词 pau⁵³ ～ 包量词,用于小包 pau⁵⁵ ｜ 大概 tai²² kʻɔi³³ ～ 大概口气减缓 tai²² kʻɔi³⁵ ‖ 信宜　半两重 pun⁴³ lɛŋ³⁵ tʃʻuŋ²³ ～ 半两重才半两重 pun³³ lɛŋ↗ tʃuŋ²³ ｜ 噉这样,那样 kɔm³⁵ ～ 噉只有这样,只有那样 kɔm↗ ‖ 乐安万崇　两三碗 tiɔŋ³¹ sau³⁵ uɔn³¹ ～ 两三碗才两三碗 tiɔŋ³¹ sau↗ uɔn→ ‖ 宿松　□量词,畦、垅 liau³¹ ～ □量词,小块 liau⁵⁵ ｜ 阳新　寸 tsʻɐn³³ ～ 寸两～长;才两寸长 tsʻɐn⁴⁵ ‖ 汤溪　到底副词,小称 tə⁵¹ tei⁵⁵。

---

① 罗康宁《信宜方言志》，中山大学出版社 1987 年版。
② 周祖瑶：《广西容县方言的小称变音》，载《方言》1987 年第 2 期。
③ 梁忠东：《玉林话的小称变音，载《广西师范大学学报（哲学社会科学版）》2002 第 3 期。
④ 邵慧君、万小梅：《江西乐安县万崇话的小称变调》，载《方言》2006 年第 4 期。
⑤ 曹志耘：《南部吴语的小称》，载《语言研究》2001 第 3 期。
⑥ 李新魁、黄家教、施其生、麦耘、陈定方：《广州方言研究》，广东人民出版社 1995 年版，第 53、54 页。
⑦ 叶国泉、唐志东：《信宜方言的变音》，载《方言》1982 年第 1 期。
⑧ 梁忠东：《玉林话的小称变音》，载《广西师范大学学报（哲学社会科学版）》2002 年第 3 期。
⑨ 邵慧君、万小梅：《江西乐安县万崇话的小称变调》，载《方言》2006 年第 4 期。
⑩ 唐爱华：《安徽宿松方言的变调》，载《方言》2005 年第 2 期。
⑪ 黄群健：《湖北阳新方言的小称音变》，载《方言》1993 年第 4 期。
⑫ 曹志耘：《南部吴语的小称》，载《语言研究》2001 第 3 期。

二、通过声调屈折区分词性、词义

1) 通过声调屈折区分词性的方言有：粤方言的广东广州[①]、顺德[②]、中山小榄[③]、台山台城、新会、开平、恩平[④]；粤北土话[⑤]；赣方言的江西乐安万崇[⑥]、湖北阳新[⑦]等。基本上是用屈折调表示名词[⑧]。如：广州 钉$_{动词}$tɛŋ^{53} ～ 钉$_{名词}$tɛŋ^{55} | 片$_{量词}$p'in^{33} ～ 片$_{名词}$p'in^{35} ‖ 顺德 刷$_{动词}$t'at^{3} ～ 刷$_{名词}$t'at^{25} | 黄 fœŋ^{51} ～ 黄$_{蛋}$fœŋ^{25} ‖ 中山小榄 煲$_{煮}$pɔ^{53} ～ 煲$_{锅}$pɔ→ | 酸 syn^{53} ～ 酸$_{醋腌食品}$syn→ | 餐$_{量词}$tsaŋ^{53} ～ 餐$_{名词}$tsaŋ→ ‖ 台山台城 盖$_{动词}$kɔi^{33} ～ 盖$_{盖子}$kɔi^{11} | 包$_{动词}$pau^{33} ～ 包$_{量词}$pau^{11} ‖ 粤北土话长来 铺$_{动词}$p'ɔ^{31} ～ 铺$_{名词}$p'ɔ↘ ‖ 乐安万崇 盖$_{动词}$ke^{213} ～ 盖$_{盖子}$ke↗ | 斜 tɕ'ia^{44} ～ 斜$_{台阶}$tɕ'ia↗ | 阳新 贩$_{动词}$fæ^{33} ～ fæ^{45}。

2) 通过声调屈折区分词义的方言有：粤方言的广东广州[⑨]、顺德[⑩]、中

---

① 李新魁、黄家教、施其生、麦耘、陈定方：《广州方言研究》，广东人民出版社1995年版，第54 – 55 页。

② 林柏松：《顺德话中的变音》，见《第二届国际粤方言研讨会论文集》，暨南大学出版社1990年版。

③ 郑伟聪：《小榄话变调现象初探》，见《第二届国际粤方言研讨会论文集》，暨南大学出版社1990年版。

④ 甘于恩：《广东四邑方言语法研究》，暨南大学博士学位论文，2002 年。

⑤ 赵冬梅：《粤北土话小称研究》，暨南大学硕士学位论文，2002 年。

⑥ 邵慧君、万小梅：《江西乐安县万崇话的小称变调》，载《方言》2006 年第4 期。

⑦ 黄群健：《湖北阳新方言的小称音变》，载《方言》1993 年第4 期。

⑧ 黄建群（1993）原有"弓"变调指躬腰，"钢"变调指倔强。但它们可能分别是"躬"和"刚"，并非典型的名词变调后变成非名词的例子。又，台山台城"包"变量词是仅见的一例。

⑨ 麦耘：《广州话的特殊35 调》，见《第二届国际粤方言研讨会论文集》，暨南大学出版社1990 年版。

⑩ 林柏松：《顺德话中的变音》，见《第二届国际粤方言研讨会论文集》，暨南大学出版社1990 年版。

山①、台山②、新会会城、开平、恩平③、广西玉林④；粤北土话⑤；赣方言的江西宜丰⑥、泰和⑦、乐安万崇⑧，湖北阳新⑨、蒲圻⑩，闽方言的福建福州⑪等。如：广州　牙$ŋa^{11}$～牙$_{锯子、齿轮的齿或螺丝纹等}ŋa^{35}$｜头$t'au^{11}$～头$_{首领}t'au^{35}$‖顺德　鸡kai^{53}～鸡$_{只～:特指那只鸡}kɐi→$｜人$jɐn^{42}$～人$_{只～:特指那个人}jɐn^{25}$‖中山　糖$_{食糖}t'oŋ^{32}$～糖$_{糖果}t'oŋ→$｜烟$_{烟雾}jin^{53}$～烟$_{香烟}jin→$‖台山　姨丈$_{母亲的妹夫}si^{22}$ tsiaŋ^{11}～姨丈$_{母亲的姐夫}si^{22}$ tsiaŋ^{35}｜山背$_{山的背后}san^{33}$ puɔi^{33}～山背$_{地名}san^{33}$ puɔi^{21}‖新会会城　房$_{房间}foŋ^{22}$～房$_{单间的房间}foŋ→$｜台$_{桌子}hui^{11}$～台$_{舞台}hui^{22}$‖粤北土话长来　茶$tʃ'ou^{51}$～茶$_{汤药}tʃ'ou↘$｜鹅$_{天鹅}ŋou^{51}$～鹅$_{家养的鹅}ŋou↘$｜眼$ŋɐŋ^{33}$～眼$_{龙～;脚～踝骨}ŋɐŋ↘$‖泰和　个里$_{这里}ky^{23}li^{41}$～个里$_{那里}ky^{52}li^{41}$｜个个$_{这个}ky^{34}ky^{44}$～个个$_{那个}ky^{52}ky^{44}$ 乐安万崇李$_{姓}ti^{31}$～李$_{李子}ti↗$｜手$ɕiu^{31}$～手$_{器物的柄}ɕiu↗$｜壳$_{软的外皮}k'ɔʔ^{1}$～壳$_{硬的外皮}k'ɔʔ→$‖蒲圻　□$_{往上冲}dʑen^{213}$～□$_{往下冲}dʑen^{44}$｜划$_{顺着一定方向划水}huə^{24}$～划$_{胡搅乱划}huə^{55}$‖福州　头尾$_{头和尾}t'au^{53}$ muoi^{31}～头尾$_{前后}t'au^{53}$ muoi^{53}｜肝胆$_{肝和胆}kaŋ^{55}$ taŋ^{31}～肝胆$_{知交}kaŋ^{53}$ taŋ^{31}｜横竖$_{横和竖}huaŋ^{53}$ tiʔ^{5}～横竖$_{无论如何}huaŋ^{31}$ tiʔ^{5}。

三、通过声调屈折构成人称代词的复数和领格

1）单数人称代词通过声调屈折构成复数的方言有：官话方言的陕西关中各地方言，包括西安、临潼、蓝田、商州等三十多个县市⑫；粤方言的广

---

① 郑伟聪：《小榄话变调现象初探》，见《第二届国际粤方言研讨会论文集》，暨南大学出版社 1990 年版。
② 黄剑云：《台山方言》，中山大学出版社 1990 年版。
③ 甘于恩：《广东四邑方言语法研究》，暨南大学博士学位论文，2002 年。
④ 梁忠东：《玉林话的小称变音》，载《广西师范大学学报（哲学社会科学版）》2002 第 3 期。
⑤ 赵冬梅：《粤北土话小称研究》，暨南大学硕士学位论文，2002 年。
⑥ 邵宜：《赣语宜丰话词汇变调的类型及其表义功能》，载《方言》2006 年第 1 期。
⑦ 黄伯荣：《汉语方言语法类编》，青岛出版社 1992 年版。
⑧ 邵慧君、万小梅：《江西乐安县万崇话的小称变调》，载《方言》2006 年第 4 期。
⑨ 黄群健：《湖北阳新方言的小称音变》，载《方言》1993 年第 4 期。
⑩ 黄伯荣：《汉语方言语法类编》，青岛出版社 1992 年版，第 275 页。
⑪ 梁玉璋：《福州方言连读音变与语义分别》，载《方言》1983 年第 3 期。
⑫ 孙立新：《关中方言代词概要》，载《方言》2002 年第 3 期。

东增城①、台山、开平、恩平②；系属未定的广东惠州话③等。如：宜君　我 ŋuo^{51}～我$_{我们}$ŋuo^{21}|你 n̩i^{51}～你$_{你们}$n̩i^{21}|他 t'a^{51}～他$_{他们,她们}$t'a^{21}|富平　我 ŋɤ^{53}～我$_{我们}$ŋɤ^{21}|你 n̩i^{53}～你$_{你们}$n̩i^{21}④ ‖ 增城　我 ŋɔi^{13}～我$_{我们}$ŋɔi^{51}|你 nei^{13}～你$_{你们}$ni^{51}|佢$_{他,她}$k'œ^{13}～佢$_{他们,她们}$k'œ^{51} ‖ 惠州　我 ŋɔi^{213}～我$_{我们}$ŋɔi^{35}|你 ni^{213}～你$_{你们}$ni^{35}|佢$_{他,她}$k'y^1～佢$_{他们,她们}$k'y^{35}。

2）亲属称谓前的人称代词通过声调屈折构成领格的方言有：湘方言的湖南衡山⑤；广东惠州⑥；赣方言的湖北蒲圻⑦、阳新⑧等。如：衡山　我 ŋo^{13}～我$_{我的：～娘}$ŋo^{44}你 n̩ĩ^{13}～你$_{你的：～爷(你爸)}$n̩ĩ^{44}|他 t'a^{33}～他$_{他的,她的：～婆唧(他的外婆)}$t'a^{44} ‖ 惠州　我 ŋɔi^{213}～我$_{我的：～阿爸,～老公(我丈夫)}$ŋɔi^{55}|你 ni^{213}～你$_{你的：～阿妈,～阿仔(你的儿子)}$ni^{55}|佢$_{他,她}$k'y^{11}～佢$_{他的,她的：～阿公(他爷爷)}$k'y^{55} ‖ 蒲圻　我 ŋo^{31}～我$_{我的：～姐姐}$ŋo^{213}|你 n̩^{21}～你$_{你的：～哥哥}$n̩^{213} ‖ 阳新　我 ŋo^{21}～我$_{我的}$ŋo^{45}|□$_{我们}$xɐn^{21}～□$_{我们的}$xɐn^{45}|你 n̩^{21}～你$_{你的}$n̩^{45}|渠$_{他,她}$k'ɛ^{21}～渠$_{他的,她的}$k'ɛ^{45}⑨。粤方言的广东阳江情况特别一些，是人称代词复数与人称代词领格的对立⑩：偗$_{我们}$ŋɔk^{21}→噅$_{我的：～奶(我妈)}$ŋɔk^{53} ｜ 偌$_{你们}$niɛk^{21}→喏$_{你的：～姐}$niɛk^{53} ｜ 御$_{他们}$k'iɛk^{21}→御$_{他的：～小弟}$k'iɛk^{53}。

四、通过声调屈折构成完成体

1）动词通过声调屈折构成完成体的方言有：粤方言的广东广州话⑪、顺德大

---

① 何伟棠：《广东省增城方言的变调》，载《方言》1987 年第 1 期。
② 甘于恩：《广东四邑方言语法研究》，暨南大学博士学位论文，2002 年。
③ 刘若云：《惠州方言志》，广东科技出版社 1991 年版。
④ 台山、开平、恩平的第一人称代词复数通过单纯声调屈折来体现单复数，而第二、第三人称代词复数的构成则是变韵兼变调（此处未列出）。这或许可说明声调屈折来自韵母屈折。
⑤ 彭泽润：《衡山方言研究》，湖南教育出版社 1999 年版。
⑥ 刘若云：《惠州话词内屈折变化形式刍议》，载《语言研究》2003 年第 2 期。
⑦ 陈有恒：《湖北蒲圻话的人称代词》，载《方言》1990 年第 3 期。
⑧ 黄群健：《湖北阳新方言的小称音变》，载《方言》1993 年第 4 期。
⑨ 黄群健未说明是否仅用于亲属称谓。（黄群健：《湖北阳新方言的小称音变》，载《方言》1993 年第 4 期）
⑩ 黄伯荣：《汉语方言语法类编》，青岛出版社 1992 年版，第 465 页。
⑪ 袁家骅等：《汉语方言概要（第 2 版）》，语文出版社 2001 年版。

良话①、中山小榄话②、增城话③;赣方言的江西黎川④等。如:广州 食吃sik² ~ 食已吃:我 ~ 啦(我吃过了)sik³⁵ | 来 lai²¹ ~ 来已来:佢 ~ 啦(他已经来了)lai³⁵ ‖ 顺德大良 飞 fei⁵³ ~ 飞已飞:只雀 ~ 啦(那只鸟飞走了)fei→ | 缩 ʃok⁵ ~ 缩已缩人:蛇 ~ 入隆(蛇缩进洞里去了)ʃok→ | 中山小榄 赢 jeŋ³² ~ 赢已赢:我 ~ 棋(我赢了棋了)jeŋ→ | 赚 tsan²² ~ 赚已赚:~ 二十蚊(赚了二十元钱)tsan↗ ‖ 增城 卖 mai²² ~ 卖已卖:~ 猪(已把猪卖了)mai³⁵ | 发 财 fak³ tsʻɔi¹¹ ~ 发财已经发了财fak³⁵ tsʻɔi¹¹ ‖ 黎川 来 lɛi³⁵ ~ 来已来:~ 了lɛi⁵³。

2)粤方言的广州话可以通过形容词和某些数量词、名词的声调屈折表示性状、数量、时间、方位、处所、职务等的变化已经实现⑤如:净 tʃɐŋ²² ~ 净已干净:衫洗 ~ 端(衣服已经洗干净了)tʃɐŋ↗⑥ | 教授 kau³³ ʃɐu²² ~ 教授表示成为教授:佢系 ~ 嘞(他已经是教授了)kau³³ ʃɐu↗。

五、结语

1)为管窥声调屈折在汉语方言中的分布情况,我们选择了一些点做成下表。

		名词小称	动词小称	形容词小称	其他词类小称	区分词性	区分词义	构成人称代词复数	构成人称代词领格	构成完成体
粤语	广州	+		+	+	+	+			+
	信宜	+	+	+			+			
	化州	+								
	台山					+	+	+		
	玉林	+	+		+		+			

---

① 林柏松:《顺德话中的变音》,见《第二届国际粤方言研讨会论文集》,暨南大学出版社1990年版。

② 郑伟聪:《小榄话变调现象初探》,见《第二届国际粤方言研讨会论文集》,暨南大学出版社1990年版。

③ 何伟棠:《广东省增城方言的变调》,载《方言》1987年第1期。肇庆沿西江一带的粤方言里没有表示完成的动态助词,全用变调表示动作的完成(黎伟杰:《粤方言的变调表完成体》,见《第二届国际粤方言研讨会论文集》,暨南大学出版社1990年版)。

④ 颜森:《黎川方言的仔尾和儿尾》,载《方言》1989年第1期。

⑤ 黎伟杰:《粤方言的变调表完成体》,见《第二届国际粤方言研讨会论文集》,暨南大学出版社1990年版。

⑥ 原文用数字加星号表示变调,这里为方便,改为箭头。

续表

		名词小称	动词小称	形容词小称	其他词类小称	区分词性	区分词义	构成人称代词复数	构成人称代词领格	构成完成体
粤北土话		+				+	+			
普宁石牌客家话		+								
惠州话								+	+	
赣语	乐安万崇	+		+	+	+	+			
	宿松	+	+		+					
	阳新	+	+		+	+	+		+	
	黎川									+
徽语	绩溪	+								
	屯溪	+								
吴语	汤溪	+			+					
	庆元	+		+						
湘语衡山									+	
闽语福州							+			
官话	陕西关中								+	
	山西霍州	+								

由于我们掌握的材料有限，所以这个表只能作为参考。从这里可看到，声调屈折在粤语里分布最多，其次是赣语，再次是吴语、徽语。不过更多的调查也有可能改变这一看法。

从类型上说，以声调屈折表现小称，尤其是名词的小称，是分布最广的类型。以声调屈折区分词性和词义也相当常见。

2）汉语方言声调屈折的语音形式有一定规律。

我们看到，构成小称的声调屈折形式一般是高调。少数的低调，大约是因为原调为高调，为与之区别而变低。朱晓农①认为高调与细小亲密之间存在一种生物学的关系，汉语方言的小称变调规律与之相符。朱晓农、寸熙②

---

① 朱晓农：《亲密与高调——对小称调、女国音、美眉等语言现象的生物学解释》，载《当代语言学》2004 第年 3 期。

② 朱晓农、寸熙：《韶关话的小称调和嘎裂声》，见《汉语方言语法研究和探索》，黑龙江人民出版社 2003 年版。

还指出，其他一些小称形式，如粤北闽西 的嘎裂声、浙南的喉塞尾都是为了提升声调所用的辅助手段。

此外，声调屈折区别词性和词义，以及声调屈折构成领格、构成完成体，一般也都变为高调，例外不多。只有构成复数的声调屈折在陕西关中各地的形式，却是十分一致地，表示单数的原调为高降调，而表示复数的屈折调为低降调①。这也可能是因为原调为高调，为了与原调区别而变低。

（原载《方言》2007 年第 3 期，第 226 – 231 页）

---

① 孙立新：《关中方言代词概要》，载《方言》2002 年第 3 期。

广东廉江粤语的传信语气助词

林华勇

一、引言

传信范畴（evidentiality），民族语研究者也称之为"示证"范畴①或"传据"范畴②等。汉语学界多称之为"传信"范畴，大概是受到吕叔湘③、张伯江④等的影响，本文暂沿此说法。一般来说，传信范畴有广义和狭义之分。狭义的传信范畴指信息来源和方式；广义的传信范畴除了包括信息来源和方式之外，还包括说话人对话语内容的态度（可靠度、确信度）。

汉语的传信范畴是个语义范畴，使用传信词语来表达。传信词语如插入语"据说"、语气副词"居然"、语气助词"吧"等。与之相比，汉藏语系的藏语、阿尔泰语系语言的传信范畴是个语法范畴，传信范畴高度发达，使用专门的传信标记。例如，藏语白马方言（动词完成体形式之后）的"下雨了"有两种表达：一种是亲见式的，另一种是非亲见式的⑤：

（1）a. nɔ³⁵ pʊ⁵³ tɕʰɛ¹³.
雨　下　（亲见式）

---

* 本文获得国家社科基金青年项目（12CYY007）、广东省打造"理论粤军"重点研究课题（LLYJ1320）、国家社科基金重大项目（12&ZD178、14ZDB103）的支持。本文初稿曾宣读于"汉语句末助词的历史与现状学术研讨会"（香港理工大学，2013年9月），感谢陈前瑞、邓思颖、洪波等先生以及《语言科学》编辑部和匿名审稿专家的宝贵意见。

① 江荻：《藏语拉萨话的体貌、示证及自我中心范畴》，载《语言科学》，2005年第1期，第70—88页。

② 阿不都热西提·亚库甫、力提甫·托乎提、张定京：《阿尔泰语系语言传据范畴研究》，中央民族大学出版社2013年版，第1页。

③ 吕叔湘：《中国文法要略》，商务印书馆1956年版，第261—284页。

④ 张伯江：《认识观的语法表现》，载《国外语言学》1997年第2期，第5—19页。

⑤ 齐卡佳：《白马语与藏语方言的示证范畴》，载《民族语文》2008年第3期，第36—43页。

b. nɔ³⁵ pʊ⁵³   ʂə¹³.
   雨   下   （陈述/非亲见式）

  樊青杰①、乐耀②曾对国内传信范畴的研究进行了总结，后者提出了今后汉语传信范畴的两个研究方向：一是加强传信与相关范畴的互动研究；二是采用话语交际互动的视角进行研究。本文认为汉语传信范畴的研究还应至少补充两个方面的内容：一是加强汉语方言中传信相关范畴的描写；二是对传信语（如传信语气助词、表传信的插入语等）的语义或功能进行分类，并研究其形成过程。

  本文有两个目的：第一，对广东廉江粤语（高阳片）③的传信语气助词进行分类和描写；第二，从"行、知、言"三域出发，观察传信语气助词的相关问题，包括传信语气助词的共现顺序与分类、传信语气助词与否定词的共现，以及探讨传信语气助词与"行、知、言"三域之间的关系。

  下文拟分四个部分进行讨论：①廉江粤语传信语气助词的分类；②传信语气助词的共现顺序等句法表现；③传信语气助词与"行、知、言"三域；④结语。

二、廉江粤语传信语气助词的分类

（一）传信范畴与传信语气助词

  要对传信语气助词进行分类，首先应划定传信语气助词的范围，了解其具体成员。所谓传信语气助词，即位于句末表示传信意义的语气助词。可见，符合传信语气助词的条件不外乎三个：位于句末，语气助词，表达了传信范畴（至少是广义的）的意义。是否表达传信范畴的意义，是确定传信语气助词的关键。

  以下我们来看传信范畴的意义包括哪些。Chafe（1986）建立了一个泛语言的传信模式，提出了传信范畴的五个要素，包括：知识（表达的主要信

---

① 樊青杰：《现代汉语传信范畴研究》，北京语言大学博士学位论文，2008年，第45-49页。
② 乐耀：《国内传信范畴研究综述》，载《汉语学习》201年第1期，第62-72页。
③ 廉江粤语语法的相关情况可参见林华勇《廉江粤语语法研究》，北京大学出版社2014年版。

息)、可靠程度、知识获取方式(包括信念、归纳推理、传闻和演绎)、知识来源(证据、言语、假设等)、知识与期望的差异。① 如果根据 Chafe 的意见,除知识外,表达以上四个要素的成分都应算传信形式,也就是说,表达可靠程度、知识获取方式、知识来源、知识与期望的差异的语气助词都算传信语气助词。

张伯江探讨了传信、时体、情态等之间的联系,把传信范畴从情态范畴中独立出来,并认为传信范畴关心的是信息来源的可靠性,直接的语法反映是狭义的传信表达系统。该文提出汉语的传信表达主要有三种形式:①表信息来源的形式,多用插入语。如"小王据说要辞职""房子听说分下来了""这帮球迷也不知道买着票没有";②表说话人对事实真实性的态度,往往用副词表达,如"局面显然无法挽回了""不好好复习你保准及不了格""他肯定回家了";③说话人传达确信的程度,如宣传、解释、断言等,可用句末语气词表示,如"是我把他们请来的""你就等着我出这张牌吧?"该文认为对目前语法研究最具启发意义的是第三种,把"的"视为"确认性标记"(certainty marker),并把"吧"视为"测度性标记"(uncertainty marker)。② 该文在国内学界产生了较大的影响。Aikhenvald 的传信范畴是狭义的,主要谈标记信息来源的语法形式,分别介绍了世界多种语言中二选、三选、四选和五选的传信系统,归纳了五种常见语义参数(semantic parameters):视觉(visual)、非视觉感官(non-visual sensory)、推测(inference)、假设(assumption)、听闻(hearsay)、引述(quotative)。③

陈颖重点对现代汉语(普通话)传信范畴的语法表现进行了普遍的考察,将传信语分为直接体现和间接体现信息来源的成分,把传信语气助词看作间接体现信息来源的传信语。④

乐耀明确提出五种不同类型的传信语:①感官亲历,如"看见""感到"等感官动词;②确认性,表达可靠度,如"也许""可能"等情态副词,"(我)保证/确信/打赌"等施为动词;③主观认识,表示话主的认识、想法,如"(我)认为/想/看/觉得"等;④证据推断,如"看样子""那么"

---

① 严辰松:《传信范畴浅说》,载《解放军外国语学院学报》2000 年第 1 期,第 4-7 页。
② 张伯江:《认识观的语法表现》,载《国外语言学》1997 年第 2 期,第 5-19 页。
③ Aikhenvald, Alexandra Y. *Evidentiality*. Oxford: Oxford University Press, 2004.
④ 陈颖:《现代汉语传信范畴研究》,中国社会科学出版社 2009 年版。

"因此";⑤传闻听说,如"(某某)认为/发现/说"等。①

语气助词也可充当传信语（evidentials），然而，明确从传信角度研究语气助词的论述不多，但历史较长。如吕叔湘就对"传信"的"的"、"传疑"的"吧"进行了分析，并认为它们与认识有关②；李讷等对句末表判断的"的"进行考察，认为其是"确认性标记"③；陈颖对"的""吧""嘛""呗""呢""哩""喽""啰"等传信语气助词进行了分析④；史金生对传信语气助词"呢"的语法化途径进行了考察⑤。与时、体、情态等范畴一样，汉语的传信范畴不是语法性的，本文倾向于认同 Aikhenvald⑥ 等人把传信独立于情态系统的观点，同时认为两者在表达形式上（如本文所讨论的语气助词）存在重合。本文不纠缠于传信与情态等的区分，采取广义的传信观，主要把目光聚焦在表达传信意义的语气助词上，并进一步探讨方言中传信与"行、知、言"三域（主要是"知、言"二域）之间的联系。

（二）廉江粤语传信语气助词的语义分类

我们曾对廉江粤语语气助词做了系列的考察。这些考察都与传信语气助词有关，例如对廉江粤语的语气助词的功能和分类进行了探讨⑦，对句末表示引述（转述或直引）的"讲"⑧、句末"睇过"的估测用法⑨、表确认的"来"和"去"的语法化问题⑩进行了探讨。最近，我们还对廉江话的句末

---

① 乐耀：《从人称和"了$_2$"的搭配看汉语传信范畴在话语中的表现》，载《中国语文》2011 年第 2 期，第 121 – 132 页。
② 吕叔湘：《中国文法要略》，商务印书馆 1956 年版，第 266 – 268 页。
③ 李讷、安珊笛、张伯江：《从话语角度论证语气词"的"》，载《中国语文》1998 年第 2 期，第 93 – 102 页。
④ 陈颖：《现代汉语传信范畴研究》，中国社会科学出版社 2009 年版，第 152 – 170 页。
⑤ 史金生：《从持续到申明：传信语气词"呢"的功能及其语法化机制》，见《语法研究和探索》（十五），商务印书馆 2010 年版，第 120 – 135 页。
⑥ Aikhenvald, Alexandra Y. *Evidentiality*. Oxford：Oxford University Press, 2004. p. 7.
⑦ 林华勇：《广东廉江方言语气助词的功能和类别》，载《方言》2007 年第 4 期，第 339 – 347 页。
⑧ 林华勇、马喆：《廉江方言言说义动词"讲"的语法化》，载《中国语文》2007 年第 2 期，第 151 – 159 页。
⑨ 林华勇：《廉江方言中表尝试与猜测的助词"睇过"——"看"义动词语法化的一项考察，载《中国语文研究》2007 年第 2 期。
⑩ 林华勇、郭必之：《廉江粤语"来/去"的语法化与功能趋近现象》，载《中国语文》2010 年第 6 期，第 516 – 525 页。

疑问语调与语气助词的叠加关系进行了分析，对有关语气助词的声调问题有了进一步的认识。①

按照以上传信意义，下面对廉江粤语的传信语气助词进行语义上的分类，该分类是初步的。尽量以"出热头"（出太阳）等为例②，并在其后加上表转述的"讲"进行比较。

1）表示说话人直陈、申明某信息："啊［a²¹］、哇［ua³³］"。可借用词汇形式（括弧内带下划线的成分）对传信语气助词的功能进行说明。

啊［a²¹］：

（2）出热头啊～。（告诉你出太阳了。）
（3）出热头啊讲～。（告诉你有人说出太阳了。）

哇［ua³³］：

（4）出热头啊～。（特地告诉你出太阳了。）
（5）出热头啊讲～。（特地告诉你有人说出太阳了。）

从例（2）—（5）的对比可以看出，"哇"与"啊"的差别仅在于语气的轻重，具体地说，"哇［ua³³］"比"啊［a²¹］"的语气要重些。这可能与声调的高低有关。"啊"的声调21其实为廉江话句末低降的陈述语调，该语调对"啊"的声调进行了完全覆盖③，久而久之，形成"啊［a²¹］"这一语气相对缓和的直陈或申明标记。

2）为确认所获信息的真实性而问："啊［a⁵⁵］"。

啊［a⁵⁵］：

（6）出热头啊～？（我问是不是出太阳了。）

---

① 林华勇、吴雪钰：《广东廉江粤语句末疑问语调与语气助词的叠加关系》，载《方言》2015年第1期，第70-74页。

② 之所以这样做，是因为"出太阳（了）"本身是对自然情况这一信息的一种客观描述，尽量避免主观因素（包括人称的使用）的影响。这一点与下文四（二）尝试重新讨论传信语与人称的使用关系的内容相对应。

③ 林华勇、吴雪钰：《广东廉江粤语句末疑问语调与语气助词的叠加关系》，载《方言》2015年第1期，第70-74页。

(7) 出热头嘚讲～？（我问是不是有人说出太阳了。）

语气助词"啊"存在 55、21 两种声调，声调不同，功能也各异。55 调实际上是廉江话句末疑问语调对语气词"啊"的声调进行覆盖叠加而致。①

3）测度："帕、睇过"。

"帕"和"睇过"都表示测度或猜度，两者所表示的信疑度在信和疑之间，信大于疑。两者的使用有别。先看例子：

帕［$p^ha^{35/55}$］②（"怕啊^{55}"的合音），委婉地向对方确认：

(8) 出热头嘚～？（我怀疑出太阳了，是不是？）
(9) a.（等阵）出热头讲～？（好像听说一会儿出太阳吧？）

传信语"帕"是言域用法（见前文），由感觉动词"怕"虚化而来，是个疑问语气助词，表示委婉地向对方确认。具体地说，这是一种确认信息真实性的方式：先把自己的想法说出来，然后加上"帕"这一疑问标记委婉地向对方进行确认。例（9a）是言者听说到一会儿出太阳的信息，但对听说的信息不大确定而去向对方确认。这与 Anderson 所说基本相符："传信语用于断言句（已然小句），不用于未然小句或表预设。"［原文：Evidentials are normally used in assertions (realis clauses), not in irrealis clauses, nor in presuppositions.］③ 再如：

(9) b. 等阵出热头～？（一会儿出太阳吧？）

例（9b）也是根据现时已然状态的一种判断，这种判断言者是有所预设的。表预设和已然句不全然排斥。这一点在廉江粤语中较为明确。

睇过［$t^hei^{25}kɔ^{33}$］：

---

① 林华勇、吴雪钰：《广东廉江粤语句末疑问语调与语气助词的叠加关系》，载《方言》2015 年第 1 期，第 70-74 页。

② 35 调是疑问句末的高语调与语气助词连续叠加所致。参见林华勇、吴雪钰《广东廉江粤语句末疑问语调与语气助词的叠加关系》，载《方言》2015 年第 1 期。

③ Anderson, Lloyd B. "Evidentials, paths of change, and mentalmaps: Typologically regular asymmetries". In *Evidentiality: The Linguistic Coding of Epistemology*, ed. by Wallace Chafe & Johanna Nichols, Norwood, NJ: Ablex Publishing Corporation, 1986, 273-312.

(10) 出热头嘚～。(好像出太阳了。)
(11) 出热头嘚～讲。(听说好像出太阳了。)
(12) 出热头讲～。(好像听说出太阳了。)

传信语"睇过"表示测度时属知域（见前文），是对情况的一种推断，由视觉动词"睇"与其后的"过"结合后语法化而成。"睇过"与"啪"虽然都表测度，但"啪"还是一个疑问标记。共现时"睇过"在前：

(13) 出热头睇过啪？(可能出太阳了吧？)
(14) ＊出热头啪睇过？

也就是说，共现时"啪"不能居于"睇过"前。
4) 加强可信度："来""去"。
来 [lɔi²¹]（带确认语气）：

(15) 热头晒到死来！(真的，太阳很晒。)
(16) 热头晒到死来讲！(听说太阳真的很晒啊！)
(17) ＊热头晒到死讲来！

去 [hui³³]（带宣扬语气，有时可表不满）：

(18) 热头晒到死去（讲）！[（听说）太阳晒死了啊！]
(19) ＊热头晒到死讲去！

5) 确认或判断："个、来个、嗰（'个啊'的合音）"。此处用"**塑胶做个**"（塑料做的）为例。
个 [kɔ³³]（表判断）：

(20) 塑胶做～（讲）。[（听说）是塑料做的。]
(21) ＊塑胶做讲～。

来个 [lɔi²¹kɔ³³]（表判断并含确认义）：

(22) 塑胶～(讲)。[(听说)是塑料的。]
(23) *塑胶讲来个。

喫 [ka³³]("个啊"的合音,兼表直陈):

(24) 塑胶做～。(告诉你是塑料做的。)
(25) 塑胶做～讲。(听说有人说是塑料做的。)
(26) *塑胶做讲～。

表判断的"个""来个""喫"都与"个"(的)有关。它们都可看作确认性标记,但语义稍有不同。

6) 转述,转述听到(非亲历)的信息:"讲、咖("讲啊"的合音)"。
讲 [kɔŋ²⁵]①:

(27) 出热头噂～。(听说[出太阳了]。)
(28) 出热头～噂。([听说出太阳]了。)

咖 [ka⁵¹]("讲啊[a²¹]"的合音,51实际上是降调,直陈转述的内容,可带不满情绪):

(29) 出热头噂讲～。(转告你听说出太阳了。)
(30) *出热头～噂。

由于"咖"为"讲啊"的合音,例(30)不能成立;例(28)能成立,"讲"不带"啊"。因而,同表转述,"讲""咖"的功能还有所不同。

以上六类传信语气助词,我们一共找了11个语气助词作为它们的代表。这些代表成员表达的传信意义是较为显著的。其中,"直陈或申明""测度""确认或判断""转述"这四类与信息来源(证据、语言或假定等)或信息

---

① 句末助词"讲"不止用于转述(参见林华勇、马喆《廉江方言言说义动词"讲"的语法化》,载《中国语文》,2007年第2期,第151-159页),本文只讨论其转述用法。言说动词向传信语演变是语法化的一个常见方向,再如安多藏语的 zer、bzlas(参见邵明园《安多藏语言说动词 zer 和 bzlas 的语法化》,载《语言科学》2015年第1期,第72-88页)。

获取方式(信念、归纳、传闻、演绎等)有关;而"为确认而问"与言语行为有关,也可视为信息的获取方式之列;唯有"加强可信度"与说话人的态度(可信度、确信度)有关。也就是说,以上六组传信语气助词中,有五组(即绝大部分)可归入狭义的传信范畴的表现形式中去,只有一类("来""去")属广义的传信表达形式。

另外应注意,以上传信语气助词与"讲"共现时的位置并非是随意的:一方面,"讲"一概可出现在它们之后;另一方面,"讲"又能出现在"啊[21]""哇"等前。这里面具有一定的规律性(见前文)。

三、传信语气助词的共现顺序等句法表现

(一) 共现顺序与传信语气助词的再分类

一系列的研究表明,依据共现顺序是对语气助词进行再分类的有效途径。① 以上六类传信语气助词是语义的分类,并未结合形式进行验证。结合共现顺序对其进行考察,就是结合了句法形式,可依据考察结果对以上六个语义类别进行调整。共现顺序的考察结果如表1所示。②

---

① [日]太田辰夫:《中国语历史文法(修订译本)》,蒋绍愚、徐昌译,北京大学出版社2003年版,第326-328页;朱德熙:《语法讲义》,商务印书馆1982年版,第208-209页;胡明扬:《语气助词的语气意义》,载《汉语学习》1988年第6期,第4-7页;林华勇:《广东廉江方言语气助词的功能和类别》,载《方言》2007年第4期,第339-347页。

② 表1中,"A＜B"表示共现时B先于A,"A＞B"表示共现时A先于B;"＞＜"表示前后顺序两可;空格表示不能共现。

表1　廉江粤语传信语气助词共现情况一览

个										
	来个	<	<	>	>	>	>	>	>	>
		喫		>	>	>	>	>	>	>
			来	<	<	>	>			>
				去	>	>	>	>	>	>
					啊²¹/哇	>	>	>	>	>
						啊⁵⁵		<		><
							啪	<		><
								睇过	<	><
									咖	><
										讲

显然，根据语义与共现顺序的反应，可将原来的六小类进一步归纳为四类。

1）表确认或判断："个""来个""喫"。三者不能互相搭配。在搭配上"喫"和"来个"均不如"个"活跃。"喫"兼有直陈或申明语气，因此不能与表测度的"啪""睇过"共现，也不能和本身带上陈述语调的"咖"共现。"来个"本身已含确认义，不再与加强可信度的"来""去"共现。共现的例句如：

（31）（天时）热到死来（/去）个（/喫/＊来个）。（天气热得要死的。）（第一类<第二类）

（32）塑胶个（/来个/喫）啊²¹（/哇）。（是塑胶的啊。）（第一类>第三类）

（33）塑胶个（/来个/＊喫!）（睇过）。（可能是塑胶做的。）（第一类>第三类）

（34）塑胶个（/来个）啊⁵⁵（/啪）？（塑胶做的吗/吧？）（第一类>第三类）

与第4）类"讲"的共现例句请见前文，不再举例，以下各类同。

2）加强可信度："来""去"。两者的共现反应完全一致。例如：

（35）天时热到死来（/去）啊。²¹（/哇）。（天气热死了啊。）（第二类>第三类）

(36) 天时热到死来（/去）啊^{55}（/啪）？（天气很热吗？吧？）（第二类＞第三类）

3) 直陈、为确认而问及测度："哇""啊^{21}""啊^{55}""啪""睇过"。前四个成员与其他传信语气助词的共现表现几乎一致，且它们之间互不共现。"睇过"在此类中较与众不同，但与"啪"有同有异：首先，同表测度的"睇过"与"啪"都不能与"喫"（"个啊"的合音）共现，这与"喫"本已带直陈或申明语气有关；其次，"睇过"能与其余四个成员共现，且共现时"睇过"的位置居前，这与"睇过"为知域、其余为言域成分有关；再次，它们均可位于转述语气助词"讲"之前或之后。例如：

(37) 出热头睇过咖。（[说是出太阳了]啊。）（第三类＞第四类）

(38) 出热头睇过啊^{21}（/哇）。（[说是出太阳]啦！）（第三类＞第三类）

(39) 出热头睇过啪？（可能出太阳了吧？）（第三类＞第三类）

4) 转述："讲""咖"。"咖"实际上是对转述内容的直陈，因而不与直陈、为确认而问或测度的"啊^{21}""哇""啪"共现；与知域"睇过"共现时，言域的"咖"居后。"讲"的辖域最大，可转述的内容、范围很广，与其余10个传信语气助词都能共现且均可居后，而与第三类及同类的"咖"共现时还可居前。这里只举"咖"与"个""来个""来""去"共现的例句：

(40) 塑胶个（/来个）咖。（说是塑料的。）（第一类＞第四类）

(41) 热到死来（/去）咖。（说是真的热到死啊。）（第二类＞第四类）

这样，以上结合共现顺序的四类传信语气助词既是语义的类，也是语法的类。

（二）否定词与传信语气助词的共现

以上考察肯定句中传信语气助词的使用情况。然而，否定词与以上四类传信语气助词的共现情况存在差异，而小类内部呈现出一致性。廉江粤语主、客观的否定词是同一个——"冇"("不"或"没"),当否定对象是宾语时,使用"冇系"(不是)进行否定。以下分别说明。

1)确认或判断类,可与"冇系"共现。例如:

(42)冇系塑胶个(/来个/嘅)。(不是塑料的。)

2)加强可信度类,不使用否定词。例如:

(43)*冇(/*冇系)臭到死来/去!

3)直陈、为确认而问及测度类的句中都能使用否定词"冇"。例如:

(44)冇出热头啊[21](/哇)。(不/没出太阳啊。)
(45)冇出热头啊55/啪?(不/没出太阳吗/吧?)
(46)冇出热头睇过。(可能不/没出太阳。)

4)转述类语气助词也能与"冇"共现。例如:

(47)冇出热头讲(/咖)。(说是不/没出太阳。)

四、传信语气助词与"行、知、言"三域

(一)"行、知、言"三域

学界把"行、知、言"三域引入汉语语法研究,对虚词研究尤见成效,

如沈家煊①、肖治野和沈家煊②、邓思颖③等。从以上传信语气助词的共现顺序现象可以看出,传信范畴与"行、知、言"三域密切相关。这一点吕叔湘④、张伯江⑤、陈颖⑥、乐耀⑦等已或多或少地注意到了,但还缺少全面、深入地认识,尤其是缺乏结合包括方言在内的汉语实际的研究。

先简要回顾一下"行、知、言"三域的相关提法。沈家煊在 Sweetser⑧的基础上提出了行域、知域、言域三个概念域:行域指现实的行为和行状,跟"行态"或"事态"有关;知域指主观的知觉和认识,跟听说双方的知识状态有关;言域指用来实现某种意图的言语行为,如命令、许诺、请求等。⑨通过添加不同的词语、格式或插入语,可帮助判断句中相关成分具体属于哪一域。例如:

行域:谓词前可添加副词"已经",或变换使用"从……到……"格式;

知域:谓词前可添加推测义助动词"可以、肯定"或估测类副词"大概"等,或使用带有认知行为动词的插入语"我觉得/认为/推测"等;

言域:使用含有言语行为动词的插入语,如"我声称/宣布/提醒/请求/警告"等。

---

① 沈家煊:《复句三域"行、知、言"》,载《中国语文》2003 年第 3 期,第 195 - 204 页。

② 肖治野、沈家煊:《"了$_2$"的行、知、言三域》,载《中国语文》2009 年第 6 期,第 518 - 527 页。

③ 邓思颖:《再谈"了$_2$"的行、知、言三域——以粤语为例》,载《中国语文》2013 年第 3 期,第 195 - 200 页;邓思颖:《粤语谓词性语气词》,见《承继与拓新:汉语语言文字学研究》(下册),(香港)商务印书馆 2014 年版,第 427 - 444 页。

④ 吕叔湘:《中国文法要略》,商务印书馆 1956 年版,第 266 - 268 页。

⑤ 张伯江:《认识观的语法表现》,载《国外语言学》1997 年第 2 期,第 5 - 19 页。

⑥ 陈颖:《现代汉语传信范畴研究》,中国社会科学出版社 2009 年版。

⑦ 乐耀:《从人称和"了$_2$"的搭配看汉语传信范畴在话语中的表现》,载《中国语文》2011 年第 2 期,第 121 - 132 页。

⑧ Sweetser, Eve. *From Etymology to Pragmatics: Metaphorical and Cultural Aspects of Semantic Structure*. Cambridge: Cambridge University Press, 1990.

⑨ 沈家煊:《复句三域"行、知、言"》,载《中国语文》2003 年第 3 期,第 195 - 204 页。

以下通过"行、知、言"三域,尝试重新看待或解释普通话"了₂"句主语人称与传信语使用方面的规律性问题。

(二) 再看"了₂"句主语人称与传信语的使用

乐耀通过一定规模的真实语料,对普通话中的不同人称主语"了₂"句与传信语的使用情况进行了定量的考察,发现以下三条使用规律:①"了₂"偏爱出现在句法上是话主第一人称主语的句子和在语义上是与话主相关联的句子之中;②第三人称主语"了₂"句使用传信语比第一人称使用的数量多;③第一人称主语"了₂"句偏爱主观传信语,而第二和第三人称主语"了₂"句偏爱客观传信语。① 该文从交际双方对信息的知晓度和权威性角度对以上规律进行解释,从话语的角度提供了一个解决方案。我们这里想说明,如果从"行、知、言"三域出发,也可以对以上规律进行解释。

乐文提出了五类传信语中,可分别归入知域或言域成分当中:

感官亲历:"(我、他)看见""感到"等【知域】

确认性:"也许""可能";"(我)保证/确信/打赌"等【知域】;【言域】

主观认识:"(我)认为/想/看/觉得"【知域】

证据推断:"看样子","那么、因此"等【知域】

传闻听说:"某某认为/发现/说"【言域】

由于行域指现实的行为和行状,以上五类传信语中自然没有属行域的成分。五类传信语中知域的比言域的多。尝试从知域、言域的角度,大致可以解释乐文所提的三条使用规律。

首先,以上传信语大多不用第二人称,多用第一、第三人称,因此"了₂"句中第一、第三人称占多数是自然的;其次,从搭配上来说,使用第一人称"我"时,自然多用主观的传信语(确认类中表言域的成分、主观认识类),如"我保证""我认为"等;同样地,客观传信语(如证据推断类、传闻听说类)偏爱第二、第三人称也属常理;再次,在话语中,第三人称和传信语搭配时,第三人称通常不能省去,如"某某认为/发现/说"等;而第

---

① 乐耀:《从人称和"了₂"的搭配看汉语传信范畴在话语中的表现》,载《中国语文》2011年第2期,第121-132页。

一人称与传信语一起使用时,"我"却经常省去,因此第三人称使用传信语的情况较多。

以上尝试从"行、知、言"三域的角度去解释"了$_2$"句中人称与传信语的使用规律,尽管未能与"了$_2$"句充分结合,解释尚不算完美,但至少能部分地说明以上使用规律形成的原因。同时,还能进一步引发思考,比如在非"了$_2$"中,人称与传信语的使用规律与以上三条使用规律是否一致?如果不一致,又该如何解释?

(三) 传信语气助词的知言分类及共现规律

根据前文所述,把廉江话的11个传信语气助词进行"行、知、言"三域(实际上只涉及"知、言"二域)的分类。分类结果如表2所示。

表2 传信语气助词的知、言域分类

	确认或判断	加强信度	直陈、为确认而问及测度	转述
知域	个、来个		睇过	
言域	㗎	来、去	啩、啊^{21}、哇、啊^{55}	讲、咖

简要介绍一下归类的理由。

1) 表确认或判断的"个""来个""㗎"中,含"个""来个"的句子句首可带上"我觉得/认为"等插入语,但"㗎"不行。例如:

(48) 我觉得系塑胶个(/来个)。
(49) *我觉得系塑胶㗎。

原因是"㗎"是"个啊〔kɔ^{33}a^{33}〕"的合音,带上了"啊"表直陈的意义。"㗎"的功能可描述为"直陈判断",属言域。例(33)的"㗎"不能与表测度的"睇过"连用,正是由于言域的直陈与测度之间语义上的矛盾。

2) 加强可信度的"来""去"属言域,常用于表评价的句子中。可在句首使用"我讲你知/宣布"(我告诉你/宣布)之类的言域成分。例如:

(50) 我讲你知,天时热到死来(/去)!
(51) 我觉得,天时热到死(*来/*去)!

要使用"我觉得"等言域成分,例(51)中不能出现语气助词"来"或"去"。

3)第三类的"啊²¹""哇"表直陈,"啊⁵⁵"表为确认而问,因而都属言域。"啪"和"睇过"表测度,但"啪"是"怕啊⁵⁵"的合音,含有为确认而问的语义,因而也是言域的;"睇过"是一种猜测或推断,属知域。例如:

(52) 我觉得,出太阳啰睇过。(我觉得,可能出太阳了。)
(53) *我觉得,出太阳啰啪?

"睇过"与"啪"属不同的域,导致两者与言域的"啊²¹""哇""啊⁵⁵"共现时产生的差异:"睇过"能与它们共现,而"啪"则不能。

4)"讲"表转述,属言域;"咖"是"讲啊²¹"的合音,"啊²¹"也是言域,因此合音之后仍属言域。

由以上传信语气助词的共现顺序得出一条规律:当知域成分和言域成分共现时,一般来说知域在前,言域居后,即"知＞言"。① 这条规律有例外,就是言域的"来""去"与第三、第四类共现时,"来""去"在前不在后(见表1),这是因为"表程度高的词语+来/去"用法有熟语化倾向,结构已固化所致。

廉江粤语中,"知＞言"的共现规律重新解读为:除"来"或"去"外,言域语气助词都有后置于知域的用法,但不是所有的知域都能后置于言域。补充说明如下。

1)知域的"来个"只能位于言域之前,符合"知＞言"。

2)"讲"是辖域最宽的言域语气助词,能出现在所有传信语气助词之后。

3)直陈的"啊²¹/哇",为确认而问的"啊⁵⁵",委婉地确认的"啪",都能出现在"讲"前或后,因为它们的用法均属言域。言域成分之间可以共现,即"言₁＞言₂",这并不违背"知＞言"的规律。

4)"睇过"只能用于知域,与言域的"啪"共现时,其顺序只能是

---

① 邓思颖认为行域在句法上处于谓语的层次,言域则应该位于一个更高的层次(例如小句)(参见邓思颖:《再谈"了₂"的行、知、言三域——以粤语为例》,载《中国语文》2013年第3期,第195-200页)。

"……睇过啪?"符合"知＞言"的规律。

5) 即便出现"言＞知"的情况,在"言＞知"后,还可以出现言域成分,即"言＞知（＞言）"。例如:

(54) 臭到死去睇过（啪）?［言＞知（＞言）］
(55) 塑胶个睇过（哇）。［知＞知（＞言）］

6) 言域的"咖"不与言域的"啊²¹、哇、啊⁵⁵、啪"共现。"咖"本含直陈因子,再与它们连用,语义矛盾或重复。也就是说,言域成分出现在言域成分之后是有条件的,不是随意的。

7) 与"嘚"（了₂）共现的情况。廉江话的"了₂"形式为"嘚［tɛ²¹］",与普通话的"了₂"一样,分别有"行、知、言"三域的用法。例如:

(56) 苹果（已经）熟嘚。（苹果已经熟了。）【行】
(57) （我觉得,）苹果熟嘚。（我推断苹果熟了。）【知】
(58) （我宣布,）苹果熟嘚,（摘得嘚）。（我宣布,苹果熟了,能摘了。）【言】

"嘚"后加上言域的"啊²¹""哇"后,句子不论原先属于哪一域,都变成言域。因而"啊²¹""哇"等可视为言域标记。

五、结语

本文以廉江粤语为例,对方言中的传信语气助词进行了有益的探讨,得出了一些有趣的认识:首先,汉语方言中具有较丰富的传信语气助词,可根据传信意义和共现顺序对其进行分类。其次,传信语气助词的共现顺序,可从行知言三域的角度进行描写和解释,大体上存在"知域＞言域"的共现规律。即在线性的共现顺序上,知域成分在前,言域成分在后;在句法层级上,言域成分高于知域成分。当然,这一规律还待进一步检验和补充。

本文是继刘丹青①、邓思颖②等之后，从知域、言域的角度出发，对粤语相关句法现象进行分析的又一尝试。本文进一步认为，传信与知、言域之间有着密切的联系。其具体联系是怎样的，有无更多的规律可言？汉语方言中传信语的形成和发展有哪些规律，是否存在独特之处？这对汉语方言语法研究来说，是一个崭新的角度，需要我们进一步去挖掘更多的语言事实，发现更多的规律。

（原载《语言科学》2015年第4期）

---

① 刘丹青：《粤语"先""添"虚实两用的跨域投射解释》，见《第十三届国际粤方言研讨会论文》，香港城市大学2008年版。

② 邓思颖：《再谈"了$_2$"的行、知、言三域——以粤语为例》，载《中国语文》2013年第3期，第195–200页。

国际中文教育篇

关于外向型汉语词典释义问题的思考

赵 新　刘若云

引 言

外向型汉语词典是供外国人学习汉语使用的词典,对外汉语教学的发展对这种词典的需求越来越强。对于第二语言学习者来说,词典是学习语言必不可少的工具,是特殊的、更为方便的老师,学习者人手一册,词典的质量直接影响着学习的效果。同时,词典也是教师课堂教学和编写教材的主要依据,教师讲解生词、教材注释生词,都是依据词典的释义,因此,词典也是对外汉语教师不可缺少的工具,词典的质量也直接关系着教学的质量和教材的质量。

由于外向型汉语词典的编纂起步不久,缺少理论指导和可以借鉴的经验,目前这种词典的编纂存在许多问题,编写者对外向型汉语词典的性质和特点认识不清,有的直接照搬"内汉",有的表面看上去非常"外",但实质上仍然是"内汉"。① 因此,当前急需对外向型汉语词典进行分析和总结,以便不断改进,提高词典的质量。

释义是词典的主要内容,释义的质量是词典质量的关键。外向型汉语词典在释义原则、释义内容、释义方法及释义语言等方面,都有特殊的要求。本文专门讨论外向型汉语词典的释义问题。本文主要依据近年来出版的 8 部外向型汉语词典:李忆民《现代汉语常用词用法词典》(北京语言学院出版社 1995 年版,以下简称"李本"),徐玉敏《当代汉语学习词典》(北京语言大学出版社 2005 年版,以下简称"徐本"),鲁健骥、吕文华《商务馆学汉语辞典》(商务印书馆 2006 年版,以下简称"鲁本"),刘镰力《汉语 8000 词词典》(北京语言文化大学出版社 2000 年版,以下简称"刘本"),邵敬敏《HSK 汉语水平考试词典》(华东师范大学出版社 2000 年版,以下简称"邵

---

① 周上之:《对外汉语的词典与词法》,载《汉语学习》2005 年第 6 期。

本"),卢福波《常用词用法例释》(北京语言文化大学出版社 2000 年版,以下简称"卢本"),李晓琪《现代汉语虚词手册》(北京大学出版社 2003 年版,以下简称"李晓琪本"),杨寄洲、贾永芬《1700 对近义词语用法对比》(北京语言大学出版社 2005 年版,以下简称"杨本")。

从功能上看,这 8 部词典可分为不同的类型:李本、徐本、鲁本是以生成句子为主导功能的积极性词典,即学习词典,主要用于引导学习者了解词语的意义和用法,正确生成句子;刘本、邵本是以查疑解惑为主导功能的消极性词典,主要用于阅读和翻译中查找和理解词语的意义;卢本、李晓琪本、杨本则是解释虚词、难词或近义词的专类词典,也属于学习词典。不同类型的词典,其释义原则、释义内容、释义方法及释义语言是有差别的。

由于需要与内向型汉语词典进行对比,本文还引用中国社会科学院语言研究所词典编辑室编纂的《现代汉语词典(第五版)》(商务印书馆 2005 年版,以下简称"现汉")。

本文所引用的偏误例句来自中山大学国际交流学院对外汉语系留学生的练习和作文,还有部分来自韩国东国大学中文系学生的作业,均为真实偏误语料。

一、释义的原则

关于汉语词典的释义原则,专家学者多有论述,但多是针对内向型词典的。外向型词典与内向型词典的释义原则是有差别的。鲁健骥、吕文华提出外向型汉语词典的四个释义原则是"可读性"(容易懂)、"熟知性"(用外国人熟知的事物、常识和文化科学知识来解释词义)、"区别性"(尽量避免以词释词,突显词语的区别性特征)、"提示性"(在词义、文化含义、语用、语法功能、用法等方面给予提示)。[①] 我们认为,外向型汉语词典最重要的释义原则应该是浅显易懂、准确细致。

(一)浅显易懂

释义首先要浅,要让外国人容易懂。如果看不懂,释义再准确再好,也无济于事。目前外向型词典在这方面存在的问题最大,常常照搬《现代汉语词典》的释义,复杂难懂。例如:

---

① 鲁健骥、吕文华:《对外汉语单语词典的尝试与思考》,载《世界汉语教学》2006 年第 1 期。

【牛】哺乳动物,反刍类,身体大,趾端有蹄,头上长有一对角,尾巴尖端有长毛。力气大,供役使、乳用或乳肉两用,皮、毛、骨等都有用处。我国常见的有黄牛、水牛、牦牛等。(现汉、刘本) | 哺乳动物,作主语、定语、宾语。(李本) | 一种哺乳动物,体壮力大,头上长有一对角,可用来拉犁、拉车,奶、肉都可以食用。(邵本) | 一种动物,身体大,头上有两只角,吃草,力气大,可以耕地、拉车。(鲁本)

【价值】体现在商品里的社会必要劳动。价值量的大小决定于生产这一商品所需的社会必要劳动时间的多少。不经过人类劳动加工的东西,如空气,即使对人们有使用价值,也不具有价值。(现汉、刘本) | 体现在商品里的社会必要劳动。(李本) | 实际上值多少钱。(邵本) | 用途、积极的作用;重要的意义。(鲁本)

由以上的例子看出,刘本、李本基本是搬用内向型词典现汉的释义,采用科学定义来释义,释义虽然科学性强,但复杂难懂;邵本和鲁本的释义要浅显易懂得多。显然,外向型汉语词典应当注重的是释义的浅显易懂,而不是释义的科学性。

释义要做到"浅显",不是一件容易的事,需要对释义语言进行控制(详参下文)。

(二) 准确细致

首先,释义要准确,这是内向型词典和外向型词典的一致原则,而"准确"说起来容易,做起来却不容易。几乎每一部词典的释义在准确性方面都存在问题。例如:

【摆脱】脱离(牵制、束缚、困难、不良的情况等)。(现汉) | 脱离(困难、困境等不利的情况)。(刘本) | 主动离开、脱离。(邵本) | 设法脱离(不利因素)。可带名词、代词、动词、形容词宾语。不能重叠。(李本) | 主动地离开、脱离(不好、不喜欢的人或处境、状况)。(鲁本)

"摆脱"是主动的行为,现汉和刘本的释义基本相同,都不够准确,未能说明主观性;邵本、李本、鲁本的释义说明了行为的主动性,比较准确。

【财产】有价值的东西。（邵本）

【财富】很有价值的东西。（邵本）

邵本对于"财产"和"财富"的释义基本相同，只是程度上有差别，显然不够准确。

其次，释义要"细致"，这是外向型积极性汉语词典即学习词典的特殊要求。学习词典的功能主要是指引学习者生成句子，释义自然要求细致。所谓"细致"是说不能简单地以词释词，也不能只解释词的意义，不管其他；要比较详细地说明意义、用法及使用条件。关于这一问题，下文"释义的内容"有详细论述。

外向型消极汉语词典主要用于阅读和翻译，收词量大，释义浅显易懂准确即可，可以不必太细致。

二、释义的内容

内向型词典的释义比较简单，一般只解释词语的意义，不说明词性、用法及组合搭配，外向型消极性汉语词典亦如此。外向型汉语学习词典则不同，如果只解释词义，学生只知其义，不知用法，仍不能正确使用。学习过程中因释义简单造成的偏误比比皆是。这里专门讨论外向型汉语学习词典释义的内容，我们认为，外向型汉语学习词典的释义应当包括以下内容。

（一）解释词义

准确、浅显地解释词义，是释义的基本环节，任何词典都是如此。

（二）说明词性、语法特点和句法功能

说明词性、语法特点及句法功能可以帮助学习者了解词的用法，是很重要的。学生在这些方面出现的偏误不少。例如：

(1) a. *我很乐趣跟你见面。

　　b. *我信心你能做好这件事。

　　c. *她是一个美美丽丽的姑娘。

例（1a）（1b）把名词错用作动词；形容词"美丽"不能重叠，（1c）

却错误地重叠作定语。

(三) 说明词语的位置、组合搭配、适用对象和句式

词语在使用中的位置、词语的组合搭配、适用对象和句式,这些都是词语的使用条件,对于生成句子非常重要,学生在这些方面出现的偏误非常多。以离合词为例。离合词是一种特殊的动词,学生在学习时最易出错。例如:

(2) a. *今天我见面了一个朋友。
    b. *现在我应该向你告别了,见面你很高兴。
(3) a. *你一定要帮忙我!
    b. *我们要照相,请帮忙一下。

离合词的特点是不能带宾语,中间可以插入某些词语。但是,对于离合词的特点和用法,多数词典释义时却未加说明。请看几部词典对离合词"见面"的释义:

【见面】[动] 彼此对面相见:跟这位老战友多年没见面了◇思想见面。(现汉)│离合词,双方相见:我俩已好多年没见面了/去年校庆时我跟他见过面。(邵本)│(短语词:动—宾) 双方见面:见见面/我们昨天见面了/他们俩一见面就开玩笑/昨天我跟他见了一面/我见过她一面/我们俩见过一次面。(鲁本)

现汉、邵本、鲁本都只释义,没有说明"见面"的特点和使用限制,例句也没有充分展示用法。几部词典中,只有刘本的释义比较细致,并用例句较齐全地展示了"见面"的各种用法,并加了一个提示,具体说明了"见面"的特点及用法。但遗憾的是几部词典都未说明"见面"不能带宾语,因此还是不能完全解决偏误的问题。

词典中成语的释义一贯是只解释意义,不说明句法功能和使用条件。例如:

【不知不觉】没有感觉到;没有发觉。(刘本)│没感觉到,没意识到。(鲁本)│不曾感觉到;没有意识到。(邵本)

在教学中，如果只讲成语的意义，学生往往是一听就懂，一用就错。例如：

  (4) a. ＊我的钱包不知不觉地丢了。
    b. ＊他一辈子没有责任是不知不觉的事。

虚词的学习更是难点，但依据词典的解释，学生往往不能生成正确的句子。例如：

  【简直】表示差不多完全如此（语气带有夸张）。（现汉、刘本、邵本）｜强调完全如此或差不多如此，带有夸张的语气。作状语，修饰动词、形容词。（李本）｜表示非常接近某种情况、程度或状态等。（卢本）｜强调"差不多（是）……"或"完全（是）……"，后面跟带有夸张的比喻或动作。（鲁本）

几部词典的释义都是解释意义，缺少真正有效的用法指引。关于"简直"的偏误很多：

  (5) a. ＊这几天天气简直很热。
    b. ＊他这么说，我简直生气了。

李晓琪本释义细致，除了解释意义，还列出了"简直"的常用句式，说明了具体的使用条件，这无疑有助于学生掌握用法，限于篇幅，其释义略。

（四）说明语用条件

有时留学生使用的词语，从意义和语法上看没有什么问题，但语用上有问题。因此，说明语用条件，即在什么情况下、什么语境中、哪种语体中用，也是很重要的。

  【情愿】心里愿意。（现汉）｜（动）自己心里愿意。（鲁本）

使用"情愿"的前提是明知有所牺牲有所付出，但为了某种目的还是愿意去做，因此"情愿"的事一般是不完全符合自己心愿的；表示完全符合心愿、没有勉强的时候不能用。如果不说明语用条件，学生就会把"情愿"当成"愿意"来用。例如：

（6）a. ＊我情愿到广州学习汉语。
　　　b. ＊我情愿爬山，到达山顶的时候真爽快。

值得强调的是，要细致地说明词语的用法，需要依靠基于对外汉语教学的汉语本体研究，目前这一研究还很不够，还需要细化和深化。

三、释义的方法和手段

目前外向型汉语词典的释义存在不少问题，如释义不准确、以深释浅、释义难懂，这些问题主要是释义方法不合理不科学造成的。

关于词典的释义方法，不少专家学者进行了总结，如胡明扬①、汪耀楠②、赵振铎③、符淮青④、曹炜（2001）⑤、李尔钢⑥等。但这些都是针对内向型词典的，针对外向型汉语词典的研究目前还很少很不成熟。这里，我们根据自己的对外汉语教学经验和编写外向型汉语词典的实践经验，参考内向型汉语词典的释义方法，尝试提出外向型汉语词典一些常用的释义方法。

（一）词语释义

词语释义是词典最常用的方法。"词语释义"常用的是"近义词释义"和"近义词+反义词释义"的方法。例如：

【懂】知道；了解。（现汉、刘本）｜知道；理解。（邵本）

这种方法适合用于以查疑解惑为目的的内向型词典和外向型消极词典，但不适合用于外向性学习词典。因为这种释义方法有两个弊端。

---

① 胡明扬：《词典学概论》，商务印书馆1982年版。
② 汪耀楠：《大型语文词典释义的特点和要求》，四川辞书出版社1990年版。
③ 赵振铎：《辞书学纲要》，四川辞书出版社1998年版。
④ 符淮青：《现代汉语词汇》，北京大学出版社1999年版。
⑤ 曹炜：《现代汉语词义学》，学林出版社2001年版。
⑥ 李尔钢：《词义与辞典释义》，上海辞书出版社2006年版。

1) 会造成释义误导，导致偏误。用甲词释乙词，学生误以为甲词和乙词意义和用法相同，常常会将两个词随意替换。例如：

【讲究】追求；重视。（邵本、鲁本）｜重视；讲求。（刘本）｜极其重视；讲求。可带名词、动词、形容词、小句宾语。可带"了、过"。可受程度副词修饰。（李本）

几部词典都用"重视"来解释"讲究"，学生往往将"讲究"当成"重视"来用：

(7) a. ＊他很讲究听力练习。
　　b. ＊我们应该讲究学习。

2) 会造成循环释义，起不到释义的作用。请看邵本的一组释义：

【按】根据；依照。
【按照】根据；依照。
【根据】按照；依据；依照。
【依据】根据；依照。
【依照】遵从某种标准、原则做事。

只有"依照"是解释性释义，其余是循环释义，都不能一次查到需要的语义信息。

（二）解释性释义

解释性释义是指用简单明晰的句子对词的语义信息进行解释说明，而不是以词释词，也可称为直接释义法，描写和下定义是常用的手段。这种释义方法是外向型汉语词典最重要的释义方法，既适合消极性词典，也适合积极性词典。例如：

【规定】对某事物在需要遵守的方面提出要求或作出决定。（鲁本）

（三）解释性释义 + 词语释义

把解释性释义与词语释义结合起来，也是一种释义的方法，消极性词典和积极性词典都可以用。例如：

> 【美满】（婚姻、爱情、生活、家庭等）令人十分满意，没有不足的地方；美好圆满。（邵本）

前面是解释性释义，"美好圆满"是词语性释义，两种方法结合释义更清楚准确。

（四）解释性释义 + 举例

在解释性释义的基础上，再简单举例说明，可以使释义更加易懂。这种方法消极性词典和积极性词典都适用。例如：

> 【循环】事物周而复始地运动或变化。（现汉、刘本）｜事物按照相同变化或活动途径或方式重复进行。（邵本）｜事物按照一定的规律不停地重复运动或变化。（鲁本）

前两种释义或句式复杂，或句中有难词，鲁本的释义比较好，若加上举例，就更容易理解：事物从起点到终点，再从终点到起点重复运动或变化，如从春到冬，又从冬到春。

（五）公式释义

有些词语的释义，用解释性释义的方法不容易说清楚，不妨用公式来帮助说明。

> 【与其】比较两件事而决定取舍的时候，"与其"用在放弃的一面，后面常用"毋宁、不如"等呼应。（现汉）｜比较两件事的利害得失而决定取舍时，"与其"用在不选取的一面，后面常用"不如"等词呼应。（刘本）｜表示选择，指经过比较之后，不选择某事而选择另一事，常跟

"宁、宁可、不如、不若"等连用。(邵本)│用在"与其……不如……"格式中,表示在两项中选择其中一项。"与其"表示要放弃的一项。(鲁本)

几部词典的释义都比较复杂,而且不大清楚。用公式加以说明,更加直观,可以了解句式和用法,比解释性释义更容易理解:连词,一般要用在"与其 A,不如 B"的句式中,表示选择。与其 A,不如 B = B 比 A 更合适,选择 B(A、B = 表示行为的句子或动词短语)。

(六)单纯例句释义

指不用解释性语言,单纯用例句来进行释义。在词典中,例句一般是用来说明释义的,是释义的辅助手段。以往没有一部词典单纯用例句来进行释义,徐本是唯一采用单纯例句释义的一部词典。它不直接释义,而是用"引导句 + 解说句 + 例证句"来释义:先由引导句引出被释词语,然后由解说句进一步说明引导句的意义,在说明中显化被释词语的意义,最后再用数个完整的例句从不同角度来揭示被释词语的用法。

【节省】(动)她去旅游的时候住在朋友家,~了不少钱。(引导句)→她不用花住酒店的钱。(解说句)[例]我现在的房子房租比原来低得多,一个月可以~很多钱/坐飞机虽然比坐火车贵,但是可以~时间。/这种电脑只比那种便宜一点儿,你买这种~不了多少钱。/我打算不再抽烟,用~的钱买书。/她半年没买新衣服,把钱~下来准备去旅游。(例证句)

这种释义方式跳出了传统的释义方式,独辟蹊径,像一部例句汇编,让学习者从浅近的例句理解词义、领会用法、获取语感,从而掌握用法,的确令人耳目一新。但这种释义法对意义和用法完全没有明晰的概括和说明,特别是用法比较复杂、意义比较虚的词语,用这种完全依靠学习者领悟的方法可能会有问题。我们认为,单纯例句释义法适合收词较少的初级汉语学习词典,不适合中级以上的词典。

(七)外语释义

用外语释义似乎是外向型汉语词典的特点和专利,许多词典都采用外语释义，大致有两种方式：一种是外语词语对译（对译法），如邵本、刘本、徐本、杨本；另一种是释义语言全部翻译成外语（全译法），如卢本、李晓琪本。8 部词典中，只有鲁本没有外语释义，是采用单纯目的语释义的单语词典。

我们认为，外向型词典的"外"，指的不是形式上的"外"，而是能否满足外国人的学习需要；外向型词典释义语言是否易于让外国人接受，并不在于采用外语释义，而在于释义语言的浅显易懂及释义内容、释义手段的合理。外向型词典是否采用外语释义，用哪种外语释义法，应当视使用者的水平而定：全译法只适用于初级词典，中高级词典、特别是虚词词典等专类词典完全可以采用单纯目的语释义，这样更有利于目的语的掌握。

（八）图表释义

图表是辅助性释义手段，目前使用图表释义的有现汉、徐本、鲁本 3 部。但 3 部词典使用图表解释的词语有不同：现汉有图有表，图表都很少，主要是借助图表来反映比较复杂、难以用语言表述清楚的事物，如"轮子、棱柱、人脑、梯形、圆心角、拉丁字母表"等。徐本有图无表，图比较多，约占 3.5%，主要用图画来反映事物名词，如"马、电视机、熊猫、饺子"等。鲁本有图无表，图比较多，有名词如"兵、菠萝、斑马、祠堂"等，也有动词如"抱、掰、按摩、拜年"等。

由于图表释义占篇幅较多，因此使用受到限制，中高级词典以及收词量大的词典一般很少用。另外，图表释义应当用于那些中国特有的或难以用语言表达的事物，如"饺子、祠堂、三角函数表"等，而那些在外语中有清楚对应词的事物或行为，如"牙齿、钥匙、菠萝、走、跑"等，不妨用加外语词语对译的方法，既简单明了又节省篇幅。

应当说明，不同功能、不同水平的词典采用的释义方法是不完全相同的，应当根据词典的特点和性质选择释义方式：外向型消极性汉语词典不需要解释用法，需要大量收词，所以适合用词语释义、解释性释义及外语词语对译；而外向型学习词典则需要用解释性释义、解释性释义＋词语释义、解释性释义＋举例、公式释义、外语词语对译，不宜用词语释义；初级学习词典可以使用图表释义、纯例句释义及外语全译的方法。

四、释义的语言

如前所述，外向型汉语学习词典释义必须浅显、易懂，因此，必须控制释义语言的难度。那么，如何控制释义语言的难度？从哪些方面控制？是应当关注的问题。近年来出版的外向型汉语词典在释义语言上都有很大的改进，编写者都已意识到释义语言要浅显明白，释义语言的难度应当有所控制。赵新、刘若云明确提出，应当从四个方面控制释义语言的难度：用词范围、用词数量、句式和专业术语。① 具体来说，包括以下几个措施。

（一）限定释义词语的范围和数量

限定释义语言的数量和范围，实际上就是要求用简单的、有限的概念来解释复杂的、无限的概念，这是有认知学依据的：亚里士多德的认知观认为"所有概念都要由一系列不可再定义的语义元素来定义"；认知语义学的概念化分析认为"一个概念必须用一些更简单，而不是更复杂或同样复杂的概念来定义"②。

目前汉语词典一般不限制释义语言的用词数量和范围，这样容易出现以难释易，以非常用词释常用词的现象，造成释义难懂。例如：

【方便】便利；适宜。（现汉、刘本、杨本）｜做事、行动不觉得困难。（鲁本）

"便利"是中级词，"方便"是初级词，现汉、刘本、杨本都用"便利"来解释"方便"，把直接释义放在"便利"，显然不科学不合理；鲁本的释义是直接释义，浅显易懂。

英语学习词典一贯把释义用词限定在一定数量的常用词范围内：《朗文当代英语词典》把释义用词限定在 2000 个常用词范围内；《柯林斯合作词典》的释义词为 2500 个；《剑桥国际英语词典》（1995 年版）的释义用词为 2000 个；《牛津高级当代英语学习词典》（第 6 版，2000 年版）的释义用词为 3000 个。这种做法值得汉语学习词典借鉴。

近年来，汉语词典的释义用词问题开始得到关注，赵新、刘若云提出，外向型汉语学习词典释义语言用词的范围应限定在初、中级词汇之内，并以

---

① 赵新、刘若云：《编写外国人实用近义词词典的几个基本问题》，载《辞书研究》2005 年第 4 期。

② 王馥芳：《当代语言学与词典创新》，上海辞书出版社 2004 年版。

初级词为主；用词的数量应控制在 3 000 个之内。① 鲁健骥、吕文华提出，在释义时尽量采用《（汉语水平）词汇等级大纲》中的甲、乙级词，所用句式都在语法大纲的甲、乙两级语法项目的范围内。② 安华林从不同词表中提取基元词，而后进行调整、优化，得出 2878 个现代汉语释义基元词，其中甲级词 761 个，乙级词 1040 个，丙级词 1077 个（甲级、乙级词是初级词，丙级词是中级词）。③ 现代汉语释义基元词的确定是非常有益的工作，对词典的编写有极为重要的意义。然而，这些释义基元词是否完全适用于外向型汉语词典？是否需要在数量和范围上进行调整？这一问题还需要根据汉语学习词典的具体情况进行研究。

（二）使用结构简单的短句释义

外向型学习词典的释义应尽量使用简单句、短句，不用或少用复杂句式、长句。在这方面，汉语词典也存在比较多的问题。例如：

【节省】使可能被耗费掉的不被耗费掉或少耗费掉。（现汉、刘本、杨本、李本）│尽可能地少用；省下。（邵本）│不用或少用可能被用掉的东西。（鲁本）

刘本、杨本和李本都照搬现汉的释义。一个复杂单句中，"耗费"接连出现三次，既有使令动词"使"，又有表示被动的"被""不被"，读起来像绕口令似的，实在不好懂。邵本和鲁本的解释就很浅显易懂。再如：

【讥笑】用旁敲侧击或带刺的话指责或嘲笑对方的错误、缺点或某种表现。（现汉、刘本）│用讥讽的口气拿别人的缺点开玩笑。（鲁本）

现汉、刘本的释义句子长，句中常常出现几个连词"或、而"和几个助词"的"等，让人难以弄清关系；鲁本释义语言的句子短而简单，容易懂。

---

① 赵新、刘若云：《编写外国人实用近义词词典的几个基本问题》，载《辞书研究》2005 年第 4 期。
② 鲁健骥、吕文华：《对外汉语单语词典的尝试与思考》，载《世界汉语教学》2006 年第 1 期。
③ 安华林：《现代汉语释义基元词研究》，中国社会科学出版社 2005 年版。

（三）限制使用专业术语

释义时专业术语不能不用，但不能多用。我们主张在释义中使用基本的、常用的专业术语，如名词、动词、形容词、否定词等词类的名称，主语、谓语、宾语、定语、状语、补语等句子成分的名称，把字句、被动句、陈述句、疑问句、祈使句、感叹句等各类句型的名称，单音节词、双音节词、短语、名词性短语等；修饰、限定、说明、补充、褒义、贬义、书面语、口语等常用术语。

比较专业化的术语尽量不用，如语义、语用、句法、中心语、动补短语、偏正短语、自主动词、持续动词等等。还可以在词典中附上基本专业术语表，以备学习者查找，为学习者提供方便。

总之，用常用词、简单句和基本的专业术语来释义，是外向型汉语词典释义语言的基本要求，这样可以大大降低释义语言的难度，使外国人容易看懂。

另外，在释义中，例句是非常重要的，应当说例句也是释义的一部分。由于篇幅所限，对于外向型汉语词典的例句问题，我们将另文讨论。

（原载《语言教学与研究》2009年第1期，第33-40页）

情境在对外汉语教学中的作用及其运用

李海鸥

一、情境在语言教学和对外汉语教学中的地位和作用

语言是人类最重要的交际工具。交际在语言学习和教学中有鲜明的目的性和不容置疑的重要性。对外汉语教学在 80 年代初引进"交际性原则",后来又提出了结构—情境—功能相结合的原则。在这两条原则中,情境都是一个不可忽视的重要环节。交际都是在具体的情境中进行的,情境对语言起着一定的限制和解释作用。从结构、情境、功能三者的关系看,情境处于结构与功能中间,跟两者都有密不可分的联系。语言知识(词、句、语法结构、语调、重音等)需要在一定的情境中传授、巩固和应用;而每一个具体功能的实施,也无一不是在特定的情境中进行的。从某种意义上说,情境是联结结构与功能教学的纽带,它是语言结构教学的工具(途径),也是功能项目的载体。"语言教学只有借助一定的语言环境和上下文,才能把句子的结构、意义和交际功能结合起来"①。

拿词语教学来说,我们可以根据索绪尔的组合理论把某个特定的词放在词组或句子里讲授它的词义和用法,这个词组或句子本身就是一种情境。我们还可以由这个句子再生发、联想到某个交际场合,这又是另外一种情境。比如,《现代汉语教程·读写课本》第 45 课对生词"菜"有两个释义,一是 vegetable,一是 a dish。第二个词义 a dish 指烹调过的菜、蛋、鱼、肉等副食品,其语义不难理解。但它作为语素可以组成更多的常用词或词组,适用范围广,这是这个词教学中的着重点。我们可以先引导学生找出"做菜""点菜""菜单""中国菜"等;然后要求用这些词语造句;最后指定了在饭店吃饭的情景,要求用第二个词义说话。根据自己亲身的体验,学生很快就说出"小姐,我看不懂菜单,请你帮我点菜""那个/这个饭店的菜很好吃""我喜

---

① 吕必松等:《对外汉语教学探索》,华语教学出版社 1987 年版,第 10 页。

欢吃广州菜"等句子。我们的教学并不仅仅停留在此,还要求学生进一步搞清楚在特定的交际场合中参与交际的各种因素,如发话者与听话者的身份、人与人之间的关系、时间、地点等。

这个过程可以概括为"词义—词组或句子—交际情景"。它把单个的静态的词和组合中的词及现实生活交际中的活生生的词联系了起来。这样借助情境学习词语,就会学得活一些,留给学习者的印象也会深一些。

语法规则的教学,同样可以借用情境使之得到事半功倍的效果。吕必松先生在一篇文章谈到这个问题时,曾把整个教学过程概括为理解性、巩固性、扩展性和运用性练习四个步骤,指出在运用性练习这一步,教师可以设计和规定种种情境,让学生根据要求做多种练习。① 这给了我们很大的启发。教学结果补语时,我们的运用性练习是这样安排的:教师有意非常小声地说了一句话,然后提问学生:"我刚刚说的是什么?"这样做意在创造一个真实的情景,让学生比较自然地用学过的句型说话。这时,有的学生摇头,有的说不知道,有的说"我听不清楚"。这个"听不清楚"正是我们期望中的回答。教师板书以后,再大声重复刚才的话,问:"现在听清楚了吗?"这时学生们异口同声回答"听清楚了"。经过板书处理,结果补语的肯定句式、否定句式、疑问句式就都用上了。除此以外,还可以给学生规定情境,要求他们说话。如:

教师:你的好朋友在宿舍楼楼下叫你,你在房间里,但是没回答。为什么?
学生:我听不见。/我没听见。

至于功能项目的教学,更离不开情境。我们知道"所谓功能,也就是语言的作用,用语言来表达思想"②。这就是说,功能存在于话语之中,靠话语得以体现。功能教学的根本目的在于交际。功能教学的内容,说到底是解决什么语句表达什么功能或者什么功能用什么语句表达的问题。这些语句只能产生并应用于一定的交际环境,即一定的情境之中。教学中,我们应该抓住这一点,让学生在情境中学习和运用功能。如教学"询问"功能时,对书中出现的对话一:"A:你买几本?B:两本。"对话二:"A:你要几斤?B:

---

① 吕必松等:《对外汉语教学探索》,华语教学出版社1987年版,第16页。
② 吕必松等:《对外汉语教学探索》,华语教学出版社1987年版,第19页。

三斤。"① 我们首先启发学生从疑问代词的位置搞清这里询问的是数量，再从量词"本"和"斤"弄清与数量有关的事物，从而进一步明确对话的场景，即这一特定的询问功能得以实施的有关条件。其中对话一可能在书店买书，也可能在文具店买本子；对话二可能在市场买菜、买肉、买水果，也可能在商店买糖或其他物品，但肯定不是在自选商场。

二、情景的设计和分类

情景在交际为目的的语言教学中有重要的地位和作用。要使用好它，首先得考虑其设计的问题。在这一点上，美国语言学家约翰·H. T. 哈唯（John H. T. Harvey）提出的交际模式的三个特征——参照、意向、未定②，对我们有一定的启发和参考价值。一个生活中的真实情景，首先应该有它自己特定的参照系，有一定的时间、地点、交际者和事情。其次是交际双方应该有一定的意图和目的，即回答情景为什么存在的问题。最后就是承认交际中存在着未定因素需要消除，也就是承认交际开始的时候有的信息没有公开，这些没有公开的信息有待于在交际中明确。

对外汉语教学中所设计的情景，视教学的具体目的和情况，不一定都要三者兼顾，特别是最后一点，如上举学习结果补语的例子。但前面两点一般是应该注意到，也是可以做到的。这也正是我们在设计和规定情景时必须交代清楚的起码的情景因素。如，星期六晚上你和同屋在宿舍谈话，你想让他第二天和你一起去越秀山。你怎么跟他说？（要求用上语气助词"吧"）这是规定了参照条件和意向的例子。有的时候，我们还应该创造条件，让学生在一定的参照系中表达自己的真实意向。用上相关的语言知识表达自己之所想，这是真正意义上的交际，也是我们教学的最终目的。还是以学习"向别人提一个建议"这一功能项目为例。上这一课的时候，我们有意在下课铃响时不按时下课，继续让学生做相关的口头练习，在彼时彼境之下，学生就说出了"我建议现在下课""老师，我们下课吧"等句子。

---

① 罗勃特·W. 布莱尔：《外语教学新方法》，许毅译，北京语言学院出版社 1987 年版。

② 李德律、李更新：《现代汉语教程·说话课本》，北京语言学院出版社 1988 年版，第 91 页。

（一）从与客观实际相符与否的角度对情景的分类

1）真实情景。可以分为两种，一种是指走出教室，到社会与中国人交际、对话的情景，如到商店买东西，到邮局寄信，到茶楼饮早茶等。这里特别提一提饮早茶。根据广州的实际情况，我们每学期都安排教师和学生一起饮早茶，这是一个非常自然、有价值的言语情境，其中有许多具体的情景。只要教师适当指导，像询问事物名称、询问价格、对某事物的评价、要求或请求别人做某事等功能，就都可以在饮茶时得到学习和应用。

另一种是在教室里，根据教室当时的真实情况进行练习的情景。如教学复合趋向动词时，请学生 A 站在教室门口，学生 B 站在讲台旁边，学生 C 站在教室后边，再分别由这三位学生用"进来、进去、出来、出去、过来、过去"等对话；还可以根据这三位学生的走动，由其他在座位上的同学说话。上文提到的结果补语的教学和练习，使用的也是这种情景。

2）模拟情景。主要指在课堂上准备一些道具，布置一个模拟环境，要求学生分角色扮演的情景。准备道具和布置环境的工作不是每节课都可以做到，但角色扮演却是随时随地都能进行的。如模拟一个上门拜访朋友的情景，就可以用上轻敲桌子（敲门）、起身、开门、请坐、端茶等动作，学生在做动作的同时，进行相关的询问某人在某处、打招呼、询问需要或愿望、提建议、告辞、送别等功能练习。

3）想象情景。这包含两层意思。第一层意思主要指由教师规定情景，学生根据教师提出的参照条件进行单句练习或自己编对话的操练过程。如学习"被"字句时，教师规定情景一：同学 A 向你借词典，你的词典刚刚借给了同学 B，你怎么回答？（学生：对不起，我的词典被 B 借去了。）情境二：昨天刮风，你晾在外边的衣服掉到楼下了。怎么告诉大家这件事情？（学生：昨天风很大，我的衣服被刮到楼下了。）

想象的第二层意思，是从已知的话语中反过来想象出相关情景的参照系、意向等。这种练习主要是帮助学生对所学的知识进行综合性的理解。具体方法可以多种多样，这里简单举出三种。

第一种：这是最常用的方法，就是对正确的情景对话从多角度多方面加以理解。另外，在听力课的教学中，也可以使用这种方法。

第二种：故意给出错误的或不得体的对话，要求学生根据一定的情景规定进行修改，如下列对话。情景规定：A 在自己家里请 B 吃饭，吃饭时 A、B 进行对话。

A：随便吃吧，不客气。
B：没关系。

这个练习要求学生搞清楚：①"不客气"应改为"别客气"或"不要客气"。"不客气"多用在对别人请自己喝茶、抽烟、吃糖果等时的对答，表示谦让和礼貌。②"没关系"应改为"谢谢"。"没关系"多用在对别人的道歉表示理解和宽容；对别人的感谢表示谦让。

第三种：只给出一个单句，要求推断出相关情景并加以补充，完成对话。如：

A：你早来啦！
B：？

要求回答：①这是一句打招呼用语吗？（是）。②是在什么情况下说的？（B已经在办公室或教室，A刚刚从外边进来。）③一般情况下B怎么回答？（"不早，刚到一会儿。"）这种回答涉及文化等其他方面的因素，这是语言运用中的另一个问题。

另外，进行生词和句型教学时，教师提示上半段或下半段，让学生运用指定的生词或语型完成全句的练习，也是一种借想象情景进行语言学习的方法。

（二）从语言教学的侧重点对情景的分类

1）语义语法范畴情景。《现代汉语教程·说话课本》中"功能项目"的对话及"会话"的编排，很多情景属于这种类型。也就是有意识地安排一定的语义功能和结构知识存于情景之中，让情景的设置为语义语法范畴的教学服务。如第46课，就设计了A看见B在修单车，跟B打招呼等情景，用以教学打招呼的功能，同时学习表示动作在进行的句型"……呢"及相关的语法结构。

2）语体情景。这是指为不同语体的学习所设计的情景。我们知道，一个相同的语义功能，因为情景的不同（或情景的某个参照条件的不同），表达的方式方法也不同。要学习这些不同的表达方法，相应情景的设置和运用是必要的。比如同是春节期间的问候语，"您过年好哇！"（《现代汉语教程·口语篇》）和"新年好！"就表现出两种不同的语体。前者为熟稔体，只用于熟人、邻里、亲朋好友之间；后者为一般的客气体，可用于一般的亲朋戚友，也可用于上下级、师生或陌生人之间。前者只用于非正式的个别场合，后者既可用于一般的社交场合，也可用于某些相对正式的场合。它们出现的情景是不同的。教学的时候，我们有必要指出其相似和相异之处，让学生明白情景的不同就应该选用不同的语体。

语体情景的运用要看教学的需要，一般地说，学生应该有一定的基础知识，在初级汉语阶段的后期或以后比较适合。

3）语用情景。主要指把语用知识融进情景的设计和教学当中，也可以说是从语用角度来使用的情景。根据描写语用学中话语和语境间的关系可以通过一定的指示语在语言结构上得以表现的论点，我们在教学趋向动词"来""去"时，在巩固和应用性练习中提供给学生下列对话：

A：你什么时候有空儿就来玩儿吧！
B：好的，我星期六晚上一定找你去。

要求学生根据对话想象出一定的情景，如对话的时间、地点、人物、目的等。弄清地点是这个练习中的难点，也是我们设计这个练习的主要目的，即利用语用学中关于地点指示的有关知识搞清"来""去"的语义所指，并进一步认识它们在一定语境中内在的地点指示意义。在讨论这个问题时，启发学生从这一"来"一"去"，分析、理解 A 和 B 不在同一个地方对话，不可能如有的同学原来理解的那样，同在 A 家或同在 B 家，他们应分处两个不同的地方，由此再推断出这是一次在电话中的交谈。

另外，我们还可以设置其他的语用情景，在教学见面打招呼、称赞与对称赞的反应、邀请与接受邀请、道歉与接受道歉等功能时让学生练习，进行一些必要的中外对比，以避免学生在交际中出现多种层面的语用失误。

（三）从情景参与者的多少对情景的分类

1）简单情景。指只有 A、B 两人代表交际双方的情景。

2）复杂情景。指有交际多方的情景。复杂情景在教学中的使用，最大的优点是可以让更多的学生同时置身于某一特定情景的交际之中，调动多数人参与交际的意识。如学习"建议做某事"这一功能时，我们就围绕着组织星期天课外活动的话题，在课堂上组织了一次真实情景，使全班 15 个同学都参加交际，气氛十分活跃。

有的复杂情景中的对话，用来让学生想象出相关的情景内容，难度高一些，效果也相当不错。如《现代汉语进修教程·口语篇》第 14 页的对话：

玛丽：李华，你去哪儿啊？
李华：外文书店，你呢？
玛丽：我去买点东西。我来介绍一下，这是温蒂（指温蒂），这是我的中国朋友李华（指李华）。①

我们要求学生说出对话的情景，学生都颇费脑筋。因为对话涉及三个人，如何理解和表述三人之间的关系，这是难点，也是我们的主要目的。第二个教学目的是识别这里的"你去哪儿啊？"是一句在路上相遇的招呼用语。根据学生的讨论和发言，教师板书"玛丽碰见李华……""玛丽在路上碰见李华和温蒂……""玛丽和温蒂在路上碰见李华……"三个句子，让学生判断对错，存是去非，加深理解。

(原载《语言文字应用》1999 年第 3 期)

---

① 以下是李华和温蒂之间的互相问好，自我介绍等。此处略去。

学习难度的测定和考察*

周小兵

学习难度，是心理学研究的重要内容，也是第二语言习得中的重要问题。一种语言可以分解成大大小小的语言项目。对学习者来说，有些项目容易学，有些难学。研究语言项目的学习难度及产生原因，能直接促进第二语言的教与学，推动第二语言习得理论的研究。

学习难度的研究，主要包括以下内容：测定的角度、方法和程序；难度的分级；产生难度及层级的原因。本文分两部分：①学习难度的测定；②实例分析。

一、学习难度的测定

学习难度的考察和划定，可以从语言学和心理学两个方面进行，同时参照偏误、回避出现的情况。

（一）对比分析与语言差异难度

语言学方面的考察主要使用对比分析法，考察母语和目的语的差异。据行为主义学习理论，从第一语言到第二语言的迁移必然发生；语言的差异点造成学习困难并导致偏误；相同点促进学习。对比分析，可以使教师了解两种语言的异同，有的放矢地进行教学。

对比分析的程序通常是：①描写两种语言；②选择出对比的语言项目；③对比并认定差异点和共同点；④预测可能引起偏误的语言点。

西方语言对比分析家认为，差异点和相同点存在等级；等级跟学习难度相关。下面列出 Ellis 的等级分类①，以汉外对比的例子说明。

---

* 本文是国家汉办"十五"科研规划项目"留学生汉语语法编误生成的原因和相关语法规则的解释"的部分成果，项目编号 HBK01 – 05/068。

① Ellis, R. *Understanding Second Language Acquisition*. Oxford: Oxford University Press. 1985.

1）第一语言和第二语言某个语言点无差异。如汉语词汇"家庭""研究"跟韩语基本对应。这些语言项的学习没有困难。

2）第一语言两个语言项对应第二语言一个语言项。如有标志被动句中，越南语常用介词 duoc 和 bi，分别表示如意行为和不如意行为；汉语常用介词"被"没有如意、不如意的区分，如"被打了""被提拔了"。这类语言项学习难度较低。学习者只要将母语的两个项目合并成目的语的一个项目就可以了。

3）第一语言某语言项在目的语中不存在。韩语有敬语；泰语对话时有表示说话人性别的成分。汉语没有这类成分。

4）第一语言某语言项在第二语言中等值项分布不完全一样。如越南语和汉语的疑问代词，都可以表示疑问，位置大多相同（他去了**哪里**？**什么**不见了？）；都有任指用法（**哪里**都不去。）；都有不确定义（他买了点**什么**回来。）。不同点：定语的位置（汉语：这是**谁**的词典？——越南语：这是词典的**谁**？）；汉语可以两个相同的疑问代词先后出现，越南语无此用法（汉语：什么贵买**什么**。/哪里好玩去**哪里**。——越南语：什么贵买**那个**。/哪里好玩去就**那里**。）。有相同点，又有不同点，学生会误认为两种语言相同，使用时（输出）容易混淆，学习难度较高。

5）第一语言有某个语言项目，第二语言没有。如汉语有量词而很多语言没有。形容词重叠式，韩语没有。学习母语没有的项目，难度当然比较高。

6）第一语言一个语言项对应于第二语言的两个或多个语言项。如，汉语的"有点"和"一点"，词性、分布不同：天**有点**冷；今天比昨天冷**一点**。跟这两个词对应的，韩语、日语只有一个词，意思接近"一点"，可以放在形容词前边，也可以放在形容词后边。不少语言只有一个跟汉语"二"和"两"对应的词。此种情况学习难度最高，学生不知道如何根据上下文选择合适的词语。

这种难度评定只参照语言差异，称为"语言差异难度"。第二项、第三项为低难度，第四项～第六项为高难度。难度高的语言项目，容易引发干扰性偏误，又称"语际偏误"。

（二）目的语规则泛化与语言发展难度

对比分析只考察语言差异，不能完全解答学习难度问题。对比分析出的难点预测，有时不如教学实践总结出并得到证实的预测。第二语言学习中的好些偏误并不是第一语言负迁移造成的。下面是 20 世纪 70—80 年代不同研究显示的英语作为第二语言语法中干扰性偏误的比率①：

研究	干扰偏误比率	学习者类型
Grauberg	36%	第一语言德语，成人，高级班
George	33%（大约）	第一语言混合，成人，毕业班
Dulay & Burt	3%	第一语言西班牙语，儿童，不同层次
Tran-Chi-Chau	51%	第一语言汉语，成人，不同层次
Mukattash	23%	第一语言阿拉伯语，成人
Flick	31%	第一语言西班牙语，成人，不同层次
Lott	55%（大约）	第一语言意大利语，成人，大学

对比分析无法解释这类非干扰性偏误。而且年龄越小的学习者，干扰性偏误越少。一般来说，他们的偏误，大多是目的语规则泛化引起的。

目的语规则泛化是第二语言习得中的学习策略。外国人学汉语时，常常将汉语某些规则进行不适当的类推。如"不大、不太"都能跟褒义形容词结合，就以为它们能跟所有性质形容词结合，说出"*不大脏"。由"不大/不太+形容词"，类推出"不大/不太+动词"，说出"*我不太喝酒"。程度副词大多可以跟单独的形容词结合（很好，挺棒），有的学生由此类推到所有程度副词，生成出"*她的脸稍微红了"。②

目的语规则泛化，跟语言点的规则化程度有关。规则化程度高，不易出现规则泛化。规则化程度不高，容易出现规则泛化。③一般程度副词的用法，规则化程度高，学习难度较低。"稍微"所饰形容词后边要加"一点"，规则化程度低，学习难度相对高一些。

由规则泛化引发的偏误，跟母语关系不大。不同母语的学生都会出现，母语习得中也会出现，如 geted，"不大脏"，由此产生的学习难度，可称为"语言发展难度"；由此引起的偏误，是发展性偏误，又称"语内偏误"。

（三）自然度因素与语言认知难度

学习难度需要从心理学出发，考察学习项目的自然度。Hatch 认为，自

---

① Ellis, R. *Understanding Second Language Acquisition*. Oxford: Oxford University Press, 1985.
② 周小兵：《第二语言教学论》，河北教育出版社 1996 年版。
③ 邓守信：《对外汉语教学语法探索》，中国社会科学出版社 2001 年版。

然度是第二语言习得的决定因素。如第二语言中某个特征对学习者是否突显；一个已知形式与其意义之间的关系是否清晰；语言项目是简单形式还是复杂形式。① 这些跟母语无关的因素，可能引发学习困难。相对来说，复杂结构（如包含关系子句的包孕结构）比简单结构认知难度高。学生说一个简单句时可能不出错，但说一个复杂句时就可能出错：

（1）a. She lives here.　　　b. ＊I know she live here.
（2）a. 他去了上海吗？　　　b. ＊我不知道他去了上海吗？

西方第二语言习得研究者认为，在语音学和词汇学领域里，自然度因素和干扰同时起作用；在句法和话语领域里，自然度因素起主导作用。

Cazden 等人考察发现，所有西班牙学生都沿着同样的途径习得英语否定式，头一个否定式都由"no + V"构成。② 诚然，西班牙语有"no + V"句式，会引发学习的负迁移。但是，这种否定式还出现于英语母语习得中，还出现于学习者母语没有这种句式的英语第二语言习得中。学习总是由易到难的。no 常单用，特征明显，学习者印象深刻；也可在句中出现；比 not 容易习得。从形式和意义的配合看，"否定词+动词"是无标记形式，最简单，比"助动词+否定词+动词"容易习得。因此，它在各种母语背景学生的习得中都会出现，在英语母语习得中也会出现。可见，"no + V"结构的先出现，是由自然度决定的普遍发展特征。

自然度因素跟人的认知有关，可称为"语言认知难度"。由此引起的偏误，是认知性偏误，又称"普遍偏误"。

考虑自然度并不意味着母语干扰不起作用。如外国人学英语使用"no + V"的时间，西班牙学生比那些母语里否定式不同的学生要长。可见，学习者母语存在跟普遍发展特征相同的句式，会延长这一发展阶段。

（四）偏误分析和回避策略

偏误跟学习难度的关系，可以从 3 方面考察。

---

① Hatch, E. *Psycholinguistics*: *A Second Language Perspective*. Rowley Mass.: Newbury House, 1983.

② Cazden, C., Cancino, H., Rosansky E. and Schuman, J. "Second language acquisition sequences in children, adolescents and adults". Final Report, US Department of Health, Education and Welfare, 1975.

第一，出现频率。偏误频率高的语言项难度高，频率低的难度低。

第二，学习阶段。西方第二语言习得研究者认为，干扰性偏误大多出现在初级阶段；发展性偏误大多出现在中级阶段。为细化考察，我们将学习阶段分为5段：初级一（长期汉语进修教学第一学期），初级二（第二学期），中级一（第三学期），中级二（第四学期），高级阶段（第五、第六学期）。

有人认为，偏误出现的学习阶段越高，学习难度越高。根据我们的考察，初级阶段的偏误，其语言项的难度不一定低于中级阶段出现的偏误。中级阶段出现的偏误，其语言项的难度大多高于初级阶段的偏误。如"了""着""过"。跟它们相关的偏误都出现于初级阶段。到了中级一，跟"过"相关的偏误很少出现；跟"着"相关的偏误时有出现；跟"了"相关的偏误常常出现。到了高级阶段，只有跟"了"相关的偏误还时有出现。据此可得出结论："了""着""过"的学习难度由高到低依次排列。

第三，延续时间。由上可知，跟学习难度密切相关的，不一定是偏误出现的阶段，而是偏误延续的时间。跟"了"相关的偏误出现于初级，延续到高级，说明学习难度高；"过"的偏误也出现于初级，但到了中级二几乎不出现，说明学习难度低。由此可总结出一条规则：

（3）偏误延续时间的长短，跟相关语言项目的学习难度相关。

此外，还需考察理解性偏误和回避。Schachter研究了英语关系复句的学习规律。① 汉语、日语无此句式，但学习者偏误少，因为学生回避使用；波斯尼亚语和阿拉伯语关系复句跟英语相似，学习者偏误却较多，因为学生较少回避。Bertkau的研究显示，对英语关系复句的理解，日本学生比西班牙学生差。② 可见，日本学生可以回避生成，但不能回避理解；输出性偏误虽不多，理解性偏误却不少。外国人学汉语时常常回避使用"把"字句；生成性偏误虽不多，并不说明他们掌握了"把"字句。

可见，理解性偏误和回避的出现频率及延续时间也是判定学习难度的重要指标。

---

① Schachter, J. "An error in error analysis". Language Learning, 24, 1974.

② Bertkau, J. "Comprehension and production of relative clauses in adult second language and child first language acquisition". Language learning, 24, 1974.

二、实例分析

（一）含"多"的概数词语

先看"多"类词在前的语言：

（4）三公斤多　英　语：**more** than three kilograms
　　　　　　　越南语：**hon**（多）ba（三）can（公斤）
（5）三十多公斤　英　语：**over** thirty kilograms
　　　　　　　越南语：**hon** ba muoi（十）can

跟英语、越南语相似的还有西班牙语等多种语言。构成较简单，跟"多"相应的词在数词前。汉语较复杂：尾数是1—9，"多"在最后；尾数是0，"多"在数词和量/名词中间。第一语言一种格式对应第二语言两种格式，差异难度高。学习中有些学生将"多"逐步后移，呈现以下4个阶段：

（6）a. <u>多</u>+数词+量词（＊多三十公斤/多三公斤）→
　　 b. 数词+<u>多</u>+量词（三十多公斤/＊三多公斤）→
　　 c. 数词+量词+<u>多</u>（＊三十公斤多/三公斤多）→
　　 d. （三十多公斤/三公斤多）

a式是干扰偏误，由顺抑制引起。习得b式后，"三十多公斤"会了，却出现发展性偏误"＊三多公斤"，由顺抑制引起，跟目的语规则泛化有关。习得c式后，"三公斤多"会了，又类推出"＊三十公斤多"。这是逆抑制引起的目的语规则泛化，即后学对先学产生干扰。经统计发现，a类偏误频率很低，延续时间短；b、c类偏误频率高一些，延续时间长一些。

再看"多"类词在后的语言：

（7）印尼语：　a. 8 tahun（岁）**lebih**（多）　b. 80 tahun **lebih**
（8）土耳其语：a. 8 yasin（岁）**uzerinde**（多）　b. 80 yasin **uzerind**

类似的还有泰语、韩语等。表概数的"多"在后，跟汉语差异小一点，但"多"只有一个位置。一个位置对应于第二语言两个位置，学习难度高。学生容易说出"*二十岁多"。原因既有母语迁移，也有目的语规则泛化：从"八岁多"类推到"*八十岁多"。

因语言差异难度高，又涉及语言发展难度［如例（6）b、c 两个阶段的偏误，在母语为汉语的儿童话语中也会出现］，学习难度较高。相关偏误，出现于初级一，大多延续到初级二，个别学生延续到中级一阶段。

再看语言认知难度。从上可知，大多数语言都只有一种形式：跟"多"对应的词或在前，如英语等；或在后，如泰语。汉语却有两种形式，而且学生看不出这两种形式存在的必要性，即意义与形式的关联不清晰。

汉语"多"的位置不同在功能表达上有没有作用？请看数词"十"加单位词跟"多"的组合：

(9) a. 十岁多（10—11 岁）　　b. 十多岁（11—15、16 岁）

显然，"多"的位置不同，会引起意义上的区别。但是，这种区别只是在跟"十"结合时才凸现出来；而在尾数小于 10 的数字中，在大于 10、尾数为 0 的数字中，这一区别被模糊化，被忽略了。而这种模糊和忽略，又使含"多"概数词语形式和意义的关联模糊了，对学习者（包括外国学生和母语习得者）产生了语言认知难度。

在数词"十"加单位词跟"多"的组合中，很多语言只有一种形式，一个意思，即汉语的 b 义。第一语言一个形式一个意思对应于第二语言两个形式两个意思，语言差异难度很高。由于"十岁多，十多岁"都合乎语法，输出性话语是否正确，有时较难鉴定。必须结合语境认真考察输出时是否能准确表达意思，输入时是否能准确理解意思。

（二）度量差比句

"*我比小王**很高**"在刚学"比"字句时没有，学度量"比"字句（我比他高得多）时才出现。这跟语言差异难度有关。请对比：

(10) a. 英　　语：He is **much** taller than Xiao-Wang.
　　　b. 土耳其语：O Xiaowang dan **çok** uzunum.
　　　　字　　译：他　小王　比　很　高

跟英语相似的有西班牙语、罗马尼亚语等；跟土耳其语相似的有韩语、日语等。表度量的词都在形容词前，容易引发干扰性偏误。

度量词和程度副词在汉语中不同。"（很）多、一点"是度量词；"很、更"是程度副词。但它们在一些语言中界限模糊，如土耳其语：

(11) a. O **çok** uzun.　　b. O Xiaowang dan **çok** uzunum.
字译：　他 很　高。　　　他　小王　比　很　高。
　　　　　　　　　　　　（意：他比小王高很多）

两种句式都用 çok。因此，度量差比句的掌握对这些学生来说比较困难。有的语言上述两类句式用不同的词语。如英语：

(12) a. I am very tall.　　b. I am much taller than Xiao-Wang.

very 相当于汉语绝对程度副词"很"，较容易处理。much 在汉语中有多种译法，有时可译为表双项比较的相对程度副词"更"，有时可译为度量词语"（很）多"，有时也可译为"很"。它在英语度量差比句中出现在形容词前。因此，汉语度量差比句对这类学生来说，依然存在差异难度。

一些学生学会了"他很高"，以为"程度副词+形容词"可以用在任何地方，由此类推出"*他比小王很高"。这跟发展难度有关。

差比句是由两个简单句加合转换而成（他高+比+小王高=他比小王高；斜体字表示转换中被删除的部分）①，比简单句难学。从认知上看，"比小王"的位置，度量词的选择（"很多/得多"还是"很"），度量词的位置（形容词前还是后），都存在难度。

"他比小王高**很多**"有一个容易混淆的"很"，学度量差比句时先教此句，留学生易受母语影响，将已学的"我很高"泛化，生成"*他比我很高"。先教"他比小王高**得多**"，让学生明白，表示"高"的度量是形容词后的补语，非动词前的状语；再教"他比小王高**一点**/3 厘米"，强化度量词的位置；最后教"他比小王高**很多**"，效果会好一些。

（三）含"半"的时量词语

词语义小于一时，汉语和许多语言一样，表示"半"的词放在开头，如

---

① 张洪年：《香港粤语语法的研究》，香港中文大学出版社 1972 年版。

英语、西班牙语、韩语、日语、泰语、越南语、印尼语等，语序为：

(13) 半 天 ｜ 半 星期 ｜ 半 月 ｜ 半 年

汉语的特点在于，有的词组要用"个"（钟头、月、季度、世纪），有的不能用（秒钟、分钟、天、年），有的可用可不用（小时、星期）。上述语言表时量概念时没有相应的量词。一个形式对应两个形式，语言差异难度高。常见偏误是"*半钟头/*半星期/*半月"。偶有"*半个年"，是汉语规则泛化的结果。见于初级一，初级二偶有出现。

词组义大于一的情况更复杂。对比汉语跟英语、西班牙语、越南语：

(14) 汉：一天半 / 一个半月
英：one day and **a half** / one month and **a half**
西：un dia y **medio** /un mes y **medio**
字译：一 天 和 半 　一 月 和 半
越：môt ngay **ruoi**/môt thang **ruoi**
字译：一 天 半 / 一 月 半

汉语"半"或放在时间单位词后（一天半）；或放在时间单位词前（三个半月）；或插在时间单位词中间（三分半钟）。跟"半"对应的词，不少语言（除上述 3 种语言外，还包括韩语、日语、泰语、印尼语、罗马尼亚语等）放在时间单位词后边。母语一个形式对应目标语的多个形式，语言差异难度高。常见偏误是"*一个小时半/*两个月半"。

有少数语言，如土耳其语，跟"半"对应的词放在时间单位词前边：

(15) bir **bucuk** gun/bir **bucuk** ay
字译：一 半　天/ 一 半 月

因此，土耳其学生出现"*一个月半"的偏误要少。即使出现，也不是因为母语迁移，而是由于汉语规则泛化，从"一天半"类推出"*一个月半"。

类似偏误出现频率高，延续时间长，涉及语种多。出现于初级一，延续到中级二才大致消失，高级阶段偶有出现。原因是该项目的习得还涉及了语言发展难度和语言认知难度。

先看汉语规则泛化的情况。习得语义小于"一"的词组,"半"跟不少语言一样都放在最前边,不论有没有"个"。有的学生以为语义大于"一"的词组,只要把"半"放在最后就行了。由此产生"*三个月半"的偏误。此类规则泛化可用下图表示:

(16) 半天→半个月
   ↓
  三天半 → *三个月半

因涉及发展难度,类似"*三个月半"的偏误汉族儿童习得汉语也会出现。

再看认知难度。"三个半月"是从"三个月+半个月"转换而来,认知难度高。而且,汉语的转换程序比许多语言要难。请对比:

(17) 汉:三个月 + 半个月 → 三个半月
  英:three months + half *month* → three months <u>and</u> a half
  越:ba thang + <u>nua</u> *thang* → ba thang <u>ruoi</u>
  字译:三 月 半 月 三 月 半

斜体表删除或增加,下划线表替换。对比可知,英语和越南语采用后删除,将深层结构中后一词组中跟"月"相应的 month/thang 删除。表层结构的语义组合和结构层次比较合理:

(18) 英:three months /<u>and</u>/ *a half*
  越:ba thang/<u>ruoi</u>

这些词组类似汉语"三天/半"的组合。外国人学习时不会产生误解,不易出现偏误。此外,英语的语义加合标志"+"在表层结构用 and 标示,容易学习。

汉语采用间隔删除,将前一词组的"月"和后一词组的"个"删除。表层结构的形式组合和语义加合关系不够合理。外国人学习时不知如何划分层次。输入时可能误解为"3×半个月",按"三个/半月"来理解①;输出时可能生成"*三个月半",因"三个月/半"的语义组合较合理。

汉语不说"三个月半"而说"三个半月",是韵律和谐的关系。在汉语4音节组合中,2/2组合最常见,1/3组合很少,3/1组合几乎没有。"三个月/半"是3/1组合,不和谐;"三个/半月"则比较和谐。由此让学生误解为"3×半个月"就一点不奇怪了。4音组最典型的例子是"三分半钟",为了不说"三分钟半",硬将"分钟"拆开。5音节组合的例子如"一个半/小时(钟头)""两个半/星期""一个半/世纪"。②

上述语言点学习难度都比较高,但内部有差别。从差异、发展、认知和偏误4方面综合考察,其难度序列如下:度量差比句含→"多"概数词语→含"半"时量词语。相对来说,左端最容易,右端最难。

(原载《世界汉语教学》2004年第1期)

---

① 有一个脑筋急转弯很能说明问题:小明每天骑自行车去上学,去学校用一个小时,回家用两个半小时,为什么?

② 有一种观点认为:"半"的位置跟时间词的词性相关。时间词若是量词,词语中不用"个","半"在后,如"三天半/两年半";时间词若是名词,前边要用量词"个","半"在中间,如"两个半钟头/三个半月"。这种观点难以解释下列事实:"分钟"通常被认为是量词(不能说"*三个分钟"),但却不能说"三分钟半",只能说"三分半钟"。如果用单音节的"分",就可以说"三分半",因3音组中,1/2和2/1都是和谐的。说跟"个"的出现与否有关,是因为有"个"的词组,加上数词、时间词与"半",词组一定包含4个或4个以上的音节,为照顾韵律和谐,"半"就不能放在最后了。可见,"个"的出现与否是表层因素,韵律和谐是深层的决定因素。

越南学生汉语声调偏误溯因

吴门吉　胡明光

一、引言

汉语作为有声调的语言，对于母语为非声调语言的留学生，其声调学习自然很困难，声调也一直是汉语语音教学的难点。以往对留学生声调学习的研究，也主要集中在对母语为非声调语的学习研究上。有关这类学生的声调偏误分析的调查研究主要有：沈晓楠①、王韫佳②等对美国人学习汉语声调的偏误分析，刘艺③等对日韩学生汉语声调的分析等。而对母语为有声调语言的声调偏误分析笔者仅见两例。赵金铭先生为了了解学生母语声调对学习汉语声调的迁移作用，曾调查了8位母语为有声调语言的留学生的声调偏误情况（未包括越南语背景），认为对汉语声调调域的"度"的把握尤其重要，并对声调的音理与声带控制的训练方法等进行了详细的论述。④ 另一例是蔡整莹、曹文对泰国学生汉语语音声韵调的偏误进行了分析。⑤

越南语为有声调语言。据我们的教学经验，越南学生学习汉语的进度常常比别的母语背景的学生快。但令人遗憾的是他们的语音面貌并不理想，即使学习汉语多年，也仍然脱不了"越南腔"。即便是不认识的留学生，有经验的老师一听就可以判断出他们的越南语背景。这是我们研究越南学生声调偏误的缘起。

近年来，来中国学习汉语的越南学生越来越多，帮助他们克服"越南腔"，说好汉语，是我们汉语教师的责任。越南语有六个声调，有关越南语

---

① 沈晓楠：《关于美国人学习汉语声调》，载《世界汉语教学》1989年第3期。
② 王韫佳：《也谈美国人学习声调》，载《语言教学与研究》1995年第3期。
③ 刘艺：《日韩学生的汉语声调分析》，载《世界汉语教学》1998年第1期。
④ 赵金铭：《从一些声调语言的声调说到汉语声调》，载《第二届国际汉语教学讨论会论文选》，北京语言学院出版社1988年版。
⑤ 蔡整莹、曹文：《泰国学生汉语语音偏误分析》，载《世界汉语教学》2002年第2期。

母语声调对学习汉语声调的影响,目前尚无研究文献发表。本研究的目的是通过对越南学生声调偏误的调查分析,以及汉语与越南语声调的对比分析,找出越南学生汉语声调偏误形成的原因,探讨纠正越南学生汉语声调偏误的方法,以便汉语教师能在越南学生汉语学习初始的语音阶段有针对性地、高效率地进行汉语声调训练,使越南学生的声调学习收到事半功倍的效果,并防止已产生偏误的僵化。

二、调查方法

调查材料为实验字表。为了避免语调及语流音变的影响,我们的调查字表包括单音节字表和双音节字表两个部分。由于我们也使用同一字表调查被试的声韵母偏误,因此单字表中的四个声调的分布情况并不完全一样,单字表共 78 个音节。但双字表的四个声调数目却是完全相等的,都是 32 个,共 64 个词,128 个音节。为了减少不必要的解释,所选字词均为常用字词(见附录)。

调查对象为 12 名越南学生,6 男 6 女。但其中 1 个女生的语言背景太复杂,她的材料我们没有使用。因此实际取样人数为 11 人,6 男 5 女。他们年龄都在 20 岁上下,高中以上文化水平。他们的情况如表 1 所示。

表 1 发音人情况简表

序号	1	2	3	4	5	6	7	8	9	10	11
性别	男	女	女	男	女	男	男	男	男	女	女
年龄	25	27	21	21	20	24	17	20	21	19	18
学习阶段	中文01硕	同1	2年	1年	10个月	10个月	4个月	4个月	4个月	4个月	4个月

调查方法是让发音人按顺序念调查字表,同时进行录音。然后转写录音,用五度标调法记下声调调值。

三、偏误分析

我们两个调查者分别对 11 名越南学生的汉语声调进行了听辨记音,并与相关研究人员进行了辨音核对。被试念单字表的声调情况如表 2 所示。

表2 单字表调类、调值分布表

调类	调值	频次	比例
阴平声	44	192	79%
	442	41	17%
	41	9	4%
阳平声	35	133	81%
	45	10	6%
	445	20	12%
	213	2	1%
上声	213	64	34%
	212	51	27%
	2212	46	24.6%
	21	23	12.3%
	44	3	1.6%
去声	41	100	38%
	42	32	12%
	44	76	28.8%
	442	56	21%

从表2可以看出，越南学生的阴平多念为44调，占79%；阳平为35调，占81%；上声的情况比较复杂，213调占34%，212调占27%，另外的2212调与21调所占比例也不少；去声多念为41调，占38%。我们的调查认为越南学生汉语四声的最佳情况是：阴平，44；阳平，35；上声，213（212）；去声，41。以此为标准，11位发音人的总发音正确率如表3所示。

表3 11位发音人总正确率

调类（调值）	阴平（44）	阳平（35）	上声（213，212）	去声（41）
正确率	79%	81%	61%	38%

表2中有两种情况是误读：阳平的213调，上声的44调。排除这两种情况，11位发音人的四声的总偏误如表4所示。

表4 四声的偏误情况

调类	偏误类型（出现频次，比例）
阴平	442（41次，17%），41（9次，4%）
阳平	45（10次，6%），445（20次，12%）
上声	2212（46次，24.6%），21（23次，12.3%）
去声	44（76次，28.8%），442（56次，21%）

从上面的调查结果可以看出：

1）越南学生的高平调55念为半高44，全降调的调域较窄，起调不够高（从4开始），落点不够低（很多时候到2）。

2）汉语的四个声调中，越南学生的去声情况最差。且常念为阴平的44调，与阴平声相混。

3）对降升调上声的控制不好。常常前面念得长，只是尾音急速上扬而成（2212调），降升不均匀。或者只降不升（21调）。

4）阳平的起调偏高，上升急促，上升不平滑（45调或445调）。

四、越南语声调及其迁移作用

中介语偏误常常由语际迁移、语内迁移、学习环境等因素造成。而在学习的初级阶段语际迁移占优势。[1] 从语言的三要素语音、词汇、语法方面来看，最容易发生母语迁移的为语音。因此，要了解越南学生汉语声调偏误的原因，应该对比分析越南语声调与汉语声调的异同。

我们先看汉语的声调。汉语有四个基本声调：①阴平，高平调，调值为55；②阳平，中升调，调值为35；③上声，降升调，调值为214[2]；④去声，全降调，调值为51。其调位如图1所示。

越南语有六个声调，它们的汉语名称为：①平声，②玄声，③问声，④跌声，⑤锐声，⑥重声。[3] 其调类、调值与调型[4]的情况见表5。

---

① 盛炎：《语言教学原理》，重庆出版社1990年版。

② 很多学者认为上声的实际念法并没有到214。曹文就直接描写为211调（曹文：《汉语发音与纠音》，北京大学出版社2000年版）。本文不讨论这一问题，而采用了通用的提法。

③ 傅成劼、利国：《越南语基础教程》，北京大学出版社1989年版。

④ 引自胡明光待发表文章《越南语音系》。

表 5　越南语声调的调类、调值与调型

调类	平声	玄声	问声	跌声	锐声	重声
调值	44	32	323	325	45（445）	31（331）
调型	半高平	中降	中降半低回升	中降半低速升高	高升	中降低

《越南语基础教程》一书中对这六个调的描写是①：

平声：从头至尾近于平，汉语普通话的阴平调与这个声调相似。
玄声：起点比平声低，声调平稳下降，没有突然的起落变化。
锐声：锐声的起点比平声略低，开始时持平，约近一半时开始上升，在闭音节中，持平阶段大大缩短，甚至消失。
问声：问声起点高度与玄声同，然后下降，再升高，结束时的高度与起点相同。
跌声：跌声起点高度与玄声同，开始时略上升，后突然下降，间断霎时，接着骤然升高，结束时高度比起点高。
重声：重声声调的起点略低于玄声。在开、半开、半闭音节中，先平行发展，然后迅速突然地下降，猛地闭住声门，阻塞住正在外泻的气流。结束时的高度很低，有强烈的憋气感。在闭音节中，声调平行发展的阶段缩短甚至消失，一开始就下降，迅速结束。

越南语声调调位如图 2② 所示。

比较越南语声调与汉语声调可以看出：①从调型上看，越南语声调没有全降调（51），没有高平调（55），低升调（13，14）等。它们有半高平（44）调，半高升调（45，445），中降（32），中降低（31），中降半低回升（323），中降半低速升高（325）。②调型后半部或升或降都非常短促。没有汉语的平滑均匀。比较图 1 与图 2 可以直观地看出它们的差别。③从调域来看，相对于汉语的声调来说，越南语声调的升降幅度较小。

---

① 傅成劼、利国：《越南语基础教程》，北京大学出版社 1989 年版。
② 转引自傅成劼、利国：《越南语基础教程》，北京大学出版社 1989 年版。

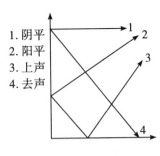
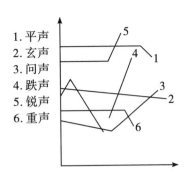

图1　汉语声调调位图　　　　图2　越南语声调调位图

由此我们可以看出越南学生汉语声调的偏误很大程度上是来自母语的迁移，具体表现在：①阴平念为44或442，是受越南语声调平声的影响。②去声念为阴平或者与阴平声相混，原因是越南语没有全降一类的调型，所以大部分初学者分不清两者的区别，感觉不到去声的存在，导致两种情况：第一，偏读某种调，最多的情况是将两者皆读为44调。第二，乱读，由于对两者的区分不够清楚，因此读成以4度开头的各种调型：44、43、42、41。③阳平念为45（445）：受母语的影响，越南语的锐声念为此调。④上声后半部分调值达不到4度：越南语没有低声调。越南语的323调与325调后半部分皆加速而完成，所以越南学生一般都不能控制汉语上声的结尾部分，有的则只能降下去而不能升上来，就念为21。⑤2212调与445调的原因：因为越南语声调常常是前半部较缓，后半部骤然升降而成，迁移到汉语中产生了这样的偏误。

越南学生上述声调偏误的产生，主要是因为母语声调的迁移，也存在目的语规则的泛化。比如，把阴平念为去声，一方面是因为不知道什么字念阴平，什么字念去声；另一方面也是过度学习去声的结果。

五、教学对策

从上面的分析可以看出，越南学生汉语声调有调型错误（去声念为阴平，上声念为半上），更多的是调域的错误（阴平念为44，阳平念为45）。另外还有阴平与去声相混的情况，也就是说不知道哪些字念阴平，哪些字念去声。针对这些偏误，我们以为以下一些方法行之有效。

第一，理论的指导。因为留学生一般都是成年人，他们具有较强的理解能力，他们学习外语常常要经过理性思考。吕必松先生指出："学会一种言语现象都需要经过理解、模仿、记忆和巩固这样几个阶段"，"理解就是懂得所学的言语现象的意思，就是明白这种言语现象的形式结构和语义结构。这是学会一种言语现象的前提条件。无论是学习第一语言或是第二语言,不理解的言语现象是学不会的"①。因此,声调学习也应该首先教给学生有关汉语声调的知识,让学生理解汉语声调。比如,教给他们汉语五度记音法,让他们明白高平、中平、低平、中升、中降、高降、降升等调型的意义以及我们声带的松紧与高、中、低调的关系。然后可进行高平(55)调、中平(33)调、低平(11)调的练习,让学生体会其调型与调域。在学生掌握了高中低的调域后,再练习升降曲折调型。其实,这也是我们方言区的人学习普通话声调的方法。我们以为对留学生同样有意义。就越南学生来说,强调高平与低平尤其重要,掌握了这两个调域才可以念出他们母语中没有的全降调(51),突破越南学生声调学习的难点。

有关声调的知识也就是我们通常所说的元语言知识。元语言知识对声调学习的积极作用,在我们的调查中已得到了证明。我们在调查中发现,发音人1与发音人2的正确率都在90%以上,而他们现在是中文系现代汉语专业的硕士研究生,学习过语音学知识。因此,他们的一些偏误已得到了纠正。

元语言知识可以作为一种监控的手段在学习者的学习中发挥作用。有利于学习者的自行练习提高。因此,教给学生音理知识是非常重要的。

第二,声带控制练习。尽管越南语中也有声调,但与汉语的声调在调型、调域与调值等方面都存在着差异。要克服母语的负迁移,进行声带的松紧控制练习是必需的。我们知道,声调的高低是相对的,因此并不考虑声带的粗细长短等因素对音高的影响。声调的高低是由声带的松紧决定的,这样学会了对声带松紧的控制,也就会发出高音与低音、升调与降调。我们可以用单韵母来练习对声带松紧的控制。

比如,练习 a55、a33、a11 这三个平调,让学生体会这三个调的差异,体会发这三个调时声带的松紧状况,发高平55调时声带拉紧,发低平11调时声带放松,发中平33调时声带不松不紧。还可以用单韵母 i、u、o、e……来练习高平、中平、低平这三个调。在练习这三个调的同时,也可以找到一个适合自己的音域的范围,也就是说高到什么程度,低到什么程度最合适。

学习了对前面三个调的发音以后,再练习中升、中降、全降、降升等调型。通过这种训练可以帮助越南留学生发好汉语的四声,使他们的阳平与上声更准确,发出平滑的升降调,而不是像越南语声调那样骤然地上升或下降。在进行声带控制练习时,重要的是学生的体会和练习。这种方法前人其实已

---

① 吕必松:《华语教学讲习》,北京语言学院出版社1992年版。

有过详细的论述①，但也许是没有写进教科书，所以没有得到广泛的运用。因此，对声调松紧的控制训练在语音教学中并没有引起足够的重视。笔者认为，尽管声调教学是语音阶段的难点，但教材中并没有体现出来。

第三，去声练习法：阳平＋去声。我们的调查以及我们平时的观察都表明，去声是越南学生汉语声调学习的难点。我们的调查发现，双音节中阳平后面的去声正确率相对较高。我们对调查字表中双音节组阳平后的去声的调值分布情况作了一个统计，结果如表 6 所示。

表 6　双音节中阳平后去声调值出现频次表

调值	41	42	43	44	442
频次（百分率）	27（61.36%）	8（18%）	5（11.36%）	1（2.27%）	3（6.8%）

将表 6 与表 3 比较可以看出，去声的正确率有显著的上升。从 38% 上升到 61.36%。我们在教学中也印证了这一结果。越南学生在完成阳平后，很难保持平声。自然会下降，但下降的程度是确实需要训练的。因此，我们以为，采用"阳平＋去声"的组合训练可以有效地帮助越南学生学习汉语的去声。

第四，记忆法。一位越南来的中文系研究生告诉我们，他是来中国以后才意识到汉语去声的存在。在学会去声的发音后，又不知道哪些字念去声，全部都是一个一个查出来的。然后进行记忆。由于以前他把去声全部念为阴平，而他查词典的结果是，常用字中去声比阴平多，因此他硬记阴平，这样才习得汉语去声的。其实，这也是我们方言区的人学习汉语声韵母的方法：记少不记多。这对那些偏误已形成的学生克服偏误是很重要的方法。对留学生来说，也许还要增加一条：高频字多记。

另外，还有一些发音的技巧也可以告诉学生，比如：发低调时头不能抬高，否则很难发出低音。反之，发高调时头又不能放低。发全降调时，头可以由高到低等。

六、结语

本文通过对越南学生汉语四声偏误情况的描写分析，发现去声是越南学生汉语声调学习的难点，其他三声也存在着不到位的各种偏误形式。在对越

---

① 赵金铭：《从一些声调语言的声调说到汉语声调》，见《第二届国际汉语教学讨论会论文选》，北京语言学院出版社 1988 年版。

南语声调与汉语声调的对比分析基础上,我们系统分析了越南学生汉语声调偏误形成的原因。越南学生的汉语声调偏误几乎都可以从越南语声调中找到原因,越南语没有全降调型,也没有高平调,声调的升降幅度较汉语窄,而且急促,影响了对汉语四声的学习。因此本文认为,通过给予学习者以声调理论知识的指导,进行声带松紧的控制训练,以及"阳平+去声"的组合训练等方法,可以帮助越南学生克服偏误,学好汉语的四声。

本文主要采用了传统的听辩记音的方法,未进行声学分析,同时鉴于学生人数的限制,本文没有讨论学生的层级情况,虽然我们认为这并不影响对越南学生汉语声调偏误的分析,但有关这类声调偏误分析的系统研究工作还有待进一步深入。

附录

调查字表

1. 单音节词

八	少	喝	票	色	比	点	字	日	在	擦	词	三	这	丢	军
志	沙	高	山	船	累	城	热	家	笑	秋	借	句	熊	群	换
全	红	下	秒	写	讲	表	想	给	快	去	人	横	亮	铁	娘
考	很	敲	花	特	婚	雪	分	天	也	听	好	信	车	排	条
交	将	别	六	用	鱼	现	有	休	鸟	练	墙	面	鸭		

2. 双音节词或短语

今天	英文	机场	商店	旁边	邮局	苹果	情况
通知	将来	铅笔	音乐	琼斯	食堂	球场	迟到
香蕉	要求	清楚	高兴	房间	银行	词典	颜色
星期	生词	身体	出去	同屋	留学	游泳	学校
老师	起床	表演	请进	大家	练习	厕所	漂亮
烤鸭	整齐	洗澡	努力	信封	太阳	或者	会话
紧张	主人	也许	友谊	那些	特别	自己	见面
广播	小时	手表	马上	夜班	认为	外语	介绍

(原载《世界汉语教学》2004年第2期)

"把"字句语法项目的选取与排序研究

李 英 邓小宁

"把"字句是现代汉语常见句式,也是教学中无法回避的高难度语法项目。合理选取、编排各类"把"字句句式可减少教学难度,促进教学。据本体研究成果,"把"字句主要有15种句式①:

(1) S + 把 + N_1 + V 在/给/到/向 + N_2
你把书放在桌子上。/快把本子交给老师。
她把花插到花瓶里。/他把船划向湖心。

(2) S + 把 + N_1 + V 成/作 + N_2
我要把美元换成人民币。/她把学生当作自己的孩子。

(3) S + 把 + N + V (一/了) V
请把情况谈一谈。/请你把这个句子分析分析。
他把钱数了数才放进口袋里。

(4) S + 把 + N + V 了/着
他把这件事忘了。/由于害怕,她把两眼紧闭着。

(5) S + 把 + N_1 + V + N_2
他马上把好消息告诉了大家。

(6) S + 把 + N + V + 时量补语
父亲把弟弟关了一小时。

(7) S + 把 + N + V + 动量补语
他把钱数了好几遍。/请你把事情经过说一下。

(8) S + 把 + N + V + 结果补语
我把衣服洗干净了。

(9) S + 把 + N + V + 趋向补语

---

① 崔希亮:《"把"字句的若干句法语义问题》,载《世界汉语教学》1995年第3期;吕文华:《对外汉语教学语法体系研究》,北京语言文化大学出版社1999年版;范晓:《动词的配价与汉语的把字句》,载《中国语文》2001年第4期。

我把钱送过去了。/他已经把字典带回宿舍去了。

（10）S+把+N+V+状态补语①

大家把教室打扫得干干净净。

（11）S+把+N+V+程度补语

这件事把我急死了。

（12）S+把+N+给+V+其他成分（多表示不如意）

他把我的照相机给弄坏了。

（13）S+把+N+一V

他把手一挥，站了起来。

（14）S+把+N+AV（A=动词前的修饰语）

他把垃圾乱扔。/他把钱往衣袋里塞。

（15）S+把+N+V

我建议大会把这个提案取消。

"把"字句结构形式多种多样，所表达的意义也很复杂。语法学界对"把"字句的语义分析至今没能达成共识。影响最大的观点是，"把"字句主要表达"处置、致使"义②。近十几年来，一些学者认为"处置义"过于笼统，提出了许多新观点。

在对外汉语教学中，是否要将众多语义复杂的"把"字句句式全部照搬？我们认为对外汉语教学有别于对中国人的语言教学，如果不加选择，什么都教给外国学生，势必增加教和学的难度。

吕文华提出，"语法项目选择和编排的一个主要依据就是是否反映了汉语语法的特点和是否针对外国人学习汉语的难点"，要"循着语法自身的难易差异，按照结构、语义、用法区分难易度"。③ 周小兵提出，对外汉语语法项目的选取必须考虑使用频率、交际需求、体现汉语总体特征、学习难度。

---

① 状态补语，有的语法书和教材称之为"程度补语"，也有的称之为"情态补语"。我们采用《高等学校外国留学生汉语教学大纲（长期进修）》的术语。根据大纲，句式（11）的程度补语指"（高兴）坏了、（恨）透了、（热）死了、（热）得要命"。

② 王力：《中国现代语法》，中华书局1954年版；吕叔湘：《现代汉语八百词》，商务印书馆1980年版；马真："把"字句补义，见《现代汉语虚词散论》，北京大学出版社1985年版。

③ 吕文华：《"把"字句的语义类型及教学》，见《对外汉语教学语法探索》，语文出版社1994年版。

语法项目的排序要遵循 5 个原则：①由易到难；②从交际出发；③参照使用频率；④相关语法点组成序列；⑤复杂语法点分阶段教学。① 这些研究都为个体语法项目"把"字句句式的选择和排序工作提供了参考。

吕文华分析了从 53 万字语料中收集到的 1094 个"把"字句，发现动词后带结果补语和趋向补语的"把"字句［句式（8）和（9）］出现频率最高，占"把"字句的一半以上。其次是句式（1），使用率约为 28%。句式（2）为 6.3%。句式（4）（5）（10）在 3%—4% 之间。句式（3）（7）（12）（13）（14）分别为 2.7%、1.1%、1.1%、2.8%、1.4%。② 吕文华还统计出表示致使义的"把"字句的使用频率为 1.5%。我们在选取"把"字句句式时，可以参照这一频率。

我们考察了目前对外汉语教学系统大纲和教材③对"把"字句的选择和编排情况。为了寻找选择和排序的依据，还调查了中外学生使用"把"字句的情况，分析了约 30 万字的留学生中介语语料。

在考察本族人和留学生使用"把"字句情况的基础上，我们考虑语言认知难度等因素，给出对外汉语教学中应该选择的"把"字句句式及其大体排序情况。

一、大纲和教材对"把"字句的选取与排序

（一）"把"字句的选取

我们所考察的大纲和教材都将"把"字句作为专门的语法项目，但各个大纲、教材所选取的"把"字句句式差异很大，有的简略，有的繁多，前面

---

① 周小兵：《学习难度的测定和考察》，载《世界汉语教学》2004 年第 1 期

② 根据吕文华的观点，动词带"得"后的补语都是状态补语（可能补语除外），程度补语不应单立一类。因此在吕文华的统计分析中没有列出句式（11）。（吕文华：《"把"字句的语义类型及教学》，见《对外汉语教学语法探索》，语文出版社 1994 年版）

③ 这 3 个大纲按出版顺序分别是：《对外汉语教学语法大纲》，王还主编，北京语言学院出版社 1995 年版；《汉语水平等级标准与语法等级大纲》，国家对外汉语教学领导小组办公室汉语水平考试部编，高等教育出版社 1996 年版；《高等学校外国留学生汉语教学大纲（长期进修）—语法项目表》，国家对外汉语教学领导小组办公室编，北京语言文化大学出版社 2002 年版。4 套教材为：教材一《实用汉语课本》，刘珣、邓恩明、刘社会编，商务印书馆 1986 年版；教材二《现代汉语教程》，李德津、李更新主编，北京语言学院出版社 1993 年版；教材三《初级汉语课本》，北京语言学院来华留学生三系编，北京语言学院出版社·华语教学出版社 1994 年版；教材四《汉语教程》，杨寄洲主编，北京语言文化大学出版社 1999 年版。

所列的15个句式，除句式（13）（14）（15）外都出现在这些大纲和教材中。其中，句式（1）（8）在三部大纲中出现，句式（2）（3）（4）（9）（10）（12）在两部大纲中出现，句式（6）（7）（11）只在一部大纲中出现。句式（8）（9）在四套教材中都有，句式（1）（3）（4）（5）（7）在三套教材中出现，句式（2）（10）在两套教材中出现①。

可以看出，使用率较高的句式（8）（9）（1）在大纲和教材中的分布面最广。其他较常用的，如句式（2）（3）（4）（10），多数大纲和教材也都选用。句式（15）涉及光杆动词的使用，把这样的句式教给学生，容易造成学习者意识混乱，增加教学难度，大纲和教材都没有选取该句式。这些都是非常合理的。

但大纲和教材对"把"字句的选取也有一些不尽如人意之处。

根据吕文华的统计，句式（13）（14）使用频率高于句式（6）（7）（12）等，但大纲和教材并没有选取这两个句式。句式（5）的使用频率为3.1%，有三套教材将其列入教学内容，但没有一部大纲列出该句式，这不能不说是大纲的疏漏。②

句式（6）在吕文华的统计中未出现一例，而且这种句式对动词的限制较多，能进入此句式的动词只有"推迟、提前、关、憋"等少数几个动词，如专门讲解，可能误导学生造出"把书看了一个小时"之类的句子。句式（4）中的"S＋把＋N＋V＋着"在1094个"把"字句中仅出现两例，频率很低。这些句式并非学习者迫切需要学习的，交际需求低，可让学习者在日常生活中自然习得，不必专门教授。

（二）"把"字句的排序

《对外汉语教学语法大纲》（下称《语法大纲》）没有列出"把"字句的教学次序。《汉语水平等级标准与语法等级大纲》（下称《等级大纲》）和《高等学校外国留学生汉语教学大纲（长期进修）——语法项目表》（下称《项目表》）明确列出了次序。四套教材（教材一，《实用汉语课本》；教材二，《现代汉语教程》；教材三，《初级汉语课本》；教材四，《汉语教程》）都是分课安排"把"字句句式的教学。但这些大纲和教材对各"把"字句句

---

① 这两套教材把句式（2）"S＋把＋N_1＋V成＋N_2"并入句式（1）。

② 吕文华：《"把"字句的语义类型及教学》，见《对外汉语教学语法探索》，语文出版社1994年版。

式的编排并不一致。如句式（1）在《项目表》和教材二中最先出现，而在其他大纲和教材中，有的最先出现句式（3），有的则将句式（4）（5）（8）（9）（10）等最先列出。从这些大纲和教材中我们很难看出各句式出现次序的合理性。

《等级大纲》在丁级语法项目列出了表致使义的"把"字句，这是很有必要的。"把"字句的语义主要有两类：表处置义和表致使义。两种意义的"把"字句形式上也有交错，同一种句式可能表示两种意义，同一种意义可以用不同的形式表达。虽然表致使义的"把"字句出现频率远低于表处置义的"把"字句，但跟表处置义的"把"字句相比，表致使义的"把"字句语义更复杂，更难学。因此，在教学中宜明确把两种意义区分开来，以廓清学习者的认识。

吕文华认为，有意识地在出语法难点之前，先"冒"一些语言现象，使学生对某些表达方式先形成习惯，语言材料积累到一定程度时再出现语法点，可减少教学难度。初中级学习者学习表处置义"把"字句时，"冒"一些表致使义的"把"字句，可以收到这样的效果。①

二、留学生"把"字句的使用情况考察

（一）调查目的与对象

以本族人使用"把"字句的情况为参照项，调查不同层次的留学生在"把"字句使用上的特点，以探求留学生对哪些句式使用较多、准确率高，哪些句式使用较少、偏误率高，从而大致找出"把"字句各句式的习得顺序。

调查对象为162名学生，其中中山大学对外汉语系初级班46名、中低级班49名、中高级班31名、高级班17名，中山大学对外汉语教学专业的中国硕士研究生19名。

（二）调查材料和设计

调查采用笔头造句形式，分两步进行。分别考察外国学生在自然和强制状态下使用"把"字句的情况。

---

① 吕文华：《汉语教材中语法项目的选择和编排》，载《语言教学与研究》1987年第3期。

我们据前文分析及教学实践,共设计了16个可用"把"字句的情景(见附录)。每个情景给出一些提示性词语,要求被试根据情景和词语完成句子。情景介绍和提示性词语基本上是《汉语水平词汇与汉字等级大纲》中的甲级、乙级词。一共可生成24个"把"字句,其中情景4、16可生成4个"把"字句,情景14、15可生成2个"把"字句。

两次调查都在课堂上完成。第一次,未告诉被试使用"把"字句句式。第二次,明确要求被试使用"把"字句。第二次调查只限于中低级班和中高级班学生。

(三)调查结果与分析

图1和统计数据表明中国学生"把"字句平均使用率逾80%,除情景2的使用率低于50%,其他情景"把"字句的使用率都在60%以上,其中8个情景为100%。

可见,除情景2可用可不用以外,问卷所提供的其他情景都是必用或倾向于用"把"字句的自然语境。在同样语境下,外国学习者使用"把"字句的情况如下。

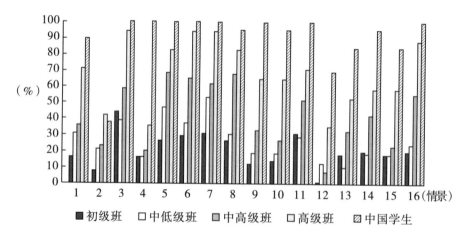

图1 四个层次的留学生与中国研究生在16个情景中"把"字句的使用频率

1)无论是单项还是总体使用率,各层次的留学生"把"字句的使用率都远远低于中国研究生,只有在情景2中,高级班留学生"把"字句的使用率超过了中国学生。这说明,大部分留学生基本上不知道什么时候该用"把",什么时候可以不用"把"。

2)无论是单项还是总体使用率,留学生层次越高,"把"字句的使用率越高。这说明"把"字句的习得随着留学生汉语水平的提高而发展,习得是有顺序的。

3）在必用和倾向于用"把"的情景中，"把"字句的使用率差异很大。四个层次的被试使用"把"的频率最高和最低都相差40%以上，有的甚至超过60%。情景3、5、6、7、8中，被试能较多使用"把"字句，其次是情景1、11、16，再次是9、10、13、14、15；使用率最低的是4和12。

表1是中国学生的使用情况（括号外的数字为情景序号，括号内的数字为各句式的使用率）。

表1　中国学生在各情景中所使用的"把"字句句式及其使用率

把+N_1+V 在/到/给+N_2	3(100%)4(100%) 5(26.9%)6(89.5%) 7(50%)16(26.8%)	把+N_1+V 成+N_2	8(100%)9(94.7%)
把+N+V+趋向补语	5(26.9%)7(26.3%) 11(100%)13(89.5%) 14(38.5%)16(73.7%)	把+N+V+结果补语	1(11.8%)2(42.9%) 5(23.1%)6(10.5%) 7(21.1%)14(15.4%)
把+N+V+动量补语	1(82.4%)2(28.6%)15(35%)	把+N+V 得+状态补语	10(100%)
把+N+A+程度补语	12(100%)	把+N+V 了	5(7.7%)14(7.7%) 15(40%)
把+N_1+V+N_2	5(13.5%)14(19.2%)	把+N+V V	2(28.6%)14(11.5%)
把+N+给 V 了	15(25%)	把+N+一 V	13(10.5%)

进一步考察留学生在各情景中使用"把"字句的偏误率（有偏误的"把"字句数与总的"把"字句数之比），并对比"把"字句的使用率，这有助于我们了解留学生对哪些句式掌握得最好，对哪些句式掌握得最差，从而有助于我们对各句式进行难易排序。请看表2。

表2　留学生在各情景中使用"把"字句的情况（使用率和偏误率为百分比）

情景	1	2	3	4	5	6	7	8	9	10	11	12	13	14	15	16
平均使用率	38	22.7	58.6	21.2	55.8	55.9	59.7	51.7	31.6	30.5	45.3	13	28.2	34.7	29.3	46.8

续表

情景	1	2	3	4	5	6	7	8	9	10	11	12	13	14	15	16
使用率排序	8	14	2	15	4	3	1	5	10	11	7	16	13	9	12	6
平均偏误率	22.2	41.5	7.5	17.1	28.8	10.8	24.6	48.5	43.4	62.5	11.7	34.3	53.8	35.6	17.9	27.7
偏误率排序	11	5	16	13	8	15	10	3	4	1	14	7	2	6	12	9

根据表1、表2和统计数据,我们做如下分析。

1)句式"把+N_1+V 在/给/到+N_2"是情景3、4、6使用的主要句式。在情景3、6中,留学生的"把"字句使用率高,偏误率低。在情景4中,"把"字句使用率低,偏误率也低。使用率低是因为留学生对该情景不熟悉,一旦知道这个情景可使用"把"字句,就能生成较多正确的"把"字句。这一点在第二次调查中得到证实。

情景5、7、16也可使用此类句式。在这些情景中,不同层次的留学生使用该句式的频率大都远远超过了中国学生,出现的偏误不多,最高偏误率为25%,最低为0%。唯一的例外是初级班的留学生在情景16中,较少使用这一句式。总体而言,句式"S+把+N_1+V+在/到/给+N_2"是留学生掌握得最好的,这类强制性"把"字句应最早让学生接触。

2)在对教材和大纲的考察中,我们发现有两套教材是把句式"S+把+N_1+V 成+N_2"放入"S+把+N_1+V+在/到/给+N_2"一起教授的。我们调查得知,留学生使用句式"S+把+N_1+V 成+N_2"的情况很不理想。情景8"把"字句的使用率较高,但偏误率也较高;情景9"把"字句使用率低,偏误率却比较高。相对于"S+把+N_1+V+在/到/给+N_2",句式"S+把+N_1+V 成+N_2"难度较高。这是因为"成"的意义比较抽象。

此外,这两种句式在意义上也有较大区别,前者表示某事物因动作而发生位置移动,后者是把某事物认同为另一事物,或通过动作使某事物变为在性质上有等同关系的另一事物。因此教学中应将这两种句式区分开来。

3）句式"把+N+V+趋向补语"主要在情景 11、13 中使用。留学生在情景 11 中,"把"的使用率较高,偏误率较低,而在情景 13 中,"把"使用率较低,偏误却很多。原因跟词汇难度和留学生对"动趋结构"的熟悉度有关。情景 11 用的动趋结构是"拿出来（拿来）",留学生对该结构相当熟悉。情景 13 用的动趋结构是"缩进去（缩回去）",留学生对该结构很陌生,有的连"缩"的意义也不懂,当然就谈不上会使用了。

从表 2 我们还可以发现,除了情景 11,其他凡是能用动趋式"把"字句的情景,留学生使用"把"字句的偏误一般都较高。偏误类型主要是动词和趋向补语搭配不当、动趋结构所带宾语的位置有误。这种偏误或许是因为留学生没有掌握好趋向补语的用法,并不是不知道如何使用"把"字句。因此动趋式"把"字句应该在留学生基本上能正确使用趋向补语以后学习,不宜过早出现。

从使用频率、交际需要出发,动趋式"把"字句应较早学习。但较早学习,留学生又很难掌握好该句式。因此这一句式的教学不宜一次解决。可根据"趋向补语"和"趋向补语的引申用法"将动趋式"把"字句的教学分成两个阶段来进行。

4）情景 1、2 均可使用动量式和动结式"把"字句。中国学生在情景 1 中更多使用动量式,在情景 2 中更多使用动结式。留学生也是如此：第一次调查,情景 1 生成的正确"把"字句中,88.3% 为动量式,16.7% 为动结式；情景 2 中 76.5% 为动结式,23.5% 为动量式。值得注意的是,两个情景中"把"字句的平均偏误率相差很大,情景 1 是 22.2%,情景 2 是 41.5%。留学生使用动量式偏误少,使用动结式偏误多。

从使用频率看,动量式"把"字句低于动结式,但从学习难度看,动量补语容易习得。原因在于：动量补语先于动结补语学习,输入多；动量补语跟许多外语相似处多,对比难度低；动量补语比动结补语音节数多,容易认知。因此动量补语"把"字句应在动结式"把"字句之前学习。

由于动词和结果补语的组合灵活自由,对留学生而言,一个动补结构可能意味一个新的组合,习得难度很大。因此在教学中可遵循由易到难的顺序,将含具体和抽象意义的结果补语"把"字句分开教,前者如"把衣服洗干净了""把电视打开",后者如"我们把敌人打败了""他把电话打通了"。

5）情景 10 使用的句式为：S+把+N+V+状态补语（把房间打扫得干干净净）；情景 12 使用的主要句式为：S+把+N+V+程度补语（把我累死

了、把我累得要命）。留学生使用"把"字句的频率都比较低，偏误却很多。这一类句式不宜早学。

综合以上分析，我们得出了"把"字句的习得顺序，当然这种顺序还是粗略的、初步的，因为我们的调查并不十分精确，调查问卷的设计也不是最全面、最科学的。

初级 1	S + 把 + N_1 + V + 在/到/给 + N_2
	S + 把 + N + V + 其他成分（了、重叠动词、动量补语、动词宾语）
初级 2	S + 把 + N + V + 补语$_1$（表示具体意义的结果补语、趋向补语）
	S + 把 + N_1 + V 成（作）+ N_2
中级 1	S + 把 + N + V + 补语$_2$（表示抽象意义的结果补语、趋向补语的引申用法）
	S + 把 + N + V + 补语$_3$（状态补语、程度补语）
中级 2	S + 把 + N + 一 V
	S + 把 + N + AV
	S + 把 + N + 给 + V + 其他
高级	表致使义的"把"字句

三、留学生作文语料分析

我们人工浏览了约 30 万字的留学生作文，这些作文包括留学生平时的练习、考试卷、作文比赛的参赛作品等，汉语水平大都为中级和高级。我们一共搜集到 201 个"把"字句，其中正确的"把"字句为 128 句，正确率为 63.7%。请看表 3。

表3 留学生输出正确"把"字句的句式、数量、正确使用率

句式	正确句子数	正确使用率
S + 把 + N_1 + V + 在/到/给 + N_2	44	21.89%
S + 把 + N_1 + V 成（作）+ N_2	11	5.47%
S + 把 + N + V + 结果补语	25	12.44%
S + 把 + N + V + 趋向补语	21	10.45%
S + 把 + N + V + 状态补语	4	2%
S + 把 + N + V + 程度补语	1	0.5%

续表

句式	正确句子数	正确使用率
S+把+N+V（一/了）V	2	1%
S+把+N_1+V+N_2	16	7.96%
S+把+N+V+动量补语	2	1%
S+把+N+V 了	2	1%

1）留学生使用的"把"字句主要集中于以下句式：S+把+N_1+V+在/到/给+N_2、S+把+N+V+结果补语、S+把+N+V+趋向补语、S+把+N_1+V+N_2、S+把+N_1+V 成（作）+N_2。这些句式都是我们上文列出的初级阶段的"把"字句。其中，句式"S+把+N_1+V+在/到/给+N_2"正确使用率最高，这也进一步说明该句式应该最早学习。

2）对比吕文华所统计的"把"字句使用频率①，我们可以发现，留学生作文中各"把"字句的使用率与之都有一定的差异，其中差异最大的是动结式和动趋式"把"字句。虽然这两种句式留学生的正确使用率较高，为22.89%，但跟本族语中动趋式、动结式"把"字句占绝对优势的语言事实相比，差距还是十分明显的。这也说明了这两种句式习得难度较大。

3）在表3中，我们所列出的中级2阶段的句式未出现一例，句式"S+把+N+V+状态补语""S+把+N+V+程度补语"正确使用率也很低。这从习得角度进一步证明了我们前面的排序是合理的。

总之，通过对留学生中介语语料的考察，我们可以发现留学生对各类"把"字句句式的使用是有差异的，习得有难易之分。具体的考察结果跟我们在实验调查中得出的有关结论基本相似，语料中存在的"把"字句习得的客观顺序与我们前面的理论排序基本吻合。

---

① 吕文华：《"把"字句的语义类型及教学》，见《对外汉语教学语法探索》，语文出版社 1994 年版。

附录

根据情景，用所给的词语造句。

情景	使用词语	造句或完成句子
1. 你的练习做错了，老师可能对你说什么？	练习　做	请你
2. 你的电视机坏了，你说怎么办？	电视　修	我得找人
3. 你有一封信想请 A 交给 B，怎么对 A 说？	信　交	请你
4. 你开车到一个停车场，一楼已经没有停车的地方了，管理员建议你到二楼，他可能怎么说？	车　停	你可以
5. 你的留学生活结束了，你怎么处理你的东西？	电器　送　衣服　带　书　寄　扔　不要的东西	我要
6. 你要去一个不太安全的地方，你的证件和钱怎样才不会丢？	钱　证件　放	我
7. 你的房间进了水，地上有很多书，你怎么办？	书　搬	我
8. 你去银行换钱，怎么对银行的人说？	美元　人民币　换	我想
9. 你买东西时想说"买"，却说了"卖"。你回来以后告诉朋友。	买　卖	我
10. 你去朋友宿舍，发现朋友正在打扫房间，房间比以前干净多了，你可能问他什么？	房间　这么干净	你今天怎么

续表

情景	使用词语	造句或完成句子
11. 老师上课时，看见一个同学桌上没有书，老师怎么说？	书　拿	请你
12. 你的老板要你一天干两天的活儿，你很累，别人问你怎么了，你怎么说？	我　累	我的老板要我一天干两天的活儿，真＿＿＿＿＿＿。
13. 如果你看见一只乌龟（tortoise），摸摸它的头，它会怎么样？	头　缩	乌龟＿＿＿＿＿＿就再也不敢伸出来了。
14. 你第一次过海关，不知道要怎么做，海关人员怎么说？	护照　看 入境申请表　填	请你＿＿＿＿＿＿， 再＿＿＿＿＿＿。
15. 很多年前，你偷了妈妈的钱，被妈妈打了一顿。现在你跟妈妈说起这件事。	我　打　忘 这件事	孩子：妈妈，很多年前我偷了你的钱，你很生气，＿＿＿＿＿＿，还记得吗？ 妈妈：我早就＿＿＿＿＿＿。
16. 请介绍一下坐地铁的过程：怎么买票，怎么进站、出站？	钱　放　票 吐　投（扔）	首先在自动售票机上选择你要去的地方，根据机器显示的价格，然后＿＿＿＿＿＿，机器就会自动＿＿＿＿＿＿。进站时，＿＿＿＿＿＿闸机上感应一下，闸门就会自动打开，你就可以进站了。出站时，＿＿＿＿＿＿闸机的回收口就可以了。

（原载《语言教学与研究》2005 年第 3 期）

后 记

《中山大学中国语言文学系百年论文选（语言文字卷）》顺利交稿，实在是一件值得高兴的事情。论文选从一年以前起意，到去年年底组成编选工作小组正式开展工作，再到现在交稿，总体来说，效率是非常高的。编选工作小组成员由古汉语与古文字教研室主任陈斯鹏教授、现代汉语及语言学教研室主任刘街生教授、国际汉语中心主任洪炜教授组成，系科研秘书江然婷老师承担了整项工作的联络沟通、会议记录等工作。

2023 年 12 月 21 日，编选工作小组召开第一次会议，明确了工作任务、选文原则、总体篇幅、交稿时间等事项。本次会议确定的一人一篇、质量优先、厚古薄今（少选在职老师论文）、在我校工作期间发表的选文原则，大大提高了工作效率。会后，陈斯鹏、刘街生、洪炜三位老师按照"汉语言文字学""语言学及应用语言学""国际中文教育"三个学科领域，将历史上各教研室老师已经发表过的论著目录做了搜集整理。在此过程中，大家通过微信群及时通报工作进展，并协调解决遇到的种种困难。

2024 年 1 月 23 日，召开第二次工作会议，初步议定了所选论文的总目录，同时根据所选论文的实际内容将其分为"文字""音韵""训诂""语法""国际中文教育"五个大类，每类当中以作者年齿为序，并对分属于不同类别的同篇论文做了适当调整。会后，彭玉平主任审订了选文目录，并提出了修改建议。由于早期学者的论文不易找到，会议结束后，大家依旧通过微信工作群继续交流，做了不少查漏补缺的工作。3 月 7 日，召开第三次会议，集中讨论了所选论文的一些问题，如篇幅过长、版本不一、是否在校工作期间发表等。最终决定邀请相关学科方向的学生对所选论文进行录入，部分近年发表者请作者提供电子文本，集中之后再由陈斯鹏、刘街生、洪炜三位老师审定。

后 记

　　4月中旬,完成了全书的文字录入与初校工作,5月初交给了出版社。交稿后,我们又发现漏收了个别早年学者的论文,于是又重新整理、录入,最后也得以顺利收了进来。在编校过程中,刘街生老师承担了与出版社编辑同志进行沟通的工作,在此过程中出现的种种问题,陈斯鹏、洪炜老师也都积极参与、协调解决,从而得以在短时间内完成了此项工作。

　　论文选的完成有赖我系22位在读同学的积极参与,同学们承担了全书的录入、校对工作。他们是博士生黄冠彬、杨莹,硕士生古广政、郭天宋、郭言、侯志佳、江鸣雨、李淑敏、李炘瑜、廖许愿、龙昊、马芮、乔思瑶、王一茹、杨薇、张艺欣、赵颖,本科生翟文慧、侯颖儿、王思琪、张繁荣、张萌萌。作为承乏其事的编者,向他们认真仔细的工作表示衷心感谢。

　　彭玉平主任自始至终参与其中,检查督促、悉心指导,保证了该项工作的如期完成。陈伟武教授审订了全书并为之作序,序中梳理了我系百年语言文字学科简史,读来令人振奋。感谢与百年中文相伴的各位学者,让我们有了这次触摸历史、分享光荣的机会。限于时间和学力,我们的工作一定存在不少遗漏和疏失,恭请各位师友同道批评、谅解。

范常喜谨识
2024年9月24日